한 권으로 끝내는 DELF

최신 출제 경향으로
영역별 완벽 대비!

B1

한 권으로 끝내는

DELF B1

초판 6쇄 발행 2023년 3월 3일

지은이 정일영
펴낸곳 (주)에스제이더블유인터내셔널
펴낸이 양홍걸 이시원

홈페이지 www.siwonschool.com
주소 서울시 영등포구 국회대로74길 12 시원스쿨
교재 구입 문의 02)2014-8151
고객센터 02)6409-0878

ISBN 979-11-6150-443-8
Number 1-520202-17171700-04

프랑스어 능력시험 대비

한 권으로 끝내는 DELF

최신 출제 경향으로

영역별 완벽 대비!

B1

시원스쿨닷컴

Bonjour tout le monde ! 여러분 안녕하세요!

시원스쿨 델프의 신 정일영입니다.

프랑스는 세계를 주도하는 대표적인 국가 중 하나로 다양한 방면에서 세계적 강국의 위상을 가지고 있습니다. 또한 프랑스어는 많은 국제 기구에서 영어와 더불어 공식 언어로 사용되고 있으며 특히 유럽 연합 이후 프랑스는 유럽 대륙을 이끌어 가는 나라라는 점에서 프랑스어를 배우는 것은 큰 강점이 될 수 있습니다. 이러한 이유로 프랑스어를 모국어로 사용하거나 공용어로 사용하는 프랑스어권 국가들뿐만 아니라 많은 나라가 프랑스어에 대해 높은 관심을 가지고 있습니다.

CIEP가 주관하는 프랑스어 능력 시험 DELF(Diplôme d'études en langue française)는 164개국, 1,000개 이상의 센터에서 시행되고 있는데, 특히 우리나라의 경우 응시율이 매우 높은 것으로 알려져 있습니다. 프랑스 유학을 준비하는 학생들은 대학 혹은 대학원 입학을 위해서 DELF 자격증이 필수적입니다. 프랑스어를 전공하는 학생들에게 졸업 필수 요건으로 일정 수준 이상의 DELF 자격증을 갖출 것을 요구하는 대학들도 늘어나는 추세입니다. 또한 프랑스어 관련 기업들의 경우 직원 채용 시 DELF 자격증을 요구하기도 합니다. 이 밖에도 여러 가지 이유로 프랑스어를 공부하는 많은 분들이 자신의 프랑스어 능력을 평가하거나 실력을 더욱 높이기 위해 DELF에 응시하고 있습니다.

이 책에서 다루는 B1 단계는 DELF의 4가지 단계 중 3번째 단계로, 프랑스어 중급 수준입니다. 이는 주제가 일, 학교, 취미 등과 연관된 내용이고 상대방이 명확한 표준어를 사용한다면 말의 핵심을 이해할 수 있고, 관심사에 대해 간단하고 논리적인 말을 할 수 있으며 하나의 프로젝트나 견해에 대해 간략한 설명을 할 수 있는 수준입니다. 이러한 B1 단계에 도달하기 위해서는 약 400시간의 실용 학습이 필요하다고 명시되어 있습니다. DELF 시험은 듣기, 독해, 작문, 구술로 영역을 나누어 각 영역을 전문적으로 평가하므로, 영역별 유형을 정확하게 파악하고 전략적으로 접근해야 합니다. 따라서 본서는 실제 시험에 최대한 근접한 유형의 문제들로 구성하였으며 유형별, 문항별로 상세한 풀이 요령과 해설을 제공합니다.

세계 공용어로서의 위상을 가지고 있는 프랑스어는 응시자 여러분의 경쟁력을 극대화할 수 있는 효과적인 수단이 될 것입니다. DELF 감독관을 10년간 역임하면서, 시험 출제 경향을 분석하여 DELF를 준비하는 학생들에게 보다 높은 적중률과 합격증 취득의 기쁨을 선사하기 위해 이 책을 집필하였습니다. 비록 부족한 점이 있겠지만 감히 '델프의 신'이라 자부하며 이 책이 프랑스어를 공부하는 여러분들께 많은 도움이 되기를 바랍니다. 마지막으로 부족한 저의 뒷바라지를 해 주신 어머니 남궁염 님과 훌륭한 책을 만들기 위해 노력해 주신 시원스쿨 김미경, 박윤수, 이진경 님께 감사드립니다.

Je vous soutiens de tout mon cœur !

여러분을 진심으로 응원합니다!

DELF B1 목차

<부록>

- **Compréhension de l'oral 듣기 영역 원어민 MP3 파일 (新 유형 MP3 파일 포함)**
- **Production orale 구술 영역 원어민 MP3 파일**
- **DELF 가이드북** (온라인 제공)

DELF란 어떤 시험일까요?

DELF 자격증 소개

DELF(Diplôme d'études en langue française)는 국제적으로 통용되는 프랑스어 공인 인증 자격증으로, 프랑스 교육부가 자격증을 발급하고 있습니다. DELF는 유럽 공용 외국어 등급표에 따라 A1, A2, B1, B2의 단계로 나뉘며 (C1, C2는 DALF), 시험은 각 단계별로 나뉘어 치러집니다.

DELF 시험 시행 기관

DELF와 DALF 시험은 CIEP(Centre international d'études pédagogiques)에서 문제를 출제 및 채점합니다. 우리나라에서는 주한 프랑스 문화원이 시험을 총괄하면서 서울 시험을 진행하고 있으며, 서울 이외의 인천, 대전, 대구, 광주, 부산은 Alliance Française(알리앙스 프랑세즈)가 진행합니다.

DELF 자격증 유효 기간

DELF 자격증은 한 번 취득하면 평생 유효합니다. DELF 시험은 이전 단계 자격증 취득 여부와 상관없이 원하는 단계에 응시할 수 있으며, 동시에 여러 단계에 응시할 수도 있습니다. 한 단계에 합격하기까지 여러 차례 응시할 수 있으나, 합격한 단계에 다시 응시할 수는 없습니다.

DELF 자격증 활용도

DELF 자격증을 취득할 경우, 국내 주요 대학 입학 시 가산점을 받을 수 있으며 대학교 졸업 시 논문을 면제받을 수 있습니다. 또한 프랑스 또는 프랑스어권 국가의 대학 및 대학원은 B2 이상의 성적을 요구하기도 합니다. 국내에서 프랑스 관련 업무를 하는 기업체의 경우 직원 채용 시 DELF 자격증이 있을 경우 가산점을 부여하고 있습니다.

DELF 레벨

DELF, DALF는 유럽 공용 외국어 등급표의 단계에 따라 6단계로 분류되어 있으며, 청취, 독해, 작문, 구술의 네 가지 영역으로 나누어 평가합니다.

DELF A1 (최저)	**입문 단계 (약 90시간의 실용 학습)** 국적, 나이, 사는 곳, 학교에 대한 질문을 이해하고 답변할 수 있습니다. 일상적이고 친숙한 표현을 이해하고 사용할 수 있는 수준입니다.
DELF A2	**초보 단계 (약 150~200시간의 실용 학습)** 개인과 가족에 대한 간단한 정보, 주변 환경, 일, 구매 등에 대한 표현을 이해할 수 있습니다. 친숙하고 일상적인 주제에 대해 단순하고 직접적인 정보 교환을 할 수 있는 수준입니다.
DELF B1	**실용 구사 단계 (약 400시간의 실용 학습)** 명확한 표준어를 구사한다면 일, 학교, 취미 등에 대한 내용을 이해합니다. 관심사에 대해 간단하고 논리적인 말을 할 수 있고, 프로젝트나 견해에 대해 간략하게 설명할 수 있는 수준입니다.
DELF B2	**독립 구사 단계 (약 600~650시간의 실용 학습)** 구체적이거나 추상적인 내용을 이해합니다. 시사를 비롯한 다양한 주제에 대해 명확하고 자세하게 자신의 생각을 밝힐 수 있는 수준입니다.
DALF C1	**자율 활용 단계 (약 800~850시간의 실용 학습)** 길고 어려운 텍스트 및 함축적인 표현을 파악합니다. 복잡한 주제에 대해 명확하고 짜임새 있게 자신의 생각을 전달할 수 있는 수준입니다.
DALF C2 (최상)	**완성 단계 (약 900시간 이상의 실용 학습)** 어려움 없이 듣고 읽을 수 있습니다. 즉석에서 자신의 생각을 자연스럽고 명확하게 표현할 수 있고, 복잡한 주제에 대한 미세한 뉘앙스도 파악할 수 있는 수준입니다.

접수부터 성적 확인까지 DELF

시험 일정

시험 일정은 해마다 조금씩 다르므로 매년 알리앙스 프랑세즈 사이트를 참고할 것을 권장합니다.

<table>
<tr><th>일정</th><th>단계</th><th>시험 날짜</th><th>접수 기간</th><th>시행 지역</th></tr>
<tr><td rowspan="3">3월</td><td>DELF B1, B2
(일반)*</td><td>3월 4일 토요일
3월 5일 일요일</td><td rowspan="3">1월 23일
~2월 3일</td><td rowspan="2">서울, 부산, 대전,
광주, 인천, 대구</td></tr>
<tr><td>DELF A1, A2
(일반)*</td><td rowspan="2">3월 18일 토요일
3월19일 일요일</td></tr>
<tr><td>DALF C1</td><td>서울, 부산</td></tr>
<tr><td rowspan="4">5월</td><td>DELF B1, B2
(일반)*</td><td>5월 13일 토요일
5월 14일 일요일</td><td rowspan="4">4월 3일
~ 4월 14일</td><td rowspan="2">서울, 부산, 대전,
광주, 인천, 대구</td></tr>
<tr><td>DELF A1, A2
(일반)*</td><td rowspan="3">5월 27일 토요일
5월 28일 일요일</td></tr>
<tr><td>DALF C1</td><td>대전, 인천</td></tr>
<tr><td>DALF C2</td><td>서울</td></tr>
<tr><td rowspan="4">11월</td><td>DELF B1, B2
(일반)*</td><td>11월 4일 토요일
11월 5일 일요일</td><td rowspan="4">9월 25일
~ 10월 6일</td><td rowspan="2">서울, 부산, 대전,
광주, 인천, 대구</td></tr>
<tr><td>DELF A1, A2
(일반)*</td><td rowspan="3">11월 18일 토요일
11월 19일 일요일</td></tr>
<tr><td>DALF C1</td><td>서울, 광주, 대구</td></tr>
<tr><td>DALF C2</td><td>부산, 대전</td></tr>
</table>

(2023년 기준)

* '주니어' 시험은 중·고등학교 재학생 및 그 나이에 준하는 응시자에 한하여 응시할 수 있으며, 고등학교 졸업자 이상은 일반 시험에 응시하여야 합니다.

시험 접수

DELF 시험 접수는 알리앙스 프랑세즈 홈페이지에서 온라인으로만 가능하며, 접수 기간은 접수 시작일 17시부터 접수 마감일 17시까지(입금 완료에 한해)입니다.

알리앙스 프랑세즈 사이트 회원가입 / 로그인 ▶ 시험 접수 및 원서 작성 ▶시험 선택(시험 종류, 단계, 응시 지역 선택) ▶ 응시료 결제 ▶ 접수 완료

시험 진행

듣기, 독해, 작문 (토요일 시행)

시험	시간	시험 시간
A1	09:00~10:35	출석 체크 20분 / 시험 시간 1시간 15분
A2	11:00~12:50	출석 체크 20분 / 시험 시간 1시간 30분
B1	13:20~15:25	출석 체크 20분 / 시험 시간 1시간 45분
B2	09:10~12:00	출석 체크 20분 / 시험 시간 2시간 30분

구술 (일요일 시행)

시험	시간	시험 시간
A1	09:00~10:30	준비 시간 약 10분 / 인터뷰 시간 약 5~7분
A2	10:30~12:40	준비 시간 약 10분 / 인터뷰 시간 약 6~8분
B1	09:00~12:00	준비 시간 약 10분 / 인터뷰 시간 약 15분
B2	13:00~18:00	준비 시간 약 30분 / 인터뷰 시간 약 20분

응시료

2023년 기준 응시료는 다음과 같습니다.

레벨	응시료
A1 일반/주니어	140,000 / 120,000
A2 일반/주니어	155,000 / 135,000
B1 일반/주니어	245,000 / 190,000
B2 일반/주니어	265,000 / 210,000

시험 결과 발표

결과는 보통 시험일로부터 한 달 후에 알리앙스 프랑세즈 홈페이지에서 로그인 후 마이페이지 시험 결과에서 확인할 수 있습니다. 합격 여부에 대한 전화 및 이메일 문의는 불가능합니다.

합격증, 자격증 발급

합격증 Attestations de réussite은 합격자 발표일로부터 약 2주 후에, 자격증 Diplômes은 합격자 발표일로부터 약 4개월 후에 발급되며 재발급은 불가능합니다. 합격증 및 자격증은 응시 지역의 알리앙스를 직접 방문하여 수령해야 하며, 수령 시 응시자는 본인의 신분증 원본을 지참하고, 수험 번호도 꼭 알고 있어야 합니다.

DELF B1은 어떻게 준비해야 할까요?

점수 기준

DELF B1 시험은 총 4개 영역(듣기, 독해, 작문, 구술)으로 구성되어 있으며, 구술을 제외한 3개 영역은 토요일, 구술은 일요일에 치러집니다.

* 합격을 위한 최소 점수: 100점 중 50점

* 영역별 취득하여야 할 최소 점수: 25점 중 5점

시험 구조

영역	소요 시간 (총 2시간 20분)	만점
청취 · 세 종류의 녹음 내용 듣고 문제 풀기 (청취 횟수는 2번, 녹음 분량은 최대 6분)	약 25분	25점
독해 · 세 종류의 지문 읽고 문제 풀기 – 주어진 조건에 맞는 유용한 정보 찾기 – 일반 관심사를 주제로 하는 지문 내용 분석하기	45분	25점
작문 · 일반적 주제에 대한 개인적 의견 표명하기 (기사, 서신, 에세이 등)	45분	25점
구술 · 인터뷰, 소통 연습, 주어진 글을 토대로 개인적 견해 표현하기 (세 번째 파트의 경우 10분의 준비 시간이 주어짐)	약 15분	25점

시험 당일 주의 사항

꼭 기억해 두세요!

☑ 듣기 평가가 시작되면 고사실에 입실할 수 없으며, 응시료 또한 환불되지 않습니다. 구술 시험의 경우 준비 시간 또한 시험의 일부이므로 준비 시간을 거치지 않으면 시험을 볼 수 없습니다.

☑ 신분증, 수험표, 필기도구를 반드시 준비해야 합니다.

☑ 신분증과 수험표는 토, 일 양일간 반드시 소지하여야 합니다. 수험표에 기재된 수험 번호로 고사장 자리를 확인하며, 구술 시험 시 수험표에 도장도 받아야 합니다.

* 인정되는 신분증: 주민등록증, 유효 기간이 지나지 않은 여권, 운전면허증(델프 주니어 응시자 - 사진 부착, 이름과 생년월일 기재, 델프 프림 응시자 - 기본 증명서 또는 가족 관계 증명서)
* 인정되지 않는 신분증: 도서관증, 사원증, 신용 카드, 교통 카드, 등본, 학생증
* 시험 현장에서 수험표 출력 불가능

☑ 볼펜(검정색이나 파란색 볼펜)을 꼭 챙겨야 합니다. 연필 또는 샤프 사용 시 채점되지 않으므로 유의해야 합니다. 수정액 및 수정 테이프도 사용할 수 있습니다.

☑ 책상에는 신분증, 수험표, 볼펜만 놓아둘 수 있으며 메모지, 책, 사진, 타블렛 PC, 스마트 워치 등 모든 전자 기기의 사용은 금지됩니다.

☑ 화장실은 시험 전에 다녀와야 합니다. 부득이하게 화장실에 가야 하는 경우 감독관이 동행합니다.

☑ 시험지는 감독관의 허락 전까지 열람할 수 없습니다.

☑ 시험지는 반출이 불가능합니다.

이 책의 구성과 특징

책의 구성

STEP 1. 출제 가이드 및 영역별 유형 파악

* 각 영역별(듣기, 독해, 작문, 구술)로 전반적인 가이드 라인을 제시합니다. 10년간의 DELF 감독관 경험을 토대로 실제 시험이 어떻게 출제되며, 어떻게 시험을 준비해야 하는지 안내합니다.

* 영역별 분석, 파트별 문제 유형과 학습 방법을 제시합니다. 영역별 문제 유형 및 풀이 방법을 파악하면 실제 시험에서 시간을 효율적으로 관리하며 침착하게 문제를 풀 수 있습니다.

STEP 2. 완전 공략 및 실전 연습문제

* 각 영역의 완전 공략을 위해 파트별 핵심 포인트, 빈출 주제에 대해 설명합니다. 여기에 더해 고득점 전략까지 제시함으로써 문제 풀이에 실질적인 도움이 되도록 하였습니다.

* 공략법을 익힌 후, 파트당 약 10문항의 실전 연습 문제를 풀어 봄으로써 실전에 대비합니다.

* 지문에 대한 정확한 번역뿐만 아니라 자세한 문제 분석과 전략적인 풀이 요령을 제시하여, 문제 해결 능력을 향상시켜 줍니다.

STEP 3. 구술 영역 대비를 위한 원어민 MP3

* 구술 영역 모범 답안을 mp3 파일로 제작하여, 응시자들이 가장 부담스러워하는 구술 영역을 실제 시험장과 같은 분위기에서 연습할 수 있도록 하였습니다. 정확한 발음과 속도로 녹음된 모범 답안을 통해 응시자들은 원어민의 발음, 억양, 속도를 학습하고, 원어민과의 대화를 반복 훈련할 수 있으므로 듣기와 회화 실력까지 고루 상승됩니다.

책의 특징

문제 유형별 풀이 전략

문제 유형별로 핵심 포인트, 빈출 주제, 고득점 전략을 제시합니다. 영역별, 문제 유형별 풀이 전략을 통해 실질적인 문제 해결 방법을 익힐 수 있습니다.

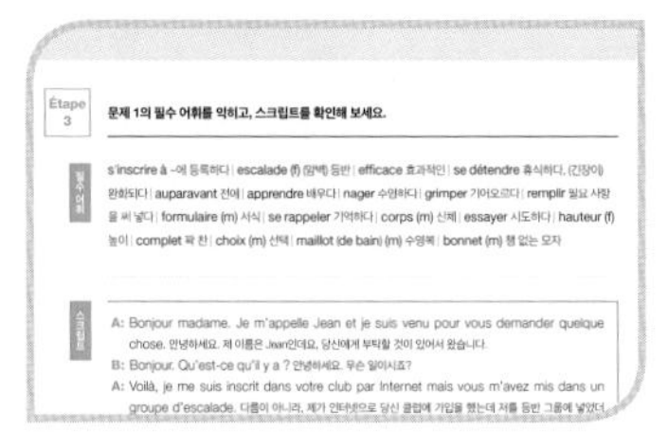

필수 어휘와 숙어

외국어 능력의 핵심은 어휘와 숙어라고 해도 과언이 아닙니다. 지문 속 어휘와 숙어를 제시해 사전 찾는 시간을 줄여 줍니다.

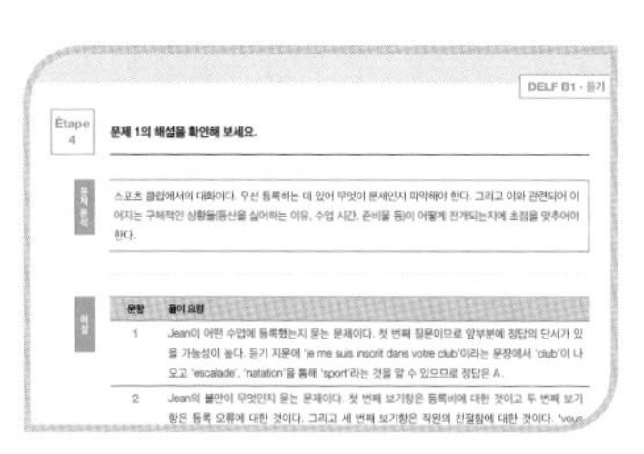

문제 분석

문제에 대한 전반적인 총평을 제시합니다. 문제에서 묻고 있는 것은 무엇인지, 어떤 부분에 초점을 맞추며 문제를 풀어야 하는지 안내합니다.

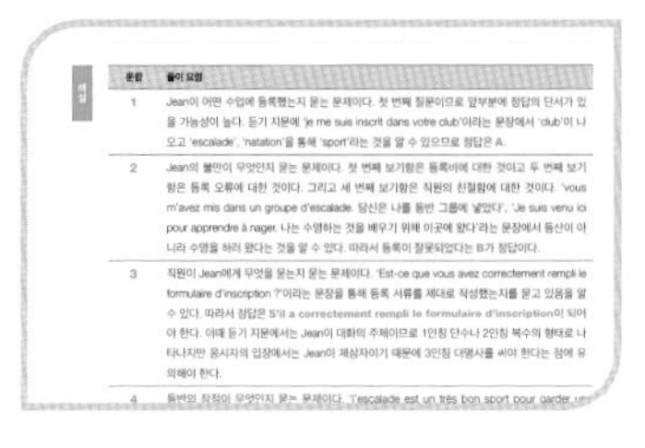

보기항별 해설

문제 보기항별로 해설을 달아 각각이 답이 되는 이유와 답이 되지 않는 이유를 분석합니다. 답이 되는 근거를 찾는 연습을 반복하면서 문제 풀이 전략을 학습합니다.

모범 답안

작문과 구술 영역은 모범 답안을 제시해 시험에서 실질적인 도움이 되도록 합니다.

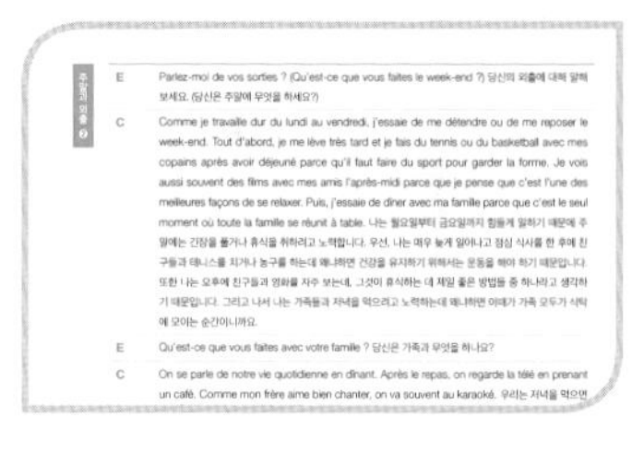

원어민 음성의 MP3

듣기와 구술 영역은 원어민이 녹음한 음성 MP3를 제공합니다. 스크립트를 보며 원어민의 정확한 발음을 함께 학습할 수 있습니다.

DELF 가이드북 (온라인 제공)

응시자들이 꼭 알아야 할 DELF 시험 관련 정보, B1에 특화된 공략법, 현지 DELF 채점관 겸 감독관인 저자만이 제공할 수 있는 핵심 노하우를 모두 담았습니다.

나에게 맞는 강의를 만나 보세요!

<table>
<tr><th>단계</th><th>입문</th><th colspan="2">기초</th></tr>
<tr><td>학습목표</td><td>프랑스어 알파벳, 발음 익히기
기본 문장 구조 익히기</td><td>프랑스어 기본 문법 이해
간단한 의사소통과
포스터 이해 가능</td><td>프랑스어로 일상적인 대화 가능
짧고 간단한 메시지/편지
작성 가능</td></tr>
<tr><td>난이도</td><td>A0</td><td>A1</td><td>A2</td></tr>
<tr><td rowspan="2">왕초보</td><td>왕초보 탈출 1탄</td><td>왕초보 탈출 2탄</td><td>왕초보 탈출 3탄</td></tr>
<tr><td>15분 완성 발음 특강</td><td></td><td></td></tr>
<tr><td>문법</td><td></td><td colspan="2">NEW 프랑스어 기초 문법</td></tr>
<tr><td rowspan="3">회화</td><td></td><td>기초 회화 1탄</td><td>기초 회화 2탄</td></tr>
<tr><td></td><td colspan="2">NEW 프랑스어 기초 회화</td></tr>
<tr><td></td><td></td><td>리얼 프랑스어</td></tr>
<tr><td rowspan="2">원어민</td><td></td><td colspan="2">Atelier français (A1-A2)</td></tr>
<tr><td></td><td></td><td>원어민이 알려주는</td></tr>
<tr><td rowspan="2">어휘</td><td colspan="2">왕초보 어휘 마스터</td><td rowspan="2">포인트 테마 어휘</td></tr>
<tr><td colspan="2">기초탄탄 프랑스어 어휘 마스터 1탄</td></tr>
<tr><td>표현</td><td></td><td></td><td>여행 프랑스어</td></tr>
<tr><td>패턴</td><td></td><td></td><td>프랑스어 패턴</td></tr>
<tr><td>듣기</td><td></td><td colspan="2">프랑스어 듣기 (A1-A2)</td></tr>
<tr><td>작문</td><td></td><td></td><td>프랑스어 초중급 작문</td></tr>
<tr><td>독해</td><td></td><td></td><td>동화로 배우는 프랑스어</td></tr>
<tr><td rowspan="3">DELF</td><td></td><td>DELF A1</td><td>DELF A2</td></tr>
<tr><td></td><td></td><td>DELF A2 말하기 (FR)</td></tr>
<tr><td></td><td></td><td>틀리기 쉬운 DELF 문법</td></tr>
<tr><td>FLEX</td><td></td><td></td><td>FLEX UP 프랑스어</td></tr>
<tr><td>스크린</td><td></td><td></td><td></td></tr>
</table>

시험 강의 외에도 DELF 준비에 도움이 될 수 있는 아래의 강의를 참고하세요.

A2 대비: NEW 프랑스어 기초 문법, 기초 회화 1·2탄, 왕초보 어휘 마스터, 쏙쏙 동사 마스터

B1 대비: 초·중급 핵심 문법, 쏙쏙 동사 마스터, 톡톡! 실전회화, 중·고급 문법 완성, 중급 문법·작문

<table>
<tr><th colspan="3">중 · 고급</th></tr>
<tr><td>친숙한 주제에 대해 자유롭게
의견 교환, 여행 중 대부분의
상황에 대처 가능</td><td>토론이나 긴 담화 이해 가능
주어진 견해에 대해
에세이/보고서 작성 가능</td><td>TV 방송 및 영화 이해 가능
다양한 상황에서 논리적이고
유연한 커뮤니케이션 가능</td></tr>
<tr><th>B1</th><th>B2</th><th>C1</th></tr>
<tr><td>초중급 핵심 문법</td><td>중고급 문법 완성</td><td>고급 문법 (C1-C2)</td></tr>
<tr><td>톡톡! 실전회화</td><td>레벨UP! 프랑스어 회화</td><td></td></tr>
<tr><td>리얼 프랑스어</td><td></td><td></td></tr>
<tr><td colspan="2">리얼 현지 회화 (FR)</td><td></td></tr>
<tr><td>네이티브 표현 TOP 50</td><td colspan="2">미술 작품으로 배우는 프랑스어 (FR)</td></tr>
<tr><td colspan="2">중급 어휘 마스터</td><td></td></tr>
<tr><td>쏙쏙 동사 마스터</td><td></td><td></td></tr>
<tr><td>프랑스어 패턴</td><td></td><td></td></tr>
<tr><td colspan="2">프랑스어 듣기 (B1-B2)</td><td>뉴스로 배우는 고급 프랑스어</td></tr>
<tr><td>중급 문법 작문</td><td>고급 문법 작문</td><td></td></tr>
<tr><td>동화로 배우는 프랑스어</td><td></td><td>시사독해와 작문</td></tr>
<tr><td>DELF B1</td><td>DELF B2</td><td></td></tr>
<tr><td>DELF B1 말하기 (FR)</td><td></td><td></td></tr>
<tr><td>틀리기 쉬운 DELF 문법</td><td></td><td></td></tr>
<tr><td colspan="2">FLEX UP 프랑스어</td><td></td></tr>
<tr><td colspan="2">영화로 배우는 프랑스어 <사랑은 부엉부엉></td><td></td></tr>
<tr><td colspan="2">영화로 배우는 프랑스어 <카페 벨에포크></td><td></td></tr>
</table>

* (FR) 표시된 강의는 원어민 강의입니다.

듣기 평가 Compréhension de l'oral

1 듣기 완전 분석

B1 듣기 평가 유형은 총 3가지로 구성된다. 첫 번째 유형은 일상생활에서 벌어지는 대화를 듣고 문제를 푸는 유형, 두 번째 유형은 인터뷰를 듣고 인터뷰 내용에 대한 이해 정도를 평가하는 유형, 세 번째 유형은 특정 주제에 대한 라디오, 텔레비전, 인터넷 등의 방송 매체의 르포를 듣고 문제를 푸는 유형이다. (2023년부터 완전히 적용되는 새로운 유형에 따르면 주관식 문제는 사라지고 객관식 문제만 출제된다). 문제의 난이도는 대화, 인터뷰, 르포의 순서로 어려운데, 아무래도 르포는 대화나 인터뷰보다 주제나 어휘 면에서 어렵기 때문이다. 그러므로 듣기에서 점수를 획득하기 위해서는 대화, 인터뷰에서 점수를 확보하는 전략을 세우는 것이 좋다.

2 듣기 유형 파악 [약 25분, 25점]

EXERCICE	특징
❶ 대화	대화를 듣고 질문에 해당하는 답을 고르거나 간략하게 답을 작성하는 방식이다. 주로 일상생활에서 벌어지는 상황에 따른 대화로 친구 간의 대화, 교사와 학생 간의 대화, 직장 동료 간의 대화가 대표적이다. 어휘나 표현 자체는 어렵지 않으나 대화 양이 많고 말하는 속도도 꽤 빠른 편이다. 3가지 유형 중 객관식 문제가 가장 많기 때문에 여기서 점수를 확보해야 한다.
❷ 인터뷰	특정한 목적과 관련된 캠페인이나 특정 문제에 관한 인터뷰를 듣고 질문에 해당하는 답을 고르거나 간략하게 답을 작성하는 방식이다. 이 유형의 문제를 풀 때에는 진행자가 질문하는 포인트가 무엇인지를 정확히 파악해야 한다.
❸ 르포	특정 주제에 대한 라디오나 인터넷 방송의 르포를 듣고 질문에 해당하는 답을 고르거나 간략하게 답을 작성하는 유형이다. 주제는 인터뷰 형식과 유사한 경우가 많지만 주관식 문제가 매우 어려우므로 가능한 한 객관식 문제에 집중하고 지문의 일부분보다는 전체적인 내용을 파악하는 데 초점을 맞추는 것이 좋다.

3 듣기 평가 이것만은 꼭!

❶ 평가 진행 방식을 숙지한다.

듣기는 3개 유형으로 나뉘며 모두 두 번씩 들려준다. EXERCICE 1, 2 유형의 경우 첫 번째 듣기가 시작되기 전 30초 동안 문제를 읽고 첫 번째 듣기가 끝난 후 다시 30초의 시간이 주어져 이때 답을 고를 수 있다. 그리고 이어서 두 번째 듣기가 진행된 뒤, 1분 동안 답을 정리하는 방식이다. 반면 EXERCICE 3 유형은 첫 번째 듣기 전 1분의 시간이 주어지며 첫 번째 듣기가 끝난 후 3분의 시간이 주어진다. 그리고 두 번째 듣기가 끝나면 2분의 시간이 주어진다. 따라서 유형에 따른 시간 배분에 유의해야 한다.

❷ 확실히 아는 문제에 집중한다.

듣기에서는 확실히 아는 문제는 반드시 맞히겠다는 전략을 세우는 것이 좋다. 문제를 주의 깊게 듣되, 어려운 문제는 과감히 넘기는 것도 방법이다. 확실하게 점수를 받을 수 있는 문제에 집중하는 것이 좋다.

❸ 음성 내용의 전개 순서와 문제 순서는 일치한다.

일반적으로 듣기 텍스트의 순서는 문제의 순서와 일치한다. 예를 들어 음성 내용의 앞부분은 첫 번째 문제로, 뒷부분의 내용은 마지막 문제로 출제될 확률이 높다. 따라서 음성 내용의 순서에 따라 문제를 푸는 것이 바람직하다.

❹ 문제 및 보기항을 최대한 활용한다.

B1 듣기의 난이도가 점점 높아지고 있는 추세이기 때문에 응시자들이 간혹 문제 자체를 이해하지 못하는 경우가 있다. 이럴 경우 객관식 문제라면 보기항에 있는 어휘들을 적극 활용한다. 예를 들어 답을 모를 경우, 보기항의 어휘들을 훑어본 뒤 음성 내용에 나온 어휘와 의미가 동일하거나 비슷한 어휘를 답으로 고르는 것이다. 문제를 풀 때 발문과 보기항만 잘 봐도 10점 이상은 확보할 수 있다.

❺ 듣기 영역에서는 최소 점수만 확보해도 성공이다.

영역별로 5점 이하면 전체 점수가 50점이 넘더라도 합격할 수 없기 때문에, 듣기에서 최소 점수를 넘지 못할까 봐 걱정하는 응시자가 많다. 그러나 듣기 평가에서 점수를 높게 받는 경우는 매우 드물다. 따라서 듣기 영역에서는 최소 점수만 넘기고 전체적인 점수는 독해를 비롯한 다른 영역에서 획득한다는 마음으로 시험에 임하는 것이 좋다.

듣기 평가

EXERCICE 1

잠깐 듣기 평가 EXERCICE 1을 시작하기 전, 듣기 영역 전체에 해당하는 아래 지시문을 들려줍니다.

Vous allez entendre trois documents sonores, correspondant à trois exercices.
Pour le premier et le deuxième document, vous aurez :

- 30 secondes pour lire les questions ;
- une première écoute, puis 30 secondes de pause pour commencer à répondre aux questions ;
- une seconde écoute, puis 1 minute de pause pour compléter vos réponses.

Pour répondre aux questions, cochez (☒) la bonne réponse ou écrivez l'information demandée.

당신은 3개의 문제들에 해당하는 3개의 음성 자료들을 듣게 될 것입니다.
첫 번째와 두 번째 자료에서 당신은:

- 문제들을 읽기 위한 30초
- 첫 번째 듣기, 그리고 질문들에 답을 하기 위한 30초의 시간
- 두 번째 듣기, 그리고 당신의 답변들을 완성하기 위한 1분의 시간

질문들에 답하기 위해서 정답에 ☒를 하거나 요구되는 정보를 쓰세요.

이어서 EXERCICE 1 지시문을 들려줍니다.

Vous écoutez une conversation.
Lisez les questions. Écoutez le document puis répondez.

당신은 대화를 듣습니다.
문제들을 읽으세요. 자료를 듣고 답하세요.

완전 공략

1 핵심 포인트

총 문항 수는 6문제 정도로, 객관식 4문제, 주관식 2문제로 구성되며 3개의 듣기 평가 유형 중 가장 난이도가 낮다. 특정한 상황과 관련하여 문제가 되는 주제에 대해 두 사람이 대화를 나누는 방식으로, 우선 무엇에 대한 이야기인지 파악해야 한다. 주관식 문제가 있긴 하지만 긴장할 필요는 없다. 왜냐하면 답은 명사나 명사구로 간단히 작성하는 경우가 많기 때문이다.

2 빈출 주제

두 사람 간의 관계가 친구, 교사와 학생, 손님과 직원, 직장 동료로 매우 다양하고 주제 또한 제안, 부탁, 불만 등 매우 광범위하다. 그러므로 우선 인칭대명사나 핵심 단어를 파악해 무엇에 대한 이야기인지 추측하며 듣는 것이 좋다.

3 고득점 전략

① 의문사를 파악한다.

문제에 제시된 의문사를 파악한다. 특히 주관식 문제의 경우 'quand(언제), où(어디서), qui(누가), comment(어떻게), que(무엇을), pourquoi(왜)'와 같은 의문사는 답을 유추할 수 있게 해 주는 중요한 단서가 된다.

② 놓친 문제가 있어도 당황하지 않는다.

대화 내용이 길기 때문에 지문의 어느 부분에서 답을 찾을 수 있는지 파악하는 것이 쉽지 않을 수 있다. 그러나 음성 내용과 문제의 순서가 대개 일치하기 때문에, 첫 번째 듣기에서 놓친 내용이 있더라도 당황하지 말자.

③ 기본적인 어휘나 표현을 숙지한다.

주관식의 답이 요일, 날짜, 달, 계절이거나 운동, 음식, 여가 활동 등의 특정 영역일 수 있다. 따라서 이와 같은 기본적인 어휘나 표현들을 정확히 숙지하는 것이 좋다.

EXERCICE 1 실전 연습

Track 1-01

Étape 1

공략에 따라 EXERCICE 1 연습 문제를 풀어 보세요.

Lisez les questions. Écoutez le document puis répondez.

❶ Jean s'est inscrit ______________

A ☐ au club de sport.
B ☐ à l'institut de langues.
C ☐ à l'école de musique.

❷ Jean n'est pas content parce que (qu') ______________

A ☐ il a payé des frais d'inscription trop cher.
B ☐ il y a une erreur sur son inscription.
C ☐ l'employé n'était pas gentil avec lui.

❸ Qu'est-ce que la femme demande à Jean par rapport à l'inscription ?

....

❹ Quel est l'avantage de l'escalade ?

A ☐ Elle permet de garder un corps en bonne santé.
B ☐ Elle est utile pour perdre du poids.
C ☐ Elle est efficace pour se détendre.

❺ Pourquoi Jean refuse de faire de l'escalade ?

A ☐ Parce qu'il a déjà fait cette activité auparavant.
B ☐ Parce qu'il a peur de l'eau.
C ☐ Parce qu'il ne se sent pas bien quand il est en hauteur.

❻ Qu'est-ce que Jean doit apporter ?

....

Étape 2

문제 1의 내용을 해석해 보세요.

문제를 읽으세요. 자료를 듣고 답하세요.

❶ Jean은 ______________ 등록했다.

A □ 스포츠 클럽에

B □ 어학원에

C □ 음악 학교에

❷ Jean은 만족하지 못하는데 왜냐하면 ______________ 때문이다.

A □ 그가 등록비를 너무 비싸게 지불했기

B □ 등록에 실수가 있기

C □ 직원이 그에게 친절하지 않았기

❸ 여자는 등록과 관련해 Jean에게 무엇을 묻는가?

....

❹ 등반의 장점은 무엇인가?

A □ 건강한 몸을 유지할 수 있게 한다.

B □ 살을 빼는 데 유용하다.

C □ 긴장을 푸는 데 효과적이다.

❺ 왜 Jean은 등반하는 것을 거절하는가?

A □ 왜냐하면 그는 이 활동을 이전에 이미 했기 때문에.

B □ 왜냐하면 그는 물을 무서워하기 때문에.

C □ 왜냐하면 그는 높은 곳에 있으면 기분이 좋지 않기 때문에.

❻ Jean은 무엇을 가져가야만 하는가?

....

Étape 3

문제 1의 필수 어휘를 익히고, 스크립트를 확인해 보세요.

s'inscrire à ~에 등록하다 | escalade (f) (암벽) 등반 | efficace 효과적인 | se détendre 휴식하다, (긴장이) 완화되다 | auparavant 전에 | apprendre 배우다 | nager 수영하다 | grimper 기어오르다 | remplir 필요 사항을 써 넣다 | formulaire (m) 서식 | se rappeler 기억하다 | corps (m) 신체 | essayer 시도하다 | hauteur (f) 높이 | complet 꽉 찬 | choix (m) 선택 | maillot (de bain) (m) 수영복 | bonnet (m) 챙 없는 모자

스크립트

A: Bonjour madame. Je m'appelle Jean et je suis venu pour vous demander quelque chose. 안녕하세요. 제 이름은 Jean인데요, 당신에게 부탁할 것이 있어서 왔습니다.

B: Bonjour. Qu'est-ce qu'il y a ? 안녕하세요. 무슨 일이시죠?

A: Voilà, je me suis inscrit dans votre club par Internet mais vous m'avez mis dans un groupe d'escalade. 다름이 아니라, 제가 인터넷으로 당신 클럽에 가입을 했는데 저를 등반 그룹에 넣었더군요.

B: Oui. Il y a un problème ? 네. 문제가 있으신가요?

A: Bien sûr. Je suis venu ici pour apprendre à nager. Mais l'escalade, c'est une activité où on grimpe sur la montagne, n'est-ce pas ? Je déteste la montagne. 물론이죠. 저는 수영하는 것을 배우기 위해 이곳에 왔어요. 그런데 등반은 산을 오르는 활동이잖아요, 안 그래요? 저는 산을 아주 싫어해요.

B: Ah bon ? Est-ce que vous avez correctement rempli le formulaire d'inscription ? 아 그래요? 등록 서류를 올바르게 작성하셨나요?

A: Je ne sais pas. Je ne me rappelle pas bien. En tout cas, je voudrais changer de groupe. 모르겠어요. 기억이 잘 나지 않네요. 어쨌든 그룹을 바꾸길 원해요.

B: Mais l'escalade est un très bon sport pour garder un corps en bonne santé. Vous ne voulez pas l'essayer ? 그렇지만 등반은 건강한 몸을 유지하는 데 아주 좋은 운동입니다. 그것을 해 보지 않으시겠어요?

A: Ah non ! Je ne me sens pas bien quand je suis en hauteur. 아 천만에요! 저는 높은 곳에 있으면 기분이 좋지 않아요.

B: C'est dommage. Attendez une minute. Je vais voir s'il y a des places pour le club de natation... Ah, je suis désolée mais c'est complet pour le cours de l'après-midi. Il n'y a qu'une place pour le cours du matin. 유감입니다. 잠깐 기다리세요. 수영 클럽에 자리가 있는지 볼게요... 아, 죄송합니다만 오후 수업은 자리가 꽉 찼네요. 오전 수업에 딱 한 자리가 있어요.

A: Tant pis. Je n'ai pas d'autre choix. 어쩔 수 없죠. 다른 선택이 없으니까요.

B: Entendu. Vous pouvez suivre le cours de natation à partir de demain. Venez avec votre maillot de bain et un bonnet. 알겠습니다. 내일부터 수영 수업을 들으실 수 있어요. 수영복이랑 수영모를 가지고 오세요.

A: Merci. Au revoir. 고마워요. 안녕히 계세요.

B: Au revoir. 안녕히 가세요.

Étape 4

문제 1의 해설을 확인해 보세요.

문제 분석

스포츠 클럽에서의 대화이다. 우선 등록하는 데 있어 무엇이 문제인지 파악해야 한다. 그리고 이와 관련되어 이어지는 구체적인 상황들(등산을 싫어하는 이유, 수업 시간, 준비물 등)이 어떻게 전개되는지에 초점을 맞추어야 한다.

해설

문항	풀이 요령
1	Jean이 어떤 수업에 등록했는지 묻는 문제이다. 첫 번째 질문이므로 앞부분에 정답의 단서가 있을 가능성이 높다. 듣기 지문에 'je me suis inscrit dans votre club'이라는 문장에서 'club'이 나오고 'escalade', 'natation'을 통해 'sport'라는 것을 알 수 있으므로 정답은 **A**.
2	Jean의 불만이 무엇인지 묻는 문제이다. 첫 번째 보기항은 등록비에 대한 것이고 두 번째 보기항은 등록 오류에 대한 것이다. 그리고 세 번째 보기항은 직원의 친절함에 대한 것이다. 'vous m'avez mis dans un groupe d'escalade. 당신은 나를 등반 그룹에 넣었다', 'Je suis venu ici pour apprendre à nager. 나는 수영하는 것을 배우기 위해 이곳에 왔다'라는 문장에서 등산이 아니라 수영을 하러 왔다는 것을 알 수 있다. 따라서 등록이 잘못되었다는 **B**가 정답이다.
3	직원이 Jean에게 무엇을 묻는지 묻는 문제이다. 'Est-ce que vous avez correctement rempli le formulaire d'inscription ?'이라는 문장을 통해 등록 서류를 제대로 작성했는지를 묻고 있음을 알 수 있다. 따라서 정답은 **S'il a correctement rempli le formulaire d'inscription**이 되어야 한다. 이때 듣기 지문에서는 Jean이 대화의 주체이므로 1인칭 단수나 2인칭 복수의 형태로 나타나지만 응시자의 입장에서는 Jean이 제삼자이기 때문에 3인칭 대명사를 써야 한다는 점에 유의해야 한다.
4	등반의 장점이 무엇인지 묻는 문제이다. 'l'escalade est un très bon sport pour garder un corps en bonne santé. 등반은 건강한 몸을 유지하는 데 아주 좋은 운동'이라는 내용이 나온다. B는 몸무게를 줄이는 것이고 C는 긴장을 푼다는 것이다. 따라서 정답은 **A**.
5	Jean이 등반을 싫어하는 이유를 묻는 문제이다. 듣기 지문에 'Je ne me sens pas bien quand je suis en hauteur. 저는 높은 곳에 있으면 기분이 좋지 않아요'라는 내용이 나오므로 정답은 **C**이다. A는 이미 경험이 있다는 것이고 B는 물을 무서워한다는 것이므로 내용과 관련이 없다.
6	Jean이 무엇을 준비해야 하는지에 대한 문제이다. 듣기 지문에서 'Venez avec votre maillot de bain et un bonnet. 수영복이랑 수영모를 가지고 오라'고 했으므로 정답은 **Le (Un) maillot de bain et le (un) bonnet.**

문제 2

EXERCICE 1 실전 연습

Track 1-02

Étape 1

공략에 따라 EXERCICE 1 연습 문제를 풀어 보세요.

Lisez les questions. Écoutez le document puis répondez.

❶ Ce dialogue se passe :

A □ à l'office de tourisme.

B □ dans un salon de beauté.

C □ dans un magasin de vêtements.

❷ Pourquoi est-ce que l'homme veut échanger le produit ?

....

❸ Qu'est-ce que la femme avait conseillé à l'homme ?

A □ D'acheter ce produit le plus vite possible.

B □ De venir avec sa sœur.

C □ D'acheter ce produit pendant la période des soldes.

❹ Qu'est-ce qu'il faut changer en plus de la taille ?

A □ La longueur.

B □ Le prix.

C □ La couleur.

❺ Quel est le problème pour cet échange ?

A □ Il n'y a pas le produit que l'homme veut.

B □ Il faut payer un supplément.

C □ La femme ne veut pas échanger le produit avec un autre.

❻ Qu'est-ce que la femme demande à l'homme à la fin de ce dialogue ?

....

Étape 2

문제 2의 내용을 해석해 보세요.

문제를 읽으세요. 자료를 듣고 답하세요.

❶ 이 대화는 ________________ 일어나고 있다.

A □ 관광 사무소에서

B □ 미용실 안에서

C □ 옷 가게 안에서

❷ 왜 남자는 제품을 교환하기를 원하는가?

....

❸ 여자는 남자에게 무엇을 조언하였는가?

A □ 이 제품을 최대한 빨리 살 것.

B □ 여동생과 함께 올 것.

C □ 할인 기간 동안 이 제품을 살 것.

❹ 남자는 치수 이외에도 무엇을 바꾸어야 하는가?

A □ 길이.

B □ 가격.

C □ 색깔.

❺ 이 교환에 있어서 문제는 무엇인가?

A □ 남자가 원하는 제품이 없다.

B □ 추가 요금을 지불해야 한다.

C □ 여자가 제품을 다른 것으로 교환해 주기를 원하지 않는다.

❻ 이 대화 마지막에 여자는 남자에게 무엇을 요구하는가?

....

Étape 3

문제 2의 필수 어휘를 익히고, 스크립트를 확인해 보세요.

필수 어휘

échanger 교환하다 | **conseiller** 권하다, 조언하다 | **solde (m)** 세일 | **en plus de** ~이외에도 | **taille (f)** 치수 | **longueur (f)** 길이 | **supplément (m)** 보충, 추가 요금 | **aider** 돕다 | **pantalon (m)** 바지 | **plaire à** ~의 마음에 들다 | **cadeau (m)** 선물 | **se souvenir de** ~을 기억하다 | **genre (m)** 종류, 유형 | **contacter** 연락하다 | **repasser** 다시 들르다 | **déranger** 방해하다

스크립트

A: Bonjour. Je peux vous aider ? 안녕하세요. 도와드릴까요?

B: Oui. J'ai acheté un pantalon hier et je voudrais l'échanger. 네. 저는 어제 바지를 샀는데 교환하고 싶어요.

A: Pourquoi ? Il ne vous plaît pas ? 왜요? 마음에 들지 않으세요?

B: En fait, je l'ai acheté pour ma sœur comme cadeau d'anniversaire. Elle l'a essayé mais il était trop petit. 사실, 생일 선물로 내 여동생을 위해 이것을 샀는데요. 그녀가 입어 보았지만 너무 작았어요.

A: Ah, je me souviens de vous. C'était la raison pour laquelle je vous avais conseillé de venir avec votre sœur. Ce genre de problème arrive souvent. 아, 당신이 기억납니다. 그래서 제가 당신에게 당신의 여동생과 같이 올 것을 권했던 것이에요. 이런 유형의 문제가 자주 일어나거든요.

B: J'aurais dû écouter votre conseil. 제가 당신의 충고를 들었어야 했어요.

A: Ce n'est pas grave. Alors, une taille un peu plus grande avec la même couleur, c'est ça ? 괜찮습니다. 그럼 같은 색깔에 조금 더 큰 치수죠, 그렇죠?

B: Non, elle n'aime pas la couleur. Elle le voudrait en noir. 아니요, 그녀는 색깔을 좋아하지 않아요. 그녀는 검은색으로 원합니다.

A: Entendu. Je vais voir s'il y a le pantalon que vous voulez. ... Désolée. On a un pantalon un peu plus grand, mais pas en noir. 알겠습니다. 당신이 원하는 바지가 있는지 볼게요... 죄송한데요. 조금 더 큰 치수의 바지는 있는데 검은색이 아닙니다.

B: Alors, comment faire ? 그럼 어떻게 해야 하죠?

A: Si vous me donnez votre numéro de téléphone, je vais vous contacter dès qu'on aura de nouveau ce pantalon. Sinon, vous pouvez venir la semaine prochaine. C'est comme vous voulez. 제게 당신의 전화번호를 주시면 새로 이 바지가 생기는 대로 연락을 드릴게요. 그렇지 않으면 다음 주에 오셔도 됩니다. 원하시는 대로 하세요.

B: Bon. Je repasserai la semaine prochaine. C'est mieux comme ça. 그럼 다음 주에 다시 들를게요. 그게 더 낫겠네요.

A: D'accord. 알았어요.

B: Excusez-moi de vous avoir dérangée. 당신을 번거롭게 해서 죄송해요.

A: Je vous en prie. Je suis là pour aider les clients. 천만에요. 고객들을 돕기 위해 제가 여기에 있는 것인데요.

B: Alors, à la semaine prochaine ! 그럼, 다음 주에 뵙죠!

A: Au revoir. 안녕히 가세요.

문제 2의 해설을 확인해 보세요.

문제 분석

옷 가게에서 벌어지는 대화로서, 옷과 관련된 문제의 경우 치수와 색깔을 묻는 문제가 자주 출제된다는 점을 숙지하고 이 부분을 주의 깊게 듣는 것이 좋다. 특히, 이 대화에서는 남성이 옷의 치수와 색깔 두 가지 때문에 옷을 교환하고자 하므로 유의하자. 대화에서 누군가 어떠한 문제를 제기하는 경우 무엇이 문제인지, 그리고 그 문제가 어떻게 해결되었는지에 초점을 맞춰 들어야 한다.

해설

문항	풀이 요령
1	대화가 벌어지는 장소를 묻는 문제이다. 지문에서 'J'ai acheté un pantalon hier et je voudrais l'échanger 저는 어제 바지를 샀는데 교환하고 싶어요'라는 내용이 나온다. 따라서 옷 가게인 **C**가 정답이다. A는 관광 사무소, B는 미용실이다.
2	남자가 왜 제품을 바꾸려고 하는지, 즉 상점에 온 목적을 묻는 문제이다. 지문에 여동생을 위해 바지를 샀는데 'il était trop petit 너무 작았다'는 내용이 나온다. 따라서 정답은 '치수가 너무 작다'인 **Parce que la taille était trop petite.**이다.
3	여직원이 남자에게 무엇을 조언했는지를 묻는 문제이다. 지문에 'C'était la raison pour laquelle je vous avais conseillé de venir avec votre sœur 그래서 제가 당신에게 당신의 여동생과 같이 오라고 권했다'는 내용이 나오므로 정답은 **B**.
4	치수 이외에 무엇을 바꿔야 하는지에 대해 묻는 문제이다. 'elle n'aime pas la couleur. Elle le voudrait en noir 그녀는 색깔을 좋아하지 않아요. 그녀는 검은색으로 원합니다'는 내용이 있으므로 정답은 **C**.
5	교환 시 문제가 무엇인지 묻고 있다. 'On a un pantalon un peu plus grand, mais pas en noir 조금 더 큰 치수의 바지는 있는데 검은색이 아닙니다'는 문장이 나온다. 즉, 이는 남자가 원하는 물건이 없다는 뜻이다. 따라서 정답은 **A**.
6	직원이 손님에게 마지막에 요구하는 것이 무엇인지 묻는 문제이다. 'Si vous me donnez votre numéro de téléphone 제게 당신의 전화번호를 주시면'이라는 문장이 나온다. 전화로 연락을 하거나 다음 주에 직접 오거나 두 가지 중에 직원이 요구한 것은 전화번호이다. 따라서 정답은 **Donner le numéro de téléphone.**이다.

문제 3

EXERCICE 1 실전 연습

Track 1-03

Étape 1

공략에 따라 EXERCICE 1 연습 문제를 풀어 보세요.

Lisez les questions. Écoutez le document puis répondez.

❶ Pourquoi est-ce que Pierre téléphone à Hélène ?

A □ Pour proposer de sortir.

B □ Pour travailler ensemble à la bibliothèque.

C □ Pour regarder la télé ensemble.

❷ Pourquoi Hélène préfère rester à la maison ?

....

❸ Pourquoi Pierre a besoin de se détendre ?

A □ Parce qu'il était stressé par ses examens.

B □ Parce qu'il est tombé malade.

C □ Parce qu'il vient de rentrer de voyage.

❹ Quel est le projet d'Hélène ?

A □ Faire du sport.

B □ Regarder la télé avec ses amis.

C □ Voyager avec Pierre.

❺ Qu'est-ce que Pierre propose à Hélène après le cinéma ?

....

❻ Hélène va téléphoner à ses amis pour ______________________

A □ prendre rendez-vous.

B □ annuler leur rendez-vous.

C □ demander un rendez-vous.

Étape 2

문제 3의 내용을 해석해 보세요.

문제를 읽으세요. 자료를 듣고 답하세요.

❶ 왜 Pierre는 Hélène에게 전화하는가?

A □ 외출할 것을 제안하기 위해.

B □ 도서관에서 같이 공부하기 위해.

C □ 텔레비전을 같이 보기 위해.

❷ 왜 Hélène은 집에 있기를 더 선호하는가?

....

❸ 왜 Pierre는 휴식할 필요가 있는가?

A □ 왜냐하면 시험으로 인해 스트레스를 받았기 때문이다.

B □ 왜냐하면 병에 걸렸기 때문이다.

C □ 왜냐하면 여행에서 막 돌아왔기 때문이다.

❹ Hélène의 계획은 무엇인가?

A □ 운동을 하는 것.

B □ 친구들과 텔레비전을 보는 것.

C □ Pierre와 여행하는 것.

❺ Pierre는 영화 이후에 Hélène에게 무엇을 제안하는가?

....

❻ Hélène은 ______________________ 위해 친구들에게 전화를 할 것이다.

A □ 약속을 정하기

B □ 약속을 취소하기

C □ 약속을 청하기

Étape 3

문제 3의 필수 어휘를 익히고, 스크립트를 확인해 보세요.

필수 어휘

avoir besoin de ~을 필요로 하다 | **se détendre** 휴식하다, (긴장이) 완화되다 | **annuler** 취소하다 | **n'importe quand** 아무 때나 | **sortir (un film)** 개봉하다 | **aventure (f)** 모험 | **cas (m)** 경우 | **enregistrer** 녹음, 녹화하다 | **avoir raison** 옳다 | **prendre un verre** 술을 한잔하다 | **se voir** 서로 만나다

스크립트

P: Allô ? Hélène ! C'est moi, Pierre. Qu'est-ce que tu fais ? 여보세요? Hélène! 나야, Pierre. 뭐하고 있니?

H: Je regarde la télé. 텔레비전 보고 있어.

P: Aujourd'hui, c'est samedi et il fait trop beau pour rester à la maison ! 오늘 토요일이고 집에 있기에는 날씨가 너무 좋아!

H: Je ne veux pas sortir parce qu'il y a trop de monde dans la rue. Mes amis vont venir regarder la télé avec moi. 나는 거리에 사람들이 너무 많아서 외출하고 싶지 않아. 내 친구들이 나와 함께 텔레비전을 보러 올 거야.

P: Ah non ! On vient de finir les examens. Il faut sortir pour se détendre. 아 안돼! 시험이 막 끝났잖아. 휴식하기 위해 외출해야 해.

H: Non, ça va. Je vais manger de la pizza avec mes amis à la maison. 아냐, 됐어. 나는 집에서 친구들과 피자를 먹을 거야.

P: Tu peux en manger n'importe quand. Il y a un très bon film qui est sorti la semaine dernière. 너는 그것을 아무 때나 먹을 수 있잖아. 지난주에 개봉한 아주 좋은 영화가 있어.

H: Quel genre de film ? 어떤 장르의 영화인데?

P: Un film d'aventure. Mon oncle m'a donné deux places de cinéma, alors je t'invite. Qu'est-ce que tu en penses ? 모험 영화야. 삼촌이 영화관 좌석 2개를 주셨는데 내가 너를 초대할게. 어떻게 생각해?

H: C'est vrai ? Dans ce cas-là, ça change tout. Mais il y a aussi un film intéressant à la télé ce soir. 정말이야? 그러면 얘기가 달라지지. 그런데 오늘 저녁에 텔레비전에서도 재미있는 영화가 있는데.

P: Pas de problème. Tu n'as qu'à l'enregistrer. 문제없지. 너는 그것을 녹화하기만 하면 돼.

H: Tu as raison. Le film commence à quelle heure ? 네 말이 맞아. 영화가 몇 시에 시작하는데?

P: À 16 heures. Après le film, on peut dîner ensemble et prendre un verre. 16시에. 영화 후에 저녁을 함께 먹고 술을 한잔할 수 있어.

H: C'est une bonne idée. 좋은 생각이야.

P: Alors on se voit à 15 h 30 devant l'entrée du cinéma. 그럼 15시 30분에 영화관 입구 앞에서 봐.

H: D'accord. À tout à l'heure ! Je dois téléphoner à mes amis pour annuler notre rendez-vous. 좋아. 이따 봐! 약속을 취소하기 위해 내 친구들에게 전화를 해야 해.

P: Ils comprendront. 걔네들은 이해할 거야.

H: Je l'espère. 그랬으면 좋겠어.

Étape 4

문제 3의 해설을 확인해 보세요.

문제 분석

친구와 약속을 잡고 있는 상황이다. 이 대화에서는 전체적인 흐름을 파악하는 것이 중요하다. Pierre가 외출하자고 한 이유, 그런데 Hélène이 처음에 그 제안을 거절한 이유, 그리고 Pierre와 Hélène이 만나서 무엇을 하기로 했는지를 파악해야 한다. 이러한 유형의 문제에서는 약속 시간과 장소, 이유, 만나서 할 일이 무엇인지 묻는 문제가 출제되므로 이러한 정보에 주의를 기울여야 한다.

해설

문항	풀이 요령
1	Pierre가 Hélène에게 전화한 목적을 묻는 문제이다. 지문에 'c'est samedi et il fait trop beau pour rester à la maison ! 오늘 토요일이고 집에 있기에는 날씨가 너무 좋다'는 내용과 'Il faut sortir pour se détendre 휴식하기 위해 외출해야 해'라는 내용이 나온다. 그러므로 정답은 **A**.
2	Hélène이 집에 있고 싶어 하는 이유를 묻는 문제이다. 지문에 'Je ne veux pas sortir parce qu'il y a trop de monde dans la rue 나는 거리에 사람들이 너무 많아서 외출하고 싶지 않아'라는 문장이 나온다. 그러므로 정답은 **Parce qu'il y a trop de monde dans la rue.** 질문이 pourquoi로 시작하는 문제의 경우 ① 답변을 parce que로 시작하고 ② 답변이 긴 경우가 많으므로 두 번째 들을 때 이 부분을 집중해서 들어야 한다.
3	Pierre가 휴식해야 하는 이유를 묻는 문제이다. 지문에서 'On vient de finir les examens. Il faut sortir pour se détendre 시험이 막 끝났어. 휴식하기 위해 외출해야 해'라는 문장이 나온다. 따라서 정답은 **A**. DELF 시험에서는 보기항의 어휘와 지문 어휘의 반복을 피하는 경향이 있다. 즉, 듣기 지문에 나온 어휘를 보기항에서는 뜻이 비슷한 다른 어휘로 제시하는 식이다. 따라서 se détendre 대신에 se reposer (휴식을 취하다), se relaxer (휴식하다) 등의 어휘가 보기항에 제시될 수도 있다는 점에 유의한다.
4	Hélène의 계획이 무엇인지를 묻는 문제이다. 지문에서 Hélène이 Pierre의 외출 제안을 거절하는 말 중에 'Mes amis vont venir regarder la télé avec moi 내 친구들이 나와 함께 텔레비전을 보러 올 거야'라는 문장이 나온다. 따라서 정답은 **B**이다. 듣기 문제를 풀 때에는 미리 보기항을 훑어본 뒤 문제를 들으며 보기항의 내용이 나오는지를 확인하는 것이 좋다.
5	Pierre가 Hélène에게 영화를 본 후 제안한 활동에 관한 문제이다. 지문에 'Après le film, on peut dîner ensemble et prendre un verre 영화 후에 저녁을 함께 먹고 술을 한잔할 수 있다'는 내용이 나온다. 따라서 정답은 **De dîner ensemble et prendre un verre.**
6	Hélène이 친구들에게 전화를 해야 하는 이유에 대해 묻는 문제이다. 정답을 찾기 위해서는 지문에서 전화와 관련된 부분에 집중해야 한다. 'Je dois téléphoner à mes amis pour annuler notre rendez-vous 약속을 취소하기 위해 내 친구들에게 전화를 해야 해'라는 내용이 나오므로 정답은 **B**.

EXERCICE 1 실전 연습

Track 1-04

Étape 1

공략에 따라 EXERCICE 1 연습 문제를 풀어 보세요.

Lisez les questions. Écoutez le document puis répondez.

❶ De quoi la femme veut-elle parler ?

A ☐ Du problème des congés.
B ☐ Du problème du salaire.
C ☐ Des conditions de travail.

❷ Quel est la première chose dont cette femme est mécontente ?

A ☐ La relation avec ses collègues.
B ☐ Le manque d'espace du bureau.
C ☐ Les heures de travail.

❸ Pourquoi demande-t-elle deux heures de pause ?

....

❹ Elle se sent très fatiguée ______________________

A ☐ parce qu'elle finit le travail très tard.
B ☐ parce qu'elle habite trop loin de son bureau.
C ☐ parce qu'elle commence le travail très tôt.

❺ Elle demande au directeur ______________________

A ☐ de changer ses heures de travail.
B ☐ d'augmenter son salaire.
C ☐ de faire des heures supplémentaires.

❻ Pourquoi aimerait-elle travailler un week-end sur deux ?

....

Étape 2

문제 4의 내용을 해석해 보세요.

문제를 읽으세요. 자료를 듣고 답하세요.

❶ 여자는 무엇에 대해 말하고 싶은가?

A □ 휴가 문제에 대해.
B □ 월급 문제에 대해.
C □ 근무 조건에 대해.

❷ 이 여자가 불만족스러워 하는 첫 번째 문제는 무엇인가?

A □ 동료들과의 관계.
B □ 사무실 공간 부족.
C □ 근무 시간.

❸ 왜 그녀는 2시간의 휴식 시간을 요구하는가?

....

❹ 그녀는 ______________ 매우 피곤함을 느낀다.

A □ 일을 매우 늦게 끝내기 때문에
B □ 사무실에서 너무 멀리 살고 있기 때문에
C □ 일을 너무 일찍 시작하기 때문에

❺ 그녀는 ______________ 사장에게 요구한다.

A □ 근무 시간을 바꿔 줄 것을
B □ 월급을 올려 줄 것을
C □ 추가 근무를 할 것을

❻ 왜 그녀는 격주로 주말에 일하기를 원하는가?

....

Étape 3

문제 4의 필수 어휘를 익히고, 스크립트를 확인해 보세요.

필수 어휘

congé (m) 휴가 | **salaire (m)** 월급 | **mécontent** 불만족스러운 | **manque (m)** 부족 | **espace (m)** 공간, 장소 | **pause (f)** 휴식 (시간) | **augmenter** 증가시키다 | **supplémentaire** 추가적인 | **stagiaire** 실습자, 연수자 | **avoir besoin de** ~을 필요로 하다 | **se reposer** 휴식을 취하다 | **se sentir** 느끼다 | **réfléchir** 숙고하다

스크립트

A: Bonjour, monsieur. Je voudrais vous parler de mes conditions de travail. 안녕하세요. 저의 근무 조건에 대해 당신에게 말씀드리고 싶습니다.

B: Allez-y ! 말씀해 보세요!

A: Je travaille ici comme stagiaire. 저는 인턴으로 이곳에서 일하고 있습니다.

B: Je le sais bien. 잘 알고 있어요.

A: Mais vous m'avez demandé de travailler de 5 heures du matin à 14 heures, avec une pause de 45 minutes. 하지만 당신은 저에게 45분의 휴식 시간과 함께 아침 5시부터 14시까지 일하라고 요구하셨습니다.

B: Et alors ? Quel est votre problème ? 그런데요? 당신의 문제는 무엇이죠?

A: À vrai dire, je n'ai même pas le temps de m'asseoir avec une pause de moins d'une heure. J'ai besoin de deux heures pour me reposer. 솔직히 말하자면, 한 시간도 안 되는 휴식으로는 앉아 있을 시간조차 없습니다. 휴식을 취하기 위해 두 시간이 필요합니다.

B: Vous travaillez neuf heures et vous voulez deux heures de repos ? Vous m'en demandez trop. 당신은 9시간 일하는데 2시간의 휴식 시간을 원한다고요? 내게 너무 많은 것을 요구하는군요.

A: Mais je commence le travail très tôt, alors je me sens très fatiguée. En plus, je travaille même le week-end. 그렇지만 저는 아주 일찍 일을 시작해서 매우 피곤함을 느낍니다. 게다가 저는 주말에도 일을 하거든요.

B: Alors qu'est-ce que vous attendez de moi ? 그러면, 나에게 원하는 것이 뭐죠?

A: Si vous ne pouvez pas me donner deux heures de pause, je voudrais changer mes heures de travail. Et puis, comme mes parents habitent à la campagne, je dois aller chez eux le week-end alors, je voudrais travailler un week-end sur deux. 만일 2시간의 휴식 시간을 주실 수 없다면 저는 근무 시간을 바꿨으면 좋겠습니다. 그리고 내 부모님께서 시골에 살고 계시기 때문에, 저는 주말에 부모님 댁에 가야 합니다. 그래서 격주로 주말에 일하고 싶습니다.

B: D'accord, je vais y réfléchir. 알았어요, 고려해 보죠.

Étape 4

문제 4의 해설을 확인해 보세요.

문제 분석

근무 조건 개선을 요구하는 내용의 대화이다. 이러한 유형의 문제는 '문제점(불만) – 해결책(요구 조건)'의 구조로 이루어진다. 그러므로 문제점은 무엇이고, 그에 대한 해결책이 무엇인지에 집중하며 들어야 한다. 여기에서는 여자가 사장에게 요구하는 근무 조건이 두 가지인데, 각각의 근무 조건은 무엇인지와 그러한 근무 조건을 요구하는 이유를 파악해야 한다. 특히, 근무 조건 변경을 원하는 이유는 주관식 문제이기 때문에 주의를 기울여야 한다. 1차 듣기에서는 쉬운 문제부터 풀고 2차 듣기에서는 상대적으로 어려운 문제나 주관식 문제에 집중하는 것이 좋은 전략이 될 수 있다.

해설

문항	풀이 요령
1	대화의 전체 주제와 관련한 문제이다. 대화의 첫 부분에서 'mes conditions de travail 근무 조건'에 대해 말하고 싶다고 했으므로 정답은 **C**.
2	여자가 제기한 문제점들 중 처음으로 나온 것이 무엇인지 묻는 문제이다. 'J'ai besoin de deux heures pour me reposer 휴식을 취하기 위해 두 시간이 필요합니다.' 그리고 'je voudrais travailler un week-end sur deux 격주로 주말에 일하고 싶습니다'라고 하였다. 문제에서는 여자가 불만족스러워 하는 첫 번째 문제가 무엇인지 묻고 있으므로 정답은 **C**.
3	2시간의 휴식 시간이 필요한 이유를 묻는 문제이다. 지문에 'je n'ai même pas le temps de m'asseoir 앉아 있을 시간조차 없다'는 내용이 나온다. 따라서 정답은 **Parce qu'elle n'a même pas le temps de s'asseoir.**
4	여자가 피곤함을 느끼는 이유를 묻고 있다. 'je commence le travail très tôt 나는 일을 아주 일찍 시작한다'는 내용이 언급되고 있다. 따라서 이 점을 지적하고 있는 **C**가 정답이다.
5	여자가 요구하는 것이 무엇인지 묻는 문제이다. 지문에 'je voudrais changer mes heures de travail 저는 근무 시간을 바꿨으면 좋겠습니다'는 내용이 나오고 있다. 따라서 정답은 **A**.
6	주말 근무를 격주로 하고 싶어 하는 이유를 묻는 문제이다. 'je dois aller chez eux le week-end 저는 주말에 부모님 댁에 가야 합니다'라는 말을 하고 있으므로 이에 대해 써야 한다. 그러므로 정답은 **Parce qu'elle doit aller chez ses parents à la campagne.** 주관식 문제를 풀 때에는 듣기 지문에 나온 대명사를 그대로 써서는 안 되고, 해당하는 어휘로 바꾸어야 함에 주의하자. 이 문제의 경우 대명사 eux 대신 'ses parents 그녀의 부모님'이라고 바꾸어 써야 한다.

EXERCICE 1 실전 연습

Track 1-05

Étape 1

공략에 따라 EXERCICE 1 연습 문제를 풀어 보세요.

Lisez les questions. Écoutez le document puis répondez.

❶ Pourquoi la jeune fille a-t-elle choisi l'hébergement en maison d'accueil ?

....

❷ Quel est le premier problème de cette jeune fille ?

A ☐ Il n'y a personne quand elle se lève.

B ☐ Personne de la famille ne veut parler avec elle.

C ☐ Elle prend son petit-déjeuner toute seule.

❸ Quel est son problème avec le père de cette famille ?

A ☐ Il boit trop dans la maison.

B ☐ Il fait trop de bruit dans la chambre.

C ☐ Il fume beaucoup dans la maison.

❹ Pourquoi doit-elle prendre son petit-déjeuner tôt ?

....

❺ Elle se lève tard le week-end ______________________

A ☐ parce qu'elle travaille tard la veille.

B ☐ parce que son cours commence l'après-midi.

C ☐ parce qu'elle n'a pas de cours.

❻ Qu'est-ce que la jeune fille veut ?

A ☐ Elle aimerait rester plus longtemps dans cette maison.

B ☐ Elle veut quitter cette maison.

C ☐ Elle veut bien s'entendre avec cette famille.

Étape 2

문제 5의 내용을 해석해 보세요.

문제를 읽으세요. 자료를 듣고 답하세요.

❶ 왜 소녀는 홈스테이를 선택했는가?

....

❷ 이 소녀의 첫 번째 문제는 무엇인가?

A □ 그녀가 일어났을 때 아무도 없다.

B □ 가족 중 아무도 그녀와 말하기를 원하지 않는다.

C □ 그녀는 아침을 혼자 먹는다.

❸ 그 가족의 아버지와 관련한 그녀의 문제는 무엇인가?

A □ 그가 집에서 술을 너무 마신다.

B □ 그가 방에서 너무 시끄럽게 한다.

C □ 그가 집에서 담배를 많이 피운다.

❹ 왜 그녀는 아침 식사를 일찍 해야 하는가?

....

❺ 그녀는 주말에 늦게 일어나는데 ______________________

A □ 왜냐하면 그 전날 늦게 공부하기 때문이다.

B □ 왜냐하면 수업이 오후에 시작하기 때문이다.

C □ 왜냐하면 수업이 없기 때문이다.

❻ 소녀는 무엇을 원하는가?

A □ 그녀는 이 집에서 더 오래 머물고 싶어 한다.

B □ 그녀는 이 집을 떠나고 싶어 한다.

C □ 그녀는 이 가족과 잘 지내고 싶어 한다.

Étape 3

문제 5의 필수 어휘를 익히고, 스크립트를 확인해 보세요.

필수 어휘

hébergement (m) 숙소, 숙박 | **hébergement en maison d'accueil (m)** 홈스테이 | **bruit (m)** 소리 | **s'entendre bien avec** ~와 사이가 좋다, 잘 지내다 | **à propos de** ~에 관하여 | **famille d'accueil (f)** 홈스테이 가족 | **occasion (f)** 기회, 경우 | **supporter** 감당하다 | **fumée (f)** 연기 | **prêt** 준비된 | **salle à manger (f)** 다이닝룸 | **secrétaire** 비서 | **mesure (f)** 조치 | **s'en aller** 떠나다 | **le plus vite possible** 최대한 빨리

스크립트

A: Monsieur, j'ai quelque chose à vous demander à propos de ma famille d'accueil. 선생님, 저의 홈스테이 가족에 관하여 부탁드리고 싶은 게 있습니다.

B: Oui. Vous avez des problèmes ? 네. 문제가 있나요?

A: Comme vous le savez, j'ai choisi l'hébergement en maison d'accueil parce que je voulais avoir beaucoup d'occasions de parler en français. 아시겠지만, 제가 홈스테이를 고른 것은 프랑스어로 말할 기회를 많이 갖고 싶어서였습니다.

B: Oui, je sais bien. 네, 잘 알고 있어요.

A: Mais quand je rentre à la maison, il n'y a personne. Et même s'il y a quelqu'un, personne ne veut parler avec moi. 하지만 제가 집에 돌아오면 아무도 없어요. 누군가가 있다고 해도, 아무도 저와 말하고 싶어 하지 않습니다.

B: Ah bon ? 아 그래요?

A: Ce n'est pas tout. Le père de cette famille fume beaucoup dans la maison. Comme je ne fume pas, je ne peux plus supporter la fumée. 그게 다가 아닙니다. 그 가족의 아버지가 집 안에서 담배를 많이 피우세요. 제가 담배를 피우지 않기 때문에, 더 이상 연기를 견딜 수가 없습니다.

B: Est-ce qu'il y a autre chose ? 그리고 다른 것들은요?

A: Les repas sont aussi un problème pour moi. J'ai un cours qui commence à 9 heures, donc je dois prendre mon petit-déjeuner avant à 8 heures. Mais le repas n'est jamais prêt à cette heure-là. 식사도 저에게는 문제입니다. 저는 9시에 시작하는 수업이 있어서 8시 전에 아침 식사를 해야 합니다. 하지만 그 시간에 식사가 결코 준비되어 있지 않습니다.

B: Ce n'est pas possible ! 말도 안 되는군요!

A: Par contre, comme je n'ai pas de cours le week-end, je me lève un peu plus tard le samedi. Quand je vais à la salle à manger, tout le monde a déjà pris son petit-déjeuner, alors je ne les vois jamais. Je ne veux plus rester dans cette maison. 반대로, 저는 주말에는 수업이 없기 때문에 토요일에는 조금 더 늦게 일어납니다. 다이닝룸에 가 보면, 모두가 벌써 아침 식사를 끝내서 저는 그들을 결코 보지 못해요. 그 집에 더 이상 머물고 싶지 않습니다.

B: Je comprends. Je vais demander à ma secrétaire de prendre des mesures pour vous. Je suis vraiment désolé. 이해해요. 비서에게 당신을 위해 조치를 취하라고 요청할게요. 정말 죄송해요.

A: Merci. Je voudrais m'en aller de cette maison le plus vite possible. 고맙습니다. 최대한 빨리 그 집에서 떠나고 싶어요.

Étape 4

문제 5의 해설을 확인해 보세요.

문제 분석

홈스테이를 하며 발생한 문제와 관련된 대화이다. 우선, 화자가 생각하는 홈스테이의 문제가 무엇인지 구체적으로 파악해야 한다. 그다음에는 그 문제로 인해 어떠한 피해를 입었는지에 주의를 기울여야 한다. 듣기 시험에서는 이 문제와 같이 여러 가지 상황 혹은 조건을 제시한 뒤, 첫 번째 상황 혹은 조건은 무엇인지 두 번째 상황 혹은 조건은 무엇인지 등과 같이 순서를 묻는 문제가 종종 출제된다. 그러므로 순서를 나타내는 말에 집중하며 들어야 한다.

해설

문항	풀이 요령
1	소녀가 홈스테이를 하게 된 이유를 묻는 문제이다. 홈스테이를 결정하게 된 이유가 'je voulais avoir beaucoup d'occasions de parler en français 프랑스어로 말할 기회를 많이 갖고 싶어서였다'라는 내용이 나온다. 따라서 정답은 **Pour avoir beaucoup d'occasions de parler en français.**
2	홈스테이에서 발생한 문제들 중 첫 번째 문제가 무엇인지를 묻고 있다. 따라서 가장 먼저 나오는 문제를 찾아야 한다. 'quand je rentre à la maison, il n'y a personne. Et même s'il y a quelqu'un, personne ne veut parler avec moi 제가 집에 돌아오면 아무도 없어요. 누군가가 있다고 해도 아무도 저와 말하고 싶어 하지 않습니다'라는 부분이 나온다. 이 내용과 일치하는 것은 **B**이다.
3	홈스테이 가족 아버지의 문제가 무엇인지를 묻는 문제이다. 지문에서 'Le père de cette famille fume beaucoup dans la maison... je ne peux plus supporter la fumée 그 가족의 아버지가 집 안에서 담배를 많이 피우세요... 저는 더 이상 연기를 견딜 수가 없어요'라는 내용이 나온다. 따라서 정답은 이와 동일한 내용의 **C**.
4	소녀가 아침 식사를 일찍 해야 하는 이유를 묻는 문제이다. 지문에 'j'ai un cours qui commence à 9 heures, donc je dois prendre mon petit-déjeuner avant à 8 heures 저는 9시에 시작하는 수업이 있어서 8시 전에 아침 식사를 해야 합니다'라는 내용이 있다. 따라서 정답은 **Parce qu'elle a un cours qui commence à 9 heures.**
5	소녀가 주말에 늦게 일어나는 이유와 관련한 문제이다. 'comme je n'ai pas de cours le week-end, je me lève un peu plus tard le samedi 저는 주말에는 수업이 없기 때문에 토요일에는 조금 더 늦게 일어납니다'라는 문장이 나온다. 따라서 정답은 **C**.
6	그녀가 원하는 것이 무엇인지 묻는 문제이다. 지문에 'Je ne veux plus rester dans cette maison 그 집에 더 이상 머물고 싶지 않다'라는 내용이 나온다. 따라서 집을 떠나고 싶다는 의미의 **B**가 정답이다.

문제 6

EXERCICE 1 실전 연습

Track 1-06

Étape 1

공략에 따라 EXERCICE 1 연습 문제를 풀어 보세요.

Lisez les questions. Écoutez le document puis répondez.

❶ Que va faire cette personne le mois prochain ?

A ☐ Il va visiter Paris avec ses étudiants.

B ☐ Il va déménager à Paris avec sa famille.

C ☐ Il va aller à Paris pour trouver du travail.

❷ Qu'a-t-il demandé à l'office de tourisme de Paris ?

....

❸ Pourquoi n'a-t-il reçu aucune réponse ?

A ☐ Parce que la personne chargée de ce travail est très occupée.

B ☐ Parce qu'il a annulé la réservation.

C ☐ Parce que la personne chargée de ce travail a démissionné.

❹ Quel est le problème de cette femme ?

A ☐ Elle n'a pas encore trouvé quelqu'un pour le remplacer.

B ☐ Elle n'a pas encore complètement saisi le travail.

C ☐ Cela fait trop longtemps qu'elle fait ce travail.

❺ Qu'est-ce que l'homme ne peut pas faire à cause de l'employée de l'office de tourisme ?

....

❻ La femme lui promet ______________________

A ☐ de trouver des informations sur Internet.

B ☐ de voyager ensemble.

C ☐ d'envoyer des brochures.

Étape 2

문제 6의 내용을 해석해 보세요.

문제를 읽으세요. 지문을 듣고 답하세요.

❶ 이 사람은 다음 달에 무엇을 할 것인가?

A □ 그는 학생들과 함께 Paris를 방문할 것이다.
B □ 그는 가족과 함께 Paris로 이사할 것이다.
C □ 그는 일을 찾기 위해 Paris에 갈 것이다.

❷ 그는 Paris 관광 사무소에 무엇을 부탁하였는가?

....

❸ 왜 그는 아무런 답변도 받지 못했는가?

A □ 이 일을 맡은 사람이 너무 바쁘기 때문에.
B □ 그가 예약을 취소했기 때문에.
C □ 이 일을 맡은 사람이 회사를 그만두었기 때문에.

❹ 이 여자의 문제는 무엇인가?

A □ 그를 대신할 누군가를 아직 찾지 못했다.
B □ 일을 아직 완전히 숙지하지 못했다.
C □ 이 일을 한 지 너무 오래되었다.

❺ 관광 사무소 직원 때문에 남자는 무엇을 할 수 없는가?

....

❻ 이 여자는 그에게 ____________________________ 약속한다.

A □ 인터넷에서 정보들을 찾아 줄 것을
B □ 함께 여행할 것을
C □ 브로슈어들을 보낼 것을

Étape 3

문제 6의 필수 어휘를 익히고, 스크립트를 확인해 보세요.

필수 어휘

déménager 이사하다 | tourisme (m) 관광 | être chargé de ~을 맡다 | occupé 바쁜 | démissionner 그만두다 | remplacer 대체하다 | complètement 완전히 | saisir 파악하다 | à cause de ~때문에 | brochure (f) 브로슈어 | vérifier 확인하다 | s'occuper de ~을 담당하다 | quand même 그래도 | programme (m) 계획 | assortiment (m) 세트 | indiquer 알려주다

스크립트

A: Allô ? Bonjour madame ! Je suis bien à l'office de tourisme de Paris ? 여보세요? 안녕하세요! 거기 Paris 관광 사무소죠?

B: Oui, est-ce que je peux vous aider ? 네, 제가 도와드릴까요?

A: Je suis professeur et je vais à Paris avec mes étudiants le mois prochain. Alors je vous ai demandé des brochures touristiques par e-mail, mais je n'ai reçu aucune réponse. Je vous téléphone pour savoir ce qui s'est passé. 나는 선생님인데 학생들과 함께 다음 달에 Paris로 갈 거예요. 그래서 당신들에게 메일로 관광 브로슈어들을 부탁했지만 아무런 답장을 받지 못했습니다. 무슨 일인지 알기 위해 전화를 드렸어요.

B: Je vais vérifier. Quel est votre nom ? 확인해 볼게요. 성함이 어떻게 되시죠?

A: Je m'appelle Giovanni. 내이름은 Giovanni입니다.

B: Attendez un instant ! Ah, j'ai trouvé votre e-mail. Vous nous l'avez envoyé il y a quinze jours. 잠시만 기다려 주세요! 아, 당신의 메일을 찾았습니다. 15일 전에 우리에게 보내셨군요.

A: Oui, c'est ça. Alors pourquoi je n'ai reçu aucune réponse de vous ? 네, 그래요. 그런데 왜 당신들로부터 아무런 답변도 받지 못한 거죠?

B: En fait, la personne qui s'occupe de ce genre d'affaires ne travaille plus ici. Il a démissionné il y a deux semaines. 사실, 이런 부류의 일을 담당하는 사람이 더 이상 여기서 일하지 않습니다. 그는 2주일 전에 일을 그만두었어요.

A: Je ne comprends pas. Il y a quand même quelqu'un qui le remplace, non ? 이해가 안 돼요. 그래도 그를 대신할 사람이 있잖아요, 아니에요?

B: C'est moi qui le remplace. Mais j'ai commencé ce travail la semaine dernière, alors je n'ai pas encore complètement tout saisi. 그를 대체하는 사람이 바로 저입니다. 그러나 지난 주에 이 일을 시작해서 나는 아직 일을 완전히 파악하지 못했습니다.

A: Je comprends votre situation, mais moi aussi j'ai beaucoup de choses à préparer pour ce voyage. Je ne peux pas organiser mon programme de voyage à cause de vous. 당신의 상황을 이해하지만 나도 이 여행을 위해 준비해야 할 것이 많아요. 당신들 때문에 여행 계획을 짤 수가 없습니다.

B: Excusez-moi encore. Je vais vous envoyer tout de suite un assortiment de brochures à l'adresse que vous avez indiquée. 다시 한번 죄송합니다. 당신이 알려준 주소로 브로슈어 세트를 즉시 보내 드릴게요.

Étape 4 문제 6의 해설을 확인해 보세요.

문제 분석

여행과 관련한 문제에 대한 전화 통화 내용이다. 우선 남자가 관광 사무소에 전화한 이유가 무엇인지 파악해야 한다. 그다음으로 남자가 관광 브로슈어를 받지 못한 이유와, 그래서 여자가 어떻게 하기로 했는지 파악해야 한다. 이 대화에서는 마지막 부분에서 두 문제가 출제되었기 때문에 끝까지 집중해서 들어야 한다. 대화에서 거론된 '다음 달', '2주 전'과 같은 시간 표현도 출제될 수 있다. 평소 듣기 문제를 풀 때 시간 표지에 집중하는 습관을 들이자.

해설

문항	풀이 요령
1	남자가 다음 달에 무엇을 할 계획인지 묻는 문제이다. 그러므로 '다음 달'이라는 표현이 나오는 부분에 집중해야 한다. 지문에 'je vais à Paris avec mes étudiants le mois prochain 학생들과 함께 다음 달에 Paris에 갈 것이다'라는 내용이 나온다. 따라서 정답은 **A**.
2	남자가 Paris 관광 사무소에 부탁했던 것이 무엇인지를 묻는 문제이다. 여행 정보를 얻기 위해 'des brochures touristiques 관광 브로슈어들'을 메일로 부탁했었다는 내용이 있기 때문에, 정답은 **Des brochures touristiques.**로 적어야 한다. 질문에서 정답을 명사구로 요구하고 있음에 주의하자.
3	남자가 답변을 받지 못한 이유를 묻는 문제이다. 'la personne qui s'occupe de ce genre d'affaires ne travaille plus ici 이런 부류의 일을 담당하는 사람이 더 이상 여기서 일하지 않는다'라는 내용이 나온다. 그리고 'Il a démissionné 그는 일을 그만두었다'는 문장으로 미루어 보아 정답은 **C**.
4	여자의 문제는 무엇인지 묻는 문제이다. 업무와 관련된 어려움에 대한 문제로서 'je n'ai pas encore complètement tout saisi 나는 아직 일을 완전히 파악하지 못했다'라는 내용으로 미루어 보아 정답은 **B**.
5	관광 사무소 직원 때문에 남자가 무엇을 할 수 없는지 묻는 문제이다. 'Je ne peux pas organiser mon programme de voyage à cause de vous 당신들(관광 사무소) 때문에 여행 계획을 짤 수가 없다'라는 내용이 있다. 따라서 정답은 **Organiser son programme de voyage.** 듣기 영역의 주관식 문제를 풀 때에는 시간이 모자랄 것을 대비하여 문제를 들으며 답을 우리말로 적어 놓고 나중에 프랑스어로 바꿔 쓰는 것도 좋은 전략이 될 수 있다.
6	여자가 남자에게 약속한 것이 무엇인지 묻는 문제이다. 'Je vais vous envoyer tout de suite un assortiment de brochures 브로슈어 세트를 즉시 보내 주겠다'는 문장이 있으므로 정답은 **C**.

문제 7

EXERCICE 1 실전 연습

Track 1-07

공략에 따라 EXERCICE 1 연습 문제를 풀어 보세요.

Lisez les questions. Écoutez le document puis répondez.

❶ De quoi s'agit-il ?

A ☐ D'une exposition de voitures.
B ☐ D'un salon du livre.
C ☐ D'une vente de voitures.

❷ Que peuvent faire les visiteurs pendant cet événement ?

....

❸ ______________________________ pour y entrer.

A ☐ Il faut payer
B ☐ Il y a une réduction
C ☐ On n'a pas besoin de payer

❹ Qu'est-ce que l'employée conseille à propos de l'hôtel ?

A ☐ De réserver une chambre sur place.
B ☐ De réserver une chambre le plus vite possible.
C ☐ De réserver une chambre le plus tard possible.

❺ Qu'est-ce que l'homme veut savoir au sujet du problème de langue ?

....

❻ En ce qui concerne les brochures, ______________________________

A ☐ on a le choix parmi plusieurs langues.
B ☐ il y en a une qui est écrite en coréen.
C ☐ il n'y en a qu'une et elle est écrite en français.

Étape 2

문제 7의 내용을 해석해 보세요.

문제를 읽으세요. 자료를 듣고 답하세요.

❶ 무엇에 관한 것인가?

A □ 자동차 전시회에 관한 것.
B □ 도서전에 관한 것.
C □ 자동차 판매에 관한 것.

❷ 방문객들은 이 행사 동안 무엇을 할 수 있는가?

....

❸ 이곳에 들어가기 위해서는 ____________

A □ 돈을 지불해야 한다.
B □ 할인이 있다.
C □ 돈을 지불할 필요가 없다.

❹ 호텔과 관련해서 직원은 무엇을 조언하는가?

A □ 현장에서 방을 예약할 것.
B □ 가능한 한 빨리 방을 예약할 것.
C □ 가능한 한 늦게 방을 예약할 것.

❺ 언어 문제와 관련해서 남자는 무엇을 알고 싶은가?

....

❻ 브로슈어와 관련해서는, ____________

A □ 여러 언어들 중에 선택한다.
B □ 한국어로 쓰인 것이 하나 있다.
C □ 하나만 있는데 프랑스어로 쓰여 있다.

Étape 3

문제 7의 필수 어휘를 익히고, 스크립트를 확인해 보세요.

필수 어휘

exposition (f) 전시회 | **salon (m)** (연례적인) 신제품 전시회 | **vente (f)** 판매 | **événement (m)** 행사 | **réduction (f)** 할인 | **sur place** 현장에서 | **automobile (f)** 자동차 | **essayer** 시도하다 | **détaillé** 상세한 | **renseignement (m)** 정보 | **occasion (f)** 기회 | **conduire** 운전하다 | **gratuit** 무료의 | **choisir** 선택하다

스크립트

A: Allô ? Bonjour. Voilà. Comme j'adore les voitures, je veux aller au salon de l'automobile. J'ai essayé de trouver des informations détaillées, mais il n'y en avait pas beaucoup sur cet événement, alors je voudrais avoir des renseignements sur ce salon. 여보세요? 안녕하세요. 다름이 아니라 제가 자동차를 아주 좋아해서 자동차 전시회에 가고 싶습니다. 자세한 정보를 찾으려고 했지만 이 행사에 대한 것이 많이 없었어서요. 이 전시회에 대한 정보를 얻고 싶어요.

B: Qu'est-ce que vous voulez savoir ? 무엇을 알고 싶으시죠?

A: Quand est-ce que ce salon aura lieu ? Est-ce qu'il y a un événement spécial ? 이 전시회가 언제 열릴 예정이죠? 특별한 행사가 있나요?

B: Il commence à partir du 13 juillet et il finit le 20 juillet. Cette année, les visiteurs peuvent essayer les voitures. 7월 13일부터 시작해서 7월 20일에 끝납니다. 올해는 방문객들이 차를 시승할 수 있습니다.

A: Ah bon ? C'est une bonne occasion de conduire la voiture qu'on veut. L'entrée est gratuite ? Sinon, est-ce qu'il y a une réduction pour les étudiants ? 아 그래요? 원하는 차를 운전해 볼 수 있는 좋은 기회이군요. 입장은 무료입니까? 그렇지 않다면 학생들을 위한 할인이 있나요?

B: C'est gratuit, monsieur. 무료입니다.

A: Est-ce qu'il y a des hôtels près du salon ? 전시회 가까이에 호텔들이 있나요?

B: Oui, mais il faut réserver votre chambre le plus vite possible parce qu'il y aura beaucoup de monde. 네, 그렇지만 가능한 한 빨리 방을 예약해야 하는데 왜냐하면 사람들이 많을 것이기 때문이에요.

A: Nous sommes Coréens et nous ne savons pas bien parler français. Alors je voudrais savoir s'il y a une brochure écrite en coréen. 우리는 한국인이고 프랑스어를 잘 못합니다. 그래서 한국어로 적힌 브로슈어가 있는지 알고 싶습니다.

B: Je suis désolée, on n'en a pas. Mais vous pouvez choisir l'une des brochures en anglais, en français, en allemand ou en italien. 죄송하지만, 없습니다. 그렇지만 당신은 영어, 프랑스어, 독일어 그리고 이탈리아어로 된 브로슈어들 중에 하나를 선택할 수 있어요.

Étape 4

문제 7의 해설을 확인해 보세요.

문제 분석

자동차 전시회 관람 내용을 담고 있다. 도입부에서 자동차 전시회에 관해 알고 싶다고 하였으므로, 대화 중 전시회에 대한 구체적인 정보가 제시될 것임을 예상할 수 있다. 그러므로 전시회나 행사 안내와 관련된 문제를 풀 때에는 세부 정보에 집중해서 들어야 한다. 전시 기간, 장소, 비용, 이벤트 등에 대해 나올 수 있음을 숙지하고, 간단히 메모하며 듣는 것이 좋다. 난이도가 높은 문제의 경우 이러한 내용이 주관식 문제로도 출제될 수 있다.

해설

문항	풀이 요령
1	대화의 화제를 묻는 질문이다. 'j'adore les voitures 저는 자동차를 아주 좋아합니다.'라는 내용과 'je voudrais avoir des renseignements sur ce salon 이 전시회에 대한 정보를 얻고 싶어요'라는 내용이 나온다. 따라서 정답은 **A**이다. 지문 앞부분에서는 automobile이라는 단어가 나오지만 보기항에서는 이와 동일한 어휘를 피하기 위해 voitures라는 어휘를 사용하였다. véhicule 역시 대체될 수 있는 단어이다.
2	방문객들을 위해 전시회에서 하는 이벤트에 관한 질문으로 'les visiteurs peuvent essayer les voitures 방문객들이 차를 시승할 수 있다'라는 내용이 나온다. 따라서 정답은 **Ils peuvent essayer les voitures.**
3	입장료와 관련한 문제이므로, 지문에서 이와 관련된 부분을 찾아야 한다. 할인이 있는지의 질문에 대해 'C'est gratuit 무료'라고 대답했다. 따라서 돈을 지불할 필요가 없다는 **C**가 정답이 된다. 이처럼 DELF 시험에서는 지문에 등장한 어휘를 보기항에서는 유사한 의미의 다른 어휘로 바꾸어 제시하는 경우가 많으므로 의미가 유사한 어휘들을 많이 알아 두는 것이 좋다.
4	직원이 호텔에 관해 무엇을 조언했는지 묻는 문제이다. 가까이에 호텔이 있냐는 질문에 호텔이 있기는 하지만 'il faut réserver votre chambre le plus vite possible parce qu'il y aura beaucoup de monde. 가능한 한 빨리 방을 예약해야 하는데 왜냐하면 사람들이 많을 것이기 때문이다'라는 문장이 나온다. 따라서 정답은 **B**.
5	남자가 언어에 관해 무엇을 알고 싶어 하는지 묻는 문제이다. 프랑스어를 못하며 's'il y a une brochure écrite en coréen 한국어로 적힌 브로슈어가 있는지'를 묻고 있다. 따라서 정답은 **S'il y a une brochure écrite en coréen.**
6	브로슈어와 관련한 문제이다. 'vous pouvez choisir l'une des brochures en anglais, en français, en allemand ou en italien 당신은 영어, 프랑스어, 독일어 그리고 이탈리아어로 된 브로슈어들 중에 하나를 선택할 수 있다'라는 내용이 있다. 따라서 **A**가 정답이 된다.

문제 8

EXERCICE 1 실전 연습

Track 1-08

공략에 따라 EXERCICE 1 연습 문제를 풀어 보세요.

Lisez les questions. Écoutez le document puis répondez.

❶ Pourquoi cette personne a-t-elle réservé un train de nuit ?

A □ Pour voyager en sécurité.

B □ Pour gagner du temps.

C □ Pour économiser de l'argent.

❷ Quel est son problème à la gare ?

A □ Elle a perdu son billet.

B □ Elle n'arrive pas à trouver le train avec wagons-lits.

C □ Elle a perdu sa valise.

❸ Que s'est-il passé quand elle a téléphoné à la gare ?

A □ Personne ne lui a répondu.

B □ Un employé lui a répondu qu'il y avait un train avec wagons-lits.

C □ Il n'y avait plus de billet.

❹ Quelle erreur a fait l'employé ?

....

❺ Que veut la voyageuse ?

A □ Elle veut être remboursée de son billet.

B □ Elle veut attendre un autre train.

C □ Elle veut absolument prendre le train avec wagons-lits.

❻ Pourquoi l'employé lui conseille-t-il de se dépêcher ?

....

Étape 2

문제 8의 내용을 해석해 보세요.

문제를 읽으세요. 자료를 듣고 답하세요.

❶ 왜 이 사람은 야간열차를 예약했는가?

A □ 안전하게 여행하기 위해.
B □ 시간을 벌기 위해.
C □ 돈을 절약하기 위해.

❷ 기차역에서 그녀의 문제는 무엇인가?

A □ 그녀는 표를 잃어버렸다.
B □ 그녀는 침대칸이 있는 기차를 찾을 수가 없다.
C □ 그녀는 여행용 가방을 잃어버렸다.

❸ 그녀가 기차역에 전화를 했을 때 무슨 일이 있었는가?

A □ 아무도 그녀에게 답변하지 않았다.
B □ 한 직원이 그녀에게 침대칸이 있는 기차가 있다고 대답했다.
C □ 표가 더 이상 없었다.

❹ 직원은 어떤 실수를 했는가?

....

❺ 여자 여행객은 무엇을 원하는가?

A □ 표를 환불받기를 원한다.
B □ 다른 기차를 기다리기를 원한다.
C □ 꼭 침대칸이 있는 기차를 타기를 원한다.

❻ 왜 직원은 그녀에게 서두르라고 조언하는가?

....

Étape 3

문제 8의 필수 어휘를 익히고, 스크립트를 확인해 보세요.

필수 어휘

train de nuit (m) 야간열차 | **sécurité (f)** 안전 | **économiser** 절약하다 | **wagon-lit (m)** 침대 기차, 침대칸 좌석 | **valise (f)** 여행용 가방 | **erreur (f)** 과오, 잘못 | **rembourser** 환불하다 | **absolument** 절대적으로 | **se dépêcher** 서두르다 | **frais (m)** 비용 | **se tromper sur** ~에 대해 잘못 생각하다 | **sac-à-dos (m)** 배낭 | **s'inquiéter** 걱정하다 | **guichet (m)** 창구

스크립트

A: Monsieur, vous pouvez m'aider ? 저를 도와주시겠어요?

B: Oui, qu'est-ce qui se passe ? 네, 무슨 일이시죠?

A: Je vais à Paris en train de nuit. Comme je suis étudiante, j'ai réservé une place dans un wagon-lit pour économiser les frais d'hôtel. Je viens d'arriver à la gare, mais je ne trouve pas le train avec wagons-lits. 저는 야간열차로 Paris에 갑니다. 제가 학생이기 때문에 호텔 비용을 절약하기 위해 침대 기차에 한 자리를 예약했죠. 방금 역에 도착했는데 침대칸이 있는 기차를 못 찾고 있어요.

B: Il n'y a pas de train avec wagons-lits qui part à Paris à cette heure-ci. Vous pouvez me montrer votre billet ? 이 시간에 Paris로 떠나는 침대칸이 있는 기차는 없는데요. 제게 당신 표를 보여 줄 수 있으세요?

A: Le voici. Mais quand j'ai téléphoné à la gare pour réserver les places, un monsieur m'a répondu qu'il y avait un train avec wagons-lits. 여기 있습니다. 그렇지만 제가 자리를 예약하기 위해 역에 전화했을 때, 어떤 남자분이 침대칸이 있는 기차가 있다고 대답했어요.

B: Il s'est trompé sur l'heure de départ du train. Il y en a un avec wagons-lits, mais il part dans trente minutes. Le train que vous avez réservé n'est pas le wagon-lit. 그가 기차 출발 시간을 착각했네요. 침대칸 있는 것이 하나 있지만 30분 후에 출발해요. 당신이 예약한 기차는 침대 기차가 아닙니다.

A: Ah bon ? Qu'est-ce que je dois faire ? Comme je voyage avec un sac à dos, je dois absolument prendre celui avec wagons-lits pour économiser de l'argent. 아 그래요? 전 뭘 해야 하죠? 저는 배낭여행 중이라, 돈을 절약하기 위해 침대칸이 있는 것을 꼭 타야만 해요.

B: Ne vous inquiétez pas. Il y a assez de places dans celui avec wagons-lits. Allez au guichet et vous pourrez changer de billet. 걱정하지 마세요. 침대칸이 있는 기차에는 자리가 충분합니다. 창구에 가세요. 그러면 표를 바꿀 수 있어요.

A: Merci beaucoup, monsieur. 대단히 고맙습니다.

B: Je vous en prie. Mais dépêchez-vous ! Le train avec wagons-lits va partir dans vingt minutes. 천만에요. 그런데 서두르세요! 침대칸이 있는 기차가 20분 후에 출발할 거예요.

A: D'accord. Merci encore. 알겠습니다. 다시 한번 고맙습니다.

B: Je vous souhaite un bon voyage. 좋은 여행 되시길 바랍니다.

Étape 4

문제 8의 해설을 확인해 보세요.

문제 분석

기차역에서 벌어지는 대화이다. 우선 여자가 침대칸이 있는 기차를 찾을 수 없는 이유가 무엇인지 파악해야 한다. 그런 다음 여자가 원하는 것은 무엇이며 그래서 직원이 무엇을 제안했는지를 찾아야 한다. 기차표나 영화표 예매, 혹은 식당 예약 문제는 전형적으로 출제될 수 있는 문제 유형이다. 이러한 유형의 문제를 풀 때에는 시간, 장소, 좌석 수, 영화(혹은 메뉴)가 무엇인지 묻기 마련이므로 이러한 정보에 집중해서 들어야 한다. 특히 DELF B1에서는 예매나 예약을 변경하는 경우를 제시하고, 변경하려는 이유를 묻는 문제가 자주 출제되고 있으므로 주의하자.

해설

문항	풀이 요령
1	야간열차를 예약한 이유가 무엇인지 묻는 문제이다. 'j'ai réservé une place dans un wagon-lit pour économiser les frais d'hôtel 나는 호텔 비용을 절약하기 위해 침대 기차에 한 자리를 예약했다'라는 내용이 나온다. 따라서 이와 의미가 유사한 '돈을 절약하기 위해서'라는 **C**가 정답이다. 지문에 쓰인 'économiser les frais d'hôtel' 대신 보기항에서는 'économiser de l'argent'을 썼음에 유의하자.
2	기차 예약과 관련하여 문제가 무엇인지를 묻고 있다. 대화에서 'je ne trouve pas le train avec wagons-lits 저는 침대칸이 있는 기차를 못 찾고 있어요'라는 문장이 나오므로 정답은 **B**.
3	기차 예약을 위해 전화했을 때 발생한 문제를 묻고 있다. 'un monsieur m'a répondu qu'il y avait un train avec wagons-lits 어떤 남자분이 침대칸이 있는 기차가 있다고 대답했어요'라는 문장이 있기 때문에 정답은 **B**.
4	직원의 실수와 관련한 문제로서 'il s'est trompé sur l'heure de départ du train 그가 기차 출발 시각을 착각했네요'라는 내용이 나온다. 따라서 정답은 **Il s'est trompé sur l'heure de départ du train.**
5	여자 여행객이 원하는 것이 무엇인지를 묻고 있다. 'je dois absolument prendre celui avec wagons-lits pour économiser de l'argent 저는 돈을 절약하기 위해 침대칸이 있는 기차를 꼭 타야만 해요'라는 말이 있기 때문에 정답은 **C**.
6	여자가 서둘러야 하는 이유가 무엇인지를 묻는 문제이다. 직원이 'Le train avec wagons-lits va partir dans vingt minutes 침대칸이 있는 기차가 20분 후에 출발할 거다'라는 말을 하였으므로 정답은 **Parce que le train avec wagons-lits va partir dans vingt minutes.**

문제 9

EXERCICE 1 실전 연습

Track 1-09

공략에 따라 EXERCICE 1 연습 문제를 풀어 보세요.

Lisez les questions. Écoutez le document puis répondez.

❶ De quoi l'étudiante veut-elle parler ?

A ☐ D'un problème de santé.
B ☐ De la vie scolaire.
C ☐ D'un voyage scolaire.

❷ Quelles sont les caractéristiques de la région proposée par le professeur ?

....

❸ Selon lui, que peut-on faire dans cette région ?

A ☐ On peut apprendre la culture française.
B ☐ On peut visiter des monuments modernes.
C ☐ On peut participer à des événements culturels.

❹ Que pense-t-il de Paris ?

A ☐ C'est une ville touristique.
B ☐ C'est une ville très séduisante.
C ☐ C'est une ville idéale pour les étudiants.

❺ Quel est l'avis de l'étudiante à propos de Paris ?

A ☐ Les étudiants ont l'occasion de visiter souvent cette ville.
B ☐ On peut aussi faire des expériences culturelles dans cette ville.
C ☐ Il n'y a pas grand-chose à voir dans cette ville.

❻ De quoi l'homme s'inquiète-t-il ?

....

Étape 2

문제 9의 내용을 해석해 보세요.

문제를 읽으세요. 자료를 듣고 답하세요.

❶ 여학생은 무엇에 대해 말하고 싶은가?

A □ 건강의 문제에 대해.
B □ 학교생활에 대해.
C □ 수학여행에 대해.

❷ 선생님이 제안한 지역의 특징들은 무엇인가?

....

❸ 그에 따르면, 이 지역에서 무엇을 할 수 있는가?

A □ 프랑스 문화를 배울 수 있다.
B □ 현대식 기념물들을 방문할 수 있다.
C □ 문화 행사들에 참여할 수 있다.

❹ 그는 Paris에 대해 어떻게 생각하는가?

A □ 관광 도시이다.
B □ 매우 매력적인 도시이다.
C □ 학생들에게 이상적인 도시이다.

❺ Paris에 대한 여학생의 의견은 무엇인가?

A □ 학생들은 이 도시를 자주 방문할 수 있는 기회가 있다.
B □ 이 도시에서 문화적 경험도 할 수 있다.
C □ 이 도시에는 볼 만한 것이 없다.

❻ 남자는 무엇에 대해 걱정하는가?

....

Étape 3

문제 9의 필수 어휘를 익히고, 스크립트를 확인해 보세요.

필수 어휘

vie scolaire (f) 학교생활 | voyage scolaire (m) 수학여행 | caractéristique (f) 특징 | région (f) 지역 | monument (m) 기념물 | événement (m) 행사 | séduisant 매력적인 | idéal 이상적인 | s'inquiéter de(pour) 걱정하다 | justement (문두에서) 그러게 말이야 | adéquat 적합한 | sécurité (f) 안전 | se déplacer 이동하다

스크립트

A: Monsieur le professeur, vous avez une minute ? J'ai quelque chose à vous dire à propos du voyage scolaire. 선생님, 시간 있으세요? 수학여행에 관해 드리고 싶은 말씀이 있어요.

B: Oui, je vous écoute. 네, 말해 보세요.

A: Vous nous avez proposé un voyage scolaire en Bretagne, n'est-ce pas ? Bretagne 지방으로의 수학여행을 우리에게 제안하셨죠, 그렇지 않나요?

B: Oui. C'est une région historique et culturelle. On peut visiter des monuments et c'est un endroit idéal pour un voyage scolaire. 네. 그곳은 역사적이고 문화적인 지역이에요. 우린 기념물들을 방문할 수 있고 그곳은 수학여행으로 이상적인 장소죠.

A: Justement, nous avons discuté du lieu de ce voyage. La plupart des étudiants préfèrent visiter Paris. 그래서 말인데요, 우리가 이 여행 지역에 대해 논의를 했는데요. 대부분의 학생들이 Paris를 방문하기를 선호합니다.

B: Pourquoi ? C'est une grande ville pour les touristes. Ce n'est pas une ville adéquate pour un voyage scolaire. 왜죠? 그곳은 관광객들을 위한 대도시예요. 수학여행으로는 적합하지 않은 도시입니다.

A: Mais comme nous habitons très loin de Paris, c'est une très bonne occasion pour nous de visiter cette ville. D'ailleurs, il y a aussi des monuments historiques ou culturels à Paris, comme l'Arc de Triomphe ou le musée du Louvre. 그렇지만 우리는 Paris에서 아주 멀리 살고 있기 때문에 우리에게는 이 도시를 방문할 수 있는 아주 좋은 기회입니다. 게다가, 개선문이나 Louvre 박물관처럼 역사적이거나 문화적인 기념물들이 Paris에도 있습니다.

B: Vous avez raison. Mais comme c'est la période des vacances, il y aura beaucoup de touristes à Paris. Je dois penser à la sécurité des étudiants. 당신 말이 맞아요. 하지만 휴가철이기 때문에 Paris에 많은 관광객들이 있을 거예요. 나는 학생들의 안전을 생각해야 해요.

A: Ne vous inquiétez pas pour ça. Nous allons nous déplacer en groupes. 그것에 대해서는 걱정 마세요. 우리는 그룹으로 이동을 할 겁니다.

B: Je ne peux pas décider tout seul. Je vais en parler avec les autres professeurs. 나 혼자 결정할 수 없어요. 다른 선생님들과 그것에 대해 이야기해 볼게요.

A: Merci, monsieur. Dites-leur que les étudiants sont tous d'accord pour aller à Paris. 고맙습니다, 선생님. 학생들이 Paris에 가는 것에 모두 찬성한다고 그들에게 말씀해 주세요.

Étape 4

문제 9의 해설을 확인해 보세요.

문제 분석

수학여행과 관련한 교사와 학생의 대화이다. 여행인 만큼 장소와 시간, 활동 들에 대한 내용이 등장할 것임을 예측하고, 이러한 정보에 주의를 집중해야 한다. 특히 해당 장소의 특징, 장점에 대해 구체적으로 파악해 두어야 한다. 이런 유형의 문제를 풀 때 집중하여 듣지 않으면 평소의 배경지식을 가지고 답할 수 있으므로 주의가 필요하다. 예를 들어 4번 문제의 경우 교사가 파리에 대해 어떻게 생각하는지를 물었는데, 보기항은 관광 도시, 매력적인 도시, 이상적인 도시로 제시되었다. 보기항 모두 파리에 해당하는 특징이며, 지문 내용을 제대로 듣지 않으면 답을 고르기 어렵다. 그러므로 평소 알고 있는 내용을 토대로 답할 것이 아니라 지문에서 답이 되는 근거를 찾는 훈련을 하는 것이 필요하다.

해설

문항	풀이 요령
1	무엇에 대해 대화를 하고 있는지 묻는 문제이다. 지문에 'un voyage scolaire 수학여행'에 대해 할 말이 있다고 했으므로 정답은 **C**이다.
2	교사가 제안한 지역의 특성과 관련된 문제이다. 교사가 말하는 부분에서 'c'est une région historique et culturelle 그곳은 역사적이고 문화적인 지역'이라는 내용이 있으므로 정답은 **C'est une région historique et culturelle.** 참고로 수학여행과 관련한 문제가 출제될 경우 학습에 도움이 되는 장소를 선택하게 되어 있으므로 기념물이나 오랜 역사를 가진 지역이나 명소들이 등장하게 된다는 것을 염두에 두자.
3	해당 지역에서 무엇을 할 수 있는지 묻는 문제이다. 'On peut visiter des monuments et c'est un endroit idéal pour un voyage scolaire 우린 기념물들을 방문할 수 있고 그곳은 수학여행으로 이상적인 장소죠'라는 문장이 나온다. 따라서 이 지역을 방문함으로써 문화적 경험을 할 수 있다는 의미가 되며 정답은 **A**. 정답을 B로 착각하지 않도록 주의하자. 지문에서 '기념물들'을 방문할 수 있다고 하였지 '현대적인 기념물들'을 방문할 수 있다고 한 것은 아니기 때문이다.
4	Paris에 대한 그의 생각을 묻는 문제이다. 교사가 'C'est une grande ville pour les touristes 그곳은 관광객들을 위한 대도시예요'라고 했다. 따라서 정답은 **A.** C는 Bretagne에 대한 내용이다.
5	Paris에 대한 학생의 의견과 관련한 문제로서 'il y a aussi des monuments historiques ou culturels à Paris 역사적이거나 문화적인 기념물들이 Paris에도 있습니다'라고 하였으므로 문화적 경험을 할 수 있다는 의미의 **B**가 정답이다. 보기항의 경우 이렇게 두 가지 이상의 특징과 관련한 문제가 나올 때 이들 중 하나에 초점을 맞춘 문제가 나오는 경향이 있다는 점에 유의하자.
6	교사가 걱정하는 것이 무엇인지를 묻는 부분으로서 'Je dois penser à la sécurité des étudiants 나는 학생들의 안전을 생각해야 해요'라는 말을 하고 있다. 따라서 정답은 **De la sécurité des étudiants.**

문제 10

EXERCICE 1 실전 연습

Track 1-10

공략에 따라 EXERCICE 1 연습 문제를 풀어 보세요.

Lisez les questions. Écoutez le document puis répondez.

❶ Qu'est-ce que l'homme voulait envoyer à Carole ?

A ☐ Des photos qu'il a prises après son voyage.

B ☐ Des photos qu'il a prises pendant la fête.

C ☐ Des photos qu'il a prises pendant son voyage.

❷ Pourquoi ne peut-il pas envoyer ses photos à Carole ?

....

❸ Carole ______________________________

A ☐ n'aime pas utiliser les e-mails.

B ☐ adore communiquer avec ses amis sur Internet.

C ☐ pense qu'Internet est un outil très utile dans la vie quotidienne.

❹ Donnez un exemple d'un avantage d'Internet pour gagner du temps.

....

❺ Si on utilise Internet pour acheter quelque chose, ______________________________

A ☐ on peut faire des bénéfices sur les prix.

B ☐ il faut attendre longtemps pour recevoir les produits.

C ☐ on ne peut pas échanger les produits.

❻ On a besoin de donner une adresse électronique ______________________________

A ☐ quand on perd des objets dans la rue.

B ☐ quand on travaille à l'école.

C ☐ quand on rédige son CV.

Étape 2

문제 10의 내용을 해석해 보세요.

문제를 읽으세요. 자료를 듣고 답하세요.

❶ 남자는 Carole에게 무엇을 보내기를 원했는가?

A □ 여행 후에 그가 찍은 사진들.

B □ 축제 동안 그가 찍은 사진들.

C □ 여행 동안 그가 찍은 사진들.

❷ 왜 그는 Carole에게 그의 사진들을 보낼 수 없는가?

....

❸ Carole은 ______________________

A □ 이메일을 사용하는 것을 좋아하지 않는다.

B □ 인터넷에서 친구들과 대화하는 것을 아주 좋아한다.

C □ 인터넷이 일상생활에서 매우 유용한 도구라고 생각한다.

❹ 시간을 절약하기 위한 인터넷의 장점의 예를 드시오.

....

❺ 무엇인가를 사기 위해 인터넷을 이용하면, ______________________

A □ 가격의 혜택을 볼 수 있다.

B □ 제품들을 받는 데 오래 기다려야 한다.

C □ 제품들을 교환할 수 없다.

❻ 우리는 ______________________ 이메일 주소를 적어야 할 필요가 있다.

A □ 길에서 물건들을 잃어버릴 때

B □ 학교에서 공부할 때

C □ 이력서를 작성할 때

Étape 3

문제 10의 필수 어휘를 익히고, 스크립트를 확인해 보세요.

필수 어휘

envoyer 보내다 | outil (m) 도구 | utile 유용한 | vie quotidienne (f) 일상생활 | faire des bénéfices 혜택을 입다 | échanger 교환하다 | avoir besoin de ~을 필요로 하다 | rédiger 작성하다 | utiliser 사용하다 | messagerie électronique (f) 이메일 | s'intéresser à ~에 흥미를 느끼다 | se gêner 불편해 하다 | pratique 실용적인, 편리한 | noter 적어 놓다, 메모하다 | apprendre 배우다

스크립트

A: Carole ! Je voulais t'envoyer des photos que j'ai prises pendant mon voyage. Mais je crois que je n'ai pas ton adresse électronique. Carole! 내가 여행 동안 찍었던 사진을 너에게 보내고 싶었어. 그런데 네 이메일 주소가 없는 것 같아.

B: C'est normal ! Je n'ai pas d'adresse électronique. 당연하지! 왜냐하면 나는 이메일 주소가 없으니까.

A: Comment ? Pourquoi ? Tu n'utilises pas de messagerie électronique ? 뭐라고? 왜? 너 이메일을 사용하지 않니?

B: Non. Je ne m'intéresse ni à Internet ni aux e-mails. 아니. 나는 인터넷에도 이메일에도 관심이 없어.

A: Mais il y a beaucoup d'avantages à utiliser Internet. Tout d'abord, tu n'as pas besoin d'aller à la bibliothèque pour trouver les informations dont tu as besoin. Alors tu peux gagner du temps. 그렇지만 인터넷을 사용하는 것에 장점들이 많아. 먼저, 네가 필요로 하는 정보들을 찾기 위해 도서관에 갈 필요가 없어. 그래서 너는 시간을 절약할 수 있지.

B: Ça ne me gêne pas d'y aller. 도서관에 가는 것이 불편하지 않아.

A: Ce n'est pas tout. Quand tu veux voir un film, tu as juste à réserver ton billet par Internet. C'est très pratique. 그게 다가 아니야. 네가 영화를 보고 싶을 때, 인터넷으로 표를 예약하기만 하면 돼. 아주 편리하지.

B: Et c'est tout ? 그리고 그게 다야?

A: Mais non. On peut acheter des livres ou des CD pour moins cher. Et on peut aussi avoir des nouvelles de ses amis ou envoyer des photos par e-mail. 천만에. 책이나 CD들을 더 싸게 살 수 있어. 그리고 친구들 소식을 알 수 있거나 이메일로 사진을 보낼 수도 있어.

B: Pour donner des nouvelles à mes amis, j'écris une lettre. 친구들에게 소식을 전하기 위해 나는 편지를 써.

A: Mais ça prend du temps. Et puis, il faut noter ton adresse électronique sur ton CV quand tu cherches du travail. 그렇지만 시간이 걸리잖아. 그리고 네가 일자리를 찾을 때 이력서에 이메일 주소를 적어야 해.

B: Ah bon ? Je ne savais pas. 아 그래? 나는 몰랐는데.

A: Tu verras qu'Internet est très utile dans la vie quotidienne. 인터넷이 일상생활에서 매우 유용하다는 것을 너는 알게 될 거야.

B: Dans ce cas-là, je dois apprendre. 그렇다면 배워야겠는데.

A: En plus, c'est très facile à apprendre. 게다가, 배우는 게 아주 쉬워.

Étape 4 문제 10의 해설을 확인해 보세요.

문제 분석

인터넷과 관련한 두 친구 간의 대화이다. 인터넷의 장점 또는 단점에 대한 내용이 나올 것을 예측할 수 있는데, 익숙한 주제이니만큼 쉽게 풀 수 있는 문제이다. 이 문제에서는 인터넷의 장점을 묻는 문제가 주관식으로 출제되었으므로, 구체적인 정보에 집중해서 들어야 한다. 인터넷뿐만 아니라 요즘에는 모바일이나 SNS 사용이 많으므로, 이러한 통신 용어와 이들의 장단점을 미리 알아 두는 것 또한 필요하다.

해설

문항	풀이 요령
1	남자가 Carole에게 보내려는 것이 무엇인지 묻는 문제이다. 지문에 'des photos que j'ai prises pendant mon voyage 내가 여행 동안 찍었던 사진들'을 보내려고 한다는 내용이 나온다. 따라서 정답은 **C**가 된다. 보기항 중에 다른 어휘들은 동일하고 뒤에 있는 어휘들 voyage, fête만 다르므로 대화 중에 이 부분에 집중해서 들으면 답을 쉽게 찾을 수 있다.
2	남자가 Carole에게 사진을 보낼 수 없는 이유를 묻는 문제다. Carole은 'je n'ai pas d'adresse électronique 나는 이메일 주소가 없다'라고 하였다. 따라서 정답은 **Parce qu'il n'a pas son adresse électronique.** 또는 **Parce qu'elle n'a pas d'adresse électronique.**
3	Carole이 이메일이 없는 이유와 관련된 문제이다. 'je ne m'intéresse ni à Internet ni aux e-mails 나는 인터넷에도 이메일에도 관심 없다'라고 말하는 내용이 있다. 따라서 이 내용과 일치하는 **A**가 정답이 된다.
4	시간과 관련한 인터넷의 장점을 묻는 문제이다. 'tu n'as pas besoin d'aller à la bibliothèque pour trouver les informations dont tu as besoin. Alors tu peux gagner du temps 네가 필요로 하는 정보들을 찾기 위해 도서관에 갈 필요가 없고 그래서 시간을 절약할 수 있다'라고 하였다. 따라서 정답은 **On n'a pas besoin d'aller à la bibliothèque pour trouver les informations dont on a besoin.**
5	인터넷으로 물건을 구입하는 것의 장점을 묻는 문제이다. 'On peut acheter des livres ou des CD pour moins cher 책이나 CD를 더 싸게 살 수 있다'라는 말이 나온다. 따라서 이것과 의미가 유사한 **A**가 정답이 된다.
6	이메일이 필요한 이유와 관련한 문제로, 'il faut noter ton adresse électronique sur ton CV quand tu cherches du travail 네가 일자리를 찾을 때 이력서에 이메일 주소를 적어야 한다'는 부분이 언급되고 있다. 그러므로 정답은 **C**.

듣기 평가

EXERCICE 2

Vous écoutez la radio.
Lisez les questions. Écoutez le document puis répondez.

당신은 라디오를 듣습니다.
문제들을 읽으세요. 자료를 듣고 답하세요.

완전 공략

1 핵심 포인트

EXERCICE 2는 앞의 EXERCICE 1 유형보다 문항 수가 많고 출제되는 주제들이 다양하다. 또한 보기항의 문장들이 이해하기 꽤 까다롭다는 특징이 있다. 따라서 EXERCICE 1보다 난이도가 높다. 주관식 문제도 더 많은데, 주관식 문제를 풀 때에는 듣기 전에 문제의 의문사를 파악하여 단답형으로 써야 하는 것인지 아니면 문장으로 써야 하는 것인지를 파악한다. 또한 첫 번째 듣기에서 모든 답을 찾으려 하지 말고 확실하게 답을 고를 수 있는 문제부터 푼 뒤, 나머지 문제는 두 번째 듣기에서 푸는 것도 요령이 될 수 있다.

2 빈출 주제

주로 사회적으로 이슈가 되는 주제, 다양한 목적의 캠페인 등과 관련하여 전문가를 초대하여 인터뷰 또는 대담 형식으로 진행된다. 특정 활동의 목적, 진행 과정, 참가 방법 등은 기본적으로 출제되는 문제이므로, 평소 듣기 연습을 할 때 이러한 주요 항목을 정리하며 듣는 연습을 하는 것이 좋다. EXERCICE 2는 지문의 길이가 길고 억양이나 속도가 실제 인터뷰와 유사하다. 따라서 상당한 집중력이 필요하다.

3 고득점 전략

① 질문에 집중한다.

문제로 출제되는 것은 진행자의 질문에 대한 인터뷰이의 답변이다. 문제를 풀 때에는 질문의 의도가 무엇인지를 정확히 파악하여 이와 관련된 사항을 보기항에서 골라야 한다.

② 어휘의 세부적인 의미보다는 전체적인 의미를 파악한다.

지문에 제시된 어휘나 표현이 보기항의 어휘나 표현과 반드시 일치하지는 않는다. 의미는 비슷하지만 형태는 다른 어휘를 제시하는 경우가 있기 때문에 주의해야 한다. 따라서 전체적인 의미를 파악하는 데 초점을 맞추는 것이 좋다.

③ 단답형 주관식 문제를 공략한다.

주관식의 경우 정답 유형은 크게 두 가지로 구분된다. ① 2~3가지의 답을 쓰는 문제와 ② 문장으로 답을 쓰는 문제이다. 전자의 경우 명사나 명사구로 써야 할 확률이 높기 때문에 문장으로 답을 써야 하는 후자보다 쉬운 편이다. 그러므로 주관식 문제에서는 보다 확실하게 답을 맞힐 수 있는 단답형 문제를 공략하는 것도 좋은 전략이다.

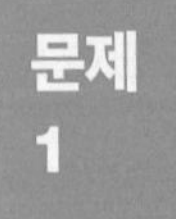

EXERCICE 2 실전 연습

Track 2-01

Étape 1

공략에 따라 EXERCICE 2 연습 문제를 풀어 보세요.

Lisez les questions. Écoutez le document puis répondez.

❶ Quel est le but de cet événement présenté dans cette interview ?

....

❷ Pour quelle raison est-ce qu'on a fait une enquête ?

A ☐ Pour comprendre la relation entre voisins français.

B ☐ Pour faciliter les activités de loisir des Français.

C ☐ Pour examiner la préférence des Français par rapport aux lieux de vacances.

❸ Quel est le résultat de l'enquête ?

A ☐ Les Français s'entendent bien avec leurs voisins.

B ☐ Les Français ne parlent pas beaucoup avec leurs voisins.

C ☐ Les Français ne saluent même pas leurs voisins.

❹ Quelle est l'expérience de 85% des interrogés par rapport à ce sujet ?

....

❺ Quelle est la cause principale de tension par rapport à ce sujet ?

....

❻ Selon le résultat de cette enquête, ______________________________

A ☐ il n'existe pas de difficulté entre voisins.

B ☐ les animaux peuvent provoquer des problèmes entre voisins.

C ☐ il n'y a pas de problème entre voisins pour garer sa voiture.

7 Quelles sont les qualités pour devenir un «bon voisin» ? (deux réponses)

....

8 Quel est le conseil à suivre par rapport à cet événement ?

A □ Il faut commander des repas au restaurant.

B □ On peut inviter des gens en faisant du porte à porte.

C □ Chacun doit apporter sa contribution à la constitution du buffet.

Étape 2

문제 1의 내용을 해석해 보세요.

문제를 읽으세요. 자료를 듣고 답하세요.

1 이 인터뷰에서 소개된 이 행사의 목적은 무엇인가?

....

2 어떠한 이유로 설문 조사를 했는가?

A □ 프랑스 이웃들 간의 관계를 이해하기 위해.

B □ 프랑스인들의 여가 활동을 쉽게 하기 위해.

C □ 휴가 장소와 관련하여 프랑스인들의 선호도를 조사하기 위해.

3 설문 조사의 결과는 무엇인가?

A □ 프랑스인들은 이웃들과 사이가 좋다.

B □ 프랑스인들은 이웃들과 말을 많이 하지 않는다.

C □ 프랑스인들은 이웃들에게 인사조차 하지 않는다.

4 이 주제와 관련하여 85퍼센트의 조사자들의 경험은 무엇인가?

....

❺ 이 주제와 관련하여 갈등의 주된 원인은 무엇인가?

....

❻ 이 설문 조사의 결과에 따르면, ______________________________

A □ 이웃들 간의 어려움은 존재하지 않는다.

B □ 동물들은 이웃들 간의 문제를 유발시킬 수 있다.

C □ 차를 주차하기 위해 이웃들 간의 문제가 없다.

❼ '좋은 이웃'이 되기 위한 자질들은 무엇인가? (2개의 답변)

....

❽ 이 행사와 관련하여 따라야 할 조언은 무엇인가?

A □ 식당에서 식사를 주문해야 한다.

B □ 각 집을 방문하면서 사람들을 초대할 수 있다.

C □ 뷔페를 하는 데 각자 자신의 몫을 가지고 와야 한다.

Étape 3

문제 1의 필수 어휘를 익히고, 스크립트를 확인해 보세요.

필수 어휘

événement (m) 행사 | **faciliter** 용이하게 하다 | **par rapport à** ~와 관련하여 | **interroger** 묻다, 심문하다 | **tension (f)** 긴장 | **garer** 주차하다 | **faire du porte á porte** 집집이 찾아다니다 | **association (f)** 단체 | **organiser** 개최하다 | **exceptionnel** 예외적인, 특별한 | **entretenir** 지탱, 유지하다 | **intérêt (m)** 관심 | **moitié (f)** 절반 | **sondé** 여론조사 대상자 | **ignorer** 무시하다, 무관심하다 | **apéritif (m)** 식전에 마시는 술 | **unanimité (f)** 만장일치 | **discorde (f)** 불화 | **nuisance (f)** 해, 공해 | **clôture (f)** 담장, 울타리 | **stationnement (m)** 주차 | **harcèlement (m)** 괴롭힘, 폭력 | **en revanche** 반면에 | **politesse (f)** 예의 | **discrétion (f)** 신중함 | **préconiser** 권장하다 | **intimidant** 위협적인 | **prévoir** 예상하다, 미리 마련해 두다 | **de quoi grignoter** 간식 | **télécharger** 다운로드 받다 | **personnaliser** 개성화하다 | **retrouvaille (f)** 다시 만남

....

스크립트

A: Bonjour. Nous recevons monsieur Marion ce soir. Bonjour. 안녕하세요. 오늘 저녁 Marion 씨를 모셨습니다. 안녕하세요.

M: Bonjour. 안녕하세요.

A: Vous travaillez dans une association qui organise la fête des voisins. Alors, quel est le but de cet événement ? 당신은 이웃들의 축제를 주최하는 단체에서 일하고 계신데요. 그럼, 이 행사의 목적이 무엇이죠?

M: Voilà, on a pour but de créer une soirée exceptionnelle de partage entre voisins. On a fait une enquête pour connaître les rapports qu'entretiennent les voisins en France et l'intérêt qu'ils portent à cette fête. 이웃들 간의 공유하는 특별한 저녁 파티를 만드는 데 목적이 있습니다. 우리는 프랑스에서 이웃들이 맺고 있는 관계와 이 축제에 가지고 있는 관심을 알기 위해 설문 조사를 했습니다.

A: Alors, quel est le résultat ? 그래서 결과는 무엇인가요?

M: Près de la moitié des sondés salueraient leurs voisins sans engager de conversation et 14% ignoreraient complètement leurs voisins. Quand il s'agit d'organiser l'apéritif, ils ne seraient que 6%. 설문 조사자들 절반 가까이가 대화 없이 이웃들과 인사를 할 것이고 14퍼센트는 이웃들에 완전히 무관심할 겁니다. 설사 가벼운 술자리를 만들더라도 그들은 6퍼센트밖에 되지 않을 겁니다.

A: Comment se portent les relations entre voisins en France ? 프랑스에서 이웃들 간의 관계는 어떻게 이루어지나요?

M: Selon une autre enquête, les relations entre voisins ne seraient pas totalement au beau fixe et cette fête ne ferait pas l'unanimité. Un tiers des sondés déclare leur relation excellente, un peu plus d'un tiers la considère normale et un peu moins d'un tiers la trouve mauvaise. Que la relation soit bonne ou mauvaise, 85% des interrogés reconnaissent avoir eu des discordes entre voisins. 다른 설문 조사에 따르면, 이웃들 간의 관계는 완전히 고조된(양호한) 것 같지는 않고 이 축제도 만장일치는 아닐 것입니다. 설문 조사자들 중 3분의 1이 관계가 아주 좋다고 밝히고 3분의 1이 조금 넘는 사람들은 보통이라고 여기며 3분의 1에 약간 못 미치는 사람들은 나쁘다고 생각합니다. 관계가 좋든지 나쁘든지 85퍼센트의 조사자들은 이웃들 간의 불화가 있었다고 인정합니다.

A: Quelles sont les principales sources de tension entre voisins ? 이웃들 간의 갈등의 주된 원인이 무엇이죠?

M: Pour la moitié des personnes interrogées, les nuisances sonores arrivent en tête. Arrivent bien après les problèmes de clôtures pour 14% d'entre eux, les animaux pour 12%, le stationnement pour 10 % des sondés ou encore le harcèlement pour 7% des votes restants. 설문 조사에 응한 사람들 절반에 따르면 소음 피해가 첫 번째예요. 그다음에 이들 중 14퍼센트는 담장의 문제, 12퍼센트는 동물들, 10퍼센트는 주차, 그리고 7퍼센트의 나머지 투표는 괴롭힘입니다.

A: Quelles sont les qualités qui font en revanche un «bon voisin» ? 반면에 '좋은 이웃'이 되기 위한 자질들은 무엇일까요?

M: 52% des sondés ont cité la politesse, mais aussi la discrétion pour 36% d'entre eux, suivi par l'écoute pour 6% des votes restants. 52퍼센트의 설문 조사자들은 예의, 게다가 그들 중 36퍼센트는 조심성을 언급했고 6퍼센트의 나머지 투표는 경청이 뒤따르고 있습니다.

A: Comment peut-on faire pour organiser la fête des voisins ? 이웃들의 축제를 주최하기 위해서는 어떻게 할 수 있습니까?

M: Il est préconisé d'organiser l'événement dans les parties communes de l'immeuble plutôt que dans l'appartement d'un des habitants. Ce sera moins intimidant pour les gens qui ne connaissent pas grand monde dans l'immeuble. 주민들 중 한 사람의 아파트에서보다는 건물의 공동 장소에서 행사를 열 것을 권장합니다. 이것이 건물에 있는 많은 사람들을 알지 못하는 사람들에게 덜 위압적일 거예요.

A: Est-ce que vous avez des conseils à donner ? 하실 조언들이 있으신가요?

M: Oui. Prévoyez des boissons avec et sans alcool, de quoi grignoter. Le mieux est que chacun apporte sa contribution à la constitution du buffet. En plus, n'hésitez pas à télécharger, sur le site *Immeubles en fête*, des invitations à personnaliser avec la date, l'heure et le lieu des retrouvailles entre voisins autour du buffet. 네. 알코올이 있거나 없는 음료수와 간식거리를 준비하세요. 가장 좋은 것은 뷔페를 하는 데 각자 자신의 몫을 가져 오는 것입니다. 게다가 Immeubles en fête 사이트에서 뷔페와 관련하여 이웃들 간의 만남의 장소, 시간, 날짜로 본인에게 맞춰질 초대장들을 주저하지 말고 다운로드 받으세요.

https://www.pleinevie.fr

Étape 4 문제 1의 해설을 확인해 보세요.

문제 분석

이웃 축제에 관련된 인터뷰이다. 특정 행사와 관련된 문제의 경우 일반적으로 행사 목적, 행사 장소 및 시간, 주요 활동 그리고 앞으로의 계획 등이 문제로 제시된다. 그러므로 이러한 정보들에 집중해서 들어야 한다. 특히, 이 문제에서는 설문 조사에 대해서도 언급하고 있으므로, 무엇에 대한 설문 조사이며 그 결과는 어떠한지 파악해야 한다. 설문 조사이기 때문에 수치를 정확히 파악하는 것은 필수적이다. 또한 이 문제에서처럼 주관식 문제의 답을 두 개 이상 쓰는 경우가 있기 때문에 듣기 전에 문제를 미리 읽고 특히 집중하여 들어야 할 부분을 숙지하고 있는 것이 좋다.

해설

문항	풀이 요령
1	행사의 목적을 묻는 문제이다. 'On a pour but de créer une soirée exceptionnelle de partage entre voisins 이웃들 간의 공유하는 특별한 저녁 파티를 만드는 데 목적이 있다'라는 내용이 나온다. 따라서 정답은 **Créer une soirée exceptionnelle de partage entre voisins.** '목적'이라는 단어는 objectif 또는 sujet로 대체될 수 있다는 점에 유의한다. 참고로 주관식 문제의 경우 정답이 지문에 있는 단어가 아니더라도 의미가 일치하면 정답으로 처리한다.
2	설문 조사 이유와 관련된 문제이다. pour connaître les rapports qu'entretiennent les voisins en France et l'intérêt qu'ils portent à cette fête 프랑스에서 이웃들이 맺고 있는 관계와 이 축제에 가지고 있는 관심을 알기 위해'라는 이유를 밝히고 있다. 따라서 보기항 중 **A**가 답이 된다.

3	설문 조사 결과에 대한 문제이다. 'Près de la moitié des sondés salueraient leurs voisins sans engager de conversation et 14 % ignoreraient complètement leurs voisins. Quand il s'agit d'organiser l'apéritif, ils ne seraient que 6 % 설문 조사자들 절반 가까이가 대화 없이 이웃들과 인사를 할 것이고 14퍼센트는 이웃들에 완전히 무관심할 것입니다. 설사 가벼운 술자리를 만들더라도 그들은 6퍼센트밖에 되지 않을 겁니다'라는 내용이 나온다. 결국 전반적으로 이웃과 잘 지내지 못하고 있다는 의미를 나타내고 있기 때문에 정답은 **B**. **C**의 경우 절반 가까이는 이웃과 인사는 하고 지낸다고 하였으므로 내용과 일치하지 않는다.
4	통계와 관련한 문제이다. 문제에서 85퍼센트라고 하였으므로 이 수치에 해당하는 부분을 주의 깊게 들어야 한다. '85 % des interrogés reconnaissent avoir eu des discordes entre voisins 설문 조사자들 중 85퍼센트의 설문 조사자들은 이웃들 간의 불화가 있었다고 인정한다'는 내용이 있기 때문에 정답은 **Ils reconnaissent avoir eu des discordes entre voisins.** 이 문제 역시 주관식이기 때문에 '이웃들과 문제가 있다' 정도로 쓰더라도 정답으로 인정받을 수 있다.
5	갈등의 주된 원인이 무엇인지를 묻고 있다. 지문에서 'Pour la moitié des personnes interrogées, les nuisances sonores arrivent en tête 설문 조사에 응한 사람들 절반에 따르면 소음 피해가 첫 번째다'라고 밝히고 있기 때문에 정답은 '**Les nuisances sonores** 소음 피해'라고 쓰면 된다. **Le problème du bruit** 소음의 문제'라고 해도 정답으로 인정될 수 있다.
6	설문 조사 결과와 관련된 문제로서 'Arrivent bien après les problèmes de clôtures pour 14 % d'entre eux, les animaux pour 12 %, le stationnement pour 10 % des sondés ou encore le harcèlement pour 7 % des votes restants 그다음에 이들 중 14퍼센트는 담장의 문제, 12퍼센트는 동물들, 10퍼센트는 주차, 그리고 7퍼센트의 나머지 투표는 괴롭힘이다'라는 내용이 나온다. 따라서 보기항 중 위의 내용과 동일한 것은 **B**. 이 문제처럼 두 가지 이상의 내용이 있는 경우 보기항에서는 이 중 하나와 관련된 것만을 정답으로 제시할 수 있다. 반면, 주관식의 경우는 정답이 명사구인 경우 두 가지 이상의 답을 쓰는 문제가 출제되기도 한다.
7	좋은 이웃이 되기 위한 자질을 묻는 문제로서 'la politesse, mais aussi la discrétion pour 36 % d'entre eux, suivi par l'écoute pour 6 % des votes restants 예의, 게다가 그들 중 36퍼센트는 조심성, 6퍼센트의 나머지 투표는 경청이 뒤따른다'고 하였으므로 정답은 **La politesse, la discrétion et l'écoute.**
8	행사와 관련한 조언이 무엇인지 묻는 문제이다. 'Le mieux est que chacun apporte sa contribution à la constitution du buffet 가장 좋은 것은 뷔페를 하는 데 각자 자신의 몫을 가져오는 것'이라는 내용이 나온다. 따라서 정답은 **C**.

EXERCICE 2 실전 연습

Track 2-02

Étape 1

공략에 따라 EXERCICE 2 연습 문제를 풀어 보세요.

Lisez les questions. Écoutez le document puis répondez.

❶ L'opération Plage Propre a pour but :

A ☐ de donner une chance à des familles de partir en vacances ensemble.
B ☐ d'assurer la sécurité des enfants sur la plage.
C ☐ de nettoyer les océans et les plages de toute pollution.

❷ L'opération «1 session = 1 déchet» concerne ______

A ☐ le ramassage des ordures sur la plage.
B ☐ le gaspillage alimentaire sur la plage.
C ☐ la pollution atmosphérique sur la plage.

❸ Pourquoi Bruno Mottais a-t-il mis le seau à l'entrée des plages en hiver ?

....

❹ Les promeneurs récupèrent peu de déchets ______

A ☐ parce qu'ils ne s'intéressent pas à l'état des plages.
B ☐ parce qu'il y a des gens qui nettoient les plages.
C ☐ parce qu'ils ont déjà porté d'autres choses dans les mains.

❺ Qu'est-ce qu'il a remarqué sur les plages ?

....

❻ Qu'est-ce qu'il a fait pour que les seaux ne disparaissent pas ?

A ☐ Il les a laissés loin d'une poubelle.
B ☐ Il a attaché les seaux pour que les jardiniers ne puissent pas les récupérer.
C ☐ Il a percé le fond des seaux pour éviter qu'ils soient récupérés pour d'autres usages.

❼ Pourquoi n'a-t-on pas besoin de seaux en été ?

A ☐ Parce qu'on nettoie souvent les plages en cette saison.
B ☐ Parce qu'il y a beaucoup de déchets à cause des tempêtes.
C ☐ Parce que les vacanciers ne veulent pas ramasser les déchets.

❽ Quel est le conseil de cet homme pour ceux qui veulent suivre son exemple ?

Étape 2

문제 2의 내용을 해석해 보세요.

문제를 읽으세요. 자료를 듣고 답하세요.

❶ 깨끗한 해변 캠페인은 ______________ 을 목적으로 한다.

A ☐ 가족들에게 함께 휴가를 떠날 기회를 주는 것
B ☐ 해변에서 아이들의 안전을 보장하는 것
C ☐ 모든 오염으로부터 해양과 해변을 청소하는 것

❷ '1회 = 1 쓰레기' 캠페인은 ______________ 와(과) 관련이 있다.

A ☐ 해변에 있는 쓰레기 수거
B ☐ 해변에서의 음식물 낭비
C ☐ 해변에서의 대기오염

❸ 왜 Bruno Mottais는 겨울에 해변 입구에 양동이를 놓았는가?

❹ 산책하는 사람들은 ______________ 소량의 쓰레기를 회수한다.

A ☐ 해변 상태에 관심이 없기 때문에
B ☐ 해변을 청소하는 사람들이 있기 때문에
C ☐ 손에 다른 것들을 이미 들고 있기 때문에

❺ 그는 해변에서 무엇을 주목하였는가?

❻ 양동이들이 사라지지 않게 하기 위해 그는 무엇을 했는가?

A □ 쓰레기통에서 멀리 떨어진 곳에 그것들을 두었다.

B □ 정원사들이 회수하지 못하도록 양동이를 묶어 두었다.

C □ 다른 용도로 회수되는 것을 피하기 위해 양동이 바닥에 구멍을 뚫었다.

❼ 왜 우리는 여름에 양동이들이 필요하지 않은가?

A □ 왜냐하면 이 계절에는 해변을 자주 청소하기 때문에.

B □ 왜냐하면 돌풍 때문에 쓰레기들이 많이 있기 때문에.

C □ 왜냐하면 피서객들이 쓰레기를 줍기를 원하지 않기 때문에.

❽ 그의 모범 사례를 따르고 싶어 하는 사람들을 위한 이 남자의 조언은 무엇인가?

Étape 3

문제 2의 필수 어휘를 익히고, 스크립트를 확인해 보세요.

필수 어휘

opération (f) 작업, 활동, 캠페인 | **assurer** 단언하다, 보장하다 | **nettoyer** 청소하다 | **océan (m)** 해양 | **pollution (f)** 오염 | **déchet (m)** 쓰레기, 폐기물 | **ramassage (m)** 수거 | **ordure (f)** 쓰레기 | **gaspillage (m)** 낭비 | **alimentaire** 음식(물)의 | **atmosphérique** 대기의 | **seau (m)** 양동이 | **récupérer** 회수하다 | **remarquer** 알아차리다, 주목하다 | **poubelle (f)** 쓰레기통 | **percer** 구멍을 뚫다 | **fond (m)** 바닥 | **tempête (f)** 돌풍, 폭풍우 | **ramasser** 줍다 | **lutter** 싸우다, 반대 운동을 벌이다 | **surfeur** 서퍼 | **détritus (m)** 쓰레기 | **planche (f)** 보드 | **efficace** 효과적인 | **balade (f)** 산책 | **frustré** 실망한, 답답한 | **quasiment** 거의, 말하자면 | **récolter** 모으다, 수확하다 | **récupération (f)** 회수 | **stagner** 고이다 | **nécessiter** 필요하게 하다 | **prendre l'initiative** 솔선수범하다 | **autorisation (f)** 허가

스크립트

A: Nous recevons monsieur Guillaume Barucq pour parler de l'opération Plage Propre. Bonjour. Parlez-nous un peu de cette opération ! 우리는 깨끗한 해변 캠페인에 대해 말하기 위해 Guillaume Barucq 씨를 모셨습니다. 안녕하세요. 우리에게 이 캠페인에 대해 좀 말씀해 주시죠!

B: Bonjour. Pour lutter contre la pollution des océans et des plages, il n'y a pas de petit moyen et chacun doit s'y mettre. Nous avions déjà lancé l'opération «1 session = 1 déchet» pour que chaque surfeur se responsabilise à ramasser au moins un détritus après avoir surfé. Mais il n'est pas toujours facile d'en ramasser plus quand on a déjà une planche sous le bras. 안녕하세요. 해양과 해변 오염에 맞서 싸우기 위해 사소한 방법이란 없으며 각자 그것을 시작해야 합니다. 우리는 각 서퍼들이 서핑을 하고 난 후 적어도 하나의 쓰레기를 줍는 데 책임을 다하기 위한 '1회 = 1 쓰레기' 캠페인을 이미 시작했습니다. 그렇지만 이미 팔 아래 서핑 보드가 있을 때 그것(쓰레기)을 더 줍는다는 것이 항상 쉬운 것은 아닙니다.

A: Qui a lancé cette idée pour la première fois ? 이 생각을 누가 처음에 했죠?

B: C'est le surfeur Bruno Mottais. Il a eu une idée aussi simple qu'efficace : le seau mis en place à l'entrée des plages en hiver pour faciliter le ramassage par les promeneurs. 서퍼인 Bruno Mottais입니다. 그는 효과적이면서도 단순한 생각을 했습니다: 산책하는 사람들에 의한 수거를 용이하게 하기 위해 겨울에 해변 입구에 양동이를 놓는 것이죠.

A: Expliquez-le-nous plus précisément. 우리에게 그것을 좀 더 구체적으로 설명해 주세요.

B: L'idée lui est venue simplement après plusieurs balades en bord de mer, frustré à chaque fois de ne pas pouvoir ramasser beaucoup plus de déchets avec ses deux mains (une bouteille d'eau minérale dans chaque main et il n'est déjà quasiment plus possible de récupérer autre chose…). Finalement, il a commencé à remarquer qu'il y avait pas mal de seaux en bon état à récolter sur les plages. Et c'est comme ça que l'idée est venue. 생각은 바닷가 근처에서 여러 번의 산책 후 그저 떠오른 것인데, 매번 그의 두 손으로 더 많은 쓰레기들을 줍지 못하는 것에 대해 실망했습니다. (각 손에 생수병을 들고 다른 것을 줍는다는 것은 이미 불가능한 거나 다름없죠...) 결국 그는 해변에 주울 만한 양호한 상태의 양동이들이 적지 않게 있다는 것을 주목하기 시작했어요. 그리고 이렇게, 생각이 떠오르게 된 것이죠.

A: Comment s'est passé cette opération ? 이 캠페인은 어떻게 진행되었나요?

B: Les premiers temps, les seaux disparaissaient très vite, sans doute récupérés par des jardiniers : j'ai donc percé le fond des seaux pour éviter la récupération pour d'autres usages et éviter que l'eau de pluie n'y stagne. Je les laisse en général près d'une poubelle de fin septembre à fin juin (l'été, les plages sont nettoyées régulièrement et le peu de tempêtes ne nécessite pas la présence des seaux). 처음에는 양동이들이 매우 빨리 사라졌는데 아마도 정원사들에 의해 회수된 것일 거예요: 저는 그래서 다른 용도 사용을 위한 수거를 피하고 빗물이 고이는 것을 피하기 위해 양동이들의 바닥에 구멍을 뚫었어요. 저는 그것들을 보통 9월 말부터 6월 말까지 쓰레기통 가까이에 두죠(여름에 해변들은 정기적으로 청소가 되고 약한 돌풍은 양동이들을 필요하게 하지 않거든요).

A: Vous avez des conseils pour ceux qui veulent suivre son exemple ? 그의 모범 사례를 따르고 싶어 하는 사람들을 위한 조언들이 있나요?

B: Mon meilleur conseil pour développer l'initiative est justement de prendre l'initiative sans attendre d'autorisation officielle. 이 솔선수범을 확장하기 위한 제 최고의 조언은 공식적인 허가를 기다리지 말고 그저 솔선수범하라는 것입니다.

https://blog.surf-prevention.com

Étape 4

문제 2의 해설을 확인해 보세요.

문제 분석

해변 청소 캠페인에 대한 인터뷰이다. 캠페인의 목적, 시간, 장소, 활동, 참가자는 기본적으로 물을 수 있는 질문으로 이 지문에서는 캠페인의 목적을 묻는 문제가 출제되었다. 그리고 환경오염의 심각성에 대한 구체적인 예에 초점을 맞추고, 특히 캠페인에서 어떤 활동들을 벌이는지에 관해서도 예의 주시해야 한다. 구체적인 활동들이 중요한 만큼 주관식 문제로 출제되었다. 인터뷰 말미에 환경오염을 막기 위한 남자의 조언 또한 놓쳐서는 안 된다.

해설

문항	풀이 요령
1	해변 청소 캠페인의 목적이 무엇인지를 묻고 있다. 'pour lutter contre la pollution des océans et des plages, il n'y a pas de petit moyen 해양과 해변 오염에 맞서 싸우기 위해 사소한 방법이란 없다'는 내용이 나온다. 따라서 이 내용과 일치하는 것은 **C**. 보기항의 'pollution 오염'은 다른 단어로 대체하기가 어렵기 때문에 이 단어가 나오는지 여부를 확인하며 듣는 것도 듣기 전략이 될 수 있다.
2	'1 session = 1 déchet' 캠페인과 관련되는 것이 무엇인지를 묻는 문제이다. 'chaque surfeur se responsabilise à ramasser au moins un détritus après avoir surfé 각 서퍼들이 서핑을 하고 난 후 적어도 하나의 쓰레기를 줍는 데 책임을 다한다'는 내용이 나온다. 따라서 보기항 중 '쓰레기 수거'라는 **A**가 정답이 된다.
3	해변 입구에 양동이를 놓아 둔 이유를 묻고 있다. 'le seau mis en place à l'entrée des plages en hiver pour faciliter le ramassage par les promeneurs 산책하는 사람들에 의한 수거를 용이하게 하기 위해 겨울에 해변 입구에 양동이를 놓는 것'이라는 내용이 있다. 따라서 정답은 **Pour faciliter le ramassage par les promeneurs.** 듣기 평가에서 이와 같은 주관식 문제의 경우 우리말로 적당하게 답을 써 놓은 후, 답을 정리할 때 프랑스어로 옮기는 것도 좋은 방법이다.
4	산책 중에 쓰레기를 많이 주울 수 없는 이유를 묻는 문제이다. 'de ne pas pouvoir ramasser beaucoup plus de déchets avec ses deux mains (une bouteille d'eau minérale dans chaque main et il n'est déjà quasiment plus possible de récupérer autre chose...) 그의 두 손으로 더 많은 쓰레기들을 줍지 못하는 것 (각 손에 생수병을 들고 다른 것을 줍는다는 것은 이미 불가능한 거나 다름없죠...)'라고 이유를 밝히고 있다. 따라서 손에 무엇인가를 들고 있기 때문이라는 **C**가 정답이다.

5	그가 해변에서 주목했던 것이 무엇인지를 묻고 있다. 'Il a commencé à remarquer il y avait pas mal de seaux en bon état à récolter sur les plages 해변에 주울 만한 양호한 상태의 양동이들이 적지 않게 있다는 것을 주목하기 시작했다'는 내용이 있다. 따라서 정답은 **Il y avait pas mal de seaux en bon état à récolter sur les plages.** 여기서 핵심은 해변에 양동이들이 많다는 것이기 때문에 이 내용만 들어가면 정답으로 인정받을 수 있다.
6	양동이들을 사라지지 않게 하는 방법이 무엇인지 묻는 문제이다. 'j'ai donc percé les fonds pour éviter la récupération pour d'autres usages et éviter que l'eau de pluie n'y stagne 나는 그래서 다른 용도 사용을 위한 수거를 피하고 빗물이 고이는 것을 피하기 위해 양동이들의 바닥에 구멍을 뚫었다'는 내용이 있다. 결국 양동이에 구멍을 뚫었다는 것이므로 정답은 **C**.
7	여름에 양동이가 필요하지 않은 이유를 묻고 있다. 이와 관련해 'l'été, les plages sont nettoyées régulièrement 여름에 해변들은 정기적으로 청소가 된다'는 내용이 있다. 따라서 이와 내용이 동일한 **A**가 답이다. 참고로 뒤에 이어지는 문장 'le peu de tempêtes ne nécessite pas la présence des seaux'는 약한 돌풍은 양동이들을 필요하지 않게 하다는 의미로 B와는 상반되는내용이므로 오답이다.
8	해변 청소와 관련한 남자의 조언이 무엇인지를 묻는 문제이다. 'prendre l'initiative sans attendre d'autorisation officielle 공식적인 허가를 기다리지 말고 솔선수범하라'는 내용이 있다. 따라서 정답은 **Prendre l'initiative sans attendre d'autorisation officielle.** 지문에 있는 내용 그대로 쓰지 않아도 의미가 통하면 정답으로 인정받을 수 있다.

문제 3

EXERCICE 2 실전 연습

Track 2-03

Étape 1

공략에 따라 EXERCICE 2 연습 문제를 풀어 보세요.

Lisez les questions. Écoutez le document puis répondez.

❶ Wheeliz est une entreprise pour ______________________

A ☐ les gens handicapés.

B ☐ les gens en difficultés financières.

C ☐ les gens qui cherchent du travail.

❷ Pourquoi Mme de Vilmorin n'a-t-elle pas pu assister au mariage ?

A ☐ Parce qu'elle avait un problème de mobilité.

B ☐ Parce qu'elle était très malade ce jour-là.

C ☐ Parce qu'elle a raté son train à la gare.

❸ Quel est le problème quand on est en fauteuil roulant ?

....

❹ Selon ce document, les gens handicapés ______________________

A ☐ ont besoin d'une voiture spéciale pour leurs déplacements.

B ☐ appellent un taxi pour se déplacer.

C ☐ ne peuvent pas utiliser les transports en commun à cause des frais.

❺ Quel est le point fort de cette entreprise ?

....

❻ Précisez les types de problèmes contre lesquels l'assurance protège les propriétaires. (deux réponses)

....

❼ En ce qui concerne l'expansion de l'entreprise, ________________

A □ elle n'a pas beaucoup de propositions des pays voisins.
B □ des pays voisins veulent travailler avec elle.
C □ elle n'a pas l'intention de se développer à l'étranger.

❽ Quel est son projet pour l'avenir ?

A □ Recruter le maximum de gens handicapés.
B □ Organiser une association internationale pour les gens handicapés.
C □ Développer un système de covoiturage pour les gens handicapés.

Étape 2

문제 3의 내용을 해석해 보세요.

문제를 읽으세요. 자료를 듣고 답하세요.

❶ Wheeliz는 ________________을 위한 회사이다.

A □ 장애가 있는 사람들
B □ 재정적 어려움에 처한 사람들
C □ 일을 찾는 사람들

❷ 왜 Vilmorin은 결혼식에 참석하지 못했는가?

A □ 왜냐하면 그녀는 이동의 문제가 있었기 때문이다.
B □ 왜냐하면 그녀는 그날 너무 아팠기 때문이다.
C □ 왜냐하면 그녀는 기차역에서 기차를 놓쳤기 때문이다.

❸ 휠체어에 있을 때 문제는 무엇인가?

....

❹ 이 자료에 따르면, 장애가 있는 사람들은 ________________

A □ 이동을 위한 특별한 자동차가 필요하다.
B □ 이동하기 위해 택시를 부른다.
C □ 비용 때문에 대중교통을 이용할 수 없다.

❺ 이 회사의 장점은 무엇인가?

....

❻ 보험이 소유주들을 보호하는 문제들의 유형들을 명시하시오. (두 개의 답변)

....

❼ 회사의 확장과 관련해서, ______________________________

A □ 회사는 이웃 나라 국가들로부터 많은 제안을 받지 않았다.
B □ 인접 국가들이 회사와 일하기를 원한다.
C □ 회사는 외국으로 확장할 생각이 없다.

❽ 앞으로의 그녀의 계획은 무엇인가?

A □ 장애가 있는 사람들을 최대한 고용하는 것.
B □ 장애가 있는 사람들을 위한 국제 단체를 조직하는 것.
C □ 장애가 있는 사람들을 위해 카풀 시스템을 발전시키는 것.

Étape 3 **문제 3의 필수 어휘를 익히고, 스크립트를 확인해 보세요.**

entreprise (f) 회사 | **handicapé** 장애가 있는 (사람) | **financier** 재정적인 | **mobilité (f)** 이동성 | **fauteuil roulant (m)** 휠체어 | **déplacement (m)** 이동 | **transport en commun (m)** 대중교통 | **assurance (f)** 보험 | **propriétaire** 소유주 | **expansion (f)** 확장 | **recruter** 채용하다 | **covoiturage (m)** 카풀 | **fondatrice (f)** 창시자 | **s'adresser à** (주어는 사물) (~에) 관계하다 | **réduit** 제한된 | **véhicule (m)** 차량 | **se déplacer** (사물이) 이동하다 | **accessible** 접근할 수 있는 | **sauter** 오르다 | **aménager** 정비하다, 설치하다 | **location (f)** 임대차 | **aller sans dire** 당연하다 | **économie (f)** 절약 | **partenariat (m)** 제휴, 협력 | **vol (m)** 도둑질 | **collision (f)** 충돌 | **incendie (m)** 화재 | **bris de glace (m)** 유리창의 파손 | **locataire** 임차인 | **dépannage (m)** 수리 | **frontalier** 국경의 | **en provenance de** ~에서 오는 | **problématique (f)** (집합적) 문제 | **solidaire** 연대의 | **décloisonner** 장벽을 없애다 | **embaucher** 고용하다

....

스크립트

A: Bonjour. Notre invitée d'aujourd'hui est madame Charlotte de Vilmorin. Bonjour. 안녕하세요. 오늘의 초대 손님은 Charlotte de Vilmorin 씨입니다. 안녕하세요.

V: Bonjour. 안녕하세요.

A: Vous êtes la fondatrice de Wheeliz. Parlez-nous d'abord de votre entreprise. 당신은 Wheeliz의 설립자인데요. 먼저 당신 회사에 대해 우리에게 말해 주세요.

V: C'est une société qui s'adresse uniquement aux personnes à mobilité réduite qui ne peuvent pas utiliser les véhicules traditionnels. 일반 차량을 이용할 수 없어 이동에 제약이 있는 사람들에 오로지 관계한 회사입니다.

A: Pour quelle raison avez-vous décidé de créer cette entreprise ? 어떠한 이유로 이 회사를 만들기로 결심했나요?

V: Je suis handicapée et je devais me rendre au mariage d'un couple d'amis mais j'ai eu des problèmes pour y aller. Comment me déplacer une fois arrivée à la gare ? Je n'avais pas de solution pour faire les derniers kilomètres. Alors, j'ai décidé de créer cette entreprise pour aider les gens comme moi. Quand on est en fauteuil roulant, on ne peut pas se déplacer sans voiture. Les transports en commun ne sont pas accessibles, on ne peut pas sauter dans un taxi, ni louer une voiture normale. Le seul moyen, c'est d'avoir accès à une voiture aménagée. 나는 장애인이고 친구 커플의 결혼식에 참석해야 했지만 그곳에 가는 데 문제가 있었어요. 기차역에 도착하면 어떻게 이동을 하지? 나는 이 마지막 몇 미터를 행하기 위한 해결 방법이 없었습니다. 그래서 나와 같은 사람들을 돕기 위한 회사를 만들기로 결심했어요. 휠체어에 있을 때 자동차 없이는 이동을 할 수가 없습니다. 대중교통은 이용할 수가 없고 택시에 오를 수도 없으며 보통의 자동차를 빌릴 수도 없죠. 유일한 방법은 개조된 자동차를 이용하는 것입니다.

A: Quel est l'avantage de votre entreprise ? 당신 회사의 장점은 무엇입니까?

V: C'est le prix. Certaines sociétés de location proposent des services adaptés aux personnes en fauteuil. Mais il faut généralement compter plus d'une centaine d'euros pour un jour de location. Chez Wheeliz, on est trois fois moins cher que les agences spécialisées. 가격입니다. 몇몇 렌트 회사들은 휠체어를 탄 사람들에게 적합한 서비스들을 제안합니다. 그렇지만 하루 임대하는 데 일반적으로 백 유로 이상 예상해야 합니다. Wheeliz에서는 전문화된 대리점들보다 3배 더 쌉니다.

A: Vous avez raison. Il va sans dire que les économies sont importantes pour ceux qui louent. Et l'assurance ? Qui s'en charge ? 당신 말이 맞아요. 절약이 임대하는 사람들에게 중요하다는 것은 분명합니다. 그럼 보험은요? 누가 책임을 지나요?

V: Nous avons fait créer un service d'assurance spécifique aux besoins de la location de voitures aménagées entre particuliers en partenariat avec la Maif. Nous promettons aux propriétaires une assurance contre le vol, les collisions, l'incendie ou le bris de glace et aux locataires un dépannage 24h sur 24h. 우리는 Maif와 협약하여 사용자들 사이에 개조된 차량 임대의 필요성에 대한 특별한 보험 서비스를 만들게 했습니다. 우리는 소유주들에게 도난, 충돌, 화재 또는 유리창 파손에 대한 보험을 그리고 임차인들에게는 24시간 수리를 약속합니다.

A: Vous n'avez pas l'intention de développer votre entreprise à l'étranger ? 당신은 회사를 외국으로 확장할 생각은 없나요?

V: En fait, nous avons reçu des propositions de pays voisins. On imaginait des pays frontaliers comme la Belgique, l'Espagne ou le Portugal, mais on a eu des demandes en provenance du Liban et de Turquie. Cela montre que les problématiques sont universelles et pour y répondre nous sommes en train de traduire le site. 사실, 우리는 이웃 나라들로부터 제안들을 받았어요. 우리는 벨기에, 스페인 또는 포르투갈과 같이 인접 국가들만 생각했었는데 레바논과 터키로부터도 요청이 있었습니다. 이것은 이 문제들이 전 세계적인 것을 보여 주며 이에 응하기 위해 우리는 사이트를 번역 중에 있습니다.

A: Quel est votre projet pour l'avenir ? 앞으로의 당신의 계획은 무엇인가요?

V: Nous aimerions développer un système solidaire de covoiturage pour décloisonner le monde du handicap. Imaginons une personne en fauteuil qui loue un véhicule afin de faire le trajet Paris-Caen. L'idée serait de mettre la voiture à disposition d'un valide s'il s'engage à conduire. Impossible en effet d'embaucher des chauffeurs. Ça coûterait trop cher. 우리는 장애 계층의 장벽을 없애기 위해 연대 카풀 시스템을 발전시키기를 원합니다. Paris-Caen을 오가기 위해 차량을 임대하는 휠체어에 탄 사람을 상상해 보세요. 이 생각은 장애인이 운전을 약속하면, 유효한 자동차를 제공하는 것일 겁니다. 실제로 운전사를 고용한다는 것은 불가능합니다. 너무 비쌀 것입니다.

https://www.huffingtonpost.fr, 26.10.2015.

Étape 4

문제 3의 해설을 확인해 보세요.

문제 분석

장애인을 위한 이동 차량 회사 설립자와의 인터뷰 내용이므로, 앞부분에서 회사를 소개하는 내용이 제시될 것임을 예측할 수 있다. 단체나 회사를 소개하는 문제의 경우 설립 목적 및 특징과 같은 기본 정보를 우선적으로 파악해야 한다. 앞으로의 회사 전망이나 계획 또한 출제될 확률이 높으며, 주관식으로 출제될 것에 대비해야 한다.

해설

문항	풀이 요령
1	Wheeliz가 어떤 회사인지를 묻는 문제로 인터뷰 첫 번째 부분에 나오는 내용에 해당한다. 회사가 대상으로 하는 사람들이 누구인지를 묻고 있는데 'C'est une société qui s'adresse uniquement aux personnes à mobilité réduite qui ne peuvent pas utiliser les véhicules traditionnels 일반 차량을 이용할 수 없어 이동에 제약이 있는 사람들에 오로지 관계한 회사이다'라는 설명이 나온다. 따라서 정답은 **A**. '이동에 제약이 있는 사람'과 의미가 통하는 단어인 'les gens handicapés'를 사용했다는 점에 유의하자.
2	그녀가 결혼식에 참석하지 못한 이유를 묻는 문제이다. 이와 관련하여 'Comment me déplacer une fois arrivée à la gare ? 기차역에 도착하면 어떻게 이동하지?'라는 말을 하고 있다. 이를 보아 이동을 하는 데 문제가 있다는 내용과 상통하는 **A**가 정답.

3	휠체어가 가지고 있는 문제점을 묻는 문제이다. 인터뷰에서 'Quand on est en fauteuil roulant, on ne peut pas se déplacer sans voiture 휠체어에 있을 때 자동차 없이는 이동할 수가 없다'고 말하고 있다. 따라서 정답은 **On ne peut pas se déplacer sans voiture.** 주관식 문제이기는 하지만 내용이 간략하기 때문에 충분히 답을 쓸 수 있는 쉬운 문제다.
4	장애인들이 어떻게 이동할 수 있는지를 묻는 문제이다. 'Le seul moyen, c'est d'avoir accès à une voiture aménagée 유일한 방법은 개조된 자동차를 이용하는 것이다'라고 말하는 부분이 있다. 따라서 장애인을 위한 특별한 차가 있어야 한다는 내용의 **A**가 정답이 된다.
5	회사의 장점에 대해 묻는 문제로서 '**c'est le prix** 가격이다'라고 하였다. 따라서 이것을 정답으로 쓰거나 '**Chez Wheeliz, on est trois fois moins cher que les agences spécialisées** Wheeliz에서는 전문화된 대리점들보다 3배 더 싸다'는 문장을 정답으로 쓴다.
6	보험과 관련한 문제이다. 내용 중에 소유주에게 '**le vol, les collisions, l'incendie ou le bris de glace** 도난, 충돌, 화재 또는 유리창 파손'을 보장해 준다는 말이 나온다. 여기서 두 가지를 쓰면 된다.
7	회사의 외국 진출과 관련한 문제이다. 'nous avons reçu des propositions de pays voisins 우리는 이웃 나라들로부터 제안들을 받았다'라는 내용이 있다. 다시 말해 외국에서 이 회사와 일하기를 원한다는 뜻이므로 정답은 **B**.
8	회사의 미래 계획과 관련한 문제이다. 마지막 부분에서 'Nous aimerions développer un système solidaire de covoiturage pour décloisonner le monde du handicap 우리는 장애 계층의 장벽을 없애기 위해 연대 카풀 시스템을 발전시키기를 원한다'는 말을 하고 있다. 따라서 이와 의미가 유사한 **C**가 정답.

문제 4

EXERCICE 2 실전 연습

Track 2-04

공략에 따라 EXERCICE 2 연습 문제를 풀어 보세요.

Lisez les questions. Écoutez le document puis répondez.

❶ Quelle est la situation en France par rapport au télétravail ?

....

❷ Que peut-on observer selon une étude de l'institut ECaTT ?

....

❸ Si on travaille à la maison, ____________________

A ☐ on peut échapper aux embouteillages.
B ☐ il est difficile de terminer son travail à temps.
C ☐ on fait du travail supplémentaire.

❹ Selon cette interview, ____________________

A ☐ les patrons veulent que leurs employés travaillent au bureau.
B ☐ le télétravail plaît non seulement aux employés mais aussi aux patrons.
C ☐ les employés préfèrent travailler au bureau.

❺ Précisez les deux aspects qui s'équilibrent pour les salariés grâce au télétravail.

....

❻ Pourquoi le télétravail a-t-il un avantage écologique ?

....

❼ Selon cette interview, comment le télétravail permet-il d'économiser de l'argent pour l'entreprise ?

A ☐ On n'a pas besoin de brancher la climatisation.

B ☐ L'espace nécessaire pour les bureaux est plus petit.

C ☐ On évite de mettre le chauffage.

❽ Selon Mme Roucher, ______________________________

A ☐ certains employés peuvent se sentir seuls à cause du télétravail.

B ☐ les employés travaillent mieux dans une ambiance tranquille.

C ☐ personne ne s'intéresse au télétravail.

❾ De quoi s'inquiètent les salariés qui travaillent dans la société par rapport à ceux qui font du télétravail ?

....

Étape 2 문제 4의 내용을 해석해 보세요.

문제를 읽으세요. 자료를 듣고 답하세요.

❶ 재택근무와 관련하여 프랑스의 상황은 어떠한가?

....

❷ ECaTT 연구소의 연구에 따르면 무엇을 관찰할 수 있는가?

....

❸ 만약 집에서 일한다면, ______________________

A □ 교통 체증을 피할 수 있다.

B □ 제시간에 일을 끝내기가 어렵다.

C □ 추가 근무를 해야 한다.

❹ 이 인터뷰에 따르면, ______________________________________

A □ 사장들은 그들의 직원들이 사무실에서 일하기를 원한다.

B □ 재택근무는 직원들뿐 아니라 사장들의 마음에도 든다.

C □ 직원들은 사무실에서 일하는 것을 선호한다.

❺ 재택근무 덕분에 직장인들에게 균형이 잡히는 두 가지 측면을 명시하시오.

....

❻ 왜 재택근무는 친환경적 장점이 있는가?

....

❼ 이 인터뷰에 따르면 어떻게 재택근무는 기업에 돈을 절약할 수 있게 하는가?

A □ 에어컨을 켤 필요가 없다.

B □ 사무실에 대한 필요 공간이 더 작다.

C □ 난방 켜는 것을 피한다.

❽ Roucher 씨에 따르면, ______________________

A □ 몇몇 직원들을 재택근무 때문에 외로움을 느낄 수 있다.

B □ 직원들은 조용한 분위기 속에서 더 잘 일한다.

C □ 아무도 재택근무에 관심이 없다.

❾ 재택근무를 하는 사람들과 관련하여 회사에서 일하는 직장인들은 무엇에 대해 걱정하는가?

....

Étape 3

문제 4의 필수 어휘를 익히고, 스크립트를 확인해 보세요.

필수 어휘

télétravail (m) 재택근무 | échapper 피하다 | embouteillage (m) 교통 체증 | supplémentaire 추가적인 | patron 상사 | s'équilibrer 균형을 잡다 | salarié (m) 직장인 | brancher 켜다 | climatisation (f) 에어컨 | chauffage (m) 난방 | s'inquiéter 걱정하다 | téléspectateur 시청자 | marginal 부차적인 | sauter le pas 위험을 무릅쓰고 결단을 내리다 | rigide 엄격한 | concilier 조정하다 | atout (m) 수단 | écologique 친환경적인 | employeur 고용주 | fidéliser 단골손님으로 만들다 | collaborateur 협력자 | à l'inverse 정반대로 | isolement (m) 고립 | démarche (f) 방식 | jalousie (f) 질투 | en revanche 반면에 | au sein de ~내부에 | pointer 출근하다 | mentalité (f) 사고방식 | fonctionnement (f) 기능, 상황 | pleinement 전적으로, 완전히 | opter 선택하다

스크립트

A: Bonjour chers téléspectateurs. Aujourd'hui, nous allons parler du télétravail. Nous avons invité deux spécialistes, M. Pascal Planterose et Mme Juliette Roucher. Le télétravail reste encore marginal en France. Pourtant, selon une étude de l'institut ECaTT (Electronic Commerce and Telework Trends), 60% des Français seraient prêts à sauter le pas. Mais est-ce vraiment une bonne idée ? 안녕하세요 시청자 여러분. 오늘 우리는 재택근무에 대해 말하려 합니다. Pascal Planterose 씨와 Juliette Roucher 씨 두 전문가를 초대했습니다. 재택근무는 프랑스에서 여전히 비주류로 남아 있습니다. 그러나 ECaTT (전자 산업과 재택근무 추세) 연구소 연구에 따르면, 60퍼센트의 프랑스인들이 결단을 내릴 준비가 되어 있는 것 같습니다. 그러나 이것이 정말 좋은 생각일까요?

P: Qui n'a jamais rêvé de travailler de chez soi, loin du stress des embouteillages, des horaires rigides et des petites guerres de bureau ? Le télétravail séduit les salariés, mais aussi les patrons de petites et moyennes entreprises. Permettant aux employés de concilier plus facilement vie privée et professionnelle, le télétravail est également régulièrement mis en avant pour ses atouts écologiques nés d'une réduction des trajets domicile-travail. Côté employeurs, ce mode d'organisation peut s'inscrire dans le cadre d'une politique RH destinée à fidéliser les collaborateurs, tout en réduisant la taille (et donc le coût) des bureaux en ville, si un grand nombre de salariés adoptent cette pratique. 누가 교통 체증, 엄격한 시간 그리고 사무실의 작은 전쟁으로부터의 스트레스에서 벗어나 자기 집에서 일하는 것을 결코 꿈꾸지 않겠습니까? 재택근무는 직장인들뿐 아니라 중소기업 사장들에게도 매력적입니다. 직원들에게 사생활과 회사 생활을 더 쉽게 조정하게 하면서 재택근무는 집과 직장을 오가는 것의 축소로 생겨나는 친환경적인 장점으로 또한 지속적으로 대두됩니다. 고용주들의 입장에서 만일 많은 직원들이 이 방법을 채택한다면 이런 운영 방식은 도시에 있는 사무실의 규모(이는 비용)를 대폭 줄이면서, 협력자(직원)들이 회사에 애착을 갖게 하는 RH 정책 안에 들어갈 수 있습니다.

A: Et vous Mme Roucher ? Qu'est-ce que vous en pensez ? Roucher 씨는요? 이것에 대해 어떻게 생각하세요?

R: On dit souvent que les plus grandes idées naissent autour de la machine à café... À l'inverse, cela montre l'isolement dont peuvent être victimes certains salariés en télétravail.

Difficile en effet d'être associé aux nouveaux projets quand on n'est pas présent physiquement dans les locaux de l'entreprise. De même, même si la direction de la société soutient à 100 % cette démarche, des jalousies peuvent en revanche naître de la part de salariés travaillant au sein de l'entreprise : comment vérifier que vous réalisez bien vos trente-cinq heures de travail alors que vous n'êtes pas au bureau pour «pointer» ? Les mentalités doivent encore évoluer pour que ce mode de fonctionnement soit pleinement accepté par l'ensemble des salariés... Pour maintenir le lien, la solution idéale reste aujourd'hui d'opter pour une solution mixte, avec une partie de la semaine en télétravail et le reste au sein de l'entreprise. 우리는 흔히 위대한 생각들은 커피 자판기 주위에서 생겨난다고 말합니다. 반대로 이는 재택근무를 하는 몇몇 직장인들이 피해자가 될 수 있는 고립을 나타냅니다. 회사 건물에 물리적으로 존재하지 않을 때 새로운 프로젝트에 참여하기란 실제로 어렵죠. 마찬가지로, 회사 경영진이 이 방법을 100퍼센트 지원할지라도 사내에서 일을 하는 직원들의 입장에서는 질투심이 생겨날 수 있습니다: '출퇴근을 기록하기' 위해 당신이 사무실에 없는데 35시간 근무를 잘 이행하는지 어떻게 확인할까요? 이러한 근무 방식이 직원들 전체에 의해 완전히 수용되기 위해서는 사고방식이 더 변화해야 합니다... 관계를 유지하기 위해 이상적인 방안은 주중의 일부는 재택근무를 하고 나머지는 회사에 있는 혼합된 방안을 채택하는 것으로 오늘날 남아 있습니다.

http://www.eco-jonction.com

Étape 4

문제 4의 해설을 확인해 보세요.

문제 분석

재택근무를 주제로 한 인터뷰이다. 코로나 이후 재택근무가 많이 시행되고 있기 때문에 출제될 확률이 높은 주제이다. 특히 현재 재택근무 시행 현황, 재택근무의 장단점, 재택근무에 대한 의견은 기본적으로 출제될 만한 내용이므로 이에 대해 미리 정리해 두는 것이 좋다. 이 인터뷰에서는 위에서 언급한 사항 외에도 연구 조사에 대한 내용을 언급하고 있으므로 수치나 결과에 집중해서 듣는다.

해설

문항	풀이 요령
1	재택근무와 관련한 프랑스의 상황을 묻는 문제이다. 대화에서 'Le télétravail reste encore marginal en France 재택근무는 프랑스에서 여전히 비주류로 남아 있다'라고 하였다. 따라서 정답은 **Le télétravail reste encore marginal en France.** 'marginal'이라는 단어가 어려울 수도 있지만 듣기 영역의 주관식 문제라는 점을 감안하여 의미가 통하는 다른 어휘를 써도 정답으로 인정받을 수 있다.

2	ECaTT 연구소의 연구 결과에 대한 문제로서 여론조사 결과를 설명하는 부분에서 '60 % des Français seraient prêts à sauter le pas 60퍼센트의 프랑스인들이 결단을 내릴 준비가 되어 있는 것 같다'라고 언급하고 있다. 따라서 정답은 **60% des Français seraient prêts à sauter le pas.**
3	재택근무의 장점을 묻는 문제로서 'Qui n'a jamais rêvé de travailler de chez soi, loin du stress des embouteillages, des horaires rigides et des petites guerres de bureau ? 누가 교통 체증, 엄격한 시간 그리고 사무실의 작은 전쟁으로부터의 스트레스에서 벗어나 자기 집에서 일하는 것을 결코 꿈꾸지 않겠는가?'라는 내용이 나온다. 그러므로 **A**가 정답이 된다.
4	재택근무에 대한 근로자와 고용주의 생각을 묻는 문제이다. 'Le télétravail séduit les salariés, mais aussi les patrons de petites et moyennes entreprises 재택근무는 직장인들뿐 아니라 중소기업 사장들에게도 매력적이다'라고 언급하는 부분이 있다. 따라서 정답은 **B**.
5	재택근무로 인해 직장인들이 가질 수 있는 장점을 묻는 문제로서 'Permettant aux employés de concilier plus facilement vie privée et professionnelle 직원들에게 사생활과 회사 생활을 더 쉽게 조정하게 하면서'라는 점을 언급하고 있다. 그러므로 정답은 **La vie privée et la vie professionnelle.**
6	친환경적 문제와 관련한 재택근무의 장점을 묻는 문제이다. 이와 연관하여 'une réduction des trajets domicile-travail 집과 직장을 오가는 것의 축소'라는 내용이 나온다. 따라서 정답은 **Parce qu'il y a une réduction des trajets domicile-travail.** 인터뷰에 나오는 'ses atouts écologiques 친환경적 장점'에 초점을 맞추어 들어야 정답을 맞힐 수 있다.
7	재택근무의 경제적 장점에 대한 문제이다. 이 점과 관련하여 'tout en réduisant la taille (et donc le coût) des bureaux en ville 도시에 있는 사무실의 규모(이는 비용)를 대폭 줄이면서'라는 설명이 있다. 따라서 정답은 **B**. 이 문제에서 인터뷰 내용에 집중하지 않으면 A나 C를 정답이라고 착각하기 쉽다. 인터뷰 내용을 근거로 답을 찾아야 함에 주의하자.
8	재택근무의 단점을 묻는 문제로서 'l'isolement dont peuvent être victimes certains salariés en télétravail 재택근무를 하는 몇몇 직장인들이 피해자가 될 수 있는 고립'이라는 내용이 있다. 따라서 정답은 **A**.
9	재택근무와 관련하여 회사에서 일하는 사람들이 걱정하는 것이 무엇인지를 묻고 있다. 'comment vérifier que vous réalisez bien vos trente-cinq heures de travail alors que vous n'êtes pas au bureau pour « pointer » '출퇴근을 기록하기' 위해 당신이 사무실에 없는데 35시간 근무를 잘 이행하는지를 어떻게 확인할까요?'라는 내용에 따라 정답은 **Comment vérifier que vous réalisez bien vos trente-cinq heures de travail alors que vous n'êtes pas au bureau pour « pointer »** 이와 의미가 유사하면 정답으로 인정받을 수 있다.

EXERCICE 2 실전 연습

Track 2-05

Étape 1

공략에 따라 EXERCICE 2 연습 문제를 풀어 보세요.

Lisez les questions. Écoutez le document puis répondez.

❶ Quel est le sujet de cette interview ?

....

❷ Selon les chercheurs américains, que doit-on faire pour faire baisser le taux de sucre dans le sang ?

....

❸ Pendant la durée de cette expérience, les participants ______________________

A ☐ sont restés dans un espace ouvert.
B ☐ n'ont fait aucune activité sportive.
C ☐ ont mangé la même nourriture.

❹ Quelle était la différence entre les deux choix donnés aux participants ?

A ☐ La qualité de leur alimentation.
B ☐ Leur quantité d'exercice.
C ☐ Leur nombre de repas.

❺ Précisez le premier choix d'activité après le repas.

....

❻ Pour quoi le tapis roulant sur lequel les participants doivent marcher est-il programmé ?

....

❼ Que peut-on observer d'après les résultats ?

A □ Il vaut mieux faire de l'exercice physique pour perdre du poids.

B □ L'exercice physique le matin est plus efficace que celui l'après-midi.

C □ L'exercice physique pratiqué après le petit-déjeuner ou après le déjeuner est plus efficace que pas d'exercice du tout.

❽ Selon cette étude, que doit-on faire pour réduire sa glycémie ?

A □ Une marche rapide le soir.

B □ Du jogging après tous les repas.

C □ Maîtriser son mental après le repas du soir.

❾ Complétez le dicton pour rester en bonne santé :

Il faut «manger comme un ________ le matin, un prince à midi et un ________ le soir».

Étape 2

문제 5의 내용을 해석해 보세요.

문제를 읽으세요. 자료를 듣고 답하세요.

❶ 이 인터뷰의 주제는 무엇인가?

....

❷ 미국 연구자들에 따르면, 혈당 비율을 낮추게 하기 위해 무엇을 해야 하는가?

....

❸ 이 실험 기간 동안, 참가자들은 ________________

A □ 열린 공간에 머물렀다.

B □ 어떠한 스포츠 활동도 하지 않았다.

C □ 같은 음식을 먹었다.

❹ 참가자들에게 주어진 두 개의 선택 사이에 차이는 무엇이었는가?

A □ 음식의 질.

B □ 운동의 양.

C □ 식사 횟수.

❺ 식사 후 첫 선택 활동을 명시하시오.

....

❻ 참가자들이 걸어야만 하는 러닝 머신은 무엇을 위해 짜여져 있는가?

....

❼ 결과에 따르면 우리는 무엇을 관찰할 수 있는가?

A □ 체중을 줄이기 위해서는 신체 운동을 하는 것이 더 낫다.

B □ 매일 아침 신체 운동이 오후 이후의 그것(신체 운동)보다 더 효과적이다.

C □ 아침 식사 또는 점심 식사 후에 실시한 신체 운동이 운동을 전혀 하지 않는 것보다 더 효과적이다.

❽ 이 연구에 따르면, 혈당을 줄이기 위해 무엇을 해야 하는가?

A □ 저녁마다 빠른 걷기.

B □ 모든 식사 후에 조깅.

C □ 저녁 식사 후에 정신 수양하기.

❾ 좋은 건강을 유지하기 위한 격언을 완성하시오.

아침에는 ______________처럼, 점심에는 왕자처럼 그리고 저녁에는 ________________처럼 먹어야 한다.

Étape 3

문제 5의 필수 어휘를 익히고, 스크립트를 확인해 보세요.

필수 어휘

baisser 낮추다 | **taux de sucre dans le sang (m)** 혈당 비율 | **durée (f)** 기간 | **nourriture (f)** 음식 | **tapis roulant (m)** 러닝 머신 | **efficace** 효과적인 | **glycémie (f)** 혈당 | **maîtriser** 진정시키다, 억제하다 | **parvenir à** ~에 이르다 | **conclusion (f)** 결론 | **fumeur** 흡연자 | **obèse** 비만의 | **inédite** 발표(공개)되지 않은 | **intervalle (m)** 간격 | **clos** 닫힌 | **bénéficier** ~을 받다 | **surveillance (f)** 감시, 감독 | **pratiquer** 실천하다 | **repos (m)** 휴식 | **mener** 이끌다 | **rigueur (f)** 엄격함 | **s'effondrer** 주저앉다 | **réhabiliter** 부활시키다 | **digestif** 소화를 촉진하는 | **nocturne** 야간의 | **mériter** 가치가 있다 | **confirmer** 확인하다 | **dicton (m)** 속담, 격언 | **diabète (m)** 당뇨병 | **s'appliquer à** ~에 적용되다 | **obésité (f)** 비만

스크립트

A: Bonjour. Aujourd'hui, nous allons parler de la relation entre le sport et la santé. Notre invité de ce soir est M. Bertrand. Bonjour. Pour la première fois, des chercheurs américains apportent une réponse intéressante à cette question. Pour faire baisser le taux de sucre dans le sang, c'est le soir, après le dîner, qu'il faut aller faire une promenade d'au moins quinze minutes. Qu'est-ce que vous pensez de ce résultat ?
안녕하세요. 오늘 우리는 운동과 건강 사이의 관계에 대해 말해 보려 합니다. 오늘 저녁의 초대 손님은 Bertrand 씨입니다. 안녕하세요. 최초로 미국 연구자들이 이 질문에 대해 흥미로운 답변을 제시하는데요. 혈당 비율을 낮추게 하기 위해서는 저녁에 적어도 저녁 식사 후 15분의 산책을 하러 가야 합니다. 이 결과에 대해 어떻게 생각하시나요?

B: Pour parvenir à cette conclusion, les médecins se sont intéressés à dix personnes de plus de soixante ans, qui n'étaient ni fumeurs ni obèses. Tous ces volontaires se sont prêtés de bonne grâce à une expérience inédite, trois fois à quatre semaines d'intervalle. Isolés pendant 48 heures, dans un espace clos, ils ont bénéficié d'abord d'une surveillance de leur glycémie, sans activité particulière pendant 24 heures. Tous avaient la même alimentation. Puis, le jour suivant, ils ont eu le choix, soit entre faire 15 minutes de marche, après chacun des trois principaux repas, petit-déjeuner, déjeuner et dîner, soit de pratiquer 45 minutes de ce même exercice le matin à 10 h 30 ou l'après-midi après 16 h 30. Il s'agissait pour tous de marcher sur un tapis roulant programmé pour qu'ils dépensent trois fois plus d'énergie qu'au repos. 이 결론에 이르기 위해서 의사들은 비흡연자에 비만이 아닌 60세 이상 10명에 대해 관심을 가졌습니다. 이 모든 자원자들은 4주의 간격을 두고 3번 실시하는 미공개 실험에 호의적으로 참여했습니다. 48시간 동안 닫힌 공간 속에 고립된 채 이들은 우선 24시간 동안 특별한 활동 없이 그들의 혈당 체크를 받았죠. 모든 사람들이 같은 음식을 먹었습니다. 그리고 다음 날, 이들은 선택을 하였는데 아침, 점심 그리고 저녁 식사 각각의 세 번의 주요 식사 후 15분간 걷거나 아침 10시 30분 또는 16시 30분 이후 오후에 45분 동안 같은 운동하기였습니다. 모두에게 휴식보다 3배 더 에너지를 소비하도록 짜여진 러닝 머신에서 걷게 하는 것이 중요했습니다.

A: Alors, quels ont été les résultats ? 그래서 결과들은 어땠나요?

B: Les résultats révèlent que, bien sûr, l'exercice physique pratiqué le matin après le petit-déjeuner ou l'après-midi après le repas contribue à réduire le taux de sucre, par rapport aux mesures effectuées le premier jour, sans exercice. Mais les chercheurs ont aussi pu observer, dans cette enquête menée avec rigueur, que la marche rapide du soir est bien plus efficace que celle du matin ou de l'après-midi pour réduire la glycémie. Alors plutôt que de s'effondrer devant un poste de télévision le soir, il faut réhabiliter la promenade digestive nocturne, ne serait-ce que pendant 15 minutes, mais d'un pas rapide. Si ces résultats méritent d'être confirmés, il faudrait aussi mener une étude similaire pour évaluer l'effet de l'exercice physique sur le poids selon l'heure où il est pratiqué. Le fameux dicton pour rester en bonne santé qui veut qu'il faut «manger comme un roi le matin, un prince à midi et un pauvre le soir», apparemment vérifié pour le diabète, pourrait peut-être aussi s'appliquer à la lutte contre l'obésité. 물론 결과들은 아침 식사 후에나 식사 후 오후에 행한 신체 운동이 운동 없이 첫날에 행한 방법들에 비하여 혈당 비율을 줄이는 데 기여한다는 것을 밝혀냈습니다. 그러나 연구자들은 엄격하게 진행된 이 조사에서 저녁 때 빠른 걷기가 혈당을 줄이는 데 있어 아침이나 오후의 그것(빠른 걷기)보다 더 효과적인 것을 또한 관찰할 수 있었죠. 그런데 저녁에 텔레비전 앞에 자리를 잡고 주저앉아 있는 것보다 야간에 소화를 촉진시키는 산책을 단지 15분 동안일 테지만 빠른 걸음으로 다시 해야 합니다. 만일 이 결과들이 확인될 만하다면 운동하는 시간에 따라 몸무게에 대한 신체 운동의 효과를 평가하기 위한 유사한 연구를 진행해야 할 것입니다. 건강을 유지하기 위해 '아침에는 왕처럼 점심에는 왕자처럼, 그리고 저녁에는 거지처럼 먹어야 한다'는 유명한 격언은 당뇨에 대해 언뜻 확인하였고, 비만에 맞선 대책에 또한 적용될 수 있을 것입니다.

https://sante.lefigaro.fr

Étape 4 문제 5의 해설을 확인해 보세요.

문제 분석

운동과 건강의 관계에 대한 인터뷰이다. 이 주제는 기본적으로 출제되는 질문이며 주관식으로 묻는 경우가 많음에 유의하자. 특히 주관식 문제로 출제될 경우를 대비하여 답을 명사구로 작성하는 연습을 해 두는 것이 좋다. 또한 이 문제와 같이 실험 혹은 연구 결과가 제시되는 문제의 경우에는 세부적인 결과와 수치에 대해 구체적으로 묻는 경우가 많기 때문에 메모를 하며 듣는 것이 좋다. 난이도가 높은 문제가 출제된다면 실험 혹은 연구 결과뿐만 아니라 그 결과가 의미하는 것이 무엇인지 물을 수 있으므로, 지문에 대한 보다 심도 깊은 이해가 필요하다.

해설

문항	풀이 요령
1	인터뷰 주제를 묻는 문제이다. 앞부분에 'la relation entre le sport et la santé 운동과 건강 사이의 관계'에 대해 말하려고 한다는 내용이 있다. 따라서 정답은 **La relation entre le sport et la santé.** 주제나 중요한 소재가 명사구로 되어 있을 경우, 객관식보다는 주관식으로 출제될 확률이 높다.

2	혈당을 낮추게 하기 위한 방법을 묻는 문제로 'il faut aller faire une promenade d'au moins quinze minutes après le dîner 저녁에 저녁 식사 후 적어도 15분의 산책을 해야 한다'라는 내용이 있다. 따라서 정답은 **Il faut aller faire une promenade d'au moins quinze minutes après le dîner.** 주관식 문제를 풀 때에는 일단 한국어로 정답을 적어 놓고 프랑스어로 바꾸는 전략이 효과적일 수 있으므로 활용해 보자.
3	실험에 참가한 참가자들에 관한 문제이다. 이 부분에 대해 길게 설명하고 있기 때문에 전체적인 내용을 파악하는 것이 관건이다. 'Tous avaient la même alimentation 모든 사람들이 같은 음식을 먹었다'라는 내용이 언급되고 있기 때문에 정답은 **C**.
4	식사 후 참가자들 사이의 차이점을 묻는 문제로서 'ils ont eu le choix, soit entre faire 15 minutes de marche, après chacun des trois principaux repas, petit-déjeuner, déjeuner et dîner, soit de pratiquer 45 minutes de ce même exercice le matin à 10 h 30 ou l'après-midi après 16 h 30' 즉, 식사 후에 운동량의 차이를 두고 실험을 했다는 내용이다. 따라서 운동량에 대해 언급하는 **B**가 정답.
5	식사 후의 첫 번째 선택 활동이 무엇인지 묻고 있다. 'faire 15 minutes de marche, après chacun des trois principaux repas 각각의 세 번의 주요 식사 후 15분 간 걷기'라는 내용이 있으므로 정답은 **Faire 15 minutes de marche.**
6	참가자들을 러닝 머신에서 걷게 한 이유를 묻는 문제이다. 'pour qu'ils dépensent trois fois plus d'énergie qu'au repos 휴식보다 3배 더 에너지를 소비하도록' 러닝 머신에서 걷게 하였다는 내용이 있으므로 정답은 **Pour qu'ils dépensent trois fois plus d'énergie qu'au repos.**
7	실험 결과에 관한 문제로 'l'exercice physique pratiqué le matin après le petit-déjeuner ou l'après-midi après le repas contribue à réduire le taux de sucre, par rapport aux mesures effectuées le premier jour, sans exercice 아침 식사 후나 식사 후 오후에 행한 신체 운동이 운동 없이 첫날에 행한 방법들에 비하여 혈당 비율을 줄이는 데 기여한다는 것을 밝혀냈다'는 내용에 따라 정답은 **C**.
8	혈당을 줄이기 위한 방법을 묻는 문제이다. 'la marche rapide du soir est bien plus efficace que celle du matin ou de l'après-midi pour réduire la glycémie 저녁 때 빠른 걷기가 혈당을 줄이는 데 있어 아침이나 오후의 그것(빠른 걷기)보다 더 효과적이다'라는 내용에 따라 정답은 **A**.
9	건강과 관련한 격언에 대한 문제로서 'il faut manger comme un roi le matin, un prince à midi et un pauvre le soir 아침에는 왕처럼 점심에는 왕자처럼, 그리고 저녁에는 거지처럼 먹어야 한다'라는 문장에 따라 빈칸에 들어갈 말은 **roi, pauvre**.

EXERCICE 2 실전 연습

Track 2-06

Étape 1

공략에 따라 EXERCICE 2 연습 문제를 풀어 보세요.

Lisez les questions. Écoutez le document puis répondez.

❶ Contre quoi l'opération «Earth Hour» lutte-t-elle ?

A ☐ Le gaspillage alimentaire.

B ☐ Le réchauffement climatique.

C ☐ Le problème de la surpopulation.

❷ Pourquoi éteint-on les lumières pendant une heure ?

....

❸ Plus les gens participeront à cette campagne, ____________________

A ☐ plus l'efficacité du symbole sera forte.

C ☐ plus on fera attention aux frais d'électricité.

B ☐ le gaz d'échappement diminuera.

❹ Qu'est-ce qui s'est passé en 2010 ?

A ☐ Beaucoup de pays ont participé à cette opération.

B ☐ Peu de monuments ont éteint leurs lumières.

C ☐ Ce projet n'a pas obtenu la faveur des pays malgré le fait qu'il s'agisse d'une bonne cause.

❺ Qu'est-ce qui se passera cette année pendant cet événement ?

A ☐ Certaines villes vont collaborer sur ce projet.

B ☐ Les artistes vont faire grève contre le gouvernement.

C ☐ Les Calédoniens vont manifester contre la guerre.

❻ Quel est le but du mouvement Earth Hour + ?

....

7. Quels sont les sujets du concours organisé par le papetier Arjowiggins Graphic ? (deux réponses)

....

8. Si on éteint la lumière samedi 26 mars, ______________________

A ☐ on peut prendre l'habitude d'économiser l'électricité.

B ☐ on peut économiser une grosse d'argent.

C ☐ on peut mieux apprécier les étoiles qui brillent dans le ciel.

Étape 2 문제 6의 내용을 해석해 보세요.

문제를 읽으세요. 자료를 듣고 답하세요.

1. 'Earth Hour' 캠페인은 무엇에 대항하는가?

A ☐ 음식물 낭비.

B ☐ 지구 온난화.

C ☐ 과잉 인구 문제.

2. 왜 한 시간 동안 불들을 끄는가?

....

3. 이 캠페인에 사람들이 더 참가할수록, ______________________

A ☐ 상징 효과가 더욱 커질 것이다.

B ☐ 전기 비용에 더 주의할 것이다.

C ☐ 배기가스가 줄 것이다.

4. 2010년에 무슨 일이 있었는가?

A ☐ 많은 나라들이 이 캠페인에 참가했다.

B ☐ 적은 수의 기념물들이 불을 껐다.

C ☐ 이 계획은 좋은 동기에도 불구하고 국가들의 호의를 얻지 못했다.

❺ 올해 이 행사 동안에 무슨 일이 있을 것인가?

A ☐ 몇몇 도시들이 이 계획에 협력할 것이다.

B ☐ 예술가들이 정부에 반대하는 파업을 할 것이다.

C ☐ 칼레도니아인들은 전쟁에 반대하는 시위를 할 것이다.

❻ Earth Hour + 운동의 목적은 무엇인가?

....

❼ 제지 회사 Arjowiggins Graphic에 의해 주최되는 대회의 주제들은 무엇인가? (2개의 답변)

....

❽ 3월 26일 토요일에 불을 끈다면, ______________________

A ☐ 전기를 절약하는 습관을 가질 수 있다.

B ☐ 많은 돈을 절약할 수 있다.

C ☐ 하늘에 빛나는 별들을 더 잘 감상할 수 있다.

Étape 3 문제 6의 필수 어휘를 익히고, 스크립트를 확인해 보세요.

필수 어휘

opération (f) 캠페인 | **réchauffement climatique (m)** 지구 온난화 | **surpopulation (f)** 인구과잉 | **efficacité (f)** 효력 | **gaz d'échappement (m)** 배기가스 | **faveur (f)** 호의, 신임 | **grève (f)** 파업 | **manifester** 표시하다, 시위에 참가하다 | **papetier** 제지업자 | **manifestation (f)** 행사, 시위 | **en faveur de** ~을 고려하여 | **consommation (f)** 소비 | **mobiliser** 불러모으다, 동원하다 | **citoyen** 시민 | **pouvoir public (m)** 공권력 | **édifice (m)** 건물 | **prestigieux** 유명한 | **plonger** 잠기다 | **se rassembler** 모으다 | **munir** 갖추다 | **bougie (f)** 초 | **jongleur** 광대 | **acrobate** 곡예사 | **se coordonner** 협력하다 | **simultanément** 동시에 | **initiative (f)** 발의, 주도, 솔선 행위 | **viser** 목표하다, 겨냥하다 | **émission (f)** 배출 | **gaz à effet de serre (m)** 온실 가스 | **s'ajouter à** 추가되다, 강화되다 | **lancer** 개시하다 | **en ligne** 온라인 | **récompenser** 보상하다 | **distinguer** 구별하다 | **voie lactée (f)** 은하수

....

스크립트

A: Bonjour. Aujourd'hui, nous avons invité Monsieur Serge Orru, directeur général du WWF-France. 안녕하세요. 오늘은 WWF-France의 사무총장이신 Serge Orru 씨를 초대했습니다.

O: Bonjour. 안녕하세요.

A: Expliquez-nous l'opération «Earth Hour». 'Earth Hour'라는 캠페인을 우리에게 설명해 주세요.

O: «Earth Hour» est une manifestation mondiale en faveur de la lutte contre le réchauffement climatique. 'Earth Hour'는 지구 온난화에 대항하는 세계적인 행사입니다.

A: Quel est le but de l'opération ? 이 캠페인의 목적이 무엇이죠?

O: Éteindre les lumières pendant une heure pour lutter contre le changement climatique et diminuer notre consommation d'énergie. Cet événement mondial mobilise les citoyens, les pouvoirs publics, les villes et les entreprises. Plus nous serons nombreux et plus le symbole sera fort ! 기후 변화에 대항하고 우리의 에너지 소비를 줄이기 위해 한 시간 동안 불을 끄는 것입니다. 이 세계적인 행사는 시민들과 공권력, 도시와 기업들을 불러 모읍니다. 우리가 더 많아질수록 상징은 더욱 강해질 것입니다!

A: Est-ce qu'il y a beaucoup de pays qui participent à cette opération ? 이 캠페인에 참가하는 국가들이 많은가요?

O: Oui. En 2010, près de 4.000 villes dans 126 pays ont éteint leurs lumières. Au total, plus de 1.200 édifices prestigieux, du Colisée à Rome aux pyramides en Égypte en passant par la tour Eiffel, ont été plongés dans le noir pendant une heure. 네. 2010년에 126개국에서 4천 개에 가까운 도시들이 불을 껐습니다. 로마의 콜로세움부터 에펠탑을 거쳐 이집트의 피라미드에 이르기까지 총 1,200개 이상의 유명한 건물들이 한 시간 동안 어둠에 잠겼습니다.

A: Quand est-ce que cet événement aura lieu cette année ? 올해 이 행사는 언제 열릴 예정인가요?

O: Cette année, «Earth Hour» aura lieu le samedi 26 mars. Les Calédoniens se rassembleront munis de bougies sur la Place des Cocotiers dès 20 h, aux côtés de jongleurs, musiciens, danseurs et acrobates. Les villes de Perth en Écosse, en Australie et au Canada se coordonneront pour éteindre leurs lumières simultanément ! 올해 'Earth Hour'는 3월 26일 토요일에 열릴 예정입니다. 칼레도니아 사람들이 20시부터 Cocotiers 광장에 광대들, 음악가들, 무용수와 곡예사들 주변으로 초를 들고 모일 것입니다. 스코틀랜드의 Perth 지방, 호주, 캐나다의 도시들이 동시에 불을 끄기 위해 협력할 것입니다!

A: Quelles sont les autres initiatives ? 다른 솔선 행위들은 무엇입니까?

O: Les participants sont aussi invités à rejoindre le mouvement Earth Hour +, qui vise à réduire les émissions de gaz à effet de serre. Aujourd'hui, le WWF compte sur plus de 100 villes françaises. Le papetier Arjowiggins Graphic s'ajoutera à EH+ en lançant un concours en ligne sur le thème des économies d'énergie et de la réduction des émissions de CO2. Les meilleures initiatives seront récompensées. 참가자들은 또한 온실가스 배출 줄이기를 목표로 하는 Earth Hour + 운동에 참여하게 됩니다. 오늘날, WWF는 100개가 넘는 프랑스 도시들에 대해 기대하고 있습니다. 제지 회사인 Arjowiggins Graphic는 에너지 절약과 이산화탄소 배출을 줄이는 주제로 온라인에서 대회를 개최하면서 EH+에 참여할 것입니다. 최고의 제안들이 상을 받게 될 것입니다.

A: Samedi 26 mars prochain entre 20 h 30 et 21 h 30, rendez votre nuit plus belle en plongeant votre ville dans le noir... Les étoiles brilleront davantage et vous distinguerez mieux la voie lactée ! 돌아오는 3월 26일 토요일 20시 30분과 21시 30분 사이, 어둠 속으로 당신의 도시를 잠기게 하면서 당신의 밤을 더 아름답게 만드세요... 별들은 더 빛날 것이고 당신은 은하수를 더 잘 알아볼 수 있을 것입니다!

https://www.neoplanete.fr

Étape 4

문제 6의 해설을 확인해 보세요.

문제 분석

지구 온난화를 막기 위한 행사인 Earth Hour에 관한 인터뷰이다. 행사 혹은 캠페인이 소재인 경우 이름, 목적, 주최자 혹은 참가자, 세부 활동, 결과에 대한 문제는 반드시 출제되므로 이러한 부분에 집중하며 들어야 한다. 이 문제에서는 이 행사가 무엇인지에 대한 정의 또는 개요, 목적을 설명하는 부분에 중점을 두어야 하며 지구 온난화와 관련하여 피해가 얼마나 심각한지, 그리고 어떠한 활동들이 전개되는지에 초점을 맞추어야 한다. 마지막으로 행사와 관련하여 앞으로의 계획에도 신경을 써야 한다. 지구 온난화를 비롯한 환경오염 문제는 출제될 가능성이 높으므로 주요 용어들을 미리 숙지해 두는 것이 좋다.

해설

문항	풀이 요령
1	Earth Hour 캠페인의 목적을 묻는 문제이다. 지문에서 '«Earth Hour» est une manifestation mondiale en faveur de la lutte contre le réchauffement climatique Earth Hour는 지구 온난화에 대항하는 세계적인 행사이다'라는 부분이 있기 때문에 정답은 **B**. 'la pollution de l'environnement 환경오염' 또한 연관하여 알아 두자.
2	한 시간 동안 불을 끄는 이유를 묻는 문제이다. 'Éteindre les lumières pendant une heure lutter contre le changement climatique et diminuer notre consommation d'énergie 기후 변화에 대항하고 우리의 에너지 소비를 줄이기 위해 한 시간 동안 불을 끄는 것'이라는 내용이 나온다. 따라서 정답은 **Pour lutter contre le changement climatique et diminuer notre consommation d'énergie.**
3	캠페인의 효과 또는 영향력과 관련된 문제로서 'plus nous serons nombreux et plus le symbole sera fort ! 우리가 더 많아질수록 상징은 더욱 강해질 것이다!'라는 내용이 있다. 따라서 이와 의미가 동일한 **A**가 정답.
4	2010년에 벌어진 이 행사에 관한 문제이다. 2010년에 'près de 4.000 villes dans 126 pays ont éteint leurs lumières 126개국에서 4천 개에 가까운 도시들이 불을 껐다'라는 내용으로 미루어 보아 많은 국가와 도시들이 이 행사에 동참하였다는 것을 알 수 있다. 그러므로 정답은 **A**. 이처럼 숫자가 포함되어 여러 가지 내용을 기술하는 문제의 경우 구체적인 수치뿐만 아니라 그 수치가 의미하는 것을 함께 파악해야 한다.
5	행사에 대한 앞으로의 계획과 관련된 문제이다. 지문에 'Les villes de Perth en Écosse, en Australie et au Canada se coordonneront pour éteindre leurs lumières simultanément ! 스코틀랜드의 Perth 지방, 호주, 캐나다의 도시들이 동시에 불을 끄기 위해 협력할 것입니다'라는 문장이 있다. 따라서 도시들이 협력할 것이라는 내용을 담고 있는 **A**가 답이 된다.
6	Earth Hour + 운동의 목적을 묻는 문제이다. 'vise à réduire les émissions de gaz à effet de serre 온실가스 배출 줄이기를 목표로 하는'이라는 부분이 나온다. 따라서 정답은 **Réduire les émissions de gaz à effet de serre.** 환경오염과 관련해서 알아 두면 좋은 표현이므로 외워 두자.

7	대회의 주제를 묻는 문제이다. ‘Le papetier Arjowiggins Graphic s’ajoutera à EH+ en lançant un concours en ligne le thème des économies d’énergie et de la réduction des émissions de CO2 제지 회사인 Arjowiggins Graphic는 에너지 절약과 이산화탄소 배출을 줄이는 주제로 온라인에서 대회를 개최하면서 EH+에 참여할 것입니다.’라고 하였다. 즉, 대회의 주제는 에너지 절약과 이산화탄소의 배출을 줄이는 것이다. 따라서 정답은 **Des économies d’énergie et de la réduction des émissions de CO2.**
8	3월 26일 행사와 관련한 문제로서 ‘les étoiles brilleront davantage et vous distinguerez mieux la voie lactée 별들은 더 빛날 것이고 당신은 은하수를 더 잘 알아볼 수 있을 것’이라는 내용이 나온다. 따라서 이 내용과 의미가 유사한 **C**가 정답이 된다.

문제 7

EXERCICE 2 실전 연습

Track 2-07

Étape 1

공략에 따라 EXERCICE 2 연습 문제를 풀어 보세요.

Lisez les questions. Écoutez le document puis répondez.

❶ Quelle est la première question que pose l'animatrice ?

....

❷ Selon M. Millet, ______________________________

A ☐ il ne faut pas penser négativement à ce qui nous arrive.

B ☐ il faut réfléchir aux raisons qui amènent un mauvais résultat.

C ☐ on doit être prudent avant de prendre une décision.

❸ Selon l'animatrice, dans quels cas est-il facile de penser positivement ? (deux réponses)

....

❹ Quelle idée doit-on accepter pour avoir une attitude positive ?

A ☐ Nous attirons toujours ce dont nous avons besoin.

B ☐ Il nous arrive toujours ce que nous ne croyons pas.

C ☐ Les choses nous arrivent quoi qu'on fasse.

❺ Précisez les questions que nous devons nous poser après avoir vécu une situation désagréable. (deux réponses parmi trois possibilités)

....

❻ Quel est le conseil de M. Millet si la réponse ne vient pas tout de suite ?

....

❼ Selon M. Millet, si la réponse ne vient pas, ______________________

A □ c'est la faute d'autrui.

B □ c'est la faute de notre ego.

C □ ce n'est la faute de personne.

❽ Que se passera-t-il si on continue à penser positivement ?

A □ Les conséquences pourront être négatives.

B □ On pourra voir la réalité comme elle est.

C □ On pourra partager la peine de ses proches.

Étape 2

문제 7의 내용을 해석해 보세요.

문제를 읽으세요. 자료를 듣고 답하세요.

❶ 여 진행자가 하는 첫 번째 질문은 무엇인가?

❷ Millet 씨에 따르면, ______________________

A □ 우리에게 일어나는 것에 대해 부정적으로 생각해서는 안 된다.

B □ 나쁜 결과를 가져오는 이유들에 대해 심사숙고해야 한다.

C □ 우리는 결정을 내리기 전에 신중해야 한다.

❸ 여 진행자에 따르면 어떤 경우에 긍정적으로 생각하는 것이 쉬운가? (2개의 답변)

❹ 긍정적 태도를 갖기 위해 우리는 어떤 생각을 수용해야 하는가?

A □ 우리는 우리가 필요로 하는 것에 항상 끌린다.

B □ 우리가 믿지 않는 것이 항상 우리에게 일어난다.

C □ 어떻게 해도 사건들은 우리에게 일어난다.

❺ 불쾌한 상황을 겪고 난 후 우리가 해야 할 질문들을 명시하시오 (3가지 가능성들 중에 2개의 답변).

❻ 답변이 바로 오지 않는다면 Millet 씨의 조언은 무엇인가?

❼ Millet에 따르면, 답변이 오지 않는다면, ____________________

A □ 그것은 타인의 잘못이다.
B □ 그것은 우리 자아의 잘못이다.
C □ 그것은 누구의 잘못도 아니다.

❽ 우리가 계속해서 긍정적으로 생각한다면 무슨 일이 일어날 것인가?

A □ 결과들이 부정적일 수 있을 것이다.
B □ 있는 그대로의 현실을 볼 수 있을 것이다.
C □ 가까운 사람들의 고통을 나눌 수 있을 것이다.

Étape 3

문제 7의 필수 어휘를 익히고, 스크립트를 확인해 보세요.

필수 어휘

poser une question 질문하다 | **négativement** 부정적으로 | **réfléchir** 심사숙고하다 | **amener** 가져오다 | **prudent** 신중한 | **animatrice** (여) 진행자 | **positivement** 긍정적으로 | **désagréable** 불쾌한 | **autrui** 타인 | **peine (f)** 고통 | **psychologue** 심리학자 | **résolution (f)** 결심 | **plutôt que** ~보다는 오히려 | **projection (f)** 예측, 예상 | **pénible** 고통스러운 | **diriger** 인도하다 | **harmonieux** 조화로운 | **choc (m)** 충격 | **comportement (m)** 행동, 태도 | **désespérer** 실망하다 | **reprise (f)** 반복, 회수 | **ego (m)** 자아 | **persévérant** 인내심 있는 | **insister** 끈기있게 지속하다 | **céder** ~에 굴하다, 지다

스크립트

A: Bonsoir. Aujourd'hui, nous allons parler de la vie avec notre invité. Bonjour, M. Millet. Vous êtes psychologue. Que doit-on faire pour voir le bon côté de la vie ? 안녕하세요. 오늘 우리는 초대 손님과 함께 삶에 대해 말해 보려 합니다. 안녕하세요, Millet 씨. 당신은 심리학자이십니다. 삶의 좋은 면을 보기 위해서는 무엇을 해야 할까요?

M: Ne croyez-vous pas que ce serait une bonne idée de prendre la résolution de voir toujours le bon côté de tout ce qui vous arrive plutôt que de voir le côté négatif ou de faire des projections négatives qui, pour la plupart du temps, n'arrivent presque jamais ? 부정적인 면을 보거나 대개는 거의 일어나지 않는 부정적인 예측을 하기보다는 당신에게 일어나는 모든 것의 항상 좋은 면을 보기로 결심하는 것이 좋은 생각일 거라고 당신은 생각하지 않나요?

A: Mais il est très difficile pour les gens de voir le bon côté rapidement. On pense souvent que cela n'est possible que lorsque les événements ne sont pas trop difficiles, ou encore pénibles. 그렇지만 빨리 좋은 면을 보려고 하는 것이 사람들에게는 매우 어렵죠. 우리는 흔히 사건들이 너무 힘들지 않거나 고통스럽지 않을 때에만 이것이 가능하다고 생각합니다.

M: En acceptant l'idée que nous attirons toujours ce dont nous avons besoin pour nous diriger vers un monde de plus en plus harmonieux et qu'il nous arrive toujours ce que nous croyons (ou encore ce à quoi nous nous attendons), cette attitude est le point de départ nécessaire pour arriver à voir le bon côté des choses rapidement. Alors, une fois le choc passé suite à une situation désagréable, le comportement à développer est de se dire : «Pourquoi ai-je attiré cet événement ou cette personne dans ma vie ? Qu'est-ce que cela m'apporte de positif et que puis-je apprendre grâce à cette expérience ?». Même si la réponse ne vient pas tout de suite, ne désespérez pas, répétez-vous cette question à quelques reprises et vous verrez que la réponse arrivera. Lorsqu'elle ne vient pas, c'est votre ego qui ne veut pas que vous la voyiez. En étant persévérant et en insistant pour voir le bon côté, votre ego s'apercevra que vous êtes vraiment décidé à voir la réalité et il cédera devant votre force. 점점 더 조화로운 세상 쪽으로 우리를 인도하기 위해 우리는 필요로 하는 것에 항상 끌리고, 우리가 믿는 것이 (아니면 우리가 기대하고 있는 것이) 항상 우리에게 일어난다는 생각을 수용한다면, 이러한 태도는 신속히 상황들의 좋은 면을 보는 데 이르기 위해 필요한 출발점입니다. 그래서 한 번 불쾌한 상황으로 충격이 생기면 발휘해야 할 행동은 다음과 같이 생각하는 데 있죠: '왜 나는 내 인생에 이러한 사건 또는 이러한 사람을 끌어당겼을까? 이것이 나에게 가져온 긍정적인 면은 무엇이며 이 경험 덕분에 나는 무엇을 배울 수 있을까?'. 비록 답변이 바로 떠오르지 않더라도, 실망하지 말고 이 질문을 여러 번 되풀이하면 답변이 올 것을 알게 될 것입니다. 그것(답변)이 오지 않을 때, 그것을 보기 원치 않는 것은 바로 당신의 자아입니다. 좋은 면을 보기 위해 인내심을 가지면서 끈기 있게 계속한다면 당신의 자아는 당신이 현실을 보기로 진정으로 결심한 것을 알게 될 것이고 그것은 (당신의 자아는) 당신의 힘 앞에 굴복할 것입니다.

https://www.ecoutetoncorps.com

Étape 4

문제 7의 해설을 확인해 보세요.

문제 분석

인생을 어떻게 바라볼 것인지에 관한 인터뷰이다. 대화 참여자가 하나의 사건 또는 현상에 대해 각기 다른 관점을 가지고 있는 경우로, 듣기 문제의 특성상 잠깐이라도 집중하지 못하면 누가 어떤 태도를 갖고 있는지 파악하는 것이 헷갈릴 수 있다. 그러므로 이러한 유형의 문제를 풀 때에는 메모가 필수적이다. 또한 각각의 대화 참여자의 관점과 그들이 그렇게 생각하는 이유(근거)를 파악하는 것이 우선적이며, 이는 주관식 문제로도 얼마든지 출제될 수 있음에 주의하자.

해설

문항	풀이 요령
1	여 진행자의 첫 번째 질문이 무엇인지 묻는 문제이다. 진행자가 'Que doit-on faire pour voir le bon côté de la vie ? 삶의 좋은 면을 보기 위해서 무엇을 해야 할까요?'라고 질문하는 부분이 있다. 따라서 정답은 **Que doit-on faire pour voir le bon côté de la vie ?**
2	전문가 의견을 묻는 문제로서 인터뷰에서 'ce serait une bonne idée de prendre la résolution de voir toujours le bon côté de tout ce qui vous arrive 당신에게 일어나는 모든 것의 항상 좋은 면을 보기로 결심하는 것이 좋은 생각일 것이다'라고 하였다. 객관식 문제에서는 본문의 내용을 글자 그대로 반복하지 않으려 하므로 '좋은 면을 보라'는 것은 곧 '부정적으로 생각하지 말라'는 것과 같은 의미로 볼 수 있다. 그러므로 정답은 **A**.
3	긍정적으로 생각하게 되는 상황에 대한 문제이다. 'On pense souvent que cela n'est possible que lorsque les événements ne sont pas trop difficiles, ou encore pénibles 우리는 흔히 사건들이 너무 힘들지 않거나 고통스럽지 않을 때에만 이것이 가능하다고 생각한다'라는 내용에 따라 이 문장 **Lorsque les événements ne sont pas trop difficiles, ou encore pénibles.**을 적으면 된다.
4	긍정적 태도를 갖기 위한 방법을 묻는 문제로 'En acceptant l'idée que ~ il nous arrive toujours ce que nous croyons 우리가 믿는 것이 항상 우리에게 일어난다는 생각을 수용한다면' 사물을 좋은 쪽으로 볼 수 있다고 하였다. 따라서 이와 내용이 같은 **A**가 정답.
5	불쾌한 상황을 겪고 난 후 우리가 제기해야 할 질문이 무엇인지 묻는 문제이다. **'Pourquoi ai-je attiré cet événement ou cette personne dans ma vie ? Qu'est-ce que cela m'apporte de positif et que puis-je apprendre grâce à cette expérience ?** 왜 나는 내 인생에 이러한 사건 또는 이러한 사람을 끌어당겼을까? 이것이 나에게 가져온 긍정적인 면은 무엇이며 이 경험 덕분에 나는 무엇을 배울 수 있을까?'라는 문장이 있다. 이 중에서 두 문장을 적으면 된다. 최고 난이도의 문제라고 볼 수 있다.

6	답변이 오지 않을 경우의 태도와 관련한 문제이다. 'ne désespérez pas et répétez-vous cette question à quelques reprises et vous verrez que la réponse arrivera 실망하지 말고 이 질문을 여러 번 되풀이하면 답변이 올 것을 알게 될 것이다'라는 내용이 있다. 따라서 정답은 **Ne pas désespérer et se répéter cette question à quelques reprises.**
7	답변이 오지 않을 때의 책임 소지를 묻는 문제로서 'Lorsqu'elle ne vient pas, c'est votre ego qui ne veut pas que vous la voyiez 그것(답변)이 오지 않을 때, 그것(답변)을 보기 원치 않는 것은 바로 당신의 자아'라는 내용이 있다. 이는 결국 우리 자아의 잘못이라는 것이므로 따라서 정답은 **B**.
8	긍정적인 생각을 할 때의 결과가 무엇인지 묻는 문제이다. 'En étant persévérant et insistant pour voir le bon coté, votre ego s'apercevra que vous êtes vraiment décidé à voir la réalité 좋은 면을 보기 위해 인내심을 가지면서 끈기 있게 계속한다면 당신의 자아는 당신이 현실을 보기로 진정으로 결심한 것을 알게 될 것이다'는 말이 있다. 따라서 정답은 **B**.

문제 8

EXERCICE 2 실전 연습

Track 2-08

Étape 1

공략에 따라 EXERCICE 2 연습 문제를 풀어 보세요.

Lisez les questions. Écoutez le document puis répondez.

❶ Selon cette interview, les Restos cœur ______________________

A ☐ sont une association qui lutte contre la guerre.
B ☐ aident les gens qui ont besoin de manger.
C ☐ proposent des emplois aux handicapés.

❷ Quel est le premier objectif de cette association ?

....

❸ À quelle condition l'aide alimentaire est-elle valable ?

....

❹ Que pense Olivier Berthe de la distribution de bons alimentaires ?

A ☐ Il trouve que la qualité des ingrédients des plats est primordiale.
B ☐ Il pense que ce n'est pas une bonne idée.
C ☐ Il dit qu'il faut trouver un moyen pour distribuer les aliments à un prix très bas.

❺ Qu'est-ce qui est important pour les inscriptions ?

....

❻ Selon le journaliste, ______________________

A ☐ les gens qui travaillent dans cette association sont de plus en plus nombreux.
B ☐ les gens qui veulent aider cette association sont de plus en plus nombreux.
C ☐ les donateurs de cette association sont de moins en moins nombreux.

⑦ Précisez la ligne principale de cette association pour maintenir la confiance. (deux réponses)

....

⑧ Que souhaite faire l'association en cette année électorale ?

....

Étape 2

문제 8의 내용을 해석해 보세요.

문제를 읽으세요. 자료를 듣고 답하세요.

❶ 이 인터뷰에 따르면, les Restos du cœur는 ____________________

A □ 전쟁에 반대하는 단체이다.
B □ 먹을 것이 필요한 사람들을 돕는다.
C □ 장애인들에게 일자리를 제안한다.

❷ 이 단체의 첫 번째 목표는 무엇인가?

....

❸ 어떤 조건에서 음식 지원이 유효한가?

....

❹ 좋은 음식 배급에 대해 Olivier Berthe는 어떻게 생각하는가?

A □ 그는 음식 재료의 질이 우선적이라고 생각한다.
B □ 좋은 생각이 아니라고 생각한다.
C □ 아주 낮은 가격으로 음식들을 배급할 수 있는 방법을 찾아야 한다고 말한다.

❺ 등록에 있어서 중요한 것은 무엇인가?

....

❻ 기자에 따르면, ____

A ☐ 이 단체에서 일하는 사람들이 점점 더 늘어난다.

B ☐ 이 단체를 돕기를 원하는 사람들이 점점 더 늘어난다.

C ☐ 이 단체의 기부자들이 점점 더 줄어든다.

❼ 신뢰를 유지하기 위한 이 단체의 주요 방침을 명시하시오. (2개의 답변)

....

❽ 올 선거 해에서 단체는 무엇을 하기를 바라는가?

....

Étape 3

문제 8의 필수 어휘를 익히고, 스크립트를 확인해 보세요.

필수 어휘

handicapé 장애가 있는 (사람) | **valable** 유효한 | **distribution (f)** 분배, 배급 | **nourriture (f)** 음식 | **ingrédient (m)** 재료 | **primordial** 우선적인 | **inscription (f)** 기입, 등록 | **donateur** 기부자 | **ligne (f)** 방침 | **électoral** 선거의 | **bénéficiaire** 수익자 | **permanence (f)** 지속 | **afflux (m)** 유입 | **massif** 다량의 | **remplir** 가득 채우다 | **ambition (f)** 소망 | **démuni (m)** 가난한 사람 | **se réinsérer** 사회에 복귀하다 | **réflexion (f)** 성찰 | **débattu** 논의된 | **récemment** 최근에 | **ressource (f)** 돈, 재력 | **en fonction de** ~와 관련하여 | **associatif** 비영리의 | **bénévole** 자원 봉사자 | **chuter** 감소하다 | **tandis que** ~하는 반면에 | **accuser** 비난하다 | **antenne (f)** 지부, 지사 | **concrètement** 구체적으로 | **partisan** 편향적인, 신봉자 | **manifestation (f)** 시위 | **fonds (m)** 기금 | **parcimonie (f)** 검약, 절약 | **caritatif** 구호하는 | **ressentir** 느끼다 | **crise (f)** 위기 | **besoin (m)** 필요, 가난 | **se substituer** 대신하다 | **pouvoirs publics (m)** 공권력 | **persuasif** 설득력 있는 | **pression (f)** 압력

....

스크립트

A: M. Olivier Berthe, bonjour. Vingt-six ans après l'ouverture des Restos du cœur, l'année dernière, 860.000 bénéficiaires ont été accueillis dans les quelque 2.000 permanences des Restos et 109 millions de repas ont été distribués. Vous faites face à un afflux de plus en plus massif de demandes d'aide. Pouvez-vous remplir votre ambition première : aider les démunis à se réinsérer ? Olivier Berthe 씨 안녕하세요. Resto du cœur가 문을 연 지 26년이 지난 작년, 86만 명의 수혜자들이 약 2천 개의 식당들에서 지속적인 혜택을 받았고 1억 9백만 개의 식사들이 배급되었습니다. 당신은 도움을 청하는 사람들이 점점 더 급증하고 있는 상황을 맞이하고 있는데요. 극빈자들이 사회에 복귀하도록 돕는 당신의 첫 번째 소망을 이룰 수 있을까요?

B: On ne laissera jamais tomber cet objectif sans lequel les Restos n'auraient plus leur raison d'être. L'aide alimentaire est valable si elle conduit à une aide plus durable. Le travail se fait sur une longue période, c'est une véritable réflexion. C'est pour cela que nous ne sommes pas favorables à la distribution de bons alimentaires, qui a été débattue récemment. Ainsi, nous apportons une attention toute particulière aux inscriptions, qui sont possibles sous condition de ressources, en fonction de la situation familiale. 우리는 이 식당들이 존재할 이유가 더 이상 없는 한, 이 목표를 결코 포기하지 않을 것입니다. 더 지속적인 지원에 이르게 한다면 음식 지원은 가치가 있습니다. 이 일은 오랜 기간에 걸쳐 이루어지고 이것은 진정한 성찰입니다. 그렇기 때문에 우리는 최근 논의되었던 좋은 음식 배급에 대해 호의적이지 않습니다. 따라서 우리는 가정 형편에 따른 재력의 조건 하에 가능한 등록들에 대해 특별히 신경을 쓰고 있습니다.

A: Comment expliquez-vous le fait que le monde associatif français voit le nombre de ses bénévoles chuter tandis que les personnes volontaires pour aider les Restos sont de plus en plus nombreuses ? 프랑스 비영리 집단이 식당들을 돕기 위한 지원자들은 점점 더 늘어나는 반면 자원 봉사자들의 수가 떨어진다고 보는 사실을 당신은 어떻게 설명하세요?

B: C'est sans doute pour partie grâce à la force de l'image de Coluche qui, avant d'accuser la terre entière, s'est demandé «Qu'est-ce que moi je peux faire pour faire avancer les choses ?» C'est un message fort qui continue à être entendu. Aussi parce que les Restos, ce sont 2.000 antennes dans toute la France et qu'il est possible de montrer concrètement des actions près de chez soi. Il faut aussi mentionner la confiance. Notre ligne a toujours été très claire. Nous n'avons pas de prises de positions partisanes, pas de manifestations. Et puis, nos fonds sont utilisés avec parcimonie. Nous sommes l'association caritative la plus connue des Français. Cela fait vingt-six ans qu'on y travaille, les Français ont envie d'aider les Restos. On le ressent en cette période de crise, la solidarité est plus présente que jamais. Nous avons 3.000 bénévoles de plus et de plus en plus de donateurs chaque année. 그것은 아마도 일부분은 세상 전체를 비난하기 전에 '상황을 진전시키기 위해 내가 무엇을 할 수 있을까?'를 자문했던 Coluche 이미지의 힘 덕분입니다. 이것은 계속해서 듣게 되는 강력한 메시지입니다. 또한 식당들은 프랑스 전체에 2천 개의 지부가 있어서 집 근처에서 활동을 구체적으로 보여줄 수 있기 때문입니다. 신뢰성을 또한 언급해야 합니다. 우리의 방침은 항상 매우 명확했습니다. 우리는 편향적인 입장을 취하지 않고 시위를 하지 않습니다. 그리고 우리 기금은 조금씩 사용됩니다. 우리는 프랑스인들에게 가장 잘 알려져 있는 자선 단체입니다. 우리가 이곳에서 일한 지 26년이 되었는데 프랑스인들은 식당들을 돕기를 원합니다. 우리는 이 위기의 시대에서 이것을 느끼며 연대감은 그 어느 때보다도 강합니다. 우리는 3천 명의 봉사자들이 더 있고 매년 기부자들이 늘어나고 있습니다.

A: En venant en aide à de plus en plus de personnes dans le besoin chaque année, les associations ne se substituent-elles pas aux pouvoirs publics ? 매년 가난한 사람들을

점점 더 도와주면서 단체들이 공권력을 대신하지는 않습니까?

B: Clairement, oui... Mais une fois qu'on a dit ça, qu'est-ce qu'on fait ? On fait en sorte de faire avancer les choses. Comment ? En menant un combat tel que nous l'avons fait sur le PEAD. Jamais le gouvernement n'aurait été aussi fort et aussi persuasif face à l'Allemagne sans la pression des associations. En cette année électorale, nous allons plus que jamais «mettre la pression» aux candidats qui partagent nos valeurs. Nous sommes capables d'avoir des résultats ! 확실히 그렇습니다... 하지만 일단 그것을 말하자마자 우리는 무엇을 하나요? 우리는 일종의 상황들을 앞으로 나아가게 합니다. 어떻게요? 우리가 PEAD에서 했던 것과 같은 투쟁을 이끌면서죠. 단체들의 압력 없이 독일과 맞서 정부는 그 어느 때보다 강력했고 설득력이 있었을 것입니다. 올 선거 해에서 우리는 그 어느 때보다도 우리의 가치를 공유하는 후보자들에게 '압력을 가할 것'입니다. 우리는 선거 결과를 얻을 능력이 있습니다!

http://archive.francesoir.fr

Étape 4

문제 8의 해설을 확인해 보세요.

문제 분석

마음 식당에 관한 인터뷰이다. 단체 관계자와의 인터뷰이므로, 단체의 목적, 행동, 참가자, 계획 등은 기본적으로 출제될 수 있는 질문임을 예측할 수 있다. 이와 관련하여 이 문제에서는 어떤 단체인지, 목표는 무엇인지, 노선은 무엇인지가 출제되었다. 듣기 문제에서는 '첫 번째, 두 번째' 등과 같이 순서를 나타내는 표현이 자주 등장할 뿐만 아니라 문제로도 출제된다. 그러므로 순서를 나타내는 표지를 주의 깊게 들어야 한다. 특정 계층의 지원에 대한 것–여기에서는 경제적으로 도움이 필요한 계층–은 자주 출제되는 소재이니만큼 주요 단체, 용어, 표현들을 미리 정리해 두는 것이 좋다.

해설

문항	풀이 요령
1	'les Restos du cœur'가 무엇인지 묻는 문제이다. '109 millions de repas ont été distribués... L'aide alimentaire est valable 1억 9백만 개의 식사들이 배급되었다... 음식 지원은 가치가 있다'라는 내용이 있다. 따라서 이 식당은 음식을 나눠주는 것을 목적으로 하고 있으므로 정답은 **B**. 듣기 전에 보기항에 있는 '전쟁, 먹을 것, 장애인'을 보고 이들 중 어떤 것이 인터뷰에서 언급되는지 확인하면 정답을 쉽게 고를 수 있다.
2	단체의 첫 번째 목표가 무엇인지를 묻는 문제로, 'votre ambition première : aider les démunis à se réinsérer 당신의 첫 번째 소망: 극빈자들이 사회에 복귀하도록 돕는 것'이라는 부분이 있다. 따라서 정답은 **Aider les démunis à se réinsérer.** 특정 계층을 돕기 위한 단체의 활동은 시험에 출제되는 경향이 높으므로 반드시 알아 두자.

3	음식을 나눠줄 수 있는 조건과 관련한 문제이다. 'L'aide alimentaire est valable si elle conduit à une aide plus durable 더 지속적인 지원에 이르게 한다면, 음식 지원은 가치가 있다'라는 내용이 나온다. 그러므로 정답은 **Si l'aide alimentaire conduit à une aide plus durable.**
4	좋은 음식을 나눠주는 것과 관련하여 염두에 두어야 할 것이 무엇인지 묻고 있다. 'nous ne sommes pas favorables à la distribution de bons alimentaires 우리는 좋은 음식 배급에 대해 호의적이지 않습니다'라는 내용이 나오므로, 정답은 **B**.
5	등록과 관련한 문제로서 'sous condition de ressources, en fonction de la situation familiale 가정 형편에 따른 재력의 조건 하에'라는 말을 하고 있다. 따라서 정답은 **Les ressources, en fonction de la situation familiale.**
6	자원 봉사자들의 수에 관한 문제로 'les personnes volontaires pour aider les Restos sont de plus en plus nombreuses 식당들을 돕기 위한 지원자들은 점점 더 늘어나고 있다'는 내용이 있다. 따라서 정답은 **B**.
7	신뢰와 관련하여 이 단체의 주요 방침을 묻는 문제이다. 'Nous n'avons pas de prises de positions partisanes, pas de manifestations 우리는 편향적인 입장을 취하지 않고 시위를 하지 않는다'라는 말을 하고 있다. 따라서 이 두 가지를 답으로 적어야 한다. 정답은 **Ils n'ont pas de prises de positions partisanes, pas de manifestations.**
8	선거와 관련한 단체의 입장을 묻는 문제이다. «mettre la pression» aux candidats qui partagent nos valeurs 우리의 가치를 공유하는 후보자들에게 '압력을 가하는 것'이라는 말을 언급하고 있다. 따라서 정답은 **Mettre la pression aux candidats qui partagent ses valeurs.**

문제 9

EXERCICE 2 실전 연습

Track 2-09

Étape 1

공략에 따라 EXERCICE 2 연습 문제를 풀어 보세요.

Lisez les questions. Écoutez le document puis répondez.

❶ Selon l'animatrice, qu'est-ce qui est de plus en plus difficile de nos jours ?

....

❷ D'après Jean-François Colombe, ____________________

A ☐ la vie privée est plus importante que le travail au bureau.

B ☐ obtenir les meilleurs résultats au bureau ainsi qu'à la maison est vraiment difficile.

C ☐ il vaut mieux abandonner ses activités privées pour augmenter l'efficacité du travail au bureau.

❸ Que conseille-t-il de faire juste avant de quitter le bureau pour être certain de n'avoir rien oublié ?

....

❹ Que doit-on noter sur une page ? (trois éléments)

....

❺ Quel est l'avantage d'avoir cette note ?

A ☐ On peut aller au bureau pour terminer le travail qu'on n'a pas encore fini.

B ☐ On peut travailler à la maison pour terminer le travail qu'on n'a pas encore fini.

C ☐ On peut passer sa soirée tranquillement à la maison sans s'inquiéter de son travail.

❻ Selon Jean-François Colombe, que peut-on réussir à trouver dans des moments qui semblent «simples» ? (deux réponses)

....

❼ Qu'est-ce qui crée des êtres heureux ?

A ☐ Un grand succès dans sa carrière.

B ☐ Des petits plaisirs à répétition.

C ☐ Un sentiment d'accomplissement au travail.

❽ Précisez l'un des trois éléments ce que l'on doit faire pour se déconnecter du travail.

....

Étape 2

문제 9의 내용을 해석해 보세요.

문제를 읽으세요. 자료를 듣고 답하세요.

❶ 여 진행자에 따르면, 오늘날 점점 더 어려워지는 것은 무엇인가?

....

❷ Jean-François Colombe에 따르면, ______________________________

A ☐ 사생활은 사무실에서의 일보다 더 중요하다.

B ☐ 집에서와 마찬가지로 사무실에서 최고의 결과를 얻는다는 것은 정말로 어렵다.

C ☐ 사무실에서 일의 효율성을 높이기 위해 사적인 활동들을 포기하는 것이 낫다.

❸ 아무것도 잊어버린 것이 없는지를 확실히 하기 위해 사무실을 떠나기 바로 전에 그는 무엇을 할 것을 조언하는가?

....

❹ 한 페이지에 무엇을 적어야 하는가? (3개의 요소)

....

❺ 이 메모가 가지는 장점은 무엇인가?

A □ 아직 끝내지 못한 일을 끝내기 위해 사무실에 갈 수 있다.

B □ 아직 끝내지 못한 일을 끝내기 위해 집에서 일할 수 있다.

C □ 일에 대한 걱정 없이 집에서 저녁 시간을 조용히 보낼 수 있다.

❻ Jean-François Colombe에 따르면, '단순해' 보이는 순간들 안에서 무엇을 찾는 데 성공할 수 있는가? (2개의 답변)

....

❼ 행복한 사람들을 만드는 것은 무엇인가?

A □ 경력에서의 큰 성공.

B □ 반복되는 작은 기쁨들.

C □ 일에서의 성취감.

❽ 일에서 벗어나기 위해 우리가 해야 하는 것 세 요소들 중에 하나를 명시하시오.

....

Étape 3 문제 9의 필수 어휘를 익히고, 스크립트를 확인해 보세요.

필수 어휘

animatrice (여) 진행자 | **vie privée (f)** 사생활 | **abandonner** 포기하다 | **efficacité (f)** 효율성 | **terminer** 끝마치다 | **tranquillement** 조용히 | **s'inquiéter de** ~에 대해 걱정하다 | **sembler** ~처럼 보이다 | **carrière (f)** 경력 | **accomplissement (m)** 완수, 실현 | **se déconnecter de** ~와 단절되다, 벗어나다 | **se pencher sur** ~을 연구하다 | **faire la part des choses** 모든 것을 고려하다 | **gagnant** 승리자 | **voie (f)** 길 | **approcher** ~에 가까이 가다 | **modestement** 겸손하게 | **évidemment** 확실히 | **milieu (m)** 한가운데, 중간 | **attitude (f)** 태도 | **consacrer** 할애하다 | **réunion (f)** 회의 | **aperçu (m)** 통찰 | **constructrice** 건설적인 | **labeur (m)** 노동, 수고 | **traiter** 취급하다 | **bien-être (m)** 행복, 복지 | **couper** 자르다 | **supérieur (m)** 상관

....

스크립트

A: Bonjour. Pour notre interview du jour, nous allons nous pencher sur un moyen qui permet de se déconnecter du travail. Notre invité est M. Jean-François Colombe. De nos jours, il est de plus en plus difficile de faire la part des choses entre la vie privée et la vie professionnelle, n'est-ce pas ? 안녕하세요. 오늘 우리의 인터뷰에서는 일에서 벗어나게 해 주는 방법을 연구하려 합니다. 우리의 초대 손님은 Jean-François Colombe 씨입니다. 오늘날 사생활과 직장 생활 사이에서 모든 것을 고려하는 것이 점점 더 어려워지고 있습니다. 안 그렇습니까?

C: Vous avez raison. Nous serions tous gagnants à être 100% dans le travail, au bureau et 100% dans notre vie privée. Cependant, la perfection est une voie difficile. Il faut pourtant essayer de nous en approcher modestement. 당신 말이 맞습니다. 일에서, 사무실에서 그리고 사생활에서 100퍼센트면 우리 모두는 승리자일 것입니다. 그러나 완벽함이란 어려운 길이죠. 그렇지만 겸손하게 이것에 다가갈 수 있도록 노력해야만 합니다.

A: À votre avis, qu'est-ce qu'on peut faire pour résoudre ce problème ? 당신 생각에는 이 문제를 해결하기 위해 우리는 무엇을 할 수 있나요?

C: Il faut bien faire la part des choses entre ceux qui posent leur montre sur leur bureau et qui à 17 h 59 se lèvent pour en partir et ceux qui rentrent chez eux à 2 h du matin. Il existe bien évidemment un juste milieu entre ces deux attitudes. N'hésitez pas à consacrer la dernière demi-heure de votre journée professionnelle à relire vos notes ou votre «paperboard» pour être certain de n'avoir rien oublié, puis remplissez une page de toutes les actions, réunions, réflexions que vous avez accomplies pour le compte de la société qui vous emploie ou pour vous-même. Vous aurez alors un aperçu très précis de toutes les actions constructrices que vous avez effectuées durant cette journée de labeur. Cela vous permettra de ne pas passer toute votre soirée à vous demander si vous n'avez rien oublié ou si vous auriez dû traiter tel dossier comme ceci ou comme cela. Il est important de chercher le bonheur et son bien-être dans des moments qui semblent «simples». 사무실 책상 위에 손목시계를 놓고 오후 5시 59분에 떠나기 위해 일어서는 사람들과 새벽 2시에 집으로 돌아가는 사람들 사이에 모든 것을 고려해야 합니다. 물론 이 두 태도 사이에 딱 중간도 있죠. 아무것도 잊은 것이 없는지를 확실히 하기 위해 당신의 메모나 '페이퍼 보드'를 다시 읽는 데 당신 업무 시간의 마지막 30분을 할애하는 것을 망설이지 마세요. 그리고 나서 당신을 고용한 회사를 위해 또는 당신 자신을 위해 당신이 한 모든 활동들, 회의들, 생각들로 한 페이지를 채우세요. 그러면 당신은 이 일하는 하루 동안 당신이 했던 모든 건설적인 활동들에 대한 매우 구체적인 통찰력을 갖게 될 것입니다. 이는 당신으로 하여금 당신이 아무것도 잊어버리지 않았는지 또는 이런저런 서류를 처리해야 했는지를 자문하면서 당신의 저녁 시간을 보내지 않게 해 줄 것입니다. '단순해' 보이는 순간들에서 행복과 평안을 찾는 것이 중요하죠.

A: Vous pouvez nous donner des conseils pour que nous puissions nous sentir bien ? 우리가 기분 좋을 수 있도록 조언들을 해 주실 수 있나요?

C: Ce sont les petits plaisirs à répétition qui créent les êtres heureux. Préparez-vous ou partagez un dîner qui vous fait plaisir, choisissez un film ou un livre de votre choix. Vous devez rester maître de votre soirée. Bien évidemment, vous aurez pris le soin de couper vos e-mails, de mettre votre téléphone en mode silencieux et de ne répondre qu'à ceux que vous aimez et à qui vous avez décidé de consacrer du temps. Plus vous accepterez des missions supplémentaires, plus vos supérieurs vous en demanderont. 행복한 사람들을 만드는 것은 반복되는 사소한 기쁨들입니다. 당신을 기쁘게 해 줄 저녁 식사를 준비하거나 함께 하세요, 당신의 선택에 따라 영화나 책을 고르세요. 당신은 당신의 저녁 시간의 주인이 되어야 합니다. 물론, 당신은 이메일을 끊고 전화를 묵음 모드로 해 놓으며 당신이 좋아하고 시간을 할애하기로 결심한 사람들에게만 답변하는 수고를 할 것입니다. 당신이 추가적인 업무를 수락하면 할수록, 당신의 상사들은 당신에게 더 요구할 것입니다.

https://www.francesoir.fr

Étape 4 문제 9의 해설을 확인해 보세요.

문제 분석

사생활과 직장 생활의 균형을 주제로 한 인터뷰이다. 주제와 지문에 쓰인 어휘는 평이한 편이나 주관식 문제의 난이도가 높은 문제이다. 듣기 영역은 자칫하면 흘려보낼 수 있기 때문에 계속해서 집중해야 한다.

해설

문항	풀이 요령
1	오늘날 더 어려워지고 있는 것이 무엇인지를 묻는 문제이다. 앞부분에서 'il est de plus en plus difficile de faire la part des choses entre la vie privée et la vie professionnelle 사생활과 직장 생활 사이에서 모든 것들을 고려하는 것이 점점 더 어려워지고 있다'라는 말을 하고 있다. 따라서 정답은 **Faire la part des choses entre la vie privée et la vie professionnelle.**
2	전문가의 말에 관한 문제로서, 사생활과 직장 생활에서 완벽하다면 이상적이지만 'la perfection est une voie difficile 완벽함이란 어려운 길이다'라고 언급하고 있다. 즉 사생활과 직장 생활 모두를 동시에 완벽하게 하는 것은 매우 어렵다는 뜻이며 이와 의미가 유사한 것은 **B**이다.
3	퇴근 전에 무엇을 해야 하는지를 묻는 문제이다. 전문가가 퇴근 전 'relire vos notes ou votre «paperboard» 당신의 메모나 페이퍼 보드를 다시 읽는 데' 시간을 할애하라는 충고를 하고 있다. 따라서 정답은 **Relire ses notes ou son paperboard.**
4	한 페이지에 무엇을 적어야 하는지를 묻는 문제로 'remplissez une page de toutes les actions, réunions, réflexions que vous avez accomplies 당신이 한 모든 활동들, 회의들, 생각들로 한 페이지를 채우라'는 말을 하고 있다. 따라서 **Toutes les actions, réunions, réflexions qu'on a accomplies**가 정답. 지문에서 중요한 정보들이 계속 나열되는 경우, 우리말로 적어 놓고 나중에 프랑스어로 바꾸는 것 또한 전략이 될 수 있다.

5	메모의 장점이 무엇인지를 묻고 있다. 내용을 기록하면서 퇴근 후 'Cela vous permettra de ne pas passer toute votre soirée à vous demander si vous n'avez rien oublié ou si vous auriez dû traiter tel dossier comme ceci ou comme cela 이는 당신으로 하여금 당신이 아무것도 잊어버리지 않았는지 또는 이런저런 서류를 처리해야 했는지를 자문하면서 당신의 저녁 시간을 보내지 않게 해 줄 것이다'라고 하였다. 따라서 이와 의미가 동일한 **C**가 정답.
6	단순해 보이는 순간들 속에서 느낄 수 있는 중요한 것들이 무엇인지 묻는 문제이다. 대화 중에 'Il est important de chercher le bonheur et son bien-être dans des moments qui semblent «simples » '단순해' 보이는 순간들에서 행복과 평안을 찾는 것이 중요하다'라는 말을 하고 있다. 따라서 정답은 **Le bonheur et le bien-être.**
7	행복함을 느끼게 해 주는 것이 무엇인지를 묻는 문제로서 이와 관련하여 전문가는 'Ce sont les petits plaisirs à répétition qui créent les êtres heureux 행복한 사람들을 만드는 것은 반복되는 사소한 기쁨들이다'라고 하였다. 따라서 정답은 **B**.
8	일로부터 벗어나기 위해 해야 할 것이 무엇인지를 묻는 문제이다. '**couper vos e-mails, mettre votre téléphone en mode silencieux et ne répondre qu'à ceux que vous aimez et à qui vous avez décidé de consacrer du temps** 이메일을 끊고 전화를 묵음 모드로 해 놓으며 당신이 좋아하고 시간을 할애하기로 결심한 사람들에게만' 답변하는 수고를 할 거라는 내용이 있으므로 이들 중 하나를 쓰면 된다.

문제 10

EXERCICE 2 실전 연습

Track 2-10

Étape 1

공략에 따라 EXERCICE 2 연습 문제를 풀어 보세요.

Lisez les questions. Écoutez le document puis répondez.

❶ Quel est le sujet de cette interview ?

....

❷ Selon Mme Durand, ______________________

A □ les fraudes sur les achats en ligne sont en hausse.

B □ on peut acheter des produits sur Internet sans aucun danger.

C □ on a besoin de prendre des précautions contre les problèmes causés par les achats sur Internet.

❸ Quel est l'objectif principal de la loi passée en 2004 ?

....

❹ Comment sait-on que les internautes français ont plus confiance quant aux achats sur Internet ?

A □ Le nombre de transactions en ligne continue à progresser.

B □ Il y a beaucoup de réclamations pour résoudre des problèmes.

C □ Le taux de fraudes sur les transactions en ligne est en hausse.

❺ Quel est le conseil de Mme Durand quand on paie par carte bancaire ?

....

❻ Que doit-on vérifier avant de passer sa commande ?

A □ L'adresse URL du site doit commencer par «https».

B □ Le vendeur doit vous envoyer un mail de confirmation.

C □ Le site doit demander la confirmation définitive.

❼ Le commerçant doit ____________________ avant la validation de la commande.

A ☐ offrir une promotion proposée par son site

B ☐ expliquer la qualité des produits qu'il vend

C ☐ annoncer la date limite à laquelle il s'engage à livrer le produit

❽ Précisez un avantage qu'a le client quand il n'est pas satisfait de son achat à distance.

....

Étape 2

문제 10의 내용을 해석해 보세요.

문제를 읽으세요. 자료를 듣고 답하세요.

❶ 이 인터뷰의 주제는 무엇인가?

....

❷ Durand 씨에 따르면, ____________________

A ☐ 인터넷 구매에서의 사기가 증가하고 있다.

B ☐ 어떠한 위험 없이 인터넷에서 제품들을 살 수 있다.

C ☐ 인터넷 구매로 인해 야기되는 문제들에 대비하여 예방 조치를 취할 필요가 있다.

❸ 2004년 통과된 법의 주된 목적은 무엇인가?

....

❹ 프랑스 네티즌들이 인터넷 구매에 대해 더 신뢰한다는 것을 어떻게 알 수 있는가?

A ☐ 온라인상의 거래 수가 계속 증가한다.

B ☐ 문제들을 해결하기 위한 많은 요청들이 있다.

C ☐ 온라인상의 거래에 대한 사기 비율이 증가하고 있다.

❺ 은행 카드로 지불할 때 Durand 씨의 조언은 무엇인가?

....

❻ 주문하기 전에 무엇을 확인해야 하는가?

A ☐ 사이트의 URL 주소가 'https'로 시작해야 한다.

B ☐ 판매자는 당신에게 확인 메일을 보내야 한다.

C ☐ 사이트는 최종적인 확인을 요구해야 한다.

❼ 판매자는 주문 결제 전에 ________________________ (해야) 한다.

A ☐ 사이트에서 제시된 할인 판매를 제공

B ☐ 그가 파는 제품들의 품질을 설명

C ☐ 제품을 배송하기로 약속한 날짜를 알려 줘야

❽ 원격 구매에 대해 만족하지 않을 때 고객이 가지는 이점을 명시하시오.

....

Étape 3 **문제 10의 필수 어휘를 익히고, 스크립트를 확인해 보세요.**

필수 어휘

fraude (f) 사기 | achat (m) 구매 | en ligne 인터넷상의 | précaution (f) 예방 | objectif (m) 목표, 목적 | internaute 네티즌 | transaction (f) 거래 | réclamation (f) 주장, 요구 | carte bancaire (f) 은행 카드 | confirmation (f) 확인 | définitif 최종적인, 결정적인 | validation (f) 승인, 결재 | s'engager à 약속하다, 의무를 지다 | sécuriser 안정시키다 | se défendre 자신을 보호하다 | litige (m) 소송, 분쟁 | numérique 디지털의 | viser à 목표하다 | désormais 지금은 | hors ~을 제외하고 | s'assurer 확인하다, 확신하다 | régler 지불하다, 해결하다 | figurer 표시하다 | livraison (f) 배달 | délai (m) 기한 | rétractation (f) 취소 | disposer 사용하다 | rembourser 환불하다 | justification (f) 증명, 증거 | fournir 공급하다 | réexpédition (f) 반송 | facturer 청구하다 | retour (m) 반송 | agir 행동하다 | réclamation (f) 청구, 이의 신청 | recevable 받아들여질 수 있는 | remboursement (m) 환불

....

스크립트

A: Ce soir, nous allons parler des moyens qui nous permettent d'acheter sur internet en toute sécurité. Nous avons invité Mme Durand. Bonjour. Vous travaillez dans une association de consommateurs. Aujourd'hui, beaucoup de gens achètent des produits sur Internet. 오늘 저녁, 우리는 아주 안전하게 인터넷에서 구매할 수 있게 해 주는 방법들에 대

해 말해 보려 합니다. Durand 씨를 초대했습니다. 안녕하세요. 당신은 소비자 단체에서 일하고 계시는데요. 오늘날 많은 사람들이 인터넷으로 제품들을 삽니다.

D: Oui. Grâce à internet, vous avez accès à des milliers de boutiques où trouver le cadeau de Noël idéal. Bien que les fraudes sur les achats en ligne soient en baisse, mieux vaut savoir comment sécuriser vos transactions et connaître vos droits pour vous défendre en cas de litige. 네. 인터넷 덕분에 당신은 이상적인 크리스마스 선물을 발견할 수 있는 수천 개의 상점들에 접근합니다. 비록 온라인 구매에 대한 사기가 낮아지기는 했지만 당신의 거래를 어떻게 안전하게 할 것인지 아는 것과 사기의 경우에 당신을 보호하기 위한 권리를 알아 두는 게 낫습니다.

A: Parce qu'il y a des problèmes lors des achats sur Internet ? 인터넷 구매 시 문제들이 있기 때문이겠죠?

D: En effet, en 2004, la loi pour la confiance dans l'économie numérique visait à protéger le client achetant sur Internet. Près de dix ans plus tard, la confiance s'est installée chez les internautes français : le nombre de transactions en ligne continue à progresser, elles représentent désormais 7% des achats totaux des particuliers (hors alimentaire). Quant au taux de fraudes sur les transactions en ligne, il a baissé en 2012 (0,29%, contre 0,34% en 2011), pour la première fois depuis 2008. Le client est également de mieux en mieux protégé par la loi en cas de litige. 사실, 2004년에, 디지털 경제에서의 신뢰성을 위한 법은 인터넷에서 구매하는 고객을 보호하는 것을 목적으로 하였습니다. 10년 가까이 지나, 신뢰성이 프랑스 네티즌에게 자리 잡았죠: 온라인 거래의 수는 계속 증가하고 있고 이제는 그것들은(온라인 거래들) 개인 전체 구매의 7퍼센트를 차지하고 있습니다(식료품 제외). 인터넷 거래에서 사기 비율로는 2012년에 낮아졌고(2011년에 0.34 퍼센트에 비해 0.29 퍼센트) 2008년 이후 처음입니다. 고객은 또한 사기의 경우 법에 의해 점점 더 잘 보호받고 있죠.

A: Comment peut-on s'assurer que l'achat est sécurisé ? 구매가 안전한지 어떻게 확신할 수 있나요?

D: Près de 90% des achats sur internet sont réglés par carte bancaire. Si vous utilisez ce mode de paiement, vérifiez si le site est sécurisé. Au moment de la transaction, l'adresse URL du site doit commencer par «https». Une fois que vous avez passé votre commande, le site doit ensuite vous en demander la confirmation définitive. Enfin, après le paiement de la commande, le vendeur doit vous envoyer un mail de confirmation, sur lequel figure le détail de vos achats. 인터넷 구매의 90퍼센트 가까이가 은행 카드로 지불됩니다. 만일 당신이 이 지불 방식을 사용한다면, 사이트가 안전한지 확인하세요. 거래 순간에 사이트의 URL 주소가 'https'로 시작해야 합니다. 당신이 주문을 했을 때 사이트는 곧이어 당신에게 주문에 대한 최종적인 확인을 물어봐야 합니다. 마지막으로 주문에 대한 지불 후에, 판매자는 당신에게 당신의 구매에 대한 세부 사항을 표시한 확인의 메일을 보내야 합니다.

A: Quels sont les points importants par rapport à la livraison ? 배송과 관련하여 중요한 사항들은 무엇인가요?

D: Le commerçant doit annoncer, avant la validation de la commande, la date limite à laquelle il s'engage à livrer le produit. La loi Hamon imposera bientôt au vendeur un délai maximal de trente jours pour livrer le produit. Lors d'un achat à distance, le client bénéficie d'un certain nombre de garanties. Ainsi, si vous n'êtes pas satisfait de votre achat, vous pouvez faire jouer le délai de rétractation de sept jours après sa réception. Le vendeur dispose alors de trente jours pour vous rembourser. Vous n'avez aucune justification à fournir, ni pénalités à payer. Seuls des frais de réexpédition peuvent vous être facturés pour le retour. 판매자는 주문 결재 이전에 제품 배송을 약속한 날짜를 알려 줘야 합니다. Hamon 법은 제품을 배송하는 데 최대 30일의 기간을 판매자에게 곧 부과할 것입니다. 원격 구매 시 고객은 몇 가지 보증의 혜택을 받습니다. 이처럼 만일 당신이 구매에 대해 만족하지 않는다면, 당신은 수령 후 7일의 취소 기간을 이용할 수 있습니다. 판매자는 당신에게 환불해 주기 위해 30일을 이용합니다. 당신은 제출할 어떠한 서류도, 지불할 패널티도 없죠. 다만 반품을 위한 재 반송 비용이 당신에게 요청될 수 있습니다.

A: Comment faire s'il y a des problèmes sur l'achat des produits ? 제품 구입에 대한 문제가 있으면 어떻게 해야 하나요?

D: Quelle que soit la nature du litige, le vendeur est responsable. Mais vous devez agir dans un certain délai pour que votre réclamation soit recevable. Après sept jours de retard par rapport à la date de livraison indiquée lors de la commande, vous pouvez en demander le remboursement. 사기의 성격이 어떠하건 간에, 판매자가 책임을 져야 합니다. 그렇지만 당신의 요구가 받아들여지기 위해 당신은 일정 기간 뒤에 행동해야 합니다. 주문 시 기재된 배송 기간과 관련하여 7일 후, 당신은 그것에 대해 환불을 요구할 수 있습니다.

http://leparticulier.lefigaro.fr

Étape 4

문제 10의 해설을 확인해 보세요.

문제 분석

인터넷 구매에 관한 인터뷰이다. 인터넷을 통한 구매는 오늘날 주요한 구매 방식이고, 코로나로 인해 인터넷 구매가 더욱 활발해졌기 때문에 듣기 영역에서뿐만 아니라 다른 영역에서도 출제될 수 있는 주제이다. 인터넷 구매와 관련하여 최근 인터넷 구매의 현황, 인터넷 구매의 장단점, 인터넷 구매 시 주의 사항을 묻는 문제가 출제될 수 있으며, 이러한 내용을 미리 숙지하는 것이 좋다. 이 문제에서는 특히 인터넷 거래의 비율과 인터넷 거래 사기 비율이 제시되는데, 두 수치에 주의를 기울여야 한다.

해설

문항	풀이 요령
1	인터뷰 주제를 묻는 문제로서 'acheter sur internet en toute sécurité 아주 안전하게 인터넷에서 구매하기'에 대한 대화이다. 따라서 정답은 **Acheter sur internet en toute sécurité.** 인터뷰의 경우 대부분 주제를 맨 앞부분에서 언급하는 경향이 있기 때문에 인터뷰 앞부분의 내용에 신경을 써야 한다.

2	인터넷 구매와 관련한 전문가의 설명에 대한 문제이다. 'mieux vaut savoir comment sécuriser vos transactions et connaître vos droits pour vous défendre en cas de litige 당신의 거래를 어떻게 안전하게 할 것인지 아는 것과 사기의 경우에 당신을 보호하기 위한 권리를 알아 두는 게 낫습니다'라고 하였다. A의 인터넷 구매에 있어서 사기 횟수가 증가하고 있다는 내용은 상식적으로 생각하면 정답인 것 같지만 'Bien que les fraudes sur les achats en ligne soit en baisse 비록 온라인 구매에 대한 사기가 낮아지기는 했지만'이라고 하였으므로 인터뷰와는 상반되므로 특히 주의해야 한다. 따라서 정답은 **C**.
3	법 제정의 목적을 묻는 문제로서 'la loi pour la confiance dans l'économie numérique visait à **protéger le client achetant sur Internet** 디지털 경제에서의 신뢰성을 위한 법은 인터넷에서 구매하는 고객을 보호하는 것을 목적으로 하였다'라는 내용이 나온다. 따라서 이 문장을 정답으로 적으면 된다.
4	인터넷 구매와 관련한 네티즌들의 반응에 대해 묻고 있다. 'le nombre de transactions en ligne continue à progresser 온라인 거래의 수는 계속 증가하고 있다'는 말을 하고 있는 점으로 보아 이와 의미가 같은 **A**가 정답.
5	카드로 지불할 때의 유의점에 대한 문제이다. 'Si vous utilisez ce mode de paiement, **vérifiez si le site est sécurisé** 만일 당신이 이 지불 방식을 사용한다면 사이트가 안전한지 확인하세요'라는 충고에 따라 이 문장을 적으면 된다.
6	주문하기 전에 확인해야 할 것을 묻는 문제로서 거래 순간에 'l'adresse URL du site doit commencer par «https» 사이트 URL 주소가 https로 시작해야 한다'라고 언급하고 있다. 따라서 정답은 **A**.
7	판매자의 의무와 관련한 문제이다. 'Le commerçant doit annoncer, avant la validation de la commande, la date limite à laquelle il s'engage à livrer le produit 판매자는 주문 결재 이전에 제품 배송을 약속한 날짜를 알려 줘야 한다'라고 설명하고 있다. 따라서 정답은 **C**.
8	원격 구매와 관련한 고객의 권리에 대한 문제로서 'vous pouvez faire jouer le délai de rétractation de sept jours après sa réception 당신은 수령 후 7일의 취소 기간을 이용할 수 있습니다'라고 하였다. 따라서 이것을 답으로 적으면 된다. **Il peut faire jouer le délai de rétractation de sept jours après sa réception.**

듣기 평가

EXERCICE 3

잠깐 **듣기 평가 EXERCICE 3을 시작하기 전, 아래 지시문을 들려줍니다.**

Vous avez une minute pour lire les questions ci-dessous. Puis, vous entendez une première fois un document. Ensuite, vous avez trois minutes pour répondre aux questions. Vous écoutez une seconde fois le document. Après la seconde écoute, vous avez encore deux minutes pour compléter vos réponses.

Lisez les questions. Écoutez le document puis répondez.

당신은 아래의 질문들을 읽는 데 1분의 시간이 있습니다. 그 후에 당신은 자료를 첫 번째로 듣습니다. 그리고 나서 당신은 질문들에 답하기 위해 3분이 있습니다. 당신은 자료를 두 번째로 듣습니다. 두 번째 듣기 후에, 당신은 당신의 답변들을 완성하기 위해 2분이 더 있습니다.

문제를 읽으세요. 자료를 듣고 답하세요.

완전 공략

1 핵심 포인트

특정 주제에 대한 라디오나 방송의 르포를 듣고 질문에 해당하는 답을 고르거나 간략하게 답을 작성하는 유형으로, 듣기 EXERCICE 가운데 주제가 가장 까다롭고 난이도 또한 매우 높다. 따라서 전략적인 문제 풀이가 필요하며, 문제 풀이 전략은 아래 '고득점 전략'을 참고하라.

2 빈출 주제

EXERCICE 3는 사회적 이슈 혹은 다양한 목적의 캠페인을 주제로 한 르포를 듣고 주어진 문제를 푸는 유형인데, 특정 이슈와 관련한 캠페인 혹은 행사의 목적, 진행 과정, 참가 방법, 결과 등은 반드시 출제된다. 르포뿐만 아니라 인터뷰 형식으로 문제가 출제될 수 있으므로 유의한다.

3 고득점 전략

① 주관식 문제의 유형을 파악한다.

주관식 문제에서 답을 두 개 쓰는 문제라면 필시 정답은 명사나 명사구가 된다. 따라서 이러한 문제는 쉽게 답을 쓸 수 있다. 반면 의문사 'pourquoi'로 시작하는 문제는 답을 문장으로 써야 하기 때문에 한 번에 듣고 쓰기에는 무리가 있다. 따라서 첫 번째 듣기에서는 답을 확실히 쓸 수 있는 단답형 문제부터 풀고, 문장형 문제는 주요 어휘나 표현을 메모하며 들은 뒤, 두 번째 듣기에서 문제의 답을 완성하는 것이 좋은 전략이 될 수 있다.

② 문제의 순서와 지문의 순서를 고려한다.

일반적으로 문제의 순서와 지문의 순서가 일치하는 경우가 많다. 즉, 지문의 앞부분에 1번, 2번 문제에 해당하는 내용이, 지문 뒷부분에 마지막 문제에 해당하는 내용이 제시될 확률이 높다. 그러므로 지문의 흐름대로 문제를 풀어 나가는 것이 좋다.

③ 객관적 사실에 입각하여 정답을 고른다.

문제가 전혀 이해되지 않거나 지문의 의미를 파악하지 못할 경우, 보기항 중에 객관적 타당성을 지니거나 상식에서 벗어나지 않는 것을 답으로 선택한다. 또는 보기항 중에 두 개의 의미가 유사하거나 비슷한 어휘들을 사용하였을 경우, 둘 중 하나가 답이 될 확률이 높으므로 참고하자.

EXERCICE 3 실전 연습

Track 3-01

Étape 1

공략에 따라 EXERCICE 3 연습 문제를 풀어 보세요.

Lisez les questions. Écoutez le document puis répondez.

❶ Quel est le but des vélo-écoles ?

A □ Soutenir les gens pour qu'ils puissent posséder des vélos.

B □ Donner l'occasion seulement aux enfants d'apprendre à faire du vélo.

C □ Permettre aux gens d'avoir la capacité de prendre un vélo quelque soit leur âge.

❷ Pourquoi certaines personnes n'ont-elles pas pu apprendre à faire du vélo ? (deux réponses)

....

❸ À qui les «vélo-écoles» sont-elles utiles ?

A □ Aux gens qui ont peur d'utiliser les transports en commun.

B □ Aux enfants qui sont capables de faire du vélo.

C □ Aux gens qui s'inquiètent d'être blessés en faisant de la bicyclette.

❹ Qui travaille dans l'association «Vivre à Vélo en Ville de Montreuil» ?

A □ Des fonctionnaires de la mairie.

B □ Des volontaires qui ne reçoivent pas d'argent.

C □ Des écologistes qui travaillent contre la pollution de l'environnement.

❺ Quel genre de personnes en particulier utilise cette association ?

A □ Les étudiants qui suivent un stage dans un pays étranger.

B □ Les touristes qui visitent Paris.

C □ Les gens qui viennent de pays étrangers pour vivre en France.

❻ Quel est le but de la Semaine européenne de la mobilité ?

A □ Convaincre les gens de marcher à pied en laissant leur voiture à la maison.

B □ Recommander aux gens de ne pas utiliser les vélos pour des courtes distances.

C □ Demander aux gens de refuser tous les moyens de déplacement.

❼ Quel est l'avantage du vélo par rapport à l'environnement ?

Étape 2

문제 1의 내용을 해석해 보세요.

문제를 읽으세요. 자료를 듣고 답하세요.

❶ 자전거 학교의 목적은 무엇인가?

A □ 자전거들을 소유할 수 있도록 사람들을 지원하는 것.

B □ 아이들에게만 자전거 타는 것을 배울 수 있는 기회를 제공하는 것.

C □ 사람들에게 나이에 상관없이 자전거를 탈 수 있는 능력을 갖도록 해 주는 것.

❷ 왜 몇몇 사람들은 자전거 타는 것을 배우지 못했는가? (두 개의 답변)

❸ '자전거 학교'는 누구에게 유용한가?

A □ 대중교통을 이용하는 것을 두려워하는 사람들에게.

B □ 자전거를 탈 수 있는 아이들에게.

C □ 자전거를 타면서 다칠까 봐 걱정하는 사람들에게.

❹ 누가 'Vivre à Vélo en Ville de Montreuil' 단체에서 일하는가?

A □ 시청 공무원들.

B □ 돈을 받지 않는 자원 봉사자들.

C □ 환경오염에 맞서 일하는 환경 보호자들.

❺ 어떤 유형의 사람들이 특히 이 단체를 이용하는가?

A □ 외국에서 연수를 받는 학생들.

B □ 파리를 방문하는 관광객들.

C □ 프랑스에서 살기 위해 외국에서 온 사람들.

❻ 이동 유럽 주간의 목적은 무엇인가?

A □ 집에 자동차를 두고 걷도록 사람들을 설득하는 것.

B □ 짧은 거리는 자전거를 이용하지 않도록 사람들에게 권장하는 것.

C □ 모든 이동 수단을 거부할 것을 사람들에게 요청하는 것.

❼ 환경과 관련하여 자전거의 장점은 무엇인가?

Étape 3 문제 1의 필수 어휘를 익히고, 스크립트를 확인해 보세요.

필수 어휘

soutenir 지원하다 | **posséder** 소유하다 | **capacité (f)** 능력 | **s'inquiéter de** ~을 걱정하다 | **blessé** 상처 입은 | **fonctionnaire** 공무원 | **écologiste** 자연 보호론자 | **mobilité (f)** 유동성 | **convaincre** 설득하다 | **déplacement (m)** 이동 | **pédaler** 페달을 밟다, 자전거로 달리다 | **roulette (f)** 작은 바퀴 | **enfance (f)** 유년기 | **se mettre à** ~을 시작하다 | **se lancer** 돌진하다, 뛰어들다 | **s'adresser à** ~에 관계하다 | **former** 만들어 내다 | **création (f)** 설립 | **bénévole** 자원 봉사자 | **animer** 이끌다 | **issu de** ~ 출신의 | **immigration (f)** 이민 | **se déplacer** 이동하다 | **combiner** 조합하다 | **consacrer** 할애하다 | **à l'occasion de** ~을 맞이하여 | **citoyen** 시민 | **garage (m)** 차고 | **polluer** 오염시키다 | **carburant (m)** 연료 | **trajet (m)** 여정

스크립트

À l'école des vélos

Tout le monde n'a pas appris à faire du vélo. Aussi, des vélo-écoles ouvrent partout en France pour permettre à tous, grands et petits, d'apprendre à pédaler (sans roulettes

bien sûr !).
On dit souvent «le vélo, ça ne s'oublie pas !». Mais encore faut-il avoir appris. Tout le monde n'a pas la chance dans son enfance de posséder un vélo et d'apprendre à pédaler avec ses parents.
Pour ces personnes-là, qui désirent se mettre au vélo mais qui ont peur de se lancer, des «vélo-écoles» existent en France. En tout, il y en a 35. Elles s'adressent aux enfants bien sûr, mais plus encore aux adultes.
L'association «Vivre à Vélo en Ville de Montreuil» (Seine-Saint-Denis) est la plus ancienne. Elle a formé 1.500 adultes depuis sa création en 2002. 23 bénévoles animent cette école.
Leurs élèves ? Ce sont surtout des personnes issues de l'immigration. Elles apprennent à pédaler, mais aussi et surtout à se déplacer seules dans la ville, en combinant le vélo avec d'autres moyens de déplacement.
Aujourd'hui, mardi 18 septembre, une journée spéciale est consacrée à ces vélo-écoles, à l'occasion de la Semaine européenne de la mobilité. Cette semaine encourage les citoyens à laisser leur voiture au garage, pour se déplacer sans polluer et sans dépenser de carburant.
Non polluant, le vélo est un moyen de déplacement qui a de l'avenir ! Surtout quand on sait que la moitié des trajets effectués le plus souvent par les Français font moins de 2 km.

Journal des enfants, 18. 09. 2012.

자전거 학교에서

모든 사람들이 자전거 타는 것을 배운 것은 아니다. 그래서 자전거 학교는 프랑스 어디에서나 어른과 아이 모두가 자전거 타는 것을(물론 보조 바퀴들 없이!) 배울 수 있도록 하기 위해 문을 연다.
흔히 '자전거는 잊혀지지 않는다!'라고 말한다. 그렇지만 더 배웠어야만 한다. 모든 사람들이 어린 시절에 자전거를 소유하고 부모들과 함께 자전거 타는 것을 배울 기회가 있는 것은 아니다.
자전거를 시작하고 싶지만 달리는 것이 두려운 이 사람들을 위해, '자전거 학교'가 프랑스에 있다. 모두 35개가 있다. 그것들은 물론 아이들이지만 게다가 성인들도 대상으로 한다.
'Vivre à Vélo en Ville de Montreuil' (Seine-Saint-Denis) 단체는 가장 오래되었다. 이것은 2002년에 생긴 이래로 1,500명의 성인 회원을 양성했다. 23명의 자원 봉사자들이 이 학교를 이끌고 있다. 이들의 학생들은? 이들은 특히 이민 온 사람들이다. 이들은 자전거 타는 것을 배우고 또한 특히 다른 이동 수단과 자전거를 결합하면서 도시에서 혼자 이동하는 것을 배운다.
9월 18일 화요일 오늘, 한 특별한 하루는 이동 유럽 주간을 맞이하여 이 자전거 학교에 할애된다. 이번 주는 오염시키지 않고 연료를 소비하지 않고 이동하기 위해 주민들이 차고에 차를 둘 것을 독려한다.
오염 없는 자전거는 장래성이 있는 이동 수단이다. 프랑스인들이 가장 자주 행하는 여정의 절반이 2km 미만이라는 것을 특히 안다면.

Étape 4

문제 1의 해설을 확인해 보세요.

문제 분석

자전거 학교에 대한 내용이다. 먼저 이 단체가 추구하는 목표 또는 목적이 무엇인지 파악한다. 그리고 이 학교를 이용할 수 있는 대상이 누구이며, 이 단체에서 어떠한 활동들을 하고 있는지 구체적으로 알아야 한다. 그리고 이 단체의 활동이 사회적으로 어떠한 긍정적인 효과를 가져오는지 설명하는 부분에 초점을 맞춘다. 단체가 생긴 연도, 회원 수, 자원 봉사자 수도 출제될 수 있는 문제이다.

해설

문항	풀이 요령
1	자전거 학교의 목적을 묻는 문제이다. 'des vélo-écoles ouvrent partout en France pour permettre à tous, grands et petits, d'apprendre à pédaler 자전거 학교는 프랑스 어디에서나 어른과 아이 모두가 자전거 타는 것을 배울 수 있도록 하기 위해 문을 연다'라는 내용이 있다. B는 대상이 아이들로만 한정되어 있기 때문에 지문 내용과 다르다. 따라서 정답은 **C**. 객관식 문제에서 보기항에 일부 내용은 맞고 일부 내용은 틀린 문장을 제시하여 응시자들을 혼동시키는 경우가 있으므로 보기항의 앞부분만 보고 답을 고르지 않도록 주의한다.
2	몇몇 사람들이 자전거 타는 것을 배우지 못한 이유를 묻는 문제로서 'Tout le monde n'a pas la chance dans son enfance de posséder un vélo et d'apprendre à pédaler avec ses parents 모든 사람들이 어린 시절에 자전거를 소유하고 부모들과 함께 자전거 타는 것을 배울 기회가 있는 것은 아니다'라는 내용이 나온다. 두 가지 답변을 써야 하므로 이 문장을 답으로 쓰면 된다. **a) Elles n'avaient pas de vélo quand elles étaient enfants. b) Elles n'avaient pas l'occasion d'apprendre à pédaler avec leurs parents.**
3	자전거 학교의 대상을 묻는 문제로서 'Pour ces personnes-là, qui désirent se mettre au vélo mais qui ont peur de se lancer, des «vélo-écoles» existent en France 자전거를 시작하고 싶지만 달리는 것이 두려운 이 사람들을 위해 자전거 학교가 프랑스에 있다'라는 내용이 나온다. 따라서 정답은 **C**. C의 être blessé가 기사에는 없지만 자전거 타기를 두려워하는 이유가 다칠까 봐 이므로 C가 정답이다.
4	'Vivre à vélo en ville de Montreuil' 단체에서 일하는 사람들에 관한 질문이다. '23 bénévoles animent cette école 23명의 자원 봉사자들이 이 학교를 이끌고 있다'는 내용에 따라 정답은 **B**. 특정인들을 돕기 위한 단체와 관련한 기사에서 'bénévole 자원 봉사자'라는 어휘는 빠지지 않고 등장하므로 반드시 암기해야 한다.
5	이 단체를 이용하는 사람들이 누구인지를 묻는 문제로서 'Leur élèves ? Ce sont surtout des personnes issues de l'immigration 이들의 학생들은? 이들은 특히 이민 온 사람들이다'는 내용이 나온다. **C**는 프랑스에 살기 위해 외국에서 온 사람들이므로 정답이다.

6 이동 유럽 주간의 목적에 관한 문제이다. 'Aujourd'hui, mardi 18 septembre, une journée spéciale est consacrée à ces vélo-écoles, à l'occasion de la Semaine européenne de la mobilité. Cette semaine encourage les citoyens à laisser leur voiture au garage, pour se déplacer sans polluer et sans dépenser de carburant 9월 18일 화요일 오늘, 한 특별한 하루는 이동 유럽 주간을 맞이하여 이 자전거 학교에 할애된다. 이번 주는 오염시키지 않고 연료를 소비하지 않고 이동하기 위해 주민들이 차고에 차를 둘 것을 독려한다'라는 부분이 나온다. 따라서 집에 차를 두고 걷도록 하는 것이라는 **A**가 답이 된다.

7 환경과 연관하여 자전거의 장점을 묻는 문제로서 'Non polluant, le vélo est un moyen de déplacement qui a de l'avenir 오염 없는 자전거는 장래성이 있는 이동 수단이다'라는 내용이 나온다. 따라서 정답은 **Non polluant.** 앞의 문장 'Cette semaine encourage les citoyens à laisser leur voiture au garage, pour se déplacer sans polluer et sans dépenser de carburant 이번 주는 오염시키지 않고 연료를 소비하지 않고 이동하기 위해 주민들이 차고에 차를 둘 것을 독려하다'에서도 정답을 유추할 수 있다.

문제 2

EXERCICE 3 실전 연습

Track 3-02

Étape 1

공략에 따라 EXERCICE 3 연습 문제를 풀어 보세요.

Lisez les questions. Écoutez le document puis répondez.

❶ Le thème principal de ce document est de créer une loi pour que :

A ☐ les enfants puissent partir en vacances.

B ☐ les enfants puissent faire ce qu'ils veulent.

C ☐ les enfants travaillent mieux en profitant leurs vacances.

❷ Quel est l'objectif de la campagne de l'association Jeunesse Au Plein Air ?

....

❸ Selon cet article, ____________________

A ☐ plus de la moitié des enfants en France partent en vacances.

B ☐ la moitié des enfants en France ne partent pas en vacances.

C ☐ moins de la moitié des enfants en France ne partent pas en vacances.

❹ Pourquoi les enfants français ne partent-ils pas en vacances ?

A ☐ Parce que les parents n'ont pas assez de temps pour passer leur vacances avec les enfants.

B ☐ Parce que les enfants ont trop de devoirs à faire.

C ☐ Parce que les parents n'ont pas assez d'argent pour partir en vacances avec leurs enfants.

❺ Les enfants ne peuvent pas partir les vacances en groupe ____________________

A ☐ en raison de la sécurité.

B ☐ parce que ça coûte trop cher.

C ☐ parce qu'ils peuvent être malade pendant le voyage.

6 Que pense le président de cette association des enfants qui ne partent pas en vacances ? (deux réponses)

....

7 Quel est l'objectif de la loi sur l'Aide au Départ en Vacances (ADV) ?

A ☐ Offrir gratuitement un hébergement à la famille dans le besoin.

B ☐ Aider financièrement la famille pour que les enfants partent en vacances.

C ☐ Proposer un emploi au père de famille pour que les enfants partent en vacances.

Étape 2 문제 2의 내용을 해석해 보세요.

문제를 읽으세요. 자료를 듣고 답하세요.

1 이 자료의 주제는 ______________________ 하기 위한 법을 만드는 것이다.

A ☐ 아이들이 바캉스를 떠날 수 있도록

B ☐ 아이들이 원하는 것을 할 수 있도록

C ☐ 아이들이 바캉스를 누리며 공부를 더 잘 할 수 있도록

2 Jeunesse Au Plein Air 단체의 캠페인의 목적은 무엇인가?

....

3 이 기사에 따르면, ____

A ☐ 프랑스에 있는 아이들의 절반 이상이 바캉스를 떠난다.

B ☐ 프랑스에 있는 아이들의 절반이 바캉스를 떠나지 않는다.

C ☐ 프랑스에 있는 아이들의 절반 미만이 바캉스를 떠나지 않는다.

❹ 왜 프랑스 아이들은 바캉스를 떠나지 않는가?

A □ 왜냐하면 부모가 아이들과 바캉스를 보낼 시간이 충분치 않기 때문이다.

B □ 왜냐하면 아이들이 해야 할 과제들이 너무 많기 때문이다.

C □ 왜냐하면 부모가 아이들과 바캉스를 떠나기에 충분한 돈이 없기 때문이다.

❺ 아이들은 ______________________________ 단체로 바캉스를 떠날 수 없다.

A □ 안전 때문에

B □ 너무 비싸기 때문에

C □ 그들이 여행 동안 아플 수 있기 때문에

❻ 이 단체의 회장은 바캉스를 떠나지 않는 아이들에 대해 어떻게 생각하는가? (두 개의 답변)

....

❼ ADV에 대한 법의 목적은 무엇인가?

A □ 어려움에 처한 가정에 숙소를 무료로 제공하는 것.

B □ 아이들이 바캉스를 떠나도록 가정에 재정적으로 지원하는 것.

C □ 아이들이 바캉스를 떠나도록 가장에게 일자리를 제안하는 것.

Étape 3 문제 2의 필수 어휘를 익히고, 스크립트를 확인해 보세요.

필수 어휘

loi (f) 법 | **sécurité (f)** 안전 | **gratuitement** 무료로 | **hébergement (m)** 숙박, 숙소 | **financièrement** 재정적으로 | **sondage (m)** 여론 조사 | **jeunesse (f)** 젊음 | **plein air** 야외 | **lancer** 개시하다 | **défendre** 지키다 | **essentiellement** 본질적으로 | **séjour (m)** 체류, 숙박 | **coûteux** 비용이 비싼 | **se battre** 싸우다 | **privé de** ~을 뺏긴 | **injustice (f)** 불공정 | **inégalité (f)** 불평등 | **souhaitable** 바람직한 | **pied (m)** 아랫부분, 하단 | **immeuble (m)** 건물 | **monter** (일을) 꾸미다, 설립하다 | **partenariat (m)** 제휴, 협력 | **département (m)** 도 | **mairie (f)** 시청 | **démuni** ~이 없는, 가난한 | **allocation (f)** 보조금, 수당 | **suffisant** 충분한, 만족스러운 | **proposition (f)** 제안 | **soutenir** 지지하다 | **député (m)** 의원 | **sénateur (m)** 상원 의원 | **élu** 당선자, 당선된

스크립트

Une loi pour que tous les enfants partent en vacances

Selon un sondage récent, 28 % des enfants en France ne partent pas en vacances chaque année (soit presque un enfant sur trois). L'association Jeunesse Au Plein Air vient de lancer une campagne pour défendre le droit aux vacances et aux loisirs de tous les enfants.
Près de 3 enfants sur 10 ne partent pas en vacances chaque année, essentiellement parce que leurs parents n'ont pas assez d'argent pour partir.
Mais si ces enfants ne partent pas en famille, peut-être pourraient-ils partir en groupe ? Hélas non, car les séjours en groupe sont très coûteux (63 euros en moyenne par jour). Sans aide, c'est impossible !
L'association Jeunesse Au Plein Air se bat pour offrir des vacances pour les enfants privés de vacances car, dit son président, «les vacances, c'est un droit pour tous !».
Pour lui, ne pas partir en vacances quand on est un enfant, c'est une injustice et une inégalité. De plus, il n'est pas souhaitable de voir un enfant passer ses deux mois d'été au pied de son immeuble et devant la télévision !
Alors, l'association monte des partenariats avec des départements, des mairies et des associations pour permettre aux enfants démunis de partir.
Mais depuis le 28 juin, elle va plus loin : elle mène campagne pour qu'une loi sur l'Aide au Départ en Vacances (ADV) soit créée : une aide de 200 € par enfant, sous forme d'allocation vacances, serait suffisante pour permettre le départ en vacances de ceux qui ne partent pas aujourd'hui. Cette proposition de loi est aujourd'hui soutenue par de nombreux députés, sénateurs et élus.

https://www.jde.fr, 01.07.2011.

모든 아이들이 바캉스를 떠나게 하기 위한 법

최근 여론 조사에 따르면, 프랑스에 있는 28퍼센트의 아이들이 매년 바캉스를 떠나지 않는다(다시 말해 거의 3명 중 1명). Jeunesse Au Plein Air 단체는 모든 어린이들의 바캉스와 여가 활동에 대한 권리를 보호하기 위한 캠페인을 막 시작했다.
10명 중에 3명에 가까운 어린이들이 매년 바캉스를 떠나지 않는데 근본적으로 그들의 부모들이 떠나기 위한 돈이 충분치 않기 때문이다.
그렇지만 만일 이 어린이들이 가족과 함께 떠나지 않는다면, 단체로 떠날 수 있지는 않을까? 아, 그렇지 않은데 왜냐하면 단체 숙박은 매우 비싸기 때문이다(하루 평균 63유로). 도움 없이는 불가능하다!
Jeunesse Au Plein Air 단체는 바캉스를 빼앗긴 아이들에게 바캉스를 제공하기 위해 투쟁한다. 왜냐하면 "바캉스는 모두를 위한 하나의 권리이다!"라고 단체의 회장은 말한다.
그에게 있어서 어릴 때 바캉스를 떠나지 않는 것은 불공정성이며 불평등이다. 게다가, 어린이가 여름 두 달을 그의 건물 아래에 그리고 텔레비전 앞에서 보내는 것을 보는 것은 바람직하지 않다!

그래서 이 단체는 가난한 아이들이 바캉스를 떠날 수 있도록 하기 위해 각 도청들, 시청들 그리고 단체들과 파트너쉽을 체결한다.
그런데 6월 28일 이후 이 단체는 좀 더 나아가고 있다: 이 단체는 바캉스를 떠나는 것에 대한 지원(ADV) 법을 만들기 위한 캠페인을 벌인다: 바캉스 지원금의 형태로 아이당 200유로의 지원은 요즈음 떠나지 않는 아이들이 바캉스를 떠날 수 있게 하기에 충분할 것이다. 이 법의 제안은 요즈음 많은 의원들, 상원 의원들과 당선자들에 의해 지지 받고 있다.

Étape 4

문제 2의 해설을 확인해 보세요.

문제 분석

아이들의 방학과 관련한 단체의 활동에 대한 내용이다. 단체의 목적과 구체적인 활동 파악은 필수적이다. 단체의 목적이 주관식 문제로 출제되었는데, 평소 듣기 연습을 할 때 듣기 지문의 주제를 문장으로 써 보는 연습을 하는 것이 좋다. 한편 이 지문에서는 여론 조사 내용이 무엇인지와 특히 수치에 집중해야 한다. 숫자가 얼마인지를 묻는 문제가 아니라 수치를 어떻게 해석해야 하는지가 출제되었으므로, 수치 자체를 파악하는 것에서 나아가 그것의 의미를 해석할 줄 알아야 한다. 마지막으로 단체의 앞으로의 계획이 무엇인지 파악한다.

해설

문항	풀이 요령
1	기사의 주제를 묻는 문제이다. 기사 제목에 'Une loi pour que tous les enfants partent en vacances 모든 아이들이 바캉스를 떠나게 하기 위한 법'이라는 내용이 나온다. 따라서 정답은 **A**. 첫 번째 단락에 있는 '28 % des enfants en France ne partent pas en vacances chaque année 프랑스에 있는 28퍼센트의 아이들이 매년 바캉스를 떠나지 않는다'라는 내용을 통해서도 답을 짐작할 수 있다.
2	Jeunesse Au Plein Air 캠페인의 목적을 묻는 문제로서 'L'association Jeunesse Au Plein Air vient de lancer une campagne pour **défendre le droit aux vacances et aux loisirs de tous les enfants** Jeunesse Au Plein Air 단체는 모든 어린이들의 바캉스와 여가 활동에 대한 권리를 보호하기 위한 캠페인을 막 시작했다'라고 하였다. 따라서 이 문장을 정답으로 써야 한다.
3	바캉스와 관련한 아이들의 현재 상황에 대해 묻고 있다. 지문에 'Près de 3 enfants sur 10 ne partent pas en vacances chaque année 10명 중에 3명에 가까운 어린이들이 매년 바캉스를 떠나지 않는다'라는 내용이 나온다. 30퍼센트는 절반 이하이므로 정답은 **C**.
4	아이들이 바캉스를 떠나지 못하는 이유에 관한 문제이다. 'parce que leurs parents n'ont pas assez d'argent pour partir 그들의 부모들이 떠나기 위한 돈이 충분치 않기 때문'이라는 문장이 나온다. 따라서 이 내용과 동일한 **C**가 정답이 된다. 만일 주관식 문제였다면 의미가 통할 수 있는 'à cause du problème économique 경제적인 문제 때문에'라고 적어도 정답으로 인정받을 수 있다.

5	단체 여행이 어려운 이유와 관련한 문제로서 'les séjours en groupe sont très coûteux (63 euros en moyenne par jour). Sans aide, c'est impossible ! 단체 숙박은 매우 비싸다(하루 평균 63유로). 도움 없이는 불가능하다!'라는 문장이 나온다. 따라서 보기항 중에 비용과 관련된 내용을 언급하고 있는 **B**가 정답이 된다.
6	바캉스를 떠나지 않는 아이들에 대해 단체의 장이 어떻게 생각하는지 묻는 문제이다. 'ne pas partir en vacances quand on est un enfant, c'est une injustice et une inégalité 어릴 때 바캉스를 떠나지 않는 것은 불공정성이며 불평등이다'라는 문장이 언급되고 있다. 따라서 정답은 **c'est une injustice et une inégalité.** 이 단어들은 'égalité de l'homme et de la femme 남녀평등'을 다루는 글에서도 자주 등장하므로 반드시 숙지하고 있어야 한다.
7	ADV에 대한 법의 목적과 관련한 문제이다. 'une aide de 200 € par enfant, sous forme d'allocation vacances, serait suffisante pour permettre le départ en vacances de ceux qui ne partent pas aujourd'hui 바캉스 지원금의 형태로 아이당 200유로의 지원은 요즈음 떠나지 않는 아이들이 바캉스를 떠날 수 있게 하기에 충분할 것이다'라는 문장이 있다. 따라서 경제적인 지원을 한다는 **B**가 정답.

문제 3

EXERCICE 3 실전 연습

Track 3-03

Étape 1

공략에 따라 EXERCICE 3 연습 문제를 풀어 보세요.

Lisez les questions. Écoutez le document puis répondez.

❶ L'argent de poche, c'est :

A □ une petite somme qu'on peut mettre dans sa poche.

B □ une sorte de nouveau billet.

C □ de l'argent que les parents donnent à leurs enfants.

❷ Selon ce document, ______________________________

A □ beaucoup de gens ne s'intéressent pas à l'argent.

B □ les enfants n'hésitent pas à parler d'argent.

C □ l'argent est un des sujets favoris des gens.

❸ Pourquoi est-ce que les parents donnent de l'argent de poche à leurs enfants ?

A □ Parce qu'ils veulent que leurs enfants comprennent les dangers de l'argent.

B □ Parce qu'ils savent que leurs enfants ont besoin d'argent.

C □ Parce qu'ils veulent que leurs enfants apprennent à bien utiliser leur argent.

❹ Que font les enfants avec leur argent de poche ?

....

❺ Les étrennes, c'est :

A □ un cadeau qu'on reçoit à l'occasion de son anniversaire.

B □ de l'argent que les adultes donnent aux enfants pendant les fêtes.

C □ une sorte de gâteau qu'on mange pendant les jours de fête.

❻ Pendant longtemps, ______________________________

A □ les enfants ont reçu beaucoup de cadeaux à Noël.

B □ Noël a été la fête préférée des enfants grâce aux gros cadeaux qu'ils recevaient.

C □ il ne donnait pas de cadeaux aux membres de sa famille.

⑦ Que donnent les grands-parents très riches à leurs petits-enfants ?

....

Étape 2

문제 3의 내용을 해석해 보세요.

문제를 읽으세요. 자료를 듣고 답하세요.

① 용돈이란 ______________________________ 이다.

A □ 주머니에 넣을 수 있는 적은 금액

B □ 일종의 새로운 지폐

C □ 부모가 자녀들에게 주는 돈

② 이 자료에 따르면, ______________________________

A □ 많은 사람들이 돈에 관심이 없다.

B □ 아이들은 돈에 대해 주저하지 않고 말한다.

C □ 돈은 사람들이 좋아하는 주제들 중 하나이다.

③ 왜 부모는 자녀들에게 용돈을 주는가?

A □ 왜냐하면 이들은 자녀들이 돈의 위험을 알기를 원하기 때문이다.

B □ 왜냐하면 이들은 자녀들이 돈이 필요하다는 것을 알기 때문이다.

C □ 왜냐하면 이들은 자녀들이 돈을 잘 사용하는 것을 배우기를 원하기 때문이다.

④ 아이들은 용돈으로 무엇을 하는가?

....

⑤ Étrennes란 ______________________________ 이다.

A □ 생일을 맞이하여 받는 선물

B □ 어른들이 명절 동안 아이들에게 주는 돈

C □ 명절날 동안 먹는 일종의 케이크

❻ 오랫동안, ______________________________

A □ 아이들은 크리스마스에 많은 선물을 받았다.

B □ 크리스마스는 아이들이 받은 많은 선물들 덕분에 아이들이 선호하는 기념일이었다.

C □ 가족 구성원들에게 선물을 주지 않았다.

❼ 매우 부유한 조부모는 손주들에게 무엇을 주는가?

....

Étape 3

문제 3의 필수 어휘를 익히고, 스크립트를 확인해 보세요.

argent de poche (m) 용돈 | **somme (f)** 금액 | **poche (f)** 주머니 | **une sorte de** 일종의 | **favori** 좋아하는 | **étrennes** (복수) 선물 | **danger (m)** 위험 | **compter** 중요하다, 의미가 있다 | **sou (m)** 돈 | **tabou (m)** 금기, 금기의 | **préoccupation (f)** 관심 | **honte (f)** 수치, 부끄러움 | **réclamer** 요구하다, 주장하다 | **gérer** 관리하다 | **budget (m)** 예산 | **dépenser** 소비하다 | **économiser** 절약하다 | **remonter** 기원을 두다 | **Épiphanie (f)** 주현절 | **perdurer** 계속되다 | **pièce (f)** 조각, 동전 | **dater** (부터) 시작되다 | **époque (f)** 시대

스크립트

L'argent de poche, ça compte !

Certains enfants ont de l'argent chaque mois, d'autres pas. Mais presque tous ont déjà reçu une pièce ou un billet pour une occasion particulière. Que font-ils avec leurs sous ? On dirait parfois que l'argent est un sujet tabou, alors que c'est l'une des principales préoccupations des gens. Les enfants, eux, n'ont pas honte d'en parler... et d'en réclamer. À Noël, un enfant sur trois a demandé de l'argent en cadeau. Et, dès huit ans, la plupart des jeunes (sept sur dix) ont de l'argent de poche. Les parents acceptent d'en donner, car ils veulent que leurs enfants sachent très tôt gérer un budget. Est-ce efficace ? Oui ! Selon une étude de 2008, les enfants dépensent peu : ils économisent pour faire de gros achats.
Vous avez peut-être reçu de l'argent pendant les fêtes. On appelle cela des étrennes. C'est une tradition qui remonte à l'Antiquité. Pendant longtemps, on n'offrait pas de cadeaux à Noël à la famille et aux amis, mais de l'argent à l'Épiphanie. La tradition perdure. Dans certaines familles bourgeoises, des grands-parents donnent encore des louis d'or à leurs petits-enfants. Ces pièces anciennes datent de l'époque des rois. Le prix d'un louis d'or varie de 500 à 1.500 euros. Parfois plus !
Et vous, recevez-vous de l'argent de poche ? Qu'en faites-vous ? Racontez-nous !

Journal des enfants, 09.01.2013.

용돈, 그것은 중요하다!
몇몇 어린이들은 매달 돈이 있지만, 다른 어린이들은 그렇지 않다. 그러나 거의 모두가 특별한 경우에 동전이나 지폐를 받아 보았다. 그들은 돈으로 무엇을 할까?
돈이 사람들의 주된 관심사들 중 하나임에도 불구하고 때때로 돈은 금기의 주제인 듯하다. 아이들은 이것에 대해 말하거나 요구하는 것이 전혀 부끄러운 일이 아니다. 크리스마스에, 3명 중 1명의 어린이가 선물로 돈을 요구했다. 그리고 8세부터 대부분의 청소년들이 (10명 중 7명) 용돈을 받는다. 부모들은 돈을 주는 것을 수락하는데 왜냐하면 이들은 자녀들이 아주 일찍 예산을 관리하는 것을 알기 원하기 때문이다. 이것이 효과적일까? 그렇다! 2008년 연구에 따르면, 아이들은 돈을 적게 쓴다: 이들은 비싼 물건을 사기 위해 절약한다.
당신은 아마 명절 동안 돈을 받아 보았을 것이다. 우리는 이것을 선물이라고 부른다. 이것은 고대 시대의 전통이다. 오랫 동안, 크리스마스에 가족과 친구들에게 선물을 주지 않았으나 주현절에 돈을 주었다. 전통은 계속되고 있다. 몇몇 부유층 가정에서 조부모는 아직도 손주들에게 루이 금화를 준다. 이 오래된 동전은 왕정 시대로 거슬러 올라간다. 1루이 금화의 가격은 500에서 1,500유로까지 변화한다. 때때로 더 비싸기도 하다!
당신은 용돈을 받는가? 그것으로 무엇을 하는가? 우리에게 이야기해 보라!

Étape 4

문제 3의 해설을 확인해 보세요.

문제 분석

용돈에 관한 기사이다. 용돈의 정의, 부모가 자녀에게 용돈을 주는 이유, 아이들이 용돈을 사용하는 방법 등에 관한 문제가 출제되었다. 내용이나 어휘가 평이한 수준이었으며, 문제 또한 난이도가 높지 않은 편이다. 숫자와 관련하여 용돈을 받는 아이들의 비율, 루이 금화의 가격을 묻는 문제가 출제될 수 있다.

해설

문항	풀이 요령
1	용돈의 정의에 관한 문제이다. 앞부분에 'presque tous ont déjà reçu une pièce ou un billet pour une occasion particulière 거의 모두가 특별한 경우에 동전이나 지폐를 받아 보았다'라는 내용이 나온다. 여기에서 정답에 대한 단서를 얻을 수도 있고 'Les parents acceptent d'en donner 부모들은 그것을 주는 것을 수락한다'에서 L'argent de poche가 부모가 자녀에게 주는 돈을 의미함을 알 수 있다. 따라서 정답은 C.
2	돈에 대한 설명이 지문과 일치하는지 묻는 문제이다. 'Les enfants, eux, n'ont pas honte d'en parler... et d'en réclamer 아이들은 이것에 대해 말하거나 요구하는 것이 전혀 부끄러운 일이 아니다'라는 내용이 있으므로 정답은 B.

3	부모가 자녀들에게 용돈을 주는 이유를 묻는 문제이다. 'ils veulent que leurs enfants sachent très tôt gérer un budget 이들은 자녀들이 아주 일찍 예산을 관리하는 것을 알기 원하기 때문이다'라는 설명이 있다. 예산을 관리한다는 것은 돈을 제대로 사용하는 법을 안다는 것과 같은 의미이며 따라서 **C**가 정답이 된다.
4	용돈의 쓰임에 대해 묻는 문제로서 '**ils économisent pour faire de gros achats** 이들은(아이들은) 비싼 물건을 사기 위해 절약한다'라는 설명이 있다. 따라서 이 문장을 정답으로 적는다. 듣기 평가이고 주관식 문제라는 점을 감안하면 의미가 유사한 'gros achats' 대신에 'produits très chers 아주 비싼 제품들'이라고 적어도 정답으로 인정받을 수 있다.
5	'étrennes'의 의미와 관련한 문제이다. 'Vous avez peut-être reçu de l'argent pendant les fêtes. On appelle cela des étrennes. 당신은 아마 명절 동안 돈을 받아 보았을 것이다. 우리는 이것을 선물이라고 부른다'에서 'étrennes'의 의미를 확인할 수 있다. 이는 어른들로부터 특별한 날에 돈을 받는 것을 의미하는 것이며 따라서 이와 뜻이 통할 수 있는 **B**가 정답이 된다.
6	특별한 날 가족 간의 행사나 관계를 묻고 있다. 'Pendant longtemps, on n'offrait pas de cadeaux à Noël à la famille et aux amis 오랫 동안, 크리스마스에 가족과 친구들에게 선물을 주지 않았다'는 설명에 따라 정답은 **C**.
7	부유층들이 손주들에게 주었던 것이 무엇인지를 묻고 있다. 'Dans certaines familles bourgeoises, des grands-parents donnent encore des louis d'or à leurs petits-enfants 몇몇 부유층 가정에서 조부모는 아직도 손주들에게 루이 금화를 준다'는 내용이 있으므로 **Des louis d'or.**라고 쓰면 된다.

문제 4

EXERCICE 3 실전 연습

Track 3-04

Étape 1

공략에 따라 EXERCICE 3 연습 문제를 풀어 보세요.

Lisez les questions. Écoutez le document puis répondez.

❶ Citez deux tâches qui sont nécessaires mais ennuyeuses.

....

❷ Selon une étude britannique, certains hommes ______________

A ☐ se sentent heureux en faisant des travaux domestiques.

B ☐ pensent que ce sont les femmes qui doivent s'occuper des travaux domestiques.

C ☐ considèrent que les travaux domestiques sont trop durs pour les hommes.

❸ Qu'ont examiné les chercheurs anglais ?

A ☐ L'influence du ménage sur le bien-être des hommes.

B ☐ Les difficultés des hommes par rapport aux tâches ménagères.

C ☐ Le temps que les femmes consacraient aux tâches ménagères.

❹ Quel a été le résultat de cette étude ?

A ☐ Les chercheurs ont obtenu la conclusion qu'ils imaginaient.

B ☐ Le résultat était le contraire de ce qu'ils prévoyaient.

C ☐ Les chercheurs ont été surpris que les hommes ne veuillent pas faire le ménage.

❺ Quel est l'avis des chercheurs au sujet des tâches ménagères ?

A ☐ Faire le ménage est l'activité préférée des hommes.

B ☐ C'est un travail amusant.

C ☐ Ce sont des activités que les hommes ne veulent pas faire.

❻ Selon cette étude, les hommes ______________________

A ☐ se sentent moins à l'aise quand ils ne donnent pas de coup de main à leurs femmes en faisant le ménage.

B ☐ pensent que leurs femmes sont capables de faire le ménage sans leur aide.

C ☐ considèrent qu'ils travaillent suffisamment au bureau.

❼ Quel sentiment éprouvent ces hommes quand ils n'aident pas leurs femmes ?

....

Étape 2

문제 4의 내용을 해석해 보세요.

문제를 읽으세요. 자료를 듣고 답하세요.

❶ 필요하지만 성가신 두 가지 작업을 인용하시오.

....

❷ 영국의 연구에 따르면, 몇몇 남자들은 ______________________

A ☐ 집안일을 하면서 행복하다고 느낀다.

B ☐ 집안일을 맡아야 하는 사람은 여성들이라고 생각한다.

C ☐ 집안일은 남자들에게 너무 힘들다고 생각한다.

❸ 영국 연구원들은 무엇을 조사했는가?

A ☐ 남성들의 행복에 대한 집안일의 영향.

B ☐ 집안일과 관련한 남성들의 어려움.

C ☐ 여성들이 집안일에 종사하는 시간.

❹ 이 연구의 결과는 무엇이었는가?

A ☐ 연구자들은 그들이 생각했던 결론을 얻었다.

B ☐ 결과는 그들이 예상했던 것과는 반대였다.

C ☐ 연구자들은 남자들이 집안일 하는 것을 원하지 않는다는 것에 놀랐다.

❺ 집안일에 대한 연구자들의 의견은 무엇인가?

A □ 집안일을 하는 것은 남자들의 선호하는 활동이다.
B □ 이것은 재미있는 일이다.
C □ 이것은 남자들이 하기를 원하지 않는 활동들이다.

❻ 이 연구에 따르면, 남자들은 ______________________________

A □ 집안일을 하는 아내들을 도와주지 않을 때 덜 편하게 느낀다.
B □ 아내들이 그들의 도움 없이도 집안일을 할 수 있다고 생각한다.
C □ 그들이 직장에서 충분히 일한다고 여긴다.

❼ 남성들이 아내를 돕지 않을 때 어떤 감정을 느끼는가?

....

Étape 3

문제 4의 필수 어휘를 익히고, 스크립트를 확인해 보세요.

필수 어휘

tâche (f) 일, 의무 | **ennuyeux** 지루한, 성가신 | **britannique** 영국의 | **travail domestique (m)** 집안일 | **ménage (m)** 집안 청소, 집안일 | **consacrer à** ~에 몰두하다 | **contraire (m)** 반대 | **se sentir à l'aise** 편안함을 느끼다 | **donner un coup de main** 돕다 | **suffisamment** 충분히 | **éprouver** 느끼다 | **vaisselle (f)** 설거지 | **courses (f)** 장보기 | **étonnant** 놀랄 만한 | **s'attendre à** 예상하다 | **diminuer** 줄어들다 | **divertissant** 재미있는 | **inverse** 반대의 | **logis (m)** 집, 숙소 | **fée du logis (f)** 세심하게 집안일을 돌보는 여자 | **coupable** 잘못을 저지른 | **prendre soin de** ~을 돌보다 | **foyer (m)** 가정 | **scientifique** 과학자, 과학적인 | **preuve (f)** 증거 | **égalité (f)** 평등 | **forcément** 반드시

....

스크립트

Plus heureux en faisant le ménage ?

La cuisine, la vaisselle, les courses et le ménage... Ce sont des tâches nécessaires mais souvent ennuyeuses. Eh bien pas pour tout le monde ! Si l'on en croit une étude britannique, les hommes qui font le ménage seraient plus heureux que les autres. Étonnant, non ?
Pour réaliser cette étude, les chercheurs de l'université de Cambridge (Angleterre) ont comparé la vie quotidienne de 30.000 personnes dans 34 pays européens.
Ils ont examiné le temps que les hommes consacraient aux tâches ménagères et les effets du ménage sur leur bien-être.

Ils s'attendaient à voir le bonheur des hommes diminuer quand ils faisaient le ménage. Ce ne sont pas des activités vraiment divertissantes !
Et pourtant... ils ont eu des résultats inverses !
Ils ont découvert que les hommes qui font le ménage sont souvent plus à l'aise et moins stressés que ceux qui ne le font pas. Ces «fées du logis masculines» se sentiraient coupables quand ils n'aident pas à prendre soin du foyer.
Pour les scientifiques, ces résultats sont la preuve d'une meilleure égalité entre hommes et femmes. C'est forcément une bonne nouvelle, non ?

Journal des enfants, 03.07.2012.

집안일을 하면 더 행복할까?

요리, 설거지, 장보기 그리고 집안일... 이것들은 필요하지만 흔히 성가신 일들이다. 그런데 모두에게 그런 것은 아니다!
이것에 대한 영국의 연구를 믿는다면, 집안일을 하는 남자들은 다른 남자들보다 더 행복할 것이다. 놀랍지 않은가?
이 연구를 실행하기 위해, (영국) 캠브리지 대학 연구자들은 34개 유럽 국가들의 3만 명의 일상생활을 비교해 보았다.
이들은 남자들이 집안일에 종사하는 시간과 그들의 행복에 대한 집안일의 효과를 조사했다.
이들은 남자들의 행복이 집안일을 했을 때 줄어들 것이라고 예상했다. 이것은 정말 재미있는 활동은 아니니까 말이다!
그러나 이들은 반대의 결과를 얻었다!
이들은 집안일을 하지 않는 남자들보다 집안일을 하는 남자들이 대체로 더 편안함을 느끼고 덜 스트레스를 받는다는 것을 발견했다. 이 '집안일을 꼼꼼하게 돌보는 남성들'은 그들이 가정을 돌보는 것을 돕지 않을 때 죄책감을 느꼈을 것이다. 연구자들에게 있어서, 이 결과는 남성과 여성 사이에 더 좋은 평등의 증거이다. 이것은 분명 좋은 소식이다, 그렇지 않은가?

Étape 4 문제 4의 해설을 확인해 보세요.

문제 분석

집안일에 관한 기사이다. 이 문제에서는 연구 자체에 초점을 맞춰야 한다. 즉, 연구 주제, 연구 대상, 연구 결과, 그리고 연구 결과에 대한 연구자들의 견해를 파악해야 한다. 이 문제처럼 사람들의 일반적인 생각과 상반되는 연구 결과를 묻는 유형이 가장 난이도 높은 문제로 출제될 가능성이 있다.

해설

문항	풀이 요령
1	필요하지만 성가신 일이 무엇인지 묻고 있다. 이와 관련하여 **'La cuisine, la vaisselle, les courses et le ménage... Ce sont des tâches nécessaires mais souvent ennuyeuses** 요리, 설거지, 장보기 그리고 집안일... 이것들은 필요하지만 흔히 성가신 일들이다'라는 내용이 있다. 따라서 이것들 중에 두 개를 적는다. 주관식이지만 정답이 명사구로 충분히 답을 쓸 수 있으며 1번 문제는 앞부분에 정답에 해당되는 내용들이 나온다는 점을 알아 두면 보다 쉽게 풀 수 있다.
2	집안일을 하는 남자들을 대상으로 한 연구 조사와 관련한 문제로서 'Si l'on en croit une étude britannique les hommes qui font le ménage seraient plus heureux que les autres 이것에 대한 영국의 연구를 믿는다면 집안일을 하는 남자들은 다른 남자들보다 더 행복할 것이다'라고 하였다. 따라서 정답은 **A**.
3	연구 조사의 주제를 묻는 문제이다. 'Ils ont examiné le temps que les hommes consacraient aux tâches ménagères et les effets du ménage sur leur bien-être 이들은 남자들이 집안일에 종사하는 시간과 그들의 행복에 대한 집안일의 효과를 조사했다'라는 내용이 있다. 이와 같은 의미를 나타내는 **A**가 정답.
4	연구 결과에 대한 질문으로서 'ils ont eu des résultats inverses 이들은 반대의 결과를 얻었다'라는 내용이 있으므로 정답은 **B**.
5	집안일에 대해 연구자들이 어떤 생각을 가지고 있는지를 묻는 문제이다. 'Ils s'attendaient à voir le bonheur des hommes diminuer quand ils faisaient le ménage 이들은 남자들의 행복이 집안일을 했을 때 줄어들 것이라고 예상했다'라는 내용이 언급되고 있다. 따라서 정답은 이와 의미가 같은 **C**.
6	연구 조사에 따른 결과로, 남성들의 생각에 대한 문제이다. 'les hommes qui font le ménage sont souvent plus à l'aise et moins stressés que ceux qui ne le font pas 집안일을 하지 않는 남자들보다 집안일을 하는 남자들이 대체로 더 편안함을 느끼고 덜 스트레스를 받는다'라는 말을 하고 있다. 따라서 정답은 **A**.
7	아내의 집안일을 돕지 않을 때 남편들이 어떤 감정을 느끼는지를 묻는 문제이다. 마지막 부분에 'Ces «fées du logis masculines» se sentiraient coupables quand ils n'aident pas à prendre soin du foyer 이 집안일을 꼼꼼하게 돌보는 남성들은 그들이 가정을 돌보는 것을 돕지 않을 때 죄책감을 느꼈을 것이다'라는 내용이 나온다. 따라서 정답은 **ils se sentent coupables.**

문제 5

EXERCICE 3 실전 연습

Track 3-05

Étape 1

공략에 따라 EXERCICE 3 연습 문제를 풀어 보세요.

Lisez les questions. Écoutez le document puis répondez.

❶ Quel est le but de la Journée mondiale sans tabac ?

A ☐ Alerter sur les risques de la cigarette.

B ☐ Annoncer l'augmentation du prix du tabac.

C ☐ Encourager les gens qui souffrent à cause du tabac.

❷ Citez l'un des messages qui avertissent des dangers du tabac.

....

❸ Quel est le but des slogans qui sont écrits sur les paquets de cigarettes ?

A ☐ Interdire de fumer dans les lieux publics.

B ☐ Faire que les gens arrêtent le tabac.

C ☐ Encourager les gens à fumer.

❹ Précisez deux autres moyens que les slogans pour atteindre ce but.

....

❺ Ce document nous montre le fait que ______________________

A ☐ les gens ont réussi à arrêter de fumer grâce aux efforts du gouvernement.

B ☐ les mesures du gouvernement sont efficaces pour empêcher les gens de fumer.

C ☐ les gens continuent à fumer malgré l'intervention du gouvernement.

❻ Que font les fumeurs face à l'augmentation du prix des cigarettes en France ?

A ☐ Ils vendent des cigarettes aux gens des pays voisins.

B ☐ Ils vont dans les pays voisins pour acheter des cigarettes moins chères.

C ☐ Ils visitent les pays voisins pour manifester contre l'augmentation du prix des cigarettes.

❼ Quel est le conseil final donné pour éviter les dangers du tabac ?

....

Étape 2

문제 5의 내용을 해석해 보세요.

문제를 읽으세요. 자료를 듣고 답하세요.

❶ 세계 금연의 날의 목적은 무엇인가?

A □ 담배의 위험을 경고하는 것.
B □ 담배 값의 인상을 알리는 것.
C □ 담배 때문에 고통을 받는 사람들을 격려하는 것.

❷ 담배의 위험을 경고하는 메시지들 중 하나를 인용하시오.

....

❸ 담배 갑에 쓰인 슬로건들의 목적은 무엇인가?

A □ 공공장소에서 담배 피우는 것을 금지하는 것.
B □ 사람들이 담배를 끊게 하는 것.
C □ 사람들이 담배를 피우도록 격려하는 것.

❹ 이 목적을 달성하기 위해 슬로건 이외의 다른 두 가지 방법을 명시하시오.

....

❺ 이 자료는 우리에게 ______________________ 사실을 보여준다.

A □ 정부의 노력 덕분에 사람들이 담배를 끊는 데 성공한

B □ 정부의 조치가 사람들이 담배를 피우지 못하게 하기 위해 효과적이라는

C □ 정부의 개입에도 불구하고 사람들이 계속 담배를 피운다는

❻ 프랑스에서 담배 값 인상을 마주한 흡연자들은 무엇을 하는가?

A □ 이들은 이웃 나라 사람들에게 담배를 판다.

B □ 이들은 더 싼 담배를 사기 위해 이웃 나라로 간다.

C □ 이들은 담배 값 인상에 맞서 시위하기 위해 이웃 나라를 방문한다.

❼ 담배의 위험을 피하기 위해 주어진 마지막 조언은 무엇인가?

....

Étape 3

문제 5의 필수 어휘를 익히고, 스크립트를 확인해 보세요.

필수 어휘

mondial 세계적인 | alerter 경고하다 | risque (m) 위험 | augmentation (f) 상승 | souffrir 고통을 겪다 | avertir 경고하다 | danger (m) 위험 | slogan (m) 슬로건, 구호 | fumer 담배를 피우다 | arrêter 멈추다 | effort (m) 노력 | empêcher 방해하다 | intervention (f) 개입 | manifester 시위에 참가하다 | clope (f) 담배 꽁초 | tuer 죽이다 | nuire ~에게 해를 끼치다 | entourage (m) 주위 사람들 | respirer 호흡하다, 들이마시다 | indication (f) 표시, 안내 | interdiction (f) 금지 | contourner 우회하다, 교묘히 피해 가다 | méfait (m) 악행, 피해 | infection (f) 전염, 감염 | respiratoire 호흡의 | enceinte 임신한 | autant + inf 차라리 ~하는 편이 낫다

스크립트

Stop à la clope

Aujourd'hui, comme tous les 31 mai, c'est la Journée mondiale sans tabac. Son but est de rappeler les dangers du tabac sur la santé. Il cause 66.000 morts chaque année. Malgré ces risques, les Français restent de grands fumeurs.
«Fumer tue». «Fumer nuit gravement à votre santé et à celle de votre entourage». «Protégez les enfants : ne leur faites pas respirer votre fumée».
Toutes ces indications, les fumeurs les connaissent puisqu'elles sont écrites sur les paquets de cigarettes.
Ces slogans sont l'une des mesures du gouvernement pour empêcher les gens de fumer. Les autres mesures sont l'augmentation du prix des cigarettes (plus de 6 euros le

parquet) et l'interdiction de fumer dans les lieux qui accueillent du public (restaurants, bars...). Malgré tout cela, un Français sur trois (âgé de plus de dix-huit ans) fume chaque jour. En fait, les fumeurs contournent les règles. Ils achètent leurs cigarettes dans des pays voisins de la France où elles coûtent moins cher.
Pourtant, le tabac fait beaucoup de mal. La Journée mondiale sans tabac, qui a lieu le 31 mai, a pour but de rappeler tous ses méfaits.
Un enfant qui vit avec des parents fumeurs risque des infections respiratoires. Une femme enceinte qui fume met la vie de son futur bébé en danger...
La cigarette est dangereuse. Alors autant ne jamais commencer.

Journal des enfants, 10.08.2012.

담배꽁초는 그만
매 5월 31일처럼 오늘은 세계 금연의 날이다. 이 날의 목적은 건강에 대한 담배의 위험을 상기시키는 것이다. 담배는 매년 66,000명의 사망자를 야기한다. 이러한 위험들에도 불구하고, 프랑스인들은 골초들이다.
'흡연은 죽게 한다', '흡연은 당신의 건강과 주위 사람들의 건강에 매우 해를 끼친다', '아이들을 보호하라: 이들에게 당신의 담배 연기를 마시게 하지 마라'.
이 모든 안내들, 흡연자들은 알고 있는데 왜냐하면 담배 갑에 적혀 있기 때문이다.
이 슬로건들은 사람들이 담배를 피우지 못하게 하기 위한 정부의 조치들 중에 하나이다. 다른 조치들은 담배 값 인상(한 갑당 6유로 이상)과 사람들을 맞이하는 공공장소(식당, 바...)에서의 흡연 금지이다. 이 모든 것에도 불구하고 3명 중에 1명의 프랑스인(18세 이상)은 매일 담배를 피운다. 실제로 흡연가들은 규정들을 교묘하게 빠져나간다. 그들은 담배가 더 싼 프랑스의 이웃 나라에서 담배를 산다.
그러나 담배는 많은 해를 끼친다. 5월 31일에 열리는 세계 금연의 날은 담배의 모든 폐해들을 상기시키는 데 목적이 있다.
흡연자 부모와 사는 아이는 호흡기 감염의 위험이 있다. 흡연하는 임산부는 미래의 아기의 목숨을 위험에 빠뜨린다.
담배는 위험하다. 그러니까 결코 시작하지 않는 편이 낫다.

Étape 4 문제 5의 해설을 확인해 보세요.

문제 분석

세계 금연의 날에 관한 기사이다. 세계 금연의 날이 제정된 이유, 금연 슬로건, 금연을 위한 방법, 금연에 대한 사람들의 여러가지 입장은 기본적으로 출제될 수 있는 문제이다. 대부분의 문제가 지문을 듣고 어휘 혹은 표현을 들으면 풀 수 있는 사실적 이해 능력을 평가하는 문제인데, 여기에서는 들은 내용을 토대로 의미를 해석하는 추론적 이해 능력을 묻는 문제가 출제되었다. 최근 들어 이런 유형의 문제가 지속적으로 출제되고 있으므로 추론적 이해 능력을 기를 수 있도록 평소에 중요한 표현이나 문장, 혹은 연구 결과의 의미를 추론하는 연습을 하는 것이 좋다.

문항	풀이 요령
1	세계 금연의 날의 목적이 무엇인지 묻는 문제이다. 앞부분에 'Son but est de rappeler les dangers du tabac sur la santé 이 날의 목적은 건강에 대한 담배의 위험을 상기시키는 것이다'라는 부분이 있다. 따라서 정답은 **A**. 보기항에서 rappeler 대신에 alerter라는 어휘를 사용했음에 유의하자.
2	흡연 위험을 알리는 경고문을 쓰는 문제로서 '**《Fumer tue》《Fumer nuit gravement à votre santé et à celle de votre entourage》《Protégez les enfants : ne leur faites pas respirer votre fumée》** '흡연은 죽게 한다', '흡연은 당신의 건강과 주위 사람들의 건강에 매우 해를 끼친다', '아이들을 보호하라: 이들에게 당신의 담배 연기를 마시게 하지 마라'는 경고문들이 언급되고 있으므로 이 중에 하나를 정답으로 쓴다.
3	담배 갑에 적혀 있는 문구의 목적이 무엇인지를 묻고 있다. 기사에 'Ces slogans sont l'une des mesures du gouvernement pour empêcher les gens de fumer 이 슬로건들은 사람들이 담배를 피우지 못하게 하기 위한 정부의 조치들 중 하나이다'라는 내용이 있기 때문에 이와 의미가 같은 **B**가 정답. A는 얼핏 보면 정답인 것 같지만 정부가 금연과 관련하여 취하는 조치들 중 하나이며 문구와는 관계가 없다는 점에 유의해야 한다.
4	금연 홍보를 위한 또 다른 방법이 무엇인지 묻는 문제이다. '**Les autres mesures sont l'augmentation du prix des cigarettes (plus de 6 euros le parquet), et l'interdiction de fumer dans les lieux qui accueillent du public (restaurants, bars...)** 다른 조치들은 담배 값 인상 (한 갑당 6유로 이상)과 사람들을 맞이하는 공공장소(식당, 바...)에서의 흡연 금지'라는 내용에 따라 이 둘을 답으로 적으면 된다. 주관식의 답으로 길긴 하나 어려운 내용은 아니다.
5	통계 자료의 결과와 관련한 문제이다. 'un Français sur trois (âgé de plus de dix-huit ans) fume chaque jour 3명 중에 1명의 프랑스인 (18세 이상)은 매일 담배를 피운다'는 내용이 있으므로 정답은 **C**. 이 문제는 통계 자료의 수치와 관련한 문제라기보다는 내용을 전반적으로 이해해야 풀 수 있는 문제로서 이런 유형의 문제가 최근 객관식에서 많이 출제되고 있다는 점에서 주목할 필요가 있다.
6	담배 값 인상과 관련하여 프랑스인들의 반응을 묻는 문제로서 'Ils achètent leurs cigarettes dans des pays voisins de la France où elles coûtent moins cher 그들은 담배가 덜 비싼 프랑스의 이웃 나라들에서 담배를 산다'라는 내용이 있다. 그러므로 정답은 **B**.
7	흡연에 대한 조언을 묻는 문제이다. 마지막 부분에 'La cigarette est dangereuse. Alors autant ne jamais commencer 담배는 위험하다. 그러니 결코 시작하지 않는 편이 낫다'라는 내용이 있다. 따라서 정답은 **Autant ne jamais commencer.**

EXERCICE 3 실전 연습

Track 3-06

Étape 1

공략에 따라 EXERCICE 3 연습 문제를 풀어 보세요.

Lisez les questions. Écoutez le document puis répondez.

❶ En ce qui concerne la vie professionnelle, ______________________

A □ on se sent mieux quand on travaille au bureau.

B □ on ne se sent pas toujours heureux en travaillant.

C □ elle est plus importante que la vie privée.

❷ Précisez les éléments qui rendent des gens malheureux au travail. (deux réponses)

....

❸ Selon cet article, le lien entre le travail et le bonheur ______________________

A □ dépend du choix du métier.

B □ s'appartient au domaine d'activité.

C □ n'a aucune relation avec le type du travail.

❹ Qu'est-ce qu'on doit faire si on a besoin d'être productif ?

....

❺ Quelle est la première chose qu'on doit faire pour être heureux en tant que ?

....

❻ D'après cet article, si on veut se concentrer sur le travail, ______________________

A □ il est primordial de relâcher la pression.

B □ on a besoin de s'entendre bien avec des collègues.

C □ il est nécessaire de poursuivre la perfection du travail.

❼ Comment considère-t-on le stress ?

....

Étape 2

문제 6의 내용을 해석해 보세요.

문제를 읽으세요. 자료를 듣고 답하세요.

❶ 직장 생활과 관련하여, ____________________

A ☐ 사무실에 일할 때 기분이 더 낫다.

B ☐ 일하면서 항상 행복함을 느끼지는 않는다.

C ☐ 이것은 사생활보다 더 중요하다.

❷ 직장에서 사람들을 불행하게 만드는 요소들을 명시하시오. (두 개의 답변)

....

❸ 이 기사에 따르면, 일과 행복 사이의 관계는 ____________________

A ☐ 직업의 선택에 달려 있다.

B ☐ 활동 영역에 속한다.

C ☐ 업무 유형과 아무 관계가 없다.

❹ 생산적일 필요가 있다면 무엇을 해야 하는가?

....

❺ 직장인으로서 행복하기 위해 해야 할 첫 번째 사항은 무엇인가?

....

❻ 이 기사에 따르면, 만일 업무에 집중하기를 원한다면, ____________________

A ☐ 스트레스를 잊는 것이 중요하다.

B ☐ 동료들과 사이 좋게 지낼 필요가 있다.

C ☐ 업무의 완벽성을 추구할 필요가 있다.

❼ 스트레스를 어떻게 여기는가?

Étape 3

문제 6의 필수 어휘를 익히고, 스크립트를 확인해 보세요.

필수 어휘

s'appartenir 속하다 | **primordial** 가장 중요한 | **relâcher** (긴장 따위를) 풀다 | **commandement (m)** 명령, 계율 | **bien que** ~임에도 불구하고 | **motiver** 동기를 부여하다 | **véritable** 진정한, 진짜의 | **épanouissement (m)** 행복, 밝아짐 | **lassitude (f)** 피로, 권태 | **perte (f)** 상실 | **parvenir à** ~에 이르다 | **s'épanouir** 밝아지다, 행복해지다 | **caractéristique** 독특한 | **autrement dit** 다시 말해 | **importer** 중요하다 | **productif** 생산적인 | **essentiel (m)** 핵심, 요점 | **échec (m)** 실패 | **quête (f)** 탐색, 탐구 | **frein (m)** 걸림돌 | **empêcher** 방해하다 | **déverrouiller** 빗장을 풀다 | **blocage (m)** 동결, 제한 | **burn-out (m)** 번아웃, 소진 | **canaliser** 한 방향으로 유도하다, 모으다 | **démarche (f)** 과정 | **malaise (f)** 불편함, 거북함 | **ressource (f)** 수단, 방편

스크립트

Commandements pour être heureux au travail

Bien que la vie professionnelle ne soit pas rose tous les jours, nous reconnaissons tous que le travail occupe une place importante dans notre quotidien et nos vies en général. Lorsque votre métier vous plaît et vous motive, il se révèle être une véritable source d'épanouissement. Mais voilà, avec le stress, la lassitude ou la perte de motivation, nombreux sont ceux ne parvenant pas à être heureux au travail. Est-ce qu'il faut aimer votre travail pour être heureux ? Comment acquérir la motivation nécessaire pour s'épanouir au travail ?

Le lien entre le bonheur et le travail vous trouverez

Quel que soit votre domaine d'activité, vous devez garder en tête que l'épanouissement au travail n'est pas caractéristique à ceux parvenus à vivre de leur passion. Autrement dit, peu importe votre métier, il n'en tient qu'à vous de trouver le lien entre votre travail et votre bonheur. Si pour être heureux vous avez besoin d'être productif, alors faites le nécessaire pour être un salarié efficace. L'essentiel est d'avoir le contrôle sur vos envies au travail.

Aimer votre métier vous apprendrez
Entre la perte de sens, la peur de l'échec ou encore la quête de la perfection, les freins empêchant les salariés de se sentir heureux au travail sont multiples. Afin de déverrouiller ces blocages, diverses solutions s'offrent alors au travailleur. En premier lieu, pour être heureux en tant que salarié, il faut apprendre à aimer son emploi.
La pression vous relâcherez
Il est clair que pour s'épanouir au travail, il est important de relâcher la pression. Si le stress est souvent considéré comme la principale cause du burn-out, il constitue un véritable moteur lorsque le salarié parvient à bien le canalisé. Dans cette démarche, il est primordial d'identifier la source du malaise, un manque de ressources dans la réalisation d'une mission, etc.

https://www.upw-anthonyrobbins.com

직장에서 행복하기 위한 계명들

직장 생활이 매일 장밋빛이 아님에도 불구하고 우리 모두는 일이 일반적으로 우리 일상과 삶에서 중요한 자리를 차지한다는 것을 인정한다. 당신의 직업이 당신 마음에 들고 당신에게 동기를 부여할 때, 이것은 진정한 행복의 근원으로 나타난다. 그러나 스트레스, 무기력 또는 동기 상실로 많은 이들은 직장에서 행복하지 못한 사람들이다. 행복하기 위해 당신의 업무를 좋아해야만 하는가? 직장에서 행복해지기 위해 필요한 동기를 어떻게 얻는가?
행복과 일 사이의 연관성을 당신은 발견하게 될 것이다.
당신의 활동 영역이 무엇이건 간에 직장에서의 행복이 열정으로 사는 사람들에 비해 특징적이지 않다는 것을 염두에 두어야 한다. 다시 말해 당신의 직업은 중요하지 않으며 일과 행복 사이의 연관성을 발견하는 것은 오직 당신에게 달려 있다는 것이다. 만약 행복하기 위해 생산적일 필요가 있다면 능력 있는 직장인이 되기 위해 필요한 일을 하라. 중요한 것은 직장에서 당신의 욕망에 대한 통제력을 갖는 것이다.
당신의 직업을 사랑하라 그러면 당신은 배우게 될 것이다
감각의 상실, 실패의 두려움 또는 완벽의 추구 사이에서 직장인들이 직장에서 행복하다고 느끼는 것을 방해하는 장애물들은 다양하다. 이 제한들을 풀어 내기 위해 다양한 해결 방안들이 근로자에게 제공된다. 우선 직장인으로서 행복하기 위해서는 자기 직업을 사랑하는 것을 배워야 한다.
당신이 놔야 하는 압박
직장에서 행복해지기 위해서 스트레스를 잊는 것이 중요하다는 것은 명백하다. 만일 스트레스가 번아웃의 주요 원인으로 자주 여겨진다면, 직장인이 이를 잘 정리할 때 진정한 원동력이 된다. 이러한 과정에서 불편함의 원인, 업무 수행에서의 방법 부족들을 파악하는 것이 가장 중요하다.

Étape 4

문제 6의 해설을 확인해 보세요.

문제 분석

직장에서 행복을 찾기 위한 방법에 대한 르포이다. 여기서는 직장에서 행복해지기 위해 필요한 동기를 어떻게 얻을 수 있는지를 설명하는 부분이 핵심이므로 이 부분에 주의를 기울여야 한다. 이와 관련하여 직장에서 욕망에 대한 통제력을 가져야 하고, 직업을 좋아해야 한다는 언급에 주목한다. 마지막으로 직장에서 행복해지기 위해서는 억압으로부터 벗어나야 한다는 내용도 놓쳐서는 안 된다.

해설

문항	풀이 요령
1	직장 생활에서 어떠한 기분을 느끼는지에 대한 문제이다. 'Bien que la vie professionnelle ne soit pas rose tous les jours 직장 생활이 매일 장밋빛이 아님에도 불구하고'라는 내용이 나온다. 이는 곧 직장 생활이 항상 좋은 것만은 아니라는 의미이므로 정답은 **B**.
2	직장에서 불행하다고 느끼게 하는 요소들이 무엇인지를 묻고 있다. 'avec **le stress, la lassitude ou la perte de motivation**, nombreux sont ceux ne parvenant pas à être heureux au travail 스트레스, 무기력 또는 동기 상실로 많은 이들은 직장에서 행복하지 못한 사람들이다'라는 내용에 따라 이들 중 두 개만 골라 정답으로 적으면 된다.
3	일과 행복 사이의 관계에 대해 묻는 문제이다. 'peu importe votre métier, il n'en tient qu'à vous de trouver le lien entre votre travail et votre bonheur 당신의 직업은 중요하지 않으며 일과 행복 사이의 연관성을 발견하는 것은 오직 당신에게 달려 있다'라고 강조하고 있다. 따라서 정답은 **C**.
4	생산적이기 위해서 필요한 것이 무엇인지 묻고 있다. 'Si pour être heureux vous avez besoin d'être productif, alors **faites le nécessaire pour être un salarié efficace. L'essentiel est d'avoir le contrôle sur vos envies au travail** 만약 행복하기 위해 생산적일 필요가 있다면 능력 있는 직장인이 되기 위해 필요한 일을 하라, 중요한 것은 직장에서 당신의 욕망에 대한 통제력을 갖는 것이다'라고 언급되고 있으므로 이것이 정답.
5	직장인으로 행복해지기 위한 첫 번째 방법에 대해 묻고 있다. 'En premier lieu, pour être heureux en tant que salarié, **il faut apprendre à aimer son emploi** 우선 직장인으로서 행복하기 위해서는 자기 직업을 사랑하는 것을 배워야 한다'라는 내용이 있으므로 이것이 정답.
6	업무에 집중하기를 원한다면 어떻게 해야 하는지를 묻는 문제이다. 'Il est clair que pour s'épanouir au travail, il est important de relâcher la pression 직장에서 행복하기 위해서 스트레스를 잊는 것이 중요하다는 것은 명백하다'라는 내용이 있다. 따라서 정답은 **A**.
7	스트레스를 어떻게 여기는지에 대한 문제로서, 'Si le stress est souvent considéré comme **la principale cause du burn-out** 만약 스트레스가 번아웃의 주요 원인으로 자주 여겨진다면'이라는 내용에 따라 스트레스가 번아웃으로 여겨짐을 알 수 있다.

문제 7

EXERCICE 3 실전 연습

Track 3-07

Étape 1

공략에 따라 EXERCICE 3 연습 문제를 풀어 보세요.

Lisez les questions. Écoutez le document puis répondez.

❶ Il s'agit : ______________________

A ☐ d'un problème concernant l'évaluation des matières universitaires.

B ☐ d'un changement scolaire pour garder les étudiants en bonne santé.

C ☐ des difficultés des étudiants au sujet de leur bourse.

❷ Que se passe-t-il quand les étudiants ne bougent pas assez ?

....

❸ Qu'ont décidé les dirigeants de l'université écossaise pour que les étudiants puissent bouger ?

....

❹ Pourquoi un professeur fait-il son cours en lançant un ballon ?

A ☐ Pour permettre aux étudiants de se détendre.

B ☐ Pour faire développer leurs réflexes aux étudiants.

C ☐ Pour que les étudiants se concentrent sur les cours.

❺ Quelle est la fonction principale des gros ballons de gym utilisés en cours ?

A ☐ Ils peuvent aider à changer l'atmosphère de la classe.

B ☐ Ils sont indispensables pour que les étudiants se concentrent sur les cours.

C ☐ Ils sont efficaces pour trouver l'équilibre.

❻ Que souhaite cette université de la part de ses étudiants ?

....

❼ Quels sont les avantages à s'asseoir sur des ballons de Pilates ?

A □ C'est bien pour le dos et cette position permet aussi de se muscler.

B □ C'est très amusant et on peut se reposer en prenant cette position.

C □ On peut se sentir bien dans cette position.

Étape 2

문제 7의 내용을 해석해 보세요.

문제를 읽으세요. 자료를 듣고 답하세요.

❶ 이것은 ______________________ 관한 것이다.

A □ 대학 수업 평가에 대한 문제에

B □ 학생들을 건강하게 유지시키기 위한 학교 변화에

C □ 장학금과 관련한 학생들의 어려움에

❷ 학생들이 충분히 움직이지 않을 때 무엇이 발생하는가?

❸ 스코틀랜드 학교 지도자들은 학생들이 움직일 수 있도록 무엇을 결정하였는가?

❹ 왜 교수는 공을 던지면서 수업을 하는가?

A □ 학생들이 긴장을 풀 수 있도록 하기 위해.

B □ 학생들의 반사 신경을 발달시키게 하기 위해.

C □ 학생들이 수업에 집중하게 하기 위해.

❺ 수업에서 사용되는 짐볼들의 주요 기능은 무엇인가?

A □ 수업 분위기를 바꾸는 것을 도와줄 수 있다.

B □ 학생들이 수업에 집중하기 위해 꼭 필요하다.

C □ 균형을 찾는 데 효과적이다.

❻ 대학은 학생들에게 무엇을 바라는가?

❼ 필라테스 공 위에 앉는 것의 장점들은 무엇인가?

A ☐ 등에 좋고 이 자세는 또한 근육을 발달시켜 준다.

B ☐ 매우 재미있고 이 자세를 취하면서 휴식을 취할 수 있다.

C ☐ 이 자세에서 편안함을 느낄 수 있다.

Étape 3

문제 7의 필수 어휘를 익히고, 스크립트를 확인해 보세요.

필수 어휘

concerner ~에 관계되다 | **matière (f)** 과목 | **universitaire** 대학의 | **bourse (f)** 장학금 | **bouger** 움직이다 | **dirigeant** 지도자, 지도하는 | **écossais** 스코틀랜드의 | **ballon (m)** 큰 공 | **se détendre** 휴식을 취하다 | **réflexe (m)** 반사, 반사적 행동 | **se concentrer** 집중하다 | **fonction (f)** 기능 | **atmosphère (f)** 분위기 | **indispensable** 필수불가결한 | **équilibre (m)** 균형 | **s'asseoir** 앉다 | **se muscler** 근육을 발달시키다 | **se reposer** 쉬다 | **remuer** 움직이다 | **autoriser** 허가하다 | **initiative (f)** 발의, 주도 | **interroger** 묻다 | **inviter** 이끌다, 유도하다 | **gêner** 방해하다

스크립트

Ça bouge à l'école!

Une université d'Écosse (nord de la Grande-Bretagne) invite ses étudiants à danser pendant les cours pour combattre la prise de poids.
Les étudiants ne se bougent pas assez. Ils risquent de grossir et d'être en mauvaise santé. Alors, pour les faire remuer, les dirigeants de l'université écossaise ont décidé de les autoriser à danser en classe!
Durant les cours qui l'acceptent, les élèves pourront danser deux minutes, toutes les vingt minutes, sur la musique de leur choix. Mais les initiatives de cette université ne s'arrêtent pas là. Un professeur fait son cours en lançant un ballon à l'élève qu'il veut interroger. Il faut de bons réflexes!
Dans d'autres matières, les étudiants sont invités à suivre leur cours assis sur de gros ballons de gym, ce qui leur fait travailler leur équilibre, mais sans les gêner pour se concentrer.
Les étudiants de cette université pas comme les autres ne sont pas seulement invités à bouger pendant les cours. L'université souhaite que ses élèves suivent au moins une de ces classes «actives» par semaine.

En France, l'institut du Marais-Charlemagne-Pollès, à Paris, invite ses élèves à suivre les cours assis sur des ballons de Pilates. Cette position serait meilleure pour le dos que le simple fait d'être assis sur une chaise. Elle permettrait aussi de se muscler.

Journal des enfants, 20.05.2013.

그것은 학교에서 움직인다!

(영국 북쪽) 스코틀랜드의 한 대학은 체중이 느는 것과 싸우기 위해 학생들에게 수업 동안 춤을 추게 한다.
학생들은 충분히 움직이지 않는다. 이들은 살찌고 건강이 나빠질 위험이 있다. 그래서 이들을 움직이게 하기 위해 스코틀랜드 대학 지도자들은 이들에게 수업 중에 춤추는 것을 허용하기로 결정했다!
춤추는 것을 수용한 수업 동안, 학생들은 매 20분마다 2분간 자신들이 선택한 음악에 맞춰 춤을 출 수 있을 것이다.
그러나 이 대학의 제안은 여기에서 그치지 않는다. 한 교수는 질문을 하고 싶은 학생에게 공을 던지면서 수업을 진행한다. 좋은 반사 신경이 있어야 한다!
다른 과목에서 학생들은 큰 짐볼 위에 앉아 수업을 듣게 되는데 이것은 이들이 집중하는 것을 방해하지 않고 균형을 잡도록 한다.
다른 이들과 달리 이 대학의 학생들은 단지 수업 시간 동안 움직이는 것에 그치지 않는다. 대학은 학생들이 일주일에 이 '활동적인' 수업들 중에 적어도 하나를 들을 것을 바란다.
프랑스에서, 파리에 있는 Marais-Charlemagne-Pollès 학원은 학생들이 필라테스 공 위에 앉아서 수업을 듣게 한다.
이 자세는 의자에 앉아 있는 단순한 행위보다 등에 더 좋을 것이다. 이는 또한 근육을 발달시켜 준다.

Étape 4

문제 7의 해설을 확인해 보세요.

문제 분석

학생의 건강에 관한 기사이다. 영국의 대학과 프랑스의 학원에서 학생들의 건강을 위해서 하고 있는 특별한 수업들이 무엇인지 파악하고, 그러한 수업들이 학생들에게 어떠한 도움을 주는지 구체적으로 확인해야 한다. 난이도가 높은 문제가 출제된다면 영국의 대학과 프랑스의 학원에서의 특별한 수업들이 무엇인지를 주관식 문제로 출제할 수 있다.

해설

문항	풀이 요령
1	주제를 묻는 문제이다. 'danser pendant les cours pour combattre la prise de poids 체중이 느는 것과 싸우기 위해 수업 동안 춤을 추게' 한다는 내용이 있다. B는 기사에 직접적으로 언급되어 있지는 않지만 학생들의 체중이 늘어나는 것은 건강과 밀접하게 관련되어 있고 이를 위해 학생들에게 운동을 시키려고 한다는 것은 결국 학생들의 건강 유지를 위한 것이라는 점에서 정답은 **B**.

2	운동 부족 시 발생하는 문제에 관해 묻고 있다. '학생들은 충분히 움직이지 않는데, 이로 인해 **Ils risquent de grossir et d'être en mauvaise santé** 이들은 살찌고 건강이 나빠질 위험이 있다'는 설명을 하고 있기 때문에 이것을 답으로 적으면 된다.
3	스코틀랜드 학교에서 학생들을 움직이게 하기 위해 취한 조치에 대해 묻는 문제이다. 'les dirigeant de l'université écossaiese ont décidé de les autoriser à danser en classe 스코틀랜드 대학 지도자들은 이들에게 수업 중에 춤추는 것을 허용하기로 결정했다'라고 하였으므로 정답은 **D'autoriser les étudiants à danser en classe.**
4	공을 던지며 수업하는 교수의 의도를 묻는 문제로서 'Il faut de bons réflexes 좋은 반사 신경이 있어야 한다'라는 설명에 따라서 정답은 **B**.
5	수업에서 사용하는 짐볼의 기능에 관해 묻고 있다. 이 점과 관련하여 'ce qui leur fait travailler leur équilibre (학생들)이 균형을 잡도록 한다'라는 내용이 있기 때문에 정답은 **C**. 'ballon de gym 짐볼'은 다른 단어로 대체하기 어려우므로 이 단어가 나오는 부분에 집중하면 답을 찾을 수 있다.
6	대학이 학생들에게 원하는 것이 무엇인지 묻는 문제이다. 'L'université souhaite que ses élèves suivent au moins une de ces classes «actives» par semaine 대학은 학생들이 일주일에 이 '활동적인' 수업들 중에 적어도 하나를 들을 것을 바란다'라는 설명이 있다. 따라서 정답은 **Qu'ils suivent au moins une de ces classes «actives» par semaine.**
7	필라테스 공 위에 앉아 있는 것의 장점을 묻고 있다. 'Cette position serait meilleure pour le dos que le simple fait d'être assis sur une chaise. Elle permettrait aussi de se muscler 이 자세는 의자에 앉아 있는 단순한 행위보다 등에 더 좋을 것이다. 이는 또한 근육을 발달시켜 준다'라는 내용에 따라 정답은 **A**.

문제 8

EXERCICE 3 실전 연습

Track 3-08

Étape 1

공략에 따라 EXERCICE 3 연습 문제를 풀어 보세요.

Lisez les questions. Écoutez le document puis répondez.

1. Le thème principal de ce document est :

   A □ le problème du gaspillage alimentaire.

   B □ la gravité des problèmes de nourriture causée par la surpopulation.

   C □ le problème de la pollution atmosphérique.

2. Selon ce document, ______________________________

   A □ les Français ne font pas attention au problème alimentaire.

   B □ les Français saisissent bien la gravité du problème alimentaire.

   C □ les Français consomment la nourriture raisonnablement.

3. Quel est le problème par rapport à la nourriture dans le monde ?

   A □ Les jeunes mangent trop de fast-food nuisible à la santé.

   B □ On jette une énorme quantité de nourriture à la poubelle.

   C □ On produit trop d'aliments à travers le monde entier.

4. Quel est le but du plan anti-gaspi ?

   ....

5. Quel est le problème des Français à ce sujet ?

   A □ Ils importent beaucoup d'aliments des pays étrangers.

   B □ Ils achètent des aliments à très haut prix.

   C □ Beaucoup de produits sont jetés à la poubelle encore emballés.

6. Comment peut-on éviter le gaspillage ? (1 réponse)

   ....

❼ Qu'est-ce qui caractérise la date limite d'utilisation optimale des produits ?

A ☐ On ne doit pas manger d'aliments qui dépassent cette date.

B ☐ On peut manger les aliments même s'ils dépassent cette date.

C ☐ On doit jeter les aliments à la poubelle s'ils dépassent cette date.

Étape 2

문제 8의 내용을 해석해 보세요.

문제를 읽으세요. 자료를 듣고 답하세요.

❶ 이 자료의 주제는 ______________________ 이다.

A ☐ 음식물 낭비의 문제

B ☐ 과잉인구로 인한 음식물 문제의 심각성

C ☐ 대기오염의 문제

❷ 이 자료에 따르면, ______________________

A ☐ 프랑스인들은 음식물 문제에 주의를 기울이지 않는다.

B ☐ 프랑스인들은 음식물 문제의 심각성을 잘 인지하고 있다.

C ☐ 프랑스인들은 음식물을 분별 있게 소비한다.

❸ 세계에서 음식물과 관련한 문제는 무엇인가?

A ☐ 젊은이들이 건강에 해로운 패스트푸드를 너무 많이 먹는다.

B ☐ 엄청난 양의 음식물들을 쓰레기통에 버린다.

C ☐ 전 세계에서 너무 많은 음식물을 생산한다.

❹ 반-낭비 계획의 목적은 무엇인가?

....

❺ 이 주제와 관련하여 프랑스인들의 문제는 무엇인가?

A ☐ 그들은 외국으로부터 많은 음식물을 수입한다.

B ☐ 그들은 매우 높은 가격에 음식물을 산다.

C ☐ 많은 제품들이 여전히 포장된 상태로 쓰레기통에 버려진다.

❻ 어떻게 하면 낭비를 피할 수 있는가? (1개의 답변)

❼ 무엇이 제품들의 유통기한을 규정하는가?

A □ 이 날짜를 지난 음식물들을 먹어서는 안 된다.

B □ 이 날짜가 지나더라도 음식물을 먹을 수 있다.

C □ 이 날짜가 지나면 음식물을 쓰레기통에 버려야 한다.

Étape 3

문제 8의 필수 어휘를 익히고, 스크립트를 확인해 보세요.

필수 어휘

gaspillage alimentaire (m) 음식물 낭비 | gravité (f) 심각성 | nourriture (f) 음식 | surpopulation (f) 과잉인구 | pollution atmosphérique (f) 대기오염 | saisir 알아채다 | consommer 소비하다 | raisonnablement 분별 있게 | nuisible 해로운 | jeter 던지다 | poubelle (f) 쓰레기통 | importer 수입하다 | emballer 포장하다 | date limite d'utilisation optimale (f) 유통기한 | dépasser 지나다, 통과하다 | alimentation (f) 음식, 영양 섭취 | chiffre (m) 숫자 | énorme 거대한 | au regard de ~에 비추어 보아 | faim (f) 굶주림 | améliorer 개선하다 | agroalimentaire (m) 농산물 가공업 | constat (m) 보고서 | lourd 무거운 | emballage (m) 포장 | dépense (f) 지출 | planifier 계획화하다 | recycler 재활용하다 | optimale 최적의

스크립트

Alimentation : stop le gaspillage

Aujourd'hui, c'est la première Journée nationale de lutte contre le gaspillage alimentaire en France. Parce qu'on jette encore beaucoup trop de nourriture à la poubelle.
Dans le monde, chaque année, un milliard de tonnes de nourriture sont gaspillées. Un chiffre énorme et triste, au regard des millions de personnes qui meurent de faim.
Pour essayer d'améliorer la situation en France, en juin, le ministère de l'Agriculture et de l'Agroalimentaire français a lancé un plan anti-gaspi. Objectif : réduire de moitié le gaspillage alimentaire d'ici 2025.
Car le constat est lourd : un Français jette en moyenne vingt kilos de nourriture chaque année, dont sept kilos de produits encore sous emballage. Cela correspond à une dépense de 400 euros par an qui termine à la poubelle.
Pourtant, on peut éviter ce gaspillage. En planifiant ses repas, en cuisinant ou en recyclant ses restes, en achetant juste ce dont on a besoin, etc.
Il faut aussi apprendre à faire la différence entre une date limite de consommation (DLC) et une date limite d'utilisation optimale (DLUO). Après la première, on jette, après la

deuxième, on peut souvent encore consommer le produit.
La Journée nationale de lutte contre le gaspillage alimentaire a lieu désormais le 16 octobre et l'année prochaine a été déclarée année européenne de lutte contre le gaspillage alimentaire. Il est temps de faire attention !

Journal des enfants, 16.10.2013.

음식물: 낭비 멈추기

오늘은 프랑스에서 음식물 낭비에 반대하는 첫 번째 날이다. 왜냐하면 아직도 너무 많은 음식물들을 쓰레기통에 버리기 때문이다.
전 세계에서 매년 일억 톤의 음식물이 낭비된다. 굶어 죽는 사람이 수백만 명이라 비추어 볼 때 엄청나고 슬픈 수치이다.
프랑스에서 이 상황을 개선하도록 노력하기 위해 6월에 프랑스 농업농산식품부는 반-낭비 계획을 내놓았다. 목표: 지금부터 2025년까지 음식물 낭비의 절반을 줄이기
왜냐하면 확인된 사실은 심각하기 때문이다: 한 명의 프랑스인이 매년 평균적으로 20킬로의 음식물을 버리는데, 7킬로의 제품은 여전히 포장되어 있다. 이것은 일 년에 쓰레기통에서 끝나는 400유로의 지출에 해당한다.
그러나 우리는 이 낭비를 피할 수 있다. 식단을 짜면서, 요리하면서 또는 남은 음식을 재활용하면서, 우리가 필요한 것만 사면서 등 말이다.
또한 보존 기간과 유통기한 사이를 구별하는 것을 알아야 한다. 전자가 지나면 버리고, 후자가 지나면 흔히 제품을 또 먹을 수 있다.
음식물 낭비에 반대하는 날은 이제부터 10월 16일에 열리며 내년은 음식물 낭비에 반대하는 유럽의 해로 지정되었다. 이제 주의할 때인 것이다!

Étape 4

문제 8의 해설을 확인해 보세요.

문제 분석

음식물 낭비에 관한 기사이다. 이 글에서는 전 세계적으로 문제가 되고 있는 음식물 낭비와 음식물 낭비를 막기 위한 계획을 주의 깊게 듣는다. 낭비되는 음식물의 양, 반-낭비 계획의 목표, 음식물 쓰레기 양과 관련하여 숫자가 계속 제시되고 있는데, 충분히 출제될 수 있는 문제이다. 음식물의 낭비 및 쓰레기 처리는 환경오염과 관련하여 중요한 주제이니만큼 핵심 용어들을 정리하고 시험에 임하는 것이 좋다.

문항	풀이 요령
1	기사의 주제를 묻는 문제이다. 앞부분에 'c'est la première Journée nationale de lutte contre le gaspillage alimentaire en France 프랑스에서 음식물 낭비에 반대하는 첫 번째 날이다'라고 하였다. 따라서 정답은 **A**. 음식물 낭비는 경제적인 면에서뿐만 아니라 환경오염이라는 면에서도 매우 중요한 문제이므로 관련된 어휘를 반드시 숙지해야 한다.
2	음식물 낭비에 관한 프랑스인들의 인식을 묻는 문제이다. 'on jette encore beaucoup trop de nourriture à la poubelle 아직도 너무 많은 음식물들을 쓰레기통에 버린다'라는 내용이 있다. 이는 음식물 낭비에 대해 신경을 쓰지 않는다는 것이므로 정답은 **A**.
3	음식물 낭비와 관련하여 세계적으로 어떠한 문제가 있는지 묻고 있다. 'Dans le monde, chaque année, un milliard de tonnes de nourriture sont gaspillées 전 세계에서 매년 일 억 톤의 음식물이 낭비된다'라는 내용이 기사에 언급되고 있다. 구체적인 수치가 아니라 포괄적인 의미에서 유사한 정답을 찾아야 하며 정답은 **B**. C는 음식물 낭비가 아닌 음식물 생산에 대한 설명이므로 오답이다.
4	반-낭비 계획의 목적을 묻는 문제이다. 'Objectif : **réduire de moitié le gaspillage alimentaire d'ici 2025** 목표: 지금부터 2025년까지 음식물 낭비의 절반을 줄이기'라고 하였으므로 이 문장을 정답으로 쓰면 된다. 핵심적인 내용은 음식물 낭비를 줄이는 것이지만 기사에서 구체적인 기간을 제시하고 있기 때문에 연도까지 적어야 정답으로 인정받을 수 있다.
5	음식물 낭비와 관련하여 프랑스인들의 문제가 무엇인지를 묻는 문제이다. 'sept kilos de produits encore sous emballage 7킬로의 제품들은 여전히 포장되어 있다'라는 내용이 있다. 따라서 정답은 **C**. 정확한 숫자보다는 제품이 포장된 채 버려진다는 것이 핵심이므로 이 점에 초점을 맞추어야 한다.
6	음식물 낭비를 피할 수 있는 방법에 관해 묻고 있다. 'On peut éviter ce gaspillage. **En planifiant ses repas, en cuisinant ou en recyclant ses restes, en achetant juste ce dont on a besoin** 우리는 낭비를 피할 수 있다. 식단을 짜면서, 요리하면서 또는 남은 음식을 재활용하면서, 우리가 필요한 것만 사면서'라고 하였다. 따라서 이들 중 하나만 정답으로 쓰면 된다.
7	유통기한에 대한 설명이 옳은 것을 고르는 문제이다. 'on peut souvent encore consommer le produit 후자(유통기한)가 지나면 흔히 제품을 또 먹을 수 있다'라는 내용이 있기 때문에 정답은 **B**. 음식물 낭비와 관련해서 자주 등장하는 것이 '보존 기간'과 '유통기한'의 구분이기 때문에 둘의 차이를 알아 두는 것이 좋다.

문제 9

EXERCICE 3 실전 연습

Track 3-09

Étape 1

공략에 따라 EXERCICE 3 연습 문제를 풀어 보세요.

Lisez les questions. Écoutez le document puis répondez.

❶ Quelle est la définition des salariés aidants familiaux ?

....

❷ Quelle difficulté rencontrent ces gens ?

A ☐ Trouver un aide-soignant pour leur proche malade.

B ☐ Concilier leurs obligations personnelles et leur vie professionnelle.

C ☐ Demander un congé à leur supérieur pour soigner leur proche malade.

❸ Quels éléments expliquent l'augmentation du nombre de salariés aidants familiaux ? (deux réponses)

....

❹ Que font certaines entreprises pour aider leurs salariés aidants familiaux ?

A ☐ Elles augmentent leur salaire pour les soutenir financièrement.

B ☐ Elles proposent des établissements pour soigner les parents dépendants de leurs salariés.

C ☐ Elles offrent à leurs salariés des sites intranet où ils peuvent trouver des informations.

❺ Que peut-on faire sur les plateformes téléphoniques ? (deux réponses)

....

❻ Prendre soin d'une personne dépendante a forcément des conséquences sur la vie professionnelle ______________________________:

A ☐ parce qu'il faut déménager régulièrement.

B ☐ parce qu'il faut consacrer beaucoup de temps à cela.

C ☐ parce qu'il faut gagner beaucoup d'argent pour pouvoir le faire.

❼ À quoi ressemble la vie quotidienne d'un salarié aidant familial ? (deux réponses)

....

Étape 2

문제 9의 내용을 해석해 보세요.

문제를 읽으세요. 자료를 듣고 답하세요.

❶ 가족을 돌보는 직장인들의 정의는 무엇인가?

....

❷ 이 사람들은 어떤 어려움을 만나는가?

A ☐ 아픈 인척을 위해 간병인을 구하는 것.

B ☐ 개인적인 의무와 직장 생활을 병행하는 것.

C ☐ 아픈 인척을 돌보기 위해 상관에게 휴가를 요청하는 것.

❸ 어떤 요소들이 가족을 돕는 직장인들의 수 증가의 원인이 되는가? (두 가지 답변)

....

❹ 몇몇 기업들은 가족을 돌보는 직장인들을 돕기 위해 무엇을 하는가?

A □ 재정적으로 그들을 지원하기 위해 월급을 올려준다.

B □ 직장인들의 의탁 부모들을 돌보기 위한 시설을 제안한다.

C □ 정보를 얻을 수 있는 인트라넷 사이트를 직장인들에게 제공한다.

❺ 전화 모듈을 통해 무엇을 할 수 있는가? (두 개의 답변)

....

❻ 의탁인을 돌보는 것은 직장 생활에 어쩔 수 없이 영향을 끼치는데 ______________________

A □ 왜냐하면 규칙적으로 이사를 해야 하기 때문이다.

B □ 왜냐하면 이를 위해 많은 시간을 할애해야 하기 때문이다.

C □ 왜냐하면 이를 할 수 있게 하기 위해 많은 돈을 벌어야 하기 때문이다.

❼ 가족을 돌보는 직장인의 일상생활은 무엇과 유사한가? (두 개의 답변)

....

Étape 3 문제 9의 필수 어휘를 익히고, 스크립트를 확인해 보세요.

필수 어휘

définition (f) 정의 | **soigner** 보살피다 | **aide-soigant** 간병인, 간호 보조사 | **proche** 친구, 친족 | **concilier** 조정하다, 양립시키다 | **obligation (f)** 의무 | **congé (m)** 휴가 | **financièrement** 재정적으로 | **établissement (m)** 설치, 창설 | **plateforme (f)** 모듈 | **téléphonique** 전화의 | **forcément** 반드시 | **ressmbler** ~을 닮다, ~와 유사하다 | **galère (f)** 힘든 일, 고역 | **vieillissement (m)** 노화 | **maladie chronique (f)** 고질병 | **recul (m)** 후퇴, 감소 | **retraite (f)** 은퇴 | **soins (m)** 보살핌, 돌보기 | **se confier** 신뢰하다, 기대다 | **juridique** 사법적인 | **synonyme (m)** 동의어 | **désengagement (m)** 해고 | **absentéisme (m)** 결근 | **accompagner** 동행하다 | **éclaircir** 규명하다 | **malentendu (m)** 오해

....

스크립트

La grande galère des salariés aidants familiaux

Ils travaillent, mais doivent aussi s'occuper d'un proche malade ou dépendant, souvent âgé. Les salariés «aidants familiaux» sont entre deux et quatre millions en France. Pour eux,

que l'on appelle parfois «les soutiers du care», il est très difficile de concilier obligations personnelles et vie professionnelle.
Vieillissement de la population, développement des maladies chroniques - on prévoit par exemple deux millions de malades d'Alzheimer en 2030 - et enfin recul de l'âge de la retraite : de plus en plus de salariés vont devoir concilier leurs obligations professionnelles et les soins à un parent dépendant.
Certaines entreprises ont pris en compte ce phénomène et offrent à leurs salariés des sites intranet où ils peuvent trouver des informations. Il y a aussi des plateformes téléphoniques. Les gens peuvent se confier, avoir des conseils personnalisés, des réponses à des problèmes juridiques, des solutions de garde.
Prendre soin d'une personne dépendante, c'est en moyenne six heures par jour. Ça a forcément des conséquences sur la vie professionnelle. Et donc sur les résultats de l'entreprise.
Alors, à quoi ça ressemble la vie quotidienne d'un salarié aidant familial ? «C'est avant tout synonyme de fatigue, mais aussi, souvent, de désengagement professionnel et d'absentéisme», explique Catherine Petithomme, qui travaille dans une société qui aide justement les entreprises à accompagner leurs salariés dans cette situation. «Je recommande aux salariés qui sont dans cette situation, poursuit-elle, de s'en ouvrir à leur responsable, quand c'est possible, pour éclaircir tout malentendu».

France Info, 25.09.2013.

가족을 돌보는 직장인들의 커다란 고충

이들은 일을 할 뿐만 아니라 흔히 나이가 많은 의탁 또는 아픈 인척을 돌봐야만 한다. '가족을 돌보는' 직장인들은 프랑스에 2백만 명에서 4백만 명 사이이다. 흔히 '돌보미'라고 부르는 이들에게 있어서 개인적인 의무와 직장 생활을 병행하는 것은 매우 어렵다.
인구의 고령화, 고질병의 확대-예를 들어 2030년에 2백만 명의 알츠하이머 환자들을 예상하고 있다-요컨대 정년퇴직 나이의 연장: 점점 더 많은 직장인들은 자신들의 직업적인 의무와 의탁 부모들에 대한 보살핌을 병행시켜야 할 것이다.
몇몇 기업들은 이러한 현상을 인식했고 직장인들에게 정보를 찾을 수 있는 인트라넷 사이트를 제공하고 있다. 또한 전화 모듈이 있다. 사람들은 심경을 말할 수 있고 개인적인 조언, 법률적인 문제와 간호 해결 방법에 대한 해답을 얻을 수 있다.
의탁인을 돌보는 것은 하루에 평균 6시간이다. 이것은 불가피하게 직장 생활에 대한 영향을 준다. 따라서 기업의 성과에 대한 영향을 준다.
그러면 가족을 돌보는 직장인의 일상생활은 무엇과 닮았을까? "이것은 무엇보다도 피곤과 흔히 직장에서의 해고와 결근의 동의어이다"라고 이러한 상황에 처한 직장인들과 함께하도록 기업들을 돕는 회사에서 일하는 Catherine Petithomme는 설명한다. "나는 이러한 상황에 처한 직장인들에게 가능할 때 모든 오해를 풀기 위해 그들의 책임자에게 이러한 내용을 터놓기를 권합니다."라고 그녀는 뒤이어 말한다.

Étape 4

문제 9의 해설을 확인해 보세요.

문제 분석

아프거나 나이가 많은 가족을 돌봐야 하는 직장인들에 관한 기사이다. 먼저 'salariés aidants familiaux' 혹은 'les soutiers du care'가 무엇인지 파악해야 하며 이들이 겪고 있는 어려움(개인적인 의무와 직업적인 삶을 병행해야 하는 것)과 이들을 도울 수 있는 방법을 중점적으로 파악한다. 이 문제에서와 같이 용어를 설명하며 시작하는 기사의 경우 용어의 정의를 묻는 문제가 출제될 확률이 높으므로 그 부분에 집중하는 것이 좋다.

해설

문항	풀이 요령
1	가족을 돌보는 직장인들이 어떤 사람들인지 묻는 문제이다. '**Ils travaillent, mais doivent aussi s'occuper d'un proche malade ou dépendant, souvent âgé** 이들은 일을 할 뿐 아니라 흔히 나이가 많은 의탁 또는 아픈 인척을 돌봐야만 한다'라는 문장이 있다. 따라서 이 것을 정답으로 적는다. 이때 'Ils' 대신에 'Ce sont des gens qui'라고 쓰면 더 바람직하다.
2	가족을 돌보는 직장인들이 처한 어려운 상황이 무엇인지에 대해 묻고 있다. 'il est très difficile de concilier obligations personnelles et vie professionnelle 개인적인 의무와 직장 생활을 병행하는 것은 매우 어렵다'라는 내용이 있으므로 정답은 **B**.
3	직장을 다니면서 가족을 돌봐야 하는 직장인들의 수가 증가하는 원인을 묻고 있다. 지문에서는 '**Vieillissement de la population, le développement des maladies chroniques et le recul de l'âge de la retraite** 인구의 고령화, 고질병의 확대, 정년퇴직 나이의 연장'이라고 하였다. 이들 중 두 개만 정답으로 적는다.
4	가족을 돌보는 직장인들을 위해 기업이 어떤 일을 하는지 묻는 문제이다. 'Certaines entreprises ~ offrent à leurs salariés des sites intranet où ils peuvent trouver des informations 몇몇 기업들은 ~ 직장인들에게 정보를 찾을 수 있는 인트라넷 사이트를 제공한다'라고 하였으므로 정답은 **C**.
5	전화 모듈의 역할이 무엇인지 묻고 있다. '**Les gens peuvent se confier, avoir des conseils personnalisés, des réponses à des problèmes juridiques, des solutions de garde** 사람들은 심경을 말할 수 있고 개인적인 조언, 법률적인 문제와 간호 해결 방법에 대한 해답을 얻을 수 있다'라는 문장이 있다. 이들 중 두 개를 답으로 적는다.
6	돌봐야 할 사람이 있는 직장인이 회사 생활에 영향을 끼치는 이유를 묻는 문제이다. 지문에는 'Prendre soin d'une personne dépendante, c'est en moyenne six heures par jour. Ça a forcément des conséquences sur la vie professionnelle. Et donc sur les résultats de l'entreprise 의탁인을 돌보는 것은 하루에 평균 6시간이다. 이것은 불가피하게 직장 생활에 대한 영향을 준다. 따라서 기업의 성과에 대한 영향을 준다'라는 문장이 있다. 즉 의탁인을 돌보는 시간이 오래 걸리기 때문에 회사에도 영향을 끼친다는 의미이므로 정답은 **B**.
7	가족을 돌봐야 하는 직장인들의 일상생활이 무엇과 유사한지 묻고 있다. '**C'est avant tout synonyme de fatigue, mais aussi, souvent, de désengagement professionnel et d'absentéisme** 이것은 무엇보다도 피곤과 흔히 직장에서의 해고와 결근의 동의어이다'라는 문장이 있다. 이들 중 두 개를 답으로 쓴다.

문제 10

EXERCICE 3 실전 연습

Track 3-10

Étape 1

공략에 따라 EXERCICE 3 연습 문제를 풀어 보세요.

Lisez les questions. Écoutez le document puis répondez.

❶ Le sujet de cet article est :

A ☐ le problème de l'alimentation insuffisante des enfants.

B ☐ le manque d'exercice physique des enfants.

C ☐ la gravité de la violence à l'école.

❷ Selon une étude australienne, les enfants d'aujourd'hui ____________________

A ☐ font moins de sport que leurs parents en faisaient au même âge.

B ☐ aiment faire plus de sport que leurs parents en faisaient au même âge.

C ☐ courent moins vite mais plus longtemps que leurs parents ne le faisaient au même âge.

❸ Sur qui l'étude australienne porte-t-elle ?

....

❹ Quel est l'objectif de cette étude ?

A ☐ Examiner la capacité physique des enfants.

B ☐ Vérifier leurs compétences d'apprentissage.

C ☐ Montrer les difficultés de la vie scolaire.

❺ Selon cette étude, les enfants d'aujourd'hui ____________________

A ☐ courent aussi longtemps par rapport à autrefois.

B ☐ courent plus longtemps par rapport à autrefois.

C ☐ ne courent pas longtemps par rapport à autrefois.

❻ Quelle est la cause principale qui explique ce résultat ?

A □ Les enfants pèsent trop lourd.

B □ Il n'y a pas assez de cours de gym à l'école.

C □ Les enfants n'aiment pas trop la compétition.

❼ Selon un des chercheurs australiens, quelle est l'autre cause exepté le problème du poids ?

....

Étape 2

문제 10의 내용을 해석해 보세요.

문제를 읽으세요. 지문을 듣고 답하세요.

❶ 이 기사의 주제는 ______________________ 이다.

A □ 아이들의 영양 부족 문제

B □ 아이들의 운동 부족

C □ 학교 폭력의 심각성

❷ 호주의 한 연구에 따르면, 오늘날의 아이들은 ______________________

A □ 같은 나이에 그들의 부모들이 했던 것보다 운동을 덜 한다.

B □ 같은 나이에 그들의 부모들이 했던 것보다 더 운동하는 것을 좋아한다.

C □ 같은 나이에 그들의 부모들이 했던 것보다 덜 빠르지만 더 오래 달린다.

❸ 호주의 연구는 누구를 대상으로 하는가?

....

❹ 이 연구의 목적은 무엇인가?

A □ 아이들의 신체 능력을 조사하는 것.

B □ 학습 능력을 확인하는 것.

C □ 학교 생활의 어려움을 보여주는 것.

❺ 이 연구에 따르면, 오늘날의 아이들은 ______________________

A □ 예전만큼 오래 달린다.

B □ 예전에 비해 더 오래 달린다.

C □ 예전에 비해 오래 달리지 않는다.

❻ 이 결과를 설명해 주는 주된 원인은 무엇인가?

A □ 아이들은 체중이 너무 무겁다.

B □ 학교에서 체육 수업이 충분치 않다.

C □ 아이들은 경쟁을 그다지 좋아하지 않는다.

❼ 호주의 연구진들 중 한 명에 따르면, 체중 문제를 제외한 다른 원인은 무엇인가?

....

Étape 3

문제 10의 필수 어휘를 익히고, 스크립트를 확인해 보세요.

필수 어휘

insuffisant 부족한, 불충분한 | gravité (f) 중대성 | violence (f) 폭력 | porter sur ~을 대상으로 하다 | examiner 조사하다 | apprentissage (m) 학습 | peser 달다 | course à pied (f) 달리기 | escargot (m) 달팽이 | constat (m) 보고서, 확인된 사실 | endurance (f) 인내력, 지구력 | équipe (f) 팀 | analyser 분석하다 | critère (m) 기준 | distance (f) 거리 | parcourir 주파하다 | poids (m) 무게 | performance (f) 기록, 성과 | baisser 낮아지다 | coupable 잘못을 저지른 | sonner 울리다 | alerte (f) 경고 | refaire 다시 하다 | bouger 움직이다 | génération (f) 세대 | précédent 앞선, 먼저의

스크립트

Course à pied : les enfants sont devenus des escargots

Selon une étude australienne, les enfants d'aujourd'hui courent moins vite et moins longtemps que leurs parents ne le faisaient au même âge. Cela concerne tous les enfants des pays riches, les filles comme les garçons.

Pour arriver à ce constat, il y a eu 50 études menées entre 1964 et 2010. Elles ont évalué l'endurance de plus de 25 millions d'enfants âgés de 9 à 17 ans et vivants dans 28 pays (riches pour la plupart).

Une équipe australienne a analysé ces études. Elle a comparé les conditions physiques des enfants selon deux critères :

- quelle distance ils pouvaient parcourir en un temps donné (entre 5 et 15 minutes) ;

- combien de temps ils mettaient pour parcourir une distance donnée (entre 800 m et 1.600 m).

Résultat ? Les enfants d'aujourd'hui courent moins et moins longtemps qu'il y a 30 ans !

En cause : le poids qui augmente et l'activité physique qui diminue

Leurs performances ont commencé à baisser à partir de 1975. «Les deux principaux coupables semblent être l'augmentation du poids des enfants et leur moindre pratique d'une activité sportive», explique l'un des chercheurs australiens, cité dans le journal Le Figaro du 22 novembre.

Cette étude sonne comme une alerte pour les spécialistes de la santé. «Il faut que l'on arrive à refaire bouger les gens, sinon notre génération ou la génération qui nous suit vivra moins longtemps que les précédentes.»

Journal des enfants, 22.11.2013.

달리기: 아이들이 달팽이가 되었다.

호주의 한 연구에 따르면 오늘날의 어린이들은 같은 나이에 그들의 부모들이 했던 것보다 덜 빠르고 덜 오래 달린다. 이것은 소년 소녀 할 것 없이 부유한 나라의 모든 어린이들과 관련된다.

이런 사실에 도달하기 위해, 1964년과 2010년 사이에 이루어진 50개의 연구가 있었다. 이 연구들은 28개국(대부분 부유한 나라들)에 살고 있는 9세에서 17세의 2천 5백만 명이 넘는 아이들의 지구력을 측정했다.

호주 연구팀은 이 연구들을 분석했다. 연구 팀은 두 가지 기준에 따라 아이들의 신체 조건을 비교했다:

- 주어진 시간 내에 아이들은 얼마의 거리를 달릴 수 있었는가 (5분에서 15분 사이)
- 주어진 거리를 달리기 위해 얼마의 시간이 걸렸는가 (800미터에서 1,600미터 사이)

결과는? 오늘날의 아이들이 30년 전보다 덜 오래 덜 달린다!

원인: 늘어나는 체중과 줄어든 신체 활동

이들의 기록은 1975년부터 낮아지기 시작했다. "문제가 되는 두 가지 주된 사항들은 아이들의 체중 증가와 스포츠 활동의 최소한의 시행인 것 같다"고 11월 22일 피가로 신문에서 인용된 호주 연구자들 중 한 사람이 설명한다.

이 연구는 건강 전문가들에게 마치 경고처럼 들린다. "사람들을 움직이도록 다시 만들어야 한다. 그렇지 않으면 우리 세대 또는 우리를 뒤따르는 세대들은 이전 세대들보다 덜 오래 살 것이다."

Étape 4 문제 10의 해설을 확인해 보세요.

문제 분석

아이들의 운동 능력에 대한 내용이다. 이 기사는 30년 전의 아이들보다 오늘날의 아이들이 더 느리게 달리고, 덜 오래 달리는 현상에 대해 원인을 분석하고 있다. 글의 전반적인 흐름이 원인과 결과로 이루어져 있으므로, 이러한 글의 구조에 유의하여 듣는 것이 좋다. 또한 기사는 연구 결과를 토대로 작성되었기 때문에 연구 목적, 연구 대상, 연구 기간, 연구 결과에 대한 문제가 출제될 것임을 예측할 수 있다. 좀 더 난이도 높은 문제가 출제된다면 기사 제목에서 '아이들이 달팽이가 되었다'라는 것이 무슨 의미인지 묻는 문제가 출제될 수 있다.

해설

문항	풀이 요령
1	기사의 주제를 묻는 문제이다. 기사 제목에 'Course à pied : les enfants sont devenus des escargots 달리기: 아이들이 달팽이가 되었다'라는 부분이 나온다. 이로 미루어 보아 아이들의 신체적 활동에 대해 다루고 있음을 짐작할 수 있으며 따라서 정답은 **B**.
2	호주의 연구와 관련하여 오늘날의 아이들의 운동 상태에 대해 묻는 문제이다. 'Selon une étude australienne, les enfants d'aujourd'hui courent moins vite et moins longtemps que leurs parents ne le faisaient au même âge 호주의 한 연구에 따르면 오늘날의 어린이들은 같은 나이에 그들의 부모들이 했던 것보다 덜 빠르고 덜 오래 달린다'라고 언급하고 있다. 따라서 이 내용과 일치하는 **A**가 답이 된다.
3	연구 대상이 누구인지를 묻는 문제이다. 기사에서 조사 대상으로 '**Cela concerne tous les enfants des pays riches, les filles comme les garçons** 이것은 소년 소녀 할 것 없이 부유한 나라의 모든 어린이들과 관련된다'라고 언급하고 있기 때문에 이것을 정답으로 쓰면 된다.
4	연구 목적에 대해 묻는 문제로서 'Elles ont évalué l'endurance de plus de 25 millions d'enfants âgés de 9 à 17 ans et vivants dans 28 pays 이 연구들은 28개국에 살고 있는 9세에서 17세의 2천5백만이 넘는 아이들의 지구력을 측정했다'라고 하였다. 지구력은 신체 능력과 관련된 것이므로 정답은 **A**.
5	연구 결과에 대해 묻는 문제로, Les enfants d'aujourd'hui courent moins et moins longtemps qu'il y a 30 ans ! 오늘날의 아이들이 30년 전보다 덜 오래 덜 달린다!고 하였으므로 내용과 일치하는 것은 **C**.
6	이런 결과를 야기하는 주된 원인이 무엇인지를 묻는 문제이다. 'En cause: le poids qui augmente et l'activité physique qui diminue 원인: 늘어나는 체중과 줄어든 신체 활동'이라고 하였다. 따라서 과체중과 관련한 **A**가 정답이 된다.
7	체중 문제를 제외한 다른 원인이 무엇인지에 대해 묻는 문제이다. '**l'activité physique qui diminue** 줄어든 신체적 활동 **leur moindre pratique d'une activité sportive** 스포츠 활동의 최소한의 시행'이라고 하였으므로 둘 중 하나를 쓰면 된다.

듣기 평가 新 유형

新 유형 개정 GUIDE

EXERCICE 1	최신 유형 3 SET로 끝장내기
EXERCICE 2	최신 유형 3 SET로 끝장내기
EXERCICE 3	최신 유형 3 SET로 끝장내기

新 유형 개정 GUIDE

잠깐

2020년부터 DELF와 DALF 문제가 개정됩니다.
다음은 어떤 부분에 변화가 생기는지에 대한 안내입니다.

DELF와 DALF 시험의 주관 기관인 CIEP에 따르면 2020년부터 2022년까지는 '유예 기간'으로 기존 유형과 새로운 유형이 공존하여 시험이 치러집니다. 따라서 본서에서는 응시자들이 기존 유형과 새로운 유형 모두에 대비할 수 있도록 두 유형을 모두 수록하였습니다. 시험 단계별로 살펴보면 아래와 같습니다.

A2

- 독해, 듣기 영역 주관식 문제 폐지
- 듣기 영역 문제 수 변경: 음성 자료 7개 ⇨ 짧은 음성 14개
- Vrai / Faux 문제 형식 유지, 'Justification 증명하기' 폐지 [배점 낮아짐]

B1

- 독해, 듣기 영역 주관식 문제 폐지
- 독해 시험 시간 변경: 35분 ⇨ 45분
- Vrai / Faux 문제 형식 유지, 'Justification 증명하기' 폐지 [배점 낮아짐]

B2

- 독해, 듣기 영역 주관식 문제 폐지
- 듣기 영역 문제 수 변경: 음성 자료 2개 ⇨ 짧은 음성 5개
- Vrai / Faux 문제 형식 유지, 'Justification 증명하기' 폐지 [배점 낮아짐]

C1, C2

- 전문 분야 폐지

요약하자면, 듣기와 독해 평가에서 주관식 문제는 객관식 문제로 바뀝니다. 듣기 평가의 경우 음성 자료가 기존보다 배로 늘어나기 때문에, 평소 듣기 평가에 부담을 느끼는 수험생들이 많은 것을 고려하면 수험생들의 부담이 커질 것으로 보입니다. 독해 평가의 경우 주관식 문제가 사라지므로 난이도가 낮아진다고 볼 수 있겠습니다.

주관식 폐지	• A2, B1, B2 시험에서 듣기, 독해 영역의 주관식 문제 폐지
A2, B1, B2 독해 유형	• Vrai / Faux 문제 형식은 유지, 'Justification 증명하기' 폐지 [배점 낮아짐]
문제 수 변경	• A2 듣기 영역 문제 수: 음성 자료 7개 ⇨ 짧은 음성 14개 • B2 듣기 영역 문제 수: 음성 자료 2개 ⇨ 짧은 음성 5개 • EXERCICE별로 문항 수 감소
A2 듣기 EXERCICE 4 [현재 한 문제당 2점]	• 각 유형별 EXERCICE에 딸린 문항 수는 줄어드나 EXERCICE 자체가 7개에서 14개로 늘어나므로 문항별 배점이 낮아질 확률 높음
A2 독해 EXERCICE 1	• 객관식과 동일한 방식으로 간주하여 바뀌지 않을 가능성도 있음
시험 시간 변경	• B1 독해의 경우 35분에서 45분으로 변경
C1, C2	• 문학, 과학 분야 폐지

문제 1

EXERCICE 1 최신 유형

Track N1-01

Étape 1

공략에 따라 EXERCICE 1 연습 문제를 풀어 보세요.

Lisez les questions. Écoutez le document puis répondez.

❶ Fabien est allé en France pour ______________

A ☐ apprendre la langue.

B ☐ rencontrer ses amis français.

C ☐ voyager pendant les vacances.

❷ Que Fabien a-t-il pensé de son stage linguistique ?

A ☐ Il l'a trouvé bien.

B ☐ Il l'a trouvé nul.

C ☐ Il n'a pas exprimé son opinion.

❸ L'un de ses problèmes était ______________

A ☐ la grammaire française.

B ☐ le cours de civilisation française.

C ☐ la conversation en français.

❹ Fabien a aimé ______________

A ☐ les repas.

B ☐ les monuments.

C ☐ la gentillesse des autres étudiants.

❺ Quel objet Fabien a-t-il perdu ?

A ☐ Son sac à dos.

B ☐ Son appareil photo.

C ☐ Son téléphone portable.

❻ Isabelle propose à Fabien de (d') ______________________

A ☐ inviter chez elle.

B ☐ travailler chez elle.

C ☐ manger ensemble au restaurant.

Étape 2

문제 1의 내용을 해석해 보세요.

문제를 읽으세요. 자료를 듣고 답하세요.

❶ Fabien은 ______________________ 위해 프랑스에 갔다.

A ☐ 언어를 배우기

B ☐ 그의 프랑스 친구들을 만나기

C ☐ 방학 동안 여행을 하기

❷ Fabien은 어학 연수에 대해 어떻게 생각했는가?

A ☐ 좋다고 생각했다.

B ☐ 형편없다고 생각했다.

C ☐ 자신의 의견을 표명하지 않았다.

❸ 그의 문제들 중에 하나는 ______________________(이)었다.

A ☐ 프랑스어 문법

B ☐ 프랑스 문화 수업

C ☐ 프랑스어로 진행되는 회화

❹ Fabien은 ______________________ 을(를) 좋아했다.

A ☐ 식사

B ☐ 기념물들

C ☐ 다른 학생들의 친절

❺ Fabien은 어떤 물건을 분실했는가?

A □ 그의 배낭.

B □ 그의 사진기.

C □ 그의 휴대폰.

❻ Isabelle은 Fabien에게 ______________ 제안한다.

A □ 그녀의 집으로 초대할 것을

B □ 그녀의 집에서 공부할 것을

C □ 식당에서 함께 식사할 것을

Étape 3

문제 1의 필수 어휘를 익히고, 스크립트를 확인해 보세요.

필수 어휘

stage linguistique (m) 어학 연수 | **sac à dos (m)** 배낭 | **se faire un ami** 친구를 사귀다 | **plein de** ~로 가득한 | **train de nuit (m)** 야간열차 | **oreiller (m)** 베개 | **déclarer** 신고하다 | **vol (m)** 도난 | **chemin de fer (m)** 철도(청) | **récupérer** 회수하다, 되찾다 | **auberge de jeunesse (f)** 유스 호스텔 | **en tout cas** 어쨌든 | **à propos** 그런데

스크립트

I: Salut Fabien ! Où étais-tu pendant les vacances ? 안녕 Fabien! 너 방학 동안에 어디 있었어?

F: Salut Isabelle ! J'étais en France pour faire un stage linguistique. 안녕 Isabelle ! 나는 어학 연수를 하기 위해 프랑스에 있었어.

I: Tu as déjà appris le français au lycée ? 너 고등학교에서 이미 프랑스어를 배웠니?

F: Mais non. C'était la première fois que j'apprenais cette langue. Je voulais l'apprendre depuis longtemps et j'ai décidé d'y aller pendant ces vacances. 천만에. 이 언어를 배운 게 처음이었어. 나는 오래전부터 프랑스어를 배우기를 원했고 이번 방학 동안 그곳에 가기로 결정했지.

I: Ah bon ? Alors, c'était comment ? 아 그래? 그래서 어땠어?

F: C'était plutôt bien. 비교적 좋았어.

I: Je l'ai apprise pendant un mois mais la prononciation n'est pas facile, n'est-ce pas ? 나는 한 달 동안 프랑스어를 배웠지만 발음이 쉽지가 않아, 안 그래?

F: À vrai dire, la grammaire était surtout compliquée pour moi. Heureusement, le professeur l'a bien expliquée. 솔직히 말하면 내게는 문법이 특히 복잡했어. 다행히도, 선생님이 문법을 잘 설명해 주셨어.

I: Tu t'es fait beaucoup d'amis ? 많은 친구들을 사귀었니?

F: Oui. Comme on n'avait pas de cours le week-end, j'ai beaucoup voyagé avec eux. Et puis, j'ai goûté plein de plats régionaux qui étaient délicieux. 응. 우리는 주말에 수업이 없었기 때문에 그들과 여행을 많이 했어. 그리고 맛있는 지역 음식들을 많이 맛보았어.

I: Alors, tu as fait un voyage magnifique. 그러면 너는 멋진 여행을 했구나.

F: Oui, mais malheureusement j'ai perdu mon téléphone portable pendant le voyage. 응, 그렇지만 불행히도 나는 여행 동안 휴대폰을 분실했어.

I: Ce n'est pas vrai ! Qu'est-ce qui s'est passé ? 말도 안 돼! 무슨 일이 있었는데?

F: Mes amis et moi avons pris un train de nuit pour aller en Italie. J'ai dormi en laissant mon portable sous mon oreiller et quand je me suis réveillé le lendemain, il n'était plus là. 내 친구들과 나는 이탈리아에 가기 위해 야간열차를 탔어. 나는 휴대폰을 베개 밑에 두고 잠을 잤는데 그 다음날 내가 깼을 때 휴대폰이 거기에 없었어.

I: Oh là là ! Tu as déclaré le vol à la police ? 오 이런! 너 경찰에 도난 신고했어?

F: J'ai parlé à l'employé du chemin de fer mais c'était impossible de récupérer mon portable. 철도 직원에게 말했지만 내 휴대폰을 되찾는 것은 불가능했어.

I: Désolé. Moi aussi, j'ai voyagé l'année dernière et j'ai perdu mon sac à dos à l'auberge de jeunesse. En tout cas, lors d'un voyage, il faut faire bien attention à ses effets personnels. 유감이야. 나도 마찬가지로 작년에 여행을 했는데 유스 호스텔에서 배낭을 분실했어. 어쨌든, 여행할 때 개인 용품들에 정말 주의해야 해.

F: Tu as raison. À propos, es-tu libre ce samedi ? J'ai acheté un petit cadeau pour toi et je vais te le donner. 네 말이 맞아. 그건 그렇고, 너 이번 주 토요일에 시간 있니? 내가 너를 위해 작은 선물을 샀는데 그것을 너에게 줄게.

I: C'est vrai ? Merci. Tu es gentil. Un nouveau restaurant vient d'ouvrir dans mon quartier. Je t'invite à dîner. Qu'est-ce que tu en penses ? 정말이야? 고마워. 친절하구나. 새로운 식당이 내 동네에 막 문을 열었어. 내가 저녁 식사에 너를 초대할게. 어떻게 생각하니?

F: D'accord. Alors, appelle-moi ! 좋아. 그럼 나에게 전화해 줘!

Étape 4

문제 1의 해설을 확인해 보세요.

문제 분석

바캉스 동안에 생긴 일에 대한 친구 사이의 대화이다. 먼저 프랑스에 간 이유와 프랑스어를 배우면서 어려웠던 점이 무엇인지를 파악한다. 또한 여행을 주제로 한 대화를 들을 때에는 여행 중 무엇이 좋았는지와 어떠한 일이 있었는지에 초점을 둔다. 마지막으로 두 친구가 무엇을 하기로 했는지 집중해서 듣는다.

해설

문항	풀이 요령
1	Fabien이 프랑스에 간 목적을 묻는 문제이다. 'J'étais en France pour faire un stage linguistique. 나는 어학 연수를 하기 위해 프랑스에 있었어'라는 내용이 있다. 보기항에 'stage linguistique 어학 연수'라는 단어는 없지만 의미가 일맥상통하는 **A**가 정답이다.
2	어학 연수에 대한 Fabien의 생각을 묻고 있다. 'C'était plutôt bien 비교적 좋았어'라는 내용이 있으므로 이와 의미가 통하는 **A**가 정답이 된다. 자신의 의견을 표명할 때에는 'je pense (trouve) que ... (나는 ...라고 생각한다)', ' je le (la) trouve ... (나는 그것이 ...라고 생각한다)'라는 표현을 자주 사용한다.
3	프랑스어를 공부할 때 어려웠던 점에 대해 묻는 문제이다. 대화에서 'la grammaire était surtout compliquée pour moi. Heureusement, le professeur l'a bien expliquée. 내게는 문법이 특히 복잡했어. 다행히도, 선생님이 문법을 잘 설명해 주셨어'라는 내용이 나온다. 따라서 정답은 **A**.
4	Fabien이 좋아했던 것이 무엇인지를 묻고 있다. 'j'ai goûté plein de plats régionaux qui étaient délicieux. 맛있는 지역 음식들을 많이 맛보았어'라는 내용이 있으므로 정답은 **A**. 대화에서 여행을 많이 했다는 내용이 있기는 하지만 그렇다고 기념물이 좋았다거나 나빴다라는 표현은 하지 않았기 때문에 B는 정답이 될 수 없다.
5	Fabien이 여행 중에 분실한 것이 무엇인지를 묻는 문제이다. 'j'ai perdu mon téléphone portable pendant le voyage. 나는 여행 동안 휴대폰을 분실했어'라는 내용에 따라 정답은 **C**가 된다. 여기에서는 두 사람 다 여행 중 분실한 물건들에 대해 언급하고 있어서 혼동하기 쉬우니 주의해야 한다.
6	Isabelle이 Fabien에게 무엇을 제안하는지 묻고 있다. 'Un nouveau restaurant vient d'ouvrir dans mon quartier. Je t'invite à dîner. 새로운 식당이 내 동네에 막 문을 열었어. 내가 저녁 식사에 너를 초대할게'라는 내용이 있다. 따라서 정답은 **C**.

문제 2

EXERCICE 1 최신 유형

Track N1-02

Étape 1

공략에 따라 EXERCICE 1 연습 문제를 풀어 보세요.

Lisez les questions. Écoutez le document puis répondez.

❶ Qu'est-ce que Céline va faire pendant les vacances ?

A □ Étudier.

B □ Rendre visite à sa famille.

C □ Voyager à l'étranger.

❷ Céline vivait en Italie pour ____________________

A □ ses parents.

B □ ses enfants.

C □ son travail.

❸ Les enfants sont contents du projet de Céline parce qu'ils ____________________

A □ n'aiment pas la mer.

B □ adorent la montagne.

C □ n'ont jamais passé de vacances à la montagne.

❹ Les enfants de Gérard vont aux États-Unis pour ____________________

A □ étudier.

B □ rencontrer leur mère.

C □ faire un voyage scolaire.

❺ Le mari de Céline ____________________

A □ a les mêmes goûts que Gérard.

B □ a les mêmes goûts que sa femme.

C □ ne s'intéresse pas à la montagne.

6 Que propose Gérard ?

A □ Louer une voiture.

B □ Utiliser sa voiture.

C □ Acheter une voiture.

Étape 2

문제 2의 내용을 해석해 보세요.

문제를 읽으세요. 자료를 듣고 답하세요.

1 Céline은 바캉스 동안에 무엇을 할 것인가?

A □ 공부하기.

B □ 가족을 방문하기.

C □ 외국을 여행하기.

2 Céline은 ______________________ 때문에 이탈리아에 살았다.

A □ 그녀의 부모님

B □ 그녀의 자녀들

C □ 그녀의 일

3 아이들은 Céline의 계획에 만족하는데 왜냐하면 그들은 ______________________

A □ 바다를 좋아하지 않기 때문이다.

B □ 산을 아주 좋아하기 때문이다.

C □ 산에서 바캉스를 보낸 적이 한 번도 없었기 때문이다.

4 Gérard의 아이들은 ______________________ 위해 미국에 간다.

A □ 공부하기

B □ 그들의 어머니를 만나기

C □ 수학 여행을 하기

❺ Céline의 남편은 ______________________

A □ Gérard와 같은 취미를 가지고 있다.

B □ 그의 아내와 같은 취미를 가지고 있다.

C □ 산에 관심이 없다.

❻ Gérard는 무엇을 제안하는가?

A □ 자동차를 빌리는 것.

B □ 자신의 차를 이용하는 것.

C □ 차를 사는 것.

Étape 3

문제 2의 필수 어휘를 익히고, 스크립트를 확인해 보세요.

필수 어휘

louer 빌리다 | chalet (m) 산장 | garder 보관하다, 간직하다 | souvenir (m) 추억 | inoubliable 잊을 수 없는 | séjour linguistique (m) 어학 연수를 위한 체류 | accompagner 동행하다 | rejoindre 합류하다 | déranger 방해하다 | se balader 산책하다 | tranquillement 조용히 | avoir l'intention de ~할 생각이다 | confortablement 편안하게

스크립트

C: Salut Gérard ! 안녕 Gérard !

G: Salut Céline ! Que vas-tu faire pendant les vacances ? 안녕 Céline ! 너 바캉스 동안에 무엇을 할 거야?

C: Je vais aller chez mes parents avec mes enfants. Cela fait déjà deux ans que je ne les ai pas vus parce que j'étais en Italie pour mon travail. 나는 아이들과 함께 부모님 댁에 갈 거야. 부모님을 못 뵌 지 벌써 2년이 되었는데 왜냐하면 나는 일 때문에 이탈리아에 있었거든.

G: C'est une très bonne idée ! Où habitent-ils ? 아주 좋은 생각이야! 그들은 어디에 사시는데?

C: Ils habitent à la campagne depuis 30 ans. 30년 전부터 시골에 살고 계셔.

G: Vous y passerez toutes les vacances ? 너희들은 그곳에서 바캉스 전부를 보낼 거야?

C: Non, on va rester une semaine chez eux. Après, on va aller à la montagne car ils ont un chalet dans les Pyrénées. 아니, 부모님 댁에서 일주일 머물 거야. 그 후에 산에 갈 건데 왜냐하면 그들은 피레네 산맥에 산장이 있으시거든.

G: Tu as raison. C'est vrai qu'il y a trop de monde à la mer en été. Alors, que pensent tes enfants de ton projet ? 네 말이 맞아. 여름에 바다에는 사람들이 너무 많이 있는 게 사실이야. 그래서 너의 계획에 대해 아이들은 어떻게 생각하니?

C: Ils sont très contents parce qu'ils n'ont jamais passé de vacances à la montagne. 그들은 매우 만족하는데 왜냐하면 산에서 바캉스를 보낸 적이 한 번도 없었거든.

G: Je suis sûr qu'ils vont en garder des souvenirs inoubliables. 나는 그들이 잊지 못할 추억들을 간직할 거라고 확신해.

C: Je le pense aussi. À propos, que vas-tu faire pendant les vacances ? 나도 그렇게 생각해. 그런데, 너는 바캉스 동안 무엇을 할 거야?

G: Mes enfants vont aux États-Unis pour faire un séjour linguistique et ma femme les accompagne. 아이들이 어학 연수를 위해 체류하러 미국에 가는데 내 아내가 애들과 함께 가.

C: Alors, tu vas rester tout seul à la maison pendant les vacances ? 그러면 바캉스 동안에 너 혼자 집에 있을 거야?

G: Je ne sais pas encore. 아직 모르겠어.

C: Tu peux nous rejoindre si tu veux. 네가 원하면 우리와 합류해도 돼.

G: J'aimerais bien mais j'ai un peu peur de vous déranger. 그러고는 싶지만 너희들을 방해할까 봐 조금 걱정이 돼.

C: Mais non. D'ailleurs, mon mari adore faire de la montagne comme toi et vous pourrez vous balader ensemble avec les enfants. Moi, je n'aime pas aller en montagne et je pourrai rester tranquillement avec mes parents grâce à toi. 천만에. 게다가 내 남편이 너처럼 등산하는 것을 아주 좋아하니까 아이들과 함께 산책할 수 있을 거야. 나는 산에 가는 것을 좋아하지 않으니까 네 덕분에 내 부모님과 조용히 머물 수 있을 거고.

G: Dans ce cas-là, j'accepte ta proposition avec plaisir. Je travaille jusqu'à fin juin, je serai libre après. 그런 경우라면 너의 제안을 기꺼이 받아들일게. 나는 6월 말까지 일하고 그 후에는 시간이 있을 거야.

C: C'est parfait. Nous allons partir début juillet, donc tu pourras nous rejoindre quand tu veux. 좋아. 우리는 7월 초에 떠날 거니까 네가 원할 때 우리와 합류할 수 있을 거야.

G: D'accord. Comme j'ai acheté une nouvelle voiture la semaine dernière, nous irons chez tes parents avec la mienne. Qu'en penses-tu ? 알았어. 내가 지난주에 새 자동차를 샀으니까 우리는 내 차로 네 부모님 댁에 갈 거야. 어떻게 생각해?

C: C'est vrai ? C'est génial ! J'avais l'intention de louer une voiture car la mienne est trop petite et trop vieille. 정말이야? 아주 잘됐어! 나는 자동차를 빌릴 생각이었는데 왜냐하면 내 차가 너무 작고 낡았거든.

G: Ne t'inquiète pas ! Ma voiture est assez grande et on pourra tous aller confortablement chez tes parents. 걱정하지 마! 내 차는 꽤 크니까 우리 모두 너의 부모님 댁에 편안히 갈 수 있을 거야.

Étape 4 문제 2의 해설을 확인해 보세요.

문제 분석

바캉스 계획에 관한 대화이다. 먼저 Céline이 휴가 동안 어디에 가려고 하는지와 그 일정을 파악해야 한다. 또한 Gérard가 휴가를 혼자 보낼 수밖에 없는 이유는 무엇인지, 그래서 Céline이 무엇을 제안했는지 유심히 들어야 한다. 바캉스와 관련한 문제가 출제된다면 여행지, 일정, 교통수단, 활동, 일행 등을 묻는 문제가 반드시 출제될 것이므로, 이러한 정보를 메모하며 듣는 것이 좋다.

해설

문항	풀이 요령
1	Céline의 휴가 계획에 대해 묻는 문제이다. 'Je vais aller chez mes parents avec mes enfants 나는 아이들과 함께 부모님 댁에 갈 거야'라고 하였으므로 정답은 **B**. 부모님을 뵈러 시골에 간다고 한 것을 외국 여행으로 착각해 C로 답을 할 수 있으므로 주의하자.
2	Céline이 이탈리아에 살았던 이유를 묻고 있다. 'Cela fait déjà deux ans que je ne les ai pas vus parce que j'étais en Italie pour mon travail 부모님을 못 뵌 지 벌써 2년이 되었는데 왜냐하면 나는 일 때문에 이탈리아에 있었거든'이라고 하였으므로 따라서 정답은 **C**.
3	아이들이 Céline의 계획에 만족하는 이유를 묻는 문제이다. 'Ils sont très contents parce qu'ils n'ont jamais passé de vacances à la montagne 그들은 매우 만족하는데 왜냐하면 산에서 바캉스를 보낸 적이 한 번도 없었거든'이라는 내용이 있다. 따라서 정답은 **C**. B를 정답으로 하지 않도록 유의하자. 산을 좋아하는 사람은 Gérard이다. 지문에서 아이들이 산을 매우 좋아한다고 하지는 않았다.
4	Gérard의 아이들이 미국에 가는 이유에 대한 문제로 'Mes enfants vont aux États-Unis pour faire un séjour linguistique 아이들이 어학 연수를 위해 체류하러 미국에 간다'라는 내용이 있다. 어학 연수는 공부를 하는 것이므로 의미가 통하는 **A**가 정답. 이처럼 듣기 지문에 제시된 단어와 보기항의 단어가 반드시 같지는 않으므로 비슷한 의미의 단어를 골라야 함에 주의하자.
5	Céline의 남편의 취미와 관련한 문제이다. 'mon mari adore faire de la montagne comme toi 내 남편이 너처럼 등산하는 것을 아주 좋아해'라는 내용에 따라 두 사람이 동일한 취미를 가지고 있다고 볼 수 있다. 따라서 정답은 **A**.
6	Gérard가 제안한 것이 무엇인지 묻는 문제이다. 'Comme j'ai acheté une nouvelle voiture la semaine dernière, nous irons chez tes parents avec la mienne 내가 지난주에 새 자동차를 샀으니까 우리는 내 차로 네 부모님 댁에 갈 거야'라는 내용이 있다. 따라서 정답은 **B**.

문제 3

EXERCICE 1 최신 유형

Track N1-03

Étape 1

공략에 따라 EXERCICE 1 연습 문제를 풀어 보세요.

Lisez les questions. Écoutez le document puis répondez.

❶ Que Victor a-t-il pensé de son voyage ?

A ☐ Il l'a adoré.

B ☐ Il l'a détesté.

C ☐ Il l'a trouvé pas mal.

❷ Pourquoi son vol a été annulé ?

A ☐ À cause de la météo.

B ☐ À cause d'une panne d'électricité.

C ☐ En raison d'incidents techniques.

❸ À l'hôtel ______________________

A ☐ sa chambre était trop grande.

B ☐ sa réservation n'avait pas été prise en compte.

C ☐ sa chambre n'avait pas de salle de bain.

❹ Victor a aimé ______________________

A ☐ la magnifique salle de bain.

B ☐ les plats du restaurant.

C ☐ la gentillesse du directeur.

❺ Quel était le but de ce voyage ?

A ☐ Participer à des rendez-vous d'affaires.

B ☐ Faire du tourisme.

C ☐ Participer à un congrès.

❻ Qu'a obtenu Victor ?

A □ Un contrat pour des exportations.
B □ Un contrat pour des importations.
C □ L'organisation d'un congrès.

Étape 2

문제 3의 내용을 해석해 보세요.

문제를 읽으세요. 자료를 듣고 답하세요.

❶ Victor는 그의 여행에 대해 어떻게 생각했는가?

A □ 그는 아주 좋아했다.
B □ 그는 아주 싫어했다.
C □ 그는 나쁘지 않다고 생각했다.

❷ 왜 비행이 취소되었는가?

A □ 날씨 때문에.
B □ 전기 고장 때문에.
C □ 기술적 결함들로 인해.

❸ 호텔에서 ______________________________

A □ 그의 방이 너무 컸다.
B □ 그의 예약이 반영되지 않았다.
C □ 그의 방은 욕조가 없었다.

❹ Victor는 ____________________ 을(를) 좋아했다.

A □ 훌륭한 욕실
B □ 식당의 음식
C □ 책임자의 친절

❺ 이 여행의 목적은 무엇이었는가?

A □ 사업 미팅에 참석하는 것.

B □ 관광을 하는 것.

C □ 학회에 참석하는 것.

❻ Victor는 무엇을 얻었는가?

A □ 수출을 위한 계약.

B □ 수입을 위한 계약.

C □ 강연회 운영.

Étape 3

문제 3의 필수 어휘를 익히고, 스크립트를 확인해 보세요.

필수 어휘

vol (m) 비행 | **météo (f)** 기상, 날씨 | **panne (f)** 고장 | **incident technique (m)** 기술적 결함 | **congrès (m)** 회의, 학회 | **contrat (m)** 계약 | **exportation (f)** 수출 | **importation (f)** 수입 | **voyage d'affaires (m)** 출장 | **annuler** 취소시키다 | **se tromper de** ~을 착각하다 | **enregistrer** 등록하다 | **boulot (m)** 일 | **disponible** 사용할 수 있는 | **haute saison (f)** 성수기 | **matelas (m)** 매트리스 | **compenser** 보상하다 | **gratuitement** 무료로 | **signer** 서명하다, 계약하다 | **félicitations (f)** (복수) 축하 | **mériter** 자격이 있다

스크립트

A: Salut Victor ! Alors, comment était ton voyage d'affaires ? 안녕 Victor ! 그래, 너의 출장은 어땠어?

B: Je ne veux pas en parler. C'était horrible ! 그것에 대해 말하고 싶지 않아. 끔찍했어!

A: Mais que s'est-il passé ? 아니 무슨 일이 있었는데?

B: Le voyage a mal tourné dès le premier jour. L'avion que je voulais prendre a été annulé à cause du mauvais temps. Alors j'ai dû attendre pendant 5 heures à l'aéroport. Mais ce n'est pas tout. Comme mon collègue s'est trompé de date, personne ne m'attendait à l'arrivée à l'aéroport. 여행은 첫날부터 잘못 돌아갔어. 내가 타기 원했던 비행기가 기상 악화로 취소가 되었어. 그래서 공항에서 5시간 동안 기다려야 했지. 하지만 그게 다가 아니야. 내 동료가 날짜를 착각해서 공항 도착 시간에 아무도 나를 기다리지 않았어.

A: Ce n'est pas vrai ! Alors, qu'as-tu fait ? 말도 안돼! 그래서 넌 뭘 했는데?

B: J'ai été obligé de prendre un taxi jusqu'à l'hôtel. Et là une autre mauvaise nouvelle m'attendait ! L'employé de l'hôtel avait oublié d'enregistrer ma réservation. 나는 호텔까지 택시를 타야 했어. 그리고 거기에서 또 다른 나쁜 소식이 나를 기다리고 있었어! 호텔 직원이 나의 예약을 등록하는 것을 잊었던 거야.

A: Mais c'est son boulot, non ? Comment a-t-il pu oublier cela ? 하지만 그게 그의 일이잖아, 아냐? 그가 어떻게 그것을 잊을 수가 있지?

B: Le directeur m'a expliqué que c'était un nouvel employé et qu'il a commis une erreur. J'ai eu de la chance dans mon malheur car il y avait une chambre disponible malgré la haute saison. 책임자가 그가 신입 사원이고 실수를 했다고 나에게 설명했어. 나는 불행 중 다행이었는데 왜냐하면 성수기임에도 불구하고 빈 방이 있었기 때문이야.

A: Oh là là ! Ce n'est pas possible ! Alors, la chambre t'a plu ? 오 이런! 말도 안돼! 그래서 방은 네 맘에 들었어?

B: Pas du tout. La chambre était trop petite et le matelas était trop vieux. Il y avait une salle de bain mais pas d'eau chaude. 전혀. 방은 너무 작았고 매트리스는 너무 낡았었어. 욕실이 있었는데 뜨거운 물이 나오지 않았어.

A: Et les repas ? Ils étaient bons quand même ? 그럼 식사들은? 그래도 식사들은 좋았어?

B: Pour compenser leur erreur, le restaurant m'a offert gratuitement mes repas qui étaient pas mal. 자신들의 실수를 보상하기 위해 식당이 나쁘지 않은 식사들을 내게 공짜로 제공했어.

A: Et tes affaires ? Tu y es allé pour des rendez-vous, n'est-ce pas ? 그리고 네 사업은? 너는 미팅 때문에 그곳에 갔잖아, 안 그래?

B: J'ai eu trois rendez-vous d'affaires avec le responsable de la société française et de bons résultats. J'ai réussi à signer un gros contrat avec elle et je peux exporter les produits de mon entreprise à partir de l'année prochaine. 프랑스 회사 사장과 3번의 사업 미팅이 있었는데 결과는 좋았어. 나는 프랑스 회사와 큰 계약을 체결하는 데 성공했고 내년부터 내 회사의 제품들을 수출할 수 있어.

A: Toutes mes félicitations ! Tu le mérites car je sais que tu as travaillé dur. 축하해! 너는 그럴 자격이 있는데 왜냐하면 네가 열심히 일했다는 것을 내가 알거든.

B: Merci. Je vais inviter quelques amis chez moi ce samedi soir pour fêter ce contrat. Peux-tu venir ? 고마워. 이번 주 토요일 저녁에 이 계약을 축하하기 위해 내 집으로 몇몇 친구들을 초대할 거야. 너 올 수 있어?

A: D'accord. 알았어.

Étape 4

문제 3의 해설을 확인해 보세요.

문제 분석

친구의 출장에 관한 대화이다. 이 문제에서는 대화 초반에 출장이 전반적으로 어떠했는지에 대해 얘기한 뒤 구체적으로 무슨 일이 있었는지 설명하고 있는데, 이러한 대화의 흐름을 숙지하며 듣는 것이 좋다. 특히 남자가 당황한 에피소드가 여러 개 등장하는데, 무슨 일이 있었는지와 그 일이 어떻게 해결되었는지에 초점을 맞추어 듣는다. 마지막으로 남자의 출장 결과는 어떠했는지도 놓쳐서는 안 된다.

문항	풀이 요령
1	Victor가 여행에 대해 어떻게 생각하는지에 대해 묻는 문제이다. 'Je ne veux pas en parler. C'était horrible ! 나는 그것에 대해 말하고 싶지 않아. 끔찍했어!'라고 하였으므로 정답은 **B**.
2	비행기가 취소된 이유에 관한 문제이다. 'L'avion que je voulais prendre a été annulé à cause du mauvais temps 내가 타기 원했던 비행기가 기상 악화로 취소가 되었어'라는 내용이 있다. Mauvais temps은 기상 조건이므로 정답은 **A**.
3	호텔에서 벌어졌던 문제와 일치하는 것을 고르는 문제이다. 'L'employé de l'hôtel avait oublié d'enregistrer ma réservation 호텔 직원이 나의 예약을 등록하는 것을 잊었'고 'La chambre était trop petite et le matelas était trop vieux. Il y avait une salle de bain mais pas d'eau chaude 방은 너무 작았고 매트리스는 너무 낡았었어. 욕실이 있었는데 뜨거운 물이 나오지 않았어'라는 것이 호텔에서 발생한 문제들이다. 이 중에 내용과 일치하는 것은 **B**.
4	Victor가 좋았다고 생각한 것이 무엇인지 묻고 있다. 'le restaurant m'a offert gratuitement mes repas qui étaient pas mal 식당이 나쁘지 않은 식사들을 내게 공짜로 제공했어'라고 하였으므로 정답은 **B**.
5	여행의 목적이 무엇인지 묻는 문제로서 'J'ai eu trois rendez-vous d'affaires avec le responsable de la société française et de bons résultats 프랑스 회사 사장과 3번의 사업 미팅이 있었는데 결과는 좋았어'라는 내용에 따라 정답은 **A**.
6	Victor가 무엇을 얻었는지를 묻고 있다. 'je peux exporter les produits de mon entreprise à partir de l'année prochaine 내년부터 내 회사의 제품들을 수출할 수 있어'라는 내용에 따라 정답은 **A**.

문제 1

EXERCICE 2 최신 유형

Track N2-01

Étape 1

공략에 따라 EXERCICE 2 연습 문제를 풀어 보세요.

Lisez les questions. Écoutez le document puis répondez.

❶ Le projet de loi concerne ______________________

A □ l'augmentation du nombre de publicités.

B □ la suppression de la publicité.

C □ l'amélioration de la qualité des publicités.

❷ Selon cette interview, les 7-10 ans ______________________

A □ ne regardent jamais la télévision.

B □ regardent la télévision un jour sur deux.

C □ passent quelques heures par jour devant l'écran.

❸ Quelques politiciens se font des soucis pour ______________________

A □ la mauvaise influence de la publicité.

B □ la violence des émissions de télévision.

C □ la participation des jeunes aux émissions de télévision.

❹ Selon Edith Marot, la télévision influence beaucoup ______________________

A □ la vie des adultes.

B □ la vie des enfants.

C □ les carrières professionnelles.

❺ Quel est le meilleur moyen de diminuer les effets négatifs de la télévision ?

A □ Interdire aux enfants de regarder la télévision.

B □ Laisser les enfants regarder seuls la télévision.

C □ Comprendre l'influence de la télévision sur enfants.

❻ Selon Edith Marot, la télévision peut ____________________

A ☐ nuire aux liens familiaux.

B ☐ nuire aux résultats scolaires des enfants.

C ☐ aider au développement physique des enfants.

Étape 2

문제 1의 내용을 해석해 보세요.

문제를 읽으세요. 자료를 듣고 답하세요.

❶ 이 법안은 ____________________ 와(과) 관련된다.

A ☐ 광고 수의 증가

B ☐ 광고의 폐지

C ☐ 광고 질의 개선

❷ 이 인터뷰에 따르면, 7 - 10세들은 ____________________

A ☐ 텔레비전을 절대 보지 않는다.

B ☐ 이틀에 하루 텔레비전을 본다.

C ☐ 화면 앞에서 하루에 몇 시간을 보낸다.

❸ 몇몇 정치인들은 ____________________ 에 대해 걱정을 한다.

A ☐ 광고의 나쁜 영향

B ☐ 텔레비전 방송의 폭력성

C ☐ 텔레비전 방송에 청소년들의 참여

❹ Edith Marot에 따르면, 텔레비전은 ____________________ 에 영향을 많이 끼친다.

A ☐ 성인들의 삶

B ☐ 아이들의 삶

C ☐ 직업적 경력

❺ 텔레비전의 부정적 효과를 줄이는 제일 좋은 방법은 무엇인가?

A □ 아이들에게 텔레비전 보는 것을 금지시키는 것.
B □ 아이들이 혼자 텔레비전을 보게 내버려 두는 것.
C □ 아이들에 대한 텔레비전의 영향을 이해하는 것.

❻ Edith Marot에 따르면, 텔레비전은 ______________________ 수 있다.

A □ 가족 관계에 해를 끼칠
B □ 아이들의 학교 성적에 해를 끼칠
C □ 아이들의 신체적 발전을 도울

Étape 3

문제 1의 필수 어휘를 익히고, 스크립트를 확인해 보세요.

필수 어휘

loi (f) 법 | publicité (f) 광고 | suppression (f) 삭제, 폐지 | amélioration (f) 개선 | écran (m) 화면 | violence (f) 폭력 | émission (f) 방송 | carrière (f) 경력 | interdire 금지시키다 | nuire 해를 끼치다 | voter 투표하다 | député (m) 국회의원 | viser ~을 목표로 하다 | supprimer 없애다 | inciter 자극하다 | consommer 소비하다 | discussion (f) 토론 | visionner 보다 | minimiser 최소화하다 | potentiellement 잠재적으로 | apprentissage (m) 학습 | empiéter 잠식하다 | majoritairement 대부분

스크립트

A : Bonjour, Edith Marot. 안녕하세요, Edith Marot.

M : Bonjour. 안녕하세요.

A : Comme pour beaucoup d'enfants, la télévision occupe peut-être une grande partie du temps libre. Un projet de loi, voté par les députés, vise à supprimer la publicité sur les chaînes de France télévisions, dans les programmes jeunesse. Mais l'idée n'est pas facile à faire accepter. À votre avis, finie la publicité dans les programmes jeunesse ? 많은 어린이들에게서처럼, 텔레비전은 아마도 자유 시간의 상당 부분을 차지합니다. 국회의원들에 의해 투표된 법안은 청소년 프로그램에서 프랑스 텔레비전 채널에 대한 광고를 폐지하는 것을 목표로 합니다. 그렇지만 이 생각은 받아들이게 하기가 쉽지 않습니다. 당신 생각에 청소년 프로그램에서 광고는 끝난 건가요?

M : Les 7-10 ans passent 3 heures par jour devant l'écran et les 10-14 ans plus de 3 heures et demie ! Certains hommes et femmes politiques se sont inquiétés de l'influence que peuvent avoir les publicités sur les plus jeunes, en les incitant à (trop) consommer. Ils ont donc eu l'idée d'une loi qui interdirait la publicité dans les programmes destinés aux enfants, sur les chaînes de France télévisions. 7-10세들은 화면 앞에서 하루에 3시간을 보내고 10-14세들은 3시간 반 이상을 보냅니다! 몇몇 남녀 정치인들은 아주 어린아이들이 (너무 많이) 보도록 부추기면서 광고가 가질 수 있는 영향에 대해 우려했습니다. 그래서 이들은 프랑스 텔레비전 채널들 중 아이들을 대상으로 하는 프로그램들에서 광고를 금지하는 법안을 생각해 냈죠.

A: Qu'est-ce que vous pensez de l'influence de la télé sur nos enfants ? 당신은 우리의 아이들에 대한 텔레비전의 영향에 대해 어떻게 생각하시나요?

M: La télévision est l'un des médias ayant le plus d'influence dans la vie des enfants. L'influence de la télé sur les enfants dépend de plusieurs facteurs : le nombre d'heures passées devant le petit écran, leur âge, leur personnalité, le fait de regarder la télé seuls ou avec des adultes et enfin les discussions qu'ils auront ou non avec leurs parents sur le contenu visionné. Afin de minimiser les effets potentiellement négatifs de la télé, il est important de comprendre l'influence que cette dernière peut avoir sur les enfants. 텔레비전은 아이들의 생활에서 가장 많은 영향력을 갖는 미디어들 중 하나입니다. 아이들에 대한 텔레비전의 영향은 여러 가지 요소들에 달려 있습니다: 작은 화면 앞에서 보내는 시간, 그들의 나이, 그들의 인격, 혼자 아니면 어른들과 함께 텔레비전을 보는 것, 그리고 마지막으로, 본 내용에 대해 그들의 부모들과 토론하거나 하지 않는 것이죠. 텔레비전의 부정적일 수 있는 효과들을 최소화하기 위해, 텔레비전이 아이들에게 끼칠 수 있는 영향들을 아는 것이 중요합니다.

A: Donnez-nous quelques exemples qui montrent des effets sur le développement de l'enfant. 아이들의 발달에 대한 결과들을 보여주는 몇 가지 예들을 우리에게 들어 주세요.

M: La télévision peut nuire à l'apprentissage et à la performance scolaire si elle empiète sur les activités essentielles au développement physique et mental de l'enfant. Les temps libres des enfants, particulièrement en bas âge, devraient être majoritairement consacrés à jouer, lire, explorer la nature, apprendre la musique ou pratiquer des sports. 텔레비전이 아이들의 신체적이고 정신적인 발달에 중요한 활동들을 잠식한다면 학습과 학교 성적에 해를 끼칠 수 있습니다. 특히 어린 나이에 아이들의 자유 시간들은 대부분 놀고 독서하고 자연을 탐험하고 음악을 배우거나 운동을 하는 데 할애되어야 합니다.

A: Merci pour cet interview, Edith Marot. Bonsoir, à dimanche prochain ! Edith Marot 씨, 이 인터뷰에 대해 감사드립니다. 안녕히 계세요, 다음 주 일요일에 뵐게요!

https://www.1jour1actu.com, https://habilomedias.ca

Étape 4

문제 1의 해설을 확인해 보세요.

문제 분석

텔레비전에 대한 인터뷰인데 텔레비전의 장단점은 익숙한 주제이므로 쉽게 풀 수 있는 문제다. 이 인터뷰에서 주의할 점은 인터뷰의 앞부분에서는 텔레비전 광고에 대한 이야기를, 뒷부분에서는 텔레비전의 부정적인 영향에 대한 이야기를 한다는 것이다. 한편 텔레비전의 부정적인 효과를 줄이는 방법으로 아이들이 텔레비전 보는 것을 금지하는 것을 답으로 선택하지 않도록 한다. 지문 자체에서 언급하고 있는 것을 근거로 답을 찾아야 하기 때문이다. 요즘 아이들은 텔레비전보다 유튜브에 익숙한 만큼 유튜브를 주제로 한 문제가 출제될 수 있다.

해설

문항	풀이 요령
1	법안의 내용과 관련한 문제로 'Un projet de loi, voté par les députés, vise à supprimer la publicité sur les chaînes de France télévisions, dans les programmes jeunesse 국회의원들에 의해 투표된 법안은 청소년 프로그램에서 프랑스 텔레비전 채널에 대한 광고를 폐지하는 것을 목표로 한다'라는 내용이 있다. 따라서 정답은 **B**.
2	7세에서 10세까지의 어린이들이 텔레비전을 보는 현황에 대해 묻고 있다. 'Les 7-10 ans passent 3 heures par jour devant l'écran 7-10세들은 화면 앞에서 하루에 3시간을 보낸다'라는 내용이 있다. 보기항에 3시간이라는 말은 없지만 몇 시간을 보낸다는 말이 있으므로 **C**가 정답.
3	정치인들이 걱정하는 것을 묻는 문제로서 'Certains hommes et femmes politiques se sont inquiétés de l'influence que peuvent avoir les publicités sur les plus jeunes en les incitant à (trop) consommer 몇몇 남녀 정치인들은 아주 어린아이들이 (너무 많이) 소비하도록 부추기기 때문에 광고가 가질 수 있는 영향에 대해 우려했습니다'라는 내용이 있다. 이는 결국 광고가 나쁜 영향을 끼칠 수 있다는 것을 의미하므로 정답은 **A**. B의 텔레비전 방송의 폭력을 답으로 착각해서는 안 된다. 이는 지문에 제시된 내용이 아니다. 지문의 내용을 토대로 정답을 추론해야 한다.
4	텔레비전에 대한 전문가의 의견을 묻고 있다. 'La télévision est l'un des médias ayant le plus d'influence dans la vie des enfants 텔레비전은 아이들의 생활에서 가장 많은 영향력을 갖는 미디어들 중 하나입니다'라고 하였다. 따라서 정답은 **B**.
5	텔레비전의 부정적 효과를 줄일 수 있는 방법을 묻는 문제이다. 'Afin de minimiser les effets potentiellement négatifs de la télé, il est important de comprendre l'influence que cette dernière peut avoir sur les enfants 텔레비전의 부정적일 수 있는 효과들을 최소화하기 위해, 텔레비전이 아이들에게 끼칠 수 있는 영향들을 아는 것이 중요합니다'라는 말을 하고 있다. 따라서 정답은 **C**.
6	텔레비전의 부정적 효과에 대해 전문가가 말하고 있는 구체적인 예에 대해 묻고 있다. 'La télévision peut nuire à l'apprentissage et à la performance scolaire 텔레비전은 학습과 학교 성적에 해를 끼칠 수 있습니다'라고 하였으므로 정답은 **B**.

문제 2

EXERCICE 2 최신 유형

Track N2-02

Étape 1

공략에 따라 EXERCICE 2 연습 문제를 풀어 보세요.

Lisez les questions. Écoutez le document puis répondez.

❶ Cette interview concerne l'équilibre entre vie privée et ____________

A ☐ vie scolaire.

B ☐ vie publique.

C ☐ vie professionnelle.

❷ Cet équilibre est influencé par ____________

A ☐ les salaires.

B ☐ les relations entre collègues.

C ☐ la distance entre domicile et lieu de travail.

❸ L'un des facteurs importants de cet équilibre concerne ____________

A ☐ le type de travail exercé.

B ☐ l'organisation du travail.

C ☐ l'augmentation des salaires.

❹ Quel facteur menace le plus cet équilibre ?

A ☐ La satisfaction sur les compagnies.

B ☐ Les négociations de salaires.

C ☐ Un environnement de travail désagréable.

❺ L'expression «horaires à rallonge» désigne ____________

A ☐ des heures de travail supplémentaires.

B ☐ un temps de travail habituel.

C ☐ des horaires de travail normaux.

❻ L'une des mesures prises par les entreprises est ________________

A □ le travail à domicile.

B □ l'augmentation des salaires.

C □ l'installation d'équipements sportifs.

Étape 2

문제 2의 내용을 해석해 보세요.

문제를 읽으세요. 자료를 듣고 답하세요.

❶ 이 인터뷰는 사생활과 ________________ 사이의 균형에 관련된다.

A □ 학교 생활

B □ 공적 생활

C □ 직장 생활

❷ 이 균형은 ________________ 에 의해 영향을 받는다.

A □ 월급

B □ 동료들 간의 관계

C □ 집과 직장 사이의 거리

❸ 이 균형의 중요한 요소들 중 하나는 ________________ 와(과) 관련된다.

A □ 숙련된 업무 유형

B □ 업무 운영

C □ 월급 인상

❹ 어떤 요소가 이 균형을 가장 위협하는가?

A □ 회사들에 대한 만족

B □ 연봉 협상

C □ 불쾌한 근무 환경

❺ '연장 업무 시간'이란 표현은 ____________________ 을(를) 의미한다.

A □ 추가 근무 시간

B □ 통상적인 근무 시간

C □ 정상적인 근무 시간

❻ 기업들에 의해 취해진 조치들 중 하나는 ____________________ 이다.

A □ 재택 근무

B □ 월급 인상

C □ 운동 장비 설치

Étape 3 문제 2의 필수 어휘를 익히고, 스크립트를 확인해 보세요.

필수 어휘

équilibre (m) 균형 | **vie privée (f)** 사생활 | **vie scolaire (f)** 학교 생활 | **vie professionnelle (f)** 직장 생활 | **domicile (m)** 주거, 거처 | **exercé** 능숙한 | **augmentation (f)** 인상 | **menacer** 위협하다 | **compagnie (f)** 회사 | **négociation (f)** 협상 | **désagréable** 불쾌한 | **horaire** 시간의 | **rallonge (f)** 연장 | **supplémentaire** 추가적인 | **habituel** 통상적인 | **travail à domicile (m)** 재택근무 | **installation (f)** 설치 | **susceptible** 가능한 | **interroger** 질문하다 | **se répartir** 나뉘다 | **collaboration (f)** 공동 작업, 협력 | **pression (f)** 압력 | **aggraver** 악화시키다 | **ennemi** 적의 | **contaminer** 오염시키다 | **sphère (f)** 범위 | **climat (m)** 분위기, 환경 | **pénible** 고통스러운 | **inévitablement** 불가피하게 | **aspirer** ~을 열망하다 | **alternative (f)** 대안, 양자택일 | **aménagement (m)** 조정 | **télétravail (m)** 재택근무 | **préoccupation (f)** 걱정

스크립트

A: Y a-t-il un possible équilibre entre vie privée et vie professionnelle ? Ce soir, nous vous présentons les facteurs susceptibles de menacer votre équilibre entre vie privée et vie professionnelle. Bonjour, Sophie. 사생활과 직장 생활 사이에 가능한 균형이 있을까요? 오늘 저녁 우리는 여러분께 사생활과 직장 생활 사이에 당신의 균형을 위협할 수 있는 요소들을 소개합니다. 안녕하세요, Sophie.

S: Bonjour. 안녕하세요.

A: Quels facteurs menacent l'équilibre entre vie privée et vie professionnelle ? 어떤 요소들이 사생활과 직장 생활 사이에 균형을 위협할까요?

S: Les facteurs cités par les interrogés se répartissent en deux groupes clés : D'un côté, les facteurs humains : une mauvaise collaboration avec ses collègues, par exemple, a un impact négatif sur votre équilibre entre vie privée et vie professionnelle pour 53% des interrogés. La pression exercée par l'employeur obtient 43%. De l'autre côté, les facteurs liés à l'organisation du travail : pour 49% des interrogés, travailler le soir ou les week-ends, c'est-à-dire hors des heures de travail habituelles, est un facteur aggravant pour l'équilibre entre vie privée et professionnelle. 응답자들에 의해 언급된 요소들은 두 가지 핵심 그룹으로 나뉘어집니다: 한편으로 인간적인 요소들입니다: 예를 들어 53퍼센트의 응답자들에게 동료들과의 어려운 협업은 사생활과 직장 생활 사이에 부정적인 영향을 줍니다. 고용주에 의해 행해진 압력은 43퍼센트를 얻습니다. 다른 한편으로 업무 조정에 관련된 요소들입니다: 49퍼센트의 응답자들에게 저녁 또는 주말에 일하는 것 즉 통상적인 업무 시간들 이외에 일하는 것은 사생활과 직장 생활 사이에 균형을 악화시키는 요소입니다.

A: Quel est le facteur ennemi n°1 ? 최악의 첫 번째 요소는 무엇인가요?

S: Il s'agit d'un «environnement de travail désagréable», que les interrogés désignent à 60% comme le facteur le plus menaçant pour l'équilibre entre vie privée et vie professionnelle. '불쾌한 근무 환경'에 관한 것으로, 60퍼센트의 응답자들이 사생활과 직장 생활 사이의 균형을 가장 위협적인 요소로 가리킵니다.

A: Quel vrai risque court-on ? 어떤 실질적인 위험이 도사리고 있나요?

S: Alors, y a-t-il un vrai risque pour celui qui évolue dans un environnement de travail désagréable ? La réponse est oui. Il existe bien un risque contaminant, de la sphère professionnelle vers la sphère privée. Qu'il s'agisse de relations difficiles avec ses collègues, d'un climat tendu avec son employeur, de conditions de travail pénibles ou encore d'horaires à rallonge, un salarié évoluant dans un environnement de travail désagréable verra inévitablement sa vie privée affectée. 그러면 불쾌한 근무 환경에 있는 이들에게 실질적인 위험이 있나요? 대답은 예입니다. 직업적인 영역에서 사적인 영역으로 전염되는 위험이 분명 존재합니다. 동료들과의 어려운 관계이건, 고용주와의 긴장된 분위기이건, 고통스러운 업무 조건 혹은 연장 업무 시간이건 간에, 불쾌한 근무 환경에 있는 직장인은 자신의 사생활에 영향을 받는 것을 불가피하게 경험하게 될 것입니다.

A: Peut-on encore trouver son équilibre entre vie privée et vie professionnelle ? 사생활과 직장 생활 사이에 균형을 여전히 찾을 수 있을까요?

S: Aujourd'hui, de plus en plus d'entreprises accompagnent leurs salariés vers le changement auquel ils aspirent, en proposant des alternatives telles que l'aménagement des horaires, la mise en place du télétravail, ou bien reviennent à des techniques de management ayant à cœur les préoccupations de l'employé. Rappelons-le, l'environnement de travail se joue à un niveau physique, humain... mais aussi mental. 오늘날, 점점 더 많은 기업들은 근무 시간 조정, 재택 근무 실시와 같은 대안들을 제시하면서 직원들이 원하는 변화를 향해 그들과 동행하거나 직원들의 걱정들에 관심을 두는 관리 방법들로 돌아가고 있습니다. 근무 환경이 신체적, 인간적 뿐만 아니라 정신적으로 작용하는 것을 잊지 맙시다.

https://www.blog.wojo.com

Étape 4

문제 2의 해설을 확인해 보세요.

문제 분석

인터뷰의 주제는 사생활과 직장 생활 간의 균형이다. 여기에서는 사생활과 직장 생활 간의 균형에 영향을 끼치는 것을 인간적인 요소와 업무 운영에 관한 것으로 나누어 설명하고 있다. 특히 주목해야 할 것은 '불쾌한 근무 환경'에 대한 것이다. 마지막으로 사생활과 직장 생활 간의 균형을 위해 기업들이 어떤 노력을 하고 있는지 파악해야 한다. 보기항으로 '월급'과 '연봉'이 제시되어 혼란을 주고 있으나, 지문에 제시되지 않았으므로 문제를 풀 때에는 완전히 배제해야 한다.

해설

문항	풀이 요령
1	인터뷰 주제와 관련한 문제로 인터뷰 내용이 사생활과 어떤 것 사이의 균형에 대한 것인지 묻고 있다. 'Y a-t-il un possible équilibre entre vie privée et vie professionnelle ? 사생활과 직장 생활 사이에 가능한 균형이 있을까요?'라는 내용에서 확인할 수 있듯 정답은 **C**.
2	사생활과 직장 생활 사이의 균형에 영향을 끼치는 요인에 대한 문제이다. 인간적인 요소와 관련하여 'une mauvaise collaboration avec ses collègues, par exemple, a un impact négatif sur votre équilibre entre vie privée et vie professionnelle 예를 들어 동료들과의 어려운 협업은 사생활과 직장 생활 사이에 부정적인 영향을 줍니다'라고 하였으므로 정답은 **B**. 'La pression exercée par l'employeur 고용주에 의해 행해진 압력'도 영향을 끼친다고 언급하였으므로 이 또한 답이 될 수 있다.
3	사생활과 직장 생활 사이의 균형에 부정적인 영향을 끼치는 또 다른 요인에 대해 묻고 있다. 'les facteurs liés à l'organisation du travail 업무 조정에 관련된 요소들'로 'travailler le soir ou les week-ends, c'est-à-dire hors des heures de travail habituelles 저녁 또는 주말에 일하는 것 즉 통상적인 업무 시간들 이외에 일하는 것'이라고 하였다. 따라서 정답은 **B**.
4	사생활과 직장 생활 사이의 균형을 깨는 가장 위협적인 요인이 무엇인지 묻는 문제이다. 지문에서 'environnement de travail désagréable 불쾌한 근무 환경'이라고 언급했으므로 정답은 **C**.
5	연장 업무 시간의 의미를 묻고 있는데 정상 근무 이외의 시간에 일하는 것이므로 정답은 **A**. 참고로 'sursalaire 추가 수당'이라는 어휘도 알아 두자.
6	기업들이 취하고 있는 조치들에 관한 문제이다. 'l'aménagement des horaires, la mise en place du télétravail 근무 시간 조정, 재택 근무 실시' 등을 언급하고 있으므로 이 중에 하나를 정답으로 고르면 된다. 재택 근무는 travail à distance라고도 하므로 정답은 **A**.

문제 3

EXERCICE 2 최신 유형

Track N2-03

Étape 1

공략에 따라 EXERCICE 2 연습 문제를 풀어 보세요.

Lisez les questions. Écoutez le document puis répondez.

❶ Cette interview concerne ______________

A ☐ la vente d'une maison.
B ☐ la location meublée.
C ☐ l'achat d'une résidence.

❷ Que doit-on remplir précisément selon la loi Alur ?

A ☐ Un extrait de casier judiciaire.
B ☐ Le contrat de location.
C ☐ Une liste de l'équipement obligatoire à fournir.

❸ Le premier avantage pour le preneur concerne ______________

A ☐ des frais minimes de bail.
B ☐ une durée minimale du bail.
C ☐ une procédure de bail plus commode.

❹ Quand le logement est déjà meublé, le nouveau locataire peut ______________

A ☐ économiser de l'argent.
B ☐ vendre les meubles.
C ☐ demander un remboursement au propriétaire.

❺ Que peut-on demander depuis l'ordonnance du 8 juin 2005 ?

A ☐ Des meubles neufs.
B ☐ Transformer une location meublée en location vide.
C ☐ Transformer une location vide en location meublée.

❻ Il faut effectuer quelques vérifications si ______________________

A ☐ le propriétaire est étranger.

B ☐ le logement fait partie d'une copropriété.

C ☐ le logement est loué par des colocataires.

Étape 2

문제 3의 내용을 해석해 보세요.

문제를 읽으세요. 자료를 듣고 답하세요.

❶ 이 인터뷰는 ______________________ 와(과) 관련된다.

A ☐ 집 판매

B ☐ 가구가 갖추어진 아파트 임대

C ☐ 주택 구매

❷ Alur 법에 따르면 구체적으로 무엇을 써 넣어야 하는가?

A ☐ 신원 증명서.

B ☐ 임대 계약.

C ☐ 제공해야 할 의무적인 비품 목록.

❸ 임차인에게 있어서 첫 번째 장점은 ______________________ 와(과) 관련된다.

A ☐ 임대 계약의 적은 비용

B ☐ 임대 계약의 최소 기간

C ☐ 좀 더 편리한 임대 계약 절차

❹ 집에 가구들이 이미 갖춰져 있을 때, 새로운 임차인은 ______________________ 수 있다.

A ☐ 돈을 절약할

B ☐ 가구들을 판매할

C ☐ 집주인에게 환불을 요구할

❺ 2005년 6월 8일 법령 이래로 무엇을 요구할 수 있는가?

A □ 새로운 가구들.

B □ 가구가 갖추어진 임대를 빈 임대로 변형시키는 것.

C □ 가구가 빈 임대를 가구가 갖추어진 임대로 변형시키는 것.

❻ 만일 ______________________________(이라)면 몇 가지 확인을 행해야 한다.

A □ 집주인이 외국인

B □ 집이 공동 소유주에 속한다

C □ 집이 공동 세입자에 의해 임대된다

Étape 3

문제 3의 필수 어휘를 익히고, 스크립트를 확인해 보세요.

필수 어휘

vente (f) 판매 | location (f) 임대 | meuble (m) 가구 | extrait de casier judiciaire (m) 신원 증명서 | fournir 공급하다 | preneur 임차인 | bail (m) 임대 계약 | procédure (f) 절차 | commode 편리한 | logement (m) 주거, 집 | locataire 임차인 | remboursement (m) 환불 | propriétaire 소유자, 집주인 | ordonnance (f) 행정 명령 | vérification (f) 확인 | copropriété (f) 공동 소유 | colocataire 공동 세입자 | description (f) 명세 목록 | décret (m) 법령 | cocher 표시하다 | point par point 빠짐없이 | convenablement 적당하게 | révolutionnaire 혁명적인 | conclure (계약을) 체결하다 | raccourcir 단축되다 | contrairement 반대로 | s'installer 거주하다 | mobilier (m) 가구류 | négligeable 무시해도 좋은 | emménagement (m) 이사 | ressoures (f) 돈 | bailleur 임대인 | au préalable 사전에

스크립트

T: Bonjour Muriel. 안녕하세요 Muriel.

M: Bonjour. Thierry. 안녕하세요 Thierry.

T: Aujourd'hui, on va parler de la location meublée. Les étudiants s'y intéressent beaucoup, n'est-ce pas ? 오늘, 우리는 가구가 갖추어진 임대에 대해 말하려고 합니다. 학생들이 이것에 관심이 많죠, 그렇지 않나요?

M: Oui. Jusqu'à présent, on pouvait louer meublé un peu comme on voulait, puisqu'il n'existait pas de description d'un équipement obligatoire à fournir au locataire. C'est du passé. Avec le dernier décret de la loi Alur, il y a une liste qu'il va falloir cocher point par point. 네. 지금까지, 우리는 우리가 원하는 대로 가구를 조금 갖춘 집을 임대할 수 있었는데 왜냐하면 임차인에게 제공해야 할 의무적인 비품에 대한 명세 목록이 존재하지 않았기 때문이죠. 다 지난 일입니다. Alur 법의 최근 법령으로, 빠짐없이 표시해야 할 목록이 있습니다.

T: Est-elle très précise cette liste ? 이 목록이 매우 구체적인가요?

M: En fait, pas vraiment, voilà ce que dit le texte: dans un logement meublé, on doit pouvoir dormir, manger et vivre convenablement. Vous voyez, rien de révolutionnaire. 사실 딱히 그렇지는 않은데 본문이 말하는 것은 여기 있습니다: 가구를 갖춘 집에서 우리는 잠을 자고, 먹고 편히 살 수 있어야 합니다. 이해하시죠, 혁신적인 것은 전혀 없죠.

T: Quels sont les avantages de la location meublée pour le locataire ? 임차인에게 가구가 갖추어진 임대의 장점들이 무엇이죠?

M: Conclure un bail de location meublée présente divers avantages pour le preneur. Tout d'abord, la durée minimale du bail est raccourcie : elle n'est que d'un an, contrairement à trois ans d'usage pour un bail de location non meublée. Cela peut donc satisfaire des locataires qui ne souhaitent pas s'installer sur le long terme. De plus, les mobiliers présents dans un logement meublé permettent au locataire de réaliser des économies non négligeables lors de l'emménagement. Cela peut être notamment intéressant pour un étudiant qui ne dispose pas forcément des ressources nécessaires pour investir dans du mobilier. 가구가 갖추어진 임대 계약을 맺는 것은 임차인에게 여러 가지 장점들을 보여줍니다. 우선 계약의 최소 기간이 단축됩니다: 가구가 없는 임대 계약의 경우 3년 사용에 반해서 (가구가 갖추어진) 임대 계약 기간은 단지 일 년입니다. 그래서 이것은 오랜 기간 동안 거주하기를 원하지 않는 임차인들을 만족시켜 줄 수 있습니다. 게다가, 가구가 갖추어져 있는 집에 있는 가구들은 임차인에게 이사할 때 간과할 수 없는 절약을 실현할 수 있게 해 줍니다. 이것은 특히 가구에 투자하는 데 필요한 돈을 불가피하게 가지고 있지 않은 학생에게는 유리할 것입니다.

T: Transformation d'une location vide en location meublée, est-ce possible ? 빈 임대에서 가구가 갖추어진 임대로의 변형은 가능한가요?

M: Si, en qualité de propriétaire-bailleur, vous vous rendez compte que la location meublée est plus intéressante pour vous, rassurez-vous ! Depuis l'ordonnance du 8 juin 2005, il est tout à fait possible de transformer une location vide en location meublée. Cependant, il convient au préalable d'effectuer quelques vérifications. En particulier : Si le logement est en co-propriété, aucune disposition du règlement de co-propriété ne doit interdire la location meublée. 만일 주인-임대인으로서 가구가 갖추어진 임대가 당신에게 더 유리하다는 것을 알게 된다면 안심하세요! 2005년 6월 8일 행정 명령 이래로 빈 임대를 가구를 갖춘 임대로 변형시키는 것이 완전히 가능합니다. 그러나 사전에 몇 가지 확인을 행하는 것이 좋습니다. 특히: 만일 집이 공동-소유에 있다면 공동 소유의 어떠한 조항도 가구를 갖춘 임대를 금지해서는 안 됩니다.

France info 02. 09. 2015.
https://www.legalplace.fr/

Étape 4 문제 3의 해설을 확인해 보세요.

문제 분석

새로운 임대법과 관련한 인터뷰이다. 이 인터뷰에서는 새로운 제도가 생김에 따라 이전과 비교해 바뀌는 것은 무엇인지와, 이 제도로 인한 장점이 무엇인지를 중점적으로 파악해야 한다. 문제 자체가 어렵지는 않으나 인터뷰에 등장한 어휘들이 난이도가 있는 편이라 어렵게 느껴질 수 있다.

해설

문항	풀이 요령
1	인터뷰 주제를 묻는 문제로 앞부분에 'on va parler de la location meublée 우리는 가구가 갖추어진 임대에 대해 말하려고 합니다'라는 내용이 나온다. 따라서 정답은 **B**.
2	Alur 법안에 대해 묻고 있다. 'puisqu'il n'existait pas de description d'un équipement obligatoire à fournir au locataire. Avec le dernier décret de la loi Alur, il y a une liste qu'il va falloir cocher point par point 왜냐하면 임차인에게 제공해야 할 의무적인 비품에 대한 명세 목록이 존재하지 않았기 때문이죠. Alur 법의 최근 법령으로, 빠짐없이 표시해야 할 목록이 있습니다'라는 내용이 나온다. 따라서 정답은 **C**.
3	임차인이 가질 수 있는 첫 번째 장점과 관련한 문제이다. 'la durée minimale du bail est raccourcie : elle n'est que d'un an, contrairement à trois ans d'usage pour un bail de location non meublée 계약의 최소 기간이 단축됩니다: 가구가 없는 임대 계약의 경우 3년 사용에 반해서 (가구가 갖추어진) 임대 계약 기간은 단지 일 년입니다'라는 내용이 있다. 따라서 정답은 **B**.
4	임차인이 이사하기 전 가구가 이미 갖추어져 있다면 어떠한 장점이 있는지를 묻고 있다. 'les mobiliers présents dans un logement meublé permettent au locataire de réaliser des économies non négligeables lors de l'emménagement 가구가 갖추어져 있는 집에 있는 가구들은 임차인에게 이사할 때 간과할 수 없는 절약을 실현할 수 있게 해 줍니다'라는 내용에 따라 정답은 **A**.
5	2005년 6월 8일 법령의 특징과 관련한 문제로서 'il est tout à fait possible de transformer une location vide en location meublée 빈 임대를 가구를 갖춘 임대로 변형시키는 것이 완전히 가능합니다'라고 설명하고 있기 때문에 **C**가 정답.
6	어떠한 경우에 꼼꼼하게 확인해야 하는지 묻고 있다. 'il convient au préalable d'effectuer quelques vérifications. En particulier : Si le logement est en co-propriété, aucune disposition du règlement de co-propriété ne doit interdire la location meublée 사전에 몇 가지 확인을 행하는 것이 좋습니다. 특히: 만일 집이 공동-소유에 있다면 공동 소유의 어떠한 조항도 가구를 갖춘 임대를 금지해서는 안 됩니다'라고 언급하고 있다. 따라서 정답은 **B**.

문제 1

EXERCICE 3 최신 유형

Track N3-01

Étape 1

공략에 따라 EXERCICE 3 연습 문제를 풀어 보세요.

Lisez les questions. Écoutez le document puis répondez.

❶ Les 35 heures mentionnées dans ce reportage concernent ______________

A ☐ les heures de repos au travail.
B ☐ la réduction du temps de travail.
C ☐ l'augmentation des heures de cours.

❷ Quelle était l'interrogation du sociologue ?

A ☐ Qui veut appliquer cette mesure ?
B ☐ Comment les gens profitent-ils de cette mesure ?
C ☐ Les gens sont-ils favorables ou défavorables à cette mesure ?

❸ Quand les métiers se ressemblent, les hommes ______________

A ☐ se sont adaptés aux rythmes de travail de leurs femmes.
B ☐ ont consacré plus de temps à travailler au bureau.
C ☐ ont quitté leur travail pour s'occuper de leur famille.

❹ Qui peut moins travailler grâce à l'application de cette mesure ?

A ☐ Les ouvriers.
B ☐ Les employés de bureau.
C ☐ Les employés journaliers.

❺ S'il y a des enfants, un père peut passer aux 35 heures tandis que la mère peut ______________

A ☐ travailler plus.
B ☐ travailler moins.
C ☐ quitter son travail.

❻ Que doit-on tout d'abord considérer pour l'application de cette mesure ?

A □ Les salaires.

B □ Les conditions de travail.

C □ Le mode de vie actuel des couples.

Étape 2

문제 1의 내용을 해석해 보세요.

문제를 읽으세요. 자료를 듣고 답하세요.

❶ 이 르포에서 언급된 35시간은 ________________ 와(과) 관련된다.

A □ 근무 휴식 시간

B □ 근무 시간 단축

C □ 수업 시간의 증가

❷ 사회학자의 질문은 무엇이었는가?

A □ 누가 이 조치를 적용하기를 원하는가?

B □ 사람들은 어떻게 이 조치를 이용하는가?

C □ 사람들은 이 조치에 대해 호의적인가 아니면 비호의적인가?

❸ 직업이 서로 비슷할 때, 남자들은 ________________________________

A □ 그들의 아내의 근무 리듬에 맞추었다.

B □ 사무실에서 일하는 데 더 많은 시간을 할애했다.

C □ 가정을 돌보기 위해 회사를 그만두었다.

❹ 누가 이 조치의 적용 덕분에 덜 일할 수 있는가?

A □ 노동자들.

B □ 사무실 직원들.

C □ 일용직 직원들.

❺ 자녀가 있으면, 아버지는 35시간 일할 수 있는 반면 어머니는 ______________ 수 있다.

A □ 더 일할

B □ 덜 일할

C □ 일을 그만둘

❻ 이 조치의 적용을 위해 우선 무엇을 고려해야 하는가?

A □ 월급.

B □ 근무 조건.

C □ 부부들의 실제 삶의 방식.

Étape 3 문제 1의 필수 어휘를 익히고, 스크립트를 확인해 보세요.

réduction (f) 축소 | interrogation (f) 질문 | sociologue 사회학자 | appliquer 적용하다 | favorable 호의적인 | défavorable 호의적이 아닌 | se ressembler 비슷하다 | application (f) 적용 | journalier 매일의 | querelle (f) 논(투)쟁 | actualité (f) 당대의 관심사 | conjoint 부부 | opportunité (f) 기회 | disponibilité (f) 유연성 | comparaison (f) 비교 | arbitrer 조정하다 | en faveur de ~을 고려하여 | net 명확한 | impact (m) 충격 | cadre (m) 간부 | identique 동일한 | s'arranger 정리하다 | différenciation (f) 차이, 구분 | méconnu 알려지지 않은, 인정받지 못하는 | réforme (f) 개혁 | rééquilibrage (m) 균형의 회복 | contemporain 동시대의 | amplification (f) 확대 | arbitrage (m) 중재

스크립트

Les 35 heures influencent la vie des couples

La querelle sur les 35 heures ne quitte pas l'actualité. Quand l'un des conjoints a bénéficié d'un accord de réduction du temps de travail et qu'il est passé donc aux 35 heures, l'interrogation du sociologue Eric Maurin était la suivante : ont-ils réduit eux aussi leur propre temps de travail, afin par exemple de passer plus de temps en famille ; ou ont-ils, au contraire, saisi l'opportunité d'une plus grande disponibilité de leur partenaire pour s'investir eux-mêmes davantage dans leur profession, dans leur travail ? Et bien la comparaison ne laisse aucun doute : le conjoint – surtout quand c'est la femme qui a bénéficié des 35 heures, a arbitré lui aussi en faveur d'une nette réduction de son temps de travail.

Et quand ce sont les hommes qui ont bénéficié des 35 heures, est-ce que ça a eu un impact sur le temps de travail de leur compagne ? Quand les métiers se ressemblent, notamment les métiers de cadres, le phénomène est identique. Le compagnon s'arrange lui aussi pour moins travailler. Mais quand il y a des enfants, et une différenciation des

métiers, alors le phénomène s'inverse : quand le père est passé aux 35 heures, et bien le temps de travail des mères a souvent augmenté. C'est un autre effet méconnu des 35 heures, et la réforme a donc souvent favorisé un rééquilibrage des temps passés par les parents auprès de leurs enfants.
Ce qui est le plus important, c'est le couple contemporain : le couple devient le lieu d'amplification des grandes évolutions de la société. Le couple est le lieu des grands arbitrages. Autant dire que cette dimension-là, ces interactions là n'ont jamais été pensées par tout ceux qui décident des politiques publiques, qu'il s'agisse du temps de travail, ou de l'âge du passage effectif à la retraite par exemple.

35시간은 부부의 삶에 영향을 준다

35시간에 대한 논쟁은 관심사에서 벗어나지 않는다. 배우자들 중의 한 명이 노동 시간 단축 계약 혜택을 받을 때 그래서 35시간이 되었을 때 사회학자인 Eric Maurin의 질문은 다음과 같았다: 예를 들어 가족 간에 더 많은 시간을 보내기 위해 이들 역시 자신들의 근무 시간을 단축했는가; 아니면 반대로, 자신들의 직업과 근무에 그들 스스로 더 투자하기 위해 배우자가 더 여유 있는 것을 좋은 기회로 삼았는가? 그리고 이 비교는 의심의 여지가 없다: 배우자가 - 특히 35시간의 혜택을 받았던 사람이 여성일 때, 자신 또한 근무 시간의 명확한 단축에 대해 조정했다. 그리고 35시간의 혜택을 받았던 사람이 남성들일 때 이것이 그들의 아내의 근무 시간에 영향을 주었는가? 직업들이 서로 비슷할 때 특히 간부직(사무직 관리)들의 경우 그 현상은 동일하다. 남편은 그 역시 덜 일하기 위해 맞춰 나간다. 그러나 아이들과 직업의 차이가 있을 때 그 현상은 역전된다: 아버지가 35시간일 때 어머니들의 근무 시간이 대체로 상승했다. 이것은 35시간에 대해 알려지지 않은 또 다른 결과이며 그래서 이 개편은 흔히 자녀들 곁에 있는 부모들이 보내는 시간에 대한 균형 회복에 더 치중했다.
가장 중요한 것은 바로 현대(동시대)의 부부이다: 부부는 사회의 커다란 변화를 증폭하는 장소가 된다. 부부는 거대한 중재 장소이다. 이런 차원에서 여기 이 상호작용들은 예를 들어 근무 시간이나 정년퇴직에 적용되는 나이에 관한 공공 정책을 결정하는 모든 이들에 의해 결코 고려되지 않았다.

France info 09.06.2015.

Étape 4

문제 1의 해설을 확인해 보세요.

문제 분석

프랑스의 주 35시간 근무제에 대한 르포이다. 프랑스는 2021년 현재 주 35시간 근무제를 시행하고 있는데, 이에 대한 논쟁이 여전하다. 이 르포에서는 배우자 중 한 명이 주 35시간 근무를 하면 다른 배우자 한 명의 근무 시간에는 어떤 변화가 있는지에 대해 중점적으로 이야기한다. 이때 부부 사이에 아이가 있을 때, 그리고 직업군에 따라 다른 점에 대해서도 언급하고 있다. 행간의 의미를 이해해야 풀 수 있는 난이도 높은 문제들이 출제되었다.

해설

문항	풀이 요령
1	르포에서 언급된 35시간에 대한 문제이다. 'Quand l'un des conjoints a bénéficié d'un accord de réduction du temps de travail et qu'il est passé donc aux 35 heures 배우자들 중의 한 명이 노동 시간 단축 계약 혜택을 받을 때 그래서 35시간이 되었을 때'라는 내용으로 보아 근무 시간 단축과 관련 있는 것을 알 수 있다. 따라서 정답은 **B**.
2	사회학자가 궁금해 했던 것에 대한 문제이다. 'ont-ils réduit eux aussi leur propre temps de travail, afin par exemple de passer plus de temps en famille ; ou ont-ils, au contraire, saisi l'opportunité d'une plus grande disponibilité de leur partenaire pour s'investir eux-mêmes davantage dans leur profession, dans leur travail ? 예를 들어 가족 간에 더 많은 시간을 보내기 위해 이들 역시 자신들의 근무 시간을 단축했는가 ; 아니면 반대로, 자신들의 직업과 근무에 그들 스스로 더 투자하기 위해 배우자가 더 여유 있는 것을 기회로 삼았는가?'라는 내용이 있다. 즉, 이와 같은 조치가 취해졌을 때 직장인의 반응과 관련이 있으므로 정답은 **B**.
3	직업이 비슷할 때 남자들의 반응을 묻는 문제로서 'quand c'est la femme qui a bénéficié des 35 heures, a arbitré lui aussi en faveur d'une nette réduction de son temps de travail 35시간의 혜택을 받았던 사람이 여성일 때, 그 역시 근무 시간의 명확한 단축을 고려하여 조정했다'라는 내용이 있다. 이는 남편들이 아내들과 균형을 맞추었다는 의미이므로 정답은 **A**.
4	근무 시간 단축을 채택하는 직업군을 묻는 문제이다. 'Quand les métiers se ressemblent, notamment les métiers de cadres, le phénomène est identique. Le compagnon s'arrange lui aussi pour moins travailler 직업들이 서로 비슷할 때 특히 간부직(사무직 관리)들의 경우 그 현상은 동일하다. 남편은 그 역시 덜 일하기 위해 맞춰 나간다'라는 내용에 따라 사무실 직원을 나타내는 **B**가 정답.
5	자녀가 있는 경우 근무 시간 단축과 관련하여 여성들이 어떻게 반응하는지 묻고 있다. 'quand il y a des enfants, et une différenciation des métiers, alors le phénomène s'inverse : quand le père est passé aux 35 heures, et bien le temps de travail des mères a souvent augmenté 아이들과 직업의 차이가 있을 때 그 현상은 역전된다: 아버지가 35시간일 때 어머니들의 근무 시간이 대체로 상승했다'라는 내용에 따라 정답은 **A**.
6	근무 시간 단축을 실시할 때 제일 먼저 고려해야 할 사항을 묻는 문제이다. 'Ce qui est le plus important, c'est le couple contemporain 가장 중요한 것은 바로 현대(동시대)의 부부이다'라는 문장에 따라 정답은 **C**.

문제 2

EXERCICE 3 최신 유형

Track N3-02

Étape 1

공략에 따라 EXERCICE 3 연습 문제를 풀어 보세요.

Lisez les questions. Écoutez le document puis répondez.

❶ D'après certains avocats américains, les réseaux sociaux ______________

A ☐ espionnent notre vie privée.

B ☐ forcent à acheter des produits.

C ☐ forcent les gens à s'inscrire sur des sites Internet.

❷ Le problème soulevé par un collectif d'internautes américains concerne ______________

____

A ☐ les ventes illégales.

B ☐ les carrières professionnelles.

C ☐ les informations personnelles.

❸ Selon ce reportage, Twitter a créé son site pour ______________

A ☐ gagner de l'argent.

B ☐ augmenter les inconvénients d'Internet.

C ☐ fournir toutes sortes d'avantages aux internautes.

❹ D'après cet article, le problème soulevé par les plaignants américains ______________

A ☐ correspond seulement à Twitter.

B ☐ concerne aussi d'autres réseaux sociaux.

C ☐ n'a aucune relation avec la vie privée des gens.

❺ La surveillance des emails a pour but de (d')______________

A ☐ offrir divers avantages.

B ☐ analyser les virus des emails.

C ☐ insérer automatiquement de la publicité.

❻ On peut vérifier légalement une conversation personnelle par ________________

A ☐ un logiciel.
B ☐ un contact direct.
C ☐ une procédure juridique.

Étape 2

문제 2의 내용을 해석해 보세요.

문제를 읽으세요. 자료를 듣고 답하세요.

❶ 몇몇 미국 변호사들에 따르면 소셜 네트워크는 ________________

A ☐ 우리의 사생활을 염탐한다.
B ☐ 강제로 제품을 사게 한다.
C ☐ 강제로 사람들을 인터넷 사이트에 가입하게 한다.

❷ 미국 네티즌 집단에 의해 제기된 문제는 ________________ (와)과 관련된다.

A ☐ 불법적 판매들
B ☐ 직장 경력들
C ☐ 개인 정보들

❸ 이 르포에 따르면, 트위터는 ________________ 위해 사이트를 만들었다.

A ☐ 돈을 벌기
B ☐ 인터넷의 불편함을 증가시키기 위해
C ☐ 네티즌들에게 모든 종류의 편의를 제공하기

❹ 이 기사에 따르면, 미국 고소인들에 의해 제기된 문제는 ________________

A ☐ 단지 트위터에만 해당한다.
B ☐ 다른 소셜 네트워크와도 관계된다.
C ☐ 사람들의 사생활과는 아무 관계가 없다.

❺ 이메일의 감시는 ________________ 을(를) 목적으로 한다.

A ☐ 다양한 혜택들을 제공하는 것
B ☐ 이메일의 바이러스들을 분석하는 것
C ☐ 자동으로 광고를 삽입하는 것

❻ 우리는 ________________ 을(를) 통해서 개인 대화를 합법적으로 확인할 수 있다.

A ☐ 소프트웨어
B ☐ 직접적인 접촉
C ☐ 사법적 절차

Étape 3

문제 2의 필수 어휘를 익히고, 스크립트를 확인해 보세요.

필수 어휘

avocat 변호사 | **réseau social (m)** 소셜 네트워크 | **espionner** 염탐하다 | **soulever** 제기하다 | **inconvénient (m)** 장애, 어려움 | **internaute** 네티즌 | **plaignant** 고소인 | **surveillance (f)** 감시 | **insérer** 삽입하다 | **automatiquement** 자동적으로 | **logiciel (m)** 소프트웨어 | **procédure juridique (f)** 사법 절차 | **accuser** 고소하다 | **en revanche** 반면에 | **de près** 면밀히, 자세히 | **plateforme (f)** 플랫폼 | **récupérer** 회수하다 | **au passage** 도중에 | **monnayable** 돈이 될 만한 | **annonceur** 광고주 | **soi-disant** 이른바 | **susciter** 야기하다 | **inquiétude (f)** 근심 | **surveiller** 감시하다 | **optimiser** 최적화하다 | **recherche (f)** 검색 | **fouiller** 조사하다 | **transiter** 경유하다 | **(il) reste à savoir** 간접 의문문 ~은 아직 모른다 | **anonyme** 익명의 | **en principe** 원칙적으로

스크립트

Twitter aurait-il de trop grandes oreilles ?

Le réseau social est accusé par des avocats américains de lire nos messages privés dans un but commercial. Le problème, soulevé par un collectif d'internautes américains, c'est que, si les messages privés ne sont pas visibles par les autres internautes, en revanche, ils seraient examinés de près par la plateforme Twitter elle-même.
Twitter ferait cela principalement pour des raisons publicitaires à cause des adresses Internet qui se trouvent à l'intérieur des messages. En fait, il semble que Twitter récupère au passage toutes ces adresses pour établir des statistiques qui sont monnayables auprès d'annonceurs. Le problème soulevé par les plaignants américains, c'est que c'est bien la preuve que Twitter «espionne» de manière automatique tout ce que l'on dit, y compris dans les messages soi-disant privés.
Twitter n'est pas le seul à susciter des inquiétudes concernant la vie privée. Google a reconnu qu'il «surveillait» nos emails via son service de messagerie Gmail afin de pouvoir

insérer automatiquement de la publicité en rapport avec certains mots-clés ou pour optimiser la recherche à l'intérieur des messages.
Il ne faut pas perdre de vue que tous ces services Web – Twitter, Google, Facebook, etc. – ont techniquement la possibilité d'aller fouiller dans nos messages personnels puisque ceux-ci transitent par leurs propres serveurs. Reste à savoir ce qui en fait réellement. Il y a une différence entre l'analyse automatique anonyme par un logiciel et le fait qu'une personne prenne réellement connaissance d'une conversation. Ce qui, en principe, ne peut se faire que dans un cadre judiciaire.

트위터가 너무 큰 귀를 갖게 되는 것일까?

소셜 네트워크는 상업적인 목적으로 우리의 개인 메시지를 읽은 것에 대해서 미국 변호사들에 의해 고소당했다. 한 미국 네티즌 집단에 의해 제기된 문제는 바로 개인 메시지들이 다른 네티즌들에게는 보이지 않는 반면 이것들이 트위터 플랫폼 자체에 의해 면밀히 관찰되었을 것이라는 점이다.
트위터는 주로 메시지들 내부에 있는 인터넷 주소들 때문에 광고 목적으로 이것을 할 것이다. 사실, 트위터가 광고주들 입장에서 돈이 될 만한 통계 자료를 만들기 위해 이 모든 주소들을 도중에 취합하는 것 같다. 미국 고소인들에 의해 제기된 문제, 그것은 바로 트위터가 이른바 개인 메시지를 포함하여 우리가 말하는 모든 것을 자동으로 '염탐한다'는 증거라는 것이다.
트위터가 사생활과 관련한 걱정들을 야기하는 유일한 것은 아니다. 구글은 특정 키워드와 관련한 광고를 자동으로 삽입할 수 있게 하기 위해서 또는 메시지 내부의 검색을 최적화하기 위해 G메일 메시지 서비스로 우리의 이메일을 '감시했다'는 것을 인정했다.
이러한 모든 웹 서비스들 - 트위터, 구글, 페이스북 등 - 은 기술적으로 우리의 개인 메시지를 뒤질 수 있다는 것을 간과해서는 안 되는데 왜냐하면 메시지들이 자신들의 고유한 서버들을 통해 경유하기 때문이다. 실제로 그것을 하는지는 아직 모른다. 소프트웨어를 통한 익명의 자동 분석과 사람이 실제로 대화를 검토하는 것에는 차이가 있다. 이것은 원칙적으로 사법적인 틀 안에서만 행해질 수 있는 것이다.

France info 18.09.2015.

Étape 4

문제 2의 해설을 확인해 보세요.

문제 분석

소셜 네트워크에 대한 르포이다. 특히, 소셜 네트워크의 광고와 관련한 것으로, 이들이 광고를 목적으로 개인 메시지를 염탐하고 있는 것은 아닌가에 대한 문제를 제기하고 있다. 개인 정보 침해는 소셜 네트워크의 대표적인 폐해로 지적되고 있으며, 소셜 네트워크가 확대될수록 심각해지고 있다. 이러한 점에 초점을 맞춰 르포의 내용을 파악하되, 마지막 부분의 개인 간 대화를 합법적으로 확인할 수 있는 경우 또한 놓쳐서는 안 된다.

해설

문항	풀이 요령
1	소셜 네트워크와 관련한 미국 변호사들의 주장을 묻는 문제이다. 'Le réseau social est accusé par des avocats américains de lire nos messages privés dans un but commercial 소셜 네트워크는 상업적인 목적으로 우리의 개인 메시지를 읽은 것에 대해서 미국 변호사들에 의해 고소당했다'라고 언급하고 있다. 이는 사생활을 염탐한 것이므로 정답은 **A**.
2	미국 네티즌 집단이 제기한 문제가 무엇인지 묻고 있다. 'si les messages privés ne sont pas visibles par les autres internautes, en revanche, ils seraient examinés de près par la plateforme Twitter elle-même 개인 메시지들이 다른 네티즌들에게는 보이지 않는 반면 이것들이 트위터 플랫폼 자체에 의해 면밀히 관찰되었을 것'이라고 하였다. 개인 메시지 즉, 이는 개인 정보와 관련된 것이므로 정답은 **C**.
3	트위터가 이런 행위를 한 이유 또는 목적이 무엇인지를 묻는 문제로서 'Twitter ferait cela principalement pour des raisons publicitaires à cause des adresses Internet qui se trouvent à l'intérieur des messages 트위터는 주로 메시지들 내부에 있는 인터넷 주소들 때문에 광고 목적으로 이것을 할 것'이라고 하였다. 이는 결국 경제적인 이익을 취하기 위함이므로 정답은 **A**.
4	'Twitter n'est pas le seul à susciter des inquiétudes concernant la vie privée 트위터가 사생활과 관련한 걱정들을 야기하는 유일한 것은 아니다'라고 밝히고 있는 점으로 보아 이런 소셜 네트워크가 여러 개임을 알 수 있다. 그러므로 정답은 **B**.
5	이메일을 감시하는 목적에 대한 문제이다. 'Google a reconnu qu'il «surveillait» nos emails via son service de messagerie Gmail afin de pouvoir insérer automatiquement de la publicité en rapport avec certains mots-clés ou pour optimiser la recherche à l'intérieur des messages 구글은 특정 키워드와 관련한 광고를 자동으로 삽입할 수 있게 하기 위해서 또는 메시지 내부의 검색을 최적화하기 위해 G메일 메시지 서비스로 우리의 이메일을 '감시했다'는 것을 인정했다'라고 하였다. 따라서 정답은 **C**.
6	사적인 대화를 확인할 수 있는 권리에 대한 문제이다. 'Il y a une différence entre l'analyse automatique anonyme par un logiciel et le fait qu'une personne prenne réellement connaissance d'une conversation. Ce qui, en principe, ne peut se faire que dans un cadre judiciaire 소프트웨어를 통한 익명의 자동 분석과 사람이 실제로 대화를 검토하는 것에는 차이가 있다. 이것은 원칙적으로 사법적인 틀 안에서만 행해질 수 있는 것'이라고 언급하고 있다. 따라서 정답은 **C**.

문제 3

EXERCICE 3 최신 유형

Track N3-03

Étape 1

공략에 따라 EXERCICE 3 연습 문제를 풀어 보세요.

Lisez les questions. Éécoutez le document puis répondez.

❶ Selon la loi, le temps de trajet pour se rendre chez un client ____________

A ☐ fait partie du temps de travail.

B ☐ est considéré comme un temps de loisir.

C ☐ n'a aucune relation avec le temps de travail.

❷ À qui s'applique cette décision ?

A ☐ Aux employés de bureau.

B ☐ Aux travailleurs itinérants.

C ☐ Aux employés de magasin.

❸ Cette affaire se déroule en ____________

A ☐ France.

B ☐ Espagne.

C ☐ Angleterre.

❹ Pourquoi les salariés doivent-ils aller chez des particuliers ?

A ☐ Pour une vente à domicile.

B ☐ Pour installer des systèmes de sécurité.

C ☐ Pour faire des enquêtes sur leurs produits.

❺ Quelle nouvelle mesure a pris l'entreprise ?

A ☐ Elle a augmenté le salaire de tous les employés.

B ☐ Elle ne permet plus d'utiliser les camionnettes de fonction.

C ☐ Elle ne paie que les heures où les salariés travaillent réellement.

❻ La décision du tribunal ______________________

A □ a été favorable aux salariés qui utilisent un véhicule d'entreprise.

B □ a été défavorable aux salariés qui utilisent un véhicule d'entreprise.

C □ ne concernait pas les salariés qui utilisent un véhicule d'entreprise.

Étape 2

문제 3의 내용을 해석해 보세요.

문제를 읽으세요. 자료를 듣고 답하세요.

❶ 법에 따르면, 고객의 집을 방문하기 위한 이동 시간은 ______________________

A □ 근무 시간의 일부이다.

B □ 여가 시간으로 고려된다.

C □ 근무 시간과 아무 관계가 없다.

❷ 이 결정은 누구에게 적용되는가?

A □ 사무실 직원들에게.

B □ 이동하는 직원들에게.

C □ 상점 직원들에게.

❸ 이 사건은 ______________에서 벌어지고 있다.

A □ 프랑스

B □ 스페인

C □ 영국

❹ 왜 직원들이 고객 개개인의 집에 가야만 하는가?

A □ 방문 판매를 위해.

B □ 안전 시스템을 설치하기 위해.

C □ 그들의 제품에 대한 설문 조사를 하기 위해.

❺ 기업은 어떤 새로운 조치를 취했는가?

A □ 모든 직원들의 월급을 올렸다.

B □ 업무용 소형 트럭을 이용하는 것을 더 이상 허용하지 않았다.

C □ 직원들이 실제로 일하는 시간만 돈을 지불하였다.

❻ 법원의 결정은 ________________________

A □ 기업 차량을 이용하는 직원들에게 호의적이었다.

B □ 기업 차량을 이용하는 직원들에게 비호의적이었다.

C □ 기업 차량을 이용하는 직원들과 관련되지 않았다.

Étape 3 문제 3의 필수 어휘를 익히고, 스크립트를 확인해 보세요.

필수 어휘

trajet (m) 여정, 이동 | **faire partie de** ~의 일부가 되다 | **itinérant** 이동하는 | **se dérouler** 진행되다 | **particulier** 개인 | **vente à domicile (f)** 방문 판매 | **camionnette (f)** 소형 화물차 | **de function** 업무용의 | **réellement** 실제적으로 | **tribunal (m)** 법원 | **justice (f)** 재판, 정의 | **jugement (m)** 재판 | **juridiction (f)** 법원, 재판권 | **imposer** 강요하다 | **rajouter** 첨가하다 | **emprunter** 빌리다

스크립트

Travailleurs itinérants : le temps de trajet considéré comme du temps de travail par la justice

C'est un jugement qui va faire du bruit en France. Ce jeudi matin, la Cour de Justice de l'Union européenne a décidé que le temps de trajet pour se rendre chez un client était bien du temps de travail. C'est une décision qui s'applique aux travailleurs itinérants. Ce qui a conduit la juridiction à rendre cette décision c'est une affaire qui se déroule en Espagne.

Alors de quoi s'agit-il ? L'affaire se passe en Espagne. Une entreprise impose à ses salariés de long trajets pour se rendre chez le client. Parfois, plus de 100 kilomètres et plus de trois heures de route. Les salariés se rendent chez des particuliers ou dans des entreprises pour installer des systèmes de sécurité. Pour ces trajets, ils empruntent des camionnettes de fonction. L'entreprise a changé d'organisation et elle s'est mise à ne plus compter ces temps de trajets comme du temps de travail. Elle ne paye ses salariés qu'à partir du moment où ils arrivent chez le premier client et jusqu'à l'heure où ils partent de chez leur dernier client.

La Cour de justice de l'Union européenne a donc dit «Stop!». Ces temps de trajet sont bien du temps de travail. Ils doivent être payés et comptés dans les heures travaillées.

Cette décision pourrait rajouter environ deux heures de temps à certains salariés. Notamment les ouvriers qui utilisent un véhicule d'entreprise et rentrent à leur domicile avec ce véhicule.

이동하는 근로자들: 재판에 의해 근무 시간으로 고려되는 이동 시간

이것은 프랑스에서 커다란 반향을 일으킬 판결이다. 이번 주 목요일 아침, 유럽 연합 재판소는 고객의 집을 방문하기 위한 이동 시간은 분명 근무 시간이라고 판결을 내렸다. 이것은 이동하는 근로자들에게 적용되는 결정이다. 법원이 이 결정을 내리게 한 것은 스페인에서 벌어지고 있는 사건이다.
그러면 무엇에 관한 것일까? 사건은 스페인에서 일어난다. 한 기업이 그의 직원들에게 고객의 집을 방문하기 위해 장거리의 이동을 강요한다. 때로는 100킬로가 넘고 3시간 이상의 이동이다. 직원들은 안전 시스템을 설치하기 위해 고객 개개인의 집이나 회사들을 방문한다. 이 이동을 위해 이들은 업무용 소형 트럭을 빌린다. 기업은 운영 방침을 바꾸고 이 이동 시간을 근무 시간으로 더 이상 고려하지 않았다. 기업은 직원들이 첫 번째 고객의 집에 도착한 순간부터 마지막 고객의 집에서 떠나는 시간까지의 월급을 지급한다.
유럽 연합 재판소는 그래서 "그만(중지)!"를 말했다. 이 이동 시간은 분명 근무 시간이다. 이것들은 지급되어져야 하며 근무하는 시간 안에 계산되어야 한다. 이 결정은 몇몇 직원들에게는 대략 2시간의 시간을 추가할 수 있을 것이다. 특히 회사 차량을 이용하고 이 차량을 가지고 자신들의 집으로 돌아가는 노동자들에게 말이다.

France info 10.09.2015.

Étape 4 문제 3의 해설을 확인해 보세요.

문제 분석

고객 방문을 위한 장거리 이동을 근무 시간으로 볼 것인지에 대한 판결을 소재로 하는 르포이다. 이 르포에서는 법원이 누구를 대상으로 어떤 판결을 내렸는지를 파악해야 하며, 이 판결의 토대가 된 스페인에서의 사건 또한 명확히 알아야 한다. 스페인의 회사에서 고객 방문을 위한 장거리 이동과 관련하여 어떤 일이 있었는지 구체적으로 파악한다.

해설

문항	풀이 요령
1	고객을 방문하기 위해 길에서 보내는 시간에 대한 법원의 결정에 관한 문제이다. 'la Cour de Justice de l'Union européenne a décidé que le temps de trajet pour se rendre chez un client était bien du temps de travail 유럽 연합 재판소는 고객의 집을 방문하기 위한 이동 시간은 분명 근무 시간이라고 판결을 내렸다'라는 내용이 있다. 따라서 정답은 **A**.
2	판결에 해당되는 대상이 누구인지 묻고 있다. 'C'est une décision qui s'applique aux travailleurs itinérants 이것은 이동하는 근로자들에게 적용되는 결정이다'라는 내용에 따라 **B**가 정답.

3	이 사건이 벌어지고 있는 나라에 대한 문제로 'Ce qui a conduit la juridiction à rendre cette décision c'est une affaire qui se déroule en Espagne 법원이 이 결정을 내리게 한 것은 스페인에서 벌어지고 있는 사건이다'라는 내용이 있다. 따라서 정답은 **B**. 프랑스에서 논란이 뜨겁다는 것이지 프랑스에서 실제 사건이 벌어진 것이 아니기 때문에 A의 프랑스로 혼동해서는 안 된다.
4	직원들이 고객들의 집을 방문하는 목적과 관련한 문제이다. 'Les salariés se rendent chez des particuliers ou dans des entreprises pour installer des systèmes de sécurité 직원들은 안전 시스템을 설치하기 위해 고객 개개인의 집이나 회사들을 방문한다'라는 내용이 있으므로 정답은 **B**.
5	기업의 새로운 조치가 무엇인지 묻고 있다. 'elle s'est mise à ne plus compter ces temps de trajets comme du temps de travail 기업은 이 이동 시간을 근무 시간으로 더 이상 고려하지 않았다'는 내용이 있다. 즉, 이동 시간에 대해서는 직원들에게 돈을 지불하지 않을 것이므로 정답은 **C**.
6	법원의 결정이 어떤 것인지 묻는 문제이다. 'Ces temps de trajet sont bien du temps de travail. Ils doivent être payés et comptés dans les heures travaillées 이 이동 시간은 분명 근무 시간이다. 이것들은 지급되어져야 하며 근무하는 시간 안에 계산되어야 한다'라고 하였다. 법원의 이러한 결정은 기업 차량을 이용하는 직원들에게 유리한 것이므로, 이들에게 호의적인 결정이라고 할 수 있다. 따라서 정답은 **A**.

독해 평가

Compréhension des écrits

1 독해 완전 분석

B1 독해 평가는 2가지 유형으로 구성되며 시험 시간은 약 35분이다. 첫 번째 유형은 각각의 보기 항목이 지시 사항을 충족시키는지를 oui 또는 non에 표기하는 문제이다. 두 번째 유형은 사회적인 이슈나 일상 생활과 관련된 내용을 제대로 이해했는지 평가하는 유형이다.

2 독해 유형 파악 [약 45분, 25점]

*新유형 기준

EXERCICE	특징
❶ 지시 사항과 일치 여부를 oui 또는 non에 표시 (10점)	지시 사항과 일치하면 oui, 그렇지 않으면 non에 표시한다. 특히 모든 조건을 충족시키는 것을 고르는 문제가 있는데, 이 문제를 맞힌다고 해서 추가적인 점수를 얻는 것은 아니지만 틀리면 감점된다.
❷ 지문 내용에 대한 이해를 묻는 객관식, 주관식 문제, vrai 또는 faux를 고르고 그 이유 쓰기(15점)	신문, 잡지, 방송 기사를 읽고 질문에 답하는 객관식과 주관식 문제, 그리고 주어진 문장이 지문의 내용과 일치하는지 고른 후 (Vrai vs Faux) 그 이유에 해당하는 문장을 쓰는 (Justification) 방식이다. (2023년부터 적용되는 시험에서는 주관식 문제는 모두 없어지고 객관식 문제만 출제되며, Vrai 또는 Faux를 고른 이유에 해당하는 문장을 쓰는 문제는 사라진다. 그러나 2020년부터 3년간 기존 시험과 새로운 시험이 함께 치러지므로 두 유형을 동시에 준비해야 한다.)

3 독해 평가 이것만은 꼭!

❶ 문제 유형에 따라 다른 풀이 전략을 적용한다.

첫 번째 유형과 두 번째 유형의 문제가 뚜렷하게 구분된다. 독해는 짧은 시간에 문제를 정확히 푸는 것이 관건이므로, 각 유형에 따라 다른 문제 풀이 방법을 적용하는 것이 필요하다.

❷ 독해 문제를 최대한 빨리 풀고 작문에 시간을 안배한다.

B1에서는 작문 영역에서 시간이 꽤 소요된다. 그러므로 독해에서 시간을 최대한 절약해야 작문에 시간을 할애할 수 있다. 한 번에 답을 찾기 어려운 문제가 있다면, 그 문제에 계속 시간을 허비하지 말고 빨리 다른 문제로 넘어가자. 풀지 않고 넘어갔던 문제를 다시 읽으면 처음에는 이해하지 못했던 부분이 보이기도 한다. 작문은 시간이 많이 소요되기 때문에 독해는 빨리 풀고 작문에 시간을 투입하는 것이 좋다.

❸ 지문 내용 전개 순서와 문제 순서는 일치한다.

독해 영역은 긴 글에서 문제가 묻고 있는 정보를 얼마나 빨리, 그리고 정확하게 찾을 수 있는지를 평가한다. 그러므로 지문에서 필요한 정보를 빨리 찾는 것이 중요하다. 독해 지문은 듣기 영역과 마찬가지로 내용의 전개 순서와 문제 순서가 대체로 일치하므로 이에 유의하자. 문제가 이해되지 않는 경우라면, 문제의 발문이나 보기항에 사용된 어휘가 있는 문장을 찾아 그 부분을 읽어 보자.

❹ 문제부터 읽는다.

지문을 읽고 문제를 푸는 것보다 문제를 파악한 후 지문을 읽는 것이 효과적이다. 그래야 어떤 부분에 집중하며 글을 읽어야 할지 알 수 있기 때문이다. 따라서 문제부터 읽고 해당되는 답을 지문에서 찾는 방식으로 문제를 풀어 나가야 한다.

❺ 독해 평가에서 점수를 확보한다.

B1에서 총점 50점을 넘기 위해서는 독해에서 점수를 최대한 많이 얻는 것이 좋다. 독해의 첫 번째 유형은 점수를 많이 확보할 수 있는 유형이다. 많은 응시자가 독해 첫 번째 유형에서 보통 8~9점을 받는다. 그러므로 이 유형에서만큼은 10점을 받을 수 있도록 하자. 그리고 독해 두 번째 유형 중 입증 문제(justification)의 경우에는 답을 길게 작성하면 정답 확률을 그만큼 높일 수 있으므로, 답을 정확히 모를 경우에는 길게 쓰는 것도 방법이 될 수 있다.

독해 평가

EXERCICE 1

Pour répondre aux questions, cochez la bonne réponse. 0,5 point par bonne réponse, 0 point si les deux cases « oui » et « non » sont cochées.

질문들에 답변하기 위해 올바른 답에 표시하세요. 올바른 답변당 0.5 점, 'oui'와 'non' 두 개의 칸에 표시되면 0점.

완전 공략

1 핵심 포인트

지시 사항을 읽고 보기항이 조건을 충족시키는지 oui 또는 non에 표시하는 방식이다. 지문의 내용이 비교적 긴 편이지만 모든 내용을 꼼꼼하게 읽을 필요는 없다. 모든 단어와 문장을 일일이 해석하려 하지 말고, 필요한 부분만 찾아 답을 표시하고 넘어가야 한다.

2 빈출 주제

항목마다 0.5점의 배점으로 총 10점이다. 맨 마지막의 배점 1점짜리 문제는 지시 사항의 조건을 모두 충족시키는 것(모든 항목에 oui인 것)을 쓰는 문제이다.

3 고득점 전략

① 문제 채점 방식에 주의한다.

마지막 문제는 정답을 맞혔다고 해서 10점에 추가적으로 1점을 더 주는 것이 아니라, 틀리면 1점이 감점되는 문제이다. oui, non 문제를 전부 맞혀 10점을 받았다 하더라도 이 문제를 틀리게 되면 9점이 되는 것이다.

② 지시 사항에 있는 조건을 꼼꼼히 파악한다.

응시자들을 혼동시키기 위해 조건들 중 일부는 충족하지만 나머지 부분은 충족하지 않는 내용이 자주 제시된다. 따라서 앞부분만 읽고 성급하게 답을 표시하는 것은 바람직하지 않다. 지시 사항의 조건과 문제를 면밀히 비교하여 답을 신중하게 선택해야 한다.

③ 텍스트 양에 대해 부담을 갖지 말자.

비교적 글의 양이 많기 때문에 응시자들이 부담을 느끼기 쉽다. 그러나 텍스트 전체를 이해하지 못하더라도 문제에 해당되는 부분만 알면 답을 찾을 수 있는 경우도 많다. 따라서 너무 긴장하지 말고, 차분히 문제를 풀자.

EXERCICE 1 실전 연습

Étape 1

공략에 따라 EXERCICE 1 연습 문제를 풀어 보세요.

Vous êtes en France et vous voulez apprendre le français sous les conditions suivantes :

- vous êtes débutant(e) et vous aimeriez suivre les cours du matin.
- vous souhaitez aussi suivre un cours de DELF A2 (l'heure du cours n'est pas importante).
- vous voulez un professeur qui a un diplôme.
- vous préférez un professeur qui peut parler d'autres langues.
- les tarifs des cours que vous suivez ne doivent pas dépasser 55 euros par heure.

Vous regardez les annonces suivantes :

M. Durand

Vous voulez perfectionner votre français ? M. Durand, professeur diplômé, donne des cours à domicile à des étudiants de toutes nationalités le soir du lundi au vendredi. Disponible de 18 h à 20 h les lundis et mardis (cours intensif : 3 personnes, 40 euros par heure), de 17 h à 19 h les mercredis (pour les débutants : 5 personnes, 30 euros par heure), jeudis et vendredis (préparation au DELF B1 : 4 personnes, 50 euros par heure).

Mme Sophie

Vous voulez continuer vos études en France et vous vous inquiétez de vos compétences en français ? Mme Sophie est toujours prête à vous aider. Titulaire d'un doctorat de l'université, elle a beaucoup d'expérience dans l'enseignement du français aux étudiants étrangers. D'ailleurs, elle est aussi examinatrice du DELF, donc vous pouvez préparer cet examen avec elle sans aucun souci. Ce sont des cours à domicile et elle est disponible de 9 h à 11 h les lundis et mardis (cours pour débutants : 5 personnes, 65 euros par heure), de 19 h à 21 h les mercredis (cours pour intermédiaires : 4 personnes, 50 euros par heure), jeudis et vendredis (préparation au DELF B2 : 4 personnes, 60 euros par heure).

M. Bellier

Professeur diplômé depuis des années et assurant, également depuis des années, de nombreux cours particuliers à domicile. Il propose des cours de français pour tous ceux qui ont des difficultés à communiquer en français. Que vous soyez débutants ou niveau intermédiaire, il s'adapte à votre niveau : amélioration de la communication, préparation à un examen international. Il parle plusieurs langues. Disponible de 7 h à 9 h les lundis et mardis (cours pour débutants : 5 personnes, 40 euros par heure), de 19 h à 21 h les mercredis (cours pour intermédiaires : 3 personnes, 45 euros par heure), de 9 h à 11 h les jeudis et vendredis (préparation au DELF A2 : 5 personnes, 50 euros par heure).

Mme Aurélie
Forte de plusieurs expériences dans le domaine de l'enseignement du français, elle a en effet enseigné un an en Corée dans la région de Séoul et est titulaire d'un Master de Français Langue Étrangère. Elle souhaite aujourd'hui faire profiter de ses expériences et de ses connaissances à ceux (et celles) qui souhaitent apprendre cette langue. Elle parle couramment anglais et coréen, ce qui peut faciliter l'apprentissage de ceux qui sont débutants. Disponible de 19 h à 21 h les lundis et mardis (cours pour débutants : 7 personnes, 35 euros par heure), de 19 h à 21 h les mercredis (cours pour intermédiaires : 5 personnes, 45 euros par heure), de 17 h à 19 h les jeudis et vendredis (préparation au DELF A2 ou B1 : 5 personnes, 50 euros par heure).

Dans le tableau ci-dessous, indiquez à l'aide d'une croix si le professeur correspond ou non aux critères établis par vous.

	M. Durand		Mme Sophie		M. Bellier		Mme Aurélie	
	oui	non	oui	non	oui	non	oui	non
Horaire du cours								
Cours de DELF								
Formation								
Langues étrangères								
Tarif								

Quel professeur choisissez-vous ?

Étape 2

문제 1의 필수 어휘를 익히고, 해석을 참조하세요.

필수 어휘

débutant 초보자 | cours (m) 수업 | diplôme (m) 학위 | tarif (m) 비용 | dépasser 초과하다 | annonce (f) 광고 | perfectionner 완벽하게 하다 | disponible 가능한 | intensif 집중적인 | s'inquiéter de ~을 걱정하다 | titulaire 자격을 가진 | doctorat (m) 박사, 박사 학위 | examinateur 감독관 | souci (m) 걱정 | intermédiaire 중간의 | cours particulier (m) 과외 수업 | s'adapter à ~에 적응하다 | amélioration (f) 개선 | diplôme de master (m) 석사 학위 | couramment 유창하게 | à l'aide de ~의 도움으로 | critère (m) 기준 | établir 세우다

해석

당신은 프랑스에 있고 다음의 조건하에 프랑스어 배우기를 원합니다:

- 당신은 초보자이고 아침 수업 듣기를 원합니다.
- 당신은 DELF A2 수업도 듣기를 원합니다(수업 시간은 중요하지 않습니다).
- 당신은 학위가 있는 선생님을 원합니다.
- 당신은 다른 언어들을 말할 수 있는 선생님을 선호합니다.
- 당신이 듣는 수업들의 가격은 시간당 55유로를 넘지 않아야 합니다.

당신은 다음의 광고들을 봅니다:

M. Durand

당신은 당신의 프랑스어를 완벽하게 하기를 원하시나요? 학위가 있는 선생님, Durand 씨가 월요일부터 금요일까지 매일 저녁 모든 국적의 학생들에게 방문 수업을 제공합니다. 월요일과 화요일은 18시부터 20시까지 (집중 수업: 3명, 시간당 40유로), 수요일은 17시부터 19시까지 (초보자들을 위한: 5명, 시간당 30유로), 목요일과 금요일 (델프 B1 대비: 4명, 시간당 50유로) 가능합니다.

Mme Sophie

당신은 프랑스에서 계속해서 공부하기를 원하는데 프랑스어 능력을 걱정하시나요? Sophie 씨는 항상 여러분을 도와줄 준비가 되어 있습니다. 대학교 박사 학위가 있는 그녀는 외국 학생들에게 프랑스어를 가르친 경험이 많습니다. 게다가 그녀는 또한 델프 시험 감독관이어서 당신은 아무 걱정 없이 그녀와 이 시험을 준비할 수 있습니다. 방문 수업들이며 그녀는 월요일과 화요일은 9시부터 11시까지 (초보자들을 위한 수업: 5명, 시간당 65유로), 수요일 (중급자들을 위한 수업: 4명, 시간당 50유로), 목요일과 금요일은 (델프 B2 대비: 4명, 시간당 60유로) 19시부터 21시까지 가능합니다.

M. Bellier

수년 전부터 학위가 있고 확실하며 또한 수년 전부터 많은 가정 방문 과외 경험의 선생님. 그는 프랑스어로

의사소통을 하는 데 어려움을 겪는 모든 이들을 위해 프랑스어 수업을 제안합니다. 당신이 초보자이든 중급 난이도이든 그가 당신의 수준에 맞춥니다: 의사소통의 개선, 국제 시험 대비. 그는 여러 언어를 말합니다. 월요일과 화요일은 7시부터 9시까지 (초보자들을 위한 수업: 5명, 시간당 40유로), 수요일은 19시부터 21시까지 (중급자들을 위한 수업: 3명, 시간당 45유로), 목요일과 금요일은 9시부터 11시까지 (델프 A2 대비: 5명, 시간당 50유로) 가능합니다.

Mme Aurélie

프랑스어 교육 분야에서 여러 경험의 강점이 있는 그녀는 실제로 한국의 서울 지역에서 1년간 가르쳤으며 프랑스어 교수법 석사 학위가 있습니다. 그녀는 오늘날 자신의 경험과 지식을 이 언어를 배우기 원하는 사람들에게 사용되기를 원합니다. 그녀는 영어와 한국어를 유창하게 하며 이는 초보자들인 사람들의 학습을 도울 수 있습니다. 월요일과 화요일은 19시부터 21시까지 (초보자들을 위한 수업: 7명, 시간당 35유로), 수요일은 19시부터 21시까지 (중급자들을 위한 수업: 5명, 시간당 45유로), 목요일과 금요일은 17시부터 19시까지 (델프 A2 또는 B1 대비: 5명, 시간당 50유로) 가능합니다.

Étape 3 해설에 따라 문제 분석 및 풀이 요령을 익히세요.

문제 분석

프랑스어 수업과 관련하여 제시된 조건에 해당하는 선생님을 찾는 문제이다. 이 문제를 풀기 위해서는 지시 사항에 있는 조건들을 잘 살펴야 하는데 프랑스어 수준, 수업 시간, 자격증 관련 수업 유무, 선생님의 학위 유무와 외국어 구사 능력, 수업료를 보기와 비교해야 한다.

독해 EXERCICE 1번 유형의 문제를 풀 때에는 지문을 꼼꼼하게 읽고 문장의 자세한 의미를 파악하기보다는, 제시된 조건에 대한 내용이 있는 부분만 찾아 읽는 것이 좋다.

풀이 요령

	M. Durand
수업 시간	조건에 초보자이고 아침 수업을 원한다고 되어 있는데 초보자 수업은 수요일로 17시부터 19시까지이다. 따라서 아침 수업이라는 조건에 부합하지 않으므로 X.
DELF 수업	A2 수업을 듣고 싶다는 조건이 있다. 그런데 DELF A2 수업에 대한 내용은 없으므로 X.
학위	학위가 있는 선생님을 원한다는 조건이 있고 Durand 씨는 'professeur diplômé 학위가 있는 선생님'이라고 명시되어 있기 때문에 조건에 맞는다. 따라서 O.
외국어	외국어 능력이 있는 선생님을 원한다는 조건이 있는데 외국어 능력에 대한 언급이 없다. 조건에 대한 사항이 언급되지 않은 경우 부합되지 않는다고 판단해야 한다는 점에 주의하자. 따라서 X.
가격	시간당 55유로를 넘으면 안 된다는 조건인데 초보자를 위한 수업의 경우 시간당 가격이 30유로이기 때문에 조건에 부합된다. 따라서 O.

	Mme Sophie
수업 시간	조건에 초보자이고 아침 수업을 원한다고 되어 있다. 초보자 수업은 월, 화 9시부터 11시까지라고 명시되어 있다. 따라서 조건에 부합하므로 **O**.
DELF 수업	A2 수업을 듣고 싶다는 조건이 있다. 델프 감독관이라는 부분이 나오기는 하지만 수업은 DELF B2만이 진행된다. 따라서 조건에 맞지 않기 때문에 **X**.
학위	학위가 있는 선생님을 원한다는 조건이 있고 'Titulaire d'un doctorat de l'université 대학교 박사 학위가 있는'이라고 되어 있다. 따라서 조건과 일치하기 때문에 **O**.
외국어	외국어 능력이 있는 선생님을 원한다는 조건이 있는데 외국어 능력에 대한 언급이 없다. 조건에 대한 사항이 언급되지 않은 경우 부합되지 않는다고 판단해야 한다. 따라서 **X**.
가격	시간당 55유로를 넘으면 안 된다는 조건인데 초보자를 위한 수업의 경우 시간당 가격이 65유로이기 때문에 조건에 맞지 않으므로 **X**.

	M. Bellier
수업 시간	조건에 초보자이며 아침 수업을 원한다고 되어 있는데 초보자 수업이 월, 화 아침 7시부터 9시까지 진행되기 때문에 조건과 일치한다. 따라서 **O**.
DELF 수업	A2 수업을 듣고 싶다는 조건이 있다. 델프 수업과 관련하여 A2 강의가 목, 금 9시부터 11시까지이고 시간은 중요하지 않다고 되어 있으므로 조건에 부합된다. 따라서 **O**.
학위	학위가 있는 선생님을 원한다는 조건이 있고 'Professeur diplômé 학위가 있는 선생님'이라는 내용이 있다. 따라서 조건과 일치하기 때문에 **O**.
외국어	외국어 능력이 있는 선생님을 원한다는 조건이 있는데 'Il parle plusieurs langues 그는 여러 언어를 말한다'는 내용이 있기 때문에 조건에 맞으므로 **O**.
가격	시간당 55유로를 넘으면 안 된다는 조건인데 초보자를 위한 수업이 40유로, DELF A2 수업은 50유로라고 되어 있으므로 **O**.

	Mme Aurélie
수업 시간	조건에 초보자이며 아침 수업을 원한다고 되어 있는데 초보자 수업이 월, 화 19시부터 21시에 있다고 되어 있다. 따라서 조건에 맞지 않기 때문에 **X**.
DELF 수업	A2 수업을 듣고 싶다는 조건이 있다. DELF 수업과 관련하여 A2 또는 B1 강의가 목, 금 17시부터 19시까지 있고 시간은 중요하지 않다고 하였으므로 조건에 부합된다. 따라서 **O**.
학위	학위가 있는 선생님을 원하는 조건이 있는데 'titulaire d'un Master de Français Langue Étrangère 프랑스어 교수법 석사 학위가 있는'이라는 내용이 나온다. 따라서 조건과 일치하기 때문에 **O**.
외국어	외국어 능력이 있는 선생님을 원한다는 조건이 있는데 'Elle parle couramment anglais et coréen. 그녀는 영어와 한국어를 유창하게 한다'라는 내용이 있다. 따라서 이 조건에 맞으므로 **O**.

가격	시간당 55유로를 넘으면 안 된다는 조건인데 초보자 수업이 35유로, DELF A2 또는 B1 수업이 50유로라고 하였으므로 **O**.

정답

아래 표에서 당신에 의해 정해진 기준들에 선생님이 해당하는지 아닌지를 X표로 표시하세요.

	M. Durand		Mme Sophie		M. Bellier		Mme Aurélie	
	oui	non	oui	non	oui	non	oui	non
수업 시간		X	X		X			X
DELF 수업		X		X	X		X	
학위	X		X		X		X	
외국어		X		X	X		X	
가격	X			X	X		X	

당신은 어떤 선생님을 선택하겠습니까? M. Bellier.

EXERCICE 1 실전 연습

Étape 1

공략에 따라 EXERCICE 1 연습 문제를 풀어 보세요.

Vous voulez voyager en France avec vos amis pendant les vacances. Vous consultez des informations sur Internet pour :

- utiliser les transports en commun ;
- trouver un logement pas cher (moins de 40 euros par personne) ;
- visiter des monuments historiques ou culturels ;
- faire une promenade à pied ou à bicyclette ;
- goûter des plats régionaux à un prix raisonnable (entre 8 et 20 euros) ;

Mont-Saint-Michel

Transports : par train et bus ou par voiture.
Où se loger ? : auberges de jeunesse (à partir de 25 euros).
Activités : visites à pied guidées de la baie pour les groupes et les individuels. L'abbaye offre un panorama complet de l'architecture médiévale du XIème au XVIème siècle.
Que manger ? : produits locaux, huîtres, crevettes et autres fruits de mer (formule de 15,50 à 20,50 €).

L'architecture du Mont-Saint-Michel et sa baie en font le site touristique le plus fréquenté de Normandie et l'un des dix plus fréquentés en France.

Saint-Malo

Transports : par train ou par voiture.
Où se loger ? : chambres d'hôtels (de 45 à 60 euros).
Activités : promenades de la baie à pied à marée basse, visite du château de Saint-Malo et du tombeau de Chateaubriand.
Que manger ? : cuisine traditionnelle dans des restaurants à tous les prix (repas de 21 euros à 30 euros).

Saint-Malo est une commune française située en Bretagne et le principal port de la côte nord de Bretagne. Le secteur touristique y est également très développé.

Honfleur

Transports : par train et avion ou par voiture.

Où se loger ? : campings, chambres d'hôtels, résidences de tourisme (de 10 à 80 euros).
Activités : visite en voiture pour les fans de patrimoine, culture et architecture.
Que manger ? : plats gourmands dans tous les restaurants (repas de 15 à 40 euros).

Honfleur est surtout connue pour avoir été maintes fois représentée par des artistes, dont notamment Gustave Courbet, Claude Monet et Johan Barthold Jongkind, formant l'École de Honfleur qui contribua à l'apparition du mouvement impressionniste.

Château de Chambord
Transports : par train et bus ou par voiture.
Où se loger ? : hôtels (de 60 à 150 euros).
Que faire ? : visite du château patrimoine culturel et promenade dans les jardins. Venir à Chambord, c'est aussi respirer l'air de la forêt, admirer des paysages purs et préservés, explorer des kilomètres de chemins dérobés, avoir la chance de croiser des animaux sauvages.
Que manger ? : des restaurants et commerces proposent une large variété de produits, notamment des spécialités locales (de 15 à 30 euros).

C'est l'un des plus beaux châteaux en France et il est inscrit au patrimoine mondial de l'Organisation des Nations unies pour l'éducation, la science et la culture (UNESCO) en 1981.

Dans le tableau ci-dessous, indiquez à l'aide d'une croix si l'endroit correspond ou non aux critères établis par vous et vos amis.

	Mont-Saint-Michel		Saint-Malo		Honfleur		Château de Chambord	
	oui	non	oui	non	oui	non	oui	non
Transports en commun								
Hébergement								
Visite du patrimoine culturel								
Possibilité de promenade à pied ou à vélo								
Repas								

Quel lieu préférez-vous ?

Étape 2

문제 2의 필수 어휘를 익히고, 해석을 참조하세요.

필수 어휘

consulter 문의하다, 참조하다 | transport en commun (m) 대중교통 | logement (m) 숙소 | raisonnable 합리적인 | auberge de jeunesse (f) 유스 호스텔 | baie (f) 만 | abbaye (f) 수도원 | architecture (f) 건축 | médiéval 중세의 | huître (f) 굴 | crevette (f) 새우 | formule (m) 메뉴 | fréquenté 사람이 많이 찾는 | marée (f) 조수, 간만 | tombeau (m) 묘비, 묘 | secteur (m) 분야 | fan 팬 | patrimoine (m) (문화적, 정신적) 유산 | gourmand 미식의 | maint 많은 | notamment 특히 | apparition (f) 출현 | impressionniste 인상파 | paysage (m) 풍경 | dérobé 숨겨진, 비밀의 | croiser 마주쳐 지나가다 | sauvage 야생의 | commerce (m) 가게 | hébergement (m) 숙박

해석

당신은 방학(휴가) 동안 친구들과 프랑스를 여행하기를 원합니다. 당신은 인터넷에서 정보들을 참조합니다:

- 대중교통을 이용하기;
- 비싸지 않은 숙소를 구하기 (인당 40유로 미만);
- 역사적이거나 문화적인 기념물들을 방문하기;
- 걸어서 또는 자전거로 산책하기;
- 합리적인 가격에 지역 음식 맛보기 (8에서 20유로 사이);

Mont-Saint-Michel

교통 : 기차와 버스 또는 자동차.

어디서 숙박하는가?: 유스 호스텔 (25유로부터).

활동들 : 단체와 개인들을 위해 안내자를 동반하여 걸어서 만 방문. 수도원은 11세기부터 16세기의 중세 건축물의 완벽한 파노라마를 제공한다.

무엇을 먹는가? : 지역 생산물들, 굴, 새우 그리고 다른 해산물들(15.50에서 20.50유로의 메뉴).

Mont-Saint-Michel의 건축과 그의 만은 노르망디에서 가장 많이 찾는 관광 지역이자 프랑스에서 가장 많이 찾는 10개의 관광 지역들 중 하나이다.

Saint-Malo

교통 : 기차 또는 자동차.

어디서 숙박하는가?: 호텔 방 (45에서 60유로).

활동들 : 간조 때 걸어서 만 산책하기, Saint-Malo 성과 Chateaubriand 무덤 방문.

무엇을 먹는가? : 다양한 가격대의 식당에서 전통 요리 (21에서 30유로의 식사).

Saint-Malo는 Bretagne 지방에 위치한 프랑스 도시이자 Bretagne 북부 연안의 주요 항구이다. 관광 분야 역시 이곳에서 매우 발전되어 있다.

Honfleur

교통 : 기차와 비행기 또는 자동차.

어디서 숙박하는가?: 캠핑, 호텔 방, 관광 숙소 (10에서 80유로).

활동들 : 문화재, 문화 그리고 건축물의 팬들을 위해 자동차로 방문.

무엇을 먹는가? : 모든 식당에서 맛있는 음식 (15에서 40유로의 식사).

Honfleur는 예술가들 특히 Gustave Courbet, Claude Monet와 인상파 운동의 출현에 기여한 Honfleur 학파를 양성한 Johan Barthold Jongkind에 의해 여러 번 소개되었던 것으로 알려져 있다.

Château de Chambord

교통 : 기차와 버스 또는 자동차.

어디서 숙박하는가?: 호텔 (60에서 150유로).

무엇을 하는가? : 문화유산 성 방문과 정원에서 산책. Chambord에 오는 것은 또한 숲의 공기를 마시는 것이며 순수하고 보존된 풍경을 감탄하고 몇 킬로의 숨겨진 길을 탐험하는 것이며 야생 동물을 마주칠 수 있는 기회를 갖는 것이다.

무엇을 먹는가? : 식당들과 가게들은 매우 다양한 제품들 특히 지역 특산물을 추천한다 (15부터 30유로).

이곳은 프랑스에서 가장 아름다운 성들 중에 하나이고 1981년에 유네스코의 세계 문화재에 등재되었다.

Étape 3 해설에 따라 문제 분석 및 풀이 요령을 익히세요.

문제 분석

친구들과 방학(휴가) 동안에 프랑스로 여행을 가는 것과 관련한 문제이다. 이 유형의 문제를 풀 때에는 지시 사항에 있는 조건들을 충분히 숙지하고 각 여행지들과 비교 분석하여 답을 선택해야 한다. 이 문제에서는 각 여행지별 정보가 지시 사항에서 제시한 조건들의 순서대로 제시되어 비교적 빠르게 답을 찾을 수 있다. 가격 조건이 고민될 수 있는데, 지시 사항의 가격이 여행지별 정보에서 제시한 범위 안에 속하면 일치하는 것임에 유의하자.

풀이 요령

	Mont-Saint-Michel
대중교통	대중교통을 이용해서 갈 수 있어야 한다. ‘par train et bus ou par voiture 기차와 버스 또는 자동차’로 갈 수 있다고 제시되어 있고 기차와 버스는 대중교통이므로 O.
숙소	1인당 40유로가 넘지 않아야 하는데 내용에 ‘à partir de 25 euros 25유로부터’라고 되어 있다. 40유로가 넘지 않는 금액으로 숙소를 정할 수 있으므로 O.

문화유산 방문	'visiter des monuments historiques ou culturels 역사적이거나 문화적인 기념물을 방문한다'는 조건이다. 'L'abbaye offre un panorama complet de l'architecture médiévale du XIème au XVIème siècle 수도원은 11세기부터 16세기의 중세 건축물의 완벽한 파노라마를 제공한다'라고 하였으므로 **O**.
걸어서 또는 자전거로 산책 가능	걷거나 자전거로 산책할 수 있어야 한다는 조건이 있다. 'visites à pied 걸어서 방문'이라는 내용이 있으므로 **O**.
식사	지역 음식과 가격(8에서 20유로 사이)의 두 가지 조건을 만족시켜야 한다. 지문에서 'produits locaux, formule de 15,50 à 20,50 € 지역 생산물, 가격이 15.50유로에서 20.50유로까지'라고 하였는데, 최대 20유로까지 쓸 수 있다는 조건에 해당하므로 **O**.

	Saint-Malo
대중교통	대중교통을 이용해서 갈 수 있어야 한다. 'par train ou par voiture 기차 또는 자동차로' 갈 수 있다고 하였으므로 **O**.
숙소	1인당 40유로가 넘지 않아야 하는데 지문에 'de 45 à 60 euros 45에서 60유로'라고 되어 있다. 최소 가격이 이미 이 조건의 금액을 넘고 있어 조건에 맞지 않기 때문에 **X**.
문화유산 방문	'visiter des monuments historiques ou culturels 역사적이거나 문화적인 기념물을 방문한다'는 조건인데 'visite du château de Saint-Malo et du tombeau de Chateaubriand Saint-Malo 성과 Chateaubriand 무덤 방문'이라는 내용이 있으므로 **O**.
걸어서 또는 자전거로 산책 가능	걷거나 자전거로 산책할 수 있어야 한다는 조건이 있다. 지문에 'promenades de la baie à pied 걸어서 만 산책'이라는 내용이 있으므로 **O**.
식사	지역 음식과 가격(8에서 20유로 사이)의 두 가지 조건을 만족시켜야 한다. 지문에서 가격이 'repas de 21 euros à 30 euros 21유로부터 30유로의 식사'라고 하였다. 따라서 조건을 만족시키지 못하므로 **X**.

	Honfleur
대중교통	대중교통을 이용해서 갈 수 있어야 한다. 'par train et avion ou par voiture 기차와 비행기 또는 자동차'라고 하였으므로 **O**.
숙소	1인당 40유로가 넘지 않아야 하는데 지문에 'de 10 à 80 euros 10에서 80유로'라고 되어 있다. 최대 가격이 이 조건의 금액을 넘지 않고 있다. 그러므로 **O**.
문화유산 방문	'visiter des monuments historiques ou culturels 역사적이거나 문화적인 기념물을 방문한다'는 조건이다. 'visite en voiture pour les fans de patrimoine, culture et architecture 문화재, 문화 그리고 건축물의 팬들을 위해 자동차로 방문'이라는 내용이 있으므로 **O**.
걸어서 또는 자전거로 산책 가능	걷거나 자전거로 산책할 수 있어야 한다는 조건이 있다. 지문에 자동차로 방문한다는 내용이 있기 때문에 조건에 부합되지 않으므로 **X**.

식사	지역 음식과 가격(8에서 20유로 사이)의 두 가지 조건을 만족시켜야 한다. 지문에 'plats gourmands dans tous les restaurants (repas de 15 à 40 euros) 모든 식당에서 맛있는 음식(15에서 40유로의 식사)'이라는 조건이 있다. 가격은 충족되지만 지역 음식에 대한 언급이 없다. 따라서 두 개의 조건을 동시에 충족시키지 못하기 때문에 답은 **X**.

	Château de Chambord
대중교통	대중교통을 이용해서 갈 수 있어야 한다는 것이 조건이다. 'par train et bus ou par voiture 기차와 버스 또는 자동차'라고 제시되어 있으므로 **O**.
숙소	1인당 40유로가 넘지 않아야 하는데 내용에 'de 60 à 150 euros 60에서 150유로'라고 하였다. 40유로가 넘지 않는 금액으로 숙소를 정해야 하는데 최소 가격이 이미 이 조건의 금액을 넘고 있다. 정답은 **X**.
문화유산 방문	'visiter des monuments historiques ou culturels 역사적이거나 문화적인 기념물을 방문한다'는 조건이다. 'visite du château patrimoine culturel 문화유산 성 방문'이라고 하였으므로 **O**.
걸어서 또는 자전거로 산책 가능	걷거나 자전거로 산책할 수 있어야 한다는 조건이 있다. 지문에 'promenade dans les jardins 정원에서 산책'이라는 내용이 있기 때문에 정답은 **O**.
식사	지역 음식과 가격(8에서 20유로 사이)의 두 가지 조건을 만족시켜야 한다. 지문에 식당들과 가게들은 'des spécialités locales (de 15 à 30 euros) 지역 특산물(15에서 30유로)'을 추천한다고 하였다. 따라서 두 개의 조건을 동시에 충족시키기 때문에 답은 **O**.

정답

아래 표에서 당신과 당신의 친구들에 의해 정해진 기준들에 장소가 해당하는지 아닌지를 X표로 표시하세요.

	Mont-Saint-Michel		Saint-Malo		Honfleur		Château de Chambord	
	oui	non	oui	non	oui	non	oui	non
대중교통	X		X		X		X	
숙소	X			X	X			X
문화유산 방문	X		X		X		X	
걸어서 또는 자전거로 산책하기	X		X			X	X	
식사	X			X		X	X	

당신은 어떤 장소를 선호합니까? Mont-Saint-Michel.

문제 3

EXERCICE 1 실전 연습

Étape 1

공략에 따라 EXERCICE 1 연습 문제를 풀어 보세요.

Pour fêter le 25ème anniversaire de mariage de vos parents, vous voulez inviter vos proches (15 personnes environ) au restaurant, un dimanche soir de juillet. Quel restaurant allez-vous choisir ?

- vous ne voulez pas dépenser plus de 25 euros par personne avec la boisson ;
- certains adorent manger du poisson ;
- d'autres ne prennent jamais de viande ;
- votre grand-père est handicapé et il ne peut pas se déplacer seul.

La Fourchette
En face de l'Hôtel de ville,
Service de 11 h 30 à 14 h et de 18 h à 22 h.
Fermé le dimanche midi, congés annuels au mois d'août.
Menus à 20 euros le midi, 23 euros le soir, boisson comprise.

Des produits frais venant du marché régional.
Venez goûter des plats originaux toujours délicieux.
Les salades savoureuses pour les végétariens, la soupe de légumes, le saumon grillé (le poisson est la spécialité du restaurant) ainsi que la tarte aux pommes, les glaces et les sorbets.
Un employé est toujours à votre disposition pour aider les personnes à mobilité réduite.
Réservation obligatoire à 06 22 85 79 69 : le restaurant n'a que 10 tables.

Restaurant Clémentine
Situé au 5 rue Saint-Marc, dans le 2ème arrondissement de Paris,
Menus à 20 euros le midi et 40 euros le soir, boisson non comprise.
Fermé du 24 décembre au 4 janvier et au mois de juillet.

C'est une brasserie exceptionnelle qui se trouve dans Paris et idéale pour une fête de famille ou entre amis. Ambiance agréable.
Spécialités : poulet rôti, steak frite, saumon fumé, salade fraîche pour les gens qui ne mangent pas de viande.
Desserts gourmands : glaces et tartes.
Terrasse permettant l'accès aux personnes à mobilité réduite.

Chez Tonton
45 rue Antoine, 75017 Paris,
Menus à 12 euros le midi et 22 euros le soir (avec 1/2 de vin)
Grâce à l'ambiance familiale de ce restaurant, vous pouvez passer un moment agréable avec vos proches en dégustant des plats savoureux. On vous servira des salades de légumes non traités pour les végétariens, venus de notre propre champ. L'une des nos spécialités est les fruits de mer (et les poissons) et vous pouvez aussi goûter à notre bœuf bourguignon. Et puis, n'oubliez pas les desserts composés des fruits de saison. Vous pourrez manger dehors s'il fait beau.
Fermé le dimanche midi. (Congés en juillet et du 20 décembre au 4 janvier)

Amor
26 rue de la République, Paris
Service de 11 h 30 à 14 h 30 et de 18 h à 22 h 30.
Fermé le dimanche midi.

Déjeuner à la carte à 20 euros sans boisson. Le soir, trois menus à 30 euros (1/4 de vin ou d'eau minérale offert).
Grand espace pour accueillir la famille et terrasse bien équipée. Vous pouvez goûter les pâtes uniques faites par notre chef qui a travaillé pendant 20 ans dans un restaurant en Italie. Et ce n'est pas tout ! Nous vous recommandons nos pizzas originales.
Nous avons aussi des salades fraîches pour les végétariens. N'oubliez pas les desserts que nous avons soigneusement préparés !
Aucun problème d'accès pour les personnes ayant des difficultés pour se déplacer.

Complétez le tableau par des croix selon l'offre de chaque restaurant.

	La Fourchette		Restaurant Clémentine		Chez Tonton		Amor	
	oui	non	oui	non	oui	non	oui	non
Jour et heures d'ouverture								
Budget								
Poisson								
Végétarien								
Accès en fauteuil roulant								

Quel restaurant choisissez-vous pour contenter tout le monde ?

Étape 2

문제 3의 필수 어휘를 익히고, 해석을 참조하세요.

필수 어휘

fêter 축하하다 | proche 친구, 친족 | dépenser 지출하다 | handicapé 장애인 | se déplacer 이동하다 | en face de 앞에, ~의 맞은편에 | congé annuel (m) 연중 휴가 | savoureux 맛있는 | mobilité (f) 이동성 | arrondissement (m) 구 | brasserie (f) 술집, 음식점 | ambiance (f) 분위기 | agréable 쾌적한 | déguster 맛보다 | traité 가공된 | dehors 밖에(서) | soigneusement 정성을 들여서 | contenter 만족시키다

해석

당신 부모님의 25번째 결혼 기념일을 축하하기 위해 당신은 7월 어느 일요일 저녁에 당신의 지인들을(대략 15명) 식당에 초대하기를 원합니다. 어떤 식당을 선택하겠습니까?

- 당신은 음료수를 포함하여 인당 25유로 이상 지출하는 것을 원하지 않습니다;
- 몇몇 사람들은 생선을 먹는 것을 아주 좋아합니다;
- 다른 이들은 고기를 절대 먹지 않습니다;
- 당신의 할아버지는 장애인이며 혼자 이동하지 못합니다.

La Fourchette
시청 맞은편
11시 30분에서 14시까지 그리고 18시부터 22시까지 영업.
일요일 점심에는 문을 닫고 8월 달은 연중 휴가.
점심 메뉴 20유로, 저녁 메뉴 23유로, 음료수 포함.

지역 시장에서 온 신선한 제품들.
개성 있고 언제나 맛있는 음식들을 맛보러 오세요.
채식주의자들을 위한 맛있는 샐러드, 야채 스프, 구운 연어(생선은 식당의 대표 음식)와 사과 파이, 아이스크림과 소르베.
직원이 거동이 불편한 사람들을 돕기 위해 항상 대기하고 있습니다.
06 22 85 79 69로 예약은 필수 : 식당은 오직 10개의 테이블이 있음.

Clémentine 식당
파리 2구에 Saint-Marc 거리 5번지에 위치,
점심 메뉴 20유로와 저녁 메뉴 40유로, 음료수 미포함.
12월 24일부터 1월 4일까지 그리고 7월 달에는 문을 닫음.

파리에 있는 특별한 식당으로 가족 또는 친구들 간의 파티를 위해 이상적입니다. 쾌적한 분위기.
대표 음식: 구운 닭고기, 감자 튀김을 곁들인 스테이크, 훈제 연어, 고기를 먹지 않는 사람들을 위한 신선한 샐러드.

맛있는 후식: 아이스크림과 파이.
거동이 불편한 사람들이 접근할 수 있는 테라스.

Chez Tonton
파리 75017, Antoine 거리 45번지.
점심 메뉴 12유로와 저녁 메뉴 22유로 (포도주 반 병과 함께).
이 식당의 가족적인 분위기 덕분에 당신은 맛있는 음식들을 맛보면서 지인들과 오붓한 시간을 보낼 수 있습니다. 채식주의자들을 위해 우리 밭에서 온 무공해 야채 샐러드를 제공할 것입니다.
우리 대표 음식들 중 하나는 해산물이며 (그리고 생선들) 당신은 우리의 브르기뇽 소고기도 맛볼 수 있습니다.
그리고 제철 과일로 만든 후식들도 잊지 마세요. 날씨가 좋다면 당신은 밖에서 식사할 수 있을 것입니다.
일요일 점심에 문 닫음 (7월과 12월 20일부터 1월 4일까지 휴가).

Amor
파리, République 거리 26번지
11시 30분부터 14시 30분까지 그리고 18시부터 22시 30분까지 영업.
일요일 점심에 문 닫음.

음료수 없는 20유로의 선택식 점심 식사. 저녁에 30유로의 세 가지 메뉴(포도주 4분의 1병 또는 생수 제공).
가족을 맞이하기 위한 큰 공간과 잘 갖추어진 테라스. 당신은 이탈리아의 식당에서 20년 간 일한 우리 주방장이 만든 단 하나밖에 없는 파스타를 맛볼 수 있습니다. 그리고 이것이 다가 아닙니다! 우리는 개성 있는 피자를 당신에게 추천합니다.
우리는 채식주의자들을 위한 신선한 샐러드도 있습니다. 우리가 정성스럽게 준비한 후식들을 잊지 마세요!
이동하는 데 어려움이 있는 사람들을 위해 접근에 대한 아무 문제 없음.

Étape 3 해설에 따라 문제 분석 및 풀이 요령을 익히세요.

문제 분석

가족 모임을 위한 식당을 선택하는 문제이다. 지시 사항에 있는 항목들을 주의 깊게 살펴야 하는데 식당이 문을 여는 시기, 예산, 생선 요리, 채식주의자를 위한 요리, 휠체어 접근 가능 여부를 살펴야 한다. 여기서 인원은 문제에서 요구하는 조건이 아니므로 주의를 기울이지 않아도 된다. 이 문제에서는 지시 사항의 조건과 각 식당별 조건이 제시된 순서가 일치하지 않는 경우가 있으므로 주의하자.

풀이 요령

	La Fourchette
개장 요일과 시간	조건에 식사하는 시기가 7월의 어느 일요일 저녁이라고 되어 있다. 식당은 'Service de 11 h 30 à 14 h et de 18 h à 22 h. Fermé le dimanche midi, congés annuels au mois d'août 11시 30분에서 14시까지 그리고 18시부터 22시까지 영업을 하고 일요일 점심에는 문을 닫고 8월 달은 연중 휴가'이다. 따라서 조건에 맞으므로 **O**.

예산	음료수를 포함하여 인당 25유로를 넘으면 안 된다는 조건이 있다. 'Menus à 20 euros le midi, 23 euros le soir, boisson comprise 점심 메뉴 20유로, 저녁 메뉴 23유로, 음료수 포함'이므로 정답은 **O**.
생선	'le saumon grillé (le poisson est la spécialité du restaurant 구운 연어 (생선은 식당의 대표 음식)'이라고 하였다. 따라서 생선을 아주 좋아하는 사람들도 식사를 할 수 있기 때문에 정답은 **O**.
채식주의자	'Les salades savoureuses pour les végétariens 채식주의자들을 위한 맛있는 샐러드'를 제공하므로 채식주의자들도 식사를 할 수 있어 정답은 **O**.
휠체어 접근	'Un employé est toujours à votre disposition pour aider les personnes à mobilité réduite 직원이 거동이 불편한 사람들을 돕기 위해 항상 대기하고 있다'라는 내용이 있다. 따라서 장애인인 할아버지와 함께 식사를 할 수 있으므로 정답은 **O**.

	Clémentine
개장 요일과 시간	조건에 식사하는 시기가 7월의 어느 일요일 저녁이라고 제시되어 있다. 이곳에서는 점심과 저녁에 식사를 할 수 있기 때문에 일단 저녁 식사라는 조건을 만족시킨다. 문을 닫는 시기를 보면 12월 24일에서 1월 4일, 7월에 식당 문을 열지 않는다고 했는데, 식사하는 달이 7월이기 때문에 조건에 맞지 않는다. 따라서 **X**.
예산	음료수를 포함하여 인당 25유로를 넘으면 안 된다는 조건이 있다. 'Menus à 20 euros le midi et 40 euros le soir, boisson non comprise 점심 메뉴 20유로와 저녁 메뉴 40유로, 음료수 미포함'이라는 내용에 따라서 저녁 식사에 음료수가 포함되어 40유로이기 때문에 조건에 부합하지 않으므로 **X**.
생선	음식에 'saumon fumé 훈제 연어'라고 되어 있다. 따라서 생선을 아주 좋아하는 사람들도 식사를 할 수 있기 때문에 **O**.
채식주의자	내용에 'salade fraîche pour les gens qui ne mangent pas de viande 고기를 먹지 않는 사람들을 위한 신선한 샐러드'가 있어 채식주의자들도 식사를 할 수 있으므로 **O**.
휠체어 접근	'Terrasse permettant l'accès aux personnes à mobilité réduite 거동이 불편한 사람들이 접근할 수 있는 테라스'가 있다는 내용이 있다. 따라서 장애인인 할아버지와 함께 식사를 할 수 있으므로 **O**.

	Chez Tonton
개장 요일과 시간	조건에 식사하는 시기가 7월의 어느 일요일 저녁이라고 제시되어 있다. 'Fermé le dimanche midi. (Congés en juillet et du 20 décembre au 4 janvier) 일요일 점심에 문 닫음 (7월과 12월 20일부터 1월 4일까지 휴가)'라는 조건이 있다. 7월에 식당 문을 열지 않기 때문에 식사를 할 수 없다. 따라서 **X**.
예산	음료수를 포함하여 인당 25유로를 넘으면 안 된다는 조건이 있다. 'Menus à 12 euros le midi et 22 euros le soir (avec 1/2 de vin) 점심 메뉴 12유로와 저녁 메뉴 22유로 (포도주 반 병과 함께)'라는 내용에 따라서 저녁 식사에 음료수를 포함하여 25유로를 넘으면 안 된다는 조건에 부합된다. 따라서 **O**.

생선	'L'une des nos spécialités est les fruits de mer (et les poisons) 우리 대표 음식들 중 하나는 해산물(그리고 생선들)이다'라는 내용이 있다. 따라서 생선을 아주 좋아하는 사람들도 식사를 할 수 있기 때문에 **O**.
채식주의자	내용에 'des salades de légumes non traités pour les végétariens 채식주의자들을 위한 무공해 야채 샐러드'가 있기 때문에 채식주의자들도 식사를 할 수 있으므로 정답은 **O**.
휠체어 접근	장애인에 대한 언급이 없다. 따라서 장애인인 할아버지와 함께 식사를 할 수 있는 식당으로 적합하다고 볼 수 없기 때문에 **X**.

	Amor
개장 요일과 시간	조건에 식사하는 시기가 7월의 어느 일요일 저녁이라고 제시되어 있다. 'service de 11 h 30 à 14 h 30 et de 18 h à 22 h 30. Fermé le dimanche midi 11시 30분부터 14시 30분까지 그리고 18시부터 22시 30분까지 영업. 일요일 점심에 문 닫음'이 있다. 7월에 문을 닫는다는 말이 없고 저녁 시간에 식사를 할 수 있기 때문에 **O**.
예산	음료수를 포함하여 인당 25유로를 넘으면 안 된다는 조건이 있다. 'Le soir, trois menus à 30 euros (1/4 de vin ou d'eau minérale offert) 저녁에 30유로의 세 가지 메뉴 (포도주 4분의 1병 또는 생수 제공)'이라는 내용에 따라서 조건에 부합하지 않으므로 **X**.
생선	음식에 파스타와 피자, 채식주의자들을 위한 신선한 샐러드가 있으며 생선 요리에 관한 언급이 없다. 따라서 생선을 아주 좋아하는 사람들은 충족시킬 수 없기 때문에 **X**.
채식주의자	내용에 'des salades fraîches pour les végétariens 채식주의자들을 위한 신선한 샐러드'가 있기 때문에 채식주의자들도 식사를 할 수 있으므로 **O**.
휠체어 접근	'Aucun problème d'accès pour les personnes ayant des difficultés pour se déplacer 이동하는 데 어려움이 있는 사람들을 위해 접근에 대한 아무 문제 없음'이라는 내용이 있다. 따라서 장애인인 할아버지와 함께 식사를 할 수 있으므로 **O**.

정답

각 식당의 제공에 따라 X표로 표를 완성하세요.

	La Fourchette		Restaurant Clémentine		Chez Tonton		Amor	
	oui	non	oui	non	oui	non	oui	non
개장 요일과 시간	X			X		X	X	
예산	X			X	X			X
생선	X		X		X			X
채식주의자	X		X		X		X	
휠체어 접근	X		X			X	X	

당신은 모두를 만족시키기 위해 어떤 식당을 선택하겠습니까? La Fourchette.

EXERCICE 1 실전 연습

Étape 1

공략에 따라 EXERCICE 1 연습 문제를 풀어 보세요.

Vous et vos amis voulez vous inscrire dans une école de langue en France pendant six mois pour vous préparer à l'examen du DELF A2. Vous voulez un cours pour les débutants ainsi qu'un cours de DELF. Vous préférez qu'il y ait moins de quinze étudiants par classe et que les frais d'inscription ne dépassent pas 300 euros par mois. Par ailleurs, vous désirez loger en famille, faire des excursions dans des lieux connus et goûter des plats gastronomiques locaux, rencontrer des jeunes Français et avoir plus d'occasions de parler français.
Vous hésitez entre les quatre écoles suivantes :

Institut Catholique

Programme des cours

Français général (20 heures par semaine de janvier à juin)
10 niveaux au minimum, garantis toute l'année.
Nombre moyen d'étudiants par classe : 5 à 10.
Préparation au DELF A1, A2, B1.

Frais d'inscription

Au total 1.000 euros (pour six mois).

Hébergement

En internat sur le campus (demi-pension ou pension complète) ou en externat (studio meublé).

Activités culturelles

Goûter des plats locaux dans les restaurants et les fermes régionales.
Visite de villages provençaux connus.
Sur le campus : bibliothèque, gymnase, terrains de sport, cantine.

Rencontres

Soirée internationale (possibilité de parler avec des jeunes Français)
Club de sports (football, tennis).

Centre de langue de Nantes

Programme des cours

Pratique de la langue (cours intensifs mensuels : un mois)

Cours collectifs sur mesure (24 heures par semaine de février à juillet)

Préparation au DELF A1, A2, B1.

Effectifs par classe inférieurs à 10.

Frais d'inscription

200 euros par mois (1.200 euros pour six mois).

Hébergement

Formules : dans une famille française, en résidence universitaire, en studio indépendant

Activités culturelles

Rencontres et sorties sportives : excursions dans les châteaux de la Loire,

Spectacles : théâtre, concert, etc.

Fête des étudiants : danse folklorique, découverte des cuisines exotiques.

Rencontres

Des activités spécifiques et très variées permettant de rencontrer des habitants de la ville et d'autres jeunes étudiants français.

Institut de langues Nice

Programme des cours

Français pour les étudiants étrangers (25 heures par semaine d'avril à septembre)

Tous les niveaux (conversation, grammaire, culture française)

Nombre moyen d'étudiants par classe : 10 à 13.

Cours spéciaux pour la préparation au DELF A1, A2.

Frais d'inscription

50 euros par semaine (200 euros par mois).

Hébergement

Plusieurs formules : dans une famille française, en internat sur le campus, en studio indépendant

Activités culturelles

Visite des monuments historiques de la région, des fermes provençales.

Dégustation de vins de châteaux, de plats traditionnels de la région.

Rencontres

Soirée dansante (possibilité de rencontrer des habitants)

Club de sports (match avec une équipe de jeunes Français et dîner avec eux)

Centre de langue de Besançon

Programme des cours

Pratique de la langue (cours intensifs mensuels : deux mois)

Cours collectifs sur mesure (30 heures par semaine de juin à novembre)

Préparation au DALF C1, C2.

Effectifs par classe inférieurs à 10.

Frais d'inscription

1.400 euros pour six mois.

Hébergement

Au choix, en internat sur le campus (demi-pension ou pension complète) ou en externat (studio meublé).

Activités culturelles

Rencontres et sorties : excursions dans les châteaux de la région,

Spectacles : concerts, expositions, etc.

Fête des étudiants : soirées internationales, découverte des cuisines du monde.

Rencontres

Week-ends au village, possibilité de rejoindre des clubs sportifs.

Pour chacun des centres de langue, et pour chacun des critères proposés, mettez une croix (X) dans la case «oui» ou «non».

	Institut Catholique		Centre de langue de Nantes		Institut de langues Nice		Centre de langue de Besançon	
	oui	non	oui	non	oui	non	oui	non
Programme des cours								
Frais d'inscription								
Hébergement								
Activités culturelles								
Rencontres								

Quelle est l'école que vous choisissez ?

Étape 2

문제 4의 필수 어휘를 익히고, 해석을 참조하세요.

필수 어휘

s'inscrire à/dans ~에 등록하다 | ainsi que ~와 더불어 | frais d'inscription (m) 등록비 | dépasser 초과하다 | loger 묵다 | excursion (f) 소풍, 견학 | gastronomique 식도락의, 맛있는 | garanti 보증된 | hébergement (m) 숙박, 숙소 | internat (m) 기숙 학교 | pension (f) 기숙 | externat (m) 기숙사가 없는 통학 학교 | meuble (m) 가구 | provençal 프로방스의 | gymnase (m) (실내) 체육관 | terrain de sport (m) 경기장 | cantine (f) 구내식당 | intensif 집중적인 | mensuel 월 1회의 | effectif (m) 정원 | inférieur 아래의 | indépendant 독립적인 | spectacle (m) 공연 | folklorique 민속적인 | exotique 이국적인 | dégustation (f) 맛보기, 시식 | dansant 춤추는 | rejoindre 합류하다

해석

당신과 당신의 친구들은 DELF A2 시험을 준비하기 위해 6개월 동안 프랑스 어학원에 등록하기를 원합니다. 당신들은 DELF 수업과 더불어 초보자들을 위한 수업을 원합니다. 당신들은 학급당 15명 미만의 학생들이 있고 등록비는 한 달에 300유로를 넘지 않는 것을 선호합니다. 게다가, 당신들은 홈스테이를 원하며 유명한 장소들을 구경하고 지역의 맛있는 음식들을 맛보고 젊은 프랑스인들을 만나며 프랑스어를 말하는 더 많은 기회를 갖기를 원합니다.
당신들은 다음 4개의 학교들 사이에서 망설입니다:

Institut Catholique

수업 프로그램

일반 프랑스어 (1월부터 6월까지 주당 20시간).
최소 10단계로 일 년 내내 보장.
학급당 평균 학생 수: 5에서 10명.
DELF A1, A2, B1 대비.

등록비

총 1,000유로 (6개월에).

숙소

캠퍼스 내 기숙사 (반기숙 또는 전기숙) 또는 외부 숙소 (가구가 있는 원룸).

문화적 활동들

식당과 지역 농장에서 지역 음식 맛보기.
유명한 프로방스 마을 방문.
캠퍼스에: 도서관, 체육관, 경기장, 구내식당.

만남들

국제의 밤 (젊은 프랑스인들과 말할 수 있는 기회).
운동 동아리 (축구, 테니스).

Centre de langue de Nantes

수업 프로그램

어학 실습 (월 집중 강좌: 1달).
맞춤형 단체 수업 (2월부터 7월까지 주당 24시간).
DELF A1, A2, B1 대비.
학급당 10명 이하의 정원.

등록비

한 달에 200유로 (6개월에 1,200유로).

숙소

형태: 프랑스 가정, 대학 기숙사, 독립적인 원룸.

문화적 활동들

스포츠 애호가의 만남과 외출: Loire의 성들 견학,
공연: 연극, 콘서트 등.
학생 축제: 민속춤, 이국적인 음식들의 발견.

만남들

마을 주민들과 다른 젊은 프랑스 대학생들을 만나게 해 주는 특별하고 매우 다양한 활동들.

Institut de langues Nice

수업 프로그램

외국 학생들을 위한 프랑스어 (4월부터 9월까지 주당 25시간).

모든 단계(회화, 문법, 프랑스 문화).

학급당 평균 학생 수: 10에서 13명.

DELF A1, A2 대비를 위한 특별 수업.

등록비

주당 50유로 (한 달에 200유로).

숙소

여러 형태들: 프랑스 가정, 캠퍼스 내 기숙사, 독립적인 원룸.

문화적 활동들

지역의 역사적인 기념물들, 프로방스 농장들 방문.

성들의 포도주와 지역 전통 음식 맛보기.

만남들

댄스 파티 (주민들을 만날 수 있는 기회), 스포츠 동아리 (젊은 프랑스인 팀과의 시합과 그들과의 저녁 식사).

Centre de langue de Besançon

수업 프로그램

어학 실습 (월 집중 수업: 두 달).

맞춤형 단체 수업 (6월부터 11월까지 주당 30시간).

DALF C1, C2 대비.

10명 이하의 학급 정원.

등록비

6개월에 1,400유로.

숙소

선택에 따라서 캠퍼스 내 기숙사 (반기숙 또는 전기숙) 또는 외부 숙소 (가구가 있는 원룸).

문화적 활동들

만남과 외출: 지역의 성들 견학,

공연: 콘서트, 전시회 등.

학생 축제: 국제의 밤, 세계 음식의 발견.

만남들

마을에서의 주말, 스포츠 동아리에 합류할 수 있는 기회.

Étape 3 해설에 따라 문제 분석 및 풀이 요령을 익히세요.

문제 분석

어학 연수와 관련한 문제이다. 지시 사항의 수업 프로그램, 등록비, 숙소, 문화적 활동들, 만남에 대한 정보를 파악해야 한다. 이 문제에서는 특히 등록비에 주의해야 한다. 어학원마다 등록비가 제시된 기준이 다르기 때문이다. 즉, 한 주를 기준으로, 한 달을 기준으로, 여러 달을 기준으로 등록비가 제시되어 있으므로 이를 각각 계산해 지시 사항과 일치하는지 여부를 살펴야 한다. 또한 문화적 활동들 항목에 주의해야 하는데, 견학과 지역 음식 맛보기 두 가지가 모두 포함되어야 정답이 되기 때문이다. 이 중 하나만 충족시키는 경우 정답이 될 수 없다.

풀이 요령

	Institut Catholique
수업 프로그램	조건은 델프 A2 시험을 준비하기 위해 6개월 동안 프랑스 어학원에 등록하기를 원한다는 것이다. 수업 프로그램에 DELF A1, A2, B1이 있고 1월부터 6월까지 수업을 하기 때문에 6개월이라는 조건을 충족시켜 정답은 **O**.
등록비	한 달에 300유로를 넘지 않아야 한다. 6개월에 1,000유로이므로 한 달에 약 166유로가 되어 조건을 충족시키므로 정답은 **O**.
숙소	홈스테이를 원한다는 내용이 언급되어 있다. 숙소와 관련하여 캠퍼스 내 기숙사나 외부 숙소에서 거주할 수 있다고 되어 있는데 '프랑스 가정'이라는 구체적인 단서가 없어 홈스테이를 하는 것인지 정확하지 않다 (혼자 원룸에 살 수도 있기 때문에). 따라서 조건을 충족시키지 못하여 **X**.
문화적 활동들	유명한 장소들을 구경하고 지역의 맛있는 음식들을 맛보고 싶다는 조건이 있다. 식당과 지역 농장에서 지역 음식 맛보기와 유명한 프로방스 마을 방문이라는 내용이 있으므로 **O**.
만남들	조건에 젊은 프랑스인들을 만나기를 원한다고 되어 있다. 젊은 프랑스인들과 말할 수 있는 국제의 밤이 있다고 하였으므로 **O**.

	Centre de langue de Nantes
수업 프로그램	조건은 델프 A2 시험을 준비하기 위해 6개월 동안 프랑스 어학원에 등록하기를 원한다는 것이다. 이 어학원은 2월부터 7월까지 DELF A1, A2, B1을 준비하는 학생들을 위한 강의가 개설되기 때문에 과목과 기간 모두를 충족시키므로 정답은 **O**.
등록비	한 달에 300유로를 넘지 않아야 한다. 한 달 가격은 200유로이므로 조건을 충족시켜 **O**.
숙소	홈스테이를 원한다는 내용이 언급되어 있다. 숙소와 관련하여 프랑스 가정도 가능하다는 설명이 있기 때문에 조건을 충족시켜 **O**.
문화적 활동들	유명한 장소들을 구경하고 지역의 맛있는 음식들을 맛보고 싶다는 조건이 있다. Loires의 성들을 방문한다는 점에서 장소 조건을 충족시키지만 지역 음식이 아닌 'découverte des cuisines exotiques 이국적인 음식들의 발견'이라고 되어 있기 때문에 **X**.
만남들	조건에 젊은 프랑스인들을 만나기를 원한다고 되어 있다. 마을 주민들과 'rencontrer des habitants de la ville et d'autres jeunnes étudiants français 마을 주민들과 다른 젊은 프랑스 대학생들을 만나게' 해 주는 특별하고 매우 다양한 활동들이 준비되어 있다고 했으므로 정답은 **O**.

	Institut de langues Nice
수업 프로그램	조건은 델프 A2 시험을 준비하기 위해 6개월 동안 프랑스 어학원에 등록하기를 원한다는 것이다. 이 어학원은 4월부터 9월까지 DELF A1, A2 준비를 위한 특별 수업 강의가 개설되기 때문에 정답은 **O**.
등록비	한 달에 300유로를 넘지 않아야 한다. 한 달에 200유로라는 내용이 있기 때문에 조건을 충족시키므로 **O**.
숙소	홈스테이를 원한다는 내용이 언급되어 있다. 숙소와 관련하여 프랑스 가정도 가능하다는 설명이 있기 때문에 정답은 **O**.
문화적 활동들	조건에 유명한 장소들을 구경하고 지역의 맛있는 음식들을 맛보고 싶다는 조건이 있다. 지역의 역사적인 기념물들을 방문하고 지역 전통 음식 맛볼 수 있는 기회를 제공하기 때문에 조건을 충족시키므로 **O**.
만남들	젊은 프랑스인들을 만나고 싶다고 했다. 젊은 프랑스인 팀과의 시합과 그들과의 저녁 식사가 있다는 내용이 있기 때문에 조건을 충족시키므로 정답은 **O**.

	Centre de langue de Besançon
수업 프로그램	조건은 델프 A2 시험을 준비하기 위해 6개월 동안 프랑스 어학원에 등록하기를 원한다는 것이다. 이 어학원은 DALF C1, C2 준비를 위한 강의들이 개설되기 때문에 조건에 부합하지 않으므로 **X**.
등록비	한 달에 300유로를 넘지 않아야 한다. 6개월에 1,400유로라고 하였고, 이는 한 달에 300유로가 넘지 않는 금액이다. 따라서 조건을 충족시키므로 **O**.

숙소	홈스테이를 원한다는 내용이 언급되어 있다. 숙소와 관련하여 홈스테이에 대한 언급이 없기 때문에 조건을 충족시키지 못하므로 **X**.
문화적 활동들	유명한 장소들을 구경하고 지역의 맛있는 음식들을 맛보고 싶다는 조건이 있다. 지역의 성들은 방문할 수 있지만 지역 전통 음식이 아닌 세계 음식을 발견할 수 있는 기회를 제공하므로 조건을 충족시키지 못하여 **X**.
만남들	젊은 프랑스인들을 만나기를 원한다고 되어 있다. 마을에서의 주말, 스포츠 동아리에 합류할 수 있는 기회가 있다고 했지 젊은 프랑스인들을 만난다는 구체적인 언급이 없기 때문에 조건을 만족시킨다고 보기 어려우므로 **X**.

정답

각각의 어학원과 제시된 각각의 기준들에 oui 또는 non이라는 칸에 X표 하세요.

	Institut Catholique		Centre de langue de Nantes		Institut de langues Nice		Centre de langue de Besançon	
	oui	non	oui	non	oui	non	oui	non
수업 프로그램	X		X		X			X
등록비	X		X		X		X	
숙소		X	X		X			X
문화적 활동들	X			X	X			X
만남들	X		X		X			X

당신들이 선택하는 학원은 무엇인가요? L'Institut de langues Nice

EXERCICE 1 실전 연습

Étape 1

공략에 따라 EXERCICE 1 연습 문제를 풀어 보세요.

Vous cherchez un travail à temps partiel pendant les vacances d'été.

- Vous pouvez travailler dans tous les domaines.
- Vous êtes diplômé(e) de l'université Paris VIII et parlez bien l'anglais, le japonais et le chinois.
- Vous vous déplacez en transports en commun.
- Vous voulez avoir plus de trois heures de pause par jour.
- Vous souhaitez être payé au moins 9 euros de l'heure.

Travail proposé :
Animateur(trice) d'événements.
Conditions de travail :
Pause de 2 heures par jour. Déplacements en transports en commun.
Description du travail :
S'occuper d'enfants dans une ambiance familiale, organiser les fêtes d'anniversaire des enfants ou des programmes de vacances pour les adolescents.
Période :
Pendant les vacances d'été ou le week-end.
Formation :
Diplôme universitaire. La compétence en langues n'est pas très importante.
Rémunération :
Entre 6 et 8 euros de l'heure.

Travail proposé :
Assistant(e) maternel(le)
Conditions de travail :
Une heure de repos avant midi et une heure avant la fin de journée. Déplacements en métro.
Description du travail :
Surveiller des élèves à la récréation et garder des enfants pendant la sieste dans une ambiance familiale.
Période :
En fin de journée ou le week-end.

Formation :

Un diplôme universitaire est obligatoire et l'anglais est nécessaire.

Rémunération :

8 euros de l'heure.

Travail proposé :

Réceptionniste d'hôtel.

Conditions de travail :

Bonne expérience dans le domaine des relations publiques. Déplacements en bus. Quatre heures de pause par jour.

Description du travail :

Accueillir le public dans une ambiance agréable. Réaliser des actions de communication.

Période :

Pendant les vacances d'été ou le week-end.

Formation :

Parler couramment les langues étrangères.

Rémunération :

9 euros de l'heure.

Travail proposé :

Guide touristique

Conditions de travail :

Un jour de repos tous les 3 jours de travail (pas de pause pendant la journée de travail). Déplacements à pied.

Description du travail :

Guider des touristes dans une ambiance agréable, visiter des monuments célèbres.

Période :

Pendant les vacances d'été ou le week-end.

Formation :

Parler bien l'anglais et le chinois.

Rémunération :

Plus de 7 euros de l'heure.

Complétez le tableau concernant chacun de ces emplois.

	Animateur(trice)		Assistant(e) maternel(le)		Réceptionniste d'hôtel		Guide touristique	
	oui	non	oui	non	oui	non	oui	non
Conditions de travail								
Description du travail								
Période								
Formation et langues								
Rémunération								

Quel emploi choisissez-vous ?

Étape 2

문제 5의 필수 어휘를 익히고, 해석을 참조하세요.

필수 어휘

à temps partiel 파트타임의, 파트타임으로 | se déplacer 이동하다 | transport en commun (m) 대중교통 | animateur 진행자 | déplacement (m) 이동 | description (f) 묘사, 설명 | ambiance (f) 분위기 | familial 가족적인 | adolescent 청소년 | période (f) 기간 | formation (f) 교육 | diplôme (m) 학위 | rémunération (f) 보수, 수당 | maternel (f) 유치원 | surveiller 돌보다 | récréation (f) 휴식 | sieste (f) 낮잠 | obligatoire 의무적인 | communication (f) 의사소통 | couramment 유창하게 | à pied 걸어서

해석

당신은 여름 방학 동안 파트 타임 일을 찾고 있습니다.

- 당신은 모든 분야에서 일할 수 있습니다.
- 당신은 파리 8대학 학위가 있고 영어, 일본어 그리고 중국어를 잘합니다.
- 당신은 대중교통으로 이동합니다.
- 당신은 하루에 3시간 이상의 휴식을 갖기를 원합니다.
- 당신은 시간당 적어도 9유로를 받기를 원합니다.

제안 받은 일 : 행사 진행자.
근무 조건 : 하루에 2시간 휴식. 대중교통으로 이동.

업무 설명	: 가족적인 분위기 속에서 아이들을 돌보기, 아이들 생일 파티 또는 청소년들을 위한 방학 프로그램을 주관하기.
기간	: 여름 방학 또는 주말 동안.
교육 과정과 언어	: 대학 학위. 언어 능력은 그다지 중요하지 않음.
급여	: 시간당 6에서 8유로 사이.

제안 받은 일	: 유치원 보조.
근무 조건	: 정오 이전에 한 시간과 저녁 시간 전에 한 시간, 지하철로 이동.
업무 설명	: 휴식 시간에 학생들을 감독하기와 가족적인 분위기에서 낮잠 시간 동안 아이들을 돌보기.
기간	: 저녁 시간 또는 주말.
교육 과정과 언어	: 대학 학위는 필수이며 영어가 필요함.
급여	: 시간당 8유로.

제안 받은 일	: 호텔 프런트 담당.
근무 조건	: 공공 교류 분야에서 좋은 경험. 버스로 이동. 하루에 4시간 휴식.
업무 설명	: 즐거운 분위기 속에서 사람들을 맞이하기. 커뮤니케이션 활동을 하기.
기간	: 여름 방학 또는 주말 동안.
교육 과정과 언어	: 외국어를 유창하게 말할 것.
급여	: 시간당 9유로.

제안 받은 일	: 관광 가이드.
근무 조건	: 3일 근무하고 하루 휴식 (근무일에는 휴식 없음), 도보로 이동.
업무 설명	: 즐거운 분위기 속에서 관광객들 안내하기, 유명한 기념물 방문하기.
기간	: 여름 방학 또는 주말 동안.
교육 과정과 언어	: 영어와 중국어를 잘할 것.
급여	: 시간당 7유로 이상.

Étape 3 해설에 따라 문제 분석 및 풀이 요령을 익히세요.

문제 분석

여름 방학 동안 하려고 하는 아르바이트와 관련된 문제이다. 이 문제에서는 근무 조건, 업무 설명, 기간, 교육 과정과 언어, 급여 조건을 파악해야 한다. 조건에서 모든 분야에서 일할 수 있다고 하였으므로, '업무 설명' 항목의 경우 정답은 모두 oui이다. 따라서 이 항목에 해당하는 내용은 읽지 않아도 무방하므로, 모든 정보를 파악해야 한다는 부담을 버리고 필요한 정보에만 집중하는 것이 좋다.

풀이 요령

	Animateur(trice)
근무 조건	하루에 3시간 이상의 휴식을 갖기를 원하고 대중교통으로 이동이 가능해야 한다는 조건이 있다. 이 직업과 관련하여 하루에 2시간 휴식을 취한다고 하였으므로 조건을 충족시키지 못한다. 정답은 X.
업무 설명	조건에서 모든 분야에서 일을 할 수 있다고 하였다. 아이들을 돌보거나 아이들 생일 파티 또는 청소년들을 위한 방학 프로그램을 주관하는 업무라고 하였으므로 정답은 O.
기간	여름 방학 동안 파트타임 일이라고 하였으므로 일하는 기간은 방학 동안이 되어야 한다. 근무 기간이 여름 방학 또는 주말 동안이므로 조건을 충족시켜 정답은 O.
교육 과정과 언어	파리 8대학 학위가 있고 영어, 일본어 그리고 중국어를 잘한다고 되어 있다. 대학 학위와 언어 능력은 그다지 중요하지 않다고 하였으므로 정답은 O.
급여	시간당 적어도 9유로를 받기를 원한다고 하였다. 이 일은 급여가 시간당 6에서 8유로 사이라고 되어 있기 때문에 정답은 X.

	Assistant(e) maternel(le)
근무 조건	하루에 3시간 이상의 휴식을 갖기를 원하고 대중교통으로 이동이 가능해야 한다는 조건이 있다. 이 직업과 관련하여 하루에 2시간 휴식을 한다는 내용이 나오기 때문에 정답은 X.
업무 설명	조건에서 모든 분야에서 일을 할 수 있다고 하였다. 휴식 시간에 학생들을 감독하기와 가족적인 분위기에서 낮잠 시간 동안 아이들을 돌보기라고 하였으므로 지시 사항을 충족시킨다. 정답은 O.
기간	여름 방학 동안 파트타임 일이라고 하였으므로 일하는 기간은 방학 동안이 되어야 한다. 근무 기간이 저녁 시간 또는 주말이라고 하였으므로 정답은 X.
교육 과정과 언어	파리 8대학 학위가 있고 영어, 일본어 그리고 중국어를 잘한다고 되어 있다. 대학 학위는 필수이며 영어가 필요하다고 하였으므로 조건을 충족시켜 O.
급여	시간당 적어도 9유로를 받기를 원한다는 조건이 있다. 이 일은 급여가 시간당 8유로라고 하였으므로 정답은 X.

	Réceptionniste d'hôtel
근무 조건	지시 사항에 하루에 3시간 이상의 휴식을 갖기를 원하고 대중교통으로 이동이 가능해야 한다는 조건이 있다. 이 직업과 관련하여 휴식 시간은 하루에 4시간이며 이동 수단은 버스이므로 정답은 O.
업무 설명	조건에서 모든 분야의 일을 할 수 있다고 하였다. 즐거운 분위기 속에서 사람들을 맞이하기, 커뮤니케이션 활동을 하는 업무이기 때문에 정답은 O.
기간	여름 방학 동안 파트타임 일이라고 하였으므로 일하는 기간은 방학 동안이 되어야 한다. 근무 기간이 여름 방학 또는 주말 동안이라고 하였으므로 조건을 충족시켜 정답은 O.

교육 과정과 언어	파리 8대학 학위가 있고 영어, 일본어 그리고 중국어를 잘한다고 되어 있다. 대학 학위에 대한 조건은 없으며 외국어를 유창하게 말해야 한다는 조건이 있기 때문에 정답은 **O**.
급여	시간당 적어도 9유로를 받기를 원한다고 하였다. 이 일의 급여는 시간당 9유로이므로 정답은 **O**.

	Guide touristique
근무 조건	하루에 3시간 이상의 휴식을 갖기를 원하고 대중교통으로 이동이 가능해야 한다는 조건이 있다. 이 직업과 관련하여 근무일에는 휴식이 없다고 하였으므로 정답은 **X**.
업무 설명	조건에서 모든 분야에서 일을 할 수 있다고 하였다. 관광객들 안내하기, 유명한 기념물 방문하기가 업무이기 때문에 정답은 **O**.
기간	여름 방학 동안 파트타임 일이라고 하였으므로 일하는 기간은 방학 동안이 되어야 한다. 근무 기간이 여름 방학 또는 주말 동안이라고 하였으므로 정답은 **O**.
교육 과정과 언어	파리 8대학 학위가 있고 영어, 일본어 그리고 중국어를 잘한다고 되어 있다. 대학 학위에 대한 조건은 없으며 영어와 중국어를 잘해야 한다는 조건이 있으므로 정답은 **O**.
급여	시간당 적어도 9유로를 받기를 원한다는 조건이 있다. 이 일의 급여는 시간당 7유로 이상이기 때문에 정답은 **X**.

정답

이 각각의 일들에 관한 표를 완성하세요.

	Animateur(trice)		Assistant(e) maternel(le)		Réceptionniste d'hôtel		Guide touristique	
	oui	non	oui	non	oui	non	oui	non
근무 조건		X		X	X			X
업무 설명	X		X		X		X	
기간	X			X	X		X	
교육 과정과 언어	X		X		X		X	
급여		X		X	X			X

당신은 어떤 직업을 선택하겠습니까? Réceptionniste d'hôtel.

문제 6

EXERCICE 1 실전 연습

Étape 1

공략에 따라 EXERCICE 1 연습 문제를 풀어 보세요.

Vous cherchez un travail.

- Vous voulez travailler dans une ambiance conviviale.
- Vous avez fait vos études à l'université.
- Vous parlez couramment l'anglais et l'espagnol.
- Vous vous déplacez en transports en commun.
- Vous aimez communiquer avec les gens.
- Vous savez vous servir d'un ordinateur.
- Vous souhaitez toucher un salaire de 2.500 euros ou plus par mois.

Secrétaire
Entreprise dans laquelle les collègues s'entendent bien. Un diplôme universitaire est exigé. Compétence en langues indispensable. Un bus direct s'arrête devant l'entreprise ou vous pouvez venir en métro.
Capacité informatique nécessaire.
La rémunération est de 2.400 euros par mois pendant les six premiers mois.

Hôtelier(ère)
Travail dans une ambiance familiale. Diplôme obligatoire. Parler des langues étrangères est très important. Les transports en commun ne sont pas disponibles à proximité. Être capable de rédiger des documents sur ordinateur. 2.800 euros dès le début du travail.

Vendeur(euse) en grand magasin
Travail dans une ambiance familiale. La formation n'est pas importante. Parler plusieurs langues est un avantage. Accès en bus ou en métro. Compétent(e) en informatique. 2.500 euros par mois pendant la période d'essai.

Instituteur(trice) à l'école maternelle
Aimer s'occuper d'enfants dans une ambiance familiale. Diplôme universitaire ou formation qualifiante obligatoire. La compétence en langues est nécessaire. Vous pouvez venir en transports en commun. Savoir se servir d'un ordinateur est demandé. Au moins 2.300 euros par mois.

Complétez le tableau concernant les emplois proposés.

	Secrétaire		Hôtelier(ère)		Vendeur(euse) en grand magasin		Instituteur(trice) à l'école maternelle	
	oui	non	oui	non	oui	non	oui	non
Ambiance au travail								
Compétence informatique								
Langues étrangères								
Transports en commun								
Salaire								

Quel emploi choisissez-vous ?

Étape 2

문제 6의 필수 어휘를 익히고, 해석을 참조하세요.

필수 어휘

convivial 다정한, 친숙한 | couramment 유창하게 | se déplacer 이동하다 | communiquer 의사소통하다 | se servir de 사용하다 | ordinateur (m) 컴퓨터 | toucher (돈을) 받다, 벌다 | salaire (m) 월급 | secrétaire 비서 | s'entendre 어울리다 | diplôme (m) 학위 | exiger 요구하다 | compétence (f) 능력 | indispensable 필수 불가결한 | rémunération (f) 보수, 급여 | hôtelier 호텔리어 | obligatoire 의무적인, 필수적인 | disponible 사용할 수 있는 | à proximité 근처에 | rédiger 작성하다 | période d'essai (f) 연수 기간 | instituteur 교사 | qualifiant 자격을 부여하는

해석

당신은 일을 찾고 있습니다.

- 당신은 친숙한 분위기 속에서 일하기를 원합니다.
- 당신은 대학에서 공부를 했습니다.
- 당신은 영어와 스페인어를 유창하게 말합니다.
- 당신은 대중교통으로 이동합니다.
- 당신은 사람들과 의사소통 하는 것을 좋아합니다.
- 당신은 컴퓨터를 사용할 줄 압니다.
- 당신은 한 달에 2,500 유로 또는 그 이상의 월급을 받기를 원합니다.

비서

동료들이 사이가 좋은 회사. 대학 학위가 요구됨. 언어 능력은 필수적임. 직행 버스가 회사 앞에 서거나 당신은 지하철로 올 수 있음. 컴퓨터 능력 필요. 급여는 처음 6개월 동안 한 달에 2,400 유로.

호텔리어

가족적인 분위기 속에서 근무. 학위는 필수. 외국어들을 말하는 것이 매우 중요함. 대중교통은 인근에서 이용할 수 없음. 컴퓨터로 문서를 작성할 수 있어야 함. 근무 시작부터 2,800 유로.

백화점 판매원

가족적인 분위기 속에서의 근무. 교육 과정은 중요하지 않음. 여러 언어들을 말하는 것이 유리. 버스 또는 지하철로 접근. 컴퓨터 능숙자. 연수 기간 동안 한 달에 2,500 유로.

유치원 교사

가족적인 분위기 속에서 아이들을 돌보는 것을 좋아할 것. 대학 학위 또는 인증된 필수 교육 과정. 언어 능력이 필요함. 당신은 대중교통으로 올 수 있음. 컴퓨터를 사용할 줄 아는 것이 요구됨. 한 달에 적어도 2,300 유로.

Étape 3 해설에 따라 문제 분석 및 풀이 요령을 익히세요.

문제 분석

구직과 관련한 문제이다. 이 문제에서는 근무 분위기, 컴퓨터 능력, 외국어, 대중교통, 월급 조건을 꼼꼼히 따져야 한다. 조건에서는 대학 학위에 대해 언급하고 있으나, 문제에서 요구하는 조건은 아니다. 그러므로 문제를 풀 때에는 대학 학위 관련 내용을 스킵하면 시간을 절약할 수 있다.

	Secrétaire
근무 분위기	친숙한 분위기 속에서 일하기를 원한다는 조건이 있다. 이 직업과 관련하여 동료들이 사이가 좋은 회사라는 내용이 언급되어 있으므로 정답은 **O**.
컴퓨터 능력	조건에 컴퓨터를 사용할 줄 안다고 언급하였다. 이 직업에서 컴퓨터 능력이 필요하다고 했기 때문에 정답은 **O**.
외국어	영어와 스페인어를 잘한다는 언어 능력이 제시되어 있다. 이 직업에서 언어 능력은 필수적이라고 하였으므로 정답은 **O**.
대중교통	대중교통으로 이동한다는 조건이 있다. 회사에 오는 직행 버스가 있으며 그렇지 않으면 지하철로 올 수 있다고 하였으므로 정답은 **O**.
월급	한 달에 2,500 유로 또는 그 이상의 월급을 받기를 원한다는 조건이 있는데 이 직업에서 급여는 처음 6개월 동안 한 달에 2,400 유로라고 하였기에 조건을 충족시키지 못하므로 **X**.

	Hôtelier(ère)
근무 분위기	친숙한 분위기 속에서 일하기를 원한다는 조건이 있다. 이 직업과 관련하여 가족적 분위기 속에서 근무라는 내용이 있으므로 정답은 **O**.
컴퓨터 능력	조건에 컴퓨터를 사용할 줄 안다고 하였다. 이 직업에서 컴퓨터로 문서를 작성할 수 있어야 한다고 하였으므로 정답은 **O**.
외국어	영어와 스페인어를 잘한다는 언어 능력이 제시되어 있다. 이 직업에서 외국어들을 말하는 것이 매우 중요하다는 내용에 따라서 조건을 충족시키므로 정답은 **O**.
대중교통	대중교통으로 이동한다는 조건이 있다. 이 직업과 관련해서 대중교통은 인근에서 이용할 수 없다고 했기 때문에 정답은 **X**.
월급	한 달에 2,500 유로 또는 그 이상의 월급을 받기를 원한다는 조건이 있는데 이 직업에서는 근무 시작부터 2,800 유로라고 나와 있기 때문에 정답은 **O**.

	Vendeur(euse) en grand magasin
근무 분위기	친숙한 분위기 속에서 일하기를 원한다는 조건이 있다. 이 직업과 관련하여 가족적인 분위기 근무라는 내용이 있으므로 **O**.
컴퓨터 능력	조건에 컴퓨터를 사용할 줄 안다고 하였다. 이 직업에서 컴퓨터 능숙자여야 한다고 하였으므로 **O**.
외국어	영어와 스페인어를 잘한다는 언어 능력이 제시되어 있다. 이 직업에서 여러 언어들을 말하는 것이 유리하다는 내용에 따라서 정답은 **O**.
대중교통	대중교통으로 이동한다는 조건이 있다. 이 직업과 관련해서 버스 또는 지하철로 접근한다고 했기 때문에 정답은 **O**.
월급	한 달에 2,500 유로 또는 그 이상의 월급을 받기를 원한다는 조건이 있는데 이 직업에서는 연수 기간 동안 한 달에 2,500 유로라고 나와 있기 때문에 조건에 부합하므로 정답은 **O**.

	Instituteur(trice) à l'école maternelle
근무 분위기	친숙한 분위기 속에서 일하기를 원한다는 조건이 있다. 이 직업과 관련하여 가족적인 분위기 속에서 아이들을 돌보는 것을 좋아할 것이 요구되므로 조건을 충족시켜 정답은 **O**.
컴퓨터 능력	조건에 컴퓨터를 사용할 줄 안다고 하였다. 이 직업에서는 컴퓨터를 사용할 줄 아는 것이 요구된다고 하였으므로 정답은 **O**.
외국어	영어와 스페인어를 잘한다는 언어적 능력이 제시되어 있다. 이 직업에서 언어 능력이 필요하다고 하였으므로 정답은 **O**.
대중교통	대중교통으로 이동한다는 조건이 있다. 이 직업과 관련해서 대중교통으로 올 수 있다고 했기 때문에 정답은 **O**.
월급	한 달에 2,500 유로 또는 그 이상의 월급을 받기를 원한다는 조건이 있는데 이 직업에서는 한 달에 적어도 2,300 유로라고 나와 있기 때문에 정답은 **X**.

정답

제안된 일들에 관한 표를 완성하세요.

	Secrétaire		Hôtelier(ère)		Vendeur(euse) en grand magasin		Instituteur(trice) à l'école maternelle	
	oui	non	oui	non	oui	non	oui	non
근무 분위기	X		X		X		X	
컴퓨터 능력	X		X		X		X	
외국어	X		X		X		X	
대중교통	X			X	X		X	
월급		X	X		X			X

당신은 어떤 직업을 선택하겠습니까? Vendeur(euse) en grand magasin.

EXERCICE 1 실전 연습

Étape 1

공략에 따라 EXERCICE 1 연습 문제를 풀어 보세요.

Vous et votre femme (ou votre mari) aimeriez partir en vacances pour une semaine, du 12 au 19 août, à Nice, avec vos parents et vous recherchez un hôtel :

- qui se trouve près des plages à pied ;
- qui est capable d'accueillir des familles ;
- qui prépare une cuisine savoureuse et originale avec des plats réginaux ;
- qui propose une connexion à Internet ;
- à un prix raisonnable (maximum 150 euros pour l'hébergement de toute la famille).

Hôtel Plein Air

Situé au centre-ville d'Annecy, bus pour aller à la plage.
30 chambres avec salle de bains, TV, sèche-cheveux. 2 restaurants, 1 bar.
Cuisine exotique et internationale.
Salons équipés où l'on peut organiser plusieurs types d'événements (conférences, séminaires, etc.).

	Chambre simple	Lits jumeaux	Suite familiale
Basse saison	50 à 65 euros	60 à 75 euros	130 euros
Moyenne saison	55 à 80 euros	70 à 90 euros	150 euros
Haute saison	60 à 90 euros	80 à 100 euros	160 euros

Basse saison : du 01/01 au 30/03 et du 01/10 au 29/12
Moyenne saison : du 01/04 au 15/06 et du 01/09 au 30/09
Haute saison : du 16/06 au 31/08

- Petit-déjeuner : compris
- Parking : gratuit

Hôtel du Rêve

À 200 mètres de la gare et des bus pour aller sur les plages.
40 chambres avec vue magnifique.
Connexion Internet dans toutes les chambres et Wi-Fi gratuit.

Télévision par satellite (chaînes internationales et sportives).
2 restaurants (spécialités italiennes et plats régionaux), 1 bar.
Possibilité de se promener dans le petit jardin du restaurant.
Accueil de groupes touristiques ou de conférences académiques.

Chambre simple : 60 euros
Chambre double : 77 euros
Chambre triple : 90 euros

Petit-déjeuner : 6 euros
Parking privé

Hôtel de la Plage
Accès direct à la plage, à 5 kilomètres du centre-ville.
60 chambres, dont 30 avec vue sur la mer, équipées de télévision (grand écran).
Chambres accessibles aux personnes handicapées.
Chambres agréables pour les familles.
Salle de bain avec douche.
Accès Internet payant, petit-déjeuner avec vue sur la mer.
Restaurants recommandés (plats typiques de la région).

Chambre simple : de 50 à 60 euros
Chambre double : de 77 à 80 euros
Suite familiale : de 170 à 190 euros
Chambre triple : de 80 à 95 euros
Suite familiale : de 200 à 220 euros

Petit-déjeuner : 6 euros
Parking : gratuit

Hôtel du Paradis
Au cœur de la ville, vous serez les bienvenus à Nice.
À quelques pas de la plage, vous y passerez le meilleur moment de votre vie.
Nos chambres sont équipées de grands lits très luxueux.
Salles de bain avec douche ou bain, toilettes.
Télé avec grand écran, Wi-Fi gratuit.
Chambres pour accueillir des familles.
Cuisine régionale délicieuse, préparée avec des produits de qualité.

Vous allez goûter des plats extraordinaires.
Les petits-déjeuners sont servis sur la terrasse.

Chambre simple
Basse saison : 45 euros, Haute saison : 50 euros.
Suite familiale : de 100 à 120 euros
Chambre double
Basse saison : 50 euros, Haute saison : 55 euros.
Suite familiale : de 130 à 150 euros
Chambre triple
Basse saison : 70 euros, Haute saison : 75 euros.
Suite familiale : de 140 à 190 euros

Basse saison : du 01/10 au 15/04
Haute saison : du 16/04 au 30/09

Dans le tableau ci-dessous, indiquez à l'aide d'une croix si l'endroit correspond ou non aux critères établis par votre famille.

	Hôtel Plein Air		Hôtel du Rêve		Hôtel de la Plage		Hôtel du Paradis	
	oui	non	oui	non	oui	non	oui	non
Distance des plages								
Accueil des familles								
Cuisine locale								
Accès à Internet								
Tarifs								

Quel hôtel allez-vous réserver ?

Étape 2

문제 7의 필수 어휘를 익히고, 해석을 참조하세요.

필수 어휘

partir en vacances 바캉스(휴가)를 떠나다 | plage (f) 해변 | capable de ~할 수 있는 | savoureux 맛있는 | connexion (f) 결합 | raisonnable 합리적인 | sèche-cheveux (m) 헤어 드라이기 | exotique 이국적인 | conférence (f) 회의 | lits jumeaux (m) 트윈 베드 | basse saison (f) 비수기 | haute saison (f) 성수기 | vue (f) 조망, 전경 | écran (m) 스크린 | douche (f) 샤워(실) | au cœur de 한복판에 | luxueux 호화로운

해석

당신과 당신의 아내(또는 당신의 남편)는 8월 12일부터 19일까지 일주일간 부모님들과 함께 니스로 휴가를 떠나기를 원하고 당신은 호텔을 찾고 있습니다:

- 걸어서 갈 수 있는 해변 근처에 있을 것;
- 가족을 수용할 수 있을 것;
- 지역 음식들과 함께 맛있고 독창적인 요리를 조리할 것;
- 인터넷 접속을 제공할 것;
- 합리적인 가격 (전 가족의 숙박에 최대 150유로)

Hôtel Plein Air
Nice 시내에 위치하고 해변에 가기 위해서는 버스.
욕실, 텔레비전, 헤어 드라이기를 갖춘 30개의 객실, 2개의 식당, 1개의 바.
이국적이고 국제적인 요리.
여러 유형의 행사들을 주최할 수 있는 시설을 갖춘 특별실들 (강연회, 세미나 등)

	싱글룸	트윈룸	(가족) 스위트룸
비수기	50에서 65유로	60에서 75유로	130유로
평수기	55에서 80유로	70에서 90유로	150유로
성수기	60에서 90유로	80에서 100유로	160유로

비수기: 1월 1일부터 3월 30일까지와 10월 1일부터 12월 29일까지.
평수기: 4월 1일부터 6월 15일까지와 9월 1일부터 9월 30일까지.
성수기: 6월 16일부터 8월 31일까지.

- 아침 식사: 포함.
- 주차: 무료.

Hôtel du Rêve

기차역에서 200미터, 해변에 가기 위해서는 버스.
아름다운 전경을 가진 40개의 객실.
모든 방에 인터넷 접속과 무료 와이파이.
위성 텔레비전 (해외 채널과 스포츠 채널들).
2개의 식당 (이탈리아 전문 음식과 지역 음식들), 1개의 바.
식당의 작은 정원을 산책 가능.
관광 단체 또는 학술 강연 단체 환영.

싱글룸: 60유로.
더블룸: 77유로.
트리플룸: 90유로.

아침 식사: 6유로.
개인 주차장.

Hôtel de la Plage

해변에 바로 접근, 시내에서 5킬로.
60개의 객실, 이 중 바다 전망과 (커다란 화면의) 텔레비전을 갖춘 30개의 객실.
장애인에게 개방된 객실.
가족을 위한 쾌적한 객실.
샤워실이 있는 욕실.
유료 인터넷 접속, 바다 전망과 함께 아침 식사.
추천 식당들 (지역의 대표 음식들).

싱글룸: 50부터 60유로까지.
더블룸: 77부터 80유로까지.
가족 스위트룸: 170부터 190유로까지.
트리플룸: 80부터 95유로까지.
가족 스위트룸: 200부터 220유로까지.

아침 식사: 6유로.
주차: 무료.

Hôtel du Paradis

시내 중심에 위치, 니스에 오신 것을 환영합니다.
해변에서 몇 발자국, 당신은 이곳에서 인생의 가장 좋은 순간을 보낼 것입니다.
우리의 객실들은 매우 고급스러운 큰 침대들이 갖추어져 있습니다.
샤워실 혹은 욕조를 갖춘 욕실, 화장실.
커다란 화면의 텔레비전, 무료 와이파이.
가족을 맞이하기 위한 객실들.

좋은 품질의 생산품들로 준비된 맛있는 지역 음식.
당신은 훌륭한 요리들을 맛보게 될 것입니다.
아침 식사는 테라스에 차려집니다.

싱글룸:
비수기: 45유로, 성수기: 50유로.
가족 스위트룸: 100유로부터 120유로까지.
더블룸:
비수기: 50유로, 성수기: 55유로.
가족 스위트룸: 130유로부터 150유로까지.
트리플룸:
비수기: 70유로, 성수기: 75유로.
가족 스위트룸: 140유로부터 190유로까지.

비수기: 10월 1일부터 4월 15일까지.
성수기: 4월 16일부터 9월 30일까지.

Étape 3

해설에 따라 문제 분석 및 풀이 요령을 익히세요.

문제 분석

휴가 기간 동안 가족과 함께 묵을 숙소에 관한 문제로, 이 문제에서는 해변까지의 거리, 가족 수용 가능 여부, 지역 음식, 인터넷 접속, 비용 조건을 확인해야 한다. 비용을 확인할 때에는 조건에서 휴가 기간이 여름이므로 성수기 비용을 살펴봐야 한다. 또 한 가지 주의할 점은 호텔에서 인터넷을 사용할 수 있는지 여부인데, 조건에서는 유료 혹은 무료에 대한 언급이 없기 때문에 유료 역시 조건을 충족시킨다고 봐야 한다는 것이다.

풀이 요령

	Hôtel Plein Air
해변으로부터의 거리	조건에 걸어서 갈 수 있는 해변 근처에 있을 것을 요구하고 있는데 Hôtel Plein Air는 해변에 가기 위해서는 버스를 타야 한다는 내용이 있다. 따라서 **X**.
가족 수용	가족을 수용할 수 있는 곳이어야 한다는 조건이 있다. 성수기, 비수기 등의 조건을 보면 (가족)스위트룸이 있으므로 정답은 **O**.
지역 음식	지역 음식들과 함께 맛있고 독창적인 요리를 조리하는 곳이어야 한다는 조건이 있다. 이 호텔의 경우 이국적이고 국제적인 요리를 제공한다는 설명이 있다. 따라서 조건과 일치하지 않으므로 **X**.

인터넷 접속	인터넷을 사용할 수 있어야 한다는 조건이 있다. 그러나 이 호텔의 경우 인터넷에 관한 언급이 전혀 없다. 따라서 정답은 **X**.
비용	전 가족 숙박에 최대 150유로여야 한다는 조건이 있다. 여기서 유의할 사항은 시기에 따른 가격을 살펴봐야 한다는 것인데 8월 12일부터 19일은 성수기에 해당한다. 이 기간에 160유로라고 되어 있기 때문에 정답은 **X**.

	Hôtel du Rêve
해변으로부터의 거리	조건에 걸어서 갈 수 있는 해변 근처에 있을 것을 요구하고 있는데 해변에 가기 위해서는 버스라는 설명이 있다. 따라서 조건을 충족시키지 못하므로 정답은 **X**.
가족 수용	가족을 수용할 수 있는 곳이어야 한다는 조건이 있다. 이 호텔의 경우 투숙객과 관련하여 관광 단체 또는 학술 강연 단체를 환영한다는 내용만 있지 가족에 관한 언급은 없다. 따라서 정답은 **X**.
지역 음식	지역 음식들과 함께 맛있고 독창적인 요리를 조리하는 곳이어야 한다는 조건이 있다. 이 호텔의 경우 이탈리아 전문 음식과 지역 음식들을 먹을 수 있다고 했으므로 정답은 **O**.
인터넷 접속	인터넷을 사용할 수 있어야 한다는 조건이 있다. 모든 방에 인터넷 접속과 무료 와이파이라는 설명이 있기 때문에 정답은 **O**.
비용	전 가족 숙박에 최대 150유로여야 한다는 조건이 있다. 이 호텔의 경우 가족 투숙에 대한 내용이 없기 때문에 정답은 **X**.

	Hôtel de la Plage
해변으로부터의 거리	조건에 걸어서 갈 수 있는 해변 근처에 있을 것을 요구하고 있는데 해변에 바로 접근이라는 내용이 있다. 따라서 정답은 **O**.
가족 수용	가족을 수용할 수 있는 곳이어야 한다는 조건이 있다. 이 호텔의 경우 가족을 위한 쾌적한 객실이 준비되어 있다고 했으므로 정답은 **O**.
지역 음식	지역 음식들과 함께 맛있고 독창적인 요리를 먹을 수 있는 곳이어야 한다는 조건이 있다. 이 호텔의 경우 지역의 대표 음식들을 먹을 수 있다는 내용이 있으므로 정답은 **O**.
인터넷 접속	인터넷을 사용할 수 있어야 한다는 조건이 있다. 이 호텔의 경우 유료이지만 인터넷을 사용할 수 있다고 하였다. 따라서 조건을 충족시키므로 정답은 **O**.
비용	전 가족 숙박에 최대 150유로여야 한다는 조건이 있다. 이 호텔의 가족 숙박비는 더블이든 트리플이든 최하 170유로라고 되어 있기 때문에 정답은 **X**.

	Hôtel du Paradis
해변으로부터의 거리	조건에 걸어서 갈 수 있는 해변 근처에 있을 것을 요구하고 있는데 해변에서 몇 발자국 떨어져 있다는 내용이 언급되어 있다. 따라서 정답은 **O**.
가족 수용	가족을 수용할 수 있는 곳이어야 한다는 조건이 있다. 이 호텔의 경우 가족을 맞이하기 위한 객실들이 있다는 내용이 있기 때문에 정답은 **O**.

지역 음식	지역 음식들과 함께 맛있고 독창적인 요리를 먹을 수 있는 곳이어야 한다는 조건이 있다. 이 호텔의 경우 좋은 품질의 생산품들로 준비된 맛있는 지역 음식이 준비되어 있다는 내용이 있다. 따라서 정답은 **O**.
인터넷 접속	인터넷을 사용할 수 있어야 한다는 조건이 있다. 무료 와이파이가 제공된다고 하였으므로 정답은 **O**.
비용	전 가족 숙박에 최대 150유로여야 한다는 조건이 있다. 이 호텔의 가족 스위트룸 가격은 100유로부터 시작하고 가장 비싼 트리플의 경우 140유로부터이다. 따라서 조건을 충족시키므로 정답은 **O**.

아래 표에서 당신 가족에 의해 정해진 기준들에 장소가 해당하는지 아닌지를 X표로 표시하세요.

	Hôtel Plein Air		Hôtel du Rêve		Hôtel de la Plage		Hôtel du Paradis	
	oui	non	oui	non	oui	non	oui	non
해변으로부터의 거리		X		X	X		X	
가족 수용	X			X	X		X	
지역 음식		X	X		X		X	
인터넷 접속		X	X		X		X	
비용		X		X		X	X	

당신은 어떤 호텔에 예약을 할 것입니까? Hôtel du Paradis.

EXERCICE 1 실전 연습

Étape 1

공략에 따라 EXERCICE 1 연습 문제를 풀어 보세요.

Vous et vos amis devez visiter des expositions ce dimanche pour vos devoirs de l'université.

Voici quelques critères établis par vos professeurs :
- Tableaux ou œuvres sélectionnés dans le domaine de la peinture.
- Initiation simple à l'histoire de l'art.
- Pouvoir y aller en transports en commun (métro ou bus).
- Tarif d'entrée ne dépassant pas 11 euros.

Chefs-d'œuvre des collections du Château-Musée (1850-1914)

L'exposition présente une sélection de 120 œuvres (peintures, sculptures, dessins et photographies), issues des collections du Château-Musée entre 1850 et 1914.
Divers thèmes sont ainsi évoqués : la figure historique, biblique et mythologique, mais aussi le portrait (qu'il soit officiel ou privé), la représentation de l'écrivain, du comédien, du militaire, du musicien ou de l'artiste. Des incontournables de l'histoire de l'art sont également abordés, comme le modèle, et notamment le nu masculin, ainsi que des sujets sociaux, comme le paysan.

Lieu : Château-Musée de Nemours, accès en train, en bus ou en voiture.
Sous-rubrique : Beaux-Arts
Date de début : 11 mars 2017
Date de fin : 26 novembre 2017
Tarifs : 12 euros pour les adultes, 10 euros pour les étudiants, 6 euros pour les moins de 8 ans.
Fermé le lundi.

Moyen Âge et publicité

L'exposition *Moyen Âge et publicité* pose plusieurs questions : comment diffuser la publicité commerciale, proclamer des festivités ou informer des condamnations en justice dans un monde où la majorité des gens ne sait pas lire et où les journaux n'existent pas ? La période médiévale est également au cœur du parcours d'exposition. C'est une bonne occasion de connaître l'histoire de l'art publicitaire.

Lieu : Tour Jean sans Peur, venir en train ou en voiture.
Sous-rubrique : Histoire / Civilisations

Date de début : 29 mars 2017
Date de fin : 31 décembre 2017
Tarifs : 20 euros pour les adultes, 15 euros pour les étudiants, 10 euros pour les moins de 8 ans.
Fermé le lundi.

Christian Dior, couturier du rêve

L'exposition Christian Dior, couturier du rêve est une plongée dans l'univers du fondateur de la maison Christian Dior, ainsi que des couturiers de renom qui lui ont succédé. Plus de 300 robes de haute couture, de 1947 à nos jours, ainsi que des toiles d'atelier et des photographies de mode sont à découvrir. Plusieurs centaines de documents (illustrations, croquis, photographies de reportage...) et d'objets de mode (chapeaux, bijoux, sacs...) sont également au cœur du parcours.
Un parcours chronologique et thématique, présenté au musée des Arts Décoratifs : au sein des espaces dédiés à la mode, ainsi que dans la nef du musée.

Lieu : Les Arts Décoratifs, accessible en métro ou bus.
Sous-rubrique : Architecture / Design
Date de début : 5 juillet 2017
Date de fin : 7 janvier 2018
Tarifs : 25 euros pour les adultes, 18 euros pour les étudiants, 10 euros pour les moins de 8 ans.
Fermé le dimanche.

Game

L'exposition Game soulève plusieurs interrogations autour du jeu vidéo: comment est-il entré dans notre quotidien et comment en est-il arrivé à être consommé de cette manière ? Le parcours, qui présente une soixantaine de jeux, propose un dialogue entre générations : les plus jeunes expliquent «leur» jeu vidéo aux parents qui, de leur côté, jouent avec eux.
Le jeu vidéo fait partie de nos jours de l'art moderne, tout comme le cinéma ou encore la télévision. Il se décline sous plusieurs formes et peut tout faire : du cinéma, de la télé, du sport. L'Espace Fondation EDF propose de découvrir l'histoire du jeu vidéo à travers le temps, ainsi que son rôle dans notre société actuelle.

Lieu : Espace Fondation EDF, transports en commun proches (métro, bus).
Sous-rubrique : Histoire / Civilisations
Date de début : 1er mars 2017
Date de fin : 27 août 2017
Tarifs : 10 euros pour les adultes, 8 euros pour les étudiants, 4 euros pour les moins de 8 ans.
Fermé le samedi.

Dans le tableau ci-dessous, indiquez à l'aide d'une croix si l'endroit correspond ou non aux critères établis par vos professeurs.

	Chefs-d'œuvre des collections du Château-Musée		Moyen Âge et publicité		Christian Dior, couturier du rêve		Game	
	oui	non	oui	non	oui	non	oui	non
Type d'œuvres								
Apprentissage de l'art et son histoire								
Accès en transports en commun								
Tarif								
Jour d'ouverture								

Quel lieu choisissez-vous ?

Étape 2

문제 8의 필수 어휘를 익히고, 해석을 참조하세요.

필수 어휘

exposition (f) 전시회 | critère (m) 기준, 표준 | œuvre (f) 작품 | initiation (f) 입문 | tarif (m) 가격 | dépasser 초과하다 | chef-d'œuvre (m) 걸작품 | collection (f) 수집품 | sculpture (f) 조각 | thème (m) 주제 | évoquer 회상하다, 환기하다 | figure (f) 모습 | biblique 성서의 | mythologique 신화의, 신화적인 | portrait (m) 초상화 | représentation (f) 작품, 표현 | incontournable 고려하지 않을 수 없는 | aborder 도달하다 | paysan 농부 | rubrique (f) 항목 | Moyen Âge (m) 중세시대 | publicité (f) 광고 | diffuser 확산시키다 | proclamer 선언하다 | festivité (f) 축하 행사 | condamnation (f) 판결 | justice (f) 재판, 법원 | médiéval 중세의 | couturier (m) 디자이너 | fondateur 창시자 | renom (m) 명성, 호평 | succéder ~의 뒤를 잇다 | toile (f) 직물, 천 | chronologique 연대순의 | thématique 주제의 | au sein de ~의 한가운데 | dédié 전용의 | nef (f) 중앙 홀 | interrogation (f) 질문 | génération (f) 세대 | se décliner 변화하다

해석

당신과 당신의 친구들은 대학교 과제를 위해 이번 일요일에 전시회를 방문해야 합니다.

여기에 당신의 교수님들에 의해 정해진 몇 가지 기준들이 있습니다:
- 회화 분야에서 선별된 그림들 또는 작품들.
- 예술사에 대한 초보적인 입문.
- 대중교통으로 그곳에 갈 수 있기 (지하철 또는 버스).
- 11유로를 넘지 않는 입장료.

Château-Musée 컬렉션의 걸작품들 (1850-1914)
전시회는 1850년과 1914년 사이에 Château-Musée의 컬렉션들에서 비롯된 120개의 선별된 작품들(회화, 조각, 데생 그리고 사진들)을 전시합니다.
또한 다양한 주제들이 언급되어 있습니다: 역사적, 성서적 그리고 신화적 형상뿐 아니라 초상화 (공적 또는 사적), 작가, 배우, 군인, 음악가 또는 예술가의 작품도 있습니다. 농부와 같은 사회적 주제와 더불어 특히 남성 나체 같은 미술사의 한 획을 그을 만한 것들도 있습니다.

장소: Nemours의 Château-Musée, 기차, 버스나 자동차로 접근.
하부 항목: 순수미술.
시작일: 2017년 3월 11일.
종료일: 2017년 11월 26일.
요금: 성인 12유로, 학생 10유로, 8세 미만 6유로.
월요일에 휴관.

중세시대와 광고

중세시대와 광고 전시회는 여러 의문을 제기합니다: 대부분의 사람들이 읽지 못하고 신문이 존재하지 않는 세상에서 어떻게 상업 광고를 확산시키고 축제를 선포하거나 법정에서의 판결을 알릴까요? 중세 시기는 또한 전시회 볼거리에서 핵심입니다. 이것은 광고 예술의 역사를 알 수 있는 좋은 기회입니다.

장소: Tour Jean sans Peur, 기차 또는 자동차로 오기.
하부 항목: 역사 / 문명.
시작일: 2017년 3월 29일.
종료일: 2017년 12월 31일.
요금: 성인 20유로, 학생 15유로, 8세 미만 10유로.
월요일 휴관.

Christian Dior, 꿈의 디자이너

꿈의 디자이너인 Christian Dior 전시회는 Christian Dior 회사 창립자와 그를 잇는 명망 높은 디자이너들의 세계 속에 빠지게 합니다. 1947년부터 오늘날까지 300벌 이상의 고급 의상, 아틀리에의 옷감들과 패션 사진들을 발견할 수 있습니다. 수백 개의 자료들(삽화, 크로키, 르포 사진들...)과 패션 용품들(모자, 보석, 가방...)도 전시회의 볼거리입니다.
장식 예술 미술관에서 전시되는 연대기적, 주제별 볼거리: 패션을 위한 공간 내부에서, 그리고 미술관의 중앙 홀에서.

장소: 장식 예술 미술관, 지하철 또는 버스로 접근 가능.
하부 항목: 건축 / 디자인.
시작일: 2017년 7월 5일.
종료일: 2018년 1월 7일.
요금: 성인 25유로, 학생 18유로, 8세 미만 10유로.
일요일 휴관.

게임

게임 전시회는 비디오 게임에 관한 여러 의문을 제기합니다: 어떻게 그것이 우리 일상생활에 들어왔으며 어떻게 이런 방식으로 소비되어질 수 있었을까? 60여 개의 게임을 전시하는 볼거리는 세대 간의 대화를 제공합니다: 가장 어린아이들이 부모님에게 게임을 설명하고 함께 게임을 합니다.
비디오 게임은 오늘날 영화나 텔레비전처럼 현대 예술의 일부입니다. 이것은 여러 형태로 변화하고 모든 것을 할 수 있습니다: 영화, 텔레비전, 스포츠로부터. Espace Fondation EDF는 시간에 따른 비디오 게임의 역사와 현재 우리 사회에서 그의 역할을 발견할 것을 제안합니다.

장소: Espace Fondation EDF, 근처에 대중교통 (지하철, 버스)
하부 항목: 역사 / 문명.
시작일: 2017년 3월 1일.
종료일: 2017년 8월 27일.
요금: 성인 10유로, 학생 8유로, 8세 미만 4유로.
토요일 휴관.

Étape 3

해설에 따라 문제 분석 및 풀이 요령을 익히세요.

문제 분석

과제와 관련하여 방문해야 할 전시회에 관한 문제이다. 여기에서는 작품 유형, 예술과 예술사 학습, 대중교통으로의 접근, 가격, 개장일에 대한 정보를 파악해야 한다. 가격과 관련하여 대상이 대학생이기 때문에, 성인 가격이 아닌 학생 가격을 확인해야 함에 주의하자.

풀이 요령

	Chefs-d'œuvre des collections du Château-Musée
작품 유형	조건에 회화 분야에서 선별된 그림들 또는 작품들이라는 전제가 주어져 있다. 120개의 선별된 작품들(회화, 조각, 데생 그리고 사진들)을 전시한다는 내용이 언급되고 있으므로 정답은 O.
예술과 예술사 학습	예술사에 대한 초보적인 입문이라는 조건이 있다. 미술사의 한 획을 그을 만한 것들과 사회적 주제를 다루고 있다는 내용이 있기 때문에 정답은 O.
대중교통으로의 접근	대중교통(지하철 또는 버스)으로 전시회에 갈 수 있어야 한다는 조건이 있다. 이 전시회 장소는 기차, 버스나 자동차로 접근이 가능하다고 되어 있기 때문에 정답은 O.
가격	입장료가 11유로를 넘지 않아야 한다는 조건이 있는데 대학교 과제라는 점을 미루어 볼 때 학생임을 알 수 있다. 이 전시회는 학생들의 입장료가 10유로이므로 정답을 충족시켜 O.
개장일	이번 주 일요일에 방문해야 한다는 조건이 있다. 이 전시회는 월요일에 휴관이므로 정답은 O.

	Moyen Âge et publicité
작품 유형	조건에 회화 분야에서 선별된 그림들 또는 작품들이라는 전제가 주어져 있다. 여기에서는 그림이 아니라 광고에 관련한 전시회라는 설명이 있기 때문에 정답은 X.
예술과 예술사 학습	예술사에 대한 초보적인 입문이라는 조건이 있다. 광고 예술의 역사를 알 수 있는 좋은 기회라는 내용이 있으므로 정답은 O.
대중교통으로의 접근	대중교통(지하철 또는 버스)으로 전시회에 갈 수 있어야 한다는 조건이 있다. 이 전시회 장소는 기차 또는 자동차로 올 수 있다고 되어 있기 때문에 정답은 O.
가격	입장료가 11유로를 넘지 않아야 한다는 조건이 있는데 대학교 과제라는 점을 미루어 볼 때 학생임을 알 수 있다. 이 전시회는 학생들의 입장료가 15유로이므로 정답은 X.
개장일	이번 주 일요일에 방문해야 한다는 조건이 있다. 이 전시회는 월요일에 휴관이라는 말이 있기 때문에 정답은 O.

	Christian Dior, couturier du rêve
작품 유형	조건에 회화 분야에서 선별된 그림들 또는 작품들이라는 전제가 주어져 있다. 삽화, 크로키에 대한 언급이 있기는 하지만 여기서는 의상을 만들기 위한 데생이나 크로키이므로 지시 사항에서 언급하고 있는 미술 작품과는 구분되어야 한다. 따라서 조건을 충족시킨다고 보기 어려우므로 **X**.
예술과 예술사 학습	예술사에 대한 초보적인 입문이라는 조건이 있다. 1947년부터 오늘날까지 300벌 이상의 고급 의상, 아틀리에의 옷감들과 패션 사진들을 발견할 수 있다고 했는데 의상은 예술의 일종으로 볼 수 있기 때문에 정답은 **O**.
대중교통으로의 접근	대중교통(지하철 또는 버스)으로 전시회에 갈 수 있어야 한다는 조건이 있다. 이 전시회 장소는 지하철 또는 버스로 접근이 가능하다고 했으므로 정답은 **O**.
가격	입장료가 11유로를 넘지 않아야 한다는 조건이 있는데 대학교 과제라는 점을 미루어 볼 때 학생임을 알 수 있다. 이 전시회는 학생들의 입장료가 18유로이므로 정답은 **X**.
개장일	이번 주 일요일에 방문해야 한다는 조건이 있다. 이 전시회는 일요일에 휴관이라는 말이 있기 때문에 정답은 **X**.

	Game
작품 유형	조건에 회화 분야에서 선별된 그림들 또는 작품들이라는 전제가 주어져 있다. 이 전시회는 비디오 게임에 관한 것들을 소개하기 때문에 조건을 충족시키지 못하므로 정답은 **X**.
예술과 예술사 학습	예술사에 대한 초보적인 입문이라는 조건이 있다. 비디오 게임은 오늘날 영화나 텔레비전처럼 현대 예술의 일부라는 내용이 있기 때문에 정답은 **O**.
대중교통으로의 접근	대중교통(지하철 또는 버스)으로 전시회에 갈 수 있어야 한다는 조건이 있다. 이 전시회 장소는 근처에 대중교통이 있다고 하였으므로 정답은 **O**.
가격	입장료가 11유로를 넘지 않아야 한다는 조건이 있는데 대학교 과제라는 점을 미루어 볼 때 학생이라는 것을 알 수 있다. 이 전시회는 학생들의 입장료가 8유로이므로 정답은 **O**.
개장일	이번 주 일요일에 방문해야 한다는 조건이 있다. 이 전시회는 토요일에 휴관이라는 말이 있기 때문에 정답은 **O**.

정답

아래 표에서 교수들에 의해 정해진 기준들에 장소가 해당하는지 아닌지를 X표로 표시하세요.

	Chefs-d'œuvre des collections du Château-Musée		Moyen Âge et publicité		Christian Dior, couturier du rêve		Game	
	oui	non	oui	non	oui	non	oui	non
작품 유형	X			X		X		X
예술과 예술사 학습	X		X		X		X	
대중교통으로의 접근	X		X		X		X	
가격	X			X		X	X	
개장일	X		X			X	X	

당신은 어떤 장소를 선택하겠습니까? Chefs-d'œuvre des collections du Château-Musée.

EXERCICE 1 실전 연습

Étape 1

공략에 따라 EXERCICE 1 연습 문제를 풀어 보세요.

Vous êtes étudiant et vos amis de l'université veulent visiter Paris au mois de février.

Ils souhaitent :
- visiter des monuments historiques
- profiter des programmes proposés ou des expositions spéciales
- utiliser les transports en commun
- entrer gratuitement ou payer moins de 10 euros.

Le musée du Louvre
Le musée du Louvre est un musée d'art et d'antiquités situé au centre de Paris dans le palais du Louvre. Il est le plus grand des musées d'art du monde.
Grâce à la visite «Chefs-d'œuvre», découvrez les œuvres comme la Vénus de Milo ou la Joconde.
Horaires :
Ouvert tous les jours de 9h à 18h, sauf le mardi.
Nocturnes jusqu'à 21h 45 le mercredi et le vendredi.
Accès en métro ou bus.
Tarif : 15 euros
Chaque premier dimanche des mois d'octobre à janvier, l'entrée au musée du Louvre est gratuite pour tous les visiteurs.
Programme spécial :
Saison musique
Offre spéciale jeunes : plus de 50 % de réduction sur tous les concerts pour les moins de 26 ans.

L'Arc de Triomphe
Érigé à la demande de Napoléon, l'Arc de Triomphe est l'un des monuments les plus connus de Paris. Outre les raisons esthétiques dues à la beauté du bâtiment et le panorama offert sur la capitale, l'Arc de Triomphe est aussi un important symbole historique.
Visite :
Si certains préfèrent le panorama à 360° offert en journée, d'autres n'ont d'yeux que pour le spectacle du «Paris by night» et ses magnifiques lumières. Choisissez simplement bien votre journée pour pouvoir profiter pleinement des vues depuis la terrasse du monument.

Horaires :
Du 1er avril au 30 septembre, de 10h à 23h
Du 1er octobre au 31 mars, de 10h à 22h 30
Fermé le 1er janvier, 1er mai, 8 mai (matin), 14 juillet (matin), 25 décembre
Accès en métro ou bus.
Tarifs :
Plein tarif : 9,50 €, tarif réduit : 6 €
Gratuit pour les moins de 18 ans.

La tour Eiffel
La tour Eiffel a été construite par Gustave Eiffel à l'occasion de l'Exposition Universelle de 1889 et elle a toujours inspiré les artistes, les défis.
Symbole de la France dans le monde, vitrine de Paris, elle accueille aujourd'hui près de 7 millions de visiteurs par an (dont environ 75 % d'étrangers).
Horaire : de 9h à 18h
Week-end de Pâques et vacances de printemps : ouverture prolongée jusqu'à minuit.
Accès en métro ou bus.
Tarifs :
Jusqu'au 2ème étage :
11 euros pour les adultes, 8,50 euros pour les jeunes et 4 euros pour les enfants entre 4 et 11 ans.
Jusqu'au sommet :
17 euros pour les adultes, 14,50 euros pour les jeunes et 8,50 euros pour les enfants entre 4 et 11 ans.
Programme spécial :
La maire de Paris donne rendez-vous aux Parisiens, touristes et visiteurs pour assister au feu d'artifice au mois de février.

Les Invalides
L'hôtel des Invalides est un monument parisien dont la construction fut ordonnée par Louis XIV pour abriter les invalides de ses armées. Aujourd'hui, cet immense complexe architectural est un des chefs-d'œuvre les plus importants de l'architecture classique française.

Tarifs pour le musée :
9,50 € par adulte. Gratuit pour les moins de 18 ans, les étudiants de moins de 25 ans et les personnes handicapées.
Accès : métro et bus.
Horaires :
de 7 heures 30 à 19 heures, fermé le 1er janvier, le 1er mai et le 25 décembre.
Événement :
Les Journées européennes du patrimoine 2017
Le musée de l'Armée vous propose de nombreuses activités gratuites sur le thème «Jeunesse et patrimoine».
Du samedi 16 janvier 2017 au dimanche 17 juin 2017.
Gratuit et accès libre.

Dans le tableau ci-dessous, indiquez à l'aide d'une croix si l'endroit correspond ou non aux critères établis par vos amis.

	Le musée du Louvre		L'Arc de Triomphe		La tour Eiffel		Les Invalides	
	oui	non	oui	non	oui	non	oui	non
Monument historique								
Programme spécial								
Transports en commun								
Tarif								
Mois d'ouverture								

Quel lieu choisissez-vous ?

Étape 2

문제 9의 필수 어휘를 익히고, 해석을 참조하세요.

필수 어휘

monument (m) 기념물 | profiter ~을 이용하다 | gratuitement 무료로 | antiquité (f) 고대, 고미술품 | palais (m) 궁 | sauf ~을 제외하고 | nocturne (f) 야간 개장, 야간의 | accès (m) 접근 | gratuit 무료의 | réduction (f) 할인 | ériger 건립하다 | esthétique 심미적인 | bâtiment (m) 건물 | capitale (f) 수도 | pleinement 전적으로 | plein tarif 정상 가격 | inspirer 영감을 주다 | défi (m) 도전자 | vitrine (f) 모델 | prolongé 연장된 | sommet (m) 꼭대기 | ordonner 명령하다, 정리하다 | abriter 맞아들이다 | invalide 일할 수 없게 된 군인 | immense 거대한 | architecture (f) 건축

해석

당신은 대학생이고 당신의 대학 친구들은 2월에 Paris를 방문하기를 원합니다.

이들은 원합니다:
- 역사적 기념물들을 방문하기.
- 추천 프로그램이나 특별 전시회를 이용하기.
- 대중교통을 이용하기.
- 무료로 입장 또는 10유로 미만으로 지불하기.

Le musée du Louvre
Louvre 박물관은 Paris 중심에 위치한 미술과 고대 박물관으로, Louvre 궁 안에 있습니다. 이것은 세계에서 미술 박물관들 중에서 가장 큽니다.
'걸작품' 관람을 통해 밀로의 비너스, 모나리자와 같은 작품들을 발견하세요.
시간:
매일 9시부터 18시까지 개장, 매주 화요일은 제외.
매주 수요일과 금요일 21시 45분까지 야간 개장.
지하철 또는 버스로 접근.
요금: 15유로.
10월부터 1월까지 매 첫 번째 일요일에 Louvre 박물관 입장은 모든 방문객들에게 무료입니다.
특별 프로그램:
음악 시즌
젊은이들을 위한 특별 가격: 26세 미만에게 모든 콘서트에 대한 50% 이상의 할인.

L'Arc de Triomphe
나폴레옹의 요구에 의해 세워진 개선문은 Paris에서 가장 잘 알려진 기념물들 중 하나입니다. 아울러 건물의 아름다움에 기인한 미적 양식들과 수도를 향해 펼쳐진 전경 외에도 개선문은 또한 중요한 역사적 상징입니다.

방문:
몇몇 이들은 낮 시간에 360도로 제공되는 전경을 선호하는 반면 다른 이들은 '파리의 밤' 광경과 그의 멋진 불빛들에만 관심을 갖습니다. 기념물의 테라스에서의 전망들을 온전히 누릴 수 있도록 그저 당신의 일과를 잘 선택하세요.
시간:
4월 1일부터 9월 30일까지, 10시부터 23시까지.
10월 1일부터 3월 31일까지, 10시부터 22시 30분까지.
1월 1일, 5월 1일, 5월 8일(오전), 7월 14일(오전), 12월 25일 휴관.
지하철 또는 버스로 접근.
요금:
보통 요금: 9유로 50, 할인 요금: 6유로.
18세 미만은 무료.

La tour Eiffel
에펠탑은 1889년 세계 박람회를 계기로 Gustave Eiffel에 의해 만들어졌고 예술가들과 도전자들에게 언제나 영감을 주었습니다.
세계에서 프랑스의 상징이며 Paris의 모델인 에펠탑은 오늘날 매년 7백만 명에 가까운 방문객들을 맞이합니다(대략 75 %는 외국인들).
시간: 9시부터 18시까지.
부활절 주말과 봄 방학: 자정까지 연장 개장.
지하철 또는 버스로 접근.
가격:
2층까지:
성인 11유로, 청소년 8유로 50, 4세에서 11세 사이 어린이 4유로.
정상까지:
성인 17유로, 청소년 14유로 50, 4세에서 11세 사이 8유로 50.
특별 프로그램:
Paris 시청이 2월 달 불꽃놀이에 참석하기 위해 파리 사람들, 관광객들 그리고 방문객들을 만납니다.

Les Invalides
앵발리드는 군사들을 수용하기 위해 루이 14세의 명령에 의해 건축된 Paris 기념물입니다. 오늘날 이 거대한 복합 건축물은 프랑스 고전 건축에서 가장 중요한 걸작품들 중 하나입니다.
박물관 요금:
성인 9유로 50. 18세 미만, 25세 미만의 학생 그리고 장애인들은 무료.
접근: 지하철과 버스.
시간:
7시 30분부터 19시까지, 1월 1일, 5월 1일 그리고 12월 25일 휴관.

행사:
2017년 유럽 문화유산의 날.
군사 박물관은 당신에게 '젊음과 문화유산'이라는 주제로 많은 무료 행사들을 추천합니다.
2017년 1월 16일 토요일부터 2017년 6월 17일 일요일까지.
무료이며 자유롭게 입장.

Étape 3

해설에 따라 문제 분석 및 풀이 요령을 익히세요.

문제 분석

친구들과 파리를 방문하려는 계획에 대한 문제이다. 이 문제에서는 역사적 기념물, 특별 프로그램, 대중교통, 가격, 개장 달을 파악해야 한다. 다른 문제에 비해 지문의 길이가 긴 편이고, 조건의 정보들과 각 장소별 정보들이 제시된 순서가 달라 문제를 푸는 데 시간이 좀 더 소요될 수는 있으나, 어려운 문제는 아니라고 볼 수 있다.

풀이 요령

	Le musée du Louvre
역사적 기념물	역사적 기념물을 방문하기를 원한다는 조건이 있다. Louvre 박물관은 미술과 고대 박물관이라는 설명에 따라 조건을 충족시키므로 정답은 O.
특별 프로그램	추천 프로그램이나 특별 전시회를 이용하기 원한다는 조건이 있다. 특별 프로그램으로서 젊은이들을 위한 콘서트가 열린다는 내용이 있기 때문에 정답은 O.
대중교통	대중교통을 이용할 수 있어야 한다는 조건이 있다. 지하철 또는 버스로 접근할 수 있다는 내용에 따라 정답은 O.
가격	무료 입장 또는 10유로 미만의 지불을 조건으로 하고 있다. 입장료가 15유로인데 10월부터 1월까지 매 첫 번째 일요일이 무료이다. 조건에 따르면 2월에 방문하기를 원하므로 무료 입장 시기에 해당되지 않는다. 따라서 정답은 X.
개장 달	조건에는 방문 달에 대한 언급만 있지 요일에 대한 말은 없다. 박물관 입장이 2월에도 허용되기 때문에 조건을 충족시키므로 정답은 O.

	L'Arc de Triomphe
역사적 기념물	역사적 기념물을 방문하기를 원한다는 조건이 있다. 개선문은 파리의 가장 잘 알려진 기념물들 중 하나이고 중요한 역사적 상징이라는 설명이 있다. 따라서 정답은 O.
특별 프로그램	추천 프로그램이나 특별 전시회를 이용하기 원한다는 조건이 있다. 개선문의 경우 프로그램이나 행사에 대한 내용은 없다. 따라서 정답은 X.
대중교통	대중교통을 이용할 수 있어야 한다는 조건이 있다. 지하철 또는 버스로 접근할 수 있다는 내용에 따라 정답은 O.

가격	무료 입장 또는 10유로 미만의 지불을 조건으로 하고 있다. 가장 비싼 요금이 9유로 50이기 때문에 정답은 **O**.
개장 달	조건에는 방문 달에 대한 언급만 있지 요일에 대한 말은 없다. 개선문 입장과 관련하여 2월에 문을 닫는다는 말이 없기 때문에 조건을 만족시키므로 정답은 **O**.

	La tour Eiffel
역사적 기념물	역사적 기념물을 방문하기를 원한다는 조건이 있다. 에펠탑은 1889년 세계 박람회를 계기로 만들어졌고 프랑스의 상징이며 파리의 모델이라는 설명이 있다. 따라서 정답은 **O**.
특별 프로그램	추천 프로그램이나 특별 전시회를 이용하기를 원한다는 조건이 있다. 2월에 특별 프로그램으로 불꽃놀이가 있다는 내용이 있다. 방문하기를 원하는 달이 2월이므로 정답은 **O**.
대중교통	대중교통을 이용할 수 있어야 한다는 조건이 있다. 지하철 또는 버스로 접근할 수 있다는 내용에 따라 정답은 **O**.
가격	무료 입장 또는 10유로 미만의 지불을 조건으로 하고 있다. 대학생이라는 전제 조건에 따라 성인 또는 학생 가격을 확인해야 하는데 2층, 정상까지 성인 가격이 모두 10유로를 넘는다. 따라서 정답은 **X**.
개장 달	조건에는 방문 달에 대한 언급만 있지 요일에 대한 말은 없다. 2월에 문을 닫는다는 말이 없기 때문에 조건을 만족시키므로 정답은 **O**.

	Les Invalides
역사적 기념물	역사적 기념물을 방문하기를 원한다는 조건이 있다. Les Invalides는 프랑스 고전 건축에서 가장 중요한 걸작품들 중 하나라고 했기 때문에 조건을 충족시키므로 정답은 **O**.
특별 프로그램	추천 프로그램이나 특별 전시회를 이용하기 원한다는 조건이 있다. '젊음과 문화유산'을 주제로 무료 행사들이 1월부터 6월까지 진행된다는 내용이 있기 때문에 정답은 **O**.
대중교통	대중교통을 이용할 수 있어야 한다는 조건이 있다. 지하철 또는 버스로 접근할 수 있다는 내용에 따라 정답은 **O**.
가격	무료 입장 또는 10유로 미만의 지불을 조건으로 하고 있다. 조건에 대학생이라는 것만 언급되어 있지 나이는 알 수 없기 때문에 무료에 해당하는지는 알 수 없지만 가장 비싼 성인이 9유로 50이기 때문에 정답은 **O**.
개장 달	조건에서 2월에 방문하기를 원한다고 하였고, 설명에 휴관일을 제외하고 문을 닫는 날짜에 대해 언급이 없으므로 정답은 **O**.

정답

아래 표에서 당신 친구들에 의해 정해진 기준들에 장소가 해당하는지 아닌지를 X표로 표시하세요.

	Le musée du Louvre		L'Arc de Triomphe		La tour Eiffel		Les Invalides	
	oui	non	oui	non	oui	non	oui	non
역사적 기념물	X		X		X		X	
특별 프로그램	X			X	X		X	
대중교통	X		X		X		X	
가격		X	X			X	X	
개장 달	X		X		X		X	

당신은 어떤 장소를 선택하겠습니까? Les Invalides.

EXERCICE 1 실전 연습

Étape 1

공략에 따라 EXERCICE 1 연습 문제를 풀어 보세요.

Vous et vos enfants allez partir en vacances ensemble.

Vous voulez :

- goûter des plats traditionnels ;
- faire des activités sportives ;
- visiter des monuments historiques ou du patrimoine ;
- être près de la plage ;
- des possibilités d'apprentissage pour les enfants

Vacances Bleues

Dans ses hôtels et ses clubs, Vacances Bleues valorise les spécialités régionales. Ils proposent ainsi une cuisine riche en saveurs, à la fois gourmande et équilibrée.
À l'hôtel, les chefs élaborent des menus variés servis à table pour tous les goûts. En club, la formule en buffet permet à chacun de composer son menu en fonction de ses envies.
Vous pouvez ainsi savourer les grands classiques de la cuisine française (coq au vin, blanquette de veau, magret de canard...) ou des cuisines d'ici ou d'ailleurs (spécialités italiennes...).
Ce séjour de vacances propose de plus la visite du château d'Ecajeul garantissant une immersion totale dans le Pays d'Auge. Vous pourrez également jouer au tennis avec vos enfants au milieu de la forêt.

Les Jardins de l'Atlantique

Situé en bord de mer, notre hébergement Les Jardins de l'Atlantique profite d'un emplacement idéal à quelques minutes à pied de la plage et du port de plaisance de Bourgenay. Vous et vos enfants aurez l'occasion d'apprendre des activités nautiques. Accessible depuis la plage par un petit chemin de sable à travers les dunes, ce club de vacances offre un espace dédié au bien-être et des exercices sportifs pour vos enfants. Nous organiserons par ailleurs une excursion exceptionnelle pour vous et vous pourrez visiter des monuments du Moyen Âge.
L'hôtel dispose de salons privés et de chambres avec vue sur la mer, mais également d'un grand parc arboré donnant sur la plage. Vous pourrez apprécier la carte de son restaurant Le Westminster, mais également découvrir les belles tables typiques de cette région.

La Dragonnière

Vous souhaitez profiter de la nature sans pour autant renoncer à un certain confort ?

Pour cela, rien de mieux que l'hébergement en mobil-home. La Dragonnière propose des hébergements pouvant accueillir de 2 à 6 personnes. Afin de profiter au maximum des vacances, chaque mobil-home dispose d'une literie confortable, d'une cuisine équipée, d'une terrasse couverte et de mobilier de jardin. Cet hébergement en mobil-home tout confort est idéal pour les personnes sensibles à la chaleur ou qui séjournent accompagnées de jeunes enfants.
Barbecues et salons de jardin sont également disponibles. En plus de la piscine en extérieur, des aires de jeux pour les enfants, un terrain de beach volley, de pétanque, ainsi qu'un complexe multisports sont facilement accessibles.
Afin de profiter au maximum de votre location de mobil-home en bord de mer, vous pourrez également vous rendre à pied sur la plage des Lecques, toute proche.

Club des enfants

Passer ses vacances en famille, c'est l'occasion de faire découvrir à ses enfants de nouveaux lieux, de leur faire goûter une cuisine particulière ou de les initier à des activités sportives.
S'il y a une activité qui amuse et fascine à tout âge, c'est bien la magie. C'est pour ça que pour Pâques, nous organisons des stages découverte de la magie, accessibles aux enfants de 6 à 17 ans.
Et les super-héros s'invitent pour vos vacances en famille. Que ce soit au cinéma, en dessins animés ou en bandes dessinées, ils sont partout ! Différentes animations sont prévues pour tous les âges. Et pour clôturer ces vacances héroïques, un spectacle et une soirée déguisée sont au programme.
Nous proposons également des activités sportives et artistiques. Les Juniors (11 à 13 ans) peuvent faire du tir à l'arc, de la planche à voile et du volleyball entre copains.

Dans le tableau ci-dessous, indiquez à l'aide d'une croix si l'endroit correspond ou non aux critères établis par vous.

	Vacances Bleues		Les Jardins de l'Atlantique		La Dragonnière		Club des enfants	
	oui	non	oui	non	oui	non	oui	non
Nourriture								
Activités sportives								
Type de visites								
Proximité de la plage								
Apprentissage pour les enfants								

Quel lieu choisissez-vous ?

Étape 2

문제 10의 필수 어휘를 익히고, 해석을 참조하세요.

필수 어휘

patrimoine (m) 문화유산 | **valoriser** 더 높은 가치를 부여하다 | **spécialité (f)** 특별 요리, 특산물 | **saveur (f)** 맛 | **équilibré** 균형 잡힌 | **élaborer** 공들여 만들다 | **composer** 구성하다 | **envie (f)** 욕구 | **savourer** 맛보다 | **coq au vin (m)** 꼬꼬뱅(포도주에 삶은 닭 요리) | **blanquette de veau (f)** 송아지 고기 스튜 | **magret de canard (m)** 오리 가슴살 구이 | **immersion (f)** 침수, 몰입 | **emplacement (m)** 자리, 위치 | **nautique** 수상의 | **dune (f)** 모래언덕 | **dédier** 헌정하다, 바치다 | **excursion (f)** 여행 | **disposer** 배열하다, 배치하다 | **arborer** (나무처럼 곧게) 세우다 | **renoncer à** ~을 포기하다 | **confort (m)** 편리함 | **literie (f)** 침구 | **sensible** 민감한 | **chaleur (f)** 더위 | **piscine (f)** 수영장 | **amuser** 즐겁게 하다 | **fasciner** 유혹하다 | **dessin(s) animé(s) (m)** 만화 영화 | **bande dessinée (f)** 연재 만화 | **animation (f)** 생동감, 호황 | **clôturer** 종결하다 | **héroïque** 잊기 어려운 | **déguisé** 변장한 | **tir à l'arc (m)** 활 쏘기 | **planche à voile (m)** 윈드서핑

해석

당신과 당신의 아이들은 함께 휴가를 떠나려고 합니다.
당신들은 다음을 원합니다:
- 전통 음식들을 맛보기;
- 스포츠 활동을 하기;
- 역사적 또는 문화유산 기념물들을 방문하기;
- 해변 가까이에 있기;
- 아이들을 위한 학습 기회;

Vacances Bleues

호텔과 클럽에서 Vacances Bleues는 지역 특산물에 가치를 둡니다. 이들은 그래서 맛있고 균형 잡힌 동시에 맛이 풍부한 요리를 제공합니다.
호텔에서 주방장들은 모든 취향에 맞춰 식탁에 서비스되는 다양한 메뉴들을 공들여 만듭니다. 클럽에서 뷔페 메뉴는 각자가 원하는 것에 따라 자신의 메뉴를 구성할 수 있게 해 줍니다.
당신은 이처럼 프랑스 요리의 위대한 전통들(꼬꼬뱅, 암소 스튜, 오리 가슴살 요리...) 또는 이곳이나 다른 곳의 요리들을 맛볼 수 있습니다 (이탈리아 특산물들...).
이 휴가 기간은 게다가 Pays d'Auge에 푹 빠지게 할 Ecajeul 성 방문을 추천합니다. 당신은 또한 숲 속에서 아이들과 테니스를 칠 수 있을 것입니다.

Les Jardins de l'Atlantique

바닷가에 위치한 우리 숙소 Les Jardins de l'Atlantique는 해변과 Bourgenay의 항구에서 도보로 몇 분 거리에 있는 이상적인 위치에 있습니다. 당신과 당신의 아이들은 수상 활동을 배울 기회를 갖게 될 것입니다. 해변으로부터 모래언덕을 가로지르는 작은 모래 길로 갈 수 있는 이 바캉스 클럽은 당신의 아이들을 위해 안락의 공간과 스포츠 활동을 제공합니다. 게다가 우리는 당신을 위해 특별한 탐방을 운영하는데 당신은 중세 시대의 기념물들을 방문할 수 있습니다.

호텔은 프라이빗 라운지와 바다가 보이는 객실을 갖추고 있을 뿐만 아니라 해변을 마주하고 있는 나무를 심어 놓은 큰 공원도 있습니다. 당신은 Le Westminster 식당 메뉴판에 감탄할 뿐만 아니라 이 지역의 멋진 전통 음식들을 발견할 수 있을 것입니다.

La Dragonnière

당신은 어느 정도의 편함을 포기하지 않고 자연을 즐기기를 원합니까? 이를 위해서는 이동 주택에서의 숙박보다 더 좋은 것은 없습니다. La Dragonnière는 2명에서 6명까지 맞이할 수 있는 숙소를 제공합니다. 휴가를 최대한 누리기 위해, 각 이동 주택은 편안한 침구, 완비된 부엌, 지붕이 있는 테라스와 정원 비품들을 갖추고 있습니다. 편리한 시설을 갖춘 이동 주택에서의 숙박은 더위에 민감하거나 어린아이들을 동반하여 묵는 사람들에게는 이상적입니다.

바비큐와 정원 휴게실 또한 이용할 수 있습니다. 게다가, 야외 수영장, 어린이 놀이터, 해변 배구장, 페땅크 경기장과 함께 종합 스포츠 시설을 쉽게 이용할 수 있습니다.

바닷가의 이동 주택 임대를 최대한 누리기 위해 당신은 또한 아주 가까이에 있는 Lecques 해변을 걸어서 갈 수 있을 것입니다.

Club des enfants

가족 휴가를 보내는 것은 아이들이 새로운 장소를 발견하게 하고 특별한 음식을 맛보게 해 주거나 스포츠 활동을 시작하게 하는 기회입니다.

모든 연령에게 재미있고 매력적인 활동이 있다면 그것은 바로 마술입니다. 그래서 부활절을 위해 우리는 6세에서 17세까지의 아이들이 이해할 수 있는 마술 발견 수업을 운영합니다.

그리고 슈퍼 히어로들이 당신의 가족 휴가를 위해 초대됩니다. 영화든 만화 영화든 혹은 만화든 간에 이들은 어디에나 있습니다! 다양한 행사들이 모든 연령대를 위해 예정되어 있습니다. 그리고 이 잊기 힘든 휴가를 마무리하기 위한 공연과 가면 무도회가 프로그램에 있습니다.

우리는 또한 스포츠와 예술 활동을 제안합니다. 주니어(11세에서 13세)들은 활을 쏘고 서핑을 하고 친구들끼리 배구를 할 수 있습니다.

Étape 3

해설에 따라 문제 분석 및 풀이 요령을 익히세요.

문제 분석

아이들과 함께 휴가를 보낼 장소에 대한 문제이다. 음식, 스포츠 활동, 방문 유형, 해변 인접, 아이들을 위한 학습이 파악해야 할 조건들이다. 이 문제는 본문이 줄글로 제시되어 있을 뿐만 아니라 조건들의 순서와 같은 순서로 제시되지 않아 어렵게 느껴지는 면이 있다. 이 문제를 풀 때 한 가지 유의할 것은, 조건에 대한 언급이 지문에 없을 경우 Non에 표시해야 한다는 점이다.

	Vacances Bleues
음식	전통 음식들을 맛볼 수 있어야 한다는 조건이 있다. 음식과 관련하여 프랑스 요리의 위대한 전통들을 맛볼 수 있다는 설명이 있기 때문에 정답은 **O**.
스포츠 활동	스포츠 활동을 할 수 있어야 한다는 조건이 있는데 숲 속에서 아이들과 테니스를 칠 수 있다는 내용이 있다. 따라서 정답은 **O**.
방문 유형	조건에서 역사적 또는 문화유산 기념물들을 방문할 것을 언급하고 있다. 이곳에서는 Ecajeul 성 방문을 추천하기 때문에 조건을 충족시킨다고 볼 수 있으므로 정답은 **O**.
해변 인접	해변 가까이에 있어야 한다고 언급하고 있다. 이 장소의 경우 숲 속에서의 활동을 제안하고 있지만 해변에 대한 언급은 전혀 없다. 따라서 정답은 **X**.
아이들을 위한 학습	조건에서 아이들을 위한 학습 기회가 있어야 한다고 했다. 아이들의 학습과 관련한 내용은 언급되지 않았기 때문에 정답은 **X**.

	Les Jardins de l'Atlantique
음식	전통 음식들을 맛볼 수 있어야 한다는 조건이 있다. 이 지역의 멋진 전통 음식들을 발견할 것이라는 내용이 언급되고 있으므로 정답은 **O**.
스포츠 활동	스포츠 활동을 할 수 있어야 한다는 조건이 있는데 자녀들을 위해 안락의 공간과 스포츠 활동을 제공한다는 내용이 있다. 따라서 정답은 **O**.
방문 유형	조건에서 역사적 또는 문화유산 기념물들을 방문할 것을 언급하고 있다. 중세 시대의 기념물들을 방문할 수 있다는 내용이 있기 때문에 정답은 **O**.
해변 인접	해변 가까이에 있어야 한다고 언급하고 있다. 이 장소는 바닷가에 위치하고 있으므로 정답은 **O**.
아이들을 위한 학습	조건에서 아이들을 위한 학습 기회가 있어야 한다고 했다. 수상 활동을 배울 기회를 갖게 될 것이라는 설명에 따라 조건을 충족시키므로 정답은 **O**.

	La Dragonnière
음식	전통 음식들을 맛볼 수 있어야 한다는 조건이 있다. 음식과 관련해서는 바비큐에 대한 이야기만 있고 전통 음식에 관한 내용은 없다. 따라서 정답은 **X**.
스포츠 활동	스포츠 활동을 할 수 있어야 한다는 조건이 있는데 야외 수영장, 어린이 놀이터, 해변 배구장, 페땅크 경기장과 함께 종합 스포츠 시설을 쉽게 이용할 수 있다는 내용이 언급되어 있다. 따라서 정답은 **O**.
방문 유형	역사적 또는 문화유산 기념물들을 방문할 것을 언급하고 있다. 이와 관련한 내용에 대한 언급이 없기 때문에 정답은 **X**.
해변 인접	해변 가까이에 있어야 한다고 언급하고 있다. Lecques 해변을 걸어서 갈 수 있을 것이라고 했기 때문에 해변 근처에 있다는 것을 알 수 있다. 따라서 정답은 **O**.
아이들을 위한 학습	조건에서 아이들을 위한 학습 기회가 있어야 한다고 했다. 아이들의 학습에 관한 설명이 없기 때문에 정답은 **X**.

	Club des enfants
음식	전통 음식들을 맛볼 수 있어야 한다는 조건이 있다. 음식과 관련하여서는 특별한 음식을 맛보게 해 준다는 언급만 하고 있고 전통 음식에 관한 내용은 없다. 따라서 정답은 **X**.
스포츠 활동	스포츠 활동을 할 수 있어야 한다는 조건이 있는데 주니어(11세에서 13세)들은 활을 쏘고 서핑을 하고 친구들끼리 배구를 할 수 있다는 내용이 있다. 따라서 정답은 **O**.
방문 유형	조건에서 역사적 또는 문화유산 기념물들을 방문할 것을 언급하고 있다. 이와 관련한 내용에 대한 언급이 없기 때문에 정답은 **X**.
해변 인접	해변 가까이에 있어야 한다고 언급하고 있지만 여기서는 해변과 관련한 어떠한 언급도 없다. 따라서 정답은 **X**.
아이들을 위한 학습	조건에서 아이들을 위한 학습 기회가 있어야 한다고 했다. 6세에서 17세까지의 아이들이 이해할 수 있는 마술 발견 수업을 운영한다고 했기 때문에 정답은 **O**.

정답

아래 표에서 당신에 의해 정해진 기준들에 장소가 해당하는지 아닌지를 X표로 표시하세요.

	Vacances Bleues		Les Jardins de l'Atlantique		La Dragonnière		Club des enfants	
	oui	non	oui	non	oui	non	oui	non
음식	X		X			X		X
스포츠 활동	X		X		X		X	
방문 유형	X		X			X		X
해변 인접		X	X		X			X
아이들을 위한 학습		X	X			X	X	

당신은 어떤 장소를 선택하겠습니까? Les Jardins de l'Atlantique.

독해 평가

EXERCICE 2

Vous lisez cet article.

당신은 이 기사를 읽습니다.

기사 본문

독해 EXERCICE 2는 기사를 읽고 푸는 문제이다. 기사의 주제를 묻는 문제는 빠짐 없이 출제되는데, 주제는 보통 제목이나 글의 앞부분에 있기 마련이므로 이 부분을 주시하자.

완전 공략

DELF B1 독해

1 핵심 포인트

교육, 건강, 환경오염 등 일상생활에서 밀접하게 접할 수 있는 다양한 주제들을 기사 형식의 텍스트로 제시하고 내용을 이해했는지 평가하는 유형의 문제이다. ① 객관식과 ② 주관식 그리고 ③ 지문과의 일치 여부 표시 및 그것을 입증하는 문장을 쓰는 세 가지 유형의 문제가 출제된다. 주어진 문장이 지문의 내용과 일치하는지를 Vrai 또는 Faux에 체크하고 그것을 입증하는 문장을 쓰는 문제의 경우 둘 다 맞혀야 점수를 획득할 수 있다는 점에 유의하자.

2 빈출 주제

사회적으로 이슈가 되거나 특별한 행사를 소개하는 기사가 출제된다. 특히 부모와 자녀, 교사와 학생 등의 관계에서 발생하는 문제에 대한 기사도 자주 등장하므로, 평소에 이러한 주제에 관심을 기울이는 것이 좋다.

3 고득점 전략

① 문제 채점 방식을 숙지한다.

주어진 문장이 지문의 내용과 일치하는지 표시하고 그것을 입증하는 문장을 쓰는 문제의 경우 Vrai, Faux와 Justification 두 가지 모두 맞혀야 점수를 획득할 수 있다. Vrai, Faux와 Justification 중 하나만 맞히는 경우, 전에는 점수의 반을 주었지만 지금은 그렇지 않음에 유의하자.

② 시간을 효과적으로 분배한다.

지문의 길이가 꽤 길고 문제 또한 난이도가 있기 때문에 자칫 시간을 너무 많이 허비하여 작문 문제를 풀 때 시간이 부족한 경우가 있을 수 있다. 따라서 확실히 아는 문제부터 쭉 푼 다음에, 모르는 문제를 푸는 식으로 하여 시간을 효과적으로 분배하는 것이 좋다.

③ 필요한 정보를 빠르게 찾아 훑어보는 발췌독에 익숙해지자.

문항 수도 많고 지문이나 보기항의 문장들이 쉬운 편은 아니다. 따라서 지문 전체를 꼼꼼히 읽으며 문제를 풀면 시간을 효율적으로 사용할 수 없다. 짧은 시간 내에 얼마나 정확히 문제를 푸느냐가 관건이므로, 시간을 전략적으로 사용해야 한다. 그러므로 문제의 순서와 지문의 순서가 대부분 일치한다는 것에 착안하여, 문제에 제시된 어휘나 표현이 나온 부분을 찾아 그 부분을 주의 깊게 읽어 보는 전략을 택하는 것이 좋다. 지문의 모든 정보에 주의를 기울일 필요는 없다.

EXERCICE 2 실전 연습

Étape 1

공략에 따라 EXERCICE 2 연습 문제를 풀어 보세요.

Lisez le texte.

Les jeux vidéo ne sont pas si mauvais pour les enfants

Selon une étude TNS Sofres, publiée jeudi, les jeunes âgés de 12 à 17 ans auraient finalement une consommation tout à fait raisonnable de jeux vidéo et garderaient une vie sociale normale.

«Les jeux vidéo constituent un loisir apprécié des adolescents, mais ils ne prennent pas le dessus sur leurs activités sociales et numériques : passer du temps avec leurs amis, de même que sur Internet et en famille restent les trois activités auxquelles les adolescents consacrent le plus de temps», souligne l'étude.

Bref, les jeunes ne sont pas des «no life». S'ils aiment les jeux vidéo, ils gardent néanmoins une vraie vie. Et même lorsqu'il s'agit de jeux vidéo, les jeunes y jouent aussi parfois avec leurs parents. Ce qui a plutôt comme effet de développer les liens plutôt que de les couper.

Les jeunes sont également raisonnables par rapport à leurs études. Une grande majorité d'entre eux joue surtout le week-end ou après avoir fait ses devoirs.

L'étude note aussi que la durée de jeu dure «moins d'une heure par jour pour la moitié d'entre eux». Au total, seuls 22% d'adolescents peuvent être considérés comme de «gros joueurs».

Ces chiffres s'expliquent en partie par la vigilance des parents. «Un adolescent sur deux s'est vu fixer des règles par ses parents en matière de jeux vidéo (49%). Dans 60% des cas, ces règles ont été fixées conjointement», note l'étude.

https://www.jde.fr 18.11. 2010.

Répondez aux questions.

❶ Le thème principal de ce document est :

☐ A  ☐ B  ☐ C

❷ Selon une étude TNS Sofres, les jeux vidéo provoquent des problèmes très graves pour les enfants.

☐ Vrai ☐ Faux

Justification : ______________________________

❸ Les adolescents passent trop de temps sur les jeux vidéo.

☐ Vrai ☐ Faux

Justification : ______________________________

❹ Quel avantage les parents peuvent-ils avoir s'ils jouent avec leurs enfants ?

....

❺ Dites si les affirmations suivantes sont vraies ou fausses en cochant (☒) la case correspondante et citez les passages du texte qui justifient votre réponse. Le candidat obtient le total des points si le choix V/F et la justification sont corrects. Sinon aucun point ne sera attribué. (1,5 point par réponse)

	Vrai	Faux
Les jeux vidéo sont l'une des activités favorites des adolescents. Justification : ______________________		

⑥ Beaucoup d'adolescents ______________________________

A ☐ préfèrent les jeux vidéo à leur famille.

B ☐ considèrent la famille comme aussi importante que les jeux vidéo.

C ☐ prennent les jeux vidéo trop au sérieux.

⑦ Expliquez la vigilance des parents.

....

⑧ Dites si les affirmations suivantes sont vraies ou fausses en cochant (☒) la case correspondante et citez les passages du texte qui justifient votre réponse. Le candidat obtient le total des points si le choix V/F et la justification sont corrects. Sinon aucun point ne sera attribué. (1,5 point par réponse)

	Vrai	Faux
Plus de la moitié des adolescents décident leur temps de jeu sans l'accord de leurs parents. Justification : ______________________		

Étape 2 문제 1의 필수 어휘를 익히고, 해석을 참조하세요.

필수 어휘

jeu vidéo (m) 비디오 게임 | **publier** 발표하다 | **consommation (f)** 소비(량), 사용량 | **tout à fait** 완전히, 매우 | **raisonnable** 이성적인 | **garder** 지키다 | **normal** 정상적인 | **constituer** 구성하다 | **apprécié** 높이 평가되는, 널리 애호되는 | **adolescent** 청소년 | **prendre le dessus** 우위를 차지하다 | **numérique** 디지털 방식의 | **consacrer** 할애하다 | **souligner** 강조하다 | **néanmoins** 그럼에도 불구하고 | **il s'agit de** ~에 관한 것이다 | **lien (m)** 관계 | **couper** 자르다 | **durée (f)** 기간 | **chiffre (m)** 숫자 | **vigilance (f)** 감시 | **fixer** 정하다 | **en matière de** ~에 관한 | **conjointement** 함께 | **affirmation (f)** 명제 | **attribuer** 주다, 부여하다

지문을 읽으세요.

해석

비디오 게임이 아이들에게 그렇게 나쁜 것은 아니다

목요일에 발표된 TNS Sofres 연구에 따르면, 12세에서 17세 나이의 청소년들이 과연 비디오 게임을 완전히 이성적으로 이용하고 정상적인 사회생활을 유지하는 것 같다.
'비디오 게임은 청소년들이 애호하는 취미이지만, 이들은 자신들의 사회적이고 디지털 방식의 활동보다 우선으로 생각하지 않는다: 그들의 친구들과 시간을 보내는 것, 마찬가지로 인터넷에서 그리고 가족 간에 시간을 보내는 것은 청소년들이 가장 많은 시간을 할애하는 세 가지 활동이다'라고 연구는 주장한다.
요컨대, 청소년들은 '인생이 없는 것'이 아니다. 이들은 비디오 게임을 좋아하지만 진정한 삶을 유지하고 있다. 게다가 비디오 게임에 관한 것일 때에도, 청소년들은 때때로 그들의 부모들과 함께 이것을 한다. 이것은 관계를 단절하는 것보다는 오히려 더 발전시키는 효과를 가진다.
청소년들은 학업에 관련해서도 합리적이다. 이들 중 대부분은 특히 주말이나 숙제를 한 후에 게임을 한다. 연구는 또한 '이들 중 절반은 게임 시간이 하루에 한 시간 미만'이라고 밝힌다. 전체적으로 오직 22퍼센트의 청소년들만이 '게임을 많이 하는 아이들'로 여겨질 수 있다.
이 숫자들은 부분적으로 부모들의 감시를 통해 설명된다. '청소년 두 명 중 한 명(49퍼센트)은 비디오 게임과 관련하여 부모들에 의해 규칙이 정해진다. 60퍼센트의 경우에 이 규칙들을 함께 정한다'라고 연구는 밝히고 있다.

질문들에 답하세요.

❶ 이 자료의 주제는:

□ A

□ B

□ C

❷ TNS Sofres 연구에 따르면, 비디오 게임은 아이들에게 매우 심각한 문제를 유발한다.

□ 참 □ 거짓

입증 : ____________________

❸ 청소년들은 비디오 게임에 너무 많은 시간을 보낸다.

□ 참 □ 거짓

입증 : ____________________

❹ 부모들이 자녀들과 함께 게임을 하면 어떤 장점을 가질 수 있는가?

....

❺ 다음의 명제들이 참인지 거짓인지 해당되는 칸에 (☒)표를 하면서 답하고 당신의 답변을 증명하는 텍스트의 단락을 인용하세요. V/F 선택과 입증이 옳다면 지원자는 점수의 전체를 얻습니다. 그렇지 않으면 어떠한 점수도 얻지 못합니다. (답변당 1.5점)

	참	거짓
비디오 게임은 청소년들의 선호하는 활동들 중 하나이다. 입증: ______________________________		

❻ 많은 청소년들이 ______________________________

A □ 가족보다 비디오 게임을 선호한다.

B □ 비디오 게임만큼 가족을 중요하게 여긴다.

C □ 비디오 게임을 너무 중요시한다.

❼ 부모들의 감시를 설명하세요.

....

❽ 다음의 명제들이 참인지 거짓인지 해당되는 칸에 (☒)표를 하면서 답하고 당신의 답변을 증명하는 텍스트의 단락을 인용하세요. V/F 선택과 입증이 옳다면 지원자는 점수의 전체를 얻습니다. 그렇지 않으면 어떠한 점수도 얻지 못합니다. (답변당 1.5점)

	참	거짓
절반 이상의 청소년들이 부모들의 동의 없이 게임 시간을 결정한다. 입증: ______________________________		

Étape 3

해설에 따라 문제 분석 및 풀이 요령을 익히세요.

문제 분석

비디오 게임이 청소년에게 미치는 영향에 관한 글로서 일반적인 예상과 달리 비디오 게임이 청소년들에게 그다지 나쁜 영향을 끼치지 않는다는 내용임에 주의하자. 이 문제의 경우 평소 생각대로 문제를 풀면 틀릴 확률이 크다. 문제를 풀 때에는 배경지식이나 상식이 아닌, 지문에서 그 근거를 찾아야 함을 잊지 말자.

문항	풀이 요령
1	주제를 묻는 문제이다. 주제는 'les jeux video 비디오 게임'이므로 이것을 의미하는 사진을 고르면 된다. 따라서 정답은 **A**.
2	비디오 게임이 청소년에게 미치는 영향에 관한 문제로서 **'les jeunes âgés de 12 à 17 ans auraient finalement une consommation tout à fait raisonnable de jeux vidéo et garderaient une vie sociale normale** 12세에서 17세 나이의 청소년들이 과연 비디오 게임을 완전히 이성적으로 이용하고 정상적인 사회생활을 유지하는 것 같다'라는 내용이 언급되고 있다. 따라서 비디오 게임이 청소년들에게 매우 심각한 문제를 유발시킨다고 보기 어려우므로 **Faux**이며, 위 문장을 답으로 쓰면 된다.
3	청소년들이 비디오 게임을 하는 데 할애하는 시간과 관련된 문제이다. **'la durée de jeu dure «moins d'une heure par jour pour la moitié d'entre eux»** 게임 시간은 '이들 중 절반은 게임 시간이 하루에 한 시간 미만'이라는 내용이 나온다. 따라서 청소년들이 비디오 게임에 너무 많은 시간을 할애한다고 보기 어려우므로 **Faux**이며, 위 문장을 답으로 쓰면 된다.
4	부모가 자녀와 게임을 함께 할 때의 장점을 묻는 문제이다. 'les jeunes y jouent aussi parfois avec leurs parents. **Ce qui a plutôt comme effet de développer les liens plutôt que de les couper** 청소년들은 때때로 그들의 부모들과 함께 이것을 한다. 이것은 관계를 단절하는 것보다는 오히려 더 발전시키는 효과를 가진다'라는 문장이 문제와 관련 있는 내용이다. 따라서 이것이 정답이다.
5	비디오 게임에 대한 청소년들의 선호도를 묻는 문제이다. **'Les jeux vidéo constituent un loisir apprécié des adolescents** 비디오 게임은 청소년들이 애호하는 취미이다'라는 내용이 나온다. 따라서 주어진 문장은 기사의 내용과 일치하므로 **Vrai**이며 위의 문장을 답으로 써야 한다.
6	비디오 게임에 대한 청소년들의 생각을 묻고 있다. 'passer du temps ... et en famille restent les trois activités auxquelles les adolescents consacrent le plus de temps ... 그리고 가족 간에 시간을 보내는 것은 청소년들이 가장 많은 시간을 할애하는 세 가지 활동이다'라고 하여 청소년들이 가족과의 시간을 중요시 여기고 있음을 알 수 있다. 따라서 정답은 **B**.
7	비디오 게임과 관련하여 부모들이 청소년들에게 하는 행동에 대해 묻고 있다. **'Un adolescent sur deux s'est vu fixer des règles par ses parents en matière de jeux vidéo (49%)** 청소년 두 명 중 한 명(49%)은 비디오 게임과 관련하여 부모들에 의해 규칙이 정해진다'가 부모들의 감시와 관련된 내용이며, 정답이 된다.
8	청소년들이 게임 시간을 어떻게 결정하는지 묻는 문제이다. 지문에서 청소년 두 명 중 한 명(49퍼센트)은 비디오 게임과 관련하여 부모들에 의해 규칙이 정해진다고 하였다. 그런데 **'Dans 60% des cas, ces règles ont été fixées conjointement** 60퍼센트의 경우에 이 규칙들을 함께 정한다'라고 하였다. 60퍼센트가 즉, 절반 이상이 부모와 함께 규칙을 정한다고 하였으므로, 절반 이상의 청소년들이 부모들의 동의 없이 게임 시간을 결정한다는 거짓이 되므로 **Faux**.

EXERCICE 2 실전 연습

Étape 1

공략에 따라 EXERCICE 2 연습 문제를 풀어 보세요.

Lisez le texte.

Pourquoi tant de colère autour des retraites ?

Ce mardi 12 octobre est marqué par une nouvelle journée de grève contre la réforme des retraites. En France, la plupart des papis et des mamies n'ont plus de salaire, puisqu'ils ne travaillent plus depuis environ l'âge de 60 ans.

Ils ont une retraite. C'est une somme d'argent («une pension») que touche chaque travailleur lorsqu'il a cessé son activité. Cette somme d'argent n'est pas la même pour tous. Elle dépend des métiers qu'on a exercés dans sa vie. Pour obtenir sa retraite, il faut aussi remplir certaines conditions (comme avoir travaillé assez longtemps).

Aujourd'hui, le gouvernement doit changer le système des retraites. Tel qu'il existe actuellement, il ne peut plus fonctionner. Le nombre de travailleurs diminue et il y a de plus en plus de retraités qui vivent de plus en plus longtemps, donc de plus en plus d'argent à verser !

Le gouvernement français a choisi de reculer l'âge légal de départ à la retraite (à 62 ans pour l'instant), d'accorder la retraite à 67 ans et d'allonger la durée des cotisations. Les députés et les sénateurs ont d'ores et déjà adopté ces articles du projet de loi.

Mais il y a plusieurs problèmes. D'abord, dans certains métiers, on part à la retraite à 50 ans (policiers, cheminots...). D'autres métiers sont aussi très durs physiquement. Peut-on encore les exercer après 60 ans sans mettre en danger sa santé (chauffeur-livreur par exemple) ?

Ensuite, si on veut que les Français travaillent plus longtemps, il faut leur donner du travail... Or, à peine 4 sur 10 travaillent après 56 ans. Les patrons français préfèrent embaucher des jeunes plutôt que des séniors !

https://www.jde.fr 12.10. 2010.

Répondez aux questions.

❶ Le thème principal de ce document concerne :

A ☐ les personnes plus âgées.

B ☐ les immigrés mal intégrés.

C ☐ les jeunes ouvriers.

❷ La plupart des papis et des mamies ne touchent pas de salaire, car ____________

A ☐ ils ont dû quitter leur travail à cause de leur âge.

B ☐ ils ne peuvent plus travailler à cause de leur santé.

C ☐ ils ont assez d'argent après avoir travaillé longtemps dans une entreprise.

❸ Expliquez une pension.

....

❹ Les gens touchent une pension différente selon ____________

A ☐ leur type de travail.

B ☐ l'évaluation de leur capacité de travail.

C ☐ leur attitude au travail.

❺ Dites si les affirmations suivantes sont vraies ou fausses en cochant (☒) la case correspondante et citez les passages du texte qui justifient votre réponse. Le candidat obtient le total des points si le choix V/F et la justification sont corrects. Sinon aucun point ne sera attribué. (1,5 point par réponse)

	Vrai	Faux
a) La durée de la vie professionnelle est l'un des éléments importants pour obtenir sa retraite. Justification : ____________		
b) Les nouvelles mesures prises par le gouvernement sont suffisantes pour corriger le système des retraites. Justification : ____________		

❻ Selon ce reportage, ______________________

A ☐ la durée de vie des retraités est de plus en plus longue.

B ☐ il est de plus en plus facile de trouver un travail.

C ☐ les retraités touchent de plus en plus d'argent.

❼ Précisez les mesures adoptées par le gouvernement français par rapport à l'âge des retraites.

....

❽ Dites si les affirmations suivantes sont vraies ou fausses en cochant (☒) la case correspondante et citez les passages du texte qui justifient votre réponse. Le candidat obtient le total des points si le choix V/F et la justification sont corrects. Sinon aucun point ne sera attribué. (1,5 point par réponse)

	Vrai	Faux
a) Dans certains métiers, les employés quittent leur travail avant 60 ans. Justification : ______________________		
b) L'âge de la retraite n'a aucun lien avec la difficulté physique du travail. Justification : ______________________		

❾ Selon cet article, les entreprises françaises ______________________

A ☐ ne recrutent jamais des personnes âgées.

B ☐ ont besoin d'employés plus expérimentés.

C ☐ veulent de jeunes employés plutôt que des employés plus âgés.

Étape 2

문제 2의 필수 어휘를 익히고, 해석을 참조하세요.

필수 어휘

colère (f) 화, 분노 | retraite (f) 퇴직연금 | marquer 눈에 띄다, 표시하다 | grève (f) 파업 | réforme (f) 개혁, 개정 | papi (m) 할아버지 | mamie (f) 할머니 | pension (f) 연금 | toucher 받다 | cesser ~하는 것을 멈추다 | exercer 실행하다, 훈련하다 | fonctionner 작동하다 | verser 지불하다 | reculer 연기하다 | pour l'instant 당분간, 현재 | accorder 조정하다 | allonger 연장하다 | cotisation (f) 납입금 | député (m) 하원 의원 | sénateur (m) 상원 의원 | d'ores et déja 오늘부터 | adopter 채택하다 | cheminot 철도 종사원 | physiquement 물질적으로, 육체적으로 | chauffeur (m) 운전 기사 | livreur (m) 상품 배달인 | à peine 겨우, 고작 | embaucher 고용하다 | immigré 이민자 | intégré 동화된 | suffisant 충분한 | recruter 채용하다 | expérimenté 경험 있는, 노련한

지문을 읽으세요.

왜 퇴직연금에 대해 그렇게 분노하는가?

이번 10월 12일 화요일은 퇴직연금의 개혁안에 반대하는 새로운 파업 날로 주목된다. 프랑스에서 대부분의 할아버지와 할머니들은 더 이상 월급을 받지 않는데 왜냐하면 이들은 대략 60세 나이부터 더 이상 일하지 않기 때문이다.
이들은 퇴직연금을 받는다. 이것은 각 근로자가 일을 그만두었을 때 받는 금액이다(연금). 이 금액은 모두에게 같지 않다. 그것은 살면서 했던 직업에 달려 있다. 퇴직연금을 받기 위해서는 몇몇 조건들을 또한 충족시켜야 한다(꽤 오랫동안 일을 했어야 하는 것처럼).
오늘날, 정부는 퇴직연금 제도를 바꿔야 한다. 그것은 현재 존재하고 있는 대로 더 이상 작동할 수가 없다. 근로자들의 수는 줄어들고 점점 더 오래 사는 정년 퇴직자들은 늘어나서 지불해야 할 돈이 점점 더 많아진다!
프랑스 정부는 정년퇴직을 시작하는 법적 연령을 늦추고(현재 62세에서) 67세로 정년퇴직을 조정하며 분담금 기간을 연장하기로 결정했다. 하원 의원들과 상원 의원들은 오늘부터 법안의 이 조항들을 통과시켰다.
그렇지만 여러 문제가 있다. 우선, 몇몇 직업들에서는, 50세에 정년퇴직을 한다(경찰, 철도 종사원...). 다른 직업들은 게다가 신체적으로 매우 힘들다. 60세 이후에 건강을 위험에 빠뜨리지 않고 여전히 이것들을 할 수 있을 것인가(예를 들어 배달-기사)?
그리고 프랑스인들이 더 오랫동안 일하기를 원한다면, 이들에게 일자리를 줘야 한다... 그런데 겨우 10명 중 4명만이 56세 이후에 일을 한다. 프랑스 사장들은 노년층보다는 젊은 사람들을 고용하는 것을 선호한다!

질문들에 답하세요.

❶ 이 자료의 주제는 ______________ 와(과) 관련되어 있다.

A □ 나이 많은 사람들

B □ 동화되지 못하는 이민자들

C □ 젊은 노동자들

❷ 대부분의 할아버지들과 할머니들은 월급을 받지 않는데 왜냐하면 ______________ 때문이다.

A □ 나이 때문에 직장을 그만두어야 했기

B □ 건강 때문에 더 이상 일을 할 수 없기

C □ 기업에서 오랫동안 일한 후에 충분한 돈이 있기

❸ 연금을 설명하시오.

....

❹ 사람들은 ______________ 에 따라 다른 연금을 받는다.

A □ 일의 유형

B □ 업무 능력 평가

C □ 업무 태도

❺ 다음의 명제들이 참인지 거짓인지 해당되는 칸에 (☒)표를 하면서 답하고 당신의 답변을 증명하는 텍스트의 단락을 인용하세요. V/F 선택과 입증이 옳다면 지원자는 점수의 전체를 얻습니다. 그렇지 않으면 어떠한 점수도 얻지 못합니다. (답변당 1.5점)

	참	거짓
a) 직장 생활 기간은 퇴직연금을 받기 위한 중요한 요소들 중 하나이다. 증명: ______________		
b) 정부에 의해 취해진 새로운 조치들은 퇴직연금 시스템을 고치기에 충분하다. 증명: ______________		

❻ 이 르포에 따르면, ______________

A □ 정년 퇴직자들의 수명이 점점 더 길어진다.

B □ 일자리를 찾는 것이 점점 더 쉬워진다.

C □ 정년 퇴직자들이 점점 더 돈을 많이 받는다.

❼ 정년퇴직 연령과 관련한 프랑스 정부에 의해 통과된 조치들을 명시하세요.

....

❽ 다음의 명제들이 참인지 거짓인지 해당되는 칸에 (☒)표를 하면서 답하고 당신의 답변을 증명하는 텍스트의 단락을 인용하세요. V/F 선택과 입증이 옳다면 지원자는 점수의 전체를 얻습니다. 그렇지 않으면 어떠한 점수도 얻지 못합니다. (답변당 1.5점)

	참	거짓
a) 몇몇 직업들에서, 직원들은 60세 이전에 직장을 그만둔다. 증명: ________________		
b) 정년퇴직 연령은 일의 신체적인 어려움과 아무 관계가 없다. 증명: ________________		

❾ 이 기사에 따르면, 프랑스 기업들은 ________________

A □ 나이 든 사람들을 결코 채용하지 않는다.

B □ 더 경험이 많은 직원들을 필요로 한다.

C □ 나이 든 직원들보다 젊은 직원들을 원한다.

Étape 3 해설에 따라 문제 분석 및 풀이 요령을 익히세요.

문제 분석

퇴직연금에 대한 문제이다. 이 문제에서는 연금의 정의, 연금을 받을 수 있는 나이, 현 연금 제도의 문제점 및 해결 방법 등의 정보에 주의를 기울여야 한다. 기사의 주제를 묻는 문제는 자주 출제되는데, 보통 주제는 기사의 제목을 통해 유추할 수 있거나 글의 첫 부분 혹은 마지막 부분에 있으므로 주제를 찾기 어려울 때에는 이 부분을 확인하자. 어떤 개념의 정의를 묻는 문제 또한 빈번하게 출제되므로, 기사에서 정의를 설명하는 부분이 등장하면 일단 키워드 중심으로 간단히 메모하며 듣는 것이 좋다.

....

풀이 요령

문항	풀이 요령
1	기사의 주제와 관련된 문제다. 제목과 첫 문장에서 'Pourquoi tant de colère autour des retraites ? Ce mardi 12 octobre est marqué par une nouvelle journée de grève contre la réforme des retraites 왜 퇴직연금에 대해 그렇게 분노하는가? 이번 10월 12일 화요일은 퇴직연금 개혁안에 반대하는 새로운 파업 날로 주목된다'라고 하였다. 퇴직연금은 정년퇴직 후 받는 돈이므로 이 자료는 나이 많은 사람들과 관련된다고 볼 수 있다. 따라서 정답은 **A**.

2	할아버지와 할머니들이 월급을 받지 못하는 이유를 묻는 문제이다. 'puisqu'ils ne travaillent plus depuis environ l'âge de 60 ans 왜냐하면 이들은 대략 60세 나이부터 더 이상 일을 하지 않기 때문이다'라는 문장이 있다. 따라서 결국 나이 때문에 직장을 그만두어야 했으므로 정답은 **A**.
3	연금의 정의를 묻는 문제이다. '**C'est une somme d'argent (« une pension ») que touche chaque travailleur lorsqu'il a cessé son activité** 이것은 각 근로자가 일을 그만두었을 때 받는 금액이다'라는 문장이 나온다. 따라서 이것을 정답으로 쓰면 된다.
4	연금 지급 기준에 관한 질문으로 'Elle dépend des métiers qu'on a exercés dans sa vie 그것(퇴직연금)은 살면서 했던 직업에 달려 있다'라는 내용이 언급되고 있다. 따라서 결국 일의 유형에 따라 퇴직연금이 달라진다는 뜻이므로 정답은 **A**.
5	a)는 직장 생활 기간이 퇴직연금을 받기 위한 중요한 요소들 중 하나라는 의미이다. 지문에서 '**Pour obtenir sa retraite, il faut aussi remplir certaines conditions (comme avoir travaillé assez longtemps)** 퇴직연금을 받기 위해서는 몇몇 조건들을 또한 충족시켜야 한다(꽤 오랫동안 일을 했어야 하는 것처럼)'이라고 하였으므로 **Vrai**. b)는 정부에 의해 취해진 새로운 조치들은 퇴직연금 시스템을 고치기에 충분하다는 의미이다. 지문에서 하원 의원들과 상원 의원들은 오늘부터 법안의 이 조항들을 통과시켰지만 여러 문제들이 있다 (**il y a plusieurs problèmes**)고 언급하고 있다. 따라서 **Faux**.
6	'Le nombre de travailleurs diminue et il y a de plus en plus de retraités qui vivent de plus en plus longtemps 근로자들의 수는 줄어들고 점점 더 오래 사는 정년 퇴직자들은 늘어난다'는 내용이 나온다. 따라서 정답은 **A**.
7	정년퇴직 나이와 관련한 프랑스 정부의 조치를 구체화하는 문제이다. '**Le gouvernement français a choisi de reculer l'âge légal de départ à la retraite (à 62 ans pour l'instant), d'accorder la retraite à 67 ans et d'allonger la durée des cotisations** 프랑스 정부는 정년퇴직을 시작하는 법적 연령을 늦추고(현재 62세에서) 67세로 정년퇴직을 조정하며 분담금 기간을 연장하기로 결정했다'라는 내용이 나온다. 따라서 이 문장을 그대로 쓰면 된다.
8	a)는 몇몇 직업들에서 직원들이 60세 이전에 직장을 그만둔다는 의미이다. 지문에서 '**dans certains métiers, on part à la retraite à 50 ans (policiers, cheminots...)** 몇몇 직업들에서는, 50세에 정년퇴직을 한다(경찰, 철도 종사원...)'이라고 언급하고 있기 때문에 기사의 내용과 일치하므로 **Vrai**. b)는 정년퇴직 연령이 신체적인 어려움과 아무 관계가 없다고 하였다. 그런데 지문에서는 '**D'autres métiers sont aussi très durs physiquement. Peut-on encore les exercer après 60 ans sans mettre en danger sa santé** 다른 직업들은 게다가 신체적으로 매우 힘들다. 60세 이후에 건강을 위험에 빠뜨리지 않고 여전히 이것들을 할 수 있을 것인가(예를 들어 배달-기사)'라고 의문을 제기하고 있다. 이는 신체적인 어려움과 정년퇴직의 나이가 관련이 있다는 의미이기 때문에 이 문장은 기사의 내용과 일치하지 않아 **Faux**.
9	프랑스 기업들의 채용과 관련한 내용을 묻는 문제이다. 기사에 'Les patrons français préfèrent embaucher des jeunes plutôt que des séniors 프랑스 사장들은 노년층보다는 젊은 사람들을 고용하는 것을 선호한다'라는 내용이 있다. 따라서 정답은 **C**.

문제 3

EXERCICE 2 실전 연습

Étape 1

공략에 따라 EXERCICE 2 연습 문제를 풀어 보세요.

Lisez le texte.

Les jeunes sous surveillance

Un adolescent coupable d'un vol, un deuxième d'un viol, un troisième d'un crime : un journal mentionne des crimes commises par les jeunes. À chaque fois, ils déclenchent une vague d'émotion, de colère, de condamnation. Aujourd'hui, la priorité est à la répression. Le moindre incident qui implique un enfant est monté en épingle et la justice veut se montrer exemplaire dans la punition, comme si désormais, nous passions de l'enfant «en danger» à l'enfant «dangereux». Nos enfants le deviendraient-ils davantage ? Seraient-ils moins sensibles à l'autorité parentale et aux sanctions ? La délinquance juvénile est-elle réellement en augmentation ? Le dispositif législatif existant semble efficace, puisque 80 % des mineurs condamnés une première fois ne récidivent pas.

Le ministre de l'Intérieur a suggéré que les jeunes de moins de 13 ans qui ont déjà commis un délit n'aient plus le droit de sortir le soir. Mais comment mettre en place une telle mesure, et est-ce la solution ?

Mettre en place un couvre-feu [une interdiction de sortir le soir] pour les délinquants de moins de treize ans, voilà une proposition qui fait du bruit.

Le ministre de l'Intérieur, Brice Hortefeux, n'a pourtant pas hésité à la faire. Ce qui n'est encore qu'une recommandation a déjà créé bien des remous.

Certains estiment que c'est une bonne idée, qu'il faudrait même aller plus loin et interdire à tous les jeunes de moins de treize ans d'être dehors la nuit venue.

D'autres, comme les syndicats de policiers, pensent qu'une telle mesure est inapplicable. Il faudrait ficher tous les jeunes délinquants et vérifier tous les soirs qu'ils sont chez eux ? Pas assez de policiers pour cela, répondent-ils.

Et puis surveiller les enfants, est-ce le travail de la police ? Le rôle des parents est très important et de nombreuses voix s'élèvent pour demander que ce soit au sein de la famille que soient prises les premières mesures pour éviter la délinquance des plus jeunes.

Une délinquance qui est en forte progression et qui inquiète. Déjà très violents aujourd'hui, que deviendront ces jeunes dans quelques années ?

https://www.jde.fr, http://www.les-docus.com

Répondez aux questions.

1. L'auteur de cet article mentionne ______________________
   - A ☐ les actes criminel des jeunes.
   - B ☐ les problèmes scolaires des adolescents.
   - C ☐ les conflits entre les enfants et leurs parents.

2. Selon ce reportage, les actions illégales des jeunes ______________________
   - A ☐ provoquent des émotions variées chez les gens.
   - B ☐ n'attirent pas l'attention des adultes.
   - C ☐ sont largement tolérées dans la société moderne.

3. Quelle est l'attitude actuelle face aux crimes des jeunes ?

....

4. Quel est la réaction de la justice pour les crimes impliquant un enfant ?
   - A ☐ Condamner à une peine lourde.
   - B ☐ Montrer un jugement exemplaire.
   - C ☐ N'accuser les jeunes en aucun cas.

5. Dites si les affirmations suivantes sont vraies ou fausses en cochant (☒) la case correspondante et citez les passages du texte qui justifient votre réponse. Le candidat obtient le total des points si le choix V/F et la justification sont corrects. Sinon aucun point ne sera attribué. (1,5 point par réponse)

	Vrai	Faux
a) Les mesures législatives actuelles sont plutôt positives. Justification : ______________________		

b) Le ministre de l'Intérieur veut restreindre l'activité des jeunes de moins de 13 ans qui ont déjà commis un crime. Justification : ______________		

6 Quelle est la réaction des gens par rapport à la décision du ministre ?

A ☐ Ils sont tous d'accord avec la mesure du ministre.

B ☐ Certains ne sont pas favorables à la décision du ministre.

C ☐ Ils ne s'intéressent pas du tout à la volonté du ministre.

7 Quelle est la proposition des gens qui soutiennent la mesure du ministre ?

....

8 Dites si les affirmations suivantes sont vraies ou fausses en cochant (☒) la case correspondante et citez les passages du texte qui justifient votre réponse. Le candidat obtient le total des points si le choix V/F et la justification sont corrects. Sinon aucun point ne sera attribué. (1,5 point par réponse)

	Vrai	Faux
a) Les syndicats de policiers considèrent que la mesure du ministre est efficace pour empêcher les crimes des jeunes. Justification : ______________		
b) Les policiers pensent qu'ils sont assez nombreux pour suivre la nouvelle mesure du ministre. Justification : ______________		

9 Selon ce reportage, ______________

A ☐ le rôle des parents est primordial pour résoudre les problèmes de délinquance des jeunes.

B ☐ il faut garantir la vie privée des jeunes qui ont commis un délit.

C ☐ il faut que le nombre de policiers soit réduit.

Étape 2

문제 3의 필수 어휘를 익히고, 해석을 참조하세요.

필수 어휘

surveillance (f) 감시 | adolescent 청소년 | vol (m) 절도, 도난 | viol (m) 강간 | crime (m) 범죄 | commettre 저지르다 | déclencher 촉발시키다, 작동시키다 | condamnation (f) 비난, 유죄 판결 | répression (f) 억압 | incident (m) 사소한 사건 | impliquer 끌어들이다 | monter en épingle 부각시키다 | exemplaire (m) 본보기 | punition (f) 처벌 | sanction (f) 처벌 | délinquance juvénile (f) 소년 비행 | réellement 실제로 | dipositif (m) 장치 | législatif 법적인 | mineur 미성년자 | récidiver 죄를 다시 저지르다 | suggérer 암시하다 | délit (m) 범법 행위 | couvre-feu (m) 야간 통행 금지 | délinquant 범죄인 | faire du bruit 커다란 반향을 일으키다 | remous (m) 대혼잡, 동요 | syndicat (m) 노조, 협회 | inapplicable 적용 불가능한 | ficher 카드에 기재하다 | violent 난폭한 | conflit (m) 갈등 | tolérer 허용하다 | jugement (m) 판결 | retreindre 제한하다 | commettre un crime 범죄를 저지르다

지문을 읽으세요.

해석

감시하에 있는 청소년들

절도, 두 번째는 강간, 세 번째는 범죄를 저지르는 청소년: 한 신문이 청소년들이 저지른 범죄들을 언급하고 있다. 매번, 이것들은 감정, 분노, 비난을 고조시킨다. 오늘날, 가장 중요한 것은 억압에 있다. 아이가 연루된 아주 사소한 사건도 부각되며 법정은 마치 이제부터 우리는 '위험에 처한' 아이에서 '위험한' 아이로 이동하는 것처럼 처벌에서 본보기를 보여주기를 원한다. 우리 아이들이 더 그것(위험한 아이)이 되지는 않을까? 부모의 권위와 처벌에 덜 민감할까? 소년 비행은 실제적으로 증가하고 있는가? 현존하는 법적 조치가 효과가 있어 보이는데 왜냐하면 한 번 유죄 판결을 받은 미성년자들의 80퍼센트가 다시 범죄를 저지르지 않기 때문이다.
내무부 장관은 이미 범죄를 저지른 13세 미만의 청소년들은 더 이상 저녁에 외출할 권한이 없다고 시사했다. 하지만 어떻게 이러한 조치를 시행할 것이며 이것이 해결책일까?
13세 미만의 범죄자들에게 야간 통행 금지(저녁에 외출 금지)를 시행하는 것, 바로 이것이 커다란 반향을 일으키고 있는 주장이다.
그러나 내무부 장관인 Brice Hortefeux는 이것을 주저하지 않고 하였다. 이것은 아직은 그저 권고 사항일 뿐이지만 이미 대 혼란을 야기했다.
몇몇은 이것이 좋은 생각이고 심지어 더 나아가 모든 13세 미만의 청소년들에게 밤이 되면 밖에 있는 것을 금지해야 한다고 생각한다.
경찰 노조 같은 다른 사람들은 이 같은 조치가 적용 불가능하다고 생각한다. 모든 청소년 범죄자들을 기재하고 매일 저녁 이들이 집에 있는지 확인해야 하는가? 이를 위해 경찰이 충분하지 않다고 이들은 답변한다.
그리고 아이들을 감시하는 것이 경찰의 일인가? 부모의 역할이 매우 중요하며 더 어린 청소년들의 범죄를 피하기 위한 첫 번째 조치가 가정에서 취해져야 할 것을 요구하는 다수의 목소리가 높아지고 있다.
급격하게 증가하고 우려되는 청소년 비행. 오늘날 이미 매우 난폭한 이 청소년들은 몇 년 뒤에 무엇이 될 것인가?

질문들에 답하세요.

❶ 이 기사의 저자는 ________________ 을(를) 언급하고 있다.

A ☐ 청소년들의 범죄 행위들

B ☐ 청소년들의 학교 문제들

C ☐ 아이들과 부모 간의 갈등들

❷ 이 르포에 따르면, 청소년들의 위법 행위들은 ________________

A ☐ 사람들에게 다양한 감정들을 유발한다.

B ☐ 어른들의 주의를 끌지 않는다.

C ☐ 현대 사회에서 폭넓게 허용된다.

❸ 청소년들의 범죄와 마주한 현재의 태도는 무엇인가?

....

❹ 아이가 연루된 범죄들에 대한 법정의 대응은 무엇인가?

A ☐ 중형을 선고하는 것.

B ☐ 본보기적인 판결을 보여주는 것.

C ☐ 어떠한 경우에도 청소년을 처벌하지 않는 것.

❺ 다음의 명제들이 참인지 거짓인지 해당되는 칸에 (☒)표를 하면서 답하고 당신의 답변을 증명하는 텍스트의 단락을 인용하세요. V/F 선택과 입증이 옳다면 지원자는 점수의 전체를 얻습니다. 그렇지 않으면 어떠한 점수도 얻지 못합니다. (답변당 1.5점)

	참	거짓
a) 현재의 법적인 조치는 비교적 긍정적이다. 입증 : ________________		
b) 내무부 장관은 이미 범죄를 저지른 13세 미만의 청소년들의 활동을 제한하기를 원한다. 입증 : ________________		

❻ 장관의 결정과 관련하여 사람들의 반응은 무엇인가?

A ☐ 그들은 장관의 조치에 모두 동의한다.

B ☐ 몇몇 이들은 장관의 결정에 호의적이지 않다.

C ☐ 그들은 장관의 의지에 전혀 관심이 없다.

❼ 장관의 조치를 지지하는 사람들의 주장은 무엇인가?

....

❽ 다음의 명제들이 참인지 거짓인지 해당되는 칸에 (☒)표를 하면서 답하고 당신의 답변을 증명하는 텍스트의 단락을 인용하세요. V/F 선택과 입증이 옳다면 지원자는 점수의 전체를 얻습니다. 그렇지 않으면 어떠한 점수도 얻지 못합니다. (답변당 1.5점)

	참	거짓
a) 경찰 노조들은 장관의 조치가 청소년들의 범죄를 막는 데 효과적이라고 여긴다. 입증 : ______		
b) 경찰들은 장관의 새 조치를 따르기 위해 그들이 충분히 많다고 생각한다. 입증 : ______		

❾ 이 르포에 따르면, ______

A ☐ 부모의 역할이 청소년 범죄 문제를 해결하는 데 우선적이다.

B ☐ 범죄를 저지른 청소년들의 사생활을 보장해야 한다.

C ☐ 경찰관들의 수를 줄여야 한다.

Étape 3

해설에 따라 문제 분석 및 풀이 요령을 익히세요.

문제 분석

청소년들의 범죄에 대한 문제이다. 이 기사에서는 청소년 범죄에 대한 내무부 장관의 입장을 중점적으로 살펴야 한다. 증가하는 청소년 범죄에 대한 내무부 장관의 입장은 구체적으로 어떠한지, 이에 반대하는 입장에서 우려하는 바는 무엇인지 그리고 근거는 무엇인지 파악한다. 그리고 지문에서 순서를 나타내는 말에 주의하자. '첫 번째', '두 번째'와 같이 순서를 제시하는 말이 나오면 그와 관련된 내용이 문제로 출제될 확률이 높다.

풀이 요령

문항	풀이 요령
1	기사의 주제에 관한 문제로서 제목과 기사 첫 줄에 'Les jeunes sous surveillance 감시하에 있는 청소년들', 'Un adolescent coupable d'un vol, un deuxième d'un viol, un troisième d'un crime 절도, 두 번째는 강간, 세 번째는 범죄를 저지르는 청소년'이라는 내용이 나온다. 따라서 청소년들의 범죄와 관련한 기사이므로 정답은 **A**.

2	청소년들의 범죄에 대한 사회적 반응에 대해 묻고 있다. 기사에서 'ils déclenchent une vague d'émotion, de colère, de condemnation 이것들(청소년들이 저지른 범죄들)은 감정, 분노, 비난을 고조시킨다'라고 언급하고 있기 때문에 이것과 의미가 유사한 **A**가 정답.
3	청소년 범죄에 대한 태도에 관한 문제로서 이에 대해 '**la priorité est à la répression** 가장 중요한 것은 억압에 있다'고 기술하고 있기 때문에 이것을 정답으로 쓰면 된다.
4	아이가 연루된 범죄에 대한 법정의 반응이 어떠한지 묻는 문제로서 기사에서 'la justice veut se montrer exemplaire dans la punition 법정은 처벌에서 본보기를 보여주기를 원한다'라는 내용이 나온다. 따라서 정답은 **B**.
5	a)는 현재의 법적인 조치가 비교적 긍정적이라는 것이다. 기사에서 '**Le dispositif législatif existant semble efficace** 현존하는 법적 조치가 효과가 있어 보인다'라는 내용이 있으므로 **Vrai**. b)는 내무부 장관이 이미 범죄를 저지른 13세 미만의 청소년들의 활동을 제한하기를 원한다는 의미이다. 기사에서 '**Le ministre de l'Intérieur a suggéré que les jeunes de moins de 13 ans qui ont déjà commis un délit n'aient plus le droit de sortir le soir** 내무부 장관은 이미 범죄를 저지른 13세 미만의 청소년들은 더 이상 저녁에 외출할 권한이 없다고 시사했다'라는 부분이 있기 때문에 기사의 내용과 일치하므로 **Vrai**.
6	장관의 결정에 대한 사람들의 반응을 묻는 문제이다. 기사에서 'Ce qui n'est encore qu'une recommandation a déjà créé bien des remous 이것은 아직은 그저 권고 사항일 뿐이지만 이미 대 혼란을 야기했다'라는 내용이 있다. 이는 결국 찬성과 반대로 의견이 갈린다는 것을 의미하기 때문에 정답은 **B**.
7	장관의 조치를 지지하는 사람들의 주장이 무엇인지 묻고 있다. 기사에서 '**il faudrait même aller plus loin et interdire à tous les jeunes de moins de treize ans d'être dehors la nuit venue** 심지어 더 나아가 모든 13세 미만의 청소년들에게 밤이 되면 밖에 있는 것을 금지해야 한다'라는 내용이 있다. 따라서 이것이 정답.
8	a)는 경찰 노조들은 장관의 조치가 청소년 범죄를 막는 데 효과가 있다는 의미이다. 그러나 기사에서는 '**une telle mesure est inapplicable** 이 같은 조치가 적용 불가능하다'라고 하였으므로 기사의 내용과 일치하지 않아 **Faux**. b)는 경찰들은 장관의 새 조치를 따르기 위해 그들이 충분히 많다고 생각한다는 의미이다. 기사에서 '**Pas assez de policiers pour cela, répondent-ils** 이를 위해 경찰이 충분하지 않다고 이들은 답변한다'라는 내용이 있다. 따라서 기사의 내용과 일치하지 않아 **Faux**.
9	청소년 범죄와 관련한 부모의 역할에 대해 묻는 문제이다. 'Le rôle des parents est très important 부모의 역할이 매우 중요하다'라는 내용이 나오고 있다. 따라서 정답은 **A**.

문제 4

EXERCICE 2 실전 연습

Étape 1

공략에 따라 EXERCICE 2 연습 문제를 풀어 보세요.

Lisez le texte.

Mêmes toilettes pour les professeurs et les élèves

En Malaisie, une nouvelle formule devrait faire son apparition dans les établissements scolaires. Baptisée «1 Toilet», elle recommanderait que les enseignants et les élèves partagent les mêmes toilettes. Ce qui pourrait améliorer les résultats scolaires !

Pour le ministre de l'Enseignement de Terengganu, Ahmad Razif Abdoel Rahman, «si les élèves utilisent les mêmes toilettes que les enseignants, ils auront l'impression d'être au même niveau que leurs professeurs, ce qui leur permettra de se sentir importants au sein de l'école».

Une école aurait déjà essayé ce principe et l'aurait adopté. Dans le même ordre d'idée, il serait également recommandé aux professeurs de se restaurer dans la même cantine que leurs élèves afin de se mettre davantage à leur niveau et ne pas marquer de différence de traitement. Ainsi, cette mise en confiance devrait se traduire par de meilleurs résultats scolaires.

Alors, à quand la même expérience en France ? L'un des avantages serait de permettre aux adultes «d'apprécier» régulièrement l'état des toilettes des élèves.

Le nettoyage des sanitaires ne serait pas réalisé de manière régulière tout au long de la journée : ainsi la moitié des établissements (53%) le pratique une seule fois par jour. Dans 72% des établissements concernés par l'enquête, les chefs d'établissement ont été interpellés sur les dégradations dans les locaux, et 62% sur l'approvisionnement en produits hygiéniques (papier, savon...).

Dans une moindre mesure, un tiers des collèges et lycées déclarent avoir déjà été alertés sur la propreté des sanitaires et leur aménagement (verrous qui ne fonctionnent pas...). Et 16% l'ont été sur des problèmes de sécurité. Les toilettes sont, dans les établissements scolaires, le lieu le plus sensible et le plus difficile à surveiller.

Lorsque l'on sait qu'il y a quelques mois, une étude avait montré que même les enfants préféraient se retenir toute la journée plutôt que d'aller aux toilettes, on peut imaginer que l'expérience malaisienne n'arrivera pas de sitôt chez nous.

Dommage ? Qu'en pensez-vous ?

https://www.jde.fr,

https://www.sudouest.fr

Répondez aux questions.

❶ L'auteur de cet article ______________________

A ☐ présente un nouveau règlement à l'école.

B ☐ souligne le conflit entre les élèves et les professeurs.

C ☐ critique le problème de l'évaluation des élèves.

❷ Qu'espère-t-on en mettant en place cette formule ?

A ☐ Résoudre le problème d'hygiène des toilettes.

B ☐ Mieux s'adapter à la vie de l'école.

C ☐ Obtenir de meilleures notes.

❸ Quel sentiment les élèves peuvent-ils avoir s'ils partagent les toilettes avec leurs professeurs ?

....

❹ Si les enseignants partagent la cantine avec les élèves, ______________________

A ☐ les élèves vont payer moins cher les frais d'inscription.

B ☐ la qualité alimentaire de la cantine va s'améliorer.

C ☐ les élèves vont penser qu'ils sont aussi importants que les enseignants.

❺ Dites si les affirmations suivantes sont vraies ou fausses en cochant (☒) la case correspondante et citez les passages du texte qui justifient votre réponse. Le candidat obtient le total des points si le choix V/F et la justification sont corrects. Sinon aucun point ne sera attribué. (1,5 point par réponse)

	Vrai	Faux
a) Si on applique cette mesure en France, les adultes auront l'occasion de constater l'état sanitaire des toilettes des élèves. Justification : ______________________		
b) La moitié des écoles est très attentive à l'état des toilettes. Justification : ______________________		

6 L'enquête a examiné ______________________

A ☐ l'état d'endommagement des toilettes des écoles.

B ☐ la fréquence d'utilisation des toilettes.

C ☐ les possibilités de délinquance des élèves.

7 Sur quels points un tiers des collèges et lycées ont ils été alertés ?

....

8 Dites si les affirmations suivantes sont vraies ou fausses en cochant (☒) la case correspondante et citez les passages du texte qui justifient votre réponse. Le candidat obtient le total des points si le choix V/F et la justification sont corrects. Sinon aucun point ne sera attribué. (1,5 point par réponse)

	Vrai	Faux
a) Certaines écoles ont des problèmes de sécurité dans les toilettes. Justification : ______________________		
b) Selon cet article, les toilettes sont les endroits les plus discrets d'une école. Justification : ______________________		

9 Selon une étude, les enfants ______________________

A ☐ ne veulent pas aller aux toilettes à l'école.

B ☐ n'hésitent pas à aller aux toilettes à l'école.

C ☐ n'ont pas de problèmes pour aller aux toilettes à l'école.

Étape 2

문제 4의 필수 어휘를 익히고, 해석을 참조하세요.

필수 어휘

apparition (f) 출현 | établissement scolaire (m) 학교 | baptiser 명명하다 | enseignant 교사 | au sein de ~의 중심에 | ordre (m) 종류, 성질 | se restaurer 먹다 | traitement (m) 대우 | confiance (f) 신뢰 | se traduire 표현되다 | apprécier 평가하다 | nettoyage (m) 청소 | sanitaire (m) 위생 시설 | tout au long de ~내 | interpeller 심문하다, 검문하다 | dégradation (f) 파손 | approvisionnement (m) 공급 | hygiénique 위생적인 | alerter 경고하다 | propreté (f) 청결 | aménagement (m) 정비 | verrou (m) 빗장 | se retenir 참다 | sitôt ~하자마자, 직후에 | dommage (m) 유감스러운 일 | critiquer 비판하다 | attentif 신경을 쓰다 | endommagement (m) 손상 | discret 눈에 띄지 않는, 은밀한

지문을 읽으세요.

해석

교사들과 학생들을 위한 같은 화장실

말레이시아에서 새로운 방식이 학교들에 나타날 것이다. '1 화장실'이라고 이름 붙여진 이것은 교사들과 학생들이 같은 화장실을 공유할 것을 권장할 것이다. 이것은 학업 성적을 향상시킬 수 있을 것이다!
Terengganu의 교육부 장관인 Ahmad Razif Abdoel Rahman의 입장에서, '만일 학생들이 교사들과 같은 화장실을 사용한다면, 이들이 교사들과 같은 수준에 있다는 느낌을 받을 것이며 이는 그들이 학교에서 중요하다고 느낄 수 있게 할 것이다.'
한 학교가 이미 이 방침을 시도하고 채택한 것 같다. 같은 발상에서 교사들에게 학생들의 수준에 더 다가가고 대우의 차이를 나타내지 않기 위해 학생들과 같은 학교 식당에서 식사하는 것이 또한 권장된 것 같다. 따라서 이러한 신뢰 구축은 더 나은 학교 성적으로 나타날 것이다.
그렇다면, 프랑스에서 같은 시도는 언제일까? 장점들 중에 하나는 어른들이 학생들의 화장실 상태를 규칙적으로 '평가하게' 한다는 점일 것이다. 위생 시설의 청소는 하루 종일 규칙적으로 시행되지 않을 것이다: 이처럼 학교들의 절반(53퍼센트)이 하루에 한 번만 청소를 한다. 조사와 관련된 학교들의 72퍼센트에서, 교장들은 건물 파손에 대해 조사를 받았으며, 62퍼센트는 위생 제품들(휴지, 비누...)의 공급에 대해 조사를 받았다.
최소한의 조치에서, 중학교와 고등학교의 3분의 1은 이미 위생 시설의 청결성과 정비(작동하지 않는 빗장...)에 대해 경고를 받았다고 말한다. 그리고 16퍼센트는 안전상의 문제였다. 학교에서 화장실은 가장 민감하고 가장 감시하기 어려운 장소이다.
몇 달 전에 한 연구가 아이들조차 화장실에 가기보다는 오히려 하루 종일 참는 것을 선호한다는 것을 보여 주었던 것을 알았을 때, 우리는 말레이시아의 시도가 우리나라에 머지않아 적용되지는 않을 것임을 상상할 수 있다. 유감일까? 당신은 어떻게 생각하는가?

질문들에 답하세요.

❶ 이 기사의 저자는 ______________________________

A □ 학교에서의 새로운 규정을 소개하고 있다.

B □ 학생들과 교사들의 갈등을 강조하고 있다.

C □ 학생들의 평가 문제를 비판하고 있다.

❷ 이 방식을 적용하면서 무엇을 기대하는가?

A □ 화장실의 위생 문제를 해결하기.

B □ 학교생활에 더 잘 적응하기.

C □ 더 좋은 성적을 받기.

❸ 학생들이 교사들과 화장실을 공유한다면 어떤 감정을 가질 수 있는가?

....

❹ 만일 교사들이 학생들과 학교 식당을 공유한다면, ______________________________

A □ 학생들은 등록비를 더 싸게 낼 것이다.

B □ 학교 식당의 음식의 질이 개선될 것이다.

C □ 학생들은 교사들과 마찬가지로 그들이 중요하다고 생각할 것이다.

❺ 다음의 명제들이 참인지 거짓인지 해당되는 칸에 (☒)표를 하면서 답하고 당신의 답변을 증명하는 텍스트의 단락을 인용하세요. V/F 선택과 입증이 옳다면 지원자는 점수의 전체를 얻습니다. 그렇지 않으면 어떠한 점수도 얻지 못합니다. (답변당 1.5점)

	참	거짓
a) 프랑스에서 이 조치를 적용한다면, 어른들은 학생들의 화장실의 위생 상태를 확인할 수 있는 기회를 갖게 될 것이다. 입증 : ______________________________		
b) 학교들의 절반이 화장실 상태에 매우 신경을 쓴다. 입증 : ______________________________		

❻ 이 조사는 ______________________________ 을(를) 검사했다.

A □ 학교 화장실의 훼손 상태

B □ 화장실 사용의 빈도

C □ 학생들의 범죄 가능성

❼ 어떤 점들에 대해서 중학교와 고등학교의 3분의 1이 경고를 받았는가?

....

❽ 다음의 명제들이 참인지 거짓인지 해당되는 칸에 (☒)표를 하면서 답하고 당신의 답변을 증명하는 텍스트의 단락을 인용하세요. V/F 선택과 입증이 옳다면 지원자는 점수의 전체를 얻습니다. 그렇지 않으면 어떠한 점수도 얻지 못합니다. (답변당 1.5점)

	참	거짓
a) 몇몇 학교들은 화장실에 안전 문제를 가지고 있다. 입증 : ______________________		
b) 이 기사에 따르면, 화장실은 학교에서 가장 은밀한 장소이다. 입증 : ______________________		

❾ 연구에 따르면, 아이들은 ______________________

A ☐ 학교 화장실에 가기를 원하지 않는다.

B ☐ 학교 화장실에 가기를 망설이지 않는다.

C ☐ 학교 화장실을 가는 데 문제가 없다.

Étape 3

해설에 따라 문제 분석 및 풀이 요령을 익히세요.

문제 분석

교사들과 학생들이 같은 화장실을 사용하는 것에 대한 기사이다. 다소 낯선 주제이기 때문에 내용을 파악하는 것에 부담을 느낄 수 있으나, 문제의 난이도는 평이한 편이다. 이 기사에서와 같이 새로운 규칙이나 제도가 등장할 때에는 기존 규칙의 문제점과 새로운 규칙을 적용함으로써 기대되는 효과와 우려되는 점은 무엇인지를 중점적으로 파악해야 한다. 또한 이 기사에서는 수치가 자주 등장하고 있으므로, 각각의 수치가 무엇에 대한 것인지 명확히 파악할 수 있도록 하자.

풀이 요령

문항	풀이 요령
1	기사의 주제를 묻는 문제이다. 기사 앞부분에서 'En Malaisie, une nouvelle formule devrait faire son apparition dans les établissements scolaires 말레이시아에서 새로운 방식이 학교들에 나타날 것이다'라고 하였으므로 따라서 정답은 **A**.
2	이 방식을 도입할 경우의 기대 효과를 묻는 문제로서 'Ce qui pourrait améliorer les résultats scolaires 이것은 학업 성적을 향상시킬 수 있을 것이다'라고 하였다. 그러므로 정답은 **C**.

3	교사들과 학생들이 화장실을 함께 사용할 때 느낄 수 있는 감정이 무엇인지 묻는 문제이다. 기사에서 '**ils auront l'impression d'être au même niveau que leurs professeurs, ce qui leur permettra de se sentir importants au sein de l'école** 이들은 교사들과 같은 수준에 있다는 느낌을 받을 것이며 이는 그들이 학교에서 중요하다고 느끼게 할 것이다'라는 내용이 언급되고 있다. 따라서 이 문장을 그대로 쓰면 정답이다.
4	교사들과 학생들이 학교 식당을 공동으로 사용할 경우 학생들이 어떤 느낌을 갖게 될지 묻고 있다. 교사들에게 'afin de se mettre davantage à leur niveau et ne pas marquer de différence de traitement 학생들의 수준에 더 다가가고 대우의 차이를 나타내지 않기 위해' 식당을 함께 사용할 것을 언급하고 있다. 따라서 이 내용과 의미가 통할 수 있는 것은 **C**.
5	a)는 프랑스에서 이 조치를 적용할 경우 어른들이 학생들이 사용하는 화장실의 위생 상태를 확인할 수 있는 기회가 될 것이라는 의미이다. 기사에서 '**permettre aux adultes «d'apprécier» régulièrement l'état des toilettes des élèves** 어른들이 학생들의 화장실 상태를 규칙적으로 평가하게 한다'는 점에 대해 언급하고 있다. 따라서 기사의 내용과 일치하므로 **Vrai**. b)는 학교들의 절반이 화장실 상태에 매우 신경을 쓴다는 내용이다. 기사에서 '**la moitié des établissements (53%) le pratique une seule fois par jour** 학교들의 절반(53%)이 하루에 한 번만 청소를 한다'라고 하였다. 따라서 기사의 내용과 일치하지 않아 **Faux**.
6	조사 대상과 관련된 질문이다. 'Dans 72% des établissements concernés par l'enquête, les chefs d'établissement ont été interpellés sur les dégradations dans les locaux, et 62% sur l'approvisionnement en produits hygiéniques 조사와 관련된 학교들의 72퍼센트에서 교장들은 건물 파손에 대해 조사를 받았으며, 62퍼센트는 위생 제품들(휴지, 비누...)의 공급에 대해 조사를 받았다'라는 내용이 언급되고 있다. 이는 화장실 상태에 대해 조사를 했다는 의미이므로 정답은 **A**.
7	중학교와 고등학교의 3분의 1이 무엇에 대해 경고를 받았는지 묻고 있다. 기사에서 'un tier des collèges et lycées déclarent avoir déjà été alertés **sur la propreté des sanitaires et leur aménagement** 중학교와 고등학교의 3분의 1은 이미 위생 시설의 청결성과 정비에 대해 경고를 받았다'라고 기술하고 있다. 따라서 이 부분이 정답.
8	a)는 몇몇 학교들이 화장실에 안전 문제를 가지고 있다는 의미이다. 기사에서 '**16% l'ont été sur des problèmes de sécurité** 16퍼센트는 안전상의 문제였다'라는 내용을 언급하고 있다. 따라서 주어진 기사의 내용과 일치하므로 **Vrai**. b)는 화장실이 학교에서 가장 은밀한 장소라고 언급하고 있다. 기사에서 '**Les toilettes sont, dans les établissements scolaires, le lieu le plus sensible et le plus difficile à surveiller** 학교에서 화장실들은 가장 민감하고 가장 감시하기 어려운 장소이다'라고 기술하고 있으므로 **Vrai**.
9	아이들이 화장실에 대해 어떤 생각을 갖고 있는지 묻고 있다. 기사에서 'même les enfants préféraient se retenir toute la journée plutôt que d'aller aux toilettes 아이들조차 화장실에 가기보다는 오히려 하루 종일 참는 것을 선호한다'라고 말하고 있다. 따라서 학교 화장실에 가는 것을 꺼려한다는 의미이므로 정답은 **A**.

문제 5

EXERCICE 2 실전 연습

Étape 1

공략에 따라 EXERCICE 2 연습 문제를 풀어 보세요.

Lisez le texte.

Des vacances «éco-responsables» grâce au camping connecté

Il n'y a pas que dans sa maison que l'on peut faire des économies d'énergie. Les campings s'y mettent aussi. Ils deviennent moins gourmands en énergie et réduisent aussi leurs émissions de CO2 grâce notamment à un logiciel de gestion de leur consommation. Au camping de Saint Briac, dès que Pauline entre une réservation d'un des 30 nouveaux mobil home, le logiciel informatique retient la date, l'heure d'arrivée des futurs vacanciers pour que tout soit prêt. «Quelques heures avant leur arrivée, le logiciel va déclencher le chauffe-eau, histoire qu'ils puissent prendre une bonne douche après leur longue route», explique Denis Lelievre de la société Delta Dore, qui a conçu ce logiciel.

A l'intérieur : télé, wifi, salle de bains, réfrigérateur, plaques chauffantes, cafetière. «On ne s'attendait pas à avoir tout ce confort», s'étonne Camille qui a réservé pour 4 jours de vacances. Pour lui, cela reste moins cher que l'hôtel mais c'est aussi économique que le camping sauvage.

Capteurs dans les mobil home, alertes sur les téléphones. Camille ne prête pas attention aux capteurs cachés dans des boitiers dans le mobil home. Pourtant, ils renseignent le logiciel sur ce qui se passe à l'intérieur. Une fenêtre ouverte et il coupera automatiquement le chauffage : pompe de la piscine, chauffage et éclairage de la salle de spectacle, friteuses des cuisines du restaurant : le logiciel fait de même pour l'ensemble des équipements électriques du camping.

«Nos nouveaux mobil home sont deux fois plus efficaces que les anciens», explique le directeur du camping, Jean Marie Senghor. Et en cas de fuites d'eau, le logiciel le prévient immédiatement... sur son téléphone portable, grâce à des alertes. Jean Marie Senghor a dû toutefois investir près de 100.000 euros dans ce réseau intelligent. Une somme amortie normalement en cinq ans grâce aux économies d'énergie générées. Celles-ci lui permettraient d'ouvrir toute l'année et de pérenniser sept emplois dans le village plutôt que d'embaucher des saisonniers l'été.

France info, 05.08.2015.

Répondez aux questions.

❶ Il suffit de faire des économies d'énergie seulement à la maison.

☐ Vrai ☐ Faux

Justification : ______________________________

❷ Comment les campings réduisent-ils leurs émissions de CO2 ?

....

❸ Quel est le rôle du logiciel informatique au camping de Saint-Briac ?

A ☐ Avertir de problèmes imprévisibles.
B ☐ Organiser les activités de loisir des vacanciers.
C ☐ Fournir toutes sortes d'avantages aux vacanciers.

❹ Que fait le logiciel avant l'arrivée des vacanciers ?

A ☐ Il met en marche le chauffage.
B ☐ Il informe les vacanciers des conditions de circulation.
C ☐ Il programme le nettoyage des chambres.

❺ Pour quelle raison Camille s'étonne-t-elle ?

....

❻ Se loger dans ce camping coûte plus cher que faire du camping sauvage.

☐ Vrai ☐ Faux

Justification : ______________________________

⑦ Comment le logiciel fonctionne-t-il quand une fenêtre reste ouverte ?

....

⑧ Selon le directeur du camping ______________________________

A ☐ les vacanciers ne sont pas satisfaits du logiciel.

B ☐ les nouveaux mobil-homes sont mieux que les anciens.

C ☐ le nombre d'employés du camping a diminué grâce au logiciel.

⑨ D'après ce reportage, ce systeme ______________________________

A ☐ est obligatoire pour tous les campings.

B ☐ aide à résoudre les problèmes de chômage.

C ☐ n'est pas efficace pour les problèmes de chômage.

Étape 2 문제 5의 필수 어휘를 익히고, 해석을 참조하세요.

필수 어휘

éco-responsable 환경 친화적인 | **connecté** 접속(연계)된 | **gourmand** (기구, 장치가 에너지 따위를) 많이 소비하는 | **émission (f)** 방출 | **notamment** 특히 | **logiciel de gestion (m)** 관리 소프트웨어 | **déclencher** 작동시키다 | **histoire que** ~하기 위해서 | **concevoir** 고안하다 | **plaque chauffante (f)** 핫플레이트 인덕션 | **cafetière** 커피 메이커 | **s'étonner** 놀라다 | **capteur (m)** 센서 | **alerte (f)** 경보 | **cacher** 감추다, 숨기다 | **boitier (m)** 케이스, 상자 | **pompe (f)** 펌프 | **éclairage (m)** 조명 | **friteuse (f)** 튀김기 | **fuite d'eau (f)** 누수 | **réseau (m)** 네트워크 | **amortir** 경감시키다 | **pérenniser** 존속시키다 | **embaucher** 일하다 | **saisonnier** 계절 노동자 | **avertir** 경고하다 | **imprévisible** 예측 불능의 | **mettre en marche** 작동시키다

해석

지문을 읽으세요.

접속된 캠핑(장) 덕분에 '환경 친화적인' 휴가

집에서만 에너지를 절약할 수 있는 것은 아니다. 캠핑장들 역시 이것을 시작한다. 이들은 에너지를 덜 소비하게 되고 특히 (에너지) 소비량 관리 소프트웨어 덕분에 이산화탄소 배출을 줄인다. Saint Briac 캠핑장에서 Pauline은 30개의 새로운 이동 주택들 중 하나를 예약하자마자 컴퓨터 소프트웨어가 모든 것이 준비되도록 하기 위해 미래의 휴가자들의 날짜, 도착 시간을 잡는다. "이들의 도착 몇 시간 전에, 이들이 긴 여정 후 기분 좋은 샤워를 할 수 있도록 소프트웨어는 온수를 작동시킬 것입니다"라고 이 소프트웨어를 고안한 Delta Dore 회사의 Denis Lelievre가 설명한다.

내부에는 텔레비전, 와이파이, 욕실, 냉장고, 핫플레이트 인덕션, 커피 기계가 있다. "우리는 이 모든 편리함을 갖게 될 것이라고는 기대하지 않았어요."라고 4일의 휴가를 예약한 Camille가 놀란다. 그에게 있어서 이것은 호텔보다 더 싸면서도 야외 캠핑장만큼이나 경제적이다.

이동 주택에 있는 센서들과 전화 위의 경보기들. Camille는 이동 주택 안에 있는 케이스 속 감추어져 있는 센서들에 주의를 기울이지 않는다. 그러나 이것들은 내부에서 일어나고 있는 것에 대해 소프트웨어에 정보를 제공한다. 창문이 열려 있으면 이것(센서)은 자동적으로 난방을 끊을 것이다: 수영장 펌프, 난방 그리고 공연장 조명, 식당 부엌의 튀김기: 소프트웨어는 캠핑장의 전기 장비들 전체에 마찬가지로 작동한다.

"우리의 새로운 이동 주택들은 이전 것들보다 두 배나 더 효율적입니다."라고 캠핑장 책임자인 Jean Marie Senghor는 설명한다. 그리고 누수의 경우 소프트웨어는 경보기 덕분에 휴대폰으로 이를 즉시 알려줍니다... 그러나 Jean Marie Senghor는 이 똑똑한 네트워크에 10만 유로 가까이 투자를 해야만 했다. 금액은 창출되는 에너지 절약 덕분에 5년이면 정상적으로 상환된다. 창출된 에너지 절약은 그에게 일 년 내내 영업을 할 수 있게 해 줄 것이며 여름에만 일하는 노동자들을 고용할 수 있게 해주기보다 오히려 마을에 7개의 일자리를 존속시킬 수 있게 해 줄 것이다.

질문들에 답하세요.

❶ 집에서만 에너지를 절약하는 것으로 충분하다.

☐ 참 ☐ 거짓

입증 : ______________________

❷ 어떻게 캠핑장들은 이산화탄소 배출을 줄이는가?

....

❸ Saint-Briac 캠핑장에 컴퓨터 소프트웨어의 역할은 무엇인가?

A □ 예상치 못한 문제들을 경고하는 것.

B □ 휴가자들의 여가 활동들을 기획하는 것.

C □ 휴가자들에게 모든 종류의 편리함을 제공하는 것.

❹ 휴가자들의 도착 전에 소프트웨어는 무엇을 하는가?

A □ 난방을 작동시킨다.

B □ 휴가자들에게 도로 상황을 알려준다.

C □ 방 청소를 프로그래밍한다.

❺ 어떤 이유로 Camille는 놀라는가?

....

❻ 이 캠핑장에 묵는 것은 야외 캠핑하는 것보다 가격이 더 비싸다.

□ 참 □ 거짓

입증 : ______________________________

❼ 소프트웨어는 창문이 열려 있을 때 어떻게 작동하는가?

....

❽ 캠핑장의 책임자에 따르면, ______________________________

A □ 휴가자들은 소프트웨어에 만족하지 않는다.

B □ 새로운 이동 주택이 이전 것들보다 더 낫다.

C □ 캠핑장 직원들의 수가 소프트웨어 때문에 줄어들었다.

❾ 이 르포에 따르면, 이 시스템은 ______________________________

A □ 모든 캠핑장에 의무적이다.

B □ 실업 문제를 해결하는 데 도움을 준다.

C □ 실업 문제에 대해 효과적이지 않다.

Étape 3

해설에 따라 문제 분석 및 풀이 요령을 익히세요.

문제 분석

환경 친화적이며 컴퓨터 소프트웨어로 휴가자들에게 편의를 제공하는 캠핑장에 관한 기사이다. 이 기사에서는 우선 이 캠핑장들이 어떤 면에서 친환경적인지를 알아야 한다. 그 다음에는 이 캠핑장에 있는 컴퓨터 소프트웨어가 제공하는 편의를 구체적으로 파악해야 한다. 예를 들어 문제에서와 같이 창문이 열려 있을 때 소프트웨어가 어떻게 작동하는지를 알아야 한다. 마지막으로 이 소프트웨어가 휴가자들에게뿐만 아니라 사회에 어떤 영향을 끼칠지에 대해서도 확인해야 한다.

풀이 요령

문항	풀이 요령
1	문제에서는 집에서만 에너지를 절약하는 것으로 충분하다고 되어 있지만 기사에서는 '**Il n'y a pas que dans sa maison que l'on peut faire des économies d'énergie. Les campings s'y mettent aussi** 집에서만 에너지를 절약할 수 있는 것은 아니다. 캠핑장들 역시 이것을 시작한다'라고 하였다. 따라서 기사의 내용과 일치하지 않으므로 정답은 **Faux**.
2	캠핑장에서 이산화탄소 배출을 어떻게 줄일 수 있는지 묻고 있다. 기사의 'Ils deviennent moins gourmands en énergie et **réduisent aussi leurs émissions de CO2 grâce notamment à un logiciel de gestion de leur consummation** 이들은 에너지를 덜 소비하게 되고 (에너지) 소비량 관리 소프트웨어 덕분에 이산화탄소 배출을 줄인다'라는 부분에서 확인할 수 있다.
3	Saint Briac의 캠핑장에서 컴퓨터 소프트웨어의 역할이 무엇인지를 묻는 문제이다. 'le logiciel informatique retient la date, l'heure d'arrivée des futurs vacanciers pour que tout soit prêt 컴퓨터 소프트웨어가 모든 것이 준비되도록 하기 위해 미래의 휴가자들의 날짜, 도착 시간을 잡는다'라고 기술하고 있다. 이것은 결국 휴가자들의 편리함을 도모하기 위한 것이므로 정답은 **C**.
4	휴가자들의 도착 전에 소프트웨어가 하는 일에 대한 문제이다. 'Quelques heures avant leur arrivée, le logiciel va déclencher le chauffe-eau, histoire qu'ils puissent prendre une bonne douche après leur longue route 이들의 도착 몇 시간 전에, 이들이 긴 여정 후 기분 좋은 샤워를 할 수 있도록 소프트웨어는 온수를 작동시킬 것이다'라는 내용에 따라 정답은 **A**.
5	Camille가 놀란 이유에 대해 묻고 있다. Camille는 '**On ne s'attendait pas à avoir tout ce confort** 우리는 이 모든 편리함을 갖게 될 것이라고는 기대하지 않았어요'라고 말하며 놀랐다고 하였으므로 이것을 정답으로 쓰면 된다.
6	문제는 야외 캠핑하는 것보다 이 캠핑장에 묵는 것이 더 비싸다는 것인데 'cela reste moins cher que l'hôtel mais c'est aussi économique que le camping sauvage' 기사에서는 호텔보다 더 싸면서도 야외 캠핑장만큼이나 경제적이다라고 하였다. 따라서 기사의 내용과 일치하지 않으므로 **Faux**.

7	창문이 열려 있을 때 소프트웨어가 어떻게 작동하는지를 묻고 있다. 기사에서 '**Une fenêtre ouverte et il coupera automatiquement le chauffage** 창문이 열려 있으면 이것(센서)은 자동적으로 난방을 끊을 것이다'라는 내용이 있으므로 이것이 정답.
8	소프트웨어에 대한 캠핑장 책임자의 의견을 묻고 있다. 'Nos nouveaux mobil home sont deux fois plus efficaces que les anciens 우리의 새로운 이동 주택들은 이전 것들보다 두 배나 더 효율적이다'라고 하였으므로 정답은 **B**.
9	새로운 시스템에 대한 설명으로 옳은 것을 묻고 있다. 'Celles-ci lui permettraient d'ouvrir toute l'année et de pérenniser sept emplois dans le village plutôt que d'embaucher des saisonniers l'été 창출된 에너지 절약은 그에게 일 년 내내 영업할 수 있게 해 줄 것이며 여름에만 일하는 노동자들을 고용할 수 있게 해 주기보다 오히려 마을에 7개의 일자리를 존속시킬 수 있게 해 줄 것이다'라는 내용을 보아 정답은 **B**.

EXERCICE 2 실전 연습

Étape 1

공략에 따라 EXERCICE 2 연습 문제를 풀어 보세요.

Lisez le texte.

Que de temps perdu !

Selon une étude, les Français perdent environ 120 heures par an devant leur ordinateur parce qu'il démarre trop lentement, parce qu'il met une heure à ouvrir une page ou un programme. Que de temps perdu ! C'est ce que révèle une étude Sandisk, selon laquelle ce temps perdu se chiffre en... jours. 4,98 jours par an exactement, soit plus de 10 heures par mois.

Mais si on fait le cumul du temps que l'on perd en choses pas vraiment utiles chaque jour, ça en devient presque effrayant !

On passe ainsi un tiers de sa vie à dormir.

On passe entre un an et demi et 3 ans sur les toilettes.

Les Français passent en moyenne près de 4 heures par jour devant leur télévision.

Les automobilistes passent 6 mois de leur vie à attendre aux feux rouges.

Levez-vous tôt :

Je me réveille tous les jours à 5 heures. Ce qui me permet d'avoir une avance de 2 heures au moins sur la majorité de ceux qui se réveillent à 7 heures. Ce temps est consacré à la lecture de mes courriers, à l'écriture de mes livres.

Déléguez des tâches :

Vous ne pouvez pas tout faire seul. Commencez par déléguer les tâches pour les lesquelles vous n'êtes trop doués et qui génèrent ainsi beaucoup de temps perdu. Pourquoi ne pas demander à votre enfant, à votre conjoint(e) de faire certaines choses pour vous. Essayez et vous verrez combien ils seront contents de vous aider.

Rendez-vous tôt à votre lieu de travail ou à un rendez-vous :

Curieusement, beaucoup ne le font pas. Pourtant, quel bonheur d'être en avance sur les autres d'au moins 20 minutes ! Vous évitez le stress lié au retard et à la précipitation de dernière heure.

Planifiez :

Eh oui ! Planifiez toujours vos projets et vos activités quotidiennes. Lorsque vous déterminez par avance le temps que vous devez consacrer à une tâche, vous évitez alors de vous égarer dans des détails insignifiants. N'hésitez pas à tenir une liste de vos courses quotidiennes. Ceci vous permet de ne pas prévoir trop de choses et d'être certain de parvenir à les accomplir.

https://www.jde.fr 09.10.2013. http://les-livres-du-bien-etre.com/

Répondez aux questions.

❶ L'auteur de cet article ______________________

A □ conseille de ne pas trop travailler.

B □ critique qu'on néglige l'importance de la santé.

C □ souligne qu'on doit organiser efficacement son emploi du temps.

❷ Selon une étude, les Français passent trop de temps devant l'ordinateur, car ______________________

A □ ils adorent surfer sur le Web.

B □ celui-ci ne marche pas bien.

C □ les réseaux sociaux sont très développés en France.

❸ Précisez les exemples qui nous prennent une heure.

....

❹ Selon cet article, ______________________

A □ on gagne du temps en travaillant efficacement.

B □ on perd beaucoup de temps à cause de choses inutiles.

C □ on fait nos activités en saisissant l'importance du temps.

5 Dites si les affirmations suivantes sont vraies ou fausses en cochant (☒) la case correspondante et citez les passages du texte qui justifient votre réponse. Le candidat obtient le total des points si le choix V/F et la justification sont corrects. Sinon aucun point ne sera attribué. (1,5 point par réponse)

	Vrai	Faux
a) On dort la moitié de notre vie. Justification : ______________________		
b) Les Français ne regardent pas la télé parce qu'ils n'aiment pas ça. Justification : ______________________		

6 L'auteur conseille de se lever tôt, car ______________________

A ☐ cette habitude est bonne pour la santé.

B ☐ on peut éviter les embouteillages.

C ☐ on peut mieux profiter de sa vie personnelle.

7 Que peut-on faire si on se lève tôt ?

....

8 Dites si les affirmations suivantes sont vraies ou fausses en cochant (☒) la case correspondante et citez les passages du texte qui justifient votre réponse. Le candidat obtient le total des points si le choix V/F et la justification sont corrects. Sinon aucun point ne sera attribué. (1,5 point par réponse)

	Vrai	Faux
a) Il faut travailler seul pour gagner du temps. Justification : ______________________		
b) Si on demande de l'aide aux enfants, ils vont se plaindre. Justification : ______________________		

⑨ Quand on tient une liste des activités prévues pour la journée, ______________

A □ on perd trop de temps.

B □ on n'a pas besoin d'aller directement au marché.

C □ on a plus de chance de finir ce qui était prévu.

Étape 2

문제 6의 필수 어휘를 익히고, 해석을 참조하세요.

필수 어휘

démarrer 시작하다 | **lentement** 천천히 | **révéler** 밝히다, 보여 주다 | **se chiffrer** 숫자로 계산하다 | **cumul (m)** 누적 | **effrayant** 굉장한, 끔찍한 | **consacrer à** ~에 몰두하다 | **lecture (f)** 독서 | **courrier (m)** 우편물 | **écriture (f)** 글, 필기 | **déléguer** 맡기다 | **tâche (f)** 일 | **doué** 재능이 있는 | **générer** 발생시키다 | **conjoint** 배우자 | **curieusement** 이상하게 | **précipitation (f)** 서두름 | **planifier** 계획을 세우다 | **s'égarer** 방황하다 | **insignifiant** 의미 없는 | **parvenir à** ~에 다다르다 | **accomplir** 실행하다 | **négliger** 소홀히 하다 | **efficacement** 효과적으로 | **réseau social (m)** 소셜 네트워크 | **se plaindre** 불평하다

지문을 읽으세요.

해석

얼마나 시간 낭비인가!

한 연구에 따르면, 프랑스인들은 컴퓨터 앞에서 일 년에 약 120시간을 허비하는데 왜냐하면 컴퓨터가 너무 늦게 부팅되고 페이지나 프로그램을 여는 데 한 시간이 걸리기 때문이다. 얼마나 시간 낭비인가! 이것이 sandisk 연구가 밝힌 것인데 이에 따르면 이 낭비되는 시간은... 일로 계산된다. 일 년에 정확히 4.98일이며 한 달에 10시간이 넘는다.
그렇지만 우리가 매일 정말로 유용하지 않은 것들에 허비하는 시간을 합치면 얼추 굉장해진다!
우리는 이처럼 인생의 3분의 1일을 잠자는 데 보낸다.
우리는 일 년 반에서 3년을 화장실에서 보낸다.
프랑스인들은 텔레비전 앞에서 매일 평균 4시간 가까이 보낸다.
운전자들은 인생의 6개월을 빨간불에서 기다리는 데 보낸다.
일찍 일어나라:
나는 매일 5시에 잠에서 깬다. 이것은 나로 하여금 7시에 잠에서 깨는 대부분의 사람들보다 적어도 2시간을 앞설 수 있게 해 준다. 이 시간은 우편물을 읽거나 내 책을 쓰는 데 할애된다.
일들을 맡겨라:
당신은 모든 것을 혼자 할 수 없다. 당신이 그다지 재능이 없고 많은 시간을 허비하게 하는 일들을 맡기는 것으로 시작하라. 왜 당신의 아이나 배우자에게 당신을 위해 몇몇 것들을 하도록 부탁하지 않는가. 시도해 보라. 그러면 이들이 당신을 돕는 것에 대해 얼마나 만족해 하는지 알게 될 것이다.
근무지나 약속에 더 일찍 나가라:

이상하게도 많은 사람들이 이렇게 하지 않는다. 그러나 다른 사람들보다 적어도 20분 일찍 도착하는 것은 얼마나 큰 행복인가! 당신은 지각과 막판에 서두르는 것에 관한 스트레스를 피할 수 있다.
계획을 세워라:
바로 그렇다! 항상 당신의 계획들과 일상의 활동들을 계획해라. 당신이 어떤 일에 할애해야 하는 시간보다 일찍 결정할 때 의미 없는 사소한 일들에서 헤매는 것을 피할 수 있다. 주저하지 말고 매일의 활동 목록을 작성하라. 이것은 당신으로 하여금 너무도 많은 것을 예측하지 않게 하고, 이것들을 실행하는 데 확신할 수 있게 할 것이다.

질문들에 답하세요.

❶ 이 기사의 저자는 ______________________

A □ 너무 일하지 말 것을 조언한다.
B □ 건강의 중요성을 간과하는 것을 비판한다.
C □ 일과를 효과적으로 운영해야 하는 것을 강조한다.

❷ 연구에 따르면, 프랑스인들은 컴퓨터 앞에서 너무 많은 시간을 보내는데 왜냐하면 ______________________

A □ 웹 검색하는 것을 아주 좋아하기 때문이다.
B □ 컴퓨터가 잘 작동하지 않기 때문이다.
C □ 소셜 네트워크가 프랑스에서 매우 발달되었기 때문이다.

❸ 우리에게 한 시간이 걸리는 예들을 명시하세요.

....

❹ 이 기사에 따르면, ______________________

A □ 효과적으로 일하면서 시간을 번다.
B □ 불필요한 것들 때문에 많은 시간을 잃는다.
C □ 시간의 중요성을 인식하면서 활동들을 한다.

❺ 다음의 명제들이 참인지 거짓인지 해당되는 칸에 (☒)표를 하면서 답하고 당신의 답변을 증명하는 텍스트의 단락을 인용하세요. V/F 선택과 입증이 옳다면 지원자는 점수의 전체를 얻습니다. 그렇지 않으면 어떠한 점수도 얻지 못합니다. (답변당 1.5점)

	참	거짓
a) 우리는 인생의 절반을 잠을 잔다. 입증 : ______________________		

b) 프랑스인들은 텔레비전을 보지 않는데 왜냐하면 그것을 좋아하지 않기 때문이다. 입증 : ______		

❻ 저자는 일찍 일어날 것을 조언하는데 왜냐하면 ______

A □ 이 습관이 건강에 좋기 때문이다.

B □ 교통체증을 피할 수 있기 때문이다.

C □ 개인 생활을 더 잘 이용할 수 있기 때문이다.

❼ 일찍 일어나면 무엇을 할 수 있는가?

....

❽ 다음의 명제들이 참인지 거짓인지 해당되는 칸에 (☒)표를 하면서 답하고 당신의 답변을 증명하는 텍스트의 단락을 인용하세요. V/F 선택과 입증이 옳다면 지원자는 점수의 전체를 얻습니다. 그렇지 않으면 어떠한 점수도 얻지 못합니다. (답변당 1.5점)

	참	거짓
a) 시간을 벌기 위해서는 혼자 일해야 한다. 입증 : ______		
b) 만일 아이들에게 도움을 청하게 되면 그들이 불평할 것이다. 입증 : ______		

❾ 하루 일과에 예정된 활동들의 목록을 작성했을 때, ______

A □ 너무 많은 시간을 허비한다.

B □ 시장에 직접 갈 필요가 없다.

C □ 예정되었던 것을 끝낼 수 있는 더 많은 기회를 갖게 된다.

Étape 3

해설에 따라 문제 분석 및 풀이 요령을 익히세요.

문제 분석

시간 절약에 대한 문제이다. 평소 우리가 어떤 경우에 시간을 많이 낭비하는지, 어떻게 하면 이런 시간을 절약할 수 있을지 그 방법을 제시하고 있다. 이 기사는 난이도가 낮은 편이고 문제의 난이도도 비교적 낮아 쉽게 풀 수 있다. 시간과 날짜가 자주 등장하므로, 문제가 어렵게 출제된다면 각각의 상황에서 낭비되는 구체적인 시간을 물을 수 있을 것이다.

풀이 요령

문항	풀이 요령
1	기사의 주제에 관한 문제로 제목 'Que de temps perdu 얼마나 시간 낭비인가'에서 시간의 효율적인 사용에 대한 내용의 기사일 것임을 추측할 수 있다. 또한 기사 전반에서 시간을 효율적으로 사용하라는 충고들에서 주제를 파악할 수 있다. 따라서 정답은 **C**.
2	프랑스인들이 컴퓨터 앞에서 많은 시간을 허비하는 이유를 묻는 문제이다. 기사에서 'les Français perdent environ 120 heures par an devant leur ordinateur parce qu'il démarre trop lentement 프랑스인들은 컴퓨터 앞에서 일 년에 약 120시간을 허비하는데 왜냐하면 컴퓨터가 너무 늦게 부팅되기 때문이다'라는 내용이 있다. 따라서 정답은 **B**.
3	우리에게 한 시간이 걸리는 것의 예를 구체적으로 드는 문제이다. '**parce qu'il met une heure à ouvrir une page ou un programme** 페이지나 프로그램을 여는 데 한 시간이 걸리기 때문이다'라는 문장이 언급되었다. 따라서 이 문장이 정답.
4	시간 활용에 대한 문제로서 'si on fait le cumul du temps que l'on perd en choses pas vraiment utiles chaque jour, ça en devient presque effrayant 우리가 매일 정말로 유용하지 않은 것들에 허비하는 시간을 합치면 얼추 굉장해진다'라는 문장이 있다. 따라서 이 내용과 일치하는 **B**가 답이 된다.
5	a)는 우리가 잠을 자는 데 인생의 절반을 보낸다는 의미이다. 기사에서 '**On passe ainsi un tiers de sa vie à dormir** 우리는 이처럼 인생의 3분의 1일을 잠자는 데 보낸다'라는 내용이 있다. 그러므로 이 문장은 기사의 내용과 일치하지 않아 **Faux**. b)는 프랑스인들의 텔레비전 시청과 관련한 문제로 프랑스인들은 텔레비전 보는 것을 좋아하지 않기 때문에 텔레비전을 보지 않는다는 뜻이다. 기사에서는 '**Les Français passent en moyenne près de 4 heures par jour devant leur télévision** 프랑스인들은 텔레비전 앞에서 매일 평균 4시간 가까이 보낸다'라고 하여 내용과 일치하지 않으므로 정답은 **Faux**.
6	저자가 일찍 일어날 것을 조언하는 이유를 묻는 문제이다. 기사에 'Ce qui me permet d'avoir une avance de 2 heures au moins sur la majorité de ceux qui se réveillent à 7 heures. Ce temps est consacré à la lecture de mes courriers, l'écriture de mes livres 이것은 나로 하여금 7시에 잠에서 깨는 대부분의 사람들보다 적어도 2시간을 앞설 수 있게 해 준다. 이 시간은 우편물을 읽거나 내 책을 쓰는 데 할애된다'라는 내용이 있는데 이는 개인적인 삶을 누릴 수 있다는 것과 의미가 비슷하므로 정답은 **C**.

7	일찍 일어나서 할 수 있는 것이 무엇인지 묻고 있다. 'consacré à la lecture de mes courriers, l'écriture de mes livres 우편물을 읽거나 내 책을 쓰는 데 할애된다'라는 문장이 이에 해당한다. **On peut se consacrer à la lecture de ses courriers, l'écriture de ses livres.**
8	a)는 시간을 벌기 위해서는 혼자 일해야 한다는 의미이다. 기사에서는 'Déléguez des tâches : Vous ne pouvez pas tout faire seul 일들을 맡겨라. 당신은 모든 것을 혼자 할 수 없다'라고 언급하고 있다. 따라서 기사의 내용과 일치하지 않으므로 **Faux**. b)는 만일 아이들에게 도움을 청하면 그들이 불평할 것이라는 의미이다. 기사에서 'vous verrez combien ils seront contents de vous aider 이들이 당신을 돕는 것에 대해 얼마나 만족해 하는지 알게 될 것이다'라는 내용으로 보아 기사의 내용과 일치하지 않아 **Faux**.
9	일상의 일과에 대한 리스트를 작성할 때의 장점에 관한 문제이다. 지문에서 'Ceci vous permet de ne pas prévoir trop de choses et d'être certain de parvenir à les accomplir 이것은 당신으로 하여금 너무도 많은 것을 예측하지 않게 하고, 이것들을 실행하는 데 확신할 수 있게 할 것이다'라고 말하고 있다. 따라서 정답은 **C**.

EXERCICE 2 실전 연습

Étape 1

공략에 따라 EXERCICE 2 연습 문제를 풀어 보세요.

Lisez le texte.

Leçons de politesse pour touriste en goguette

Ne pas fourrer les doigts dans son nez, ne pas faire pipi dans la piscine ou ne pas voler le gilet de sauvetage dans l'avion... Ce sont les conseils que le gouvernement de Chine donne à ses citoyens quand ils partent en vacances.

Les bonnes manières ne sont pas toujours très suivies en Chine et le gouvernement a peur que certains Chinois malpolis ne donnent une mauvaise image du pays quand ils sont en vacances à l'étranger. Il y a quelques mois, le graffiti laissé sur un monument égyptien vieux de 3.500 ans par un jeune Chinois avait choqué. Plus récemment, une maman qui a fait faire pipi à son fils dans une bouteille au milieu d'un restaurant a provoqué un scandale à Hong Kong (Asie).

Auparavant, les Chinois ne partaient presque pas en vacances, car ils n'avaient pas de jours de congé. La Chine a attendu la fin des années 1990 pour adopter 2 jours de repos par semaine, puis 9 jours fériés par an. Mais ces nouveaux vacanciers se font parfois un peu trop remarquer.

Le gouvernement chinois a édicté une liste de conseils dans un «Guide du touriste bien élevé» de 64 pages, proposé sur Internet. Il a aussi créé des pubs, diffusées à la télé. Ne pas fourrer les doigts dans son nez, ne pas faire pipi dans la piscine ou ne pas voler le gilet de sauvetage dans l'avion... Voilà le type de recommandations que l'on peut y trouver. Malgré tout, on s'interroge devant certains d'entre eux, comme par exemple celui qui recommande de porter des boucles d'oreilles en Espagne pour ne pas avoir l'air toute nue...

Coureurs malpolis

Au Japon aussi, il y a des soucis. Un comble dans ce pays réputé [très connu] pour la politesse de ses habitants. Le problème, ce sont quelques-uns des 10.000 joggeurs qui courent chaque jour autour du palais impérial de Tokyo. La police a reçu une centaine de plaintes de touristes et de visiteurs âgés qui se sont fait bousculer par derrière, sans un mot d'excuse. Les autorités du quartier ont installé des panneaux rappelant aux sportifs quelques règles élémentaires : priorité aux piétons, courez dans le sens inverse des aiguilles d'une montre et soyez polis !

https://www.jde.fr 08.10.2013.

Répondez aux questions.

❶ L'auteur de cet article ______________________________

A ☐ souligne l'importance d'une bonne conduite.
B ☐ insiste sur l'avantage économique du tourisme.
C ☐ mentionne les difficultés de la vie quotidienne.

❷ Selon cet article, le gouvernement chinois considère que ses citoyens ______________________________

A ☐ gaspillent trop d'argent pendant les voyages à l'étranger.
B ☐ montrent de mauvaises habitudes pendant les voyages à l'étranger.
C ☐ ne font pas attention aux dangers pendant les voyages à l'étranger.

❸ Que craint le gouvernement chinois ?

....

❹ Qu'est-ce qu'un jeune Chinois a fait en Égypte ?

A ☐ Il a endommagé un monument du patrimoine.
B ☐ Il a fait un geste exemplaire pour tout le monde.
C ☐ Il a sacrifié sa vie pour sauver un monument du patrimoine.

❺ Dites si les affirmations suivantes sont vraies ou fausses en cochant (☒) la case correspondante et citez les passages du texte qui justifient votre réponse. Le candidat obtient le total des points si le choix V/F et la justification sont corrects. Sinon aucun point ne sera attribué. (1,5 point par réponse)

	Vrai	Faux
a) Une maman a laissé son enfant dans les toilettes d'un restaurant et cela a provoqué un scandale à Hong Kong. Justification : ______		
b) Auparavant, les Chinois ne partaient presque pas en vacances, car ils n'avaient pas assez d'argent pour voyager. Justification : ______		

❻ Selon cet article, avant 1990, les Chinois ______

A ☐ consacraient trop de temps à travailler.

B ☐ profitaient suffisamment de leur vie personnelle.

C ☐ passaient beaucoup de temps avec leur famille.

❼ Qu'a fait le gouvernement chinois sur Internet ?

....

❽ Dites si les affirmations suivantes sont vraies ou fausses en cochant (☒) la case correspondante et citez les passages du texte qui justifient votre réponse. Le candidat obtient le total des points si le choix V/F et la justification sont corrects. Sinon aucun point ne sera attribué. (1,5 point par réponse)

	Vrai	Faux
a) Certains pensent que les conseils que le gouvernement chinois propose ont un peu exagérés. Justification : ______		
b) La police japonaise a reçu une centaine de plaintes de touristes à cause du manque de gentillesse de certains Japonais. Justification : ______		

⑨ Les autorités du quartier ont installé des panneaux pour les sportifs pour leur demander de ______________________

A □ se montrer polis.

B □ changer leurs mauvaises habitudes alimentaires.

C □ faire des efforts pour diminuer les accidents dans la rue.

Étape 2

문제 7의 필수 어휘를 익히고, 해석을 참조하세요.

필수 어휘

en goguette 술에 취해 격앙된 | **fourrer** 집어넣다 | **pipi (m)** 오줌 | **voler** 훔치다 | **gilet de sauvetage (m)** 구명 조끼 | **suivi** 계속되는 | **malpoli** 무례한 | **graffiti (m)** 낙서 | **choquer** (정신적으로) 타격을 주다 | **récemment** 최근에 | **bouteille (f)** 병 | **auparavant** 전에 | **férié** 공휴일로 정해진 | **vacancier** 피서객 | **édicter** 제정, 공포하다 | **pub (f)** 광고 (**publicité**의 줄임말) | **diffuser** 방송하다, 확산시키다 | **recommandation (f)** 추천 | **s'interroger** 자문하다 | **boucle d'oreilles (f)** 귀걸이 | **coureur** 달리는 사람 | **souci (m)** 근심 | **comble (m)** 절정 | **politesse (f)** 예의 | **impérial** 황실의 | **plainte (f)** 고소, 불만 | **bousculer** 떼밀다 | **panneau (m)** 표시판 | **piéton** 보행자 | **inverse** 반대의 | **aiguille (f)** 바늘 | **conduite (f)** 행동 | **gaspiller** 낭비하다 | **craindre** 걱정하다, 무서워하다 | **endommager** 손상하다 | **sacrifier** 희생하다 | **exagéré** 과장된

지문을 읽으세요.

해석

얼큰히 취한(격앙된) 관광객들을 위한 예절 교육

코에 손가락을 넣지 않기, 수영장에서 소변보지 않기, 비행기에서 구명조끼를 훔치지 않기... 이것들은 중국 정부가 국민들이 휴가를 떠날 때 이들에게 하는 조언이다.

좋은 태도들이 중국에서 항상 그렇게 계속되는 것은 아니며 정부는 불친절한 몇몇 중국인들이 외국으로 휴가를 떠날 때 나라의 나쁜 이미지를 줄까 봐 걱정한다. 몇 달 전에, 한 젊은 중국인에 의해 3,500년 된 이집트의 오래된 기념물에 남겨진 낙서는 충격을 주었다. 더 최근에는 식당 한가운데에서 아들에게 병에다 소변을 보게 한 한 엄마는 홍콩(아시아)에서 스캔들을 불러일으켰다.

이전에 중국인들은 휴가를 거의 떠나지 않았는데 왜냐하면 그들은 휴가가 없었기 때문이었다. 중국은 일주일에 2일의 휴가, 그리고 일 년에 9일의 공휴일을 채택하기 위해 1990년 말까지 기다렸다. 그렇지만 이 새로운 휴가자들은 때때로 너무 주목을 받게 한다.

중국 정부는 인터넷에서 제시된 64페이지의 '매우 교양 있는 관광객 지침서'에서 조언 목록을 공표했다. 또한 텔레비전에 방송되는 광고들도 만들었다. 코에 손가락을 넣지 않기, 수영장에서 소변보지 않기, 비행기에서 구명조끼를 훔치지 않기... 바로 이것이 여기에서 볼 수 있는 권고 유형들이다. 그럼에도 불구하고, 우리는 예를 들어 완전히 나체처럼 보이지 않기 위해 스페인에서 귀걸이를 할 것을 권하는 것과 같이 이것(조언)들 중 몇몇 개에 대하여 의문을 제기한다.

예의 없는 조깅자들
일본에서도 걱정들이 있다. 이 나라에서 국민들의 예의는 매우 유명하다. 문제는 도쿄 황궁 주위를 매일 달리는 만여 명의 조깅자들 중 몇 명이다. 경찰은 미안하다는 말 한마디 없이 뒤에서 밀침을 당한 나이 든 방문객들과 관광객들의 백여 건의 고소들을 접수했다. 이 지역 기관들은 운동하는 사람들에게 몇 가지 기본적인 규칙들을 상기시키는 표시판을 설치했다: 보행자 우선, 시계 반대 방향으로 달리시오 그리고 예의를 지키시오!

질문들에 답하세요.

❶ 이 기사의 저자는 ______________

A □ 예의 바른 행동의 중요성을 강조한다.
B □ 관광 산업의 경제적 이점을 주장한다.
C □ 일상생활의 어려움들을 언급한다.

❷ 이 기사에 따르면, 중국 정부는 시민들이 ______________ 고 생각한다.

A □ 외국 여행 동안 너무 많은 돈을 낭비한다
B □ 외국 여행 동안 나쁜 습관들을 보여 준다
C □ 외국 여행 동안 위험에 주의하지 않는다

❸ 중국 정부는 무엇을 걱정하는가?

....

❹ 젊은 중국인이 이집트에서 무엇을 하였는가?

A □ 문화유산 기념물을 훼손했다.
B □ 모든 사람에게 모범적인 행동을 했다.
C □ 문화유산을 구하기 위해 목숨을 희생했다.

❺ 다음의 명제들이 참인지 거짓인지 해당되는 칸에 (☒)표를 하면서 답하고 당신의 답변을 증명하는 텍스트의 단락을 인용하세요. V/F 선택과 입증이 옳다면 지원자는 점수의 전체를 얻습니다. 그렇지 않으면 어떠한 점수도 얻지 못합니다. (답변당 1.5점)

	참	거짓
a) 한 엄마가 식당 화장실에 아이를 놔두었고 이는 홍콩에서 스캔들을 불러일으켰다. 입증 : ______________		

b) 이전에, 중국인들은 휴가를 거의 떠나지 않았는데 왜냐하면 여행할 돈이 충분치 않아서였다. 입증 : ______________________		

❻ 이 기사에 따르면, 1990년 이전에 중국인들은 ______________

A □ 일하는 데 너무 많은 시간을 할애했다.

B □ 사생활을 충분히 누렸다.

C □ 가족과 함께 많은 시간을 보냈다.

❼ 중국 정부는 인터넷에 무엇을 했는가?

....

❽ 다음의 명제들이 참인지 거짓인지 해당되는 칸에 (☒)표를 하면서 답하고 당신의 답변을 증명하는 텍스트의 단락을 인용하세요. V/F 선택과 입증이 옳다면 지원자는 점수의 전체를 얻습니다. 그렇지 않으면 어떠한 점수도 얻지 못합니다. (답변당 1.5점)

	참	거짓
a) 몇몇 이들은 중국 정부가 제안하고 있는 조언들이 약간 지나쳤다고 생각한다. 입증 : ______________________		
b) 일본 경찰은 몇몇 일본인들의 예의 부족 때문에 관광객들로부터 백여 건의 고소들을 접수했다. 입증 : ______________________		

❾ 지역 기관들은 ______________ 을(를) 부탁하기 위해 운동하는 사람들을 위한 표시판을 설치했다.

A □ 예의를 보여 줄 것

B □ 나쁜 식습관을 바꿀 것

C □ 거리에서 사고를 줄이기 위해 노력할 것

Étape 3

해설에 따라 문제 분석 및 풀이 요령을 익히세요.

문제 분석

중국과 일본 관광객 예절에 대한 내용을 담고 있는 기사이다. 우리나라에서도 이와 관련된 뉴스가 몇 차례 등장한 적이 있어 낯선 화제는 아니다. 여기에서는 문제를 일으키는 관광객들에 대해 각 정부가 어떤 조치를 취하고 있는지 파악해야 한다.

풀이 요령

문항	풀이 요령
1	기사의 주제를 묻는 문제이다. 기사의 제목이 'Leçons de politesse pour touriste en goguette 얼큰히 취한(격앙된) 관광객들을 위한 예절 교육'이므로 예절과 관련된 **A**가 정답.
2	중국인들에 대한 중국 정부의 생각을 묻는 문제이다. 기사에서 'le gouvernement a peur que certains Chinois malpolis ne donnent une mauvaise image du pays quand ils sont en vacances à l'étranger 정부는 불친절한 몇몇 중국인들이 외국으로 휴가를 떠날 때 나라의 나쁜 이미지를 줄까 봐 걱정한다'라는 내용이 있다. 따라서 정답은 **B**.
3	중국 정부가 걱정하는 것이 무엇인지 묻는 문제로서 기사에 '**le gouvernement a peur que certains Chinois malpolis ne donnent une mauvaise image du pays quand ils sont en vacances à l'étranger** 정부는 불친절한 몇몇 중국인들이 외국으로 휴가를 떠날 때 나라의 나쁜 이미지를 줄까 봐 걱정한다'라는 내용이 있다. 따라서 이것을 정답으로 쓰면 된다.
4	젊은 중국인이 이집트에서 한 행동을 묻는 문제이다. 기사에서 'le graffiti laissé sur un monument égyptien vieux de 3.500 ans par un jeune Chinois avait choqué 한 젊은 중국인에 의해 3,500년 된 이집트의 오래된 기념물에 남겨진 낙서는 충격을 주었다'라는 내용이 있다. 따라서 정답은 **A**.
5	a) 기사에서 '**une maman qui a fait faire pipi à son fils dans une bouteille au milieu d'un restaurant a provoqué un scandale à Hong Kong (Asie)** 식당 한가운데에서 아들에게 병에다 소변을 보게 한 한 엄마는 홍콩(아시아)에서 스캔들을 불러일으켰다'라는 내용이 나온다. 그런데 주어진 a)는 한 엄마가 식당 화장실에 아이를 놔두었다는 의미이므로 기사의 내용과 일치하지 않아 **Faux**. b) 이전에 중국인들이 휴가를 거의 떠나지 않은 이유로 기사에서는 '**ils n'avaient pas de jours de congé** 그들은 휴가가 없었다'라는 내용이 나온다. 그러나 b)는 이전에 중국인들은 여행할 돈이 충분하지 않아서 휴가를 거의 떠나지 않았다는 의미이므로 **Faux**.
6	1990대 이전에 중국인들에 대한 삶에 대한 문제로 'La Chine a attendu la fin des années 1990 pour adopter 2 jours de repos par semaine, puis 9 jours fériés par an 중국은 일주일에 2일의 휴가, 그리고 일 년에 9일의 공휴일을 채택하기 위해 1990년대 말까지 기다렸다'라는 내용이 나온다. 따라서 전에는 오로지 일만 했다는 의미이므로 정답은 **A**.

7	인터넷을 통해 중국 정부가 한 행동에 대해 묻는 문제이다. 기사에 'Le gouvernement chinois a édicté une liste de conseils dans un «Guide du touriste bien élevé» de 64 pages, proposé sur Internet 중국 정부는 인터넷에서 제시된 64페이지의 '매우 교양 있는 관광객 지침서'에서 조언 목록을 공포했다'라는 말이 언급되고 있기 때문에 이 문장을 쓰면 된다. **Il a édicté une liste de conseils dans un «Guide du touriste bien élevé» de 64 pages.**
8	a) 중국 정부가 제안하고 있는 조언들에 대한 사람들의 반응을 묻는 문제로서 지문에 '**on s'interroge devant certains d'entre eux** 우리는 이것(조언)들 중 몇몇 개에 대하여 의문을 제기한다'라는 내용이 있는 것으로 보아 부정적 생각을 일부 갖고 있다고 볼 수 있다. 따라서 a)의 몇몇 이들은 중국 정부가 제안한 조언들이 약간 지나쳤다고 생각한다는 내용과 일치하므로 **Vrai**. b) 일본 경찰이 관광객들에게 받은 불만에 관한 문제이다. 기사에서 '**La police a reçu une centaine de plaintes de touristes et de visiteurs âgés qui se sont fait bousculer par derrière, sans un mot d'excuse** 경찰은 미안하다는 말 한마디 없이 뒤에서 밀침을 당한 나이 든 방문객들과 관광객들의 백여 건의 고소를 접수했다'라는 내용이 있다. 따라서 본문의 내용과 일치하므로 **Vrai**.
9	일본 지역 기관들이 취한 행동에 관한 문제이다. 기사에 'Les autorités du quartier ont installé des panneaux rappelant aux sportifs quelques règles élémentaires : (…) soyez polis ! 이 지역 기관들은 운동하는 사람들에게 몇 가지 기본적인 규칙들을 상기시키는 표시판을 설치했다: (…) 예의를 지키시오!'라는 말이 나온다. 따라서 예의에 관련한 규칙들이라는 점에서 정답은 **A**.

EXERCICE 2 실전 연습

Étape 1

공략에 따라 EXERCICE 2 연습 문제를 풀어 보세요.

Lisez le texte.

Non au goûter de 10 h, mais oui au petit-déjeuner à l'école ?

Les élèves doivent-ils prendre un goûter à la récré de 10 h ? Non, alertent les médecins, ça fait grossir ! Il faut prendre un petit-déjeuner à la maison. Mais comme beaucoup d'élèves n'en prennent pas, des écoles leur proposent des tartines avant les cours.

Dans certaines régions, comme en Alsace, le goûter du matin est une tradition très ancrée, apparue après la Seconde Guerre mondiale (1939-45) pour développer la croissance des enfants.

• Goûter = obésité ?

Mais aujourd'hui ce goûter est accusé de faire grossir les enfants. Les petits Alsaciens sont d'ailleurs les plus touchés de France par l'obésité. Les médecins souhaitent qu'on abandonne cette tradition. Selon eux, elle donne aux enfants «l'habitude de manger sans faim. C'est le début du grignotage.»

En fait, ils recommandent de prendre un bon petit-déjeuner : c'est le repas le plus important de la journée. Il donne des forces pour toute la matinée. Le goûter de 10 h devient alors superflu [inutile].

• Ventre vide = échec scolaire

Mais là, un autre problème se pose. Beaucoup d'enfants partent à l'école le ventre vide le matin !

Souvent, ils n'ont pas le temps de prendre un petit-déjeuner, ils n'ont pas faim au saut du lit... Ou alors, il n'y a rien à manger chez eux. Certains parents sont déjà partis travailler quand les enfants se lèvent : ils doivent alors se débrouiller seuls.

Ces enfants qui ont faim en milieu de matinée sont fatigués et peu attentifs. Une fatigue qui peut conduire à l'échec scolaire.

• Des tartines en classe

À Paris, un élu du 19ème arrondissement souhaite que les élèves de primaire puissent prendre un petit-déjeuner à l'école.

Et dans plusieurs collèges de France, les élèves vont pouvoir prendre un vrai petit-déjeuner avant le début des cours du matin. L'expérience va durer quelques mois. Plutôt sympa.

Mais est-ce vraiment le rôle de l'école de proposer un petit-déjeuner aux élèves ?

https://www.jde.fr 20.09.2013.

Répondez aux questions.

❶ Le sujet de cet article concerne :

A □ le sport pour les enfants.

B □ les relations amicales entre enfants.

C □ la santé alimentaire des enfants.

❷ Selon les médecins, quel est le problème du goûter à la récré de 10 h ?

A □ Les enfants vont prendre du poids.

B □ Les enfants vont maigrir de plus en plus.

C □ Les enfants vont de plus en plus vouloir prendre un petit-déjeuner.

❸ Pourquoi des écoles proposent-elles aux élèves des tartines avant les cours ?

....

❹ Dans certaines régions, les enfants prennent un goûter le matin depuis longtemps pour

____

A □ empêcher leur obésité.

B □ les aider à grandir.

C □ aider les familles en difficulté économique.

5 Dites si les affirmations suivantes sont vraies ou fausses en cochant (☒) la case correspondante et citez les passages du texte qui justifient votre réponse. Le candidat obtient le total des points si le choix V/F et la justification sont corrects. Sinon aucun point ne sera attribué. (1,5 point par réponse)

	Vrai	Faux
a) Aujourd'hui, on considère que le goûter n'est pas bon pour les enfants. Justification : ______________________		
b) Selon les médecins, le goûter crée de mauvaises habitudes alimentaires chez les enfants. Justification : ______________________		

6 Les médecins considèrent qu'un bon petit-déjeuner ______________________

A ☐ est le meilleur repas pour les enfants.

B ☐ est le pire repas pour les enfants.

C ☐ n'a aucune importance pour les enfants.

7 Quel est l'avantage du petit-déjeuner ?

....

8 Dites si les affirmations suivantes sont vraies ou fausses en cochant (☒) la case correspondante et citez les passages du texte qui justifient votre réponse. Le candidat obtient le total des points si le choix V/F et la justification sont corrects. Sinon aucun point ne sera attribué. (1,5 point par réponse)

	Vrai	Faux
a) Si les enfants prennent un petit-déjeuner, ils n'ont pas besoin du goûter de 10 h. Justification : ______________________		
b) Quand les enfants ont faim en milieu de matinée, ils se concentrent sur les cours. Donc, ils peuvent réussir dans leur vie scolaire. Justification : ______________________		

❾ Dans plusieurs collèges de France, ______

A ☐ les élèves vont pouvoir prendre un vrai petit-déjeuner avant de commencer les cours.

B ☐ les élèves vont prendre un vrai petit-déjeuner avant de venir au collège.

C ☐ les parents vont venir au collège pour prendre un petit-déjeuner avec leurs enfants.

Étape 2

문제 8의 필수 어휘를 익히고, 해석을 참조하세요.

필수 어휘

goûter (m) 간식 | **récré (f)** (은어) 휴식 시간(**récréation**) | **tartine (f)** (버터나 꾸덕한 잼을 발라 먹는) 빵 | **ancré** 굳어진 | **apparaître** 나타나다 | **croissance (f)** 성장 | **obésité (f)** 비만 | **accuser** 비난하다 | **grignotage (m)** 군것질 | **superflu** 불필요한 | **ventre (m)** 배 | **échec (m)** 실패 | **au saut du lit** 침대에서 일어나자마자 | **se débrouiller** 해결하다 | **attentif** 주의 깊은 | **élu** 당선자 | **arrondissement (m)** 구 | **primaire (m)** 초등교육 | **maigrir** 야위다 | **empêcher** 방해하다

지문을 읽으세요.

해석

10시에 간식은 안 되지만 학교에서 아침 식사는 된다?

학생들이 10시 휴식 시간에 간식을 먹어야만 하는가? 아니다, 의사들은 경고한다, 그것이 살을 찌게 한다고! 집에서 아침 식사를 해야 한다. 그렇지만 많은 학생들이 하지 않기 때문에 학교들은 이들에게 수업 전에 빵을 제안한다.

Alsace에서와 같이 몇몇 지역들에서 아침 간식은 아이들의 성장을 돕기 위해 2차 세계대전 (1939~45) 이후 나타난 매우 뿌리 깊은 전통이다.

- 간식 = 비만?

그렇지만 오늘날 이 간식은 아이들을 살찌게 한다는 비난을 받는다. 어린 Alsace 아이들은 더구나 프랑스에서 비만으로 가장 영향을 받고 있다. 의사들은 이 전통을 포기하기를 바란다. 이들에 따르면, 그것은 아이들에게 '배고프지 않은데도 먹는 습관을 준다. 이것은 군것질의 시작이다.'

사실, 이들은 제대로 된 아침 식사를 먹을 것을 권한다: 이것은 하루 중에 가장 중요한 식사이다. 그것은 아침나절 내내 힘을 준다. 10시의 간식은 그래서 불필요한 것이 된다.

- 공복 = 학업의 실패

그렇지만 여기에 또 다른 문제가 제기된다. 많은 아이들이 아침에 공복으로 학교에 간다!

흔히, 이들은 아침 식사를 할 시간이 없고 침대에서 나오자마자 입맛이 없다... 그렇지 않으면 집에 먹을 것이 아무것도 없다. 몇몇 부모들은 아이들이 일어났을 때 이미 일하러 떠났다: 그래서 이들은 혼자서 알아서 해결해야 한다.

아침나절 중간에 배가 고픈 이 아이들은 피곤하고 집중력이 떨어진다. 피로는 학업 실패로 이어질 수 있다.
- 학급에서의 빵들
Paris에서 19구의 한 의원은 초등학교 학생들이 학교에서 아침을 먹을 수 있기를 바란다.
그리고 프랑스의 여러 중학교들에서 학생들은 아침 수업 시작 전에 진짜 아침 식사를 할 수 있을 것이다. 이 체험은 몇 개월간 지속될 것이다. 비교적 괜찮다.
그렇지만 학생들에게 아침 식사를 제안하는 것이 진정 학교의 역할인가?

질문들에 답하세요.

❶ 이 기사의 주제는 ______________________ 와(과) 연관된다.

A □ 아이들을 위한 운동

B □ 아이들 사이의 우정 관계

C □ 아이들을 위한 음식 건강

❷ 의사들에 따르면, 10시의 휴식 시간에 간식의 문제는 무엇인가?

A □ 아이들의 체중이 늘 것이다.

B □ 아이들이 점점 더 말라갈 것이다.

C □ 아이들이 점점 더 아침 식사 먹기를 원할 것이다.

❸ 왜 학교들이 수업 전에 학생들에게 빵을 제안하는가?

....

❹ 몇몇 지역들에서 아이들은 ______________________ 위해 오래전부터 아침에 간식을 먹는다.

A □ 비만을 억제하기

B □ 그들을 성장하게 돕기

C □ 경제적 어려움에 있는 가족들을 돕기

❺ 다음의 명제들이 참인지 거짓인지 해당되는 칸에 (☒)표를 하면서 답하고 당신의 답변을 증명하는 텍스트의 단락을 인용하세요. V/F 선택과 입증이 옳다면 지원자는 점수의 전체를 얻습니다. 그렇지 않으면 어떠한 점수도 얻지 못합니다. (답변당 1.5점)

	참	거짓
a) 오늘날, 우리는 간식이 아이들에게 좋지 않다고 생각한다. 입증 : ______________________		
b) 의사들에 따르면, 간식은 아이들에게 나쁜 식습관을 조장한다. 입증 : ______________________		

6 의사들은 좋은 아침 식사가 ______________________ (라)고 생각한다.

A ☐ 아이들에게 최고의 식사이다

B ☐ 아이들에게 최악의 식사이다

C ☐ 아이들에게 어떠한 중요성도 없다

7 아침 식사의 장점은 무엇인가?

....

8 다음의 명제들이 참인지 거짓인지 해당되는 칸에 (☒)표를 하면서 답하고 당신의 답변을 증명하는 텍스트의 단락을 인용하세요. V/F 선택과 입증이 옳다면 지원자는 점수의 전체를 얻습니다. 그렇지 않으면 어떠한 점수도 얻지 못합니다. (답변당 1.5점)

	참	거짓
a) 만일 아이들이 아침 식사를 한다면 10시의 간식은 필요하지 않다. 입증 : ______________________		
b) 아이들이 아침나절 중간에 배가 고플 때, 수업에 집중한다. 그래서 학교 생활에 성공할 수 있다. 입증 : ______________________		

9 프랑스의 여러 중학교들에서, ______________________

A ☐ 학생들은 수업을 시작하기 전에 진짜 아침 식사를 할 수 있을 것이다.

B ☐ 학생들이 중학교에 오기 전에 진짜 아침 식사를 할 수 있을 것이다.

C ☐ 부모들이 자녀들과 함께 아침 식사를 하기 위해 중학교에 올 것이다.

Étape 3 해설에 따라 문제 분석 및 풀이 요령을 익히세요.

문제 분석

학교에서 아침 식사를 하는 것에 대해 다룬 기사이다. 기사의 내용이나 어휘 수준이 평이한 편으로 비교적 쉽게 풀 수 있는 문제이다. 기사에서 아침 10시에 먹는 간식의 단점, 아침 식사의 장점이 무엇인지, 각각의 이유는 무엇인지 명확히 파악해야 한다. 추가적으로, 학생들이 집에서 아침 식사를 하지 못하는 이유를 묻는 문제가 출제될 수 있다.

풀이 요령

문항	풀이 요령
1	기사의 주제를 묻는 문제로 제목이 'Non au goûter de 10 h, mais oui au petit-déjeuner à l'école ? 10시에 간식은 안 되지만 학교에서 아침 식사는 된다?'라는 내용이 있다. 이는 결국 식사와 건강에 관한 것이므로 정답은 **C**.
2	10시의 휴식 시간에 먹는 간식의 문제점이 무엇인지 묻는 문제이다. 기사에서 'alertent les médecins, ça fait grossir ! 의사들은 경고한다, 그것이 살을 찌게 한다고!'라는 내용이 나온다. 따라서 살이 찐다는 **A**가 정답이다.
3	학교에서 수업 전에 학생들에게 빵을 먹을 것을 제안하는 이유를 묻는 문제이다. 기사에서 'comme beaucoup d'élèves n'en prennent pas, des écoles leur proposent des tartines avant les cours 많은 학생들이 (아침 식사를) 하지 않기 때문에 학교들은 이들에게 수업 전에 빵을 제안한다'라고 하였다. 따라서 이 문장을 답으로 쓰면 된다. **Parce que beaucoup d'élèves ne prennent pas de petit-déjeuner à la maison.**
4	몇몇 지역에서 아이들이 아침 간식을 먹는 이유를 묻고 있다. 기사에서 'pour développer la croissance des enfants 아이들의 성장을 돕기 위해' 나타난 전통이라는 내용이 있다. 따라서 정답은 **B**.
5	a)는 오늘날 우리는 간식이 아이들에게 좋지 않다고 생각한다는 의미이다. 기사에서 '**aujourd'hui ce goûter est accusé de faire grossir les enfants** 오늘날 이 간식은 아이들을 살찌게 한다는 비난을 받는다'라는 내용이 있으므로 **Vrai**. b)는 의사들에 따르면, 간식은 아이들에게 나쁜 식습관을 조장한다는 의미이다. 기사에서 '**elle donne aux enfants «l'habitude de manger sans faim»** 그것은(간식을 먹는 전통) 아이들에게 배고프지 않은데도 먹는 습관을 준다'라는 내용이 있으므로 **Vrai**.
6	좋은 아침 식사에 관한 의사들의 생각을 묻는 문제이다. 기사에서 'c'est le repas le plus important de la journée 이것은(아침 식사는) 하루 중에 가장 중요한 식사'라고 하였으므로 정답은 **A**.
7	아침 식사의 장점에 관한 문제로서 기사에서 '**il donne des forces pour toute la matinée** 그것은(아침 식사는) 아침나절 내내 힘을 준다'라는 내용이 있다. 따라서 이것을 정답으로 적으면 된다.
8	a)는 만일 아이들이 아침 식사를 한다면 10시의 간식은 필요하지 않다는 의미이다. 기사에서 아침 식사는 아침 내내 힘을 주기 때문에 아침을 먹으면 '**Le goûter de 10 h devient alors superflu** 10시의 간식은 그래서 불필요한 것이 된다'라는 내용이 있다. 따라서 기사의 내용과 일치하므로 **Vrai**. b)는 아이들이 아침나절 중간에 배가 고플 때, 수업에 집중한다. 그래서 학교 생활에 성공할 수 있다는 의미이다. 기사에서 '**Ces enfants qui ont faim en milieu de matinée sont fatigués et peu attentifs. Une fatigue qui peut conduire à l'échec scolaire** 아침나절 중간에 배가 고픈 이 아이들은 피곤하고 집중력이 떨어진다. 피로는 학업 실패로 이어질 수 있다'라는 내용으로 보아 본문의 내용과 일치하지 않으므로 **Faux**.
9	프랑스 중학교에서 아침 식사와 관련한 상황들에 대해 묻고 있다. 기사에서 'dans plusieurs collèges de France, les élèves vont pouvoir prendre un vrai petit-déjeuner avant le début des cours du matin 프랑스의 여러 중학교들에서 학생들은 아침 수업 시작 전에 진짜 아침 식사를 할 수 있을 것이다'라는 내용이 있다. 따라서 정답은 **A**.

문제 9

EXERCICE 2 실전 연습

Étape 1

공략에 따라 EXERCICE 2 연습 문제를 풀어 보세요.

Lisez le texte.

24 jours pour 24 enfants

Jusqu'au 24 décembre, l'association française «La Chaîne de l'Espoir» va permettre à 24 enfants, malades et nés dans des pays pauvres, d'être soignés. Pour cela, elle lance un appel au dons pour sauver un enfant chaque jour, jusqu'à Noël.

La Chaîne de l'Espoir est une association humanitaire pour l'enfance, créée par deux médecins français : Alain Deloche et Eric Cheysson. Chaque année, elle soigne des enfants malades, qui n'ont pas accès aux soins dans leur pays.

Pour la 5ème année de suite, l'association lance son opération de collecte d'argent, «24 jours pour 24 enfants», jusqu'au 24 décembre.

Chaque jour, l'association va dévoiler le cas d'un enfant malade et lancera un appel aux dons pour sauver cet enfant. Il y a par exemple Ni,11 ans, née au Cambodge (Asie) et Stania, 5 ans, né au Congo (Afrique) : tous deux sont atteints d'une maladie du cœur.

Comme les 22 autres enfants pris en charge par la Chaîne de l'Espoir jusqu'à Noël, Ni et Stania doivent être opérés pour être sauvés. Certains seront soignés en France, d'autres seront opérés directement dans leur pays.

24 personnalités de la télévision soutiennent cette campagne. Grâce aux dons collectés, ces enfants ont l'espoir de guérir. Pour eux et leur famille, il n'y a pas plus beau cadeau de Noël !

https://www.jde.fr 06.12.2011.

Répondez aux questions.

❶ Le thème principal de cet article est :

A ☐ d'aider les enfants qui ont des problèmes de la santé.
B ☐ d'encourager les médecins qui font beaucoup d'efforts pour les malades.
C ☐ de protéger les enfants contre la violence.

❷ «La Chaîne de l'Espoir» va soigner les enfants des pays sous-développés.

☐ Vrai ☐ Faux

Justification : ______________________________

❸ Quelle est l'activité de «La Chaîne de l'Espoir» jusqu'au 24 décembre ?

A ☐ Recueillir des dons pour les enfants malades.
B ☐ Envoyer les médecins au pays étranger pour aider les enfants malades.
C ☐ Vendre des médicaments moins cher pour les enfants malades.

❹ Dites si les affirmations suivantes sont vraies ou fausses en cochant (☒) la case correspondante et citez les passages du texte qui justifient votre réponse. Le candidat obtient le total des points si le choix V/F et la justification sont corrects. Sinon aucun point ne sera attribué. (1,5 point par réponse)

	Vrai	Faux
a) La chaîne de l'Espoir est une association gouvernmental pour aider les enfants hospitalisés. Justification : ______________		
b) Beaucoup de médecins ont participé à la fondation de cette association. Justification : ______________		
c) Les enfants soignés par cette association ne bénéficient pas l'aide médicale de leur pays natal. Justification : ______________		

⑤ Pourquoi l'association lance-t-elle cette opération ?

A □ Parce qu'elle doit payer le salaire aux médecins.

B □ Parce qu'elle doit lutter contre les mauvais traitement sur enfants.

C □ Parce qu'elle a besoin de l'argent pour continuer ses activités.

⑥ Que se passe-t-il pendant «24 jours pour 24 enfants» ?

A □ L'association présente un enfant malade par jour.

B □ L'association confie un enfant malade à l'hôpital.

C □ L'association opère un enfant malade par jour.

⑦ Quel est le problème de Ni et Stania ?

A □ Ils doivent être opérés à cause du problème de la santé.

B □ Ils ont besoin de travailler pour leur famille.

C □ Ils doivent prendre des médicaments nécessaires.

⑧ Qu'est-ce qui se passe aux 24 enfants ?

A □ On les envoie tous à leurs pays.

B □ On les soigne selon leur situation.

C □ On leur envoie gratuitement des médicaments.

⑨ Quel est le meilleur cadeau pour les enfants malades et leur famille ?

....

Étape 2

문제 9의 필수 어휘를 익히고, 해석을 참조하세요.

필수 어휘

chaîne (f) 연계, 연대 | **soigner** 보살피다 | **appel (m)** 요청 | **don (m)** 기부 | **sauver** 구하다 | **humanitaire** 인류애적인 | **soins (m)** (복수) 정성, 치료 | **de suite** 연이어 | **collecte (f)** 모금 | **dévoiler** 알리다, 드러내다 | **Cambodge (m)** 캄보디아 | **Congo (m)** 콩고 | **atteint** (병에) 걸린 | **maladie (f)** 병 | **prendre en charge** 책임지다 | **opérer** 수술하다 | **personnalité (f)** 유력 인사 | **soutenir** 지원하다 | **guérir** 치료하다 | **pays sous-développé (m)** 개발 도상국 | **hospitalisé** 입원 환자의 | **fondation (f)** 창립 | **confier** 맡기다

해석

24명의 아이들을 위한 24일

12월 24일까지 'La Chaîne de l'Espoir'라는 프랑스 단체는 가난한 국가에서 태어나고 아픈 24명의 아이들이 치료를 받을 수 있도록 할 것이다. 이를 위해, 이 단체는 크리스마스 때까지 매일 한 명의 아이를 구하기 위한 기금 모음을 시작한다.
La Chaîne de l'Espoir는 Alain Deloche와 Eric Cheysson 두 명의 프랑스 의사에 의해 만들어진 어린이들을 위한 인도주의적 단체이다. 매년, 이 단체는 자신들의 나라에서 치료를 받지 못하는 아픈 어린이들을 치료한다.
5년째를 맞는 이 단체는 12월 24일까지 '24명의 아이들을 위한 24일'이라는 기금 모금 활동을 한다.
매일, 이 단체는 한 명의 아픈 아이의 상황을 알리고 이 아이를 살리기 위한 기부 모금을 할 것이다. 예를 들어 캄보디아(아시아)에서 태어난 11살의 Ni, 콩고(아프리카)에서 태어난 5살의 Stania가 있다: 이 둘 모두는 심장병에 걸렸다.
크리스마스 때까지 La Chaîne de l'Espoir가 책임지는 22명의 다른 어린이들처럼, Ni와 Stania는 생명을 건지기 위해 수술을 받아야 한다. 몇몇은 프랑스에서 치료를 받게 될 것이고 다른 이들은 그들의 나라에서 바로 수술을 받을 것이다. 텔레비전의 24명의 유명 인사들이 이 캠페인을 지지한다. 모여진 기금 덕분에 이 아이들은 치유될 희망을 갖는다. 이들과 이들의 가족에게 있어서 크리스마스의 더 아름다운 선물은 없다!

질문들에 답하세요.

❶ 이 기사의 주제는 ______________________ 이다.

A □ 건강의 문제가 있는 아이들을 돕는 것

B □ 환자들을 위해 많은 노력을 하는 의사들을 격려하는 것

C □ 폭력으로부터 아이들을 보호하는 것

❷ 'La Chaîne de l'Espoir'는 개발 도상국들의 어린이들을 보살필 것이다.

□ 참 □ 거짓

입증 : ______________________

❸ 12월 24일까지 'La Chaîne de l'Espoir'의 활동은 무엇인가?

A □ 아픈 아이들을 위해 기금을 모으는 것.

B □ 아픈 아이들을 돕기 위해 외국으로 의사들을 보내는 것.

C □ 아픈 아이들을 위해 의약품을 더 싸게 판매하는 것.

❹ 다음의 명제들이 참인지 거짓인지 해당되는 칸에 (☒) 표를 하면서 답하고 당신의 답변을 증명하는 텍스트의 단락을 인용하세요. V/F 선택과 입증이 옳다면 지원자는 점수의 전체를 얻습니다. 그렇지 않으면 어떠한 점수도 얻지 못합니다. (답변당 1.5점)

	참	거짓
a) 희망 연대는 병원에 입원한 아이들을 돕기 위한 정부 단체이다. 입증 : ______________________		
b) 많은 의사들이 이 단체 창립에 참여하였다. 입증 : ______________________		
c) 이 단체에 의해 치료를 받은 아이들은 고국의 의료 도움의 혜택을 받지 않는다. 입증 : ______________________		

❺ 왜 단체는 이 활동을 하는가?

A □ 왜냐하면 의사들에게 월급을 지급해야 하기 때문에.

B □ 왜냐하면 아이들에 대한 학대에 대항해야 하기 때문에.

C □ 왜냐하면 활동을 지속하기 위해서 돈이 필요하기 때문에.

❻ '24명의 어린이들을 위한 24일' 동안 무슨 일이 일어나는가?

A □ 단체는 날마다 한 명의 아픈 아이를 소개한다.

B □ 단체는 병원에 한 명의 아픈 아이를 맡긴다.

C □ 단체는 날마다 한 명의 아픈 아이를 수술한다.

❼ Ni와 Stania의 문제는 무엇인가?

A □ 이들은 건강의 문제 때문에 수술을 받아야 한다.

B □ 이들은 가족을 위해 일할 필요가 있다.

C □ 이들은 필요한 의약품들을 복용해야 한다.

❽ 24명의 아이들에게 무슨 일이 일어나는가?

A □ 이들 모두를 고국으로 보낸다.

B □ 상황에 따라 이들을 치료한다.

C □ 이들에게 무료로 의약품들을 보내 준다.

❾ 아픈 아이들과 그들의 가족을 위한 최고의 선물은 무엇인가?

....

Étape 3

해설에 따라 문제 분석 및 풀이 요령을 익히세요.

문제 분석

'희망 연대'라는 프랑스 단체에 대한 내용이다. 여기에서는 단체를 조직한 사람, 단체를 조직한 이유, 단체가 하는 활동을 중점적으로 파악해야 한다. 기사문에서 중요한 것은 육하원칙이다. 그러므로 평소에 기사문을 공부할 때 육하원칙인 '누가, 언제, 어디서, 무엇을, 어떻게, 왜'에 집중하며 듣는 연습을 하는 것이 좋다.

풀이 요령

문항	풀이 요령
1	주제를 묻는 문제이다. «La Chaîne de l'Espoir» va permettre à 24 enfants, malades et nés dans des pays pauvres, d'être soignés '희망 연대'는 가난한 국가에서 태어나고 아픈 24명의 아이들이 치료를 받을 수 있도록 할 것이다'라는 내용이 나온다. 따라서 건강에 문제가 있는 어린이들을 도와준다는 의미인 **A**가 정답.
2	이 단체가 어떤 대상을 돕는지 묻는 문제로서 '**«La Chaîne de l'Espoir» va permettre à 24 enfants, malades et nés dans des pays pauvres, d'être soignés** '희망 연대'는 가난한 국가에서 태어나고 아픈 24명의 아이들이 치료를 받을 수 있도록 할 것이다'라는 내용이 나온다. 그러므로 개발 도상국의 아이들을 보살필 것이라는 문장은 지문의 내용과 일치하여 **Vrai**.
3	12월 24일까지 희망 연대의 활동에 관한 문제이다. 'elle lance un appel au dons pour sauver un enfant chaque jour, jusqu'à Noël 이 단체는 크리스마스까지 매일 한 명의 아이를 구하기 위한 기금 모금을 한다'라는 내용이 있다. 따라서 아픈 아이들을 위한 기금을 마련한다는 의미의 **A**가 정답.
4	a)는 희망 연대는 병원에 입원한 아이들을 돕기 위한 정부 단체라는 의미이다. 그러나 지문에는 '**La Chaîne de l'Espoir est une association humanitaire pour l'enfance** 희망 연대는 어린이들을 위한 인도주의적 단체이다'라고 되어 있다. 병원에 입원한 아이들을 돕는 단체가 아니라 병원에 갈 수 없는 아이들을 돕는 단체이므로 a와 내용이 일치하지 않는다. 따라서 **Faux**. b)는 많은 의사들이 이 단체 창립에 참여하였다는 의미이다. 그러나 '**La Chaîne de l'Espoir est une association humanitaire pour l'enfance, créée par deux médecins français**'에서 '희망 연대'는 두 명의 프랑스 의사에 의해 만들어진 것을 알 수 있다. 따라서 이 단체를 창설하는 데 많은 의사들이 참여했다는 문장은 기사와 다르기 때문에 **Faux**. c)는 이 단체에 의해 치료를 받은 아이들은 고국의 의료 도움의 혜택을 받지 않는다는 의미이다. 기사에는 '**elle soigne des enfants malades, qui n'ont pas accès aux soins dans leur pays** 이 단체는 자신들의 나라에서 치료를 받지 못하는 아픈 어린이들을 치료한다'라는 내용이 있다. 따라서 **Vrai**.
5	이 단체가 활동하는 이유를 묻는 문제이다. 지문에 'l'association lance son opération de collecte d'argent 이 단체는 기금 모금 활동을 한다'라고 되어 있다. 아픈 아이들을 치료하기 위해서는 돈이 필요하다는 점을 감안할 때 정답은 **C**.

6	24명의 어린이들을 위한 24일 행사와 관련된 문제로 지문에 'Chaque jour, l'association va dévoiler le cas d'un enfant malade et lancera un appel aux dons pour sauver cet enfant 매일, 이 단체는 한 명의 아픈 아이의 상황을 알리고 이 아이를 살리기 위한 기부 모금을 할 것이다'라는 내용이 있다. 따라서 이와 내용이 일치하는 **A**가 정답.
7	Ni와 Stania의 문제를 묻는 문제이다. 지문에 'tous deux sont atteints d'une maladie du cœur 이 둘 모두는 심장병에 걸렸다'라는 내용과 'Ni et Stania doivent être opérés pour être sauvés Ni et Stania는 생명을 건지기 위해 수술을 받아야 한다'라는 내용이 있다. 따라서 이런 의미를 담고 있는 **A**가 정답.
8	24명의 아이들과 관련한 문제로서 지문에서 'Certains seront soignés en France, d'autres seront opérés directement dans leur pays 몇몇은 프랑스에서 치료를 받게 될 것이고 다른 이들은 그들의 나라에서 바로 수술을 받을 것이다'라는 내용이 있다. 따라서 아이들은 각자의 상황에 따라 치료를 받게 된다는 **B**가 정답.
9	아픈 아이들과 가족들에게 최고의 선물이 무엇인지 묻고 있다. '**ces enfants ont l'espoir de guérir** 이 아이들은 치유될 것이라는 희망을 갖는다'는 것이 가장 아름다운 선물이라는 내용이 있다. 따라서 이 문장이 정답.

EXERCICE 2 실전 연습

Étape 1

공략에 따라 EXERCICE 2 연습 문제를 풀어 보세요.

Lisez le texte.

Protégeons les forêts

Une conférence internationale consacrée au rôle de la forêt dans la lutte contre le réchauffement climatique s'est ouverte aujourd'hui à Paris.

Les forêts recouvrent aujourd'hui 30 à 40% des terres de la planète. Leur rôle est vital puisqu'elles absorbent la moitié du gaz carbonique (CO2) qui polluent la Terre et qui contribue à transformer le CO2 en oxygène, c'est pour cela que les forêts sont appelées «les poumons de la Terre».

Les forêts abritent également de nombreuses espèces vivantes. Mais toutes voient aujourd'hui leur habitat disparaître peu à peu par la déforestation. Si l'on ne fait rien, d'ici 100 ans on peut s'attendre à voir disparaître la majorité des espèces animales et végétales vivant sur Terre !

Les arbres sont abattus pour faire de la place aux cultures agricoles très rentables (soja, huile de palme), pour fabriquer des meubles, etc.

Le rôle de la conférence internationale sur les forêts est de trouver une solution à la déforestation. Pour éviter une telle catastrophe, il faudrait financer 15 à 25 milliards de dollars sur cinq ans pour réduire la déforestation. Cela permettrait de sauver 3 millions d'hectares de forêt par an et d'économiser des millions de tonnes de gaz à effet de serre.

En France, la situation n'est pas encore si grave. On peut observer que les surfaces forestières ne diminue pas mais n'augmente pas non plus.

https://www.jde.fr 11.03.2010.

Répondez aux questions.

❶ Le thème principal de ce document est :

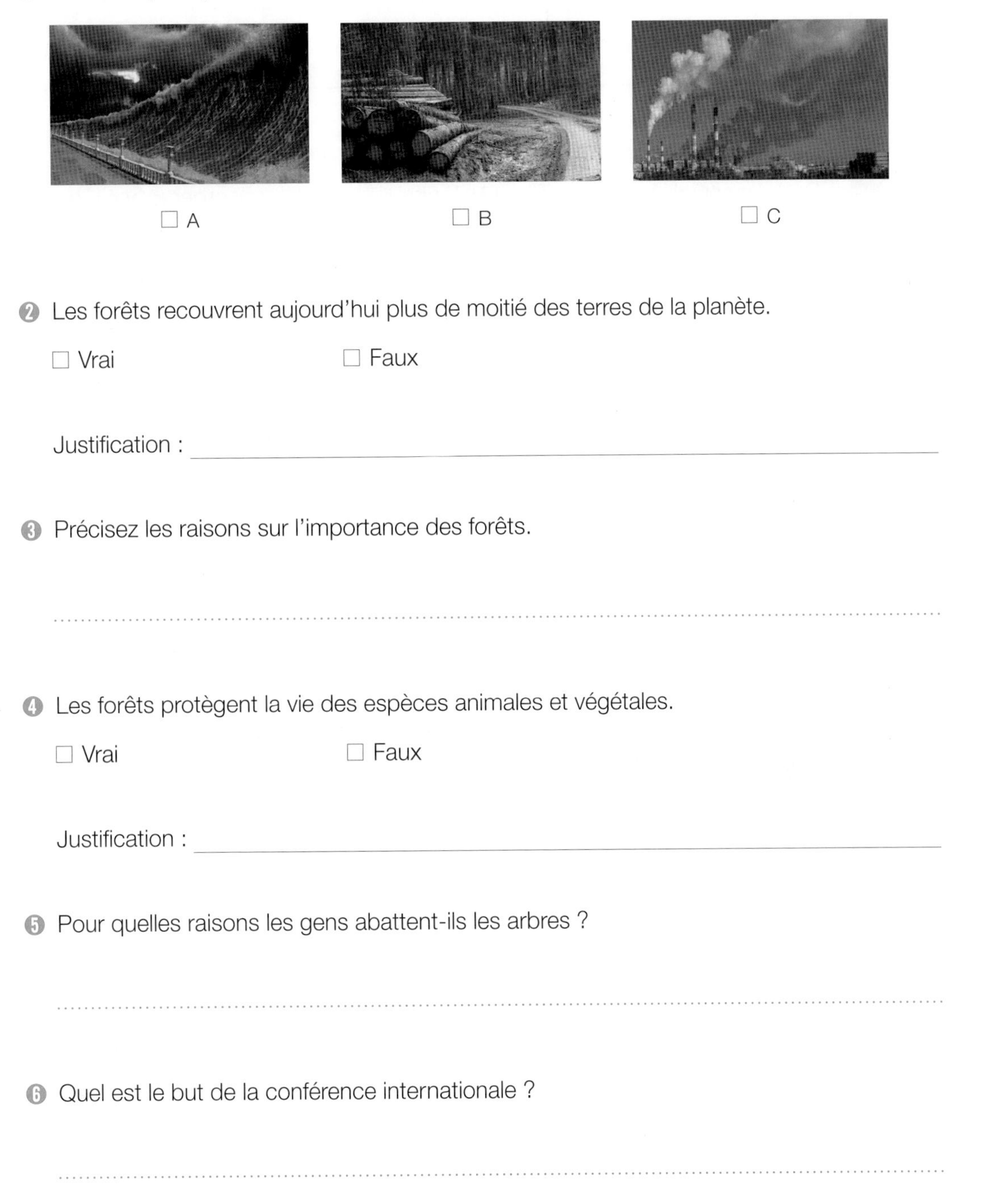

☐ A ☐ B ☐ C

❷ Les forêts recouvrent aujourd'hui plus de moitié des terres de la planète.

☐ Vrai ☐ Faux

Justification : ______________________________

❸ Précisez les raisons sur l'importance des forêts.

....

❹ Les forêts protègent la vie des espèces animales et végétales.

☐ Vrai ☐ Faux

Justification : ______________________________

❺ Pour quelles raisons les gens abattent-ils les arbres ?

....

❻ Quel est le but de la conférence internationale ?

....

❼ Qu'est-ce qu'on peut obtenir avec le financement pour la protection des forêts ?

....

⑧ En France, la déforestation est un problème très grave.

☐ Vrai ☐ Faux

Justification : ______________________________

Étape 2

문제 10의 필수 어휘를 익히고, 해석을 참조하세요.

필수 어휘

protéger 보호하다 | **forêt (f)** 숲 | **conférence (f)** 강연회 | **lutte (f)** 투쟁 | **réchauffement climatique (m)** 온난화 | **recouvrir** 뒤덮다 | **planète (f)** 지구 | **vital** 대단히 중대한 | **absorber** 흡수하다 | **gaz carbonique (m)** 이산화탄소 | **transformer** 변형시키다 | **oxygène (m)** 산소 | **poumon (m)** 허파 | **abriter** 수용하다, 보호하다 | **habitat (m)** 서식지 | **disparaître** 사라지다 | **déforestation (f)** 숲의 황폐화, 산림 벌채 | **s'attendre** 예상하다 | **espèce (f)** 종 | **végétal** 식물성의 | **abattre** 쓰러뜨리다, 베어 버리다 | **cultures (f)** 경작지 | **agricole** 농업의 | **rentable** 수익성 있는 | **soja (m)** 콩 | **huile de palme (f)** 종려유 | **fabriquer** 만들다 | **catastrophe (f)** 대재앙 | **financer** (자금을) 조달하다 | **réduire** 줄이다 | **gaz à effet de serre (m)** 온실가스 | **serre (f)** 온실 | **surface (f)** 표면 | **forestier** 삼림의

해석

숲을 보호합시다

기후 온난화를 막기 위한 투쟁 속에서 숲의 역할에 초점을 맞춘 국제 강연회가 오늘 Paris에서 열렸다.
숲들은 오늘날 지구의 대지 중 30에서 40퍼센트를 뒤덮고 있다. 이들의 역할은 대단히 중요한데 왜냐하면 숲들이 지구를 오염시키는 이산화탄소의 절반을 흡수하고 이산화탄소를 산소로 변화시키는 데 공헌하기 때문인데 이러한 이유 때문에 숲은 '지구의 허파'라고 불린다.
숲들은 또한 수많은 생명체들을 수용하고 있다. 그렇지만 모두가 오늘날 숲의 황폐화로 인해 조금씩 자신들의 거주지가 사라지고 있는 것을 마주하고 있다. 만일 우리가 아무것도 하지 않는다면, 지금으로부터 100년 후에는 지구상에 생존해 있는 대부분의 동식물 종들이 사라지는 것을 볼 수 있다!
나무들은 아주 수익성이 있는 농작물(콩, 종려유) 재배 공간을 만들기 위해, 가구들을 제조하기 위해 등등의 이유로 베어지고 있다.
숲에 대한 국제 강연회의 역할은 숲의 황폐화에 대한 해결 방안을 찾는 데 있다. 이러한 재앙을 피하기 위해서는 숲의 황폐화를 줄이기 위한 5년에 15에서 25억 달러를 지원해야 한다. 이것은 일 년에 3백만 헥타르의 숲을 구할 수 있게 해 주고 수백만 톤의 온실가스를 줄일 수 있게 해 줄 것이다.
프랑스에서 상황은 아직 그렇게 심각하지는 않다. 우리는 삼림 면적이 줄어들지는 않지만 늘어나지도 않는다는 것을 관찰할 수 있다.

질문들에 답하세요.

❶ 이 기사의 주제는 _______ 이다.

☐ A  ☐ B  ☐ C

❷ 숲들은 오늘날 지구 대지의 절반 이상을 덮고 있다.

☐ 참 ☐ 거짓

입증 : ____________________

❸ 숲의 중요성에 대한 이유를 명시하세요.

....

❹ 숲들은 동식물 종들의 생명을 보호한다.

☐ 참 ☐ 거짓

입증 : ____________________

❺ 어떠한 이유들로 사람들은 나무들을 베는가?

....

❻ 국제 강연회의 목적은 무엇인가?

....

❼ 숲의 보호를 위한 재정으로 우리는 무엇을 얻을 수 있는가?

....

⑧ 프랑스에서 숲의 황폐화는 매우 심각한 문제이다.

☐ 참 ☐ 거짓

입증 : ______________________________

Étape 3

해설에 따라 문제 분석 및 풀이 요령을 익히세요.

문제 분석

숲의 보호와 관련한 기사이다. 이 기사에서는 숲의 역할과 숲이 파괴되는 이유, 프랑스 숲의 상태, 그리고 국제 강연회의 목적을 중점적으로 파악해야 한다. 숲이 중요한 이유, 숲의 보호를 위한 재정으로 얻을 수 있는 것을 묻는 문제의 경우, 정확한 용어와 수치를 주관식으로 직접 써야 하기 때문에 어렵게 느껴질 수 있다. 추가적으로 숲을 가리키는 말로 제시된 '지구의 허파'가 주관식 문제로 출제될 수 있다. 이러한 관용적인 표현은 출제될 확률이 높기 때문에 주의해서 듣는 것이 좋다.

풀이 요령

문항	풀이 요령
1	기사의 주제를 묻는 문제이다. 제목에 'Protégeons les forêts 숲을 보호합시다'라는 문장이 나오므로 숲의 황폐화를 의미하는 사진인 **B**가 정답.
2	문제에서 숲들은 오늘날 지구 대지의 절반 이상을 덮고 있다고 하였다. 그러나 지문에 **'Les forêts recouvrent aujourd'hui 30 à 40% des terres de la planète** 숲들은 오늘날 지구의 대지 중 30에서 40퍼센트를 뒤덮고 있다'라는 내용이 나온다. 이는 절반 이하이므로 내용이 일치하지 않아 **Faux**.
3	숲의 중요성에 대한 이유와 관련한 문제이다. 지문에 **'Leur rôle est vital puisqu'elles absorbent la moitié du gaz carbonique (C02) qui polluent la Terre et qui contribue à transformer le CO2 en oxygène** 이들의 역할은 대단히 중요한데 왜냐하면 숲들이 지구를 오염시키는 이산화탄소의 절반을 흡수하고 이산화탄소를 산소로 변화시키는 데 공헌하기 때문이다'라는 문장이 나온다. 따라서 이것을 정답으로 쓰면 된다.
4	숲들은 동식물 종들의 생명을 보호한다는 문장이 지문의 내용과 일치하는지 살펴봐야 한다. 지문에 **'Les forêts abritent également de nombreuses espèces vivantes** 숲들은 또한 수많은 생명체들을 수용하고 있다'라는 내용이 나오기 때문에 지문 내용과 일치하므로 **Vrai**.
5	사람들이 나무를 베는 이유를 묻는 문제이다. 'Les arbres sont abattus **pour faire de la place aux cultures agricoles très rentables (soja, huile de palme), pour fabriquer des meubles** 나무들은 아주 수익성이 있는 농작물(콩, 종려유) 재배 공간을 만들기 위해, 가구들을 제조하기 위해 등의 이유로 베어지고 있다'라고 하였다. 따라서 이것을 답으로 쓰면 된다.

6	국제 강연회의 목적을 묻고 있다. 지문에 'Le rôle de la conférence internationale sur les forêts est de **trouver une solution à la déforestation** 숲에 대한 국제 강연회의 역할은 숲의 황폐화에 대한 해결 방안을 찾는 데 있다'라고 하였다. 따라서 이 문장이 정답.
7	숲의 보호를 위한 재정으로 무엇을 할 수 있는지에 대한 문제이다. '**Cela permettrait de sauver 3 millions d'hectares de forêt par an et d'économiser des millions de tonnes de gaz à effet de serre** 이것은 일 년에 3백만 헥타르의 숲을 구할 수 있게 해 주고 수백만 톤의 온실 가스를 줄일 수 있게 해 줄 것이다'라는 내용이 나온다. 따라서 이것을 정답으로 쓴다.
8	숲의 황폐화에 관련하여 프랑스 상황을 묻는 문제이다. '**En France la situation n'est pas encore si grave** 프랑스에서 상황은 아직 그렇게 심각하지는 않다'라고 하였다. 따라서 매우 심각한 문제라는 의미의 이 문장은 지문과 일치하지 않는다. 따라서 **Faux**.

독해 평가 新 유형

EXERCICE 2 최신 유형 3 SET로 끝장내기

문제 1 EXCERCICE 2 실전 연습

Étape 1

공략에 따라 EXERCICE 2 연습 문제를 풀어 보세요.

Lisez le texte.

Aide aux personnes âgées : un secteur d'avenir

«C'est mon boulot», tout l'été ces métiers qui embauchent des jeunes. Le chômage a beau être élevé, il reste des secteurs qui ouvrent grand leurs portes aux moins de 25 ans. Comme celui d'aide à domicile. C'est un métier pour lequel il n'y a pas de crise des vocations, et qui va recruter 100.000 personnes d'ici 2022 et 18.000 dès cette année. «On a besoin d'infirmier, mais pas partout», explique Barbara Muntaner, rédactrice en chef de Cidj.com : «On peut parler d'un paradoxe parce que dans les hôpitaux il n'y a pas d'énormes besoins d'infirmiers aujourd'hui parce que les temps d'hospitalisation sont de plus en plus courts, mais on a besoin d'infirmiers essentiellement auprès des personnes âgées.»

Les recrutements se font essentiellement dans les maisons médicalisées, les lieux d'accueil des personnes âgées, alors que les jeunes se destinent plutôt à l'hôpital et notamment à la puériculture. Il est aussi synonyme de travail de nuit et de week-end en hôpital public ou privé. Même si chaque année 2.000 à 3.000 infirmiers s'installent en libéral.

Un passage obligatoire : le diplôme d'État pour devenir infirmier, il n'y a qu'une seule voie, le diplôme d'État, explique encore Barbara Muntaner : «Le diplôme d'infirmier se fait en trois ans, après un bac, il faut passer un concours et intégrer un IFSI, c'est-à-dire un institut de formation des soins infirmiers. C'est un concours assez difficile, qu'il faut bien préparer, mais chaque institut organise son concours donc il est tout à fait possible de passer plusieurs concours sur une année.»

Problème : il s'agit souvent de temps partiels, les horaires sont concentrés à certains moments de la journée comme les repas, le lever, le coucher et la sortie des classes. Sans compter que les salaires sont modestes, souvent payés au smic horaire.

Selon Barbara Muntaner, on peut tout à fait démarrer sans diplôme, mais il vaut mieux se former pour pouvoir évoluer, prendre un peu de responsabilités, voire encadrer des équipes. Le premier diplôme, c'est le diplôme d'État d'auxilliaire de vie sociale, mais il y a aussi assistant technique en milieu familial et collectif, qui se prépare également en deux ans après la 3ème.

France info. 27.08.2015.

Répondez aux questions.

❶ Il n'y a pas de limite d'âge pour travailler dans ce domaine.

☐ Vrai ☐ Faux

❷ Les hôpitaux n'ont pas besoin de beaucoup d'infirmiers car ______________

A ☐ il y a déjà assez d'infirmiers dans les hôpitaux.

B ☐ les personnes âgées n'apprécient pas les infirmiers.

C ☐ les patients ne restent pas longtemps dans les hôpitaux.

❸ Les jeunes préfèrent travailler dans les lieux d'accueil des personnes âgées.

☐ Vrai ☐ Faux

❹ Tous les infirmiers travaillent en tant qu'employés libéraux.

☐ Vrai ☐ Faux

❺ D'après ce reportage ______________

A ☐ la durée de validité du diplôme d'infirmier est limitée.

B ☐ il faut obtenir un diplôme d'État.

C ☐ on n'a pas besoin de passer un concours pour devenir infirmier.

❻ On passe plusieurs concours lors d'une année car ______________

A ☐ chaque institut organise son concours.

B ☐ le problème du chômage est très grave.

C ☐ chaque institut recrute beaucoup d'infirmiers.

❼ Quel est le problème des temps partiels ?

A ☐ On gagne de petites sommes d'argent.

B ☐ Les salaires sont suffisants pour vivre.

C ☐ Les conditions de travail sont trop favorables.

Étape 2

문제 1의 필수 어휘를 익히고, 해석을 참조하세요.

필수 어휘

secteur (m) 분야 | boulot (m) 일 | embaucher 고용하다 | chômage (m) 실업 | avoir beau inf ~이지만 | crise (f) 위기 | vocation (f) 직업, 적성 | recruter 채용하다 | infirmier 간호사 | rédactrice (f) 편집자 | paradoxe (m) 역설 | hospitalisation (f) 입원 | essentiellement 본래 | recrutement (m) 채용 | médicalisé 의료 시설이 보급된 | se destiner à ~에 뜻을 두다 | puériculture (f) 육아법 | synonyme (m) 동의어 | libéral 프리랜서 | intégrer 입학하다 | sans compter que ind ~은 차치하고라도 | modeste 검소한, 조촐한 | smic (m) 최저 임금 | démarrer 출발하다 | encadrer (조직, 집단을) 관리하다 | auxilliaire 보조의, 보조사 | validité (f) 유효성, 효력

지문을 읽으세요.

노인들 도우미: 미래의 분야

"그것은 내 일이야", 여름 내내 젊은이들을 채용하는 이 직업들. 실업률이 높지만 25세 미만의 사람들에게 문이 활짝 열려 있는 분야들이 남아 있다. 마치 가사 도우미 분야처럼. 이것은 직업 위기가 없는 직업으로 지금부터 2022년까지 10만 명, 올해부터 18,000명을 채용할 것이다. "우리는 간호사가 필요하지만 아무데서는 아니다"라고 Cidj.com의 편집장인 Barbara Muntaner가 설명한다: "우리는 역설에 대해 말할 수 있는데 왜냐하면 입원 기간이 점점 짧아지고 있기 때문에 병원에서 오늘날 많은 간호사들이 필요하지는 않지만, 노인들 곁에는 본래 간호사들이 필요합니다."
젊은이들은 오히려 병원 특히 육아에 관련된 쪽에 뜻을 두는 반면 채용들은 주로 의료 시설이 갖추어진 가옥, 노인 수용 시설에서 이루어진다. 이것은 또한 공공 병원 또는 개인 병원에서 야간 근무와 주말 근무를 의미한다. 매년 2천에서 3천 명의 간호사들이 프리랜서로 자리잡는 데에도 불구하고 말이다.
의무 과정: 간호사가 되기 위한 국가 자격증, 이 국가 자격증이라는 한 가지 방법밖에 없다. Barbara Muntaner가 다시 설명한다: "간호사 자격증은 대학 입학 시험 후 3년에 걸쳐 진행되며 선발 시험을 통과해야 하고 IFSI, 즉 간호 교육 기관에 입학해야 합니다. 이것은 잘 준비해야 하는 꽤 어려운 선발 시험이지만 각 기관이 선발 시험을 주최하므로 일 년에 여러 선발 시험들을 보는 것이 완전히 가능합니다."
문제: 흔히 파트 타임에 관한 것인데 근무 시간이 식사, 기상, 잠자리에 들기 그리고 하교와 같이 하루의 특정 시간대에 집중되어 있다. 월급이 적은 것은 고사하고 대체로 최저 임금으로 지불된다.
Barbara Muntaner에 따르면, 우리는 자격증 없이도 온전히 시작할 수 있지만 성장할 수 있기 위해, 얼마간의 책임감을 갖기 위해, 팀을 관리하기 위해서는 교육을 받는 것이 더 낫다. 첫 번째 자격증은 사회 생활 보조사 국가 자격증이지만 가족과 집단 계층에 대한 전문(기술) 보조사도 있는데 이것은 마찬가지로 3학년 후에 2년 동안 준비한다.

질문들에 답하세요.

❶ 이 분야에서 일하는 데 나이 제한이 없다.

☐ 참 ☐ 거짓

❷ 병원들은 많은 간호사들을 필요로 하지 않는데 왜냐하면 ____________________

A ☐ 병원에 이미 간호사들이 꽤 있기 때문이다.

B ☐ 노인들이 간호사들을 고맙게 생각하지 않기 때문이다.

C ☐ 환자들이 병원에 오래 머무르지 않기 때문이다.

❸ 젊은이들은 노인 수용 시설에서 일하기를 선호한다.

☐ 참 ☐ 거짓

❹ 모든 간호사들은 프리랜서로서 일한다.

☐ 참 ☐ 거짓

❺ 이 르포에 따르면, ____________________

A ☐ 간호사 자격증 유효 기간은 한정되어 있다.

B ☐ 국가 자격증을 따야 한다.

C ☐ 간호사가 되기 위해 선발 시험을 볼 필요가 없다.

❻ 일 년에 여러 번의 선발 시험들을 볼 수 있는데 왜냐하면 ____________________

A ☐ 각 기관이 선발 시험을 주최하기 때문이다.

B ☐ 실업 문제가 매우 심각하기 때문이다.

C ☐ 각 기관이 많은 간호사들을 채용하기 때문이다.

❼ 파트 타임의 문제는 무엇인가?

A ☐ 적은 돈을 번다.

B ☐ 월급이 살아가기에 충분하다.

C ☐ 근무 조건들이 너무 유리하다.

Étape 3

해설에 따라 문제 분석 및 풀이 요령을 익히세요.

문제 분석

'간호사'라는 직업과 관련한 기사이다. 이 기사에서는 병원의 간호사에 대한 수요, 간호사가 되기 위해 필요한 자격(증), 나이 제한 여부, 근무 형태(정규직, 계약직)에 따른 차등, 젊은 간호사들이 선호하는 병원이 무엇인지 파악해야 한다. 특히 간호사가 되기 위한 조건에 대해 언급하고 있는 부분을 집중해서 들어야 한다.

풀이 요령

문항	풀이 요령
1	이 분야에서 일하는 데 나이 제한이 있는지 여부를 묻는 문제이다. 지문에서 'il reste des secteurs qui ouvrent grand leurs portes aux moins de 25 ans 25세 미만의 사람들에게 문이 활짝 열려 있는 분야들이 남아 있다'라는 내용이 있다. 이는 곧 나이 제한이 있다는 것을 의미하므로 **Faux**.
2	병원이 많은 간호사를 필요로 하지 않는 이유를 묻는 문제이다. 'il n'y a pas d'énormes besoins d'infirmiers aujourd'hui parce que les temps d'hospitalisation sont de plus en plus courts 왜냐하면 입원 기간이 점점 짧아지고 있기 때문에 병원에서 오늘날 많은 간호사들이 필요하지 않다'라는 내용이 있다. 따라서 정답은 **C**.
3	젊은이들이 일하기 원하는 장소를 묻는 문제로 'les jeunes se destinent plutôt à l'hôpital et notamment à la puériculture 젊은이들은 오히려 병원 특히 육아에 관련된 쪽에 뜻을 둔다'라는 내용이 있다. 문제에서는 젊은이들이 노인 수용 시설을 선호한다고 했으므로 일치하지 않아 **Faux**.
4	근무 형태에 관한 문제로, 모든 간호사들이 프리랜서로 일한다고 되어 있지만 'Même si chaque année 2.000 à 3.000 infirmiers s'installent en libéral 매년 2천에서 3천 명의 간호사들이 프리랜서로 자리잡는 데에도 불구하고'라는 내용이 있다. 이는 간호사 중 일부가 프리랜서라는 것을 의미하므로 **Faux**.
5	자격증과 연관된 문제이다. 'le diplôme d'État pour devenir infirmier, il n'y a qu'une seule voie, le diplôme d'État 간호사가 되기 위한 국가 자격증, 이 국가 자격증이라는 한 가지 방법밖에 없다'라는 내용이 있다. 따라서 정답은 **B**.
6	일 년에 여러 번 시험 볼 수 있는 이유와 관련된 문제로서 'chaque institut organise son concours donc il est tout à fait possible de passer plusieurs concours sur une année 각 기관이 선발 시험을 주최하므로 일 년에 여러 선발 시험들을 보는 것이 완전히 가능하다'라는 내용이 있다. 따라서 정답은 **A**.
7	파트 타임제로 일할 때 발생되는 문제에 대해 묻고 있다. 'Sans compter que les salaires sont modestes, souvent payés au smic horaire 월급이 적은 것은 고사하고 대체로 최저 임금으로 지불된다'라는 내용에 따라 정답은 **A**.

문제 2

EXERCICE 2 실전 연습

Étape 1

공략에 따라 EXERCICE 2 연습 문제를 풀어 보세요.

Lisez le texte.

Manger bio et local, rien de plus facile !

Les petits producteurs débordent d'imagination pour commercialiser leur production directement aux consommateurs. Même en habitant une grande ville, on peut avoir accès à de la viande, des fromages ou des fruits et légumes frais, sans passer par les grands circuits de distribution. La campagne «Bio et local, c'est l'idéal» a démarré hier. «Bio et local, c'est l'idéal» est la campagne annuelle de la Fédération Nationale de l'Agriculture Biologique.

Bien sûr, le monde idéal n'existe pas. Pourtant, acheter directement aux producteurs, même lorsque l'on est un urbain, n'a jamais été aussi facile.

Les agriculteurs des Amap viennent aux consommateurs. «La ruche qui dit oui» organise des petits marchés hebdomadaires locaux : Il y en a 674 à ce jour dans toute la France. Un autre moyen d'amener la campagne en ville : des producteurs qui se regroupent et ouvrent des magasins où ils vendent leurs produits, il y a aussi les systèmes de paniers qui peuvent être livrés au coin de la rue.

De nouvelles habitudes naissent pour les producteurs qui ont choisi la vente directe, une véritable relation avec les consommateurs s'instaure, et financièrement, ils s'y retrouvent. C'est le cas de Baptiste Viallet, éleveur laitier près de Gap. Lui et son épouse Cécile possèdent un petit troupeau de 20 vaches. Ils en vivent, disent-ils, très bien.

Baptiste Viallet est président de l'Agribio des Hautes-Alpes. Les Agribio réunissent les acteurs de l'agriculture biologique, et les aident à trouver des débouchés.

26.466 producteurs étaient engagés en bio fin 2014 en France. «Bio et local, c'est l'idéal», c'est une campagne qui s'achèvera le 27 septembre. De nombreuses manifestations et des visites d'exploitations sont proposées dans toute la France.

«Manger Bio et Local, c'est l'Idéal» est une campagne d'information destinée à mieux faire connaître l'agriculture biologique locale, ses pratiques, ses circuits de commercialisation et ses contributions positives pour l'environnement, la santé. C'est aussi une occasion conviviale pour la rencontre des hommes et des femmes qui l'incarnent au quotidien à travers un programme variés d'événements organisés dans les fermes et sur les lieux de vente : visite de ferme, marchés, cueillettes, dégustations, repas, jeux, expositions, conférences, animations.

France info. 20.09.2015.

Répondez aux questions.

❶ Les petits producteurs veulent vendre directement aux consommateurs.

☐ Vrai ☐ Faux

❷ Le sujet de ce reportage concerne le mode de circulation des produits.

☐ Vrai ☐ Faux

❸ Quel est le moyen idéal pour acheter des produits ?

A ☐ Acheter des aliments en gros.

B ☐ Acheter des aliments en promotion.

C ☐ Acheter directement des aliments aux producteurs.

❹ Que font les agriculteurs des Amap ?

A ☐ Ils ouvrent des supermarchés dans les grandes villes.

B ☐ Ils participent à de petits marchés locaux durant le week-end.

C ☐ Ils vendent de grandes quantités d'aliments sur les grands marchés.

❺ À quoi sert le système des paniers ?

A ☐ À livrer.

B ☐ À fixer un prix.

C ☐ À payer.

❻ Les Agribio aident les producteurs à trouver un nouveau marché.

☐ Vrai ☐ Faux

❼ Pendant la campagne «Manger bio et local», ______________________

A □ on peut trouver un emploi sur les marchés.

B □ on peut visiter les fermes des producteurs.

C □ on proteste contre la politique du gouvernement.

Étape 2

문제 2의 필수 어휘를 익히고, 해석을 참조하세요.

필수 어휘

bio 유기농의 | déborder 넘치다 | commercialiser 상품화하다 | circuit de distribution (m) 유통 경로 | démarrer 출범시키다 | urbain 도시인, 도시의 | agriculteur 농부 | ruche (f) 많은 사람들이 움직이는 장소, 벌통 | hebdomadaire 주간의 | amener 도입하다 | panier (m) 바구니 | au coin de ~ 구석 | véritable 실제의 | s'instaurer 세우다 | se retrouver 서로 다시 만나다 | éleveur 사육자 | laitier 우유 장수, 우유의 | troupeau (m) 가축떼 | vache (f) 암소 | débouché (m) 판로, 시장 | engager 고용하다, 시작하다 | s'achever 끝나다 | manifestation (f) 표명, 행사 | exploitation (f) 영업, 개발 | convivial 잔치의 | incarner 구현하다 | cueillette (f) (과일, 꽃 따위를) 따기 | dégustation (f) 시식 | gros (m) 도매

지문을 읽으세요.

유기농이며 지역적인 것 먹기, 더 쉬운 것은 없다!

소규모 생산자들은 소비자들에게 직접 그들의 생산물을 판매하기 위한 상상력들이 넘쳐 난다. 대도시에 살면서도, 우리는 주요 유통 경로를 통하지 않고 고기, 치즈 또는 과일들과 신선한 야채들을 손에 넣을 수 있다. '유기농이며 지역적인 것이 이상적인 것입니다'라는 캠페인이 어제 시작되었다. '유기농이며 지역적인 것이 이상적인 것입니다'는 유기농 농업 국가 연맹의 연례 캠페인이다.

물론, 이상적인 세계란 존재하지 않는다. 그러나 생산자들에게 직접 구매하는 것은 도시인일 때라도 그 어느 때보다 쉬워졌다.

Amap의 농부들이 소비자들에게 온다. '예라고 말하는 벌통'은 주 1회의 지역 소규모 시장을 주최한다: 오늘날 프랑스 전역에 674개가 있다. 시골을 도시로 가져오는 또 다른 방법: 다시 모여 그들의 상품들을 파는 가게들을 개점하는 생산자들, 길 모퉁이에 배달이 될 수 있는 장바구니 시스템도 있다.

새로운 습관들이 직접 판매를 선택한 생산자들에게 나타난다. 소비자들과 진정한 관계가 형성되고 재정적으로도 이득이 된다. 이것은 Gap 근처의 낙농업자인 Baptiste Viallet의 경우이다. 그와 그의 아내인 Cécile은 20마리의 작은 암소 떼를 소유하고 있다. 이들은 그것으로 아주 잘 살고 있다고 말한다.

Baptiste Viallet는 Hautes-Alpes의 Agribio의 대표이다. Agribio는 유기농업 관계자들을 모으고 이들이 판로를 찾는 것을 돕는다.

26,466명 생산자들이 프랑스에서 2014년 말에 유기농업에 참여하였다. '유기농이며 지역적인 것이 이상

적인 것입니다'는 9월 27일에 끝날 예정인 캠페인이다. 많은 행사들과 농장 방문들이 프랑스 전역에서 제공된다. '유기농이며 지역적인 것 먹기'는 지역적인 유기농업과 실행 방법, 판매 유통 그리고 환경, 건강에 대한 긍정적인 기여를 더 잘 알리기 위한 정보 캠페인이다. 이것은 판매 장소에서와 농장 안에서 열리는 다양한 행사 프로그램을 통해 일상 생활에서 이것을 구현하는 남성들과 여성들의 만남을 위한 친목의 기회이기도 하다: 농장 방문, 시장, 과일 따기, 시식, 식사, 놀이, 전시회, 강연회, 애니메이션.

질문들에 답하세요.

❶ 소규모 생산자들은 소비자들에게 직접 판매하기를 바란다.

☐ 참 ☐ 거짓

❷ 이 르포의 주제는 상품들의 유통 방식과 관련된다.

☐ 참 ☐ 거짓

❸ 상품들을 사기 위한 이상적인 방법은 무엇인가?

A ☐ 도매로 식품들을 살 것.
B ☐ 할인 판매 중인 식품들을 살 것.
C ☐ 생산자들에게 식품들을 직접 살 것.

❹ Amap의 농부들은 무엇을 하는가?

A ☐ 이들은 대도시에 슈퍼마켓들을 연다.
B ☐ 이들은 주말 동안 지역 소규모 시장들에 참여한다.
C ☐ 이들은 큰 시장들에서 엄청난 양의 식품들을 판다.

❺ 장바구니 시스템은 무엇에 쓰이는가?

A ☐ 배송하는 데.
B ☐ 가격을 결정하는 데.
C ☐ 지불하는 데.

❻ Agribio는 생산자들이 새로운 시장을 찾는 것을 도와준다.

☐ 참 ☐ 거짓

❼ '유기농이고 지역적인 것 먹기' 캠페인 동안, ______________________

A ☐ 우리는 시장에서 일자리를 찾을 수 있다.
B ☐ 우리는 생산자들의 농장들을 방문할 수 있다.
C ☐ 정부 정책에 반대하는 항의를 한다.

Étape 3

해설에 따라 문제 분석 및 풀이 요령을 익히세요.

문제 분석

지방에 있는 소규모 생산자들이 대형 유통망을 통하지 않고 소비자에게 직접 판매하기 위한 다양한 판로를 개척하고 있다는 것을 주된 내용으로 하는 기사이다. 즉, 유통 방식에 대한 기사라고 할 수 있다. 여기에서는 '유기농이고 지역적인 것이 이상적이다'라는 캠페인이 실질적으로 어떻게 행해지고 있는지에 초점을 맞추어야 한다.

풀이 요령

문항	풀이 요령
1	소규모 생산자들이 원하는 것을 묻는 문제이다. 'Les petits producteurs débordent d'imagination pour commercialiser leur production directement aux consommateurs 소규모 생산자들은 소비자들에게 직접 그들의 생산물을 판매하기 위한 상상력들이 넘쳐 난다'라는 내용이 있다. 따라서 기사의 내용과 일치하므로 **Vrai**.
2	르포의 주제와 관련한 문제로 르포에서는 Même en habitant une grande ville, on peut avoir accès à de la viande, des fromages ou des fruits et légumes frais, sans passer par les grands circuits de distribution 대도시에 살면서도, 우리는 주요 유통 경로를 통하지 않고 고기, 치즈 또는 과일들과 신선한 야채들을 손에 넣을 수 있다'라고 하였다. 이는 유통 방식을 의미하므로 **Vrai**.
3	상품을 어떻게 사는 것이 이상적인지 묻고 있다. 'acheter directement aux producteurs, même lorsque l'on est un urbain, n'a jamais été aussi facile 생산자들에게 직접 구매하는 것은 도시인일 때라도 그 어느 때보다 쉬워졌다'는 내용이 있다. 따라서 생산자에게 직접 사는 것이 이상적이므로 정답은 **C**.
4	Amap의 농부들이 무엇을 하는지 묻는 문제이다. 르포에서 'Les agriculteurs des Amap viennent aux consommateurs. «La ruche qui dit oui» organise des petits marchés hebdomadaires locaux Amap의 농부들이 소비자들에게 온다. '예라고 말하는 벌통'은 주1회의 지역 소규모 시장을 주최한다'는 내용이 있으므로 정답은 **B**.
5	장바구니 시스템이 무엇인지 묻고 있다. 'il y a aussi les systèmes de paniers qui peuvent être livrés au coin de la rue 길 모퉁이에 배달이 될 수 있는 장바구니 시스템도 있다'라는 내용으로 보아 배달 시스템에 관한 것이다. 따라서 정답은 **A**.
6	Agribio 단체에 대한 문제이다. 르포에서는 'Les Agribio réunissent les acteurs de l'agriculture biologique, et les aide à trouver des débouchés Agribio는 유기농업 관계자들을 모으고 이들이 판로를 찾는 것을 돕는다'라는 내용이 있으므로 기사의 내용과 일치해 **Vrai**.
7	'유기농이고 지역적인 것 먹기' 캠페인에 대해 묻는 문제이다. 기사에서 'De nombreuses manifestations et des visites d'exploitations sont proposées dans toute la France 많은 행사들과 농장 방문들이 프랑스 전역에서 제공된다'라는 내용이 있으므로 정답은 **B**.

문제 3 EXERCICE 2 실전 연습

Étape 1 **공략에 따라 EXERCICE 2 연습 문제를 풀어 보세요.**

Lisez le texte.

Régler ses dépenses en vacances à l'étranger : prudence

Si vous partez en vacances à l'étranger, voici les conseils de Patrick Lelong pour régler ses dépenses en toute tranquillité d'esprit. Il existe essentiellement deux moyens de régler ses dépenses. Le règlement en espèces et celui par carte bancaire. Chaque personne physique peut sans déclaration préalable aux services des douanes emporter avec elle 10.000 euros. Cette somme s'entend de l'ensemble des devises : euros, dollars etc. Un couple peut donc disposer de 20.000 euros qu'il pourra convertir sur place dans la devise locale.

La carte bancaire de type Visa ou Mastercard permet aussi de retirer des espèces auprès des banques sur place ou des bureaux de change et de payer ses achats auprès des commerçants car elle est acceptée dans le monde entier. Il faut toutefois se renseigner sur la densité des distributeurs de billets (DAB) qui varie grandement d'un pays à l'autre.

Avec le développement des cartes de paiement internationales, la pratique des chèques de voyages n'a plus le vent en poupe. Pourtant, ils offrent un véritable avantage et sont une alternative entre le paiement en espèces et celui par chèque. En cas de perte ou de vol, le montant des chèques de voyages est remboursé et remplacé immédiatement. Mais, il faut les commander souvent une bonne semaine avant de partir et leur montant est tout de suite débité de votre compte bancaire.

Un bon conseil, contactez votre banque avant votre départ pour vous assurer que les opérations de retraits et de paiements sont bien ajustées à vos besoins. Il est ainsi possible d'augmenter les plafonds habituels pour éviter de se retrouver coincé sans argent à des milliers de kilomètres de son domicile.

Il vous faut cependant être vigilant quant à l'utilisation de votre carte de paiement. Et ne s'en servir que dans des lieux sécurisés auprès de grandes enseignes comme les chaînes internationales d'hôtels. Plus généralement refusez le paiement et conservez toutes vos souches. Ne signez jamais une facture sans mention du prix et exigez la souche d'une opération annulée puis réitérée. Des précautions élémentaires pour passer de bonnes vacances...

France info. 16.08.2015.

Répondez aux questions.

❶ On doit faire attention aux vols lors du transport.

☐ Vrai ☐ Faux

❷ Il faut déclarer la somme qu'on emporte à l'étranger aux services des douanes quelque soit le montant.

☐ Vrai ☐ Faux

❸ D'après ce reportage ______________________________

A ☐ les commerçants n'acceptent pas les paiements par carte bancaire.
B ☐ on peut retirer de l'argent aux distributeurs automatiques de billets.
C ☐ on peut acheter moins cher quand on paie en espèce.

❹ On préfère payer par chèque malgré le développement des cartes de paiement internationales.

☐ Vrai ☐ Faux

❺ Quel est le problème des chèques de voyages ?

A ☐ La procédure de demande est trop compliquée.
B ☐ On doit déposer beaucoup d'argent sur son compte bancaire.
C ☐ Cela prend du temps pour les obtenir.

❻ Pourquoi est-il nécessaire d'augmenter les plafonds habituels ?

A ☐ Parce qu'il faut déposer beaucoup d'argent sur son compte.
B ☐ Parce qu'on risque de dépasser les limites habituelles de nos dépenses.
C ☐ Parce qu'on doit économiser de l'argent en voyageant à l'étranger.

❼ Quelle précaution est élémentaire pour passer de bonnes vacances ?

A ☐ Ne pas signer de facture avant de vérifier le prix.

B ☐ Ne pas demander la souche d'une opération annulée.

C ☐ Faire confiance aux vendeurs.

Étape 2

문제 3의 필수 어휘를 익히고, 해석을 참조하세요.

필수 어휘

régler 지불하다 | **dépense (f)** 지출 | **prudence (f)** 신중함 | **tranquillité (f)** 안심, 평온 | **règlement (m)** 결제, 지불 | **espèce (f)** 현금 | **déclaration (f)** 신고 | **préalable** 사전의 | **douane (f)** 세관 | **emporter** 가져가다 | **somme (f)** 금액 | **devise (f)** 외화 | **disposer** 소유하다 | **convertir** 변환시키다, 바꾸다 | **retirer** 인출하다 | **achat (m)** 구입 | **commerçant** 상인 | **se renseigner** ~에 관해 문의하다 | **densité (f)** 밀도 | **distributeur de billets (m)** 현금 인출기 | **avoir le vent en poupe** 일이 순조롭게 잘 되어 가다 | **alternatif (m)** 대안 | **montant (m)** 금액 | **rembourser** 환불하다 | **immédiatement** 즉시 | **débité** 지불된 | **ajuster** 맞추다 | **plafond (m)** 한도 | **coincé** 움직이지 않는 | **vigilant** 주의하는 | **enseigne (f)** 간판 | **souche (f)** 원부 | **exiger** 요구하다 | **réitéré** 반복된 | **précaution (f)** 예방, 대비, 주의 사항 | **déposer** 예금하다, 맡기다

지문을 읽으세요.

외국에서 휴가 중에 경비 지불하기: 신중함

만일 당신이 외국으로 휴가를 떠난다면, 안심하고 경비를 지불하기 위한 Patrick Lelong의 조언들이 여기 있다. 기본적으로 비용을 지불하는 두 가지 방법이 있다. 현금으로 지불하는 것과 은행 카드로 지불하는 것이다. 개개인은 세관에 사전 신고 없이 만 유로를 가져갈 수 있다. 이 금액은 외화 전체로 통용된다: 유로, 달러 등. 그래서 커플은 현장에서 현지 통화로 바꿀 수 있는 2만 유로를 소지할 수 있다.
비자나 마스터 카드 유형의 은행 카드는 또한 현지 은행이나 환전소에서 현금을 인출하고 상인에게 물건값을 지불할 수 있게 하는데 왜냐하면 전 세계에서 승인되기 때문이다. 그러나 나라마다 크게 다른 현금 인출기의 분포도에 대해 문의해야 한다.
국제 지불 카드의 발전으로 여행자 수표의 사용은 더 이상 활발하지 않다. 그러나 이것들은 실질적인 이점을 제공하며 현금과 수표 지불 사이에서의 대안이다. 분실 또는 도난의 경우 여행자 수표의 금액은 환불되며 즉시 교체된다. 그러나 대체로 떠나기 일주일 전에는 이것을 요구해야 하며 그 금액은 즉시 당신의 은행 계좌에서 빠져나간다.
좋은 조언 하나는, 출금과 지불이 당신의 필요에 맞게 잘 조정되었는지 확인하기 위해 출발 전에 은행에 연락하세요. 당신의 집으로부터 수천 킬로 떨어진 곳에서 돈 없이 묶여 있는 것을 피하기 위해 평소 한도를 높여 놓는 것도 가능하다.

그러나 당신의 결제 카드 사용에 있어서는 주의해야 한다. 그리고 국제 호텔 체인점과 같이 큰 간판이 있는 안심이 되는 장소에서만 사용하기. 더 전반적으로 지불을 거부하고 당신의 모든 원부들을 보관하세요. 가격 언급 없는 계산서에 절대 사인하지 말고 취소되고 되풀이된 작업의 원부를 요구하세요. 좋은 휴가를 보내기 위한 기본적인 예방책들...

질문들에 답하세요.

❶ 이동 시 도난에 대해 주의해야 한다.

□ 참 □ 거짓

❷ 총액이 얼마이건 간에 외국에 가져가는 금액을 세관에 신고해야 한다.

□ 참 □ 거짓

❸ 이 르포에 따르면, ______

A □ 상인들은 은행 카드 결제를 받아들이지 않는다.

B □ 현금 인출기에서 돈을 뽑을 수 있다.

C □ 현금으로 지불할 때 더 싸게 살 수 있다.

❹ 국제 지불 카드의 발전에도 불구하고 사람들은 수표로 지불하는 것을 선호한다.

□ 참 □ 거짓

❺ 여행자 수표의 문제는 무엇인가?

A □ 요구 절차가 너무 복잡하다.

B □ 은행 계좌에 많은 돈을 입금해야 한다.

C □ 이것을 갖기 위해서는 시간이 필요하다.

❻ 왜 평소 한도를 높여야 할 필요가 있는가?

A □ 왜냐하면 계좌에 많은 돈을 입금해야 하기 때문에.

B □ 왜냐하면 평소 지출 한도를 초과할 위험이 있기 때문에.

C □ 왜냐하면 외국 여행을 하면서 돈을 절약해야 하기 때문에.

❼ 멋진 휴가를 보내기 위해 어떤 예방이 필수적인가?

A □ 가격을 확인하기 전에 영수증에 사인하지 않기.

B □ 취소된 작업의 원부를 요구하지 않기.

C □ 판매인들을 신뢰하기.

Étape 3

해설에 따라 문제 분석 및 풀이 요령을 익히세요.

문제 분석

외국으로 바캉스를 갈 때의 지출 방식에 대한 내용이다. 기사에서 제시하는 지불 방식에는 현금, 은행 카드, 여행자 수표가 있는데 각각의 장단점을 명확히 파악해야 한다. 특히 은행 카드 사용 시 주의 사항 및 지불과 관련하여 문제없이 바캉스를 보내기 위해 어떤 조치들을 취해야 할지 주의 깊게 듣는다.

풀이 요령

문항	풀이 요령
1	이동 시 주의할 사항이 무엇인지 묻는 문제이다. 'Si vous partez en vacances à l'étranger, voici les conseils de Patrick Lelong pour régler ses dépenses en toute tranquillité d'esprit 만일 당신이 외국으로 휴가를 떠난다면, 안심하고 경비를 지불하기 위한 Patrick Lelong의 조언들이 여기 있다'라고 하였다. 반면 문제에서는 이동 시 도난에 주의해야 한다고 되어 있기 때문에 기사의 내용과 일치하지 않아 **Faux**.
2	총액에 상관없이 외국에 가져가는 돈을 세관에 신고해야 하는지 묻는 문제이다. 'Chaque personne physique peut sans déclaration préalable aux services des douanes emporter avec elle 10.000 euros 개개인은 세관에 사전 신고 없이 만 유로를 가져갈 수 있다'라고 기술하고 있는데, 문제에서는 금액과 상관없이 만 유로를 가져갈 수 있다고 했으므로 따라서 내용과 일치하지 않아 **Faux**.
3	여행지에서의 지불과 관련한 내용을 묻는 것으로서 'La carte bancaire de type Visa ou Mastercard permet aussi de retirer des espèces auprès des banques sur place ou des bureaux de change et de payer ses achats 비자나 마스터 카드 유형의 은행 카드는 또한 현지 은행이나 환전소에서 현금을 인출하고 상인에게 물건 값을 지불할 수 있게 한다'라고 되어 있다. 따라서 정답은 **B**.
4	사람들이 선호하는 지불 방식을 묻는 문제이다. 문제에서는 카드 사용이 국제적으로 통용되고 있음에도 불구하고 사람들이 수표 사용을 선호한다고 되어 있지만 기사에서는 'Avec le développement des cartes de paiement internationales, la pratique des chèques de voyages n'a plus le vent en poupe 국제 지불 카드의 발전으로 여행자 수표의 사용은 더 이상 활발하지 않다'라는 내용이 있다. 따라서 내용과 일치하지 않으므로 **Faux**.
5	여행자 수표의 문제점에 대해 묻고 있다. 'il faut les commander souvent une bonne semaine avant de partir et leur montant est tout de suite débité de votre compte bancaire 대체로 떠나기 일주일 전에는 이것을 요구해야 하며 그 금액은 즉시 당신의 은행 계좌에서 빠져나간다'라는 내용이 있다. 즉 시간이 걸린다는 것이므로 정답은 **C**. **A**의 경우 요구 절차가 복잡하다는 의미인데 기사에서는 이 점에 대해 언급하고 있지 않으므로 오답이다.

6 왜 평소 결제 한도보다 높여야 하는지에 대한 이유를 묻는 문제이다. 'Il est ainsi possible d'augmenter les plafonds habituels pour éviter de se retrouver coincé sans argent à des milliers de kilomètres de son domicile 당신의 집으로부터 수천 킬로 떨어진 곳에서 돈 없이 묶여 있는 것을 피하기 위해 평소 한도를 높여 놓는 것도 가능하다'라는 내용이 있다. 이는 예상보다 지출을 많이 할 수 있다는 점을 고려한 것이므로 정답은 **B**.

7 멋진 휴가를 보내기 위한 예방책들 중에 하나가 무엇인지를 묻고 있다. 'Ne signez jamais une facture sans mention du prix et exigez la souche d'une opération annulée puis réitérée 가격 언급 없는 계산서에 절대 사인하지 말고 취소되고 되풀이된 작업의 원부를 요구하세요'라는 내용이 있다. 따라서 정답은 **A**.

작문 평가

Production écrite

1 작문 완전 분석

작문 평가의 경우 문제는 하나이지만 형식적인 측면에서는 크게 두 가지로 구분된다. 첫 번째는 특정 주제를 중심으로 지시 사항에 따라 자신의 의견을 기술하는 방식이다. 두 번째는 특정 주제와 관련하여 친구나 직장 동료, 회사 관련 업체에 보낼 이메일 또는 편지를 작성하는 방식이다. 두 번째의 경우, 글의 형식 자체가 정해져 있기 때문에 이를 지키지 않으면 감점된다는 것에 주의하자.

2 작문 평가 방식 [약 45분, 25점]

작문을 평가하는 방식은 크게 전체적인 평가와 세부적인 평가로 나눌 수 있다. 먼저 전체적인 평가는 지시 사항을 충실히 지켰는지, 주제와 관련한 서술이나 묘사를 적절히 했는지를 평가한다. 의견을 서술하는 경우라면 자신의 견해를 논리적이고 체계적으로 전개했는지를 평가한다. 두 번째 세부적인 평가는 우선 주제와 관련한 어휘를 정확히 알고 있는지, 그리고 어휘를 풍부하게 사용했는지 본다. 그리고 문장과 문장을 잇는 표현을 적절히 사용했는지, 문법을 정확히 구사했는지 평가한다.

*** 작문 평가 항목**

(1) 전체적인 평가

- **지시 사항에 대한 내용:** 제시된 주제와 일치하는지 / 최소 작문 길이를 지켰는지
- **서술 요령:** 사실이나 사건, 또는 경험을 기술하였는지
- **생각을 표현하는 능력:** 생각, 느낌, 감정 또는 반응을 표현하고 자신의 의견을 표명할 수 있는지
- **전개 방식:** 짧고 간단하며, 내용을 일관성 있고 논리적으로 전개하고 있는지

(2) 세부적인 평가

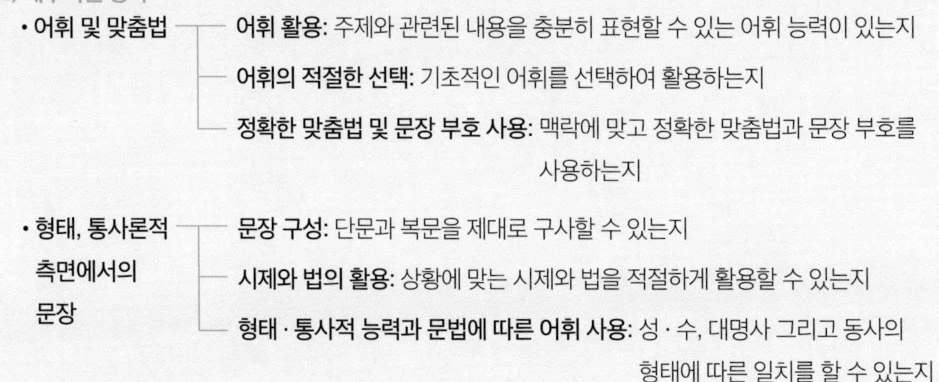

3 작문 평가 이것만은 꼭!

❶ 최소 단어 수를 준수해야 하며, 평소에 단어 수를 고려하여 작문 연습을 한다.

작문 영역은 문제 맨 마지막에 단어 수를 명시하는 칸이 주어진다. 과거에는 160~180 단어라고 하여 최소 단어 수와 최대 단어 수를 표기하였지만, 지금은 최소 단어 수만 제시된다. 160 단어 이하로 쓴다고 해서 무조건 감점되는 것은 아니지만 (140 단어까지는 감점이 없음) 단어 수가 부족하면 아무래도 내용이 충실하기 어렵기 때문에 좋은 점수를 받기 어렵다. 단어 수가 너무 많으면 문법적인 오류를 범할 확률이 커지기 때문에 180~200 단어가 적당하다.
따라서 평소 DELF B1 작문 시험을 준비할 때 단어 수를 고려하면서 연습하도록 한다. 시험 당일에는 긴장을 하기 때문에 시간 조절에 실패해 작문하는 데 시간이 부족할 수 있다. 그러므로 평소에 제한된 시간에 맞춰 적절한 분량으로 쓰는 연습을 하자.

❷ 작문 시 지시 사항을 빠짐없이 작성한다.

문제의 지시 사항 및 발문은 모든 영역에서 중요하지만, 작문 영역에서는 특히 더욱 신경써야 한다. 왜냐하면, 작문에서는 지시 사항에서 요구하는 것들을 빠뜨리면 감점되기 때문이다. 그러므로 지시 사항에 제시된 내용들을 가급적 구체적으로 언급하며 작성해야 한다.

❸ 답안지 교체가 불가능할 수 있으므로 필기도구를 준비한다.

작문 영역의 경우 시험장에서 연습용 종이를 따로 배부한다. 그러나 연습용 종이에 연습을 하지 않고 바로 답안지에 답을 작성하는 응시자들이 상당히 많다. 수정 없이 한 번에 완벽한 글을 작성하기란 불가능하므로 연습용 종이에 쓴 다음 답안지에 옮겨 적거나, 답안지에 연필로 적은 뒤 펜으로 위에 덧쓰거나, 혹은 펜으로 쓴 뒤 수정 테이프로 지운 후 다시 쓸 수 있다. 그러므로 자신에게 가장 효율적인 방법을 선택해서 답안을 작성하되, 답안지가 부족하여 답안지 교체가 어려울 수 있는 상황을 대비하여 미리 수정 테이프 등의 필기도구를 준비하도록 하자.

작문 평가

EXERCICE 1

작문 영역에서는 문제를 정확히 파악하는 것이 무엇보다 중요하다. 특히 어떤 형식의 글을 써야 하는지, 어떤 사람(혹은 단체)에게 쓰는 글인지 파악해야 한다. 간혹, 글의 형식이나 받을 대상을 잘못 파악하여 작문하는 경우가 있는데, 이럴 경우 글을 아무리 잘 써도 좋은 점수를 받을 수 없다. 예를 들어 '회사에서 한 달 동안 근무하면서 경험한 업무 내용과 동료 관계에 대한 느낌'을 '상사'에게 이메일로 작성하라고 하였는데, '상사'가 아닌 '친구'를 수신인으로 하여 글을 썼다면 감점이 되는 것이다.

또한 지시 사항에서 언급한 내용들을 빠짐없이 써야 하는 것에 주의하자. 만약 지시 사항에서 3가지를 물었다면 작문에서도 이 3가지를 구체적으로 제시하며 써야 한다. 지시 사항을 빠트리면 감점되므로 작문 후에 글을 다시 읽어 보며 점검하는 것이 좋다.

마지막으로 단어 수를 준수해야 한다. DELF B1에서는 최소 160 단어 이상을 써야 하는데 그렇지 않으면 감점되므로 주의하자.

완전 공략

DELF B1 작문

1 핵심 포인트

작문은 자신의 생각이나 느낌을 정확한 문법으로 표현해야 하기 때문에 수험생들이 부담을 느끼는 영역이다. 평소에 관심을 두지 않았던 주제에 대한 문제가 출제된다면 더욱 막막할 것이다. 그러나 작문 영역은 문제를 정확히 파악하고 지시 사항에서 제시한 조건에 맞춰 쓰기만 하면 일단 성공한 셈이므로, 문제를 꼼꼼히 읽고 빠트린 사항이 없도록 하자.

2 빈출 주제

여행, 인터넷이나 휴대폰과 같은 첨단 기술, 환경오염 등과 같은 주제에 대해 자신의 생각이나 느낌을 쓰는 문제가 출제된다. 최근에는 외국에서 일자리를 제안 받은 친구에게 조언하는 글이나, 공부하면서 동시에 일을 한 경험에 대한 글 등 작문 주제가 더욱 다양해졌다. 그러므로 평소에 다양한 분야의 주제에 대한 자신의 생각을 정리하는 습관을 기르는 것이 좋다. DELF 독해 공부를 할 때, 문제만 푸는 것이 아니라 지문 내용을 공부하는 것도 추천할 만한 공부법이다. 예를 들어 '재택근무'를 소재로 하는 지문이 있다면 이 글에는 재택근무의 장점과 단점에 대한 설명도 제시되어 있을 것이다. '재택근무'는 작문 주제로도 얼마든지 출제될 수 있기 때문에 이에 대해 간단히 정리해 둔다면, 작문 공부를 하는 데에도 도움이 될 것이다.

3 고득점 전략

① 글의 주제와 대상을 파악한다.

주제가 무엇인지 알지 못한다거나 글의 대상이 누구인지 파악하지 못한다면 글의 가장 기본적인 사항조차 이해했다고 보기 어렵기 때문에 좋은 점수를 받을 수 없다.

② 단어 수에 유의한다.

B1의 경우 160 단어 이상을 써야 하며 그 이하가 되는 경우 일단 감점 요인이 된다. 따라서 평소 작문 연습을 할 때 실제 시험과 동일한 조건에서 연습하는 것이 좋다.

③ 지시 사항을 꼼꼼히 확인한다.

지시 사항에 언급된 내용을 빠짐없이 써야 한다. 지시 사항에 열거된 내용 중 하나라도 언급하지 않는 경우 감점된다. 따라서 지시 사항을 꼼꼼히 살펴 빠트린 내용은 없는지 점검한다.

④ 주제와 관련된 자신의 느낌이나 의견을 표현한다.

지시 사항에서 언급한 내용들을 다룰 때 단순한 사건이나 경험만 나열할 것이 아니라 자신의 느낌이나 의견을 간단하게 덧붙인다. 그리고 의견을 피력할 때에는 자신의 의견을 뒷받침할 수 있는 타당한 근거를 들어 합리성을 증명해야 한다.

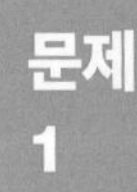

EXERCICE 1 실전 연습

Étape 1

공략에 따라 작문해 보세요.

Pensez-vous que les gens d'aujourd'hui sont beaucoup influencés par les médias ? Est-ce que vous avez déjà fait l'expérience d'acheter à distance, par la télévision ou par Internet ? À votre avis, quels sont les problèmes de ce genre d'achats ? Et qu'est-ce qu'on doit faire pour les résoudre ?
Vous écrivez un texte construit et cohérent sur ce sujet. (minimum 160 mots)

Nombre de mots :

Étape 2

문제 1의 필수 어휘를 익히고, 해석을 참조하세요.

필수 어휘

influencer 영향을 끼치다 | média (m) 미디어 | à distance 원격으로 | cohérent 일관성 있는, 논리적인 | télé-achat (m) 통신 구매 | naviguer 검색하다 | en réalité 사실은 | avantage (m) 장점 | commander 주문하다 | émission (f) 방송 | défaut (m) 단점 | une fois que 일단 ~하면 | échanger 교환하다 | marchandise (f) 상품 | réel 실제의 | commande (f) 주문 | achat (m) 구입 | quotidien 일상의 | pressé 바쁜 | admettre 인정하다 | faire attention 주의하다 | achat sans réfléchir (m) 충동구매

해석

당신은 오늘날 사람들이 미디어에 많은 영향을 받는다고 생각합니까? 당신은 텔레비전이나 인터넷을 통해 원격으로 구매한 경험이 이미 있습니까? 당신 생각에 이런 구매 유형의 문제점들은 무엇입니까? 이것들을 해결하기 위해 무엇을 해야 할까요?
이 주제에 대한 논리적으로 구성된 텍스트를 쓰세요. (최소 160 단어)

Étape 3

해설에 따라 작문 구성을 익히고, 모범 답안을 확인해 보세요.

작문 구성

개요

인터넷을 통한 물건 구입과 관련한 자신의 의견을 기술하는 것으로 지시 사항에 따라 크게 4가지로 구성될 수 있다. ❶ 물건 구매에 대한 개인적인 경험을 말한 뒤 ❷ 물건 구매에 있어서 미디어가 현대 사회에서 차지하는 위상을 언급한다. 그런 뒤 ❸ 인터넷 구매의 장점과 단점을 기술하되 ❹ 단점을 보완하기 위한 방안에 어떤 것이 있는지 제안한다.

진행 방식

1. 처음

물건 구매에 대한 자신의 개인적인 성향을 밝힌다. 그리고 과거의 물건 구입과 비교하여 최신 경향은 어떤지 설명한다. 이때 구체적으로 인터넷 구매가 어떻게 이루어지는지 간략하게 언급하는 것이 좋다.

❶ 물건 구매에 대한 개인적인 경험

J'aime beaucoup faire du shoping et j'adore surtout acheter des vêtements.

❷ 물건 구매에 있어서 오늘날 미디어의 위상

Autrefois, on devait aller au magasin pour acheter quelque chose, mais maintenant on n'a pas besoin d'y aller soi-même grâce à la télévision ou à Internet.

2. 가운데

(1) 다양한 방송매체를 통한 물건 구매의 장점을 언급한다. 즉, 인터넷 구매를 하면 가격이 싸고 매장에 직접 갈 필요가 없어 시간을 절약할 수 있다는 점을 들 수 있다.

❸ 인터넷 구매의 장점

On peut acheter des produits beaucoup moins chers.

(2) 인터넷 구매의 단점으로는 물건을 주문하고 받을 때까지 시간이 걸린다는 점과 물건에 문제가 있을 경우 교환하기가 쉽지 않다는 점을 언급한다. 여기서는 앞의 내용과 반대되는 내용을 연결할 때 쓰는 표현에 주의하자.

❸ 인터넷 구매의 단점

Cela prend plusieurs jours pour recevoir les produits commandés.

3. 끝

바쁜 일상생활 속에서 방송매체를 통한 구매 방식은 많은 장점을 가지고 있다는 점을 다시 한번 언급한다. 반면 인터넷 구매를 할 때에는 충동구매와 같은 불필요한 구매에 유의해야 한다는 점을 강조한다. 이러한 충동구매를 막으려면 구매 전 꼭 사야 할 물건들의 목록을 작성하는 것이 효과적일 수 있다는 점을 제시한다.

❹ 단점을 보완하기 위한 방안

Faire la liste de ce dont on a vraiment besoin est un bon moyen de ne pas faire d'achats sans réfléchir.

모범 답안

J'aime beaucoup faire du shoping et j'adore surtout acheter des vêtements. Autrefois, on devait aller au magasin pour acheter quelque chose, mais maintenant on n'a pas besoin d'y aller soi-même grâce à la télévision ou à Internet. On peut choisir ce qu'on veut en regardant des chaînes de télévision spécialisées en télé-achat ou en naviguant sur des sites Internet.

En réalité, il y a beaucoup d'avantages dans cette possibilité d'acheter par la télévision ou par Internet. Tout d'abord, on peut acheter des produits beaucoup moins chers quand on commande sur une émission de télévision ou sur un site Internet. On peut aussi gagner du temps parce qu'on n'a pas besoin d'aller au magasin. Par contre, ce mode d'achat présente aussi des défauts. Par exemple, cela prend plusieurs jours pour recevoir les produits commandés. Et une fois qu'on a acheté quelque chose, il n'est pas facile de l'échanger s'il y a des problèmes sur la marchandise. De plus, il peut y avoir une différence entre le produit réel et celui que l'on a vu au moment de la commande.

Il est vrai que ces moyens d'achats nous offrent beaucoup d'avantages dans notre vie quotidienne où on est toujours pressé. Mais il faut aussi admettre qu'on doit faire attention avec les achats à distance, surtout ceux qu'on fait sans réfléchir. À mon avis, faire la liste de ce dont on a vraiment besoin est un bon moyen de ne pas faire d'achats sans réfléchir.

해석

나는 쇼핑하는 것을 무척 좋아하는데 특히 옷을 사는 것을 아주 좋아합니다. 옛날에는 무언가를 사기 위해서 상점에 가야 했지만 오늘날 텔레비전이나 인터넷 덕분에 직접 그곳에 갈 필요가 없습니다. 우리는 통신 구매 전문 TV 채널을 보거나 인터넷 사이트를 서핑하면서 우리가 원하는 것을 선택할 수 있습니다.
사실, 텔레비전이나 인터넷을 통해 구매하는 방법에는 많은 장점들이 있습니다. 우선 텔레비전 방송이나 인터넷 사이트에서 주문할 때 물건을 훨씬 더 싸게 살 수 있습니다. 또한 상점에 갈 필요가 없기 때문에 시간을 절약할 수 있습니다. 반대로, 이 구매 방법에는 또한 단점들이 있습니다. 예를 들어, 주문한 물건을 받기 위해서는 며칠이 걸립니다. 그리고 일단 무언가를 샀을 때, 만약 물건에 문제가 있으면 교환하는 것이 쉽지 않습니다. 게다가 실제 상품과 주문 때 우리가 보았던 상품 사이에 차이가 있을 수 있습니다.
이 구매 방법들이 늘 바쁜 우리의 일상생활에 많은 이점이 있는 것은 사실입니다. 그러나 원격 구매, 특히 충동구매에 유의해야 하는 것도 인정해야 합니다. 내 생각에는 정말 필요한 것에 대한 목록을 작성하는 것이 충동구매를 하지 않는 좋은 방법입니다.

문제 2

EXERCICE 1 실전 연습

Étape 1

공략에 따라 작문해 보세요.

Vous rentrez à la maison après avoir passé deux semaines de vacances dans un pays étranger. Votre ami vous a envoyé un courriel pour demander de vos nouvelles. Vous lui écrivez un message pour lui raconter votre voyage (quelle destination, avec qui, dans quelles conditions). Racontez-lui aussi les problèmes que vous avez rencontrés pendant le voyage.
Vous écrivez un texte construit et cohérent sur ce sujet. (minimum 160 mots)

Nombre de mots :

Étape 2 문제 2의 필수 어휘를 익히고, 해석을 참조하세요.

필수 어휘

courriel (m) 이메일, 전자우편 | nouvelle (f) 소식 | destination (f) 행선지 | ça fait + 기간 + que ~한 지가 ~되었다 | déménager 이사하다 | accueillir 맞이하다 | palais (m) 궁전 | ambiance (f) 분위기 | être différent de ~와 다르다 | relève (f) 교대 | garde 근위병, 보초 | costume (m) 의상 | quartier (m) 동네 | tasse (f) 잔 | au moment où ~할 때에 | être sur le point de + inf 막 ~하려던 참이다 | se rendre compte ~ ~을 깨닫다 | séjour (m) 체류

해석

당신은 외국에서 2주간의 휴가를 보낸 후에 집에 돌아옵니다. 당신의 친구가 당신의 소식을 묻기 위해 이메일을 보냈습니다. 당신은 그에게 당신의 여행을 이야기하기 위해 메시지를 씁니다(어떤 목적/행선지인지, 누구와 함께인지, 어떤 조건에서인지). 또한 여행 동안 당신이 직면했던 문제들을 그에게 이야기하세요.
이 주제에 대한 논리적으로 구성된 텍스트를 쓰세요. (최소 160 단어)

Étape 3 해설에 따라 작문 구성을 익히고, 모범 답안을 확인해 보세요.

작문 구성

개요	먼저 친구에게 보내는 글임에 유의한다. 그러므로 앞부분에는 ❶ 안부를 묻는 내용을 적어야 한다. 그리고 평가 시 가장 집중적으로 고려되는 사항이 여행에 관한 것이므로 가운데에는 지시 사항에 언급된 내용을 빠짐없이 써야 한다. ❷ 우선 어떠한 이유로 여행을 하게 되었는지를 밝힌다. 그리고 여행 목적/행선지와 여행을 함께 간 사람이 누구였는지, 어떤 조건에서였는지, 특히 여행 도중 발생했던 문제는 무엇이었으며 그것을 어떻게 해결했는지 서술한다. 그리고 ❸ 여행에 대한 전반적인 느낌을 쓰며 글을 마무리한다.
진행 방식	1. 처음 친구에게 보내는 글이기 때문에 안부를 묻는 말로 시작한다. 그리고 여행을 했었다는 이야기를 간략히 한다. 만약 시험에 여행과 관련된 문제가 출제된다면 응시자가 잘 알고 있는 나라를 설정하여 글을 쓰면 작문하기가 수월해질 것이다. ❶ 안부를 묻는 말 Salut, Comment ça va ? Ça fait longtemps qu'on ne s'est pas vus depuis que j'ai déménagé à Paris. J'espère que tu vas bien. Moi, ça va.

2. 가운데

여행 장소에 대해서는 그 장소의 특징뿐만 아니라 자신이 느낀 점을 써야 한다. 또한 여행지에서 생긴 일은 너무 심각한 사건이나 사고보다는 물건 분실이나 작은 실수를 쓰는 것이 서술하기 쉬울 것이다.

❷ 여행에 관한 내용: 목적지, 함께 간 사람, 여행 조건, 여행에서 생긴 문제

Moi, j'étais en Corée pendant deux semaines. Mon ami coréen m'a invité chez lui et on a voyagé ensemble.
D'abord, on a visité le palais de Deoksu : l'ambiance était très différente des châteaux français.
Au moment où on était sur le point de prendre le métro, je me suis rendu compte que j'avais laissé mon téléphone portable dans ce café.

3. 끝

여행에 대한 전체적인 느낌을 쓰며 글을 끝맺는다. 이때 마지막에 이름 쓰는 것을 잊어서는 안 되는데, 편지 양식(이메일)을 숙지하지 못한 것으로 간주되어 감점 당할 수 있기 때문이다.

❸ 여행에 대한 전체적인 감상

J'ai passé un bon moment pendant mon séjour en Corée et j'aimerais y retourner avec toi si c'est possible.

Paris, le 25 août 2020

Salut,
Comment ça va ? Ça fait longtemps qu'on ne s'est pas vus depuis que j'ai déménagé à Paris. J'espère que tu vas bien. Moi, ça va.
Qu'est-ce que tu as fait pendant les vacances d'été ? Moi, j'étais en Corée pendant deux semaines. Mon ami coréen m'a invité chez lui et on a voyagé ensemble.
C'était un peu difficile au début parce qu'il faisait très chaud et il pleuvait beaucoup en Corée. Mon ami est venu à l'aéroport pour me chercher et sa famille m'a bien accueilli.
On a visité Séoul et il y avait beaucoup de choses à voir. D'abord, on a visité le palais de Deoksu : l'ambiance était très différente des châteaux français. On a pu assister à la relève de la garde et c'était très intéressant. On a pris des photos avec les gens qui portaient un costume traditionnel.
Après, on est allé dans un quartier qui s'appelle Insadong. C'est un quartier traditionnel et il y avait beaucoup de touristes étrangers. On a pris une tasse de thé dans un café traditionnel. Au moment où on était sur le point de prendre le métro, je me suis rendu compte que j'avais laissé mon téléphone portable dans ce café. Alors on y est retourné et, heureusement, la serveuse du café nous attendait.

J'ai passé un bon moment pendant mon séjour en Corée et j'aimerais y retourner avec toi si c'est possible.
À très bientôt,
Jean

해석

Paris, 2020년 8월 25일

안녕,
어떻게 지내니? 내가 Paris로 이사한 후로 서로 못 본 지 오래되었구나. 네가 잘 지내고 있기를 바라. 나는 잘 지내.
너는 여름 방학 동안 무엇을 했니? 나는 2주 동안 한국에 있었어. 내 한국 친구가 자기 집으로 나를 초대해서 함께 여행을 했어.
처음에는 약간 힘들었는데 왜냐하면 한국은 너무 더웠고 비가 많이 왔기 때문이야. 내 친구가 나를 데리러 공항에 와 주었고 그의 가족은 나를 반가이 맞이해 주었어.
우리는 서울을 방문했는데 볼 것이 아주 많았어. 우선 우리는 덕수궁을 방문했어: 분위기가 프랑스 성들과는 매우 달랐어. 우리는 수문장 교대식을 참관할 수 있었는데 그것은 매우 흥미로웠어. 우리는 전통 의상을 입은 사람들과 사진을 찍었어.
그 후에 우리는 인사동이라고 불리는 동네에 갔어. 전통적인 동네인데 외국인 관광객이 많았어. 우리는 전통 찻집에서 차를 한 잔 마셨어. 우리가 지하철을 타려고 하는 순간, 나는 내 휴대폰을 그 찻집에 두고 온 것을 알았어. 그래서 우리는 그곳에 되돌아갔고 다행히 찻집 종업원이 우리를 기다리고 있었어.
나는 한국에 체류하는 동안 좋은 시간을 보냈는데 가능하면 너와 함께 이곳에 다시 가고 싶어.
곧 보자,
Jean

문제 3

EXERCICE 1 실전 연습

Étape 1

공략에 따라 작문해 보세요.

Sur Facebook, vous avez trouvé le nom de votre ami que vous ne l'avez pas vu depuis très longtemps. Écrivez-lui en vous excusant pour votre silence. Racontez-lui votre vie jusqu'à présent (vos nouvelles, les événements importants dans votre vie, etc.). Vous lui proposez de vous revoir.
Vous écrivez un texte construit et cohérent sur ce sujet. (minimum 160 mots)

Nombre de mots :

Étape 2

문제 3의 필수 어휘를 익히고, 해석을 참조하세요.

필수 어휘

s'excuser 사과하다 | silence (m) 침묵, 무소식 | événement (m) 행사 | se souvenir 기억하다 | se rappeler 상기하다 | s'entendre 어울리다 | perdre contact avec qn ~와 연락이 끊어지다 | compagnie (f) 회사 | informatique (f) 컴퓨터 | par hasard 우연히 | coup de foudre (m) 첫눈에 반함 | contacter 연락하다 | indifférence (f) 무관심

해석

페이스북에서 당신은 매우 오랫동안 보지 못했던 당신 친구의 이름을 발견하였습니다. 당신의 무소식에 사과하면서 그에게 편지를 쓰세요. 지금까지 당신의 생활을 그에게 이야기하세요(당신 소식, 당신 생활에서 중요한 사건들 등등). 그에게 당신을 다시 만날 것을 제안하세요.
이 주제에 대한 논리적으로 구성된 텍스트를 쓰세요. (최소 160 단어)

Étape 3

해설에 따라 작문 구성을 익히고, 모범 답안을 확인해 보세요.

작문 구성

개요	친구에게 안부를 전하는 메일 또는 편지이다. 그러므로 ❶ 안부를 묻는 말로 시작한다. 앞부분에서는 ❷ 친구와 오랫동안 연락이 닿지 않은 이유에 대해 밝혀야 한다. 그리고 ❸ 그동안 나에게 어떠한 일이 있었는지에 대해 상세히 설명해야 하는데 졸업 후 직장 생활이나 개인적인 변화(결혼 등)에 대해 기술하는 것이 효과적이다. 마지막 부분에서는 ❹ 학창 시절 서로가 얼마나 가까웠었는지를 상기시키는 말을 쓰면서 다시 만나고 싶다는 간절한 마음을 표현해야 한다. 이때 자신의 연락처를 제시하며 마무리하면 되겠다.
진행 방식	1. 처음 ❶ 안부를 묻는 말로 시작한다. 만난 지 오래되었다는 조건이 제시되었으므로 학교 동창이었다는 상황을 설정하는 것이 무난하다. 학창 시절에 있었던 에피소드 등을 제시하면 좋다. **❶ 안부를 묻는 말** Salut, Comment ça va ? C'est moi, Julien : tu te souviens de moi ? On était dans la même classe au lycée.

2. 가운데

(1) 그동안 연락을 하지 못한 이유를 설명한다. 이사나 직장, 학교 때문에 멀리 떨어지게 되면서 연락이 자연스럽게 끊기게 되는 경우를 예로 들면 작문하기가 수월할 것이다.

❷ 그동안 연락이 끊긴 이유

Ma famille a déménagé à Lyon pour le travail de mon père et j'ai perdu contact avec toi.

(2) 연락이 되지 않던 기간 동안 자신에게 일어났던 일 중 인상적인 일을 기술한다. 신상의 큰 변화 즉, 결혼이나 출산 등을 언급하는 것이 효과적이다.

❸ 나에게 일어난 변화, 사건

Moi, je travaille dans une compagnie informatique depuis que j'ai fini l'université.
Ça fait cinq ans qu'on s'est mariés et maintenant on a deux enfants.

3. 끝

즐거웠던 학창 시절의 기억을 상기시키면서 다시 연락하고 싶다는 간절한 바람을 표현한다. 그리고 자신의 연락처를 적으면서 글을 끝맺는다.

❹ 다시 만나고 싶다는 소망

J'aimerais vraiment te revoir.

모범 답안

Nice, le 10 septembre 2020

Salut,

Comment ça va ? C'est moi, Julien : tu te souviens de moi ? On était dans la même classe au lycée. Ça fait déjà 10 ans qu'on ne s'est pas vus. Que le temps passe vite !

Tu te rappelles qu'on s'entendait bien quand on était lycéens ? On allait souvent au cinéma ensemble et on jouait au tennis presque tous les samedis.

Mais ma famille a déménagé à Lyon pour le travail de mon père et j'ai perdu contact avec toi. Je me souviens que tu voulais devenir professeur de français au lycée. Tu as réalisé ton rêve ?

Moi, je travaille dans une compagnie informatique depuis que j'ai fini l'université. Il m'est arrivé beaucoup de choses en dix ans. Je ne sais pas si tu te souviens de Marie. Elle était aussi dans le même lycée que nous. Je l'ai rencontrée par hasard à Lyon il y a huit ans. C'était le coup de foudre quand je l'ai revue. Ça fait cinq ans qu'on s'est mariés et maintenant on a deux enfants. Je passe de meilleux moments avec ma famille.

Hier, j'ai regardé Facebook et j'ai trouvé ton nom sur la liste. J'étais très heureux et je me suis rappelé les bons souvenirs qu'on avait ensemble. J'ai beaucoup regretté de ne pas t'avoir contacté plus tôt.

Excuse-moi encore de mon indifférence. J'aimerais vraiment te revoir. Alors je vais te donner mon adresse et mon numéro de téléphone portable. Appelle-moi le plus vite possible.

À très bientôt,

Julien

해석

Nice, 2020년 9월 10일

안녕,

어떻게 지내니? 나 Julien이야: 너, 나를 기억하니? 우리 고등학교 때 같은 반이었어. 우리가 서로 못 본 지 벌써 10년이 되었구나. 시간이 정말 빨리 가는구나!

너는 우리가 고등학생일 때 잘 어울렸던 것을 기억하니? 우리는 함께 영화관에 자주 갔고 거의 매주 토요일마다 테니스를 쳤지.

그렇지만 내 가족이 아버지 일을 위해 Lyon으로 이사를 갔고 나는 너와 연락이 끊겼지. 나는 네가 고등학교 프랑스어 선생님이 되고 싶어 했던 것을 기억해. 너의 꿈을 이루었니?

나는 대학을 졸업한 후로 컴퓨터 회사에서 일하고 있어. 10년간 내게 많은 일이 있었어. 네가 Marie를 기억하는지 모르겠어. 그녀도 우리와 같은 고등학교였어. 나는 8년 전에 우연히 Lyon에서 그녀를 만났어. 그녀를 다시 보았을 때 나는 첫눈에 반했지. 우리가 결혼한 지 5년이 되었고 지금 두 명의 아이가 있어. 나는 가족과 함께 최고의 순간을 보내고 있지.

어제, 페이스북을 보다가 목록에서 너의 이름을 발견했어. 나는 너무 기뻤고 우리가 함께 했던 좋은 추억들이 떠올랐어. 너에게 좀 더 일찍 연락하지 않은 것을 많이 후회했어.

나의 무심함에 대해 다시 한번 미안해. 나는 정말로 너를 다시 만나고 싶어. 내 주소와 내 휴대폰 번호를 너에게 줄게. 최대한 빨리 내게 전화해 줘.

곧 보자,

Julien

EXERCICE 1 실전 연습

Étape 1

공략에 따라 작문해 보세요.

Vous avez habité dans une grande ville pendant 20 ans. Vous avez été très malade il y a six mois et vous êtes allé voir le médecin. Il vous a conseillé de vous reposer. Vous avez décidé de changer de vie : vous avez déménagé à la campagne et vous avez quitté votre travail. Vous écrivez une lettre à votre ami qui habite dans une grande ville. Vous lui annoncez la nouvelle et vous lui expliquez la raison pour laquelle vous avez choisi cette vie. Racontez aussi ses avantages.

Vous écrivez un texte construit et cohérent sur ce sujet. (minimum 160 mots)

Nombre de mots :

Étape 2

문제 4의 필수 어휘를 익히고, 해석을 참조하세요.

필수 어휘

se reposer 휴식을 취하다 | déménager 이사하다 | quitter 떠나다, 그만두다 | avantage (m) 장점 | annoncer 알리다 | grande entreprise (f) 대기업 | réflexion (f) 성찰 | laboratoire (m) 실험실, 연구소 | d'après ~에 따르면 | réfléchir 숙고하다 | avouer 고백하다 | s'habituer à 익숙해지다 | pêcher (물고기를) 잡다 | de temps en temps 때때로 | médicament (m) 약

해석

당신은 20년 동안 대도시에 살았습니다. 6개월 전에 당신은 많이 아파서 의사를 만나러 갔습니다. 그는 당신에게 휴식을 취할 것을 권했습니다. 당신은 삶을 변화시키기로 결정했습니다: 시골로 이사했고 직장을 그만두었습니다. 당신은 대도시에 살고 있는 친구에게 편지를 씁니다. 그에게 소식을 알리고 당신이 왜 이 삶을 선택하였는지 이유를 설명합니다. 장점들도 이야기하세요.
이 주제에 대한 논리적으로 구성된 텍스트를 쓰세요. (최소 160 단어)

Étape 3

해설에 따라 작문 구성을 익히고, 모범 답안을 확인해 보세요.

작문 구성

개요	지시 사항에 따라 글을 세 부분으로 나눌 수 있는데 첫 번째 부분은 ❶ 도심을 떠났다는 이야기로 ❷ 시골 생활을 하게 된 이유이다. 대도시에서 스트레스를 받으며 바쁘게 직장 생활을 하다 건강에 이상이 생겨 의사가 휴식을 취할 것을 권했다는 내용을 쓴다. 두 번째 부분에서는 ❸ 시골 생활의 좋은 점을 구체적으로 기술해야 한다. 마지막 부분에서는 친구에게 놀러 오라고 하면서 끝맺는다.
진행 방식	1. 처음 안부를 묻는 문장으로 시작한다. 그리고 현재 시골 생활을 하고 있다는 내용을 간략하게 쓴다. 이때 시골로 이사한 이유를 밝혀야 하는데 지시 사항에 따라 몸이 아파 의사가 쉴 것을 권했다는 내용을 쓴다. 스트레스를 많이 받는 직업을 가정하면 적절하다. ❶ 도심을 떠난 나의 근황, 소식 J'ai déménagé à la campagne il y a quatre mois.

❷ 시골 생활을 하게 된 이유

D'après le médecin, j'étais trop stressé à cause de mon travail, alors il m'a conseillé de me reposer et de faire du sport.

2. 가운데

수려한 자연환경이나 산, 강과 같이 여유를 즐길 수 있는 장소 등을 제시하면서 시골 생활의 장점을 열거한다. 그리고 그 결과 건강이 호전되었다는 점을 강조한다.

❸ 시골 생활의 장점

Comme la maison est près de la forêt, je me promène le matin avec mon chien.

3. 끝

친구에게 여유가 생기면 놀러 오라는 제안을 한다.

Je te propose de passer quelques jours chez moi pendant les vacances.

모범 답안

Joinville, le 4 mars 2020

Salut,

Tu vas bien ? Tu habites toujours à Paris ? J'ai une nouvelle à t'annoncer. J'ai déménagé à la campagne il y a quatre mois. C'est une surprise, non ?

Comme tu le sais, j'ai travaillé longtemps dans une grande entreprise mais j'ai quitté mon travail après une longue réflexion. En fait, j'ai travaillé dans un laboratoire pendant quinze ans et je suis tombé malade l'année dernière. D'après le médecin, j'étais trop stressé à cause de mon travail, alors il m'a conseillé de me reposer et de faire du sport.

Alors à cause de ça, j'ai réfléchi à ma vie. Pourquoi devrais-je vivre de cette façon ? Finalement, j'ai décidé de vivre autrement et j'ai acheté une maison loin de la grande ville. Elle n'est pas grande mais très agréable et il y a aussi un joli jardin. J'avoue que c'était un peu dur de vivre à la campagne au début. Comme il n'y avait pas Internet ici, je ne savais pas comment passer mes journées.

Maintenant, je me suis habitué à la vie à la campagne. Comme la maison est près de la forêt, je me promène le matin avec mon chien. En plus, il y a une rivière à côté de chez moi, donc je peux pêcher de temps en temps. Maintenant, je ne prends plus mes médicaments et je me sens beaucoup mieux.

Je te propose de passer quelques jours chez moi pendant les vacances. Ce sera une bonne occasion pour toi de faire l'expérience de la vie à la campagne. Après tout, la santé est la chose la plus importante dans la vie, n'est-ce pas ?

À très bientôt,

Pierre

해석

Joinville, 2020년 3월 4일

안녕,

잘 지내고 있니? 너 여전히 Paris에 살고 있어? 너에게 알려줄 소식이 있어. 나 4달 전에 시골로 이사했어. 놀랐지, 안 그래?

네가 알다시피, 나는 대기업에서 오랫동안 일했는데 긴 심사숙고 끝에 직장을 그만두었어. 사실 나는, 15년 동안 실험실에서 일을 했는데 작년에 아팠어. 의사에 따르면, 내가 일 때문에 너무 스트레스를 받았기에 그는 내게 휴식을 취하고 운동하라고 권했어.

그래서 이 때문에 나는 내 삶에 대해 깊이 생각했지. 왜 나는 이런 방식으로 살아야 할까? 결국 나는 다르게 살기로 결심했고 대도시에서 멀리 떨어진 집을 샀어. 크지는 않지만 매우 안락하고 예쁜 정원도 있어. 처음에 시골에서 사는 것이 약간 힘들었다고 고백해. 여기에는 인터넷이 없어서, 하루하루 어떻게 보내야 할지 몰랐어.

지금은 시골 생활에 익숙해졌어. 집이 숲 가까이에 있어서, 나는 아침마다 강아지와 산책을 해. 게다가, 집 옆에 강이 있어서 가끔 낚시를 할 수 있지. 지금은 약을 더 이상 복용하지 않고 많이 나아졌어.

너에게 휴가 동안 내 집에서 며칠 지낼 것을 제안할게. 너에게는 시골 생활을 경험할 수 있는 좋은 기회가 될 거야. 결국, 건강이 인생에서 가장 중요한 것이지, 안 그래?

곧 보자,

Pierre

문제 5

EXERCICE 1 실전 연습

Étape 1

공략에 따라 작문해 보세요.

Vous travaillez dans une grande entreprise. Vous avez un enfant de deux ans et vous avez des difficultés pour vous occuper de lui parce qu'il n'y a pas de crèche dans votre entreprise. Beaucoup de femmes sont dans la même situation que vous. Vous envoyez un courriel collectif à vos collègues pour leur parler de la nécessité d'avoir une crèche. Vous essayez de les convaincre en expliquant de les avantages.
Vous écrivez un texte construit et cohérent sur ce sujet. (minimum 160 mots)

Nombre de mots :

Étape 2

문제 5의 필수 어휘를 익히고, 해석을 참조하세요.

필수 어휘

grande entreprise (f) 대기업 | difficulté (f) 어려움 | s'occuper de ~을 돌보다 | crèche (f) 유아원 | courriel (m) 이메일, 전자우편 | collectif 단체의 | nécessité (f) 필요성 | convaincre 설득하다 | participation (f) 참여 | mettre en place 실시하다, 설립하다 | assistant 조수, 도우미 | maternel 어머니의 | partager 공유하다 | de confiance 신뢰할 수 있는 | en réalité 사실 | se concentrer sur 집중하다 | s'insquiéter 걱정하다 | efficacité (f) 효율성 | réputation (f) 평판 | bien-être (m) 행복, 복지 | apporter 가져오다

해석

당신은 대기업에서 근무하고 있습니다. 2살 된 자녀가 있는데 회사에 유아원이 없기 때문에 자녀를 돌보는 데 어려움이 있습니다. 많은 여성들이 당신과 같은 상황에 있습니다. 당신은 유아원이 있어야 하는 필요성을 이야기하기 위해 동료들에게 단체 메일을 보냅니다. 이점들을 설명하면서 그들을 설득하려고 합니다.
이 주제에 대한 논리적으로 구성된 텍스트를 쓰세요. (최소 160 단어)

Étape 3

해설에 따라 작문 구성을 익히고, 모범 답안을 확인해 보세요.

작문 구성

개요	회사에 ❶ 직원들의 복지와 관련된 시설(여기서는 유아원)을 만드는 데 동참해 달라는 내용의 글이다. 우선 동료들에게 보내는 글이므로 주어 인칭 대명사는 tu가 아닌 vous가 되어야 한다는 점을 숙지한다. 지시 사항에 따라 앞부분에서 자신에 대해 간략하게 밝히는 것이 필요하다. 그리고 동료들의 공감을 이끌어낼 수 있도록 ❷ 자녀 양육과 관련한 문제를 구체적으로 밝힌다(비용 문제와 불안감 등). 그리고 ❸ 유아원이 직원들뿐만 아니라 회사에도 많은 이점이 있다는 점을 강조하면서(업무에 집중함으로써 일의 능률이 향상될 수 있으며 직원 복지에 신경을 쓴다는 대외적 이미지) 많은 동참을 바란다는 말로 마무리한다.
진행 방식	1. 처음 자신이 누구이고 어느 부서에서 근무하고 있는지를 밝히면서 시작한다. 시험에 회사나 업무와 관련된 주제들이 많이 등장하기 때문에 부서 이름과 간략한 업무 정도는 외우는 것이 좋다. 그리고 어떤 주제로 글을 쓰게 되었는지 그 목적을 밝힌다.

❶ 회사 내 유아원의 필요성
Je voudrais vous demander votre participation pour mettre en place une crèche dans notre entreprise.

2. 가운데
유아원을 설치해야 한다고 주장하기 위해서는 우선 자녀 양육과 관련한 문제의 심각성을 강조해야 한다. 그리고 유아원을 설치하면 직원들뿐만 아니라 결과적으로 회사에도 도움이 된다는 것을 구체적으로 피력한다.

❷ 자녀 양육과 관련한 문제
J'ai essayé de trouver une assistante maternelle, mais cela coûtait trop cher et il était difficile de trouver quelqu'un de confiance.

❸ 유아원 설치 시 장점
Tout d'abord, les employées pourront se concentrer sur leur travail sans s'inquiéter pour leurs enfants et on pourra espérer une meilleure efficacité. Et puis, ce sera bon pour la réputation de notre entreprise.

3. 끝
유아원 설치에 비용이 들어가는 것은 사실이나, 장기적으로 보면 직원과 회사 모두에 이익이 된다는 점을 다시 한번 언급하면서 동료들의 적극적인 참여를 부탁한다는 말로 끝맺는다.
J'aimerais vous demander encore une fois votre participation pour mettre en place une crèche dans notre entreprise.

모범 답안

Paris, le 11 janvier 2020

Chers collègues,
C'est la première fois que je partage mon opinion par courriel avec les gens de notre entreprise. Je m'appelle Muriel et je travaille au bureau du personnel depuis deux ans.
Je voudrais vous demander votre participation pour mettre en place une crèche dans notre entreprise.
Je suis mariée et j'ai un enfant de deux ans. Mon mari et moi travaillons tous les deux et ce sont mes parents qui s'occupent de mon enfant pendant la semaine. Pourtant, comme ils ont plus de soixante ans, c'est un travail trop dur pour eux. J'ai essayé de trouver une assistante maternelle, mais cela coûtait trop cher et il était difficile de trouver quelqu'un de confiance.
Je sais qu'il y a beaucoup de femmes qui sont dans la même situation que moi dans notre entreprise.

En réalité, il y a beaucoup d'avantages à ouvrir une crèche dans notre entreprise. Tout d'abord, les employées pourront se concentrer sur leur travail sans s'inquiéter pour leurs enfants et on pourra espérer une meilleure efficacité. Et puis, ce sera bon pour la réputation de notre entreprise parce que les gens vont considérer qu'elle pense d'abord au bien-être de ses employés.
Je sais bien que cela coûtera cher de créer une crèche, mais je suis sûre que cela apportera beaucoup d'avantages à notre entreprise.
J'aimerais vous demander encore une fois votre participation pour mettre en place une crèche dans notre entreprise.

해석

Paris, 2020년 1월 11일

친애하는 동료 여러분,
메일을 통해 우리 회사 사람들과 제 의견을 공유하는 것은 처음이군요. 제 이름은 Muriel이고 2년 전부터 인사과에서 근무하고 있습니다.
저는 우리 회사에 유아원을 세우기 위해 여러분들의 참여를 부탁드립니다.
저는 결혼을 했고 2살 된 아이가 있습니다. 내 남편과 저는 둘 다 일을 하고 주중에 내 부모님께서 아이를 돌봐주십니다. 그러나 60세가 넘으셔서, 그들에게 너무 힘든 일입니다. 아이 돌보미(베이비 시터)를 찾아보려고 했지만 너무 비쌌고 믿을 만한 사람을 찾는 것은 어려웠습니다.
나는 우리 회사에 나와 같은 상황에 있는 여성들이 많이 있다는 것을 알고 있어요.
사실, 회사에 유아원을 열면 많은 이점들이 있습니다. 우선, 직원들이 아이들을 걱정하지 않고 일에 집중할 수 있을 것이고 그래서 최고의 성과를 기대할 수 있을 것입니다. 그리고 우리 회사의 평판을 위해서도 좋을 것인데 왜냐하면 사람들이 회사가 직원들의 복지를 먼저 생각한다고 여길 것이기 때문입니다.
유아원을 만드는 데 비용이 많이 들 것임은 저도 잘 알고 있지만, 이것이 우리 회사에 많은 이점을 가져올 것임을 확신합니다.
우리 회사에 유아원을 만들기 위한 여러분들의 참여를 다시 한번 부탁드립니다.

EXERCICE 1 실전 연습

Étape 1

공략에 따라 작문해 보세요.

Donnez votre opinion sur l'évolution remarquable qui a eu lieu dans le domaine de la technologie. Êtes-vous pour ou contre ce changement ?
Vous écrivez un texte construit et cohérent sur ce sujet. (minimum 160 mots)

Nombre de mots :

Étape 2 문제 6의 필수 어휘를 익히고, 해석을 참조하세요.

필수 어휘

évolution (f) 변화 | remarquable 주목할 만한 | avoir lieu 일어나다 | domaine (m) 영역 | technologie (f) 기술 | changement (m) 변화 | en particulier 특히 | industrie (f) 산업 | en revanche 반면에 | désavantage (m) 단점 | sérieux 심각한 | risquer 위험하게 하다 | révéler 드러내다, 보여주다 | empêcher 방해하다 | provoquer 유발시키다

해석

기술 분야에서 일어난 주목할 만한 변화에 대한 당신의 의견을 주세요. 당신은 이 변화에 찬성인가요 아니면 반대인가요?
이 주제에 대한 논리적으로 구성된 텍스트를 쓰세요. (최소 160 단어)

Étape 3 해설에 따라 작문 구성을 익히고, 모범 답안을 확인해 보세요.

작문 구성

개요	특정 주제에 관한 응시자의 입장을 찬성 혹은 반대로 밝히는 유형의 문제이다. 먼저 ❶ 현대 사회는 첨단 기술의 눈부신 발달이 이루어졌으며 일상생활에서 이러한 기술이 매우 중요하다는 사실을 강조한다. 가운데 부분에서는 ❷ 첨단 기술에 대한 자신의 입장을 찬성 혹은 반대로 명확히 제시한다. 이때 첨단 기술의 장점과 단점을 구체적으로 기술해야 하는데 인터넷이나 휴대폰과 같은 구체적인 예를 드는 것이 설득력을 높이는 데 도움이 된다.
진행 방식	1. 처음 현대 사회는 빠르게 변화하고 있으며 특히 첨단 기술이 놀라운 속도로 발전하고 있다는 사실을 기술한다. ❶ 현대 첨단 기술의 놀라운 발전 On a pu observer en particulier un développement remarquable de l'industrie et de la technologie scientifique. 2. 가운데 인터넷과 스마트폰은 국가 산업에서 중요한 위치를 차지하고 있으며, 특히 한국이 전 세계적으로 선진 기술을 보유하고 있음을 강조한다. 첨단 기술로 인한 단점으로는 개인 정보 유출의 심각성과 대인 관계의 문제점 등을 기술한다.

❷ 첨단 기술의 장점
On peut obtenir ou partager des informations nécessaires sur un site Internet n'importe quand et n'importe où.

❷ 첨단 기술의 단점
On risque de révéler facilement des informations personnelles quand on utilise Internet.

3. 끝
기술 발전은 인간 사회의 편리함을 도모하기 위한 수단일 뿐 목적이 되어서는 안 된다는 점을 강조하면서 글을 마무리한다.
Pourtant, il ne faut pas oublier qu'il ne doive pas empêcher la relation humaine.

모범 답안

Il y a eu beaucoup de changements (en Corée) pendant ces vingt dernières années dans les domaines politique, culturel, social et économique.
On a pu observer en particulier un développement remarquable de l'industrie et de la technologie scientifique.
En fait, il y a beaucoup d'avantages à utiliser les nouvelles technologies. Par exemple, on peut obtenir ou partager des informations nécessaires sur un site Internet n'importe quand et n'importe où. En ce qui concerne le téléphone portable, il est devenu un élément important dans le marché industriel. La Corée est considérée comme un des pays les plus développés au monde dans ce domaine. La plupart des Coréens ont un téléphone portable, même les enfants à l'école primaire.
En revanche, il y a aussi des désavantages très sérieux concernant les nouvelles technologies. On risque de révéler facilement des informations personnelles quand on utilise Internet. À mon avis, le problème le plus grave, c'est le téléphone portable. D'abord, ça coûte trop cher pour les jeunes et il empêche la communication réelle parce qu'on ne fait que jouer dessus, même quand on est avec ses amis. Cela peut provoquer un problème dans les relations humaines.
Il est vrai que le développement de technologie est important dans la vie moderne. Pourtant, il ne faut pas oublier qu'il ne doive pas empêcher la relation humaine.

해석

최근 20년 동안 정치, 문화, 사회 그리고 경제 분야에서 (한국에는) 많은 변화가 있었습니다.
특히 산업과 과학 기술의 주목할 만한 발전을 관찰할 수 있었습니다.
사실, 새로운 기술을 이용하는 것에 많은 장점들이 있습니다. 예를 들어, 우리는 언제 어디서나 인터넷 사이트에서 필요한 정보들을 공유하고 얻을 수 있습니다. 휴대폰의 경우, 산업 시장에서 중요한 요소가 되었습니다. 이 분야에서 한국은 세계에서 가장 발전된 국가들 중 하나로 여겨집니다. 대부분의 한국인들은 심지어 초등학생들조차 휴대폰을 가지고 있습니다.

반면에 새로운 기술과 관련한 매우 심각한 단점들도 있습니다. 우리가 인터넷을 이용할 때 개인 정보들이 쉽게 노출될 위험이 있죠. 내 생각에 가장 심각한 문제는 휴대폰입니다. 우선, 젊은이들에게 너무 비싸며 친구들과 있을 때에도 게임만 하기 때문에 실질적인 대화를 못 하게 합니다. 이것은 인간관계에 문제를 야기할 수 있습니다. 기술 발전이 현대 생활에서 중요한 것은 사실입니다. 그러나 이것이 인간관계를 방해해서는 안 된다는 것을 잊지 말아야 합니다.

문제 7

EXERCICE 1 실전 연습

Étape 1

공략에 따라 작문해 보세요.

Récemment, il y a eu beaucoup de changements dans les conditions de travail. En particulier, certaines entreprises autorisent maintenant les employés à travailler à la maison au lieu d'aller tous les jours au bureau. Pourtant, votre entreprise n'est pas d'accord avec ce nouveau système. Vous écrivez au directeur pour demander à ce que chacun puisse travailler chez lui. Vous lui indiquez les avantages du travail à distance et les bénéfices que l'entreprise pourrait en tirer.

Vous écrivez un texte construit et cohérent sur ce sujet. (minimum 160 mots)

Nombre de mots :

Étape 2

문제 7의 필수 어휘를 익히고, 해석을 참조하세요.

필수 어휘

récemment 최근에 | en particulier 특히 | autoriser 허가하다 | au lieu de ~대신에 | travail à distance (m) 재택근무 | bénéfice (m) 혜택 | service commercial (m) 영업부 | grandir 성장하다 | espace (m) 공간 | partager 공유하다 | résoudre 해결하다 | augmentation (f) 상승 | efficacité (f) 유효성 | créativité (f) 창의성 | chauffage (m) 난방 | article (m) 물품 | en conclusion 결론적으로 | améliorer 개선하다 | accéder à (요구, 소원을) 들어주다 | cordialement 진심으로

해석

최근, 근무 조건에 많은 변화가 있습니다. 특히, 몇몇 회사들은 이제 직원들에게 매일 사무실에 출근하는 것 대신 집에서 근무하는 것을 허용하고 있습니다. 그러나 당신의 회사는 이 새로운 제도에 대해 동의하지 않습니다. 당신은 사장에게 각자 재택근무를 할 수 있도록 요구하는 편지를 씁니다. 당신은 그에게 재택근무의 장점들과 이것으로부터 회사가 얻을 수 있는 이익에 대해 알려줍니다.
이 주제에 대한 논리적으로 구성된 텍스트를 쓰세요. (최소 160 단어)

Étape 3

해설에 따라 작문 구성을 익히고, 모범 답안을 확인해 보세요.

작문 구성

개요	재택근무에 대한 글을 쓰는 문제이다. 이러한 글을 쓸 때에는 글을 쓰는 목적, 글의 종류, 대상을 명확히 인지한 후 글을 쓰는 것이 바람직하다. 이 글은 재택근무를 할 수 있도록 사장에게 요구하는 글이다. 재택근무에 반대하는 사장을 설득해야 하므로, ❶ 재택근무의 장점에 대해 구체적으로 제시한다. 이때 이 제도가 직원들뿐만 아니라 ❷ 회사에도 기여하는 바가 크다는 점을 부각시키는 것이 좋다.
진행 방식	1. 처음 글을 시작하기에 앞서 어느 부서에서 근무하고 있는 누구이며, 회사에 근무한 지는 얼마나 되었는지 등 자신에 대해 간략히 밝힌다. 그리고 왜 이 글을 쓰게 되었는지 즉, 근무 조건과 관련하여 요청 사항이 있음을 간략히 밝힌다. Je m'appelle Jean-Pierre et je travaille au service commercial depuis trois ans. Je vous écris parce que je voudrais vous proposer quelque chose concernant nos conditions de travail.

2. 가운데

재택근무를 실시하지 않아 발생한 단점을 지적하면서 재택근무의 필요성을 피력한다. 더불어 재택근무의 장점들을 논리적이고 체계적으로 서술한다. 예를 들어 사무실 공간 부족 문제를 해결할 수 있고 시간을 절약할 수 있다는 점을 강조한다. 재택근무가 회사에 가져올 장점을 구체적으로 들어야 한다.

❶ 재택근무의 장점(직원 차원에서)

D'abord, on peut résoudre le problème de l'espace dans les bureaux. Et comme on n'a pas besoin de faire l'aller-retour jusqu'au bureau, on peut gagner du temps.

❷ 재택근무의 장점(회사 차원에서)

On pourrait économiser non seulement le prix de l'électricité ou du chauffage, mais aussi des articles de bureau qui sont nécessaires pour travailler comme les stylos, le papier, etc.

3. 끝

재택근무 제도를 시행하는 것이 궁극적으로 회사와 직원 모두에게 유익하다는 것을 강조하면서 글을 맺는다.

En conclusion, le travail à distance est un système nécessaire pour améliorer les conditions des employés et de l'entreprise.

Lyon, le 10 février 2020

(Objet : le travail à distance)

Monsieur,

Je m'appelle Jean-Pierre et je travaille au service commercial depuis trois ans. Je vous écris parce que je voudrais vous proposer quelque chose concernant nos conditions de travail.

Notre entreprise a beaucoup grandi depuis deux ans et il y a plus de trente nouveaux employés. Le problème, c'est qu'il manque d'espace dans les bureaux. Par exemple, dans mon bureau, je partage la table et l'ordinateur avec un nouvel employé, malgré le fait que nous travaillions dans des domaines différents.

En fait, il y a beaucoup d'avantages à travailler à la maison. D'abord, on peut résoudre le problème de l'espace dans les bureaux. Et comme on n'a pas besoin de faire l'aller-retour jusqu'au bureau, on peut gagner du temps. De plus, on peut espérer une augmentation de l'efficacité et de la créativité au travail parce qu'on a plus de temps libre et plus d'espace.
Le travail à distance apporterait aussi des avantages à notre entreprise. Tout d'abord, on pourrait économiser de l'argent. Par exemple, on pourrait économiser non seulement le prix de l'électricité ou du chauffage, mais aussi des articles de bureau qui sont nécessaires pour travailler comme les stylos, le papier, etc.
En conclusion, le travail à distance est un système nécessaire pour améliorer les conditions des employés et de l'entreprise. J'espère que vous voudriez bien accéder à ma demande.
Cordialement,
Jean-Pierre

해석

Lyon, 2020년 2월 10일

(목적: 재택근무)
사장님께,
제 이름은 Jean-Pierre이고 3년 전부터 영업부에서 일하고 있습니다. 저는 근무 조건에 관해 몇 가지 제안하고 싶어서 당신께 편지를 씁니다.
우리 회사는 2년 전부터 규모가 매우 커졌고 30명 이상의 신입 사원이 있습니다. 문제는 사무실 공간이 부족하다는 것입니다. 예를 들어, 사무실에서 서로 다른 분야에서 일하고 있음에도 불구하고 저는 신입 사원과 컴퓨터와 책상을 같이 쓰고 있습니다.
사실, 재택근무를 하는 것에 많은 장점들이 있습니다. 우선, 사무실 공간 문제를 해결할 수 있습니다. 그리고 사무실까지 오갈 필요가 없기 때문에 시간을 절약할 수 있습니다. 게다가 더 많은 공간과 여유 시간을 가지기 때문에 일의 효율성이나 창의성의 증가를 기대할 수 있습니다.
재택근무는 또한 회사에도 많은 장점을 가져다줄 수 있을 것입니다. 우선, 비용을 절약할 수 있을 것입니다. 예를 들어, 전기료나 난방비뿐만 아니라 볼펜이나 종이 등처럼 일하기 위해 필요한 사무용품을 절약할 수 있을 것입니다.
결론적으로, 재택근무는 직원들과 회사의 상황을 개선하기 위해 필요한 제도입니다. 사장님께서 제 요구를 받아들여 주셨으면 좋겠습니다.
Jean-Pierre

EXERCICE 1 실전 연습

Étape 1

공략에 따라 작문해 보세요.

Récemment, on parle beaucoup des problèmes de pollution de l'environnement. Donnez des exemples précis de ce qui provoque ce problème et proposez des solutions pour réduire la pollution. (minimum 160 mots)

Nombre de mots :

Étape 2 문제 8의 필수 어휘를 익히고, 해석을 참조하세요.

필수 어휘

pollution (f) 오염 | précis 분명한 | réduire 축소시키다 | principal 주된 | métropole (f) 대도시 | mener (생활, 생애를) 보내다 | vie quotidienne (f) 일상생활 | véhicule (m) 차량 | gaz d'échappement (m) 배기가스 | atmosphérique 대기의 | ignorer 간과하다 | ordure (f) 쓰레기 | déchet (m) 폐기물 | efficace 효과적인 | transports en commun (m) 대중교통 | diminuer 줄이다 | surveiller 감시하다 | amende (f) 벌금 | jeter 버리다 | illégalement 불법적으로 | descendant 후손

해석

최근, 환경오염 문제에 대해 많이 이야기합니다. 이 문제를 유발시키는 구체적인 예를 들고 오염을 줄일 수 있는 해결 방안을 제안하세요. (최소 160 단어)

Étape 3 해설에 따라 작문 구성을 익히고, 모범 답안을 확인해 보세요.

작문 구성

개요	환경오염에 대한 글을 쓰는 문제이다. 환경오염은 자주 출제되는 주제 중 하나이므로 미리 숙지해 두는 것이 좋다. 지시 사항에서 ❶ 환경오염을 일으키는 구체적인 예와 ❷ 이를 해결하기 위한 방안을 제시하라고 하였으므로, 이에 대해 반드시 서술해야 한다. 마지막 부분에서는 일상생활에서 환경 보호를 실천할 수 있도록 사람들의 관심을 촉구한다고 마무리하면 자연스러울 것이다.
진행 방식	1. 처음 전 세계적으로 환경오염 문제가 심각하다는 점을 강조하면서 글을 시작하는 것이 자연스럽다. 이때 대도시 오염 문제는 특히 중요함을 언급한다. Aujourd'hui, la pollution est l'un des problèmes principaux des métropoles, où beaucoup de gens mènent leur vie quotidienne. 2. 가운데 본격적으로 평가되는 부분이다. 환경을 오염시키는 주된 원인을 몇 가지로 카테고리화 하여 제시한 후, 원인 각각에 대한 해결 방안을 쓰는 것이 좋다.

❶ 환경을 오염시키는 주요 원인
대도시에서 환경오염을 유발하는 주요 원인들에 대해 구체적으로 언급한다(대기, 토양, 물 등)
Le gaz d'échappement des voitures est l'une des causes principales de la pollution atmosphérique.

❷ 환경 오염 해결 방안
대중교통을 이용하거나 식당에서 반찬을 남기지 않는 등 여러가지 방안을 제시한다.
En ce qui concerne la pollution causée par les véhicules, il faut encourager les gens à prendre les transports en commun, comme le bus ou le métro.

3. 끝
자연 환경을 깨끗하게 보존함으로써 후손들이 쾌적한 환경에서 살 수 있도록 해야 함을 강조한다.
Le problème de la pollution concerne non seulement les gens d'aujourd'hui, mais aussi nos descendants. Si on ignore ce problème, nos enfants vont mener une vie difficile sur une terre polluée.

모범 답안

Aujourd'hui, la pollution est l'un des problèmes principaux des métropoles, où beaucoup de gens mènent leur vie quotidienne.
Il existe plusieurs types de pollutions. Tout d'abord, on peut penser à la pollution causée par les véhicules. Le gaz d'échappement des voitures est l'une des causes principales de la pollution atmosphérique. De plus, il est impossible d'ignorer le problème des ordures, comme celles créées par les déchets industriels, parce qu'elles provoquent elles aussi la pollution de l'environnement.
Il faut trouver des moyens efficaces pour réduire la pollution. En ce qui concerne la pollution causée par les véhicules, il faut encourager les gens à prendre les transports en commun, comme le bus ou le métro. Cela permet de diminuer les dangers de la pollution et on peut aussi économiser de l'argent.
Par ailleurs, il faut bien surveiller les industries pour résoudre le problème des ordures industrielles. Pour cela, le rôle du gouvernement est très important. Il faut faire payer une amende lourde aux entreprises qui jettent illégalement des ordures industrielles.
Le problème de la pollution concerne non seulement les gens d'aujourd'hui, mais aussi nos descendants. Si on ignore ce problème, nos enfants vont mener une vie difficile sur une terre polluée.

해석

오늘날, 오염은 많은 사람들이 생활하는 대도시의 주된 문제들 중 하나입니다.
여러 유형의 오염이 존재합니다. 우선 자동차에 의해 야기되는 오염에 대해 생각할 수 있습니다. 자동차들의 배기가스는 대기 오염의 주된 원인들 중 하나입니다. 게다가 산업 폐기물에 의해 만들어진 것과 같은 쓰레기들의 문제를 무시할 수 없는데 왜냐하면 이것들이 또한 환경오염을 유발하기 때문입니다.
오염을 줄이기 위한 효과적인 방법들을 찾아야 합니다. 자동차에 의해 야기되는 오염의 경우, 사람들이 버스나 지하철과 같은 대중교통을 타도록 독려해야 합니다. 이것은 오염의 위험을 줄이게 해 주고 돈도 절약할 수 있습니다.
게다가 산업 폐기물들의 문제를 해결하기 위해 산업체들을 잘 감시해야 합니다. 이를 위해서 정부의 역할이 매우 중요합니다. 산업 폐기물을 불법으로 버리는 기업에게는 무거운 벌금을 내게 해야 합니다.
오염 문제는 오늘날의 사람들뿐 아니라 우리의 후손들과도 관계됩니다. 이 문제를 무시한다면, 우리 아이들은 오염된 땅에서 힘든 삶을 살게 될 것입니다.

문제 9

EXERCICE 1 실전 연습

Étape 1

공략에 따라 작문해 보세요.

On peut constater que, de nos jours, la plupart des parents achètent un téléphone portable à leurs enfants. Selon vous, est-ce que le téléphone portable est indispensable, même pour les enfants ? Exprimez votre opinion sur ses avantages et ses inconvénients.
Écrivez un texte construit et cohérent sur ce sujet. (minimum 160 mots)

Nombre de mots :

Étape 2

문제 9의 필수 어휘를 익히고, 해석을 참조하세요.

필수 어휘

constater 확인하다, 증명하다 | indispensable 필수적인 | exprimer 표현하다 | inconvénient (m) 단점, 불리한 점 | invention (f) 발명 | remarquable 주목할 만한 | contemporain 동시대의 | admettre 인정하다 | appareil (m) 기계 | bénéficier 혜택을 입다 | se connecter 접속하다 | appel (m) 호출 | vérifier 확인하다 | dehors 밖에서 | localiser 위치를 측정하다 | assurer 확보하다 | adolescent 청소년 | démoralisé 낙심한 | dépendre 의존하다

해석

오늘날 대부분의 부모들이 자녀들에게 휴대폰을 사 주는 것을 확인할 수 있습니다. 당신의 관점에서 휴대폰이 아이들에게조차 필수적인가요? 휴대폰의 장점과 단점에 대해 당신의 의견을 나타내세요.
이 주제에 대한 논리적으로 구성된 텍스트를 쓰세요. (최소 160 단어)

Étape 3

해설에 따라 작문 구성을 익히고, 모범 답안을 확인해 보세요.

작문 구성

개요	휴대폰 없는 일상을 상상하기 어려울 정도로, 오늘날 휴대폰은 필수적이다. 이 문제에서는 특히 아이들에게 휴대폰이 반드시 필요한지에 대한 의견을 묻고 있다. 지시 사항에서 아이들에게 ❶ 휴대폰이 필수적인지와 ❷ 휴대폰의 장점과 단점에 대해 서술하라고 하였으므로, 이들 요소를 중심으로 글을 전개해 나가야 한다.
진행 방식	1. 처음 휴대폰이 일상생활에서 보편화되었다는 사실로 시작한다. 이제 휴대폰은 생활에 없어서는 안 될 중요한 요소가 되었음을 강조한다. ❶ 휴대폰의 필요성 Il faut admettre qu'il est très difficile de vivre sans cet appareil dans la vie quotidienne. 2. 가운데 이 문제에서 핵심이 되는 부분으로, 문제에서 요구하는 지시 사항이 적은 편이다. 그러므로 휴대폰의 장점과 단점에 대해 최대한 많이 서술하는 것이 좋다.

❷ 휴대폰의 장점

On peut obtenir les informations dont on a besoin en se connectant à Internet. / On peut quitter sa maison ou son bureau, même si on attend l'appel de quelqu'un.

❷ 휴대폰의 단점

Le téléphone portable coûte trop cher pour les jeunes. / Ils parlent moins avec leurs amis parce qu'ils jouent trop souvent à des jeux sur leur téléphone.

3. 끝

현대 사회에서 휴대폰이 없어서는 안 될 필수품인 것은 사실이지만 단점 또한 무시할 수 없다는 점을 강조하면서 글을 마무리한다.

On ne peut pas ignorer l'importance du téléphone portable dans la vie quotidienne, mais on ne doit pas trop en dépendre non plus.

모범 답안

Le téléphone portable est l'une des inventions remarquables de l'époque contemporaine et il a complétement changé le mode de vie des gens. Il faut admettre qu'il est très difficile de vivre sans cet appareil dans la vie quotidienne.

On peut bénéficier de nombreux avantages grâce au téléphone portable. Par exemple, on peut obtenir les informations dont on a besoin en se connectant à Internet. On peut quitter sa maison ou son bureau, même si on attend l'appel de quelqu'un. On peut également vérifier l'heure d'arrivée du bus, pour éviter de perdre du temps à attendre dehors. Le téléphone portable est aussi très utile pour les parents parce qu'ils peuvent localiser la position de leurs enfants pour assurer leur sécurité.

Par contre, il faut penser aussi aux inconvénients. D'abord, le téléphone portable coûte trop cher pour les jeunes. De plus, ils parlent moins avec leurs amis parce qu'ils jouent trop souvent à des jeux sur leur téléphone. Les adolescents en particulier perdent beaucoup de temps à jouer à des jeux au lieu de travailler. Enfin, les enfants comparent souvent leur téléphone portable avec celui de leurs amis, donc ils peuvent être démoralisés si le leur n'est pas de bonne qualité.

On ne peut pas ignorer l'importance du téléphone portable dans la vie quotidienne, mais on ne doit pas trop en dépendre non plus.

해석

휴대폰은 동시대에 주목할 만한 발명품들 중 하나이고 이것은 사람들의 삶의 방식을 완전히 바꿔 놓았습니다. 일상생활에서 이 기계 없이 살기는 매우 어렵다는 것을 인정해야 합니다.

우리는 휴대폰 덕분에 수많은 장점들의 혜택을 받을 수 있습니다. 예를 들어, 인터넷에 접속함으로써 필요한 정보들을 얻을 수 있습니다. 설사 누군가의 전화를 기다린다 할지라도 집이나 사무실을 떠날 수 있습니다. 밖에서 기다리는 시간을 허비하지 않기 위해, 버스 도착 시간도 확인할 수 있습니다. 휴대폰은 또한 부모들에게 매우 유용한데 왜냐하면 자녀들의 안전을 보장하기 위해 그들의 위치를 알아낼 수 있기 때문입니다.

반대로, 단점들에 대해서도 생각해야 합니다. 우선, 휴대폰은 젊은 사람들에게 너무 비쌉니다. 게다가 친구들과 말을 덜 하는데 왜냐하면 휴대폰으로 너무 자주 게임을 하기 때문입니다. 특히, 청소년들은 공부하는 대신에 게임을 하면서 많은 시간을 허비합니다. 마지막으로 아이들은 자신들의 휴대폰과 친구들의 휴대폰을 자주 비교하는데, 자신들의 것이 좋지 않으면 소심해질 수 있습니다.

일상생활에서 휴대폰의 중요성을 무시할 수는 없지만 그것에 너무 의존해서도 안 됩니다.

문제 10 EXERCICE 1 실전 연습

Étape 1 **공략에 따라 작문해 보세요.**

Qu'est-ce que vous pensez d'Internet ? À votre avis, est-ce qu'Internet est un atout pour faciliter la communication avec les autres ? Décrivez les bons et les mauvais côtés d'Internet en donnant des exemples précis.
Écrivez un texte construit et cohérent sur ce sujet. (minimum 160 mots)

Nombre de mots :

Étape 2

문제 10의 필수 어휘를 익히고, 해석을 참조하세요.

필수 어휘

atout (m) 성공의 수단 | faciliter 용이하게 하다 | bon côté (m) 장점 | mauvais côté (m) 단점 | indispensable 필수불가결한 | autrefois 옛날에 | énorme 거대한 | quantité (f) 양 | confort (m) 편리함 | émission (f) 방송 | désavantage (m) 단점 | fuite (f) 유출 | retirer 꺼내다, 인출하다 | transférer 이전하다, 이체하다 | en outre 게다가 | addiction (f) 중독 | réfléchir 심사숙고하다 | comfortable 안락한, 쾌적한 | gravité (f) 심각성

해석

당신은 인터넷에 대해 어떻게 생각합니까? 당신 생각에 인터넷이 다른 사람들과의 의사소통을 용이하게 하기 위한 장점을 가지고 있습니까? 구체적인 예를 들면서 인터넷의 장점들과 단점들에 대해 기술하세요.
이 주제에 대한 논리적으로 구성된 텍스트를 쓰세요. (최소 160 단어)

Étape 3

해설에 따라 작문 구성을 익히고, 모범 답안을 확인해 보세요.

작문 구성

개요	인터넷을 빼고 현대 사회를 말하기란 어렵다. 앞의 문제와 마찬가지로 이 문제에서는 지시 사항에서 요구하는 것이 두 가지뿐이다. 즉, ❶ 인터넷의 장점과 ❷ 단점에 대해 서술하는 것이다. 다만, 구체적인 예를 들면서 인터넷의 장점과 단점에 대해 서술하라고 하였으므로, 평가 시 이 부분이 중점적으로 고려될 것이다.
진행 방식	1. 처음 인터넷은 일상생활에서 없어서는 안 될 중요한 요소가 되었음을 강조한다. Tout le monde admet qu'Internet est devenu un élément indispensable dans la vie quotidienne d'aujourd'hui. 2. 가운데 인터넷의 장점으로 많은 자료와 정보를 얻거나 공유할 수 있다는 점과 시간과 장소에 구애받지 않고 다른 사람들과 의견 교환이 수월해졌다는 것을, 단점으로 개인 정보 유출의 위험이 있다는 것과 학생들의 경우 게임 중독이 될 수 있다는 점을 제시할 수 있다.

❶ 인터넷의 장점

On peut obtenir ou partager une énorme quantité d'informations grâce à Internet.

❷ 인터넷의 단점

Il existe des risques de fuite des informations personnelles.

3. 끝

인터넷이 많은 장점들을 가지고 있는 것은 사실이지만 단점들도 무시할 수 없다는 점을 강조하며 글을 맺는다.

Il est vrai qu'Internet est très utile pour mener une vie confortable, mais il faut réfléchir à la gravité des problèmes causés par ce média.

Tout le monde admet qu'Internet est devenu un élément indispensable dans la vie quotidienne d'aujourd'hui. Internet nous permet de faire un grand nombre de choses qu'on ne pouvait pas imaginer autrefois.

Il est vrai que les nouvelles technologies de l'information permettent aux gens de communiquer avec d'autres personnes qui habitent loin, sans avoir à faire attention à l'heure. On peut également avoir des nouvelles ou contacter des amis à qui on n'a pas parlé depuis longtemps grâce à Facebook.

Tout d'abord, on peut obtenir ou partager une énorme quantité d'informations grâce à Internet. De plus, Internet nous offre un plus grand confort de vie. Par exemple, on peut acheter les objets dont on a besoin à un prix réduit sans aller au magasin. On peut regarder nos émissions préférées ou des films n'importe quand. On peut aussi retrouver des amis dont on n'a pas pu avoir de nouvelles pendant très longtemps.

Mais il y a aussi des désavantages qu'on ne doit pas ignorer. Il existe des risques de fuite des informations personnelles. C'est un problème très grave parce que beaucoup de gens utilisent Internet pour retirer ou transférer de l'argent. En outre, les problèmes causés par Internet sont particulièrement importants chez les jeunes parce qu'ils travaillent moins et perdent trop de temps à cause des jeux. En effet, l'addiction aux jeux sur Internet est devenue l'un des problèmes les plus graves de notre société moderne.

Il est vrai qu'Internet est très utile pour mener une vie confortable, mais il faut réfléchir à la gravité des problèmes causés par ce média.

해석

모든 사람들이 오늘날 일상생활에서 인터넷이 필수적인 요소가 되었다는 것을 인정합니다. 인터넷은 우리에게 과거에는 상상할 수 없었던 많은 것들을 할 수 있게 해 줍니다.
새로운 정보 기술은 사람들이 시간을 신경 쓰지 않고 멀리 사는 다른 사람들과 연락할 수 있게 해 줍니다. 또한 페이스북 덕분에 오래전부터 대화하지 않았던 친구들의 소식을 알거나 연락할 수 있습니다.

우선 인터넷 덕분에 엄청난 양의 정보를 얻거나 공유할 수 있습니다. 게다가 인터넷은 우리에게 삶의 엄청난 편리함을 제공해 줍니다. 예를 들어 우리는 상점에 가지 않고 할인된 가격에 필요로 하는 물건들을 살 수 있습니다. 그리고 아무 때나 좋아하는 프로그램이나 영화를 볼 수 있죠. 또한 아주 오랫동안 소식을 알 수 없었던 친구들을 찾을 수도 있습니다.
그러나 우리가 무시하면 안 되는 단점들도 있습니다. 개인 정보의 유출 위험이 존재합니다. 이것은 매우 심각한 문제인데 왜냐하면 많은 사람들이 돈을 인출하거나 이체하기 위해 인터넷을 사용하기 때문입니다. 게다가 인터넷으로 야기되는 문제들은 특히 젊은이들에게 더 중요한데 왜냐하면 게임 때문에 공부를 덜 하고 너무 많은 시간을 허비하기 때문입니다. 실제로, 인터넷 게임 중독은 현대 사회에서 가장 심각한 문제들 중 하나가 되었습니다.
인터넷은 편리한 삶을 보내는 데 매우 유용하지만 이 미디어로 인해 야기되는 문제들의 심각성에 대해 심사숙고해야 합니다.

문제 11

EXERCICE 1 실전 연습

Étape 1

공략에 따라 작문해 보세요.

Aujourd'hui, beaucoup de gens prennent leur vélo pour aller à l'école ou au travail au lieu de prendre le bus ou un taxi au moins jusqu'à leur station de métro.
À votre avis, le vélo pourrait-il être le seul moyen de transport dans les grandes villes ? Prenez position pour ou contre cette opinion et justifiez votre choix en prenant des exemples qui existent réellement dans votre quartier.
Écrivez un texte construit et cohérent sur ce sujet. (minimum 160 mots)

Nombre de mots :

Étape 2

문제 11의 필수 어휘를 익히고, 해석을 참조하세요.

필수 어휘

au lieu de ~대신에 | justifier 정당화하다 | réellement 실제로 | quartier (m) 동네 | garer 주차시키다 | se balader 산책하다 | piste cyclable (f) 자전거 전용 도로 | par conséquent 그러므로 | toutefois 그러나, 그럼에도 불구하고 | gaz d'échappement 배기가스 | précisément 명확하게 | ainsi que 그리고, ~와 같이 | essence (f) 휘발유 | en revanche 반면에 | somme (m) 금액 | obligatoire 의무적인 | équipement (m) 장비 | casque (m) 헬멧 | genouillère (f) 무릎 보호대

해석

오늘날 많은 사람들이 적어도 지하철 역까지나, 학교 또는 직장에 가기 위해 버스나 택시를 타는 대신에 자전거를 탑니다.
당신 생각에 자전거가 대도시에서 유일한 교통수단이 될 수 있을까요? 찬성 또는 반대의 입장을 취하고 당신 동네에서 실제로 존재하는 예들을 들면서 당신의 선택을 입증하세요.
이 주제에 대한 논리적으로 구성된 텍스트를 쓰세요. (최소 160 단어)

Étape 3

해설에 따라 작문 구성을 익히고, 모범 답안을 확인해 보세요.

작문 구성

개요	❶ 자전거가 대도시에서 유일한 대중교통이 될 수 있을지에 대한 의견을 찬성 또는 반대 중 하나의 입장을 택해서 논술하는 문제이다. 이 문제에서 주의해야 할 것은 지시 사항에서 언급했던 것처럼 ❷ 자신이 살고 있는 동네에 있는 실례를 들어야 한다는 것이고, 주장을 뒷받침하는 근거를 들어 논증해야 한다는 것이다.
진행 방식	1. 처음 자전거를 타고 학교에 가거나 직장에 출퇴근하는 사람들이 많아졌다고 언급하며 시작한다. 자신이 사는 곳에서는 지하철 역마다 자전거 거치대가 있어서 사람들이 자전거로 지하철 역까지 온 뒤, 지하철을 타고 출퇴근을 하고 있다는 식의 예를 들어도 좋다. Ces derniers temps, on peut observer que beaucoup de gens font du vélo dans les centres villes.

2. 가운데

도심에서 자전거를 교통수단으로 적극 활용하는 것에 찬성한다는 입장을 밝힌다. 출퇴근 시간에 자전거를 타면 건강에 도움이 되고, 자동차 배기가스를 줄일 수 있으며, 교통비를 줄일 수 있다는 점을 근거로 들 수 있다.

❶ 자전거를 적극 활용하자는 의견(찬성)

Il y a beaucoup d'avantages à prendre son vélo dans les centres-villes.

❷ 자전거를 활용하는 실례

Par exemple, dans le quartier où j'habite, il y a des places pour garer son vélo près de la station de métro. Les habitants y vont avec leur vélo, puis ils prennent le métro.

3. 끝

자전거를 교통수단으로 이용하는 경우 개선해야 할 점을 언급한다. 예를 들어 헬멧을 비롯한 안전 장비를 필수적으로 착용해야 한다는 점을 강조한다.

D'abord, il est obligatoire de mettre un équipement de sécurité, comme un casque, des genouillères, etc. Et puis, il est aussi important de porter des vêtements de couleur claire quand on fait du vélo le soir, pour éviter un accident avec les voitures.

모범 답안

Ces derniers temps, on peut observer que beaucoup de gens font du vélo dans les centres villes. Ils vont au travail ou à l'école en vélo. Par exemple, dans le quartier où j'habite, il y a des places pour garer son vélo près de la station de métro. Les habitants y vont avec leur vélo, puis ils prennent le métro.

Ce n'est pas tout. Il y a un grand jardin dans mon quartier : les gens s'y baladent avec leur vélo en famille parce qu'il y a des pistes cyclables.

En fait, il y a beaucoup d'avantages à prendre son vélo dans les centres-villes. Tout d'abord, on peut rester en bonne santé. La plupart des gens qui habitent dans les centres-villes n'ont pas assez de temps pour faire du sport parce qu'ils travaillent toujours devant un ordinateur. Par conséquent, si on fait du vélo pour aller au travail ou à l'école, on fait de l'exercice au moins trente minutes par jour.

Toutefois, il faut penser aussi à la pollution. L'atmosphère est polluée par les gaz d'échappement et la qualité d'air devient de plus en plus mauvaise.

Par ailleurs, on peut économiser de l'argent avec un vélo. Plus précisément, le prix d'achat d'une voiture est très élevé, ainsi que celui de l'essence. En revanche, si on prend un vélo, on n'a pas besoin d'une grosse somme d'argent.

Pourtant, il y a des choses qu'on ne peut pas ignorer en utilisant un vélo. D'abord, il est obligatoire de mettre un équipement de sécurité, comme un casque, des genouillères, etc. Et puis, il est aussi important de porter des vêtements de couleur claire quand on fait du vélo le soir, pour éviter un accident avec les voitures.

해석

최근에 많은 사람들이 도심에서 자전거 타는 것을 관찰할 수 있습니다. 그들은 자전거로 직장에 가거나 학교에 갑니다. 예를 들어, 내가 살고 있는 동네에는 지하철 역 가까이에 자전거를 세우기 위한 자리들이 있습니다. 주민들은 자전거로 이곳에 가서 지하철을 탑니다.
이것이 다가 아닙니다. 나의 동네에는 큰 공원이 있습니다: 사람들은 이곳에서 가족 단위로 자전거로 산책을 하는데 왜냐하면 자전거 전용 도로가 있기 때문입니다.
사실, 도심에서 자전거를 타면 많은 장점들이 있습니다. 우선 좋은 건강을 유지할 수 있습니다. 도심에 사는 대부분의 사람들은 운동을 할 시간이 충분하지 않은데 왜냐하면 늘 컴퓨터 앞에서 일을 하기 때문입니다. 그래서 직장이나 학교에 가기 위해 자전거를 타면 하루에 적어도 30분은 운동을 합니다.
그러나 오염을 또한 생각해야 합니다. 자동차 배기가스에 의해 대기가 오염되고 공기의 질이 점점 더 나빠집니다. 게다가, 우리는 자전거로 돈을 절약할 수 있습니다. 보다 구체적으로, 자동차 구매 가격은 기름 가격과 더불어 매우 높습니다. 반면에 자전거를 타면 큰 액수의 돈이 필요치 않습니다.
그러나 자전거를 이용하면서 간과해서는 안 되는 것들이 있습니다. 우선, 헬멧, 무릎 보호대 등과 같은 안전 장비를 착용하는 것이 필수적입니다. 그리고 자동차 사고를 피하기 위해서 저녁에 자전거를 탈 때에는 밝은 색 옷들을 착용하는 것 또한 중요합니다.

문제 12

EXERCICE 1 실전 연습

Étape 1

공략에 따라 작문해 보세요.

Pensez-vous que les vacances scolaires sont trop longues pour les élèves et les enseignants ? Est-ce que cela empêche l'apprentissage et l'enseignement ? Quelle est la situation de votre pays en ce qui concerne les vacances scolaires ? Écrivez un texte construit et cohérent sur ce sujet. (minimum 160 mots)

Nombre de mots :

Étape 2

문제 12의 필수 어휘를 익히고, 해석을 참조하세요.

필수 어휘

scolaire 학교의 | enseignant 교사 | empêcher 방해하다 | apprentissage (m) 학습 | enseignement (m) 교육 | congé (m) 휴가 | influencer 영향을 끼치다 | négatif 부정적인 | être prêt à ~할 준비가 되어 있다 | travailler dur 열심히 공부(일)하다 | déranger 방해하다 | concentration (f) 집중력 | prendre en considération 고려하다 | déliquence (f) 범죄 | en plus de ~은 별도로 | sérieusement 진지하게 | bénéfique 유리한 | cours particuliers (m) 과외 | délaisser 무시하다 | se méfier 불신하다 | en conclusion 결론적으로

해석

당신은 방학이 학생들과 선생님들에게 너무 길다고 생각합니까? 이것이 학습과 교육을 방해합니까? 방학과 관련해서 당신 나라의 상황은 어떠한가요?
이 주제에 대한 논리적으로 구성된 텍스트를 쓰세요. (최소 160 단어)

Étape 3

해설에 따라 작문 구성을 익히고, 모범 답안을 확인해 보세요.

작문 구성

개요	방학에 대한 생각을 묻는 문제이다. ❶ 현재 학교 방학이 길다고 생각하는지, 그리고 ❷ 긴 방학이 학습과 교육에 방해가 되는지 ❸ 한국의 방학은 어떠한지 기술해야 한다. 이런 유형의 문제는 답이 정해져 있는 것은 아니다. 자신의 의견을 명확히 제시하되 의견을 뒷받침하는 타당한 근거를 들 수 있는지가 평가 대상이다. 그러므로 자신의 의견을 논리적으로 서술하는 데 초점을 맞추도록 한다.
진행 방식	1. 처음 먼저 ❶ 휴교일이 너무 많은 것에 대해 부정적인 입장이라는 것을 밝히며 시작한다. ❸ 한국의 경우 초, 중, 고등학교의 경우 봄, 여름, 겨울 방학, 대학교의 경우 여름, 겨울 방학이 있으며 여름, 겨울 방학은 총 4개월임을 밝힌다. 이 문제에서는 글의 흐름상 한국의 방학에 대한 내용을 앞부분에서 기술하였다. **❶ 긴 방학에 대한 부정적인 입장** Je pense qu'un trop grand nombre de congés scolaires influencent l'apprentissage et l'enseignement d'un point de vue négatif.

❸ 한국의 방학 현황

En Corée, il existe plusieurs vacances pour les écoles et les universités.

2. 가운데

긴 방학이 학업이나 교육에 방해가 되는 이유를 구체적으로 언급한다. 학생의 입장과 교사의 입장으로 나누어 서술하는 것이 좋다.

❷ 긴 방학이 학생들의 학습에 부정적인 영향을 끼치는 이유

Les collégiens et les lycéens sont prêts à travailler dur, mais les vacances de printemps dérangent leur concentration.

❷ 긴 방학이 교사들의 교육에 부정적인 영향을 끼치는 이유

Certains élèves se méfient de leurs enseignants ou ils n'écoutent pas les cours des enseignants du lycée.

3. 끝

긴 방학은 교육의 중심이 되는 교사와 학생 모두에게 부정적인 영향을 끼친다는 것을 강조하며 마무리한다.

En conclusion, un trop grand nombre de congés scolaires a des conséquences négatives sur l'apprentissage et l'enseignement.

모범 답안

Je pense qu'un trop grand nombre de congés scolaires influencent l'apprentissage et l'enseignement d'un point de vue négatif. En Corée, il existe plusieurs vacances pour les écoles et les universités. Il y a une semaine de vacances au printemps pour les collégiens et les lycéens. Et puis, il y a aussi les vacances d'été et d'hiver pour les collégiens, les lycéens et les étudiants, qui durent chacune deux mois.

En ce qui concerne le collège et le lycée, les cours commencent au mois de février ou mars. Les collégiens et les lycéens sont prêts à travailler dur, mais les vacances de printemps dérangent leur concentration. De plus, il faut prendre en considération la gravité de la délinquance des adolescents. À mon avis, on pourrait diminuer ce genre de problèmes si les adolescents restaient plus longtemps à l'école sous le contrôle des enseignants. D'ailleurs, en plus des vacances d'été et d'hiver de quatre mois, il y a trop de fêtes à l'université au printemps ou en automne et les étudiants n'ont pas assez de temps pour travailler sérieusement.

Un trop grand nombre de congés scolaires n'est pas non plus bénéfique pour les enseignants. Par exemple, les lycéens prennent des cours particuliers pendant les vacances et ils délaissent leurs cours du lycée. À cause de cela, certains élèves se méfient de leurs enseignants ou ils n'écoutent pas les cours des enseignants du lycée.

En conclusion, un trop grand nombre de congés scolaires a des conséquences négatives sur l'apprentissage et l'enseignement.

해석

나는 너무 많은 휴교일이 부정적인 관점에서 학습과 교육에 영향을 끼친다고 생각합니다. 한국에는 초, 중, 고등학교와 대학교에 여러 방학이 있습니다. 중학생들과 고등학생들에게는 일주일의 봄 방학이 있습니다. 그리고 중, 고등학생들과 대학생들에게는 2달간 지속되는 여름 방학과 겨울 방학이 또한 있습니다.
중학교와 고등학교로 말하자면, 수업은 2월이나 3월에 시작합니다. 중학생과 고등학생들은 열심히 공부할 준비가 되어 있지만 봄 방학은 이들의 집중력을 방해합니다. 게다가, 청소년 범죄의 심각성을 고려해야 합니다. 내 생각에는 청소년들이 선생님들의 감독하에 학교에 더 오래 남아 있으면 이런 종류의 문제들을 줄일 수 있을 것입니다. 또한, 4개월의 여름 방학과 겨울 방학 이외에도, 대학에는 봄 또는 가을에 너무 많은 축제들이 있어서 학생들은 진지하게 공부할 시간이 충분하지 않습니다.
너무 많은 휴교일은 교사들에게도 이롭지 않습니다. 예를 들어 고등학생들은 방학 동안에 과외를 받아서 학교에서의 수업을 등한시합니다. 이로 인해 몇몇 학생들은 그들의 선생님을 무시하거나 학교 선생님들의 수업을 듣지 않습니다.
결론적으로, 너무 많은 휴교일은 학습과 교육에 부정적인 결과를 갖습니다.

문제 13

EXERCICE 1 실전 연습

Étape 1

공략에 따라 작문해 보세요.

Le lycée de votre enfant vous a envoyé une lettre pour vous annoncer la suppression des voyages d'études pour des raisons de sécurité et de coûts. Vous exprimez votre opinion contre cette décision sur le site Internet où les parents communiquent. Vous insistez sur les bénéfices que les lycéens peuvent tirer de tels voyages en donnant des exemples précis.
Écrivez un texte construit et cohérent sur ce sujet. (minimun 160 mots)

Nombre de mots :

Étape 2

문제 13의 필수 어휘를 익히고, 해석을 참조하세요.

필수 어휘

suppression (f) 폐지 | voyage d'études (m) 수학여행 | sécurité (f) 안전 | coût (m) 비용 | exprimer 표현하다 | décision (f) 결정 | insister sur 강조하다 | bénéfice (m) 이익 | tirer 얻다 | proviseur (m) (고등학교의) 교장 | supprimer 없애다 | occasionner 유발하다 | potentiel 잠재적인 | vol (m) 도둑질 | se rendre compter de ~을 이해하다, 납득하다 | se détendre 휴식하다 | se reposer 쉬다 | historique 역사의 | camarade 친구 | occupé 바쁜 | amitié (f) 우정 | tout au long de la vie 일생 내내 | se rappeller 기억하다 | maintenir 유지하다

해석

당신 자녀의 고등학교에서 안전과 비용의 이유로 수학여행의 폐지를 알리는 편지를 보냈습니다. 당신은 학부모들이 소통하는 인터넷 사이트에 이 결정에 반대하는 당신의 의견을 나타냅니다. 구체적인 예를 들면서 고등학생들이 이러한 여행을 통해 얻을 수 있는 장점들을 강조합니다.
주제에 대한 논리적으로 구성된 텍스트를 쓰세요. (최소 160 단어)

Étape 3

해설에 따라 작문 구성을 익히고, 모범 답안을 확인해 보세요.

작문 구성

개요	수학여행 폐지에 대한 반대 의견을 제시하는 문제이다. 이 문제에서는 ❶ 수학여행 폐지에 반대하는 자신의 입장을 분명히 밝히고, ❷ 학생들이 수학여행을 통해 얻을 수 있는 장점들을 구체적으로 제시해야 한다.
진행 방식	1. 처음 학교에서 수학여행을 없애기로 결정했다는 내용을 언급하면서 시작한다. 지시 사항에서 '인터넷 사이트'에 올리는 글이라고 하였으므로 편지에서처럼 글을 쓰는 장소나 날짜 등을 쓰지 않더라도 감점 당하지 않는다. Le proviseur de notre lycée a décidé de supprimer les voyages d'études. 2. 가운데 수학여행 폐지에 반대한다는 입장을 밝히며 수학여행을 통해 스트레스를 풀 수 있고 유적지를 방문하면서 문화적 소양을 함양할 수 있으며 친구들 간의 우정을 다질 수 있다는 장점을 든다.

❶ 수학여행 폐지에 반대하는 입장

Il ne se rend pas compte de l'importance des voyages d'études.

❷ 수학여행의 장점

Grâce aux voyages d'études, ils peuvent oublier le stress des examens. / De plus, ils peuvent avoir l'occasion d'apprendre la culture en visitant des monuments célèbres et historiques. / L'avantage le plus important de ces voyages d'études, c'est qu'ils leur permettent de mieux connaître leurs camarades de classe.

3. 끝

여러 가지 사정으로 수학여행을 가는 데 어려움이 있다는 학교측의 입장은 이해하지만 수학여행이 가지는 장점들을 간과해서는 안 된다는 내용으로 글을 마무리한다.

Il ne faut pas oublier que ces voyages sont à l'origine des meilleurs souvenirs des lycéens.

모범 답안

Chers parents,

Comme vous le savez, le proviseur de notre lycée a décidé de supprimer les voyages d'études. Selon lui, ceux-ci peuvent occasionner des dangers potentiels, comme des accidents de bus ou des vols. Il a également expliqué que les voyages d'études coûtaient trop cher, non seulement pour le lycée mais aussi pour nous, parents.

Pourtant, il ne se rend pas compte de l'importance des voyages d'études. D'abord, nos enfants peuvent se détendre pendant ces voyages. Les lycéens n'ont pas beaucoup de temps pour se reposer parce qu'ils doivent préparer le bac. Grâce aux voyages d'études, ils peuvent oublier le stress des examens.

De plus, ils peuvent avoir l'occasion d'apprendre la culture en visitant des monuments célèbres et historiques.

Mais à mon avis, l'avantage le plus important de ces voyages d'études, c'est qu'ils leur permettent de mieux connaître leurs camarades de classe. Ils ne parlent pas beaucoup avec leurs amis au lycée parce que chacun est trop occupé. On dit souvent que l'amitié avec les amis qu'on se fait au lycée durera tout au long de la vie. Pourtant, de nos jours on ne se rappelle même plus le nom de ses amis après le lycée.

Je comprends qu'il y ait des difficultés pour maintenir le programme de voyages d'études, mais il ne faut pas oublier que ces voyages sont à l'origine des meilleurs souvenirs des lycéens.

해석

친애하는 학부모님들께,

여러분들이 알고 있듯이, 우리 고등학교 교장 선생님께서 수학여행을 없애기로 결정하셨습니다. 그에 따르면, 이것이 버스 사고나 도난과 같은 잠재적인 위험을 유발시킬 수 있습니다. 또한 수학여행 비용이 학교뿐만 아니라 우리 부모들에게도 너무 비싸다고 설명하셨습니다.

그러나 그는 수학여행의 중요함을 납득하지 않습니다. 우선, 우리 자녀들은 이 여행 동안 휴식을 취할 수 있습니다. 고등학생들은 휴식을 취할 시간이 많지 않은데 왜냐하면 대학 입학 시험을 준비해야 하기 때문입니다. 수학여행 덕분에 그들은 시험에 대한 스트레스를 잊을 수 있습니다.

게다가 그들은 유명하고 유서 깊은 기념물들을 방문하면서 문화를 배우는 기회를 가질 수 있습니다.

그러나 제 생각에는 이 수학여행의 가장 중요한 장점은 바로 수학여행이 이들로 하여금 학급 친구들을 더 잘 알 수 있도록 해 준다는 것입니다. 그들은 학교에서 친구들과 많이 이야기하지 않는데 왜냐하면 각자가 매우 바쁘기 때문입니다. 우리는 종종 고등학교에서 사귄 친구들과의 우정이 평생 지속될 것이라고 말합니다. 그러나 오늘날 우리는 고등학교 졸업 후에 친구들의 이름조차 더 이상 기억하지 않습니다.

수학여행 프로그램을 유지하기 위한 어려움들이 있다는 것은 이해하지만 이 여행이 고등학생들의 가장 좋은 추억을 만든다는 것을 잊으면 안 됩니다.

문제 14

EXERCICE 1 실전 연습

Étape 1

공략에 따라 작문해 보세요.

Vous avez gagné le grand prix organisé par le ministère de la Culture et vous avez voyagé dans toutes les régions de votre pays. Maintenant, vous devez écrire un article concernant votre pays afin de convaincre les touristes étrangers de venir le visiter.
Écrivez un texte construit et cohérent sur ce sujet. (minimum 160 mots)

Nombre de mots :

Étape 2

문제 14의 필수 어휘를 익히고, 해석을 참조하세요.

필수 어휘

région (f) 지역 | article (m) 기사 | afin de ~을 위해 | convaincre 설득하다 | merveilleux 멋진, 굉장한 | conserver 보관하다 | mystère (m) 신비 | de l'Orient 동양의 | exotique 이국의 | géographique 지리의, 지리학의 | bordé 경계로 하는 | extraordinaire 특별한 | coexister 공존하다 | endroit (m) 장소 | trace (f) 흔적 | folklorique 민속적인 | typique 전형적인 | technologie de pointe (f) 첨단 기술 | exposition (f) 전시회 | ultramoderne 초현대식의

해석

당신은 문화부에서 개최한 대회의 대상을 받았고 당신 나라의 전 지역을 여행했습니다. 이제 당신 나라를 방문하러 오도록 외국 관광객들을 설득시키기 위해 당신은 당신 나라에 대한 기사를 써야 합니다.
주제에 대한 논리적으로 구성된 텍스트를 쓰세요. (최소 160 단어)

Étape 3

해설에 따라 작문 구성을 익히고, 모범 답안을 확인해 보세요.

작문 구성

개요	앞선 문제들과는 다른 유형의 문제이다. 이제까지는 하나의 화제에 대해 찬성 혹은 반대 중 하나의 입장을 정한 뒤 주장을 뒷받침하는 근거를 들어 자신의 의견을 전개하는 문제가 대부분이었으나, 이 문제에서는 외국인 관광객들이 우리나라를 방문할 수 있도록 설득하기 위한 기사를 써야 하기 때문이다. 우리나라의 유명한 관광지를 지역별로 소개한다거나 모범 답안에서처럼 과거 또는 미래로 시간으로 구분하여 소개할 수 있다.
진행 방식	1. 처음 한국에 대한 일반적인 소개로 작문을 시작한다. 프랑스와는 다른 이국적인 문화와 오랜 역사를 가지고 있다는 점을 강조하고 지리적 위치에 대한 소개도 한다. 그리고 한국을 방문하게 되면 과거와 미래를 경험할 수 있다는 점을 언급한다. Aujourd'hui, je vais vous présenter la Corée, un pays merveilleux qui conserve les mystères de l'Orient. La Corée, c'est un pays qui a une longue histoire et une culture exotique par rapport à la France. Du point de vue géographique, la Corée se situe à l'est de l'Asie et elle est bordée de trois côtés par la mer. Vous pourrez vivre une expérience extraordinaire dans ce pays où le passé et le futur coexistent.

2. 가운데

우리나라의 관광지를 소개한다. 과거 또는 미래로 나누어 관련된 장소들을 소개하는 것도 하나의 방법이 될 수 있다.

Tout d'abord, je vous recommande de visiter les endroits qui conservent des traces du passé. Par exemple, vous pourrez prendre connaissance de la vie traditionnelle des Coréens dans un village folklorique. / Il y a des expositions partout et je suis sûr(e) que vous serez content d'y découvrir des appareils ultramodernes.

3. 끝

한국을 방문하면 아름다운 추억을 만들 수 있다는 점을 강조하며 글을 맺는다.

En conclusion, vous ne regretterez pas votre visite de la Corée, qui vous apportera le meilleur souvenir de votre vie.

모범 답안

Aujourd'hui, je vais vous présenter la Corée, un pays merveilleux qui conserve les mystères de l'Orient. La Corée, c'est un pays qui a une longue histoire et une culture exotique par rapport à la France. Du point de vue géographique, la Corée se situe à l'est de l'Asie et elle est bordée de trois côtés par la mer. Vous pourrez vivre une expérience extraordinaire dans ce pays où le passé et le futur coexistent.

Tout d'abord, je vous recommande de visiter les endroits qui conservent des traces du passé. Par exemple, vous pourrez prendre connaissance de la vie traditionnelle des Coréens dans un village folklorique : participer à des jeux traditionnels coréens, comme le jegichagi, ou faire de la cuisine traditionnelle coréenne.

Il existe aussi un quartier où vous pourrez voir des objets typiques de la Corée. Comme ils ne sont pas chers en général, vous pourrez en acheter non seulement pour vos souvenirs, mais aussi pour en offrir à vos amis.

La Corée est aussi très connue dans le domaine des technologies de pointe. Il y a des expositions partout et je suis sûr(e) que vous serez contents d'y découvrir des appareils ultramodernes.

En conclusion, vous ne regretterez pas votre visite de la Corée, qui vous apportera le meilleur souvenir de votre vie.

해석

오늘, 저는 당신들에게 동양의 신비를 간직하고 있는 멋진 나라, 한국을 소개하겠습니다. 한국은 프랑스와 비교하여 오랜 역사와 이국적인 문화를 가지고 있는 나라입니다. 지리적인 관점에서, 한국은 동아시아에 위치해 있으며 삼면이 바다로 둘러 쌓여 있습니다. 당신들은 과거와 미래가 공존하는 이 나라에서 놀라운 경험을 체험할 수 있을 것입니다.
우선, 과거의 흔적을 간직하고 있는 장소를 방문할 것을 추천합니다. 예를 들어, 당신들은 민속촌에서 한국인들의 전통적인 삶을 알 수 있을 것입니다: 제기차기와 같은 한국 전통 놀이에 참여하거나 전통 음식 만들기.
또한 한국 특유의 물건을 볼 수 있는 거리가 있습니다. 일반적으로 값이 비싸지 않기 때문에 당신들은 추억을 위해서뿐만 아니라 친구들에게 선물하기 위해 그것을 살 수 있습니다.
한국은 또한 최첨단 기술 분야에서 매우 잘 알려져 있습니다. 도처에 전시회들이 있고 저는 당신들이 이곳에서 최첨단 기기들을 발견하여 만족할 것임을 확신합니다.
결론적으로, 당신들은 당신 인생에서 가장 좋은 추억을 가져다 줄 한국 방문을 후회하지 않을 것입니다.

구술 평가

Production orale

❶ 구술 완전 분석

B1 수준은 중급자에 해당하는 단계로서, A1이나 A2의 수준과는 달리 주제가 제한되거나 한정된 범위에서 벗어나 보다 광범위한 영역에서의 표현 능력을 갖춰야 한다. 구술 평가는 총 3가지 유형으로 구성되는데, 첫 번째 유형은 응시자에 대한 개인적 내용과 관련한 질의 및 응답(Entretien dirigé), 두 번째 유형은 특정 주제를 대상으로 감독관과 대화하는 역할 분담(Exercice en interaction), 마지막으로 간략한 기사를 요약하고 자신의 의견을 발표하는 독백(Monologue suivi)으로 구성된다.

❷ 구술 유형 파악 [약 25분 (준비 시간 10분), 25점]

EXERCICE	특징
Entretien dirigé	응시자의 이름, 나이, 직업, 거주지와 같은 인적 사항, 관심사, 여가 활동, 미래의 계획 등에 대해 감독관과 문답을 주고받는 방식으로 진행된다. 여기서는 주로 응시자가 감독관의 질문을 정확히 이해하고 답을 하는지가 주요 평가 대상이다.
Exercice en interaction	감독관이 제시한 두 개의 자료 중 하나를 고르고, 거기에서 지시된 역할을 하는 유형이다. 이때 주제는 일상생활에서 흔히 접할 수 있는 것으로 응시자와 감독관이 역할을 분담하여 대화하는 유형이다. 지시 사항을 제대로 이해했는지, 얼마나 유연성 있게 대화하는지를 평가한다.
Monologue suivi	준비실에 마련된 주제들 중 감독관이 제시한 두 개의 자료를 고른 후 최종적으로 하나를 선택해 그 주제에 대해 발표하는 유형이다. 사회적 이슈를 다루는 기사를 읽고 내용을 요약한 뒤 자신의 견해를 밝히는 방식으로 진행된다. 특히 의견을 제시할 때 논리성과 체계성을 갖추었는지가 중점적인 평가 대상이다.

3 구술 평가 이것만은 꼭!

❶ 시험 전에 EXERCICE별로 철저히 대비한다.

DELF B1 구술 평가는 세 가지 유형으로 구분되어 실시되는데, 첫 번째 유형은 2~3분, 두 번째 유형은 3~4분, 세 번째 유형은 5~7분 사이로 총 10분에서 15분이 소요된다. 유의해야 할 사항은 첫 번째와 두 번째 유형은 사전 준비 없이 감독관과 즉석에서 시행되고 세 번째 유형은 시험 전에 준비실에서 10분가량 준비를 한 후 시험을 치르게 된다는 것이다. 따라서 첫 번째와 두 번째 유형은 사전 준비 없이 이루어지므로 평소에 시험에 나올 만한 예상 질문을 뽑아 철저히 준비해야 한다.

❷ 세 번째 유형(Monologue suivi)에서 반드시 기사 내용을 요약해야 한다.

세 번째 유형은 주어진 기사를 읽고 자신의 의견을 말하는 것인데 많은 응시자들이 기사 내용을 요약하지 않은 채 바로 자신의 의견을 피력하곤 한다. 평가 기준 자체가 내용 요약과 의견 발표 두 가지로 구분되어 있으므로 요약을 생략하는 경우 그만큼 점수를 깎인다는 점에 유의하자.

❸ 지시 사항을 꼼꼼히 읽는다.

두 번째 유형과 세 번째 유형은 지시 사항에서 언급하는 내용을 특히 정확히 이해해야 한다. 지시 사항의 내용을 잘못 이해하면 세부적인 실수나 오류를 하는 것보다 훨씬 더 큰 감점을 받게 되기 때문이다.

❹ 시험 시 예의 바른 태도를 견지한다.

구술 평가는 감독관과 대면하여 진행되는 시험 방식이다. 물론 객관적인 평가 기준에 따라 공정하게 시험이 치러지겠지만, 대면하여 치러지는 시험인 만큼 심리적인 요소를 간과할 수 없다. 그러므로 정중하고 예의 바른 태도를 갖출 수 있도록 하자.

구술 시험장 TIP

▶ 감독관에 따라 'Asseyez-vous. 앉으세요.'라고 말한 후, 'convocation 수험표' 및 'pièce d'identité 신분증'을 보여 달라고 요청해 채점표에 사인을 받은 뒤 'Comment ça va ?'라고 안부를 묻고 시험을 시작하는 경우가 있고, 응시자가 자리에 앉자마자 안부를 묻는 경우도 있다. 두 경우 모두 'Je vais bien, merci. Et vous ? 좋습니다, 감사합니다. 당신은요?'라고 대답을 하면 된다.

▶ 본격적으로 시험이 시작되기 전 감독관은 시험이 어떻게 진행되는지 프랑스어로 설명을 해 주기도 하고 'Vous êtes prêt(e) ? 준비되었나요?', 'On peut commencer ? 시작할까요?'라고 묻기도 한다. 이럴 때에는 'Oui. 네.'라고 답하면 된다.

구술 평가

EXERCICE 1

Entretien dirigé

EXERCICE 1은 'Entretien dirigé 인터뷰'로 인적 사항, 취미나 기호, 학업 및 직업 등 다양한 주제로 감독관과 문답을 주고받는다. 응시자 개인에 대한 질의응답으로 구성된다고 보면 되는데, DELF A2에서는 감독관에 따라, 감독관이 응시자의 신상에 대한 내용들을 ① 주제별로 하나씩 물어보는 방식과 ② 종합적으로 물어보는 방식으로 나눌 수 있었다. 그러나 DELF B1의 Entretien dirigé는 응시자의 인적 사항을 종합적으로 물어보는 방식으로 진행되므로, 예상 질문을 뽑은 뒤 이에 대한 답변을 가급적 풍부하게 준비해 연습해 보는 것이 좋다.

완전 공략

1 핵심 포인트

구술 평가에서 유의해야 할 사항은 감독관의 말을 정확히 이해하고, 감독관이 질문 혹은 요청한 내용에 명확하고 구체적으로 답변하는 것이다. 어려운 말이나 잘 모르는 표현을 사용하기보다는 분명한 표현을 자신 있게 말하는 것이 낫다.

2 빈출 주제

이름, 나이, 국적과 같은 인적 사항, 직업, 사는 곳과 같은 신변 정보, 영화 · 음악 · 독서와 같은 취미 활동, 장래 희망이나 꿈과 같은 다양한 주제가 출제된다.

3 고득점 전략

① 시험 시작 전에 시험이 어떤 절차로 진행되는지를 미리 숙지한다.

첫 번째 구술 평가가 시작되기 전 감독관 앞에 착석하게 되는데 이때 감독관은 신분증(pièce d'identité)과 수험표(convocation)을 제시하라고 요구한다. 만약 응시자가 이 말을 이해하지 못한다면 시험과는 무관함에도 불구하고 감독관은 B1 시험을 치르는 응시자가 이 정도 수준의 말도 이해하지 못한다는 선입견을 가질 수 있다. 따라서 본격적인 시험이 시작되기 전에 시험 전반에 대한 절차를 미리 숙지하고 있는 것이 좋다.

② 질문을 제대로 이해하지 못했을 경우 감독관에게 다시 한번 말해 달라고 요청한다.

응시자들은 긴장한 나머지 감독관이 한 질문을 정확히 이해하지 못하곤 한다. 이때 감독관의 질문을 이해하지 못했음에도 불구하고 감점 당할까 봐 엉뚱한 말을 할 수 있다. 그러므로 질문 내용을 이해하지 못했을 때에는 반드시 감독관에게 다시 한번 말해 달라고 요청해 질문의 요지를 정확히 파악해야 한다.

③ 진지하고 적극적인 태도를 갖춘다.

구술 평가는 감독관과 일 대 일로 진행되는 시험 방식이다. 따라서 감독관은 응시자의 태도에 신경을 쓰기 마련이다. 응시자가 진지한 자세로 시험에 응하고 적극적인 반응을 보일 때 좋은 인상을 가질 것이다. 반대로, 응시자가 의욕이 없고 불성실한 태도를 보인다면 높은 점수를 받는 데 도움이 되지 않을 것이므로, 이 점에 유념하자.

EXERCICE 1 실전 연습

Track 1-01

Étape 1 필수 어휘를 익히세요.

필수 어휘

se présenter 자기를 소개하다 | habiter à ~에 살다 | étudiant 대학생 | deuxième (troisième, quatrième) année 2(3, 4) 학년 | département de français (m) 프랑스어학과 | chaque ~마다, 매~ | dimanche (m) 일요일 | au moins 적어도 | fois (f) 번 | acteur 배우 | préféré 선호하는 | méchant 못된 | entreprise (f) 회사, 기업 | prendre un verre 술 한잔하다 | collègue 동료 | se détendre 휴식하다, 긴장을 풀다 | patron 상사 | dépendre ~에 달려 있다

Étape 2 주제에 따른 답변 구성 요령을 참조하세요.

구술 평가 첫 번째 문제로 가장 많이 제시되는 문제 유형인데, 응시자의 기본적인 신상에 대해 묻고 답하는 경우이다. 이런 질문을 받으면 중요한 정보부터 말하는 것이 좋다. 예를 들어 나이, 거주지, 신분 또는 직업, 자신이 좋아하는 것 등의 순서로 말하는 것이다. 응시자가 답변을 하고 나면 감독관이 답변을 듣고 그에 대한 꼬리 질문을 할 수 있으므로, 미리 감독관이 할 만한 질문을 뽑아 연습해 두는 것이 좋다.

Étape 3 모범 답변을 참조하여 실전 훈련하세요.

자기소개 ❶

E Pouvez-vous vous présenter ? (Pouvez-vous me parler de vous ?) 당신을 소개해 줄 수 있어요? (당신에 대해 내게 말해 줄 수 있어요?)

C Je m'appelle ○○○ et j'ai 24 ans. J'habite à Incheon et je suis étudiant(e) en deuxième (troisième, quatrième) année au département de français. J'aime le sport et je joue au football avec mes amis chaque dimanche. J'adore aussi le film et j'y vais au moins une fois par mois. J'aime surtout le film d'action et ○○○ est mon acteur préféré. 내 이름은 ○○○이고 24살입니다. 나는 인천에 살고 있고 프랑스어학과 2 (3, 4)학년입니다. 나는 운동을 좋아해서 매주 일요일마다 친구들과 축구를 합니다. 또한 영화를 아주 좋아해서 한 달에 한 번은 적어도 극장에 갑니다. 나는 특히 액션 영화를 좋아하는데 ○○○는 내가 좋아하는 배우입니다.

E Pourquoi aimez-vous cet(cette) acteur(actrice) ? 그 배우를 왜 좋아하시죠?

C	Je l'aime parce qu'il(elle) est grand(e), beau(belle) et il(elle) joue très bien. Je l'ai vu(e) dans un film pour la première fois il y a deux ans. C'était un film d'action et il(elle) a joué le rôle du(de la) méchant(e). Je pense que c'est l'un(e) des meilleur(e)s acteurs(actrices) en Corée. 나는 그를 좋아하는데 왜냐하면 키가 크고 잘생겼으며 연기를 아주 잘하기 때문입니다. 나는 2년 전에 처음으로 그를 영화에서 보았습니다. 액션 영화였는데 그는 악역을 맡았습니다. 나는 그가 한국에서 가장 뛰어난 배우들 중 한 명이라고 생각합니다.

자기소개 ❷

E	Pouvez-vous vous présenter ? (Pouvez-vous me parler de vous) ? 당신을 소개해 줄 수 있어요? (당신에 대해 내게 말해 줄 수 있어요?)
C	Je m'appelle ○○○. J'ai 29 ans et j'habite à Séoul. Je travaille dans une entreprise depuis trois ans. Je travaille du lundi au vendredi et mon travail me stresse beaucoup. Alors je prends souvent un verre avec mes collègues après le travail. C'est le moment où je me détends. On parle du travail, du patron et de notre vie personnelle. J'aime le tennis et je joue au tennis quand je suis libre. 내 이름은 ○○○입니다. 나는 29살이고 서울에 살고 있습니다. 3년 전부터 회사에서 일하고 있습니다. 나는 월요일부터 금요일까지 일하는데, 업무가 스트레스를 많이 줍니다. 그래서 일이 끝난 후 동료들과 자주 술 한잔을 합니다. 이것이 내가 휴식하는 순간입니다. 우리는 일, 직장 상사 그리고 사생활에 대해 말합니다. 나는 테니스를 좋아하고 시간 있을 때 테니스를 칩니다.
E	Combien de fois par semaine faites-vous du sport ? 일주일에 몇 번이나 운동을 하세요?
C	Ça dépend des jours, mais j'essaie d'en faire le plus souvent possible. 날마다 다르지만 가능한 한 자주 그것을 하려고 노력합니다.

EXERCICE 1 실전 연습

Track 1-02

Étape 1

필수 어휘를 익히세요.

필수 어휘

sortie (f) 외출 | cours (m) 수업 | s'amuser 즐기다, 놀다 | sauf ~을 제외하고 | cantine (f) 구내식당 | retrouver 다시 만나다 | bavarder 수다를 떨다 | se promener 산책하다 | de temps en temps 가끔 | occasion (f) 기회 | se balader 산책하다 | se détendre 긴장을 풀다, 휴식하다 | se reposer 쉬다 | se lever 일어나다 | copain 친구 | façon (f) 방법 | se relaxer 휴식하다, 긴장을 풀다 | se réunir 모이다 | vie quotidienne (f) 일상생활 | repas (m) 식사 | karaoké (m) 노래방

Étape 2

주제에 따른 답변 구성 요령을 참조하세요.

외출에 대한 문제는 주로 주말과 관련하여 언급된다. 이 질문에 대해서는 자신이 좋아하는 취미에 대해 말하는 것이 좋다. 예를 들어 미술이나 영화를 좋아해서 주말에 미술관이나 영화관에 간다거나, 운동을 좋아해서 친구들과 운동을 한다거나, 아니면 등산을 좋아해서 산에 간다는 식으로 구체적인 활동을 말하는 것이 좋다.

Étape 3

모범 답변을 참조하여 실전 훈련하세요.

주말과 외출 ❶

E	Parlez-moi de vos sorties. (Qu'est-ce que vous faites le week-end ?) 당신의 외출에 대해 말해 보세요. (당신은 주말에 무엇을 하세요?)
C	Je suis étudiant(e) et j'ai des cours du lundi au vendredi. Alors, je n'ai pas le temps de sortir pour m'amuser sauf le week-end. Quand j'ai des cours, je prends le métro et je vois mes amis à la station de métro pour qu'on aille à l'université ensemble. Après les cours du matin, on déjeune à la cantine. Mais les week-ends, je sors. D'abord, je retrouve mes amis au centre-ville et on commence par voir un film. Après, on déjeune au restaurant et on bavarde au café jusqu'au soir. On dîne ou bien on prend un verre. Finalement, je rentre tard à la maison. 나는 대학생이고 월요일부터 금요일까지 수업이 있습니다. 그래서 주말을 제외하고는 놀기 위해 외출할 시간이 없어요. 나는 수업이 있을 때 지하철을 타는데 대학교에 함께 가기 위해 지하철역에서 친구들을 만납니다. 아침 수업 후에는 학교 식당에서 점심을 먹습니다. 그렇지만 주말마다 나는 외출합니다. 우선, 시내에서 친구들을 만나고 영화를 보면서 시작합니다. 그 후에 식당에서 점심을 먹고 저녁까지 카페에서 수다를 떱니다. 저녁을 먹거나 술을 한잔합니다. 마지막으로 나는 늦게 귀가합니다.

E	Avec qui voulez-vous passer du temps et pourquoi ? 당신은 누구와 시간을 보내길 원하고 그 이유는요?
C	① Je voudrais passer du temps avec mon père. Quand j'étais petit(e), je me promenais souvent avec lui et je lui parlais de temps en temps de ma vie à l'école. Mais je n'ai pas eu beaucoup d'occasions de passer du temps avec lui depuis que je suis devenu étudiant(e). 나는 아버지와 시간을 보내고 싶어요. 내가 어렸을 때 그와 산책을 자주 했고 학교 생활에 대해서 때때로 그에게 말하곤 했습니다. 그렇지만 내가 대학생이 된 이후로 그와 시간을 보낼 기회가 많지 않았어요.
	② Je voudrais passer du temps avec ma mère. Quand j'étais petit(e), je faisais du shopping avec elle ou je me baladais avec elle au parc. Mais je n'ai pas eu beaucoup d'occasions de passer du temps avec elle depuis que je suis devenu étudiant(e). Comme elle adore voyager, j'aimerais partir en vacances en France avec elle. 나는 어머니와 시간을 보내고 싶어요. 내가 어렸을 때 그녀와 쇼핑을 하거나 공원을 산책하곤 했어요. 그렇지만 내가 대학생이 된 이후로 그녀와 시간을 보낼 기회가 많지 않았어요. 어머니가 여행을 아주 좋아하시니까, 그녀와 함께 프랑스로 휴가를 떠나고 싶습니다.

주말과 외출 ❷

E	Parlez-moi de vos sorties ? (Qu'est-ce que vous faites le week-end ?) 당신의 외출에 대해 말해보세요. (당신은 주말에 무엇을 하세요?)
C	Comme je travaille dur du lundi au vendredi, j'essaie de me détendre ou de me reposer le week-end. Tout d'abord, je me lève très tard et je fais du tennis ou du basketball avec mes copains après avoir déjeuné parce qu'il faut faire du sport pour garder la forme. Je vois aussi souvent des films avec mes amis l'après-midi parce que je pense que c'est l'une des meilleures façons de se relaxer. Puis, j'essaie de dîner avec ma famille parce que c'est le seul moment où toute la famille se réunit à table. 나는 월요일부터 금요일까지 힘들게 일하기 때문에 주말에는 긴장을 풀거나 휴식을 취하려고 노력합니다. 우선, 나는 매우 늦게 일어나고 점심 식사를 한 후에 친구들과 테니스를 치거나 농구를 하는데 왜냐하면 건강을 유지하기 위해서는 운동을 해야 하기 때문입니다. 또한 나는 오후에 친구들과 영화를 자주 보는데, 그것이 휴식하는 데 제일 좋은 방법들 중 하나라고 생각하기 때문입니다. 그리고 나서 나는 가족들과 저녁을 먹으려고 노력하는데 왜냐하면 이때가 가족 모두가 식탁에 모이는 순간이니까요.
E	Qu'est-ce que vous faites avec votre famille ? 당신은 가족과 무엇을 하나요?
C	On parle de notre vie quotidienne en dînant. Après le repas, on regarde la télé en prenant un café. Comme mon frère aime bien chanter, on va souvent au karaoké. 우리는 저녁을 먹으면서 일상생활에 대해 말합니다. 식사 후에, 커피를 마시면서 텔레비전을 봅니다. 내 동생이 노래 부르는 것을 좋아하기 때문에, 우리는 자주 노래방에 갑니다.

EXERCICE 1 실전 연습

Track 1-03

Étape 1 필수 어휘를 익히세요.

필수 어휘

professionnel 전문적인 | histoire (f) 역사 | monument (m) 기념물 | fascinant 매력적인 | spécialité (f) 전문 음식 | perfectionner 완벽하게 하다 | compétence (f) 능력 | association (f) 단체 | pays sous-développé (m) 개발 도상국 | couramment 유창하게 | avis (m) 의견 | prononciation (f) 발음 | grammaire (f) 문법 | compliqué 복잡한 | entreprise d'import-export (f) 무역 회사 | photographe 사진작가 | à cause de ~때문에 | financier 재정적인 | faire des économies 저축하다 | enfance (f) 어린 시절 | institut privé (m) 학원

Étape 2 주제에 따른 답변 구성 요령을 참조하세요.

미래의 응시자의 바람이나 희망과 관련된 질문으로 앞으로 어떠한 일을 하고 싶다거나 계획을 가지고 있다고 답변한다. 이때 어떠한 이유나 계기로 인해 그러한 계획을 갖게 되었는지 구체적으로 말하는 것이 좋다. 예를 들어 프랑스 유학을 계획하고 있다면 프랑스 미술이나 영화 또는 문화에 관심이 많다든가 특정 직업에 관심이 많다든가 하는 식으로 답변한다.

Étape 3 모범 답변을 참조하여 실전 훈련하세요.

계획 ❶

E Quels sont vos projets professionnels ? (Qu'est-ce que vous voulez faire plus tard ?) 당신의 직업적인 계획은 무엇입니까? (당신은 나중에 무엇을 하기를 원하세요?)

C Je suis étudiant(e) au département de français. J'ai appris le français au lycée et le professeur de français nous a parlé de l'histoire, des monuments célèbres et de la culture française. C'était fascinant pour moi, alors j'ai décidé de choisir le français comme spécialité à l'université. Je voudrais aller en France pour perfectionner mes compétences en français. J'aimerais travailler dans une association internationale qui aide les gens des pays sous-développés, comme ceux d'Afrique. Alors parler couramment le français est très important pour moi parce que beaucoup d'Africains parlent et comprennent cette langue. 나는 프랑스어학과 학생입니다. 나는 고등학교에서 프랑스어를 배웠는데 프랑스어 선생님께서 우리들에게 역사, 유명한 기념물 그리고 프랑스 문화에 대해 말씀해 주셨습니다. 그것은 내게 매우 매력적이었고 그래서 대학에서 전공으로 프랑스어를 선택하기로 결정했습니다. 나는 프랑스어 능력을 완벽하게 하기 위해 프랑스로 가고 싶습니다.

나는 아프리카의 나라들과 같이 개발 도상국의 사람들을 돕는 국제 단체에서 일하고 싶습니다. 그래서 프랑스어를 유창하게 말하는 것이 내게는 매우 중요한데 왜냐하면 많은 아프리카인들이 이 언어를 말하고 이해하기 때문입니다.

E	À votre avis, le français n'est pas difficile à apprendre ? 당신 생각에, 프랑스어는 배우기 어렵지 않나요?
C	Si. Surtout la prononciation, c'est très difficile. Et puis, la grammaire est trop compliquée. 네. 특히 발음이 매우 어려워요. 그리고 문법은 너무 복잡합니다.

계획 ❷

E	Quels sont vos projets professionnels ? (Qu'est-ce que vous voulez faire plus tard) ? 당신의 직업적인 계획은 무엇입니까? (당신은 나중에 무엇을 하기를 원하세요?)
C	Je travaille dans une entreprise d'import-export depuis trois ans. En fait, la photographie est ma passion depuis que je suis petit(e) et je voulais devenir photographe professionnel. Quand j'ai terminé mes études à l'université, j'ai voulu aller en France parce que la France est le pays de l'art et je croyais que je pourrais apprendre beaucoup de choses sur la photographie. Malheureusement, je n'ai pas pu y aller à cause de problèmes financiers. Maintenant, j'ai fait des économies en travaillant pendant trois ans. Alors je vais aller en France pour réaliser mon rêve d'enfance. 나는 3년 전부터 무역 회사에서 일하고 있습니다. 사실 사진술은 어렸을 때부터 나의 열정이었기에 전문 사진작가가 되고 싶었습니다. 대학에서 공부를 마쳤을 때 나는 프랑스에 가고 싶었습니다. 왜냐하면 프랑스는 예술의 나라이고 사진술에 대해 많은 것을 배울 수 있을 것이라고 믿었기 때문입니다. 불행히도 재정적인 문제 때문에 그곳에 갈 수가 없었습니다. 지금, 나는 3년 동안 일하면서 저축을 했습니다. 그래서 어린 시절의 꿈을 실현하기 위해 프랑스로 갈 것입니다.
E	Comment apprenez-vous le français ? 당신은 어떻게 프랑스어를 배우세요?
C	Je l'apprends dans un institut privé. Ça fait déjà presque deux ans que j'apprends cette langue, mais elle est toujours difficile pour moi. 나는 학원에서 배우고 있어요. 이 언어를 배운 지 벌써 거의 2년이 되었지만 내게 여전히 어려워요.

EXERCICE 1 실전 연습

Track 1-04

Étape 1 필수 어휘를 익히세요.

필수 어휘

prendre l'habitude de ~하는 습관을 갖다 | tôt 일찍 | matinée (f) 아침나절 | entière 전체의 | surfer 웹 서핑하다 | se réveiller 깨다 | c'est la raison pour laquelle 이러한 이유 때문에, 그래서 | fatigué 피곤한 | avouer 고백하다 | avantage (m) 장점 | institut (m) 학원 | arriver en retard 늦게 도착하다 | s'inquiéter 걱정하다 | départ (m) 출발 | rater 놓치다, 실패하다 | résultat (m) 결과 | faire de son mieux 최선을 다하다 | corriger 고치다 | mémoriser 기억하다 | s'organiser 준비되다 | à l'avance 미리

Étape 2 주제에 따른 답변 구성 요령을 참조하세요.

질문이 자신의 생활 습관에서 고치고 싶은 것이므로 평소에 자신이 가지고 있던 나쁜 습관이나 버릇 등에 대해 말한다. 이때 그 습관이나 버릇을 왜 고치고 싶은지에 대한 이유를 반드시 언급해야 한다. 또한 나쁜 습관을 고침으로써 기대되는 효과에 대해서도 말하는 것이 좋다.

Étape 3 모범 답변을 참조하여 실전 훈련하세요.

습관 ❶

E Qu'est-ce que vous aimeriez changer dans vos habitudes de vie ? Et pourquoi ? 당신의 생활 습관에서 바꾸고 싶은 것은 무엇입니까? 그 이유는요?

C J'aimerais prendre l'habitude de me lever tôt. Je me lève après 10 heures quand je n'ai pas cours ou pendant les vacances et le week-end. Alors, je perds une matinée entière à ne rien faire. En général, je dors à 3 heures du matin après avoir surfé sur Internet, alors je me réveille tard. C'est la raison pour laquelle je me sens toujours fatigué toute la journée. Mes amis font du sport tous les matins pour rester en bonne santé et ils me conseillent d'en faire aussi. Je sais très bien que je dois changer cette mauvaise habitude, mais j'avoue que ce n'est pas facile. 나는 일찍 일어나는 습관을 갖고 싶습니다. 나는 수업이 없을 때나 방학과 주말에 10시가 지나서 일어납니다. 그래서 아무것도 하지 않고 아침나절 전부를 놓칩니다. 보통, 나는 인터넷 서핑을 한 후 새벽 3시에 잠을 자서 늦게 일어납니다. 이러한 이유 때문에 나는 항상 하루 종일 피곤함을 느낍니다. 내 친구들은 좋은 건강을 유지하기 위해 매일 아침 운동을 하고 나에게 그것을 하라고도 조언합니다. 나는 이 나쁜 습관을 바꿔야 한다는 것을 매우 잘 알고 있지만 그것이 쉽지 않다는 것을 인정합니다.

E	À votre avis, quel avantage auriez-vous si vous changiez votre mauvaise habitude ? 당신 생각에 당신의 나쁜 습관을 바꾼다면 어떤 장점을 갖게 되나요?
C	J'aurais plus de temps pour faire des activités. Par exemple, je pourrais suivre des cours de français à l'institut de langues le matin ou bien je pourrais me promener dans le parc. 나는 활동을 할 수 있는 더 많은 시간을 가질 거예요. 예를 들어 아침에 어학원에서 프랑스어 수업을 들을 수도 있거나 공원에서 산책을 할 수 있을 것입니다.

습관 ❷

E	Qu'est-ce que vous aimeriez changer dans vos habitudes de vie ? Et pourquoi ? 당신의 생활 습관에서 바꾸고 싶은 것은 무엇입니까? 그 이유는요?
C	J'ai une très mauvaise habitude, c'est d'arriver toujours en retard aux rendez-vous et ça m'inquiète beaucoup. Ça ne pose pas vraiment problème pour les amis qui me connaissent bien, mais les autres ne sont pas du tout contents. L'autre jour, mes amis et moi avons décidé de partir en voyage et c'était moi qui avais pris les billets de train. Mais je suis arrivé(e) tard à la gare le jour de notre départ et nous avons raté le train à cause de moi. Pourtant, j'essaie toujours d'arriver à l'heure, mais le résultat est toujours le même. Je vais faire de mon mieux pour changer cette habitude. 나는 매우 나쁜 습관이 하나 있는데 그것은 약속 시간에 항상 늦게 도착하는 것이고 나는 이것이 많이 걱정됩니다. 나를 잘 아는 친구들에게는 이것이 큰 문제가 아니지만 다른 사람들은 불만이 많습니다. 언젠가 내 친구들과 나는 여행을 떠나기로 결정했고 기차표를 가지고 있던 사람은 나였습니다. 그러나 나는 출발하는 날 기차역에 늦게 도착했고 나 때문에 우리는 기차를 놓치고 말았습니다. 그럼에도 나는 제 시간에 도착하려고 항상 애쓰지만 결과는 언제나 같습니다. 나는 이 습관을 고치기 위해 최선을 다할 것입니다.
E	À votre avis, que pouvez-vous faire pour corriger votre mauvaise habitude ? 당신 생각에, 당신의 나쁜 습관을 고치기 위해 무엇을 할 수 있죠?
C	Je vais essayer de prendre des notes pour mémoriser mes rendez-vous. Et puis, je vais m'organiser pour arriver aux rendez-vous au moins 30 minutes à l'avance. 나의 약속들을 기억하기 위해서 메모하려고 노력할 거예요. 그리고 약속에 적어도 30분 일찍 도착하기 위해 준비할 것입니다.

EXERCICE 1 실전 연습

Track 1-05

Étape 1 필수 어휘를 익히세요.

필수 어휘

s'entendre bien 마음이 맞다, 통하다 | message électronique (m) 전자우편 | accepter 수락하다 | proposition (f) 제안 | accueillir 환대하다 | lendemain (m) 이튿날 | expliquer 설명하다 | Joconde (f) 모나리자 | impressionnant 인상적인 | bavarder 수다를 떨다 | rêve (m) 꿈 | tour (f) 탑 | vue nocturne (f) 야경 | objet (m) 물건 | traditionnel 전통적인

Étape 2 주제에 따른 답변 구성 요령을 참조하세요.

휴가나 방학에 대한 질문은 수험생들이 어려워하는 질문이다. 왜냐하면 과거에 있었던 일이기 때문에 과거 시제를 써야 하기 때문이다. 우리말과 달리 프랑스어 과거 시제에는 다양한 종류가 있어 수험생들이 어려움을 느낀다. 과거 시제를 사용할 때 복합과거와 반과거를 중심으로 하되 특히 être와 avoir 동사는 반과거를 주로 사용한다는 점에 유의하자. 이 질문에 답변할 때 휴가 기간 동안 있었던 특별한 일이나 인상 깊었던 점에 대해 말하되 자신의 느낌을 간략하게 덧붙이는 것이 좋다.

Étape 3 모범 답변을 참조하여 실전 훈련하세요.

휴가

E	Où avez-vous passé vos dernières vacances ? (Parlez-moi de vos dernières vacances.) 당신은 최근 바캉스를 어디서 보냈나요? (당신의 최근 바캉스에 대해 말해 보세요.)
C	Cet été, je suis allé(e) en France pour la première fois de ma vie. J'ai rencontré un Français de mon âge par Facebook l'année dernière. On s'est très bien entendu et il m'a envoyé un message électronique juste avant mes vacances. Il m'a proposé de passer une semaine chez lui à Paris. Alors j'ai accepté sa proposition et j'ai pris l'avion pour Paris. Je suis arrivé(e) à l'aéroport et mon ami m'attendait. On est allés chez lui et sa famille m'a bien accueillie. Le lendemain, mon ami et moi, nous sommes allés voir l'Arc de Triomphe et il m'a bien expliqué son histoire. Après, on a visité le musée du Louvre et j'ai vu la Joconde, c'était impressionnant. Ensuite, on est allés à l'université de la Sorbonne et j'ai rencontré ses amis français. On a beaucoup bavardé dans un café. Ils ont été très sympas avec moi. Après avoir passé une semaine de rêve, je lui ai proposé de visiter la Corée l'année prochaine. 이번 여름, 나는 내 인생에서 처음으로 프랑스에 갔습니다. 작년에 페이스북을 통해 내 나이의 프랑스 친구를 만났어요. 우리는 서로 잘 맞았는데 방학 바로 전에 그가 나에게 이메일을 보냈습니다. 그는 파리에 있는 그의

집에서 일주일을 보낼 것을 내게 제안했어요. 그래서 나는 그의 제안을 받아들였고 파리행 비행기를 탔습니다. 나는 공항에 도착했고 친구가 나를 기다리고 있었어요. 우리는 그의 집으로 갔는데 가족들이 나를 반겨주었습니다. 다음날, 친구와 나는 개선문을 보러 갔는데, 그는 나에게 개선문의 역사를 잘 설명해 주었어요. 그 후에 우리는 루브르 박물관을 방문했고 나는 모나리자를 보았습니다. 매우 인상적이었어요. 그리고 나서 소르본느 대학에 가서 그의 프랑스 친구들을 만났습니다. 우리는 카페에서 수다를 많이 떨었죠. 그들은 나에게 매우 상냥했습니다. 꿈 같은 일주일을 보낸 후, 나는 그에게 내년에 한국을 방문할 것을 제안했습니다.

E Qu'est-ce que vous voulez visiter quand votre ami français va venir chez vous ? 당신의 프랑스 친구가 당신 나라에 오면 무엇을 방문하고 싶으세요?

C Il y a beaucoup de choses à voir en Corée. D'abord, on va aller à la tour de Namsan pour avoir une vue nocturne de Séoul. Et puis, on va visiter Insa-dong où il y a beaucoup d'objets traditionnels. 한국에는 볼 것이 많습니다. 우선, 우리는 서울의 야경을 보기 위해 남산 타워에 갈 거예요. 그리고 많은 전통 용품이 있는 인사동을 방문할 것입니다.

전공

EXERCICE 1 실전 연습

Track 1-06

Étape 1

필수 어휘를 익히세요.

필수 어휘

spécialité (f) 전공 | département de français (m) 프랑스어학과 | prononciation (f) 발음 | grammaire (f) 문법 | compliqué 복잡한 | avoir du mal à ~하는 데 어려움을 가지다 | suivre (강의를) 수강하다 | encourager 격려하다 | s'intéresser à ~에 관심을 갖다 | civilisation (f) 문화, 문명 | matière (f) 과목 | littérature (f) 문학 | devoirs (m) (복수) 숙제 | s'amuser 즐기다, 놀다 | note (f) 점수 | faculté (f) 단과대학 | art (m) 예술, 미술 | architecture (f) 건축학 | économie (f) 경제학 | peintre (m) 화가 | architecte 건축가 | économiste 경제학자 | œuvre (f) 작품 | exposé (m) 발표 | discuter 토의하다 | sujet (m) 주제 | méthode (f) 방법 | sauter 취소하다, 뛰어넘다

Étape 2

주제에 따른 답변 구성 요령을 참조하세요.

학생인 경우 자신의 학과나 학교에서 배우는 과목명(수업명)을 외우고 있어야 한다. 그리고 자신이 그 전공을 선택한 이유를 말한 뒤 공부하면서 좋은 점 또는 힘든 점을 언급한다. 앞으로 무엇을 할 것인지까지 계획을 말한다면 금상첨화이다. 직장인인 경우에는 프랑스어 공부를 하고 있다고 말한 뒤 프랑스어를 공부하는 이유와 공부하는 데 있어서 어려운 점과 앞으로의 계획에 대해 말한다.

Étape 3

모범 답변을 참조하여 실전 훈련하세요.

전공 ❶

E	Qu'est-ce que vous êtes en train d'étudier ? (Quelle est votre spécialité ?) 당신은 무엇을 공부하고 있는 중입니까? (당신의 전공은 무엇입니까?)
C	Je suis étudiant(e) en deuxième année au département de français et ça fait deux ans que j'étudie le français. Quand j'ai commencé à apprendre cette langue pour la première fois, la prononciation était très difficile et la grammaire était trop compliquée pour moi. Alors j'avais du mal à suivre les cours, mais heureusement, le professeur était très gentil et il m'a beaucoup encouragé(e). Maintenant, je m'intéresse beaucoup aux cours de civilisation française. 나는 프랑스어학과 2학년이고 프랑스어를 공부한 지 2년이 되었습니다. 내가 처음으로 이 언어를 배우기 시작했을 때, 내게는 발음이 매우 어려웠고 문법은 너무 복잡했어요. 그래서 수업을 듣는 데 어려움이 있었지만 다행히 선생님께서 매우 친절하셨고 나를 많이 격려해 주셨어요. 지금 나는 프랑스 문화 수업에 관심이 많습니다.

E	Quelle matière n'aimez-vous pas et pourquoi ? 당신은 어떤 과목을 좋아하지 않고 그 이유는요?
C	Je n'aime pas la littérature française. D'abord, il y a trop de devoirs, alors je n'ai pas le temps de m'amuser. Et puis, l'examen est trop difficile et j'ai du mal à obtenir une bonne note. 나는 프랑스 문학을 좋아하지 않습니다. 우선, 숙제가 너무 많아서 나는 놀 시간이 없습니다. 그리고 시험이 너무 어려워서 나는 좋은 점수를 얻기가 어렵습니다.

전공 ❷

E	Qu'est-ce que vous êtes en train d'étudier ? (Quelle est votre spécialité ?) 당신은 무엇을 공부하고 있는 중입니까? (당신의 전공은 무엇입니까?)
C	Je suis étudiant(e) en deuxième année en faculté d'art (d'architecture, d'économie). J'ai choisi cette faculté parce que j'aimerais devenir peintre (architecte, économiste). J'aime surtout les cours d'histoire de l'art. Le professeur nous explique bien les œuvres en nous montrant des photos sur Internet et on travaille souvent en groupes pour faire des exposés. On discute beaucoup sur le sujet donné par le professeur et j'aime ce genre de méthode. 나는 예술학부(건축학, 경제학) 2학년입니다. 나는 이 학부를 선택했는데 왜냐하면 화가(건축가, 경제학자)가 되고 싶기 때문입니다. 나는 특히 미술사 수업을 좋아합니다. 선생님께서는 인터넷에서 사진들을 보여주며 우리에게 작품들을 잘 설명해 주시고 우리는 발표하기 위해 자주 그룹으로 공부를 합니다. 선생님께서 내주신 주제에 대해 많이 토론을 하는데 나는 이런 종류의 방식을 좋아합니다.
E	Quelle matière n'aimez-vous pas et pourquoi ? 당신은 어떤 과목을 좋아하지 않고 그 이유는요?
C	Je suis des cours d'anglais pour non spécialistes et je n'ai pas l'occasion de parler en anglais parce qu'il y a trop d'étudiants dans ce cours. En plus, le professeur fait souvent sauter le cours. 나는 교양 영어 수업을 듣고 있는데 이 수업에 학생들이 너무 많아서 나는 영어로 말할 기회가 없습니다. 게다가, 선생님이 자주 휴강을 합니다.

EXERCICE 1 실전 연습

Track 1-07

Étape 1

필수 어휘를 익히세요.

필수 어휘

tandis que ~한 반면에 | aller-retour (m) 왕복 | agréable 기분 좋은, 쾌적한 | cantine (f) 구내식당 | extérieur (m) 외부, 외부의 | installation (f) 시설 | chauffage (m) 난방(기구) | climatisation (f) 에어컨 | enseignement (m) 교육 | audiovisuel 시청각의 | paysage (m) 경치 | endroit (m) 장소 | propre 깨끗한 | papier toilette (m) 휴지 | de temps en temps 가끔 | intérieur (m) 내부, 내부의 | bâtiment (m) 건물 | vieux 낡은 | escalier (m) 계단 | ascenseur (m) 엘리베이터 | ambiance (f) 분위기 | familial 가족적인 | avoir besoin de ~을 필요로 하다 | lieu (m) 장소 | employé 직원 | s'entraîner 연습하다 | équipement (m) 장비

Étape 2

주제에 따른 답변 구성 요령을 참조하세요.

감독관이 학교 또는 직장에 대한 질문을 했을 경우 세 가지로 구분하여 답할 수 있는데 첫 번째는 교통편이다. 좀 더 구체적으로, 집에서 학교 또는 직장이 먼 경우 지하철 또는 버스를 이용한다고 답변하고, 거리가 가까운 경우 걸어서 다닌다고 답변한다. 두 번째, 자신이 듣고 있는 수업이나 일에 대해 간략하게 언급할 수 있는데 예를 들어 수업이 재미있다거나 혹은 어렵다고 말하거나, 일이 힘들지만 적성에 맞는다는 정도로 말할 수 있다. 그리고 마지막으로 학교 친구들이나 직장 동료들에 대해 말할 경우, 이들과 같이 하는 활동을 말하면 된다.

Étape 3

모범 답변을 참조하여 실전 훈련하세요.

학교 또는 직장 ❶

E Parlez-moi de votre école (lieu de travail). 당신의 학교(직장)에 대해 말해 보세요.

C Je suis étudiant(e) et j'habite à Séoul tandis que mon université se trouve à Incheon. Alors, ça prend 3 heures pour faire l'aller-retour de chez moi à l'université. Le campus de l'université n'est pas très grand mais assez agréable. Il y a deux cantines dans l'université et on peut choisir le menu. Les plats ne sont pas très bons mais ça coûte moins cher que le prix des restaurants à l'extérieur de l'université. Les installations des salles de cours ne sont pas mal pour suivre les cours. Chaque salle est équipée des derniers modèles de chauffage et de climatisation. Et surtout, il y a des salles de cours spéciales pour l'enseignement audiovisuel.
나는 대학생이고 서울에 살고 있는 반면에 나의 대학교는 인천에 있습니다. 그래서 집에서 대학교까지 오가기 위해 3시간이 걸립니다. 대학교 캠퍼스는 그렇게 크지는 않지만 꽤 아늑합니다. 대학교 안에는 학교 식당이 2개 있는데 메뉴를 선택할 수 있습니다. 음식은 그다지 맛있지는 않지만 학교 밖에 있는 식당들 가격보다 더 쌉니다. 강의실 시설은 수업을 듣기에 나쁘지 않습니다. 각 강의실은 최신 모델의 난방 기구와 에어컨을

갖추고 있습니다. 그리고 특히, 시청각 교육을 위한 전문 강의실들이 있습니다.

학교 또는 직장 ❷

E	Parlez-moi de votre école (lieu de travail). 당신의 학교(직장)에 대해 말해 보세요.
C	Mon université est très connue pour son beau campus. Il y a plein de belles fleurs au printemps et le paysage est magnifique quand il neige en hiver. On peut rencontrer beaucoup de couples d'étudiants qui se promènent sur le campus. 나의 대학교는 아름다운 캠퍼스로 잘 알려져 있습니다. 봄에는 아름다운 꽃들이 가득하고 겨울에 눈이 올 때 풍경이 멋집니다. 우리는 캠퍼스를 산책하는 많은 학생 커플들을 만날 수 있습니다.
E	Quel endroit n'aimez-vous pas et pourquoi ? 당신은 어떤 장소를 좋아하지 않고 그 이유는요?
C	Je n'aime pas les toilettes. D'abord, elles ne sont pas propres et il n'y a pas de papier toilette de temps en temps. Et puis, comme il n'y a pas d'eau chaude, il est difficile de se laver les mains en hiver. D'ailleurs, l'intérieur de l'université n'est pas très agréable parce que le bâtiment est trop vieux. Et surtout, on doit monter par l'escalier jusqu'au sixième étage parce qu'il n'y a pas d'ascenseur. 나는 화장실을 좋아하지 않습니다. 우선, 깨끗하지가 않고 가끔 휴지가 없어요. 그리고 온수가 없어서 겨울에 손을 씻기가 어렵습니다. 게다가 대학교 내부는 그다지 쾌적하지 않은데 왜냐하면 건물이 너무 낡았기 때문입니다. 그리고 특히, 엘리베이터가 없기 때문에 6층까지 계단으로 올라가야 합니다.

학교 또는 직장 ❸

E	Parlez-moi de votre école (lieu de travail). 당신의 학교(직장)에 대해 말해 보세요.
C	Je travaille dans une entreprise. Elle n'est pas grande mais j'adore y être. D'abord, je m'entends bien avec mes collègues et on travaille dans une ambiance familiale. Et puis, on n'a pas besoin d'aller au bureau avant 9 h et je ne travaille pas très tard. Alors j'ai beaucoup de temps libre et je fais du sport ou je vais au cinéma. 나는 회사에서 일하고 있습니다. 크지는 않지만 나는 이곳에 있는 것을 아주 좋아합니다. 우선, 나는 동료들과 사이가 좋고 우리는 가족적인 분위기 속에서 일을 합니다. 그리고 9시 전에 사무실에 갈 필요가 없고 아주 늦게 일을 하지 않습니다. 그래서 자유 시간이 많아 나는 운동을 하거나 영화관에 갑니다.
E	Qu'est-ce que vous n'aimez pas dans votre lieu de travail ? 당신은 직장에서 무엇을 좋아하지 않습니까?
C	Il y a une salle de sport dans l'entreprise et beaucoup d'employés s'entraînent là-bas. Pourtant, les équipements sont trop vieux et ils peuvent être dangereux. 회사 안에 스포츠 센터가 있어서 많은 직원들이 그곳에서 운동을 합니다. 그렇지만 장비들이 너무 낡아서 위험할 수 있습니다.

EXERCICE 1 실전 연습

Track 1-08

Étape 1 필수 어휘를 익히세요.

필수 어휘

se situer à ~에 위치하다 | nord (m) 북쪽 | derrière ~뒤에 | habitant 주민 | quartier (m) 동네 | dynamique 역동적인 | centre commercial (m) 쇼핑센터 | résidence (f) 기숙사 | revitaliser 생기를 되찾게 하다 | se connaître 서로 알다 | se saluer 서로 인사하다 | transport en commun (m) 대중교통 | embouteillage (m) 교통체증

Étape 2 주제에 따른 답변 구성 요령을 참조하세요.

살고 있는 도시나 마을이 주제인 경우 먼저 지리적 위치에 대해 설명한다. 예를 들어 사는 곳이 도심이라면 교통이나 여가 활동을 하는 데 있어서의 편리함을 언급한다. 사는 곳이 교외나 시골이라면 자연 환경(공기가 맑다, 숲이 있어 산책할 수 있다 등)의 장점을 이야기할 수 있다. 그리고 동네 사람들이나 주민들에 대해서도 간략하게 언급한다(서로 잘 알고 있다, 친절하다 등).

Étape 3 모범 답변을 참조하여 실전 훈련하세요.

사는 곳

E	Parlez-moi de votre ville (village). 당신의 도시(마을)에 대해 말해 보세요.
C	J'habite dans une très belle ville qui se situe au nord de Séoul. Il y a une montagne derrière et beaucoup d'habitants de mon quartier y montent pour se promener ou faire du sport. Ce n'est pas une ville très dynamique parce qu'il n'y a pas de centre commercial et la plupart des habitants sont plus âgés. Mais il y a une résidence pour étudiants juste à côté, alors ils revitalisent ce quartier. Les habitants se connaissent bien parce qu'ils habitent ici depuis longtemps, donc on se salue souvent dans la rue. 나는 서울 북쪽에 위치한 매우 아름다운 도시에 살고 있습니다. 뒤에는 산이 있어서 내 동네의 많은 주민들이 산책을 하거나 운동을 하기 위해 그곳에 오릅니다. 매우 역동적인 도시는 아닌데 왜냐하면 쇼핑센터가 없고 대부분의 주민들의 나이가 많기 때문입니다. 그러나 바로 옆에 대학생을 위한 기숙사가 있어서 이들이 이 동네에 활기를 불어넣습니다. 주민들은 서로 잘 아는데 왜냐하면 오래전부터 여기에 살았기 때문이고 그래서 길에서 자주 서로 인사를 합니다.

E	Qu'est-ce que vous n'aimez pas dans votre ville ? 당신은 당신 도시에서 무엇을 좋아하지 않습니까?
C	En fait, les transports en commun sont l'un des problèmes de notre ville. Comme il n'y a pas de métro, on arrive souvent en retard à l'école (au travail) quand il y a des embouteillages. 사실, 대중교통은 우리 도시의 문제들 중에 하나입니다. 지하철이 없기 때문에, 교통 체증이 있을 때 학교(직장)에 종종 늦게 도착합니다.

EXERCICE 1 실전 연습

Track 1-09

Étape 1

필수 어휘를 익히세요.

필수 어휘

anniversaire (m) 생일, 기념일 | **unique** 유일한 | **algue (f)** 해초 | **argent de poche (m)** 용돈 | **verre (m)** 잔 | **à l'extérieur** 외부에 | **sévère** 엄격한 | **autoriser** 허가하다 | **être obligé de** ~해야 한다 | **s'amuser** 놀다, 즐기다 | **téléphone portable (m)** 휴대폰

Étape 2

주제에 따른 답변 구성 요령을 참조하세요.

생일과 같이 기념일과 관련한 질문에는 학생의 경우 친구들과 함께 시간을 보낸다고 답변한다. 예를 들어, 친구들과 집에서 간단히 파티를 한 후 밖에서 영화를 보거나 식사를 하면서 즐거운 시간을 보낸다고 말한다. 기혼인 경우에는 가족과 함께 쇼핑을 하거나 외식을 한다고 답변한다. 혹은 생일에 받았던 선물이나 인상 깊었던 이벤트에 대해서 말하는 것도 좋은 방법이다.

Étape 3

모범 답변을 참조하여 실전 훈련하세요.

생일 (기념일) ❶

E	Comment est-ce que vous fêtez votre anniversaire ? 당신의 생일을 어떻게 축하합니까?
C	Comme je suis fils (fille) unique, mon anniversaire est un jour spécial pour mes parents. On commence par de la soupe d'algues et on va au restaurant pour déjeuner. Après, on va au grand magasin et mon père m'achète ce que je veux comme cadeau d'anniversaire. Il me donne beaucoup d'argent de poche, puis je retrouve mes amis et on va au cinéma. Ensuite, je les invite à dîner au restaurant et on passe un très bon moment en prenant un verre après le repas. Bien sûr, mes amis n'oublient pas de me donner un cadeau d'anniversaire. 나는 외동아들(딸)이기 때문에 내 생일은 부모님께 특별한 날입니다. 우리는 미역국으로 시작해서 점심을 먹기 위해 식당에 갑니다. 그 후에 백화점에 가는데 내 아버지는 생일 선물로 내가 원하는 것을 사 주십니다. 내게 용돈을 두둑히 주시고 나는 친구들을 만나 영화관에 갑니다. 그리고 나서 나는 식당으로 그들을 저녁 식사에 초대하고 우리는 식사 후에 술을 한잔하면서 매우 즐거운 시간을 보내죠. 물론, 친구들은 내게 생일 선물을 주는 것을 잊지 않습니다.

E	Comment est-ce que vous fêtez votre anniversaire ? 당신의 생일을 어떻게 축하합니까?
C	Je ne fête pas mon anniversaire de la même façon que les autres jeunes de mon âge. En général, les jeunes passent leur journée d'anniversaire à l'extérieur. Mais mes parents sont très sévères et ils ne m'autorisent pas à rentrer tard à la maison. Alors je suis obligé(e) d'inviter mes amis chez moi. On ne s'amuse pas bien parce que mes parents restent à la maison. Pourtant, je comprends mes parents parce qu'ils font tout ça pour moi. 나는 내 나이의 다른 젊은 사람들과 같은 방법으로 생일을 축하하지 않습니다. 일반적으로 젊은 사람들은 생일날을 밖에서 보냅니다. 하지만 내 부모님들은 매우 엄격하셔서 내가 집에 늦게 귀가하는 것을 허락하지 않으십니다. 그래서 나는 친구들을 집으로 초대해야 합니다. 우리는 재미있게 놀지는 못하는데 왜냐하면 부모님이 집에 계시기 때문입니다. 그래도 부모님을 이해하는데 왜냐하면 나를 위해서 다 그러시는 거니까요.
E	Quel est votre meilleur cadeau d'anniversaire ? 최고의 생일 선물은 무엇입니까?
C	Le meilleur cadeau que j'aie reçu est un téléphone portable. Je n'en avais pas jusqu'à mes 16 ans et mon père m'en a acheté un quand je suis devenu(e) lycéen(ne). 내가 받았던 최고의 선물은 휴대폰입니다. 16살까지 나는 그것(휴대폰)이 없었는데 내가 고등학생이 되었을 때 아버지께서 내게 하나 사 주셨어요.

EXERCICE 1 실전 연습

Track 1-10

Étape 1 필수 어휘를 익히세요.

필수 어휘

chemin (m) 길, 도로 | tandis que ~한 반면에 | confortable 편안한, 안락한 | être en retard 지각하다 | à cause de ~때문에 | embouteillage (m) 교통 체증 | descendre à ~에서 내리다 | avoir du mal à ~하는 데 어려움을 느끼다 | respirer 숨쉬다 | aller-retour (m) 왕복 | à peine 겨우 | gagner du temps 시간을 벌다 | emploi du temps (m) 스케줄, 시간표 | recherche (f) 자료

Étape 2 주제에 따른 답변 구성 요령을 참조하세요.

학교 또는 직장에 가는 교통편과 관련하여 도보, 지하철, 버스, 승용차 등을 언급한 뒤, 그 교통수단을 이용하는 이유와 도착하기까지 걸리는 시간에 대해 말한다(가까워서 걸어간다, 아침 수업 시간에 맞추기 위해서 또는 출근길이 막혀서 지하철을 이용한다 등). 그리고 동행 여부와 관련해서 학생들의 경우는 지하철 환승역에서 친구와 만나서 같이 간다고 하거나, 직장인의 경우는 카풀을 한다는 식으로 대답하면 된다.

Étape 3 모범 답변을 참조하여 실전 훈련하세요.

교통수단 ①

E Comment allez-vous à l'école (ou au travail) ? Expliquez pourquoi. Combien de temps vous faut-il ? Faites-vous le chemin seul(e) ? 당신은 학교(직장)에 어떻게 갑니까? 왜 그런지 설명하세요. 얼마나 시간이 걸립니까? 혼자 갑니까?

C Ça prend presque deux heures pour aller à l'université de chez moi parce que j'habite à Séoul tandis que mon université est à Incheon. Je prends le métro pour y aller. Il y a un bus mais le métro est plus rapide et confortable. Surtout, quand j'ai un cours à 9 heures, il faut que je prenne le métro parce que je suis en retard si je prends le bus à cause des embouteillages. Je prends le métro à la station de Hapjeong et puis je change de métro à la station de Sindorim. Là, je retrouve mes amis. On descend à la station de Juan et après, on prend le bus pour aller à l'université. 집에서 대학교까지 가는데 거의 2시간이 걸리는데 왜냐하면 나는 서울에 살고 있는 반면에 대학교는 인천에 있기 때문입니다. 나는 그곳에 가기 위해 지하철을 탑니다. 버스가 있지만 지하철이 더 빠르고 편안합니다. 특히, 9시 수업이 있을 때에는 지하철을 타야 하는데 왜냐하면 교통 체증 때문에 버스를 타면 지각을 하기 때문입니다. 나는 합정 역에서 지하철을 타고 신도림 역에서 갈아탑니다. 거기서 친구들을 만납니다. 우리는 주안 역에서 내려 대학교에 가기 위해 버스를 탑니다.

E	Qu'est-ce que vous trouvez difficile quand vous allez à l'école (au travail) ? 당신은 학교(직장)에 갈 때 무엇이 어렵다고 생각합니까?
C	Tous les matins, je suis vraiment fatigué(e). Quand je prends le bus ou ma voiture, il y a toujours des embouteillages. Et quand je prends le métro, il y a trop de monde et j'ai du mal à respirer. 매일 아침, 나는 정말 피곤해요. 버스나 자동차를 타면 항상 교통 체증이 있어요. 그리고 지하철을 타면, 사람이 너무 많아서 숨 쉬기가 힘들어요.

E	Comment allez-vous à l'école (ou au travail) ? Expliquez pourquoi. Combien de temps vous faut-il ? Faites-vous le chemin seul(e) ? 당신은 학교(직장)에 어떻게 갑니까? 왜 그런지 설명하세요. 얼마나 시간이 걸립니까? 혼자 갑니까?
C	J'ai habité dans un appartement qui était très loin de mon travail et il était très difficile de faire des aller-retours entre le travail et la maison. Surtout, il y avait trop de monde dans le métro chaque matin. Alors j'ai trouvé un studio qui n'était pas très loin du travail. Maintenant, je prends le vélo pour aller au bureau et ça prend à peine quinze minutes. Je peux gagner du temps et c'est bon pour ma santé. 나는 직장에서 멀리 떨어진 아파트에 살았는데 직장과 집을 오가기가 너무 힘들었습니다. 특히 매일 아침 지하철 안에 사람이 너무 많았습니다. 그래서 회사에서 그리 멀리 떨어져 있지 않은 곳에 원룸을 구했습니다. 이제는 사무실에 가기 위해 자전거를 타는데, 겨우 15분 걸립니다. 나는 시간을 벌 수 있고 이것은 내 건강에 좋습니다.
E	Que faites-vous quand vous arrivez tôt au bureau ? 당신이 사무실에 일찍 도착할 때 무엇을 하죠?
C	Je regarde mon emploi du temps en prenant un café ou je fais des recherches sur ordinateur. 나는 커피를 마시면서 스케줄을 보거나 컴퓨터로 검색합니다.

구술 평가

EXERCICE 2

Exercice en interaction

구술 평가 두 번째 유형은 일종의 역할 분담 평가이다. 응시자는 특정한 상황이 적힌 약 스무 개의 쪽지 중에 두 개를 선택하여 내용을 살펴본 후, 그 중 하나를 골라 감독관과 각각 주어진 역할을 맡아 대화하는 방식이다. 사전 준비 없이 바로 시작하기 때문에 세 가지 유형의 구술 평가 중 응시자가 가장 긴장하게 되는 유형이기도 하다.

완전 공략

1 핵심 포인트

Exercice 2는 응시자들이 부담스러워하는 유형이다. 사전 준비 시간이 없을 뿐만 아니라, 감독관과 역할을 분담하여 바로 대화를 이끌어 나가야 하기 때문에 순발력 또한 필요하기 때문이다. 시험에 자주 출제되는 주제로 연습을 많이 해 보는 것이 좋으며, 이때 타당하고 논리적인 근거를 들어 상대방을 설득하는 데에 초점을 맞추자.

2 빈출 주제

친구와 함께 살면서 비용이나 청소 등의 문제가 발생한 경우, 회사에서 직장 동료 혹은 회사에 불만 사항이 생긴 경우, 학교에 어학 프로그램이나 파티를 제안하는 경우 등이다. 대부분 상대방을 설득하거나 자신의 의견을 제안하는 상황이 제시된다.

3 고득점 전략

① 상황을 빠르게 파악한다.

무엇보다도 중요한 것은 자신이 고른 쪽지의 내용을 빨리 파악하는 것이다. 왜냐하면 두 개의 쪽지를 살펴보는 데 20~30초 정도의 시간만 주어지기 때문이다. 따라서 쪽지 내용을 빠르게 훑어보고 핵심을 파악하는 것이 관건이라 할 수 있다.

② 자신이 맡은 역할을 분명히 파악한다.

지시 사항에 제시되어 있는 역할을 잘 숙지해야 하는데, 간혹 응시자들 중 감독관이 맡을 역할을 자신의 역할로 착각하는 경우가 있기 때문이다. 이런 경우 좋은 점수를 받기 어려우므로 상세한 내용을 살피기보다는 전체적인 상황을 이해하는 데 주력해야 한다.

③ 타당한 근거를 들며 의견을 제시한다.

타당하고 논리적인 이유를 들어 자신의 주장이나 입장을 요구하는 방식으로 대화를 전개해야 한다. 또한 감독관은 응시자가 주장하는 내용에 대해 반박하거나 반론을 제시할 것이므로 이에 대한 준비도 필요하다. 따라서 평가가 진행되는 동안 응시자는 흥분하지 않고 차분한 태도로 임해야 하며, 가급적 말을 천천히 하는 것도 좋은 방법이 될 수 있다.

문제 1

EXERCICE 2 실전 연습

Track 2-01

Étape 1

문제를 읽고, 감독관과 대화해 보세요.

Vous voulez faire un voyage dans un pays étranger avec votre ami. Vous devez prendre l'avion mais votre ami ne veut pas le prendre parce qu'il a peur. Vous le rassurez et vous essayez de le convaincre de faire ce voyage.

L'examinateur joue le rôle de l'ami.

Étape 2

필수 어휘와 답변 전개 방법을 참고하세요.

필수 어휘

avoir peur 두려워하다 | rassurer 안심시키다 | convaincre 설득하다 | projet (m) 계획 | hésiter 망설이다 | avoir raison 옳다 | s'asseoir 앉다 | siège (m) 의자 | se sentir à l'aise 마음을 편안히 갖다 | s'inquiéter 걱정하다 | compagnie (f) 회사 | réduit 할인된 | goûter 맛보다 | gastronomique 식도락의 | s'amuser 즐기다

답변 전개 방법

먼저 응시자는 감독관에게 휴가 계획이 있는지 물은 후, 특별한 계획이 없다면 같이 여행을 가자고 제안한다. 그러면 감독관은 두려움 때문에 비행기를 탈 수 없다고 이야기할 것이다. 이 문제에서는 비행기 타기를 두려워하는 감독관을 안심시킨 뒤 여행을 하자고 설득하는 것에 초점을 맞춰야 한다. 따라서 응시자는 자신도 처음에 비행기를 탈 때에는 무서웠지만 막상 타 보니 안전했다는 자신의 경험을 이야기하는 것이 좋다. 그리고 여행하는 동안 같이 할 활동을 예로 들면서 매우 재미있는 시간이 될 것임을 강조한다. 이처럼 상대방을 설득하는 상황의 경우 최대한 구체적인 예를 제시하는 것이 좋다.

Étape 3

해석과 모범 답변을 확인하고 실전 훈련하세요.

문제 해석

당신은 친구와 함께 외국을 여행하고 싶습니다. 당신들은 비행기를 타야 하지만 당신의 친구가 두려워하기 때문에 타기를 원하지 않습니다. 당신은 그를 안심시키고 이 여행을 하자고 그를 설득하려고 합니다.

감독관은 친구 역할을 합니다.

C	Salut. C'est bientôt les vacances d'été. Est-ce que tu as un projet de voyage ? 안녕. 곧 여름 방학이야. 너 여행 계획 있니?
E	Je ne sais pas encore. Et toi ? 아직 모르겠어. 너는?
C	Moi, je vais voyager en France. Tu veux venir avec moi ? 나는 프랑스로 여행을 하려고 해. 너 나랑 같이 갈래?
E	C'est une bonne idée, mais j'hésite. 좋은 생각이기는 한데 망설여지네.
C	Ça fait trois ans qu'on étudie le français et ce sera une bonne occasion pour nous d'apprendre la culture française. Tu ne crois pas ? 우리가 프랑스어를 공부한 지 3년이 되었는데 이것은 우리가 프랑스 문화를 배울 수 있는 좋은 기회가 될 거야. 그렇게 생각하지 않니?
E	Tu as raison, mais j'ai un problème. On doit prendre l'avion pour y aller, n'est-ce pas ? J'ai peur de l'avion. 네 말이 맞아. 하지만 나는 문제가 있어. 그곳에 가려면 비행기를 타야 하잖아, 안 그래? 나 비행기가 무서워.
C	Je te comprends. Tu sais, moi aussi, j'avais peur de l'avion quand je l'ai pris pour la première fois. Mais quand je me suis assis(e) sur le siège, je me suis senti(e) tout de suite à l'aise. Ne t'inquiète pas ! 너를 이해해. 너도 알다시피 나도 처음으로 비행기 탔을 때 무서웠어. 그렇지만 내가 좌석에 앉았을 때 바로 편안함을 느꼈어. 걱정하지 마!
E	C'est vrai ? Mais le billet d'avion est trop cher pour moi. 정말? 그렇지만 비행기 표는 내게 너무 비싸.
C	Pas de problème. J'ai trouvé une compagnie qui vend des billets d'avion à prix réduit. 문제없어. 내가 할인 가격으로 비행기 표를 파는 회사를 찾았어.
E	Ah bon ? Bien joué ! 아 그래? 잘 했어!
C	Je sais que tu aimes bien la peinture et on pourra voir beaucoup de tableaux célèbres en visitant le musée du Louvre et le musée d'Orsay. 나는 네가 그림을 꽤 좋아하는 걸 알고 있는데 우리는 Louvre 박물관과 Orsay 박물관을 방문하면서 많은 유명 그림들을 볼 수 있을 거야.
E	Tu as raison. J'aimerais tellement les visiter. 네 말이 맞아. 나는 정말 그곳들을 방문하고 싶어.
C	Et ce n'est pas tout. On peut goûter plein de plats délicieux en France. 그게 다가 아니야. 우리는 프랑스에서 많은 맛있는 음식을 맛볼 수 있어.
E	Oui. La France est un pays gastronomique. 응. 프랑스는 식도락의 나라잖아.
C	En plus, on se connaît depuis le lycée, mais on n'a jamais voyagé ensemble. 게다가 우리는 고등학교부터 서로 알고 있지만 함께 여행을 한 적이 한 번도 없잖아.
E	C'est vrai. Bon, je vais aller en France avec toi. 맞아. 좋아, 너랑 같이 프랑스에 갈게.
C	Tu as fait le bon choix. Je suis sûr(e) qu'on va bien s'amuser. 잘 결정했어. 우리가 재미있게 지낼 거라고 나는 확신해.

문제 2

EXERCICE 2 실전 연습

Track 2-02

Étape 1

문제를 읽고, 감독관과 대화해 보세요.

Vous vivez avec votre ami français dans un appartement. Des amis de votre pays vont venir en France et vous voulez qu'ils restent quelques jours chez vous. Mais votre ami français ne veut pas. Vous tentez de le convaincre et de trouver une solution.

L'examinateur joue le rôle du colocataire.

Étape 2

필수 어휘와 답변 전개 방법을 참고하세요.

필수 어휘

tenter 시도하다 | colocataire 공동 세입자 | manquer 보고 싶다, 그리워하다 | se souvenir 기억하다 | déranger 방해하다 | se concentrer 집중하다 | gêner 불편하다 | quand même 그래도 | promettre 약속하다 | ramener 가져오다 | refus (m) 거절

답변 전개 방법

함께 사는 친구와의 문제는 자주 등장하는 주제인데 우선 응시자는 감독관에게 친구들이 집에 며칠 머물러도 되는지 묻는다. 감독관은 이에 동의하지 않을 것이므로 응시자는 한 편으로는 양해를 부탁하는 식으로 대화를 이끌다가, 다른 한 편으로는 자신도 공동 세입자로서 권리가 있다는 점을 강하게 주장해야 한다. 그리고 감독관에게 최대한 방해가 되지 않게 하겠다며 답변을 마무리한다.

Étape 3

해석과 모범 답변을 확인하고 실전 훈련하세요.

문제 해석

당신은 아파트에서 프랑스 친구와 함께 살고 있습니다. 당신 나라의 친구들이 프랑스에 올 것이고 그들은 며칠 동안 당신 집에서 머무르기를 원합니다. 그러나 당신의 프랑스인 친구는 원치 않습니다. 그를 설득하고 해결 방안을 찾도록 합니다.

감독관은 공동 세입자 역할을 합니다.

C	Tu as une minute ? J'ai quelque chose à te dire. 너 시간 있니? 너에게 말할 것이 있어.
E	Oui. Je t'écoute. 응. 말해 봐.
C	Voilà ! Ça fait cinq ans que j'habite en France. Je t'ai dit plusieurs fois que mes amis me manquaient beaucoup. 다름이 아니라 내가 프랑스에 산 지 5년이 되었잖아. 내가 너에게 내 친구들이 많이 보고 싶다고 여러 번 말했잖아.
E	Oui, je m'en souviens. Et alors ? 응, 기억하고 있어. 그런데?
C	J'ai reçu un e-mail de mes amis hier. Ils viennent en France la semaine prochaine et ils veulent passer quelques jours chez nous. 내가 어제 친구들의 메일을 받았어. 그들은 다음 주에 프랑스에 오는데 우리 집에서 며칠 지내고 싶어해.
E	Ah non ! Tu sais bien que j'ai un examen très important. Je dois travailler. 안 돼! 내가 매우 중요한 시험이 있다는 거 너는 잘 알잖아. 나 공부해야 돼.
C	Je sais mais tu vas travailler à la bibliothèque, non ? Tu ne seras pas à la maison pendant la journée, donc ils ne te dérangeront pas. 나도 알아, 하지만 너 도서관에서 공부할 거잖아, 안 그래? 너는 낮에는 집에 없을 거니까 그들이 너를 방해하지 않을 거야.
E	Mais je dois aussi travailler à la maison et je ne pourrai pas me concentrer sur mes études à cause d'eux. 그렇지만 나는 집에서도 공부를 해야 하는데 그들 때문에 공부에 집중하지 못할 거야.
C	Ne t'inquiète pas pour ça. Ils ne vont pas rentrer à la maison au moins avant deux heures du matin. 그것에 대해서는 걱정하지 마. 그들은 적어도 새벽 2시 이전에는 귀가하지 않을 거야.
E	Ça me gêne quand même. 그래도 불편해.
C	Mais tu as invité tes amis chez nous le mois dernier. Ils sont restés trois jours et je ne t'ai rien dit. 그렇지만 너 지난달에 우리 집에 네 친구들을 초대했잖아. 그들이 3일 동안 머물렀는데 나는 너에게 아무 말도 하지 않았어.
E	Bon, d'accord, mais tu dois me promettre que tes amis ne me dérangeront pas. 좋아, 알았어. 대신 네 친구들이 나를 방해하지 않을 거라고 내게 약속해야 해.
C	Pas de problème. On va voyager dans d'autres villes pendant le week-end, donc tu seras tranquille. 문제 없어. 우리는 주말 동안 다른 도시들에서 여행할 거니까 너는 평온할 거야.
E	Si tu le dis. 네가 그렇게 말한다면야.
C	Merci. On va visiter Bordeaux et on ramènera un excellent vin, car je sais que tu adores le vin. 고마워. 우리는 Bordeaux를 방문할 건데 네가 포도주를 아주 좋아하는 것을 내가 아니까 좋은 포도주를 가져올게.
E	Ça, ce ne sera pas de refus. 거절하지 않지.
C	Merci encore ! 다시 한번 고마워!

문제 3

EXERCICE 2 실전 연습

Track 2-03

Étape 1

문제를 읽고, 감독관과 대화해 보세요.

Vous vivez avec votre ami dans un appartement. Vous partagez tous les frais avec lui (eau, électricité, chauffage, etc.), mais il y a beaucoup de problèmes à cause de ses mauvaises habitudes. Vous discutez avec lui pour qu'il puisse prendre conscience de l'importance de faire des économies.

L'examinateur joue le rôle du colocataire.

Étape 2

필수 어휘와 답변 전개 방법을 참고하세요.

필수 어휘

frais (m) 비용 | électricité (f) 전기 | chauffage (m) 난방(기구) | habitude (f) 습관 | prendre conscience 자각하다 | faire des économies 절약하다 | supporter 견디다 | charges (f) (복수) 비용, 관리비 | comme promis 약속대로 | gaspiller 낭비하다 | allumer 불을 켜다 | remarquer 주목하다 | robinet (m) 수도꼭지 | inclus 포함된 | loyer (m) 임대료 | il s'agit de ~에 관한 것이다 | souffrir 고통을 겪다 | manque (m) 결핍 | abus (m) 남용 | parole (f) 말 | remercier 감사하다

답변 전개 방법

공동 세입자와의 갈등을 주제로 한 문제이다. 먼저 응시자는 감독관에게 시간이 있는지 물은 뒤 하고 싶은 얘기가 있다고 말을 건넨다. 그리고 우리가 물, 전기, 난방 비용을 공동으로 내고 있는데 감독관의 평소 나쁜 생활 습관으로 인해 많은 비용이 발생하고 있음을 이야기한다. 중요한 것은 절약의 중요성에 대해 강조하는 것이다. 이때 경제적 측면에서뿐만 아니라 환경 보호 측면에서도 절약의 중요성을 이야기하면 훌륭한 답변이 될 것이다.

Étape 3

해석과 모범 답변을 확인하고 실전 훈련하세요.

문제 해석

당신은 친구와 아파트에 같이 살고 있습니다. 당신은 그와 모든 관리비(물, 전기, 난방 등)를 나누고 있지만 그의 나쁜 생활 습관들 때문에 문제가 많습니다. 당신은 그가 절약하는 것의 중요성을 자각할 수 있도록 그와 이야기 합니다.

감독관은 공동 세입자 역할을 합니다.

C	Tu as une minute ? J'ai quelque chose à te dire. 너 시간 있니? 너에게 말할 것이 있어.
E	Oui. Je t'écoute. 응. 말해 봐.
C	En fait, j'ai beaucoup hésité pour savoir si je devais te parler de ça, mais je ne peux plus le supporter. 사실 내가 너에게 이것에 대해 말해야 할지 많이 망설였지만 더 이상은 못 참겠어.
E	De quoi tu parles ? 무엇에 대해 말하는 거야?
C	Ça fait six mois qu'on partage cet appartement et on paie chacun la moitié des charges, comme promis. 우리가 이 아파트를 같이 쓴 지 6개월이 되었고 약속대로 관리비를 각자 절반씩 내고 있잖아.
E	Oui, je sais bien. 응, 잘 알고 있어.
C	Mais tu as trop de mauvaises habitudes et on gaspille trop d'argent à cause de ça. 그런데 너는 나쁜 습관이 너무 많고 그것 때문에 우리는 너무 많은 돈을 낭비하고 있어.
E	Qu'est-ce que tu racontes ? 무슨 이야기를 하는 거야?
C	Tu quittes l'appartement à 8 heures et moi, je me lève à 11 h. Quand je sors de ma chambre, je vois toujours que tu es parti en laissant allumée la lumière de ta chambre. 너는 8시에 아파트를 나가고 나는 11시에 일어나. 내가 방에서 나올 때, 나는 항상 네가 방에 불을 켠 채로 나간 것을 봐.
E	Ah bon ? Je n'avais pas remarqué. 아, 그래? 나는 알아채지 못했어.
C	Ce n'est pas tout. Quand j'entre dans la salle de bain pour me laver, il y a de l'eau partout parce que tu ne fermes pas bien le robinet. 그게 다가 아니야. 내가 씻기 위해 욕실에 들어갈 때, 물이 사방에 있는데 왜냐하면 네가 수도꼭지를 잘 잠그지 않기 때문이야.
E	D'accord. Je vais faire plus attention. 알았어. 내가 더 주의를 할게.
C	Tu mets aussi trop de chauffage, même quand il ne fait pas froid. Notre appartement n'a pas le chauffage central et le chauffage n'est pas inclus dans le loyer. Alors, on doit payer des charges très chères. 너는 날씨가 춥지 않을 때조차 난방을 너무 많이 틀어. 우리 아파트는 중앙 난방이 아니고 집세에 난방비가 포함되어 있지 않아. 그래서 우리는 관리비를 매우 비싸게 내야 해.
E	Je ne savais pas tout ça. 나는 그것을 다 알지 못 했었어.
C	Il ne s'agit pas seulement d'un problème d'argent, mais aussi par rapport à l'environnement. Il y a beaucoup de gens en Afrique qui souffrent à cause du manque d'eau. Et l'abus d'électricité et de chauffage sont des problèmes sérieux qui provoquent la pollution de l'environnement. 이것은 단지 돈의 문제만이 아니라 환경에 대한 것이기도 해. 아프리카에서는 물 부족으로 인해 고통받는 많은 사람들이 있어. 그리고 전기와 난방의 남용은 환경오염을 유발시키는 심각한 원인들이야.
E	Je comprends ce que tu veux dire. 네가 무슨 말을 하는지 알아.
C	Merci de m'avoir écouté. En fait, je m'inquiétais un peu que tu prennes mal mes paroles. 내 말 들어줘서 고마워. 사실 네가 내 말을 오해할까 봐 약간 걱정했어.
E	Mais non, tu as tout à fait raison. 천만에, 네 말이 다 맞아.
C	Rentre tôt ce soir ! Je vais préparer ton plat préféré pour te remercier. 오늘 저녁에 일찍 들어와! 너에게 고마워서 네가 좋아하는 음식을 준비할게.

문제 4

EXERCICE 2 실전 연습

Track 2-04

Étape 1

문제를 읽고, 감독관과 대화해 보세요.

Vous travaillez dans une entreprise française. Vous êtes en train de préparer une présentation très importante avec votre collègue. Vous êtes nerveux à l'idée de la préparer, mais l'attitude de votre collègue ne vous plaît pas du tout. Vous lui parlez pour exprimer votre mécontentement et vous essayez de résoudre le problème.

L'examinateur joue le rôle du collègue.

Étape 2

필수 어휘와 답변 전개 방법을 참고하세요.

필수 어휘

être en train de ~하는 중이다 | présentation (f) 프레젠테이션 | nerveux 신경질적인 | exprimer 표현하다 | mécontentement (m) 불평, 불만 | résoudre 해결하다 | réunion (f) 회의 | embouteillage (m) 교통 체증 | prétexte (m) 핑계 | agence immobilière (f) 부동산

답변 전개 방법

동료와 함께 일하는 도중 불만이 발생한 경우이다. 이 문제에서는 자신이 불만족스러운 이유와 문제 해결 방안에 초점을 두어야 한다. 우선 응시자는 자신의 불만 사항을 이야기하고 그로 인해 입은 피해를 구체적으로 말해야 한다. 동료 역할을 맡은 감독관이 여러가지 핑계를 대더라도 강하게 반박하는 것도 필요하다. 마지막으로 해결 방안을 구체적으로 이야기하고, 그렇게 함으로써 얻게 되는 이점까지 덧붙이면 좋다.

Étape 3

해석과 모범 답변을 확인하고 실전 훈련하세요.

문제 해석

당신은 프랑스 회사에서 일하고 있습니다. 당신은 동료와 매우 중요한 프레젠테이션을 준비하고 있습니다. 당신은 이것을 준비하느라 신경이 날카로운데 동료의 태도가 전혀 마음에 들지 않습니다. 당신은 당신의 불만을 나타내기 위해 그에게 말합니다. 그리고 이 문제를 해결하려고 합니다.

감독관은 동료 역할을 합니다.

E	Excuse-moi ! Je suis en retard. 미안해! 내가 늦었지.
C	Ce n'est pas vrai ! Tu es encore en retard. Je t'ai dit plusieurs fois que tu devais arriver à l'heure parce que c'est une réunion très importante. 말도 안돼! 너 또 늦었어. 내가 매우 중요한 회의니까 정시에 도착해야 한다고 너에게 몇 번이나 말했잖아.
E	Excuse-moi ! Il y avait un embouteillage ce matin. Alors... 미안해! 오늘 아침에 교통 체증이 있어서 말이야. 그래서...
C	Mais tu étais aussi en retard au bureau la semaine dernière et tu as déjà utilisé ça comme prétexte. 그렇지만 너 지난주에도 사무실에 늦었고, 핑계로 이미 그것을 사용했어.
E	Ah bon ? 아, 그래?
C	J'ai dû travailler tout seul à cause de toi. 너 때문에 나는 혼자 일해야 했어.
E	Je ne sais pas quoi te dire. Je suis vraiment fatigué ces jours-ci. 너에게 뭐라고 해야 할지 모르겠어. 나 요즘 정말 피곤해.
C	Mais tout le monde est fatigué à cause du travail. D'ailleurs, on doit préparer une présentation devant le patron pour la semaine prochaine. On n'a pas assez de temps. Si tu continues à arriver en retard, je ne veux plus travailler avec toi. 그렇지만 모든 사람이 일 때문에 피곤해. 게다가 다음 주에 사장님 앞에서 프레젠테이션을 준비해야 해. 우리는 시간이 충분하지 않아. 네가 계속해서 늦게 도착하면 나는 더 이상 너랑 일하고 싶지 않아.
E	Pourtant, j'essaie d'arriver à l'heure au bureau, ce n'est pas facile pour moi. 그런데 나는 사무실에 정시에 도착하려고 노력하는데, 그것이 내게 쉽지 않아.
C	Tu sais pourquoi ? D'abord, tu dois changer tes mauvaises habitudes. Tu regardes la télé jusqu'à 2 heures du matin. Alors, tu te lèves tard et tu es fatigué. Et puis, comme ta maison est loin du bureau, ça prend trop de temps pour y venir. 왜 그런지 알아? 우선 너는 나쁜 습관들을 고쳐야 해. 너는 새벽 2시까지 텔레비전을 보잖아. 그러니까 늦게 일어나고 피곤하지. 그리고 네 집이 사무실에서 멀어서 이곳에 오는 데 시간이 너무 오래 걸리잖아.
E	Tu as raison. Mais ce n'est pas facile de trouver un appartement près du bureau. 네 말이 맞아. 그렇지만 사무실 근처에 아파트를 찾는 게 쉽지 않아.
C	Je peux t'aider si tu veux. Mon ami travaille dans une agence immobilière et je peux lui demander de l'aide. 네가 원하면 내가 너를 도울 수 있어. 내 친구가 부동산에서 일하는데 그에게 도움을 청할 수 있어.
E	C'est vrai ? Merci. 정말이야? 고마워.

문제 5

EXERCICE 2 실전 연습

Track 2-05

Étape 1

문제를 읽고, 감독관과 대화해 보세요.

Vous travaillez pour une entreprise française. Vous et vos collègues travaillez trop ces jours-ci. Vous pensez qu'il faut faire quelque chose pour que tous les employés puissent reprendre des forces. Alors vous parlez avec votre directeur en tant que représentant des employés. Vous essayez de le convaincre même s'il n'est pas d'accord avec votre proposition.

L'examinateur joue le rôle du responsable.

Étape 2

필수 어휘와 답변 전개 방법을 참고하세요.

필수 어휘

collègue 동료 | reprendre 되찾다 | en tant que ~로서 | repésentant 대표자 | proposition (f) 제안 | utile 유용한 | se reconnaître 서로 알아보다 | se croiser 서로 지나치다 | couloir (m) 복도 | ambiance (f) 분위기 | remonter 사기를 북돋우다 | moral (m) 사기 | se détendre 휴식하다 | se débrouiller 해결하다 | congé (m) 휴가 | réunion (f) 회의 | améliorer 개선시키다 | efficacité (f) 효력

답변 전개 방법

회사 직원들의 사기를 진작시키고 업무 효율을 높이기 위해 회사에서 파티를 여는 것에 대한 대화이다. 이 대화에서 중요한 것은 대표를 설득하는 것이므로, 파티를 여는 타당한 이유를 제시해야 한다. 이때 여러 가지 측면에서 구체적인 이유를 드는 것이 좋다. 대표 역할을 맡은 감독관은 부정적인 의견을 제시하며 비용 문제를 들 것이므로 이에 대해 미리 답변을 준비하는 것이 좋다. 어떠한 주제에 대해 상대방을 설득해야 하는 문제의 경우 구체적이고 타당한 답변을 들어야 할 뿐만 아니라, 상대방이 어떠한 점을 반박할지 예상하여 이에 대한 대답을 미리 준비해야 한다.

Étape 3

해석과 모범 답변을 확인하고 실전 훈련하세요.

문제 해석

당신은 프랑스 회사에서 일하고 있습니다. 당신과 동료들은 요즘 일을 너무 많이 합니다. 당신은 모든 직원들이 재충전 할 수 있도록 무엇인가를 해야 한다고 생각합니다. 그래서 직원들 대표로 사장과 이야기합니다. 비록 그가 당신의 제안에 동의하지 않더라도 그를 설득하려고 노력합니다.

감독관은 책임자 역할을 합니다.

C	Bonjour, monsieur. Vous avez une minute ? J'ai quelque chose à vous demander. 안녕하세요. 시간이 있으신가요? 당신에게 부탁드릴 것이 있습니다.
E	Allez-y ! Je vous écoute. 말씀해 보세요.
C	Voilà, je pense que ce serait bien d'avoir une fête au moins une fois par an pour notre entreprise. 다름이 아니라 우리 회사를 위해서 적어도 일 년에 한 번 파티를 여는 것이 좋을 것이라고 생각합니다.
E	Et pourquoi je devrais accepter votre proposition ? 왜 내가 당신의 제안을 받아들여야 하나요?
C	Il y a plusieurs raisons. Tout d'abord, c'est utile pour avoir de bonnes relations entre les employés. Notre entreprise a grandi ces dernières années et il y a beaucoup de nouveaux. Alors, il arrive souvent qu'on ne se reconnaisse pas quand on se croise dans les couloirs. Comme on passe beaucoup de temps au bureau, on est presque comme une famille. Donc, il faut essayer de garder une ambiance familiale. 여러 가지 이유가 있습니다. 우선, 직원들 간에 좋은 관계를 갖는 데 유용합니다. 우리 회사는 최근 몇 년간 성장하였고 신입 사원들이 많습니다. 그래서 복도에서 지나칠 때 서로 못 알아볼 때가 자주 있습니다. 우리가 많은 시간을 회사에서 보내기 때문에 우리는 거의 가족과 같습니다. 그래서 가족 같은 분위기를 유지하려고 노력해야 합니다.
E	Je vois ce que vous voulez dire. 당신이 무슨 말을 하는지 알겠어요.
C	Et puis, faire une fête, c'est aussi important pour remonter le moral des employés. 그리고, 파티를 하는 것은 직원들의 사기를 올리기 위해서도 또한 중요합니다.
E	Qu'est-ce que vous voulez dire ? 그게 무슨 말인가요?
C	La plupart des employés sont très stressés par le travail. Alors ils ont besoin de se détendre. Dans ce sens, une fête pourra les aider. 대부분의 직원들은 일로 인해 매우 스트레스를 받습니다. 그래서 이들은 휴식을 취할 필요가 있죠. 이런 의미에서 파티는 이들을 도울 것입니다.
E	Je comprends, mais il faut de l'argent pour organiser une fête. 이해는 하지만 파티를 열기 위해서는 돈이 필요해요.
C	Ne vous inquiétez pas pour ça ! On va se débrouiller nous-mêmes. Je vous demande seulement de nous laisser un lieu et une journée de congé pour la fête. 그 점에 대해서는 걱정 마세요! 우리 스스로 해결하겠습니다. 다만 파티를 위한 장소와 하루의 휴가만 부탁드립니다.
E	D'accord. On va parler de ça à la prochaine réunion. 알았어요. 다음 회의 때 그것에 대해 이야기하죠.
C	Merci beaucoup, monsieur. Je suis sûr(e) que la fête sera utile non seulement pour améliorer l'efficacité au travail mais aussi pour l'image de notre entreprise. 대단히 감사합니다. 저는 파티가 일의 효율성을 향상시키기 위해서뿐만 아니라 기업 이미지를 위해서도 유용할 것이라고 확신합니다.

문제 6

EXERCICE 2 실전 연습

Track 2-06

Étape 1

문제를 읽고, 감독관과 대화해 보세요.

Vous êtes étudiant au département de français et vous voulez avoir l'occasion de suivre des cours en France. Pourtant, votre université n'a aucun programme qui permet aux étudiants de continuer leurs études en France. Alors vous discutez avec le directeur du département en tant que représentant des étudiants.

L'examinateur joue le rôle du directeur.

Étape 2

필수 어휘와 답변 전개 방법을 참고하세요.

필수 어휘

discuter 토의하다, 논의하다 | spécialité (f) 전공 | approfondir 깊이 파고들다 | abandonner 포기하다 | échange (f) 교환 | remonter 사기를 북돋우다 | moral (m) 사기 | doué en ~에 재능이 있는 | logement (m) 숙소 | dortoir (m) 기숙사 | pension (f) 하숙 | sécurité (f) 안전 | décision (f) 결정 | existence (f) 존재

답변 전개 방법

프랑스어 어학 연수와 관련한 주제로 교환 학생 제도의 장점들을 구체적이고 정확하게 말하는 것이 중요하다. 이를 위해 교환 학생 제도가 학생들에게뿐만 아니라 학교에도 도움이 된다는 것을 강조해야 한다. 감독관은 교환 학생 제도의 문제점들(숙소, 비용, 안전 등)을 들어 반박할 것이므로, 응시자는 이에 대한 해결 방안을 제시해야 한다.

Étape 3

해석과 모범 답변을 확인하고 실전 훈련하세요.

문제 해석

당신은 프랑스어학과 학생이고 프랑스에서 수업을 들을 기회를 갖기 원합니다. 그러나 당신의 대학은 학생들이 프랑스에서 공부를 계속할 수 있게 하는 그 어떠한 프로그램도 없습니다. 그래서 당신은 학생 대표로서 학과장과 이야기합니다.

감독관은 학과장 역할을 합니다.

C Bonjour, monsieur le directeur. Vous avez une minute ? Je voudrais vous proposer quelque chose pour les étudiants. 안녕하세요, 학과장님. 시간이 있으신가요? 학생들을 위해 당신에게 무언가를 제안 드리고 싶습니다.

E	Asseyez-vous ! De quoi voulez-vous parler ? 앉으세요! 무엇에 대해 말하고 싶은가요?
C	Voilà ! J'ai commencé à apprendre le français au lycée et j'ai choisi cette langue comme spécialité à l'université parce que je voulais approfondir ma connaissance du français. 다름이 아니라 저는 고등학교에서 프랑스어를 배우기 시작하였고 대학교에서 전공으로 이 언어를 선택했는데 왜냐하면 프랑스어를 깊게 공부하고 싶었기 때문입니다.
E	Et vous avez des problèmes ? 그래서 문제가 있나요?
C	À vrai dire, je pense qu'il n'y a pas beaucoup de cours de conversation. Et puis, les professeurs donnent trop d'importance à la grammaire. 솔직히 말하자면 회화 수업이 많지 않다고 생각합니다. 그리고 교수님들이 너무 문법만 강조하십니다.
E	Mais la grammaire est très importante pour apprendre une langue étrangère. 그렇지만 문법은 외국어를 배우는 데 매우 중요해요.
C	Je sais, mais certains étudiants veulent abandonner le français parce que la grammaire est trop compliquée. Alors je voudrais proposer d'organiser des échanges linguistiques avec les universités françaises. Tout d'abord, on pourrait remonter le moral des étudiants qui ne sont pas très doués en français. Et puis, on pourrait apprendre non seulement le français, mais aussi la culture française. 알고 있습니다만 몇몇 학생들은 문법이 너무 복잡해서 프랑스어를 포기하고 싶어합니다. 그래서 저는 프랑스 대학교들과 언어 교류를 기획할 것을 제안 드리고 싶습니다. 우선, 프랑스어를 잘 하지 못하는 학생들의 사기를 높여줄 수 있을 것입니다. 그리고 프랑스어뿐만 아니라 프랑스 문화도 배울 수 있을 것이고요.
E	Mais comment résoudre les problèmes de logement ? 그렇지만 숙소 문제를 어떻게 해결하죠?
C	Il y a un dortoir pour étudiants dans notre université et c'est le cas dans les universités françaises aussi, n'est-ce pas ? Sinon, on peut rester en pension dans une famille. 우리 대학에는 학생들을 위한 기숙사가 있고, 이것은 프랑스 대학의 경우에도 마찬가지 아닌가요? 그렇지 않으면 홈스테이를 하며 지낼 수 있습니다.
E	Vous pensez à la sécurité des étudiants ? 학생들의 안전에 대해서는 생각해 봤나요?
C	Un professeur peut accompagner les étudiants. De toute façon, on est adulte et chacun peut faire attention à sa propre sécurité. 교수님께서 학생과 함께 갈 수 있습니다. 어쨌든, 우리는 성인이고 각자 안전에 대해 주의할 수 있습니다.
E	Je ne peux pas prendre la décision tout seul, donc je vais en discuter avec les autres professeurs. 나 혼자서 결정을 내릴 수 없으니 다른 교수님들과 의논해 볼게요.
C	Merci. Je suis sûr(e) que ce sera une bonne occasion de faire connaître l'existence de notre université en France. 고맙습니다. 이것은 프랑스에 우리 대학의 존재를 알리는 데 좋은 기회가 될 것이라고 확신합니다.

문제 7 EXERCICE 2 실전 연습

Track 2-07

Étape 1 문제를 읽고, 감독관과 대화해 보세요.

Un ami français vous a prêté sa voiture mais vous n'êtes pas rentré à la date fixée car vous avez prolongé votre voyage. Votre ami n'est pas content. Vous lui présentez vos excuses et tentez de trouver une solution pour le calmer.

L'examinateur joue le rôle de l'ami.

Étape 2 필수 어휘와 답변 전개 방법을 참고하세요.

필수 어휘

prêter 빌려주다 | prolonger 연장하다 | présenter (생각을) 말하다, 표명하다 | excuse (f) 변명, 핑계 | solution (f) 해결 | calmer 진정시키다 | promettre 약속하다 | avant-hier 그저께 | annuler 취소하다 | emprunter 빌리다 | endroit (m) 장소 | quand même 그래도 | prévu 예정된 | hospitalisé 입원된 | rater 놓치다 | gourmand 미식가

답변 전개 방법

지시 사항에 따라 응시자는 차를 빌려준 프랑스 친구 역할의 감독관에게 사과를 하면서 대화를 시작한다. 응시자는 다시 한번 사과를 하면서 피치 못할 사정으로 여행이 지연될 수밖에 없었음을 피력해야 한다. 그리고 감독관을 진정시키기 위한 해결 방안을 제시해야 하는데 이때 다른 여행을 제안할 수 있겠다. 응시자의 잘못이 큰 상황이기 때문에 논쟁하거나 항의하지 않는 것이 좋다.

Étape 3 해석과 모범 답변을 확인하고 실전 훈련하세요.

문제 해석

프랑스 친구가 당신에게 차를 빌려주었지만 당신은 정해진 날짜에 돌아오지 못했습니다. 왜냐하면 당신은 여행을 연장했기 때문입니다. 당신의 친구는 불만입니다. 당신은 그에게 사과를 하고 그를 진정시키기 위해 해결 방안을 찾으려고 노력합니다.

감독관은 친구 역할을 합니다.

C	Je suis vraiment désolé(e) ! 정말로 미안해!
E	Mais qu'est-ce qui t'est arrivé ? Tu m'avais promis de me rendre ma voiture avant-hier. 도대체 무슨 일이 있었던 거야? 너 그저께 내 차를 돌려주기로 약속했잖아.
C	Je sais. Je ne sais pas comment t'expliquer ça. 나도 알아. 너에게 이것을 어떻게 설명해야 할지 모르겠어.
E	J'avais un rendez-vous très important à Paris mais j'ai annulé à cause de toi. 나는 파리에서 매우 중요한 약속이 있었는데 너 때문에 취소했어.
C	Ah bon ? Je ne savais pas et je ne sais vraiment pas quoi te dire. 그래? 나 몰랐는데 너에게 뭐라고 해야 할지 정말 모르겠다.
E	Dis-moi ce qui s'est passé ! 무슨 일이 있었는지 나에게 말해 봐!
C	Voilà. Comme tu le sais, je t'ai emprunté ta voiture pour partir en vacances avec mes parents. 다름이 아니라 너도 알다시피 내가 부모님과 휴가를 떠나기 위해 네게 차를 빌렸잖아.
E	Oui. Tu m'as dit ça. 응. 네가 나에게 그거 말했었지.
C	C'était la première fois qu'ils venaient en France, alors je voulais leur faire visiter beaucoup d'endroits célèbres. 그들이 프랑스에 온 게 처음이어서 나는 많은 유명한 장소들을 방문하게 해 드리고 싶었어.
E	Je te comprends, mais tu aurais quand même dû me rendre la voiture à la date prévue. 이해는 하지만 그래도 너는 예정된 날짜에 나에게 차를 돌려주었어야 했어.
C	Crois-moi ! Je voulais le faire quoi qu'il arrive. Mais mon père était malade dès le premier jour du voyage. Il a été hospitalisé pendant une semaine, alors nous n'avons pas eu assez de temps pour voyager. Finalement, on a visité quelques villes et on est rentré ce matin. 믿어 줘! 나는 무슨 일이 있어도 그렇게 하고 싶었어. 그런데 여행 첫날부터 아버지가 아프셨어. 병원에 일주일간 입원하셔서 우리는 여행할 시간이 충분하지가 않았어. 결국 몇 개 도시를 방문하고 오늘 아침에 돌아왔어.
E	Ah bon ? Comment se sent ton père ? Il va mieux ? 아, 그래? 아버지는 어떠신데? 나아지셨니?
C	Oui. Il va beaucoup mieux, mais tu as raté ton rendez-vous à cause de moi. 응. 많이 좋아지셨어. 그렇지만 나 때문에 네가 약속을 놓쳤구나.
E	Ce n'est pas grave. J'ai pris un rendez-vous pour un autre jour. 괜찮아. 다른 날로 약속을 정했어.
C	Mes parents savent bien que tu m'as beaucoup aidé depuis mon arrivée en France. Alors ils veulent t'inviter en Corée l'année prochaine. 부모님께서 내가 프랑스에 도착한 후부터 네가 나를 많이 도와주었다는 것을 잘 알고 계셔. 그래서 내년에 한국으로 너를 초대하고 싶어 하셔.
E	C'est vrai ? J'accepte leur invitation avec plaisir. 정말이야? 기꺼이 초대에 응하지.
C	Ce sera une bonne occasion pour toi de mieux connaître la culture coréenne. En plus, comme tu es gourmande, tu pourras goûter plein de plats traditionnels coréens. 너에게 한국 문화를 더 잘 알 수 있는 좋은 기회가 될 거야. 게다가, 너는 미식가니까, 한국의 전통 음식을 마음껏 맛볼 수 있을 거야.
E	Tu as raison. Dis merci à tes parents de ma part ! 네 말이 맞아. 나 대신 부모님께 감사하다고 전해 줘!
C	D'accord et excuse-moi encore une fois ! 알았어, 그리고 다시 한번 미안해!

문제 8

EXERCICE 2 실전 연습

Track 2-08

Étape 1 문제를 읽고, 감독관과 대화해 보세요.

Vous travaillez pour une société française. Vous avez remarqué que ce sont toujours les mêmes collègues qui prennent leurs vacances au mois d'août. Cette année, vous aimeriez vous aussi, partir pendant cette période. Vous allez parler à votre responsable pour lui expliquer la situation et pour tenter de le convaincre de faire des changements.

L'examinateur joue le rôle du responsable.

Étape 2 필수 어휘와 답변 전개 방법을 참고하세요.

필수 어휘

société (f) 회사 | remarquer 주목하다 | responsable 책임자 | changement (m) 변화 | poste (m) 부서 | se consulter 서로 상의하다 | s'apercevoir 알아차리다 | cadre (m) 간부 | juste 공평한 | fâché 불만스러운

답변 전개 방법

휴가와 관련된 주제로, 항상 똑같은 사람이 가장 좋은 시기에 휴가를 떠나는 것에 대해 자신뿐만 아니라 다른 동료들도 부당하다고 생각한다는 점을 말한다. 그리고 이번에는 8월에 휴가를 떠나고 싶다고 말하되 그 이유를 명확히 밝혀야 한다. 감독관의 추가 질문으로 휴가와 관련하여 또 다른 불만족스러운 점은 없는지 물을 수 있는데, 휴가 기간이 좀 더 길면 좋겠다고 말하면 자연스럽다.

Étape 3 해석과 모범 답변을 확인하고 실전 훈련하세요.

문제 해석

당신은 프랑스 회사에서 일을 합니다. 당신은 항상 같은 동료들이 8월에 휴가를 갖는 것을 알게 되었습니다. 올해는 당신도 이 기간 동안 떠나기를 원합니다. 당신은 상황을 설명하고 변화를 주도록 설득하기 위해 사장에게 말하러 갑니다.

감독관은 사장 역할을 합니다.

C	Bonjour, monsieur. Vous avez une minute ? Je voudrais vous parler à propos des vacances. 안녕하세요, 사장님. 시간이 있으신가요? 휴가에 대해서 당신에게 말하고 싶습니다.
E	Oui, allez-y ! Je vous écoute. 네, 말씀해 보세요.

C	Voilà. Je pense que notre entreprise a un gros problème pour les congés d'été. 다름이 아니라 우리 회사는 여름 휴가에 대해서 큰 문제가 있다고 생각합니다.
E	Ah bon ? De quel problème parlez-vous ? 아, 그래요? 어떤 문제에 대해 말하고 있는 건가요?
C	Comme vous le savez, tous les employés choisissent leurs dates de congés, mais on ne peut pas tous partir en vacances à la date où on veut parce que quelqu'un doit rester en poste pour l'entreprise. 당신도 알고 계시듯이, 모든 직원들이 휴가 날짜를 선택하지만 원하는 날짜에 모두 휴가를 떠날 수는 없습니다. 왜냐하면 누군가는 회사를 위해서 자리를 지켜야 하니까요.
E	Oui, je sais bien. 네, 잘 알고 있어요.
C	C'est la raison pour laquelle on se consulte pour décider de nos dates de congés, même si tout le monde sait que le mois d'août est idéal pour partir en vacances d'été. 그렇기 때문에 비록 모든 사람들이 여름 휴가를 떠나기에 8월이 가장 이상적인 것을 알고 있을지라도 우리는 휴가 날짜를 정하기 위해 서로 상의합니다.
E	Est-ce que ça pose un problème ? 그런데 문제가 있나요?
C	Oui. J'ai remarqué que certains collègues prennent toujours leurs vacances au mois d'août depuis plusieurs années. 네. 저는 몇 년 전부터 몇몇 동료들이 항상 8월에 휴가를 갖는다는 것을 알게 되었습니다.
E	Ah bon ? 아, 그래요?
C	Et je me suis aussi aperçu(e) que c'était des cadres de la société. J'ai parlé avec quelques collègues de ce problème et ils étaient tous d'accord avec moi. 그리고 저는 그들이 회사 간부들이라는 것을 알아차렸습니다. 저는 이 문제에 대해 몇몇 동료들과 말했는데 그들 모두 제 의견에 동의했습니다.
E	Je ne savais pas. 나는 알지 못했어요.
C	Je pense qu'il faut donner le même droit à tous les employés de choisir leurs dates de congés quel que soit leur poste dans l'entreprise. Sinon, ce n'est pas juste. 저는 회사에서 자신들의 직위와 상관없이 휴가 날짜를 선택하는 데 모든 직원에게 같은 권리를 줘야 한다고 생각합니다. 그렇지 않으면 불공평합니다.
E	Je vois ce que vous voulez dire. 당신이 무슨 말을 하는지 알겠어요.
C	Donc cette année, je voudrais partir en vacances au mois d'août. Ça fait 15 ans que je travaille dans votre société et je n'ai jamais pu partir en vacances avec ma famille au bon moment parce que j'avais trop de travail. Alors ils sont fâchés contre moi et je leur ai promis de partir en vacances au mois d'août cette année. 따라서 올해 저는 8월에 휴가를 떠나고 싶습니다. 제가 당신 회사에서 일한 지 15년이 되었지만 좋은 때에 가족과 한 번도 휴가를 떠나지 못했는데 왜냐하면 일이 너무 많았기 때문입니다. 그래서 그들은 저에게 화가 나 있고 저는 올해 8월에 휴가를 떠나기로 그들에게 약속했습니다.
E	Bien entendu. Je vais parler avec le responsable de votre bureau. 잘 알았어요. 내가 당신 부서 책임자와 얘기해 볼게요.
C	Merci beaucoup, monsieur. 대단히 고맙습니다, 사장님.

문제 9

EXERCICE 2 실전 연습

Track 2-09

Étape 1

문제를 읽고, 감독관과 대화해 보세요.

Vous étudiez dans une université française. Vous pensez que ce serait une bonne idée d'organiser régulièrement à la cafétéria de l'université des soirées internationales, ouvertes à tous les étudiants, y compris les étudiants français, pour que chacun puisse pratiquer les langues étrangères à l'oral. Vous exposez votre idée à un responsable universitaire. Il n'est pas convaincu. Vous essayez de lui montrer l'intérêt de cette initiative pour le faire changer d'avis.

L'examinateur joue le rôle du responsable.

Étape 2

필수 어휘와 답변 전개 방법을 참고하세요.

필수 어휘

pratiquer 실행하다 | exposer 설명하다 | convaincu 확신하는 | intérêt (m) 이익, 이득 | initiative (f) 제안, 발의 | s'inscrire 등록하다 | avoir l'occasion de ~할 기회를 갖다 | déranger 방해하다 | au contraire 반대로 | se détendre 휴식하다 | résoudre 해결하다 | charge (f) 부담 | valoir la peine de + inf ~할 만한 가치가 있다 | impression (f) 인상 | réfléchir 숙고하다

답변 전개 방법

학생들이 파티를 여는 상황은 자주 등장하는 주제이다. 이 문제에서처럼 응시자가 감독관에게 무엇인가를 제안하는 경우 가장 중요한 것은 자신이 하는 제안에 대해 타당성 있는 근거를 드는 것이다. 그리고 파티나 어떤 행사를 제안하는 것에 대해서 감독관은 비용에 대한 이야기를 하며 반박할 것이다. 따라서 이에 대한 해결 방안을 예상하여 미리 답변을 준비해야 하며, 이 문제에서는 특히 학생들과 학교에 파티가 큰 도움이 될 것이라는 점을 강조한다.

Étape 3

해석과 모범 답변을 확인하고 실전 훈련하세요.

문제 해석

당신은 프랑스 대학에서 공부하고 있습니다. 당신은 대학 카페테리아에서 각자 외국어를 말할 수 있도록 프랑스 학생들을 포함해 모든 학생들에게 개방된 국제 학생의 밤을 주기적으로 여는 것이 좋은 생각이라고 생각합니다. 당신은 당신의 생각을 대학 책임자에게 설명합니다. 그는 납득하지 않습니다. 그의 생각을 바꾸게 하기 위해 이 제안의 장점을 보여 주려고 노력하세요.

감독관은 책임자 역할을 합니다.

C	Bonjour, monsieur. Vous avez une minute ? Je voudrais vous proposer quelque chose pour les étudiants. 안녕하세요, 선생님. 시간이 있으신가요? 학생들을 위해 당신에게 무언가를 제안하고 싶습니다.
E	Oui, je vous écoute. 네, 말씀해 보세요.
C	Voilà, beaucoup d'étudiants étrangers se sont inscrits dans notre université cette année et ils sont de plus en plus nombreux. 다름이 아니라 많은 외국인 학생들이 올해 우리 대학에 등록을 했고 그들은 점점 더 많아지고 있습니다.
E	Je le sais très bien. 잘 알고 있어요.
C	En fait, comme ils sont venus en France en quittant leur famille, ils se sentent souvent seuls. Mais ils n'ont presque personne avec qui parler. Alors, j'aimerais vous proposer d'organiser une soirée internationale. On aura l'occasion de se connaître mieux entre étudiants et on pourra aussi apprendre des cultures différentes. 사실 그들은 가족을 떠나 프랑스에 왔기 때문에, 자주 외로움을 느낍니다. 그러나 그들은 말할 사람들이 거의 아무도 없어요. 그래서 저는 국제 학생의 밤을 기획할 것을 당신에게 제안 드리고 싶어요. 우리는 학생들 간에 서로 더 잘 알 수 있는 기회를 가질 것이고 또한 다른 문화들을 배울 수 있을 것입니다.
E	Mais si vous faites souvent la fête, ça ne dérangera pas leurs études ? 그렇지만 자주 파티를 하면, 공부에 방해가 되지 않을까요?
C	Ne vous inquiétez pas de ça ! On ne peut pas travailler tout le temps et on a assez de temps pour travailler. Au contraire, ce sera une bonne occasion pour eux de se détendre. Et puis, ils pourront rencontrer les étudiants français à cette occasion et pratiquer leur français en parlant avec eux. 그것에 대해서는 걱정 마세요! 항상 공부를 할 수는 없고 공부할 시간은 충분합니다. 반대로 그들에게는 휴식하는 데 좋은 기회가 될 것입니다. 그리고 그들은 이 기회에 프랑스 학생들을 만날 수 있고 이들과 말하면서 프랑스어를 사용할 수 있습니다.
E	C'est une bonne idée, mais comment comptez-vous résoudre le problème des frais ? Il vous faut de l'argent pour préparer des soirées internationales, n'est-ce pas ? 좋은 생각이기는 하지만 비용 문제를 어떻게 해결할 수 있죠? 국제 학생의 밤을 준비하기 위해서는 돈이 필요하죠, 그렇지 않나요?
C	Oui. Je sais bien que ces frais peuvent être une charge pour l'université, mais cela vaut la peine de le faire parce qu'on peut donner une bonne impression de l'université aux étudiants. 네. 이 비용이 학교에 부담이 될 수 있는 것을 잘 알지만 해 볼 가치가 있습니다. 왜냐하면 학생들에게 대학의 좋은 인상을 줄 수 있기 때문입니다.
E	Je vais y réfléchir. 그것에 대해 깊이 생각해 볼게요.
C	Merci monsieur. Je suis sûr(e) que tous les étudiants seront contents de cette soirée internationale. Et puis, on peut faire la soirée à la cafétéria de l'université et on pourra préparer beaucoup de plats exotiques pour que les étudiants puissent y goûter. 고맙습니다, 선생님. 모든 학생들이 이 국제 학생의 밤에 만족할 것이라고 확신합니다. 그리고 대학의 카페테리아에서 저녁 파티를 할 수 있고 학생들이 이곳에서 시식할 수 있게 하기 위해 많은 이국적인 음식을 준비할 수 있을 겁니다.
E	J'espère que oui. 그러길 바라요.

문제 10

EXERCICE 2 실전 연습

Track 2-10

Étape 1

문제를 읽고, 감독관과 대화해 보세요.

Vous participez à un cours intensif de français. Pour des raisons personnelles, vous ne pourrez pas être présent le jour de l'évaluation finale. Vous allez parler à votre professeur pour lui expliquer la situation et trouver une solution au problème.

L'examinateur joue le rôle du professeur.

Étape 2

필수 어휘와 답변 전개 방법을 참고하세요.

필수 어휘

participer à ~에 참여하다 | intensif 집중적인 | personnel 개인적인 | évaluation (f) 평가 | préfecture (f) 경시청 | renouveler 갱신하다 | carte de séjour (f) 체류증 | accueillir 맞이하다 | absolument 절대적으로 | moyenne (f) 평균

답변 전개 방법

프랑스어 수업과 관련된 주제로서 응시자는 자신이 시험을 보지 못하는 피치 못할 사정을 설득력 있게 이야기해야 한다. 예를 들어 문제에서와 같이 체류증을 받아야 할 뿐만 아니라 외국 여행이 처음인 부모님을 마중 나가야 해서와 같은, 시험을 보기 어려운 불가피한 사정을 이야기해야 한다. 다음으로 중요한 것은 해결 방안인데 감독관에게 시험을 정해진 날 외에 따로 치르고 과제 또한 제출하겠다고 말하면서 설득할 수 있다. 마지막으로 기회를 주셔서 감사하다는 말로 마무리하면 무난한 답변이 된다.

Étape 3

해석과 모범 답변을 확인하고 실전 훈련하세요.

문제 해석

당신은 프랑스어 집중 수업에 참여하고 있습니다. 개인적인 이유들로 인해, 당신은 최종 평가 날 참석할 수 없습니다. 당신은 선생님께 상황을 설명하고 문제의 해결 방안을 찾기 위해 선생님께 말하러 갑니다.

감독관은 선생님 역할을 합니다.

C Bonjour, monsieur. Vous avez une minute ? Je voudrais vous parler de l'examen final. 안녕하세요, 선생님. 시간 있으세요? 최종 시험에 대해 말씀드리고 싶어요.

E	Oui, je vous écoute. 네, 말씀하세요.
C	On passe notre évaluation finale lundi prochain, n'est-ce pas ? 최종 평가를 다음 주 월요일에 보죠, 그렇지 않나요?
E	C'est exact. Pourquoi ? Il y a un problème ? 정확합니다. 왜요? 문제가 있나요?
C	Oui, je ne pourrai pas venir à l'école ce jour-là pour des raisons personnelles. 네, 제가 개인적인 이유들 때문에 그날 학교에 오지 못할 거예요.
E	Comment ça ? Je vous ai dit plusieurs fois que c'est un examen très important. 무슨 소리죠? 내가 매우 중요한 시험이라고 몇 번을 말했는데요.
C	Je sais bien, mais je dois aller à la préfecture de police pour renouveler ma carte de séjour. 잘 알고 있지만, 저는 체류증을 갱신하기 위해 경시청에 가야 합니다.
E	Vous pouvez demander à changer de date ? 날짜를 바꿔 달라고 요구할 수 있잖아요?
C	Mais ce n'est pas moi qui ai fixé la date de rendez-vous. En plus, une fois qu'on change de date, ça prend trop de temps pour avoir un autre rendez-vous. Et puis, mes parents viennent de Corée pour me voir ce jour-là et je dois aller à l'aéroport pour les accueillir. 그렇지만 약속 날짜를 정한 것은 제가 아니에요. 게다가, 한 번 날짜를 바꾸면 또 다른 약속을 잡는 데 시간이 너무 많이 걸립니다. 그리고 그날 부모님께서 저를 보러 한국에서 오셔서 그들을 맞이하기 위해 공항에 나가야 해요.
E	Je vous comprends, mais je ne peux pas changer la date de l'examen final pour vous. Ce ne serait pas juste pour les autres étudiants. 이해는 하지만 당신을 위해서 최종 시험 날짜를 바꿀 수는 없어요. 그것은 다른 학생들에게는 불공평한 것일 테니까요.
C	Vous avez tout à fait raison. Je ne vous demande pas ça. Je voudrais vous demander de me donner une autre chance. J'ai absolument besoin de cette note pour entrer à l'université. 당신 말이 전부 맞아요. 저는 그것을 요구하는 것이 아닙니다. 또 다른 기회를 제게 주시기를 부탁드리고 싶어요. 대학에 들어가기 위해서는 이 성적이 반드시 필요해요.
E	Qu'est-ce que vous voulez que je fasse ? 내가 무엇을 해 주기를 바라요?
C	Est-ce que je peux passer l'examen un autre jour ? 제가 다른 날 시험을 볼 수 있을까요?
E	D'accord, mais je ne peux pas vous donner une bonne note. 좋아요, 하지만 당신에게 좋은 점수를 줄 수는 없어요.
C	Bien sûr. J'ai besoin d'avoir la moyenne et c'est tout. 물론이죠. 저는 평균 점수를 받는 것이 필요하고 그거면 됩니다.
E	Bon ! Je vais vous envoyer un e-mail pour vous donner la nouvelle date d'examen. 좋아요! 새로운 시험 날짜를 전달하기 위해 당신에게 이메일을 보낼게요.
C	Merci encore une fois de me donner une autre chance. Je vais faire de mon mieux. 저에게 또 다른 기회를 주셔서 다시 한번 감사드립니다. 최선을 다하겠습니다.

구술 평가

EXERCICE 3

Monologue suivi

Monologue suivi는 구술 평가에서 가장 난이도가 높은 유형으로, 사회적으로 이슈가 될 수 있는 주제 혹은 일상생활과 밀접하게 관련되어 있는 문제들에 대한 인터넷, 신문, 텔레비전 뉴스를 보고 자신의 의견을 말하는 방식으로 진행된다.

완전 공략

1 핵심 포인트

응시자는 준비실에서 약 10분간 여러 주제들 중에 한 개를 선택하여 주제와 관련한 내용을 요약하고 자신의 입장을 밝히면서 감독관의 질문에 답변한다. 소요 시간은 5~7분 사이이지만 감독관은 응시자가 얼마나 요약 능력을 갖추고 있는지와 함께 자신의 입장을 논리적으로 명확히 설명하는지에 초점을 둔다. 또한 주제와 관련한 감독관의 질문에 얼마나 설득력 있게 답변하는지도 평가의 중요한 기준이 된다.

2 빈출 주제

에너지 절약과 카풀, 아파트(숙소) 교환에 대한 문제가 종종 출제된다. 인터넷을 통한 물건 혹은 서비스 구매, 어린아이들의 휴대폰 사용에 대한 문제도 출제될 수 있는 주제이다.

3 고득점 전략

① 기사 내용을 그대로 읽지 말고 재구성하여 요약해야 한다.

응시자는 주제와 관련하여 자신의 입장을 표명하기에 앞서 주어진 기사 내용을 간략하게 요약해야 한다. 이 때 기사에 나와 있는 문장들을 그대로 읽어서는 안 된다. 왜냐하면 문장을 그대로 읽으면, 요약이 아니라 지문을 반복해서 읽고 있다는 느낌을 줄 수 있기 때문이다.

② 자신의 의견을 이야기할 때 논리성에 초점을 맞춘다.

주제에 대한 자신의 의견을 표명할 때 가장 중요한 것은 자신의 의견을 논리적으로 기술해야 한다는 것이다. 일반적으로 하나의 주제에 대하여 찬성 또는 반대의 입장 중 하나를 선택해 이야기하게 되는데, 어느 입장을 취하든 반대의 입장에서 제기할 수 있는 반박을 예상하여, 이에 대한 언급을 하는 것이 좋다. 즉, 어떤 쟁점에 반대의 입장이더라도 찬성 입장의 장점들도 함께 언급하는 것이 보다 설득력 있게 보일 수 있다는 뜻이다.

③ 감독관이 질문할 만한 예상 질문을 미리 준비한다.

의견을 발표하고 난 후 감독관은 응시자에게 한두 개의 질문을 하게 된다. 기사 내용에 대한 자신의 의견을 발표하는 것이 끝이 아니라, 이에 대한 감독관의 질문이 이어질 것이다. 그러므로 준비실에서 이에 대비하여 주제와 관련해 감독관이 질문할 것으로 예상되는 내용들을 함께 준비하는 것이 좋다.

EXERCICE 3 실전 연습

Track 3-01

Étape 1

기사를 요약한 후 이에 대한 자신의 의견을 이야기해 보세요. 감독관의 질문에 추가로 답변해 보세요.

Économiser l'énergie

Des petits gestes dans votre vie quotidienne permettent d'économiser beaucoup d'énergie. Cela limite les rejets dans l'atmosphère et le réchauffement de la planète. Parmi nos mauvaises habitudes : laisser fonctionner les appareils électriques sans nécessité, laisser la lumière dans une pièce que l'on quitte, prendre la voiture pour de courtes distances...
C'est pourtant simple d'éteindre la télé quand on ne la regarde plus, sa lampe de chevet, de marcher un peu, de prendre les bus...
On lutterait efficacement contre le réchauffement de la planète. Un rêve ?

Journal des enfants, 26.10.2006.

Étape 2

필수 어휘와 답변 전개 요령을 참조하세요.

필수 어휘

geste (m) 행동 | limiter 제한하다 | rejet (m) 폐기물 | atmosphère (f) 대기 | réchauffement de la planète (m) 지구 온난화 | fonctionner 작동하다 | appareil (m) 기계 | nécessité (f) 필요성 | éteindre 끄다 | chevet (m) 침대 머리(맡) | efficacement 효과적으로 | préciser 구체화하다 | gaspiller 낭비하다 | souligner 강조하다 | empêcher 막다, 방해하다 | climatisation (f) 에어컨 | chauffage (m) 난방 | énorme 거대한 | consommation (f) 소비 | abusif 남용하는 | en matière de ~와 관련하여 | au lieu de ~대신에 | faire du covoiturage 카풀하다 | déconnecter 끊다 | arrêter 끄다 | robinet (m) 수도꼭지 | arroser 물을 주다 | pelouse (f) 잔디 | évaporation (f) 증발 | crucial 결정적인 | incontournable 불가피한 | émission (f) 방송 | phénomène (m) 현상 | négliser 소홀히 하다 | gravité (f) 심각성 | survivre 살아남다 | précaution (f) 예방

답변 전개 요령

지구 온난화를 막기 위해 일상생활에서 어떠한 습관을 실천할 수 있는지에 대한 기사이다. 의견을 제시할 때에는 에너지를 남용하는 것이 지구 온난화를 유발하므로, 에너지 소비를 줄일 수 있는 방법들에 대해 구체적이고 다양한 예를 제시해야 한다. 감독관은 추가적으로 지구 온난화의 심각성이나 지구 온난화가 환경에 끼치는 영향, 혹은 일상생활에서 에너지를 절약하기 위해 어떠한 활동들을 하고 있는지 질문할 수 있다.

Étape 3

해석과 모범 답변을 확인하고 실전 훈련하세요.

기사 해석

에너지를 절약하기

당신의 일상생활에서 작은 행동들이 많은 에너지를 절약할 수 있게 해 준다. 이것은 대기 안 오염물과 지구 온난화를 억제한다. 우리의 나쁜 습관들 중에: 불필요하게 전기 기계를 작동하게 내버려 두는 것, 우리가 나간 방에 불을 켜 놓은 채 내버려 두는 것, 단거리를 위해 차를 타는 것 등.
그러나 침대 머리맡의 전등과 텔레비전을 더 이상 보지 않을 때 끄는 것, 조금 걷는 것, 버스를 타는 것 등은 간단하다.
우리는 지구 온난화에 효과적으로 맞설 것이다. 꿈일까?

기사 내용 요약

Le sujet de cet article concerne le problème de l'énergie. Il nous montre qu'on peut l'économiser avec de petits gestes dans la vie quotidienne. Il précise des exemples de mauvaises habitudes qui gaspillent l'énergie. En dernière partie, il souligne le fait que les économies d'énergie sont très importantes pour empêcher le réchauffement de la planète.
이 기사의 주제는 에너지 문제와 관련이 있습니다. 기사는 우리에게 일상생활에서 작은 행동으로 에너지를 절약할 수 있다는 것을 보여줍니다. 기사는 에너지를 낭비하는 나쁜 습관들에 대한 예들을 명시하고 있습니다. 마지막 부분에서는 에너지 절약이 지구 온난화를 막는 데 매우 중요하다는 사실을 강조하고 있습니다.

의견 표명

On utilise beaucoup d'énergie dans la société moderne. Par exemple, on utilise la climatisation en été ou le chauffage en hiver. Ça consomme une énorme quantité d'énergie. Le plus gros problème, c'est que la consommation abusive d'énergie provoque le réchauffement de la planète.
현대 사회에서 우리는 많은 에너지를 사용하고 있습니다. 예를 들어, 여름에는 에어컨 또는 겨울에는 난방 기구를 사용합니다. 이것은 엄청난 양의 에너지를 소비합니다. 가장 큰 문제는 바로 에너지의 과다 소비가 지구 온난화를 유발한다는 것입니다.

E Récemment, on parle beaucoup du réchauffement de la planète. Qu'est-ce que vous en pensez ?
최근에 우리는 지구 온난화에 대해 많이 말합니다. 이것에 대해 어떻게 생각하시나요?

C J'ai vu une émission à la télé il y a quelques jours. Il s'agissait des problèmes du réchauffement de la planète. Elle montrait plusieurs phénomènes causés par le réchauffement de la Terre. Il est vrai qu'on néglige souvent la gravité du problème. Pourtant, il faut rappeler qu'on ne pourra pas survivre sur la Terre dans cent ans si le réchauffement continue sans qu'on prenne de précautions.
나는 며칠 전에 텔레비전에서 한 방송을 봤습니다. 지구 온난화 문제에 대한 것이었죠. 방송은 지구 온난화로 인해 야기되는 여러 현상들을 보여 주었어요. 우리가 문제의 심각성을 자주 외면하는 것은 사실입니다. 그러나 예방하지 않고 지구 온난화가 계속된다면 100년 후에 우리는 지구에서 생존할 수 없을 것이라는 것을 상기해야 합니다.

문제 2

EXERCICE 3 실전 연습

Track 3-02

Étape 1

기사를 요약한 후 이에 대한 자신의 의견을 이야기해 보세요. 감독관의 질문에 추가로 답변해 보세요.

Le succès du co-voiturage bouscule les habitudes

Les Européens, dont la France pour des raisons diverses (forte progression des applications smartphone, volonté des communautés urbaines, écologie et économie...), adoptent le co-voiturage. Environ 20 millions de transports individuels sont effectués chaque année et le chiffre de 100 millions de déplacements semble réaliste dans les trois ans à venir.
La mise en relation entre l'offre et la demande se fait par internet, ce qui permet de sécuriser la transaction et de surmonter la défiance de «voyager avec une personne inconnue» : photo du conducteur, évaluation des usagers... et puis on peut identifier les passions de chacun, ce qui peut favoriser les conversations... Pas de doute, le co-voiturage est un lien social que l'on ne retrouve pas dans les transports en commun.

France info, 23.11.2013.

Étape 2

필수 어휘와 답변 전개 요령을 참조하세요.

필수 어휘

co-voiturage (m) 카풀 | bousculer 급작스럽게 변화시키다 | divers 다양한 | volonté (f) 의지, 뜻 | communauté (f) 사회, 단체 | urbain 도심의 | écologie (f) 친환경 | effectuer 실행하다 | déplacement (m) 이동, 통근 | sécuriser 안정감을 주다 | transaction (f) 거래, 합의 | surmonter 극복하다 | défiance (f) 불신 | conducteur 운전하는 사람 | favoriser 혜택을 주다, 조장하다 | envisager 예상하다 | donnée (f) 자료 | statistique 통계적인 | essence (f) 휘발유 | se rassurer 안심하다 | se renseigner ~에 관해 조회하다 | en comparaison avec ~와 비교하여 | favorable 호의적인

답변 전개 요령

프랑스에서 카풀이 점점 늘어나고 있는데 이는 여러 가지 장점 때문임을 언급하며 기사 내용을 요약한다. 그런 뒤, 카풀의 장점과 단점에 대해 각각 열거하며 카풀에 찬성하는지 혹은 반대하는지 하나의 입장을 정해 자신의 의견을 이야기한다. 감독관은 문제에서처럼 프랑스와 비교하여 한국의 카풀 문화는 어떠한지, 혹은 응시자가 이야기한 카풀의 단점을 보완하기 위한 방법에는 어떤 것들이 있을지에 대해 추가로 질문할 수 있을 것이다.

Étape 3

해석과 모범 답변을 확인하고 실전 훈련하세요.

기사 해석

카풀의 성공이 관습을 변화시킨다

프랑스를 비롯한 유럽인들은 다양한 이유들로 인해(스마트폰 어플의 급속한 발전, 도심 사회의 의지, 친환경과 경제성...) 카풀을 채택하고 있다. 대략 2천만 명의 개인 교통 수단들이 매년 시행되며 오는 3년 후에 1억의 이동의 수치가 현실화될 것이다.
수요와 공급 사이의 연결은 인터넷을 통해 이루어지는데 이는 '모르는 사람과 여행하는 것'에 대한 불신을 극복하게 해 주고 거래를 안전하게 해 준다: 운전자의 사진, 사용자들의 평가... 그리고 우리는 각자가 좋아하는 것을 확인할 수 있으며 이는 대화를 하는 데 도움을 준다... 카풀이 대중교통에서는 볼 수 없는 사회적 관계임은 의심할 여지가 없다.

기사 내용 요약

C'est un reportage sur le co-voiturage en Europe. Dans la première partie, il nous explique les raisons essentielles qui favorisent ce phénomène. Ensuite, il envisage le fait que beaucoup d'Européens s'adapteront au co-voiturage en nous montrant les données statistiques. Après, il précise les avantages du co-voiturage par Internet. Pour conclure, il mentionne le fait que le co-voiturage crée un lien social.
이것은 유럽에서의 카풀에 대한 르포입니다. 첫 번째 부분에서는 이 현상을 조장하는 중요한 이유들을 우리들에게 설명하고 있습니다. 그리고 나서 통계자료를 보여 주면서 많은 유럽인들이 카풀을 수용할 것이라는 사실을 예상하고 있습니다. 그 후에 인터넷을 통한 카풀의 장점들을 명시하고 있습니다. 결론으로 카풀이 사회적 관계를 만든다는 사실을 언급하고 있습니다.

의견 표명

Personnellement, je pense que le co-voiturage est un système qui nous apporte beaucoup d'avantages si on l'effectue correctement. Tout d'abord, on peut gagner du temps parce qu'on n'a pas besoin d'en perdre en attendant le bus ou le métro pour aller au travail. Et puis, on peut aussi économiser de l'argent en partageant le prix de l'essence. Surtout, on peut avoir une relation plus proche avec une autre personne en communiquant au sujet de notre vie personnelle ou de notre travail.
개인적으로, 나는 카풀을 올바르게만 실행한다면 카풀이 우리에게 많은 장점을 가져다주는 시스템이라고 생각합니다. 우선 시간을 아낄 수 있는데 왜냐하면 출근하기 위해 버스나 지하철을 기다리면서 시간을 잃을 필요가 없기 때문입니다. 그리고 기름 값을 나누면서 돈을 아낄 수도 있습니다. 특히, 사생활이나 일에 관해 대화를 나누면서 다른 사람과 좀 더 밀접한 관계를 맺을 수 있습니다.
Le plus gros problème de ce système est la sécurité. En fait, le co-voiturage existe depuis longtemps. On peut observer que beaucoup de jeunes européens en ont fait l'expérience pendant les vacances pour économiser de l'argent. Mais le problème de la sécurité se posait toujours parce qu'on ne

pouvait pas avoir d'informations sur la personne avec qui on voyageait.
이 시스템의 가장 큰 문제는 안전입니다. 사실 카풀은 오래전부터 존재해 왔습니다. 우리는 많은 유럽 젊은이들이 돈을 절약하기 위해 방학 동안 카풀을 경험했던 것을 관찰할 수 있습니다. 그러나 안전 문제가 항상 제기되었는데 왜냐하면 함께 여행하는 사람에 대한 정보를 알 수가 없었기 때문입니다.

Cependant, aujourd'hui, on peut se rassurer en se renseignant sur cette personne par Internet. Alors je suis pour le co-voiturage, à condition que la sécurité puisse être garantie.
그러나 오늘날, 우리는 인터넷을 통해 그 사람에 대한 정보를 조회하면서 안심할 수 있습니다. 그래서 나는 안전이 보장될 수 있다는 조건하에서 카풀에 대해 찬성입니다.

E Comment ce système se passe-t-il chez vous ? 당신 나라에서는 이 시스템이 어떻게 되고 있나요?

C Il y a une certaine période où on a fait une campagne pour le co-voiturage en Corée. Il s'agissait surtout du co-voiturage pour aller au travail. Donc la situation était un peu différente, en comparaison avec celle de l'Europe, qui l'utilise aussi pour voyager. Je ne pense pas que les Coréens soient favorables au co-voiturage lors d'un voyage. 한국에서 카풀을 위한 캠페인을 했던 특정 시기가 있습니다. 그것은 특히 출근하기 위한 카풀이었습니다. 그래서 여행을 하기 위해 카풀을 이용하는 유럽의 상황과 비교해서 약간 달랐습니다. 나는 한국인들이 여행 때 카풀을 하는 것에 대해 호의적이라고는 생각하지 않습니다.

문제 3

EXERCICE 3 실전 연습

Track 3-03

Étape 1

기사를 요약한 후 이에 대한 자신의 의견을 이야기해 보세요. 감독관의 질문에 추가로 답변해 보세요.

Les parents veulent diminuer le poids des notes

Selon un sondage, 73 % des parents sont favorables à une réduction du poids des notes ! Influencées par la personnalité du professeur, le niveau global de la classe et le type d'établissement concerné, les notes représentent, selon les parents interrogés, un outil d'évaluation trop incertain. 90 % des parents considèrent les mauvaises notes comme une cause d'anxiété et 75 % comme un facteur négatif pour l'élève. Membre du Conseil supérieur des programmes, Roger-François Gauthier, dénonce le fait que les élèves en ont assez des évaluations. «Rares sont les exercices gratuits où l'erreur fait partie de l'apprentissage», regrette-t-il.
Mais changer le système d'évaluation n'est pas simple : «Le sujet touche à des habitudes très profondes chez nous, aussi bien chez les élèves, que chez les parents ou chez les professeurs», explique ce spécialiste. Mais comment changer le système de notes sans toucher à la liberté pédagogique des enseignants ?

https://www.lexpress.fr, 18.11.2014.

Étape 2

필수 어휘와 답변 전개 요령을 참조하세요.

필수 어휘

diminuer 줄이다 | poids (m) 무게, 부담 | sondage (m) 여론 조사 | favorable 호의적인 | personnalité (f) 인격, 개성 | établissement (m) 설치, 건설 | outil (m) 도구 | incertain 불확실한 | anxiété (f) 불안, 근심 | facteur (m) 요인 | dénoncer 알리다 | en avoir assez de ~이 지긋지긋하다 | gratuit 무료의 | apprentissage (m) 학습 | profond 깊은 | pédagogique 교육의 | enseignant 교사 | angoisse (f) 걱정 | évoquer 거론하다, 꺼내다 | réel 실질적인 | décisif 결정적인 | admettre 인정하다 | constater 확인하다 | juger 판단하다 | pareil 같은

답변 전개 요령

학교에서의 평가를 주제로 한 기사로, 현재의 평가 체계를 바꿀 수 있을지 의문을 제기한다. 이 주제에 대해서는 성적을 기준으로 하는 평가가 가장 공정하고 객관적이라는 입장과 점수가 절대적인 기준이 되어서는 안 된다는 두 가지 입장이 있을 것이다. 반드시 어느 하나의 견해가 정답인 것은 아니므로 타당하고 논리적인 근거를 들어 자신의 견해가 정당하다는 것을 증명하면 된다. 감독관은 한국의 평가 시스템은 어떠한지, 성적 이외에 다른 어떤 요소들을 평가해야 하는지 등의 추가 질문을 할 수 있다.

Étape 3

해석과 모범 답변을 확인하고 실전 훈련하세요.

기사 해석

부모들은 점수의 부담을 줄이기를 원한다

여론 조사에 따르면, 73퍼센트의 부모들은 점수의 부담을 축소하는 데 호의적이다! 선생님들의 개성, 학급의 전체 수준과 관련된 학교 유형에 의해 영향을 받은 점수들은, 조사에 응한 부모들에 따르면, 너무 불확실한 평가 도구를 나타낸다. 90퍼센트의 부모들은 나쁜 점수를 불안의 원인으로, 75퍼센트는 학생들에게 부정적인 요소로 여기고 있다. 교육과정 고등 위원회 회원인 Roger-François Gauthier는 학생들이 평가를 지긋지긋해 한다는 사실을 알리고 있다. 그는 '실수가 훈련에 속하는 부담 없는 학습이 드물다'며 아쉬워한다.
그러나 평가 체계를 바꾸는 것은 간단하지가 않다: '이 주제는 우리, 또한 학생들, 부모들이나 선생들에 있어 매우 깊은 관습과 연관되어 있다'고 이 전문가는 설명하고 있다. 그러나 교사들의 교육적 자유를 침해하지 않고 점수 체계를 어떻게 변화시킬까?

기사 내용 요약

Le sujet de cet article concerne la réponse des parents par rapport aux notes de leurs enfants. Dans la première partie, il montre la réaction négative des parents grâce au résultat d'un sondage sur les notes à l'école : plus de la moitié des parents considèrent que les notes à l'école peuvent varier selon plusieurs critères. Dans la deuxième partie, il mentionne le côté négatif des notes : elles provoquent l'angoisse des élèves. Ensuite, il critique le fait que le système d'évaluation ne fonctionne pas correctement en citant une spécialiste.
이 기사의 주제는 자녀들의 점수와 관련된 부모들의 답변과 관계가 있습니다. 첫 번째 부분에서는 학교 점수에 대한 여론 조사의 결과를 이용해 부모들의 부정적 반응을 보여 주고 있습니다: 절반 이상의 부모들이 학교 점수가 여러 기준들에 따라 달라질 수 있다고 여깁니다. 두 번째 부분에서는 점수의 부정적 측면을 언급하고 있습니다: 점수는 학생들의 불안을 초래합니다. 그리고 나서 기사는 전문가를 인용하면서 평가 체계가 제대로 작동하지 않는 사실을 비판합니다.

En dernière partie, il évoque la difficulté réelle pour appliquer un système d'évaluation efficace : comment trouver un bon système de notes en respectant le jugement des enseignants ?
마지막 부분에서는 효과적인 평가 체계를 적용하는 데 있어 실질적인 어려움을 언급합니다: 어떻게 교사들의 판단을 존중하면서 좋은 점수 체계를 찾을 수 있을까요?

En fait, les notes sont considérées comme un élément décisif pour évaluer la compétence des élèves depuis longtemps. On a pu observer un grand changement de l'école ces dernières années. Par exemple, on admet maintenant que chaque élève a des talents très différents et certains parents encouragent leurs enfants même s'ils ont de mauvaises notes. Malgré cette évolution, il est vrai qu'on donne encore trop d'importance aux notes. Les élèves ont besoin d'avoir de bonnes notes non seulement pour entrer dans l'université qu'ils veulent mais aussi pour être reconnus par les enseignants. C'est la raison pour laquelle les élèves travaillent nuit et jour.
사실, 점수는 오래전부터 학생의 능력을 평가하는 데 결정적인 요소로 여겨졌습니다. 우리는 최근 몇 년 동안 학교의 큰 변화를 관찰할 수 있었습니다. 예를 들어 각각의 학생은 매우 다른 재능을 가지고 있다는 것을 이제는 인정하고 몇몇 부모들은 자녀들이 나쁜 점수를 받더라도 그들을 격려합니다. 이러한 변화에도 불구하고, 아직도 점수에 과도한 중요성을 부여하는 것이 사실입니다. 학생들은 그들이 원하는 대학에 들어가기 위해서뿐만 아니라 교사들에게 인정받기 위해 좋은 점수를 필요로 합니다. 그러기 때문에 학생들은 밤낮으로 공부합니다.

À mon avis, il faut changer l'attitude des enseignants. Il est facile de constater que certains enseignants ne jugent les élèves que par rapport à leurs notes. Alors, ils traitent les élèves ayant de bonnes notes comme des bons élèves. Mais la note d'un élève ne montre pas sa personnalité et il n'est pas juste de juger la qualité d'un élève sur sa note.
내 생각에는 교사들의 태도를 바꿔야 합니다. 몇몇 교사들이 학생들을 그들의 점수로만 판단하는 것을 확인하는 것은 쉬운 일입니다. 그래서 좋은 점수를 받는 학생들을 좋은 학생처럼 대합니다. 그러나 학생의 점수는 개성을 보여주지 않으며 점수로 학생의 자질을 판단하는 것은 옳지 않습니다.

En ce qui concerne le système d'évaluation, le rôle des enseignants est le plus important parce que c'est eux qui évaluent la note des élèves. Je reconnais qu'il n'est pas facile de trouver une méthode parfaite ou efficace pour évaluer correctement les élèves. Mais les enseignants doivent faire de leur mieux pour y arriver, car il s'agit de l'avenir des élèves.
평가 체계와 관련해서는 교사들의 역할이 가장 중요한데 왜냐하면 학생들의 점수를 평가하는 사람이 바로 이들이기 때문입니다. 나는 학생들을 올바로 평가하기 위한 완벽하거나 효과적인 방법을 찾는 것이 쉽지 않다는 것을 인정합니다. 그러나 교사들은 이에 도달하기 위해 최선을 다해야 하는데 왜냐하면 학생들의 미래에 관한 것이기 때문입니다.

E Comment ça se passe chez vous ? Les notes sont-elles considérées comme un élément important ? 당신 나라에서 이것은 어떻게 진행되나요? 점수가 중요한 요소로 여겨지나요?

C Bien sûr. Quand j'étais petit, les notes étaient la partie la plus importante de la vie scolaire. Les enseignants avaient des préférences pour les élèves qui avaient de bonnes notes et ils ne montraient aucun intérêt pour les autres élèves. La note était un critère absolu pour juger les élèves. Les parents n'étaient pas très différents des enseignants. Quand leurs enfants avaient de mauvaises notes, ils disaient toujours la même chose : «pourquoi tu ne travailles pas bien alors que tu ne manques de rien ?» Ils ne s'intéressaient pas du tout à la vie scolaire de leurs enfants. C'était exactement pareil au lycée. Les élèves qui avaient de bonnes notes n'avaient pas besoin de faire le ménage dans la classe. Au lieu de nettoyer la classe, ils pouvaient suivre des cours particuliers pour entrer dans une université bien classée.

Aujourd'hui, on dit qu'il est important de respecter la personnalité des élèves et que la note ne fait pas tout dans la vie scolaire. Pourtant, je pense que les enseignants et les parents considèrent toujours les notes comme l'élément le plus important pour les élèves.

물론이죠. 내가 어렸을 때, 점수는 학교 생활에서 가장 중요한 부분이었습니다. 교사들은 좋은 점수를 얻은 학생들을 선호하고 다른 학생들에게는 어떠한 관심도 보이지 않았죠. 점수는 학생들을 판단하는 절대적인 기준이었습니다. 부모들도 교사들과 크게 다르지 않았습니다. 자녀들이 나쁜 점수를 받았을 때 그들은 항상 똑같은 이야기를 했죠: "너는 부족한 게 하나도 없는데 왜 공부를 잘 못하니?" 그들은 자녀들의 학교 생활에는 전혀 관심이 없었습니다. 고등학교에서도 정확히 같았습니다. 좋은 점수를 받는 학생들은 교실 청소를 할 필요가 없었습니다. 교실을 청소하는 대신에 좋은 대학교에 들어가기 위해 특별 수업을 받았습니다.

오늘날, 학생들의 개성을 존중하는 것이 중요하며 점수는 학교 생활에서 전부가 아니라고 말합니다. 그러나 나는 교사들과 부모들이 여전히 점수를 학생들에게 있어 가장 중요한 요소로 여긴다고 생각합니다.

문제 4

EXERCICE 3 실전 연습

Track 3-04

Étape 1

기사를 요약한 후 이에 대한 자신의 의견을 이야기해 보세요. 감독관의 질문에 추가로 답변해 보세요.

Pourquoi les entreprises devraient s'intéresser plus au sport ?

Les champions ont beaucoup à nous apprendre. Comment atteindre des niveaux élevés d'engagement dans le travail ? Comment travailler en équipe ? Comment repousser ses limites ? Comment maîtriser son stress ? Comment apprendre de ses erreurs ? Ils sont habitués à gérer cela depuis leur plus jeune âge et ils ont trouvé la solution. Comme le joueur de tennis suisse Stanislas Wawrinka qui montre le chemin de la victoire, avec un tatouage sur son avant-bras qui dit : «Perdre mieux» !
En fait, il est très important pour les entreprises de trouver des manières pour améliorer leur performance et celle des employés. Nous possédons tous des réserves d'énergie, qui ne demandent qu'à s'exprimer et qu'il faut apprendre à libérer. Donc ce qui se passe sur les terrains de sport est non seulement amusant, mais aussi instructif.

https://www.lemonde.fr, 17.01.2017.

Étape 2

필수 어휘와 답변 전개 요령을 참조하세요.

필수 어휘

atteindre 도달하다 | engagement (m) 투입, 참여 | repousser 밀어내다 | maîtriser 통제하다 | gérer 경영하다 | tatouage (m) 문신 | réserve (f) 유보, 비축 | s'exprimer 자신의 생각을 표현하다 | libérer 풀어주다 | instructif 교육적인 | souligner 강조하다 | capacité (f) 능력 | surmonter 극복하다 | échapper 피하다 | nécessité (f) 필요성 | à la fois 한꺼번에, 동시에 | applicable 적용될 수 있는 | solidarité (f) 연대감 | au sein de 내부에, 한가운데에 | union (f) 단결, 연합 | collaborer ~에 협력하다 | marchandise (f) 상품 | saisir 알아채다 | acquérir 획득하다 | sacrifice (m) 희생 | indispensable 필수적인 | individualism (m) 개인주의 | poursuivre 추구하다 | autrui 남, 타인

답변 전개 요령

회사에서 업무를 할 때 스포츠 정신이 필요한 이유에 대한 기사이다. 이러한 유형의 문제를 풀 때에는 우선 스포츠 정신의 특징을 파악한 뒤, 업무에 어떻게 적용시킬 수 있을지를 고민해야 한다. 감독관은 추가적으로 스포츠 정신을 회사에 적용시킬 때의 단점에 대해 물어볼 수 있을 것이다. 이때에는 경쟁이 과열될 수 있다는 것을 단점으로 지적할 수 있다.

Étape 3

해석과 모범 답변을 확인하고 실전 훈련하세요.

기사 해석

왜 기업들은 스포츠에 더 관심을 가져야 하는가?

챔피언들은 우리들에게 많은 것을 가르쳐 줍니다. 어떻게 업무에 있어 참여도를 끌어올리는가? 어떻게 팀으로 일하는가? 어떻게 한계를 물리치는가? 어떻게 스트레스를 제어하는가? 실수들로부터 어떻게 배우는가? 이들은 아주 어린 나이에서부터 이것을 관리하는 데 익숙하고 해결 방법을 찾았습니다. '더 잘 지기!'라고 말하는 팔 앞쪽 타투와 함께 승리의 길을 보여 주는 스위스 테니스 선수인 Stanislas Wawrinka처럼!
사실, 기업들에게 회사의 성과와 직원들의 성과를 향상시키기 위한 방법을 찾는 것이 매우 중요합니다. 우리는 모두 비축된 에너지를 가지고 있으며 이들을 단지 표출할 필요가 있고 방출하는 것을 배워야 합니다. 그래서 스포츠 분야에서 벌어지는 것은 재미있을 뿐 아니라 교육적입니다.

기사 내용 요약

L'objectif de cet article est de souligner l'importance de l'esprit sportif dans le monde de l'entreprise. Dans la première partie, il mentionne un moyen efficace pour augmenter la capacité de travail des employés et résoudre leurs problèmes de mental, c'est-à-dire, travailler en collectif, surmonter ses limites au travail, échapper au stress causé par ce dernier, reconnaître ses erreurs et apprendre à ne pas les répéter. Il souligne ce fait en prenant l'exemple d'un joueur de tennis.
이 기사의 목적은 기업 세계에서 스포츠 정신의 중요성을 강조하는 것입니다. 첫 번째 부분에서는 직원들의 업무 능력을 증가시키고 정신적인 문제를 해결하는 것 다시 말해 집단으로 일하는 것, 일의 한계를 극복하는 것, 일의 한계로 야기된 스트레스에서 벗어나는 것, 실수를 인정하고 그것을 반복하지 않는 것을 배우는 것을 위한 효과적인 방법을 언급하고 있습니다. 그리고 테니스 선수의 예를 들면서 이러한 사실을 강조하고 있습니다.

Dans la deuxième partie, il indique la nécessité de l'esprit sportif dans les entreprises pour que les employés puissent atteindre le niveau maximum de leur capacité de travail. Et il nous rappelle le fait qu'on peut apprendre des choses à la fois utiles et applicables aux entreprises en observant ce qui se passe dans le domaine sportif.
두 번째 부분에서는 직원들이 업무의 능력의 최대치에 도달할 수 있도록 하기 위해 기업에서 스포츠 정신의 필요성을 언급하고 있습니다. 그리고 스포츠 영역에서 일어나고 있는 것을 관찰하면서 기업들에 유용한 동시에 적용될 수 있는 것들을 배울 수 있다는 사실을 상기시켜 줍니다.

의견 표명

À mon avis, l'esprit collectif joue un rôle très important dans l'entreprise parce qu'on peut obtenir un meilleur résultat si on travaille ensemble. En ce sens, le sport est le meilleur exemple pour l'entreprise car la plupart des sports demandent une solidarité au sein de l'équipe. C'est la raison pour laquelle on dit souvent : l'union fait la force.
내 생각에, 집단 정신은 기업에서 매우 중요한 역할을 하는데 왜냐하면 함께 일하면 더 좋은 결과를 얻을 수 있기 때문입니다. 이런 의미에서 스포츠는 기업에게 최고의 예시인데 왜냐하면 대부분의 스포츠가 팀 내부에 연대감을 필요로 하기 때문입니다. 그렇기 때문에 우리는 자주 말합니다: 단합이 힘을 만듭니다.

Dans l'entreprise, un employé collabore avec les autres employés pour produire des marchandises, alors le travail en équipe y est essentiel. Quand un employé ne fait pas bien son travail, il influence les autres employés. Donc chaque employé doit bien saisir l'importance de sa responsabilité. De plus, un autre avantage qu'on peut acquérir par l'esprit sportif est la capacité à ne pas abandonner facilement.
기업에서 직원은 상품들을 생산하기 위해서 다른 직원들과 협력하기에 팀 업무는 이곳에서 중요합니다. 한 직원이 자신의 일을 잘 하지 못할 때, 그는 다른 직원들에게 영향을 미칩니다. 그래서 각 직원은 책임의 중요성을 잘 인식해야 합니다. 게다가 스포츠 정신을 통해 우리가 얻을 수 있는 또 다른 장점은 쉽게 포기하지 않는 능력입니다.

질의 및 응답

E Quelle est votre opinion sur ce sujet ? (Qu'est-ce que vous pensez de ce sujet ?) 이 주제에 관한 당신 의견은 무엇입니까?(이 주제에 대해 어떻게 생각합니까?)

C Je pense qu'on doit adapter l'esprit sportif dans les domaines où l'on a besoin de travailler en groupe. L'esprit de sacrifice est l'un des éléments indispensables dans une équipe sportive. Les joueurs sont prêts à se sacrifier pour que leur équipe gagne un match et c'est ce qu'on doit apprendre à faire dans un travail collectif. On rencontre régulièrement de l'individualisme dans notre société moderne. La plupart des gens d'aujourd'hui sont habitués à poursuivre leur intérêt personnel sans considérer la position des autres personnes.
나는 팀으로 일하는 것이 필요한 분야에서 스포츠 정신을 차용해야 한다고 생각합니다. 희생 정신은 스포츠 팀에서 꼭 필요한 요소들 중 하나입니다. 선수들은 팀이 경기를 이기게 하도록 희생할 준비가 되어 있으며 이것은 집단 업무에서 배워야 하는 것입니다. 우리는 현대 사회에서 개인주의를 어김없이 만납니다. 오늘날의 대부분의 사람들은 다른 사람들의 입장은 고려하지 않고 그들의 개인적인 이익만을 추구하는 데 익숙합니다.

문제 5

EXERCICE 3 실전 연습

Track 3-05

Étape 1

기사를 요약한 후 이에 대한 자신의 의견을 이야기해 보세요. 감독관의 질문에 추가로 답변해 보세요.

Astuces pour se loger quand on est jeune

Le problème du logement stresse autant les parents que les étudiants. Si rentrée rime souvent avec déménagement, vous êtes encore nombreux à chercher votre appartement. Alors que les loyers des studios et deux pièces s'envolent, il devient de plus en plus difficile de trouver un logement. Il y a plus de 150 % d'augmentation des loyers sur les dix dernières années dans les zones tendues comme à Paris. Un phénomène qui serait aussi valable dans les grandes villes.
En ce qui concerne la recherche d'appartement, les pièges sont principalement :

- les listes d'appartements ;
- rester exigeant sur le choix du logement et ne pas accepter n'importe quoi ;
- des listes qui dépassent le cadre légal ;
- les quittances et la rédaction du contrat sont inclus dans les frais d'agence ;
- le chèque de réservation est illégal.

France Info, 16.09.2013.

Étape 2

필수 어휘와 답변 전개 요령을 참조하세요.

필수 어휘

astuce (f) 요령, 재치 | se loger 살다 | rentrée (f) 개학 | rimer 짝을 이루다 | déménagement (m) 이사 | loyer (m) 집세 | s'envoler 급등하다, 날아오르다 | tendu 팽팽하게 당겨진 | piège (m) 함정 | principalement 특히, 주로 | exigeant 까다로운 | dépasser 앞지르다 | quittance (f) 영수증 | rédaction (f) 작성 | contrat (m) 계약서 | courant 일반적인 | en comparaison avec ~과 비교해서 | provincial 지방의 | résidence (f) 기숙사 | suffisamment 충분히 | décoder 해석하다 | annonce (f) 광고 | propriétaire 집주인 | attentivement 주의 깊게 | précision (f) 상세한 설명 | ascenseur (m) 엘리베이터 | grimper 기어오르다 | négliger 무시하다 | se méfier de 불신하다 | disponible 사용할 수 있는 | avertir 알리다 | critère (m) 기준 | fiable 신뢰할 수 있는 | colocation (f) 공동 세입 | budget (m) 예산 | habitat (m) 주거 형태 | fréquent 흔한 | se rendre compte 알아차리다 | affinité (f) 공통점 | au lieu de ~대신에 | tenir compagnie à ~곁에 머물다 | souci (m) 근심거리 | décrocher la lune 하늘의 별 따기 | construire 건축하다

답변 전개 요령

대학교 개강 시 숙소 찾기의 어려움에 대한 기사이다. 기사에 대한 의견을 개진할 때에는 개강 시 숙소를 구하는 것이 왜 어려운지, 그리고 숙소를 구할 때 주의해야 할 점에 대해 이야기한다. 감독관은 한국에서 대학교 근처에서 숙소 구하기가 어떤지, 응시자 본인은 이와 관련하여 어려움을 겪은 적이 있는지, 어려움을 겪었다면 구체적으로 어떠한 문제들이었는지 질문할 것이다. 이때 학교 근처의 집세가 너무 비싸서 방을 구하는 데 힘들었다는 식의 답변을 하면 무난하다.

Étape 3 해석과 모범 답변을 확인하고 실전 훈련하세요.

기사 해석

젊을 때 거주하기 위한 요령들

숙소 문제는 학생들만큼이나 부모들에게도 스트레스를 준다. 개강이 이사와 짝을 이룬다면, 아파트를 찾는 여러분은 여전히 다수이다.

원룸과 방 두 개짜리 집세는 급등하는데 비해 숙소를 찾는 것은 점점 더 어려워지고 있다. Paris와 같이 집중 지역에서 최근 10년 동안 집세가 150% 이상 올랐다. 대도시들에서도 통용되고 있을 현상.

아파트를 찾는 것과 관련해서 함정들은 주로 다음과 같다:

- 아파트들의 목록들
- 숙소 선정에 대해 까다로워야 하며 아무것이나 수용하지 말 것
- 합법적인 틀을 벗어나는 목록들
- 계약서 영수증과 작성은 부동산 수수료에 포함된다.
- 선불 수표는 불법이다.

기사 내용 요약

C'est un article qui parle du problème du logement pour les étudiants. Dans la première partie, il explique le fait que beaucoup d'étudiants cherchent des logements au moment de la rentrée. Ensuite, il nous informe de la situation actuelle concernant le problème du logement, en citant l'augmentation des loyers.

이것은 학생들을 위한 숙소 문제에 대해 말하고 있는 기사입니다. 첫 번째 부분에서는 많은 학생들이 개강할 때 숙소를 찾고 있다는 사실을 설명합니다. 그리고 나서 집세 상승을 인용하면서 숙소 문제에 대한 실제 상황을 우리에게 알려줍니다.

Dans la deuxième partie, il mentionne que c'est un phénomène courant dans la plupart des grandes villes. Et il nous donne les informations nécessaires pour ne pas tomber dans un piège.

두 번째 부분에서는 이것이 대부분의 대도시에서 일반적인 현상이라고 언급합니다. 그리고 우리에게 함정에 빠지지 않기 위해 필요한 정보들을 줍니다.

Il est vrai que les étudiants ont du mal à trouver des logements lors de la rentrée. En particulier, le problème du logement est plus grave pour ceux qui vont entrer dans les universités de grandes villes en comparaison avec les étudiants des universités provinciales. La plupart des universités de grandes villes ont des résidences pour les étudiants qui viennent de province, mais elles ne sont pas suffisamment nombreuses pour que tous les étudiants venant de province puissent se loger. C'est la raison pour laquelle ils essaient de trouver des logements qui sont près des universités.
학생들이 개강 때 숙소를 찾는 데 어려운 것은 사실입니다. 특히, 숙소 문제는 지방 대학의 학생들과 비교하여 대도시의 대학교에 들어갈 학생들에게 더 심각합니다. 대부분의 대도시 대학들은 지방에서 오는 학생들을 위한 기숙사들을 보유하고 있지만 지방에서 오는 모든 학생들이 머물기에는 충분히 많지 않습니다. 그렇기 때문에 이들은 대학교 가까이에 있는 숙소들을 찾으려고 애를 씁니다.

Il y a des choses importantes à considérer pour trouver des logements. Tout d'abord, il faut bien décoder les annonces. Il arrive souvent que certains propriétaires n'annoncent pas en détail les conditions de l'appartement à louer. Donc il faut lire attentivement chaque annonce et apprendre à lire entre les lignes. Et puis, il ne faut pas hésiter à demander plus de précisions au propriétaire avant de se déplacer pour une visite.
Ensuite, nous devons vérifier s'il y a un ascenseur ou non. Sinon, nous serons obligés de grimper tous les jours six ou sept étages pour arriver à notre domicile.
En ce qui concerne la salle de bain, on n'espère pas une grande salle de bain dans un petit appartement. Pourtant, si l'annonce dit «une petite salle de bain», cela veut dire que l'espace sera vraiment petit. Donc il faut le vérifier avant de signer un contrat.
La distance est une chose qu'on ne doit pas négliger quand on cherche un logement. Surtout, il faut se méfier de l'expression «proche de...», car la notion de «proche» varie beaucoup d'une personne à l'autre. Donc il vaut mieux demander à l'agence à combien de minutes à pied se situe le logement.
숙소를 찾는 데 있어 고려해야 할 중요한 사항들이 있습니다. 우선 광고들을 잘 이해해야 합니다. 몇몇 집주인들은 임대할 아파트의 조건들을 상세하게 알리지 않는 경우가 자주 있습니다. 그래서 각 광고를 주의 깊게 읽고 문장을 이해하는 것을 익혀야 합니다. 그리고 방문을 위해 이동하기 전에 주인에게 더 상세한 내용을 요구하는 것을 망설이지 않아야 합니다.
그리고 나서 우리는 엘리베이터가 있는지 없는지를 확인해야 합니다. 그렇지 않으면 집에 도착하기 위해 6층 또는 7층을 매일 힘들여 올라가야 할 것입니다.
욕실과 관련해서는 작은 아파트에 커다란 욕실을 기대하지는 않습니다. 그러나 만일 광고가 '작은 욕실'이라고 말한다면 공간이 정말로 작을 것임을 의미합니다. 그러니 계약서에 사인하기 전에 이것을 확인해야 합니다.
거리는 숙소를 찾을 때 간과하면 안 되는 사항입니다. 특히 '~에서 가까운'이라는 표현을 의심해야 하는데 왜냐하면 '가까운'이라는 개념은 사람들마다 많이 다르기 때문입니다. 그래서 부동산에 숙소가 걸어서 몇 분 걸리는지를 물어보는 것이 낫습니다.

En fait, il y a beaucoup de sites Internet qui proposent des appartements à louer et pour lesquels le smartphone est très utile. Plus précisément, certains sites sont disponibles sur téléphone portable et ils nous avertissent dès qu'une annonce correspondant à nos critères arrive sur leur site. C'est un moyen efficace et rapide pour faciliter la recherche de logement. Mais avant tout, il faut vérifier si les sites Internet utilisés sont fiables.

On peut aussi penser à la colocation si on n'a pas assez de budget pour louer seul un appartement. Depuis quelques années, ce type d'habitat ne cesse de se développer et est de plus en plus fréquent. J'ai vu un article concernant ce sujet. Il y a des soirées spéciales pour la colocation. Des personnes en recherche de colocation se réunissent dans un bar ou un café. Cela permet d'établir un contact direct et de se rendre compte très rapidement s'il y a affinités ou non. À mon avis, c'est peut-être un bon moyen pour les jeunes qui cherchent un logement.
Il existe aussi un autre type de logement. Il s'adresse aux étudiants et aux personnes âgées. Plus précisément, un jeune étudiant habite dans le logement d'une personne âgée et l'étudiant aide cette personne âgée au lieu de payer un loyer. Il peut l'aider à faire les courses, faire à manger, faire le ménage ou tout simplement lui tenir compagnie.
사실 임대할 아파트를 제안하는 인터넷 사이트들이 많은데, 이를 위해 스마트폰은 매우 유용합니다. 좀 더 구체적으로, 몇몇 사이트들은 휴대폰에서 사용할 수 있으며 우리 기준에 부합하는 광고가 사이트에 올라오자마자 우리에게 알려줍니다. 이것은 집을 찾는 것을 돕기 위한 효과적이고 빠른 방법입니다. 그렇지만 무엇보다 먼저 사용된 인터넷 사이트들이 믿을 수 있는지 확인해야 합니다.
우리는 혼자서 아파트를 임대할 충분한 예산이 없다면 공동 세입에 대해 또한 생각해 볼 수도 있습니다. 몇 년 전부터, 이런 거주 유형은 계속해서 발전되고 있으며 점점 더 빈번해집니다. 나는 이 주제에 관한 기사를 보았습니다. 공동 세입을 위한 특별한 저녁 파티가 있습니다. 공동 세입자를 찾는 사람들이 바나 카페에 모입니다. 이것은 직접적인 만남을 가질 수 있게 해 주고 공통점이 있는지 없는지를 매우 빨리 알 수 있게 해 줍니다. 내 생각에 이것은 아마도 집을 찾는 젊은이들에게 좋은 방법입니다.
또 다른 숙소 유형도 있습니다. 이것은 학생들과 나이가 많은 사람들에게 해당합니다. 좀 더 구체적으로, 젊은 학생이 나이 든 사람의 집에 살고 학생은 집세를 내는 대신에 이 나이 든 사람을 도와줍니다. 그는 장 보는 것, 식사하게 하는 것, 청소하는 것을 도와주거나 그저 말동무가 되어 줄 수 있습니다.

Il est vrai que trouver un logement est l'un des soucis principaux des étudiants. Donc les universités et le gouvernement doivent prendre des mesures pour résoudre le problème du logement.
숙소를 찾는 것이 학생들에게 주된 걱정거리들 중 하나인 것은 사실입니다. 그래서 대학과 정부는 숙소 문제를 해결하기 위한 조치를 취해야 합니다.

France info, 16.19.2013.

E Comment est la situation chez vous concernant le problème du logement ? 숙소 문제에 관련해서 당신 나라에서 상황은 어떻습니까?

C À vrai dire, je ne sais pas bien parce que j'habite dans une maison qui est tout près de l'université. Mais j'ai des amis qui viennent de province et ils disent qu'il est très difficile de trouver un logement. D'après eux, arriver à loger dans une résidence est aussi difficile que décrocher la lune. Par ailleurs, ils se font du souci pour le loyer parce qu'il augmente chaque année. 솔직히 말하자면 나는 잘 모르는데 왜냐하면 대학교 아주 가까이에 있는 집에 살고 있기 때문입니다. 그렇지만 나는 지방에서 온 친구들이 있는데 이들은 숙소를 찾기가 매우 어렵다고 말합니다. 그들에 따르면, 기숙사에 사는 것은 하늘의 별 따기처럼 어렵다고 합니다. 게다가 그들은 집세에 대해 걱정하는데 왜냐하면 매년 오르기 때문입니다.

E À votre avis, comment peut-on résoudre le problème du logement ? 당신 생각에 숙소 문제를 해결하기 위해 어떻게 해야 할까요?

C Tout d'abord, les universités devraient posséder un nombre de résidences suffisant pour les étudiants, même si ça coûte de l'argent, parce que ce sont les étudiants qui doivent être pris en considération avant tout. Et puis, on pourrait aussi imaginer que le gouvernement construise des immeubles uniquement pour les étudiants avec un loyer réduit. 우선, 대학들은 비록 비용이 들더라도 학생들을 위한 충분한 기숙사를 보유해야 하는데 왜냐하면 무엇보다 고려되어야 하는 것은 바로 학생들이기 때문입니다. 그리고 정부가 할인된 집세로 오로지 학생들을 위한 건물들을 짓는 것을 생각해 볼 수 있을 것입니다.

EXERCICE 3 실전 연습

Track 3-06

Étape 1

기사를 요약한 후 이에 대한 자신의 의견을 이야기해 보세요. 감독관의 질문에 추가로 답변해 보세요.

Parler une langue étrangère : un atout pour trouver du travail

Parler une ou plusieurs langues étrangères. Difficile d'y échapper aujourd'hui dans un monde ouvert à l'international ! Maîtriser une langue étrangère est toujours un plus, voire une condition indispensable à l'accès de certains postes de cadres.
L'anglais est la langue pour les affaires. L'allemand a le vent en poupe, grâce à l'économie allemande qui se porte bien. L'espagnol est en plein déclin à cause, là aussi, de l'économie de ce pays.
Et quelle langue voulez-vous apprendre ?

France Info, 05.08.2013.

Étape 2

필수 어휘와 답변 전개 요령을 참조하세요.

필수 어휘

atout (m) 수단 | échapper 피하다 | maîtriser 정복하다, 숙달하다 | indispensable 필수적인 | accès (m) 접근 | poste (m) 직위, 부서 | affaire (f) 사업 | vent en poupe 순풍에 돛 단 듯 | se porter 상태가 ~하다 | déclin (m) 쇠퇴 | justifier 정당화하다 | argument (m) 논거 | multiplier 증가시키다 | courant 일반적인 | outil (m) 도구 | disposition (f) 배치 | personnalisé 개성화된, 개인차를 고려한 | apprenant 학습자 | négociable 타협할 만한 | maternel (f) 유아원 | primaire 초등학교 | stage (m) 연수 | jumeler 자매결연을 맺다 | en revanche 반면에 | cible 목표가 되는 | séjour (m) 체류 | fournir 공급하다 | corriger 교정하다 | faute (f) 잘못 | apprentissage (m) 학습, 실습 | admettre 맞아들이다 | nécessité (f) 필요성 | par conséquent 그러므로 | privilégier 특권을 주다 | déséquilibre (m) 불균형 | refléter 반영하다

답변 전개 요령

외국어를 배우는 이유에 대한 기사이다. 기사에서는 외국어를 배우는 것이 직장을 구하는 데 도움이 되기 때문이라고 하였다. 이 기사에 대하여 외국어를 배우는 여러 가지 방법을 구체적으로 제시하거나, 외국어를 배우는 또 다른 이유에 대하여 말할 수 있다. 감독관은 응시자에게 프랑스어를 비롯하여 다른 외국어를 배운 경험이 있는지, 외국어를 배울 때 효과적인 방법은 무엇이었는지 질문할 수 있다. 직장을 구하기 위해서 혹은 다른 나라의 문화를 알기 위해서뿐만 아니라 외국어를 배우는 또 다른 이유에 무엇이 있을지의 질문도 가능하다.

Étape 3

해석과 모범 답변을 확인하고 실전 훈련하세요.

기사 해석

외국어를 말하는 것 : 취업을 하기 위한 성공 방법

하나 또는 여러 개의 외국어를 말하는 것. 오늘날 국제적으로 개방된 세계에서 이를 피해 가기란 어렵다! 하나의 외국어를 잘 구사하는 것은 항상 플러스가 되며 게다가 몇몇 관리직에 이르기 위해 꼭 필요한 조건이다.
영어는 사업을 위한 언어이다. 독일어는 잘나가는 독일 경제 때문에 순풍을 받고 있다. 스페인어는 그 나라의 경제 때문에 아주 어려움을 겪고 있다.
당신은 어떤 언어를 배우기를 원하는가?

기사 내용 요약

Le sujet de cet article est l'importance de la compétence de la langue étrangère pour trouver du travail.
이 기사의 주제는 취업을 하기 위한 외국어 능력의 중요성입니다.

Dans la première partie, il indique le fait que maîtriser une langue étrangère est l'un des avantages pour travailler dans un certain poste.
첫 번째 부분에서는 외국어를 잘·구사한다는 것은 특정 부서에서 일하기 위한 유리한 조건들 중 하나라는 사실을 보여 줍니다.

Dans la deuxième partie, il nous donne précisément des exemples pour justifier cet argument.
두 번째 부분에서는 이 논증을 증명하기 위한 예들을 구체적으로 우리에게 제시합니다.

의견 표명

Dans la société internationale, il est essentiel de parler 2 ou 3 langues différentes afin de multiplier des chances de trouver un emploi. Surtout, l'anglais est une langue la plus demandée par les entreprises car la plus parlée et la plus courante dans le milieu professionnel. Si on ne sait parler aucune langue étrangère, il sera de plus en plus difficile de trouver un travail.
국제 사회에서, 일자리를 찾기 위한 기회를 증가시키기 위해서는 2, 3개의 다른 언어들을 말하는 것은 매우 중요합니다. 특히, 영어는 기업들에 의해 가장 많이 요구되는 언어인데 왜냐하면 직업 환경에서 가장 많이 말해지고 통용되기 때문입니다. 만일 어떤 외국어도 말할 줄 모른다면 취업하는 것이 점점 더 어려워질 것입니다.

En effet, différents outils sont mis à la disposition pour apprendre une langue étrangère. Tout d'abord, on peut suivre des cours particuliers et je pense que cette méthode est très efficace parce qu'elle est personnalisée. Par exemple, le professeur particulier fera des exercices et des cours selon le niveau de l'apprenant. Le problème de ces cours concerne le prix mais je pense qu'il est négociable.
사실, 여러 방법들이 외국어를 배우기 위해 사용됩니다. 우선, 과외 수업을 들 수 있는데 나는 이 방법이 매우 효과적이라고 생각하는데 왜냐하면 개인에 맞춰지기 때문입니다. 예를 들어, 과외 선생님은 학습자의 수준에 따라 연습 문제와 수업을 할 것입니다. 이 수업들의 문제는 가격과 관련되어 있지만 이것은 협상할 수 있다고 생각합니다.

Autre façon d'apprendre une langue est de s'inscrire dans une école privée. La qualité de l'enseignement est en général très bonne et en sortant de ces écoles, les élèves sont capables de parler couramment une autre langue. Par exemple, dès la maternelle ou le primaire jusqu'aux études supérieures, ces écoles existent sur toute la Corée. En général, le prix varie selon les écoles et le niveau d'enseignement.
언어를 배우는 또 다른 방법은 사설 학교에 등록하는 것입니다. 교육의 질은 일반적으로 매우 좋으며 이 학교들을 졸업하면 학생들은 다른 언어를 유창하게 말할 수 있습니다. 예를 들어 유치원 또는 초등학교부터 고등 교육까지, 이 학교들은 한국 전역에 있습니다. 일반적으로 가격은 학교들과 교육 수준에 따라 다양합니다.

On peut aussi penser aux stages linguistiques ou aux stages de cours intensifs. Plus précisément, on apprend une langue à l'étranger pendant certaine période. Récemment, beaucoup d'universités coréennes jumèlent les universités étrangères et les étudiants y suivent les cours pendant six mois ou un an. L'un des avantages de cette méthode est d'apprendre non seulement une langue mais aussi une culture. En revanche, les apprenants doivent avoir la connaissance de base sur la langue cible et les frais de séjour et d'inscription sont très chers.
우리는 또한 어학 연수나 집중 수업 연수를 생각할 수 있습니다. 좀 더 구체적으로, 우리는 특정 기간 동안 외국에서 언어를 배웁니다. 최근에, 많은 한국 대학들은 외국 대학들과 자매결연을 맺고 학생들은 이곳에서 6개월 또는 1년 동안 수업을 듣습니다. 이 방법의 장점들 중 하나는 단지 언어뿐만 아니라 문화도 배운다는 것입니다. 반면에, 학습자들은 목표 언어에 대한 기본 지식이 있어야 하며 체류 비용과 등록비가 매우 비쌉니다.

Récemment, beaucoup de gens utilisent Internet pour apprendre une langue étrangère. Certains sites fournissent des exercices et des leçons à faire à la maison. En effet, il y a des avantages quand on suit les cours offerts par Internet. D'abord, on peut gagner du temps, car on n'a pas besoin d'aller à une école ou à un institut. Et puis, certains sont même gratuits, donc on peut économiser de l'argent. En revanche, on pourra avoir des difficultés pour perfectionner une compétence dans un certain domaine. Par exemple, dans la production écrite, il est difficile de trouver quelqu'un qui peut corriger des fautes. Ou bien, il est très difficile d'améliorer la compétence de communication orale, car on doit parler tout seul.
최근에 많은 사람들이 외국어를 배우기 위해 인터넷을 이용합니다. 몇몇 사이트들은 집에서 할 연습 문제와 수업 내용을 제공합니다. 사실 인터넷에서 제공되는 수업을 들을 때 장점들이 있습니다. 우선 시간을 벌 수 있는데 왜냐하면 학교나 학원에 갈 필요가 없기 때문입니다. 그리고 몇몇은 심지어 무료이기에 돈을 절약할 수 있습니다. 반면에 특정 영역에서 능력을 완벽하게 하는 데에는 어려움들이 있을 수 있을 것입니다. 예를 들어 작문에서 잘못을 교정해 줄 누군가를 찾기가 어렵습니다. 혹은 의사소통 능력을 개선시키기가 매우 어려운데 왜냐하면 혼자 말해야 하기 때문입니다.

Sinon, on peut apprendre une langue avec des livres d'apprentissage. C'est la plus ancienne méthode et la plus efficace lorsque l'on est motivé. On peut apprendre une langue étrangère par soi-même en s'aidant de livres et d'audio.

그렇지 않으면 학습 교재들을 가지고 언어를 배울 수 있습니다. 이것은 가장 오래된 방법이며 동기 부여가 되었을 때 가장 효과적입니다. 우리는 교재들과 오디오의 도움을 받으며 스스로 외국어를 배울 수 있습니다.

Il est vrai qu'il est très difficile de trouver un emploi même si on termine les études à l'université. Alors, il est indispensable de maîtriser au moins une langue étrangère. J'admets la nécessité de la langue étrangère, mais je pense que les gens la choisissent uniquement pour faciliter l'accès au travail. Par conséquent, on privilégie certaines langues étrangères et il en résulte un des déséquilibres d'un enseignement des langues. À mon avis, on a des problèmes concernant l'attitude vis à vis de l'apprentissage des langues étrangères. Une langue reflète la culture ou la civilisation d'un pays et on doit apprendre une langue pour mieux connaître la culture du pays ciblé, et non pas pour trouver un emploi.
대학에서 공부를 끝내더라도 일자리를 찾는 것이 매우 어려운 것은 사실입니다. 그래서 적어도 하나의 외국어를 잘 구사하는 것은 필수적입니다. 나는 외국어의 필요성을 인정하지만, 사람들이 일자리를 쉽게 구하기 위해서만 외국어를 선택한다고 생각합니다. 결과적으로, 몇몇 외국어들에게만 특권을 주고 언어 교육의 불균형이라는 결과를 초래합니다. 내 생각에 우리는 외국어 학습 태도와 관련된 문제가 있습니다. 언어는 한 나라의 문화나 문명을 반영하며 대상 국가의 문화를 더 잘 알기 위해 외국어를 배워야지 일자리를 찾기 위해서는 안 됩니다.

https://cv.modelocurriculum.net

E Quelle langue savez-vous parler et pourquoi avez-vous choisi cette langue ? 당신은 어떤 언어를 말할 수 있으며 왜 그 언어를 선택했나요?

C J'ai appris l'anglais depuis le collège parce qu'il est obligatoire pour préparer le bac chez nous. Pourtant, j'avoue que je ne parle pas bien cette langue et elle est trop difficile pour moi. Et puis, j'ai commencé à apprendre le français à l'université. J'ai choisi cette langue parce que je m'intéresse beaucoup à l'art et la France est un pays d'art. Je voudrais continuer mes études en France. 나는 중학교부터 영어를 배웠는데 왜냐하면 우리나라에서 대학 입학 시험을 준비하기 위해서는 의무적이기 때문입니다. 그러나 나는 이 언어를 잘 하지 못한다고 인정하는데 내게는 너무 어렵습니다. 그리고 대학에서 프랑스어를 배우기 시작했습니다. 나는 이 언어를 선택했는데 왜냐하면 나는 예술에 관심이 많고 프랑스는 예술의 나라이기 때문입니다. 나는 프랑스에서 공부를 계속하고 싶습니다.

문제 7

EXERCICE 3 실전 연습

Track 3-07

Étape 1

기사를 요약한 후 이에 대한 자신의 의견을 이야기해 보세요. 감독관의 질문에 추가로 답변해 보세요.

Le portable dangereux pour les enfants ?

Le ministère français de la Santé invite les parents à la «prudence» et conseille un usage modéré de la téléphonie mobile par les enfants. Alors qu'un nouveau téléphone portable pour de jeunes enfants a été mis sur le marché pour les fêtes...
Le ministère reconnaît qu'«aucune preuve scientifique ne permet de démontrer aujourd'hui que l'utilisation des téléphones mobiles présente un risque notable pour la santé», mais que plusieurs études scientifiques mettent en évidence la possibilité d'un risque faible d'effet sanitaire après utilisation intense et de longue durée (plus de dix ans) des téléphones mobiles.

France Info, 02.01.2008.

Étape 2

필수 어휘와 답변 전개 요령을 참조하세요.

필수 어휘

portable (m) 휴대폰 | ministère (m) 내각, 부처 | inviter 권하다 | prudence (f) 신중, 조심성 | modéré 절제된 | preuve (f) 증거 | démontrer 증명하다 | notable 주목할 만한 | mettre en évidence 알아내다, 부각하다 | faible 약한 | sanitaire 위생의 | intense 강력한 | potentiel 잠재적인 | avertir 경고하다 | exagéré 과도한 | insuffisant 불충분한 | diffusion (f) 보급 | masse (f) 다수 | induire 유발하다 | cancer (m) 암 | cerveau (m) 뇌 | en cours 현행의 | avertir 경고하다 | nuisible 해로울 수 있는 | précaution (f) 예방책 | remarquer 알아차리다 | tout de même 그렇지만 | éventuel 잠재적인 | excessif 과도한 | localiser 위치를 측정하다 | enlèvement (m) 유괴 | terrible 끔찍한 | déprimé 의기소침한 | fréquenter 어울리다

답변 전개 요령

아이들의 휴대폰 사용 제한에 대한 기사이다. 기사 내용을 요약한 뒤 아이들의 휴대폰 사용에 찬성 혹은 반대 입장을 정한 뒤, 그 이유를 말한다. 아이들의 휴대폰 사용에 반대한다면 휴대폰을 장시간 사용하는 것은 건강에 해를 끼치기 때문에 좋지 않으며, 그러므로 휴대폰 사용 시간을 정해 두는 식으로 사용을 제한할 수 있다고 답한다. 감독관은 한국의 어린이들의 휴대폰 사용 현황은 어떠한지, 그리고 응시자 자신이 만약 부모라면 아이들이 휴대폰을 사용하게 할 것인지 말 것인지 물을 수 있다.

Étape 3

해석과 모범 답변을 확인하고 실전 훈련하세요.

기사 해석

아이들에게 위험한 휴대폰?

프랑스 보건 복지부는 부모들에게 '신중'을 권하고 아이들에 의한 휴대폰의 절제 있는 사용을 권고하였다. 그럼에도 어린아이들을 위한 새로운 휴대폰이 연휴를 겨냥한 시장에 출시되었다.
보건 복지부는 '휴대폰의 사용이 건강에 뚜렷한 위험을 준다는 것을 오늘날에 보여 줄 수 있는 어떠한 과학적 증거도 없다'는 것을 인정하고 있지만, 여러 과학적 연구는 휴대폰의 과도하고 장기간 사용 후에(10년 넘게) 건강에 미치는 미미한 위험 가능성을 밝히고 있다.

기사 내용 요약

Ce rapport concerne le danger potentiel du portable surtout pour les enfants.
이 르포는 특히 아이들에 대한 휴대폰의 잠재적 위험과 관련됩니다.

Dans la première partie, il nous informe de deux choses. D'une part, le ministère français avertit les parents de faire attention à l'usage exagéré du portable par les enfants. D'autre part, un nouveau téléphone portable vient de sortir à destination des enfants.
첫 번째 부분에서는 우리에게 두 가지를 알려줍니다. 한편으로, 프랑스 보건 복지부는 부모들에게 아이들에 의한 과도한 휴대폰 사용에 대해 주의할 것을 경고하고 있습니다. 다른 한편으로는 아이들을 위한 새로운 휴대폰이 막 출시되었습니다.

Dans la deuxième partie, il attire l'attention sur les dangers du portable malgré des preuves insuffisantes, en citant des études scientifiques.
두 번째 부분에서는 과학적 연구를 인용하면서 불충분한 증거에도 불구하고 휴대폰의 위험에 대해 지적하고 있습니다.

의견 표명

La diffusion de masse du portable a commencé il y a une quinzaine d'années. En ce qui concerne la relation entre le téléphone portable et la santé des enfants, s'il induit un risque de cancer du cerveau, aucune des études en cours n'est capable de l'observer pour l'instant. Pourtant, beaucoup d'experts avertissent que le téléphone portable peut être nuisible à la santé des enfants.
휴대폰의 대량 보급은 15여 년 전에 시작되었습니다. 휴대폰과 아이들의 건강 사이의 관계에 대해서는 이것이 뇌암의 위험을 유발하는지 현재 진행되는 어떤 연구들도 당장에는 이것을 관찰할 수 없습니다. 그러나 많은 전문가들은 휴대폰이 아이들의 건강에 해로울 수 있다고 경고합니다.

Alors, j'aimerais proposer des précautions pour protéger les enfants contre le téléphone portable. D'abord, il ne faudrait pas laisser un enfant de moins de douze ans utiliser un téléphone portable. Mais récemment, on peut remarquer que la plupart des enfants à l'école primaire possèdent un

portable. Donc si un enfant l'utilise tout de même, nous devons vérifier qu'il maintient le téléphone le plus loin possible de son corps. Et puis, il convient également d'éviter que l'enfant ne garde le portable allumé sur lui. Et il vaut mieux changer le portable d'oreille régulièrement. De plus, il est nécessaire de dire aux enfants de se limiter à des conversations courtes.
그래서 나는 휴대폰에 맞서 아이들을 보호하기 위해 예방책들을 제안하고자 합니다. 우선, 12세 미만의 아이가 휴대폰을 사용하게 놔둬서는 안 됩니다. 그러나 최근에 우리는 초등학교에서 대부분의 아이들이 휴대폰을 가지고 있는 것을 알아차릴 수 있습니다. 그래서 만일 한 아이가 그래도 휴대폰을 사용한다면, 우리는 아이가 휴대폰을 몸에서 가능한 멀리 두고 있는지 확인해야 합니다. 그리고 또한 아이가 켜져 있는 휴대폰을 자신 쪽으로 두는 것을 피하게 하는 것이 좋습니다. 그리고 휴대폰에 귀를 규칙적으로 바꿔 주는 것이 더 낫습니다. 게다가 아이들에게 짧은 대화만 허용된다고 말하는 것이 필요합니다.

À mon avis, le meilleur moyen de leur faire prendre conscience des dangers éventuels d'un usage excessif reste encore certainement la bonne vieille méthode : montrez l'exemple !
Nous pouvons commencer en essayant de téléphoner davantage sur la ligne fixe : nous limitons ainsi l'usage du téléphone portable. Nous pouvons également éteindre notre mobile lorsque nous sommes à la maison.
내 생각에, 과도한 사용의 잠재된 위험들을 아이들이 자각하도록 하는 최고의 방법은 확실히 좋은 오래된 방법입니다: 본보기를 보이세요!
우리는 유선 전화로 더 많이 전화하도록 하면서 시작할 수 있습니다: 우리는 이렇게 휴대폰 사용을 제한합니다. 또한 집에 있을 때 휴대폰을 꺼 놓을 수 있습니다.

En fait, l'une des raisons principales pour laquelle les parents achètent un téléphone portable, c'est pour la sécurité de leurs enfants. Par exemple, quand ils ne rentrent pas à la maison après l'école sans prévenir, les parents peuvent les localiser par leur portable. C'est pour cela que les parents pensent qu'il est utile, pour prévenir l'enlèvement des enfants.
En revanche, beaucoup de parents ignorent le fait que le portable peut nuire à la santé de leurs enfants. Les enfants jouent beaucoup avec leurs portables en marchant dans la rue et ce genre de mauvaise habitude peut provoquer un terrible accident. De plus, les enfants ne travaillent pas bien s'ils utilisent leur portable pendant les cours.
Alors les parents doivent faire des remarques à leurs enfants sur l'utilisation du portable.
사실, 부모들이 휴대폰을 사 주는 주된 이유들 중 하나는 자녀들의 안전을 위해서입니다. 예를 들어, 방과 후에 예고 없이 집에 돌아오지 않을 때, 부모들은 휴대폰을 통해 그들의 위치를 알아낼 수 있습니다. 그래서 부모들은 휴대폰이 어린이 납치를 예방하기 위해 유용하다고 생각합니다.
반면에, 많은 부모들이 휴대폰이 자녀들의 건강을 해칠 수 있다는 사실을 간과하고 있습니다. 아이들은 길에서 걸으면서 휴대폰을 가지고 많이 노는데 이런 유형의 나쁜 습관은 끔찍한 사고를 초래할 수 있습니다. 게다가 아이들이 수업 중에 휴대폰을 사용하면 공부를 잘 하지 않습니다.
그래서 부모들은 자녀들에게 휴대폰 사용에 대해 주의를 줘야 합니다.

http://www.robindestoits.org

E Les enfants de votre pays utilisent-ils beaucoup le portable ? 당신 나라의 아이들은 휴대폰을 많이 사용합니까?

C Oui. Je pense que la Corée est l'un des pays où les enfants possédant un portable sont les plus nombreux. Comme les parents coréens ne veulent pas que leurs enfants soient déprimés dans la classe à cause du portable, ils l'achètent pour eux malgré son prix élevé. 네. 나는 한국이 휴대폰을 소지하고 있는 아이들이 가장 많은 나라들 중에 하나라고 생각합니다. 한국 부모들은 자녀들이 휴대폰 때문에 반에서 기가 죽는 것을 원하지 않기 때문에, 높은 가격에도 불구하고 아이들을 위해 휴대폰을 삽니다.

E Si vous devenez parent, avez-vous l'intention d'acheter un portable à votre enfant ? 만일 당신이 부모가 된다면, 자녀에게 휴대폰을 사 줄 의향이 있나요?

C Moi non. À mon avis, ce qui est plus important durant l'enfance, c'est d'avoir beaucoup d'amis. Pour cela, les enfants doivent fréquenter leurs amis en faisant beaucoup d'activités avec eux. Mais la plupart des enfants passent trop de temps tout seuls avec leur portable et ce n'est pas bon pour se faire des amis. 나는 아니에요. 내 생각에 어린 시절에 더 중요한 것은 바로 많은 친구들을 갖는 것입니다. 이를 위해서 아이들은 친구들과 많은 활동을 하면서 자주 어울려야 합니다. 그러나 대부분의 어린이들이 휴대폰을 가지고 홀로 너무 많은 시간을 보내는데 이는 친구들을 사귀는 데 좋지 않습니다.

문제 8

EXERCICE 3 실전 연습

Track 3-08

Étape 1

기사를 요약한 후 이에 대한 자신의 의견을 이야기해 보세요. 감독관의 질문에 추가로 답변해 보세요.

Si vous voulez échanger votre appartement : des précautions sont à prendre

Si vous avez songé à partir en vacances sans que cela ne vous coûte trop cher, il y a la solution des échanges d'appartements. Cependant, il est nécessaire de prendre quelques précautions.
C'est un phénomène de mode qui va s'intensifier. Dans le cadre d'un échange, et même si c'est à titre gracieux, les deux parties ont intérêt à fixer les règles de cet échange par écrit. Un état des lieux est ainsi fondamental pour «éviter les contestations par la suite».

France Info, 12.08.2013.

Étape 2

필수 어휘와 답변 전개 요령을 참조하세요.

필수 어휘

échanger 교환하다 | précaution (f) 예방, 주의 사항 | songer à ~에 대해 생각하다 | s'intensifier 강화되다 | à titre gracieux 무료로 | (il) y a intérêt à ~하는 것이 좋다 | état des lieux 퇴거 시 집 상태 점검 | fondamental 기본적인 | contestation (f) 분쟁 | avertissement (m) 주의, 경고 | tendance (f) 성향 | réciprocité (f) 상호성 | garantie (f) 보증 | confier 맡기다 | coup de tête (m) 경솔한 결정 | hôte 손님 | fiche de présentation (f) 자기 소개서 | exigence (f) 요구 | aborder 논의하다, 착수하다 | de confiance 신용할 수 있는 | remise (f) 전달 | plombier (m) 배관공 | dépannage (m) 수리 | éventuel 잠재적인 | dégradation (f) 파손, 점진적 악화 | sans crainte 마음 놓고 | auberge de jeunesse (f) 유스 호스텔

답변 전개 요령

프랑스에서 휴가 시 서로의 집을 교환하여 지내는 것에 대한 기사이다. 기사는 숙소 교환 시 주의 사항에 대한 내용이다. 이 기사에 대한 의견을 제시할 때에는 숙소 교환의 장점 혹은 단점에 대해 이야기할 수 있다. 모범 답변은 숙소 교환이 비용이 적게 들고 위험하지 않아서 좋다는 입장이다. 반대의 입장에서 의견을 제시하는 것도 가능하다. 감독관은 한국에서는 이러한 제도가 일반적인지, 휴가 시 서로의 아파트를 교환하는 것에 대한 사람들의 인식은 어떠한지 추가 질문을 할 수 있다.

Étape 3

해석과 모범 답변을 확인하고 실전 훈련하세요.

기사 해석

만일 당신이 당신의 아파트를 교환하기를 원한다면: 취해야 할 예방책들

만일 당신이 너무 큰 비용이 들지 않고 휴가를 떠날 생각을 했다면, 아파트 교환이라는 해결책이 있다. 그러나 몇 가지 예방책을 취해야 할 필요가 있다.
이것은 늘어나고 있는 유행 현상이다. 교환 범위 내에서 심지어 무료일지라도, 두 당사자들은 문서로 이 교환 규칙들을 정해 놓는 것이 좋다. 퇴거 시 집 상태 점검은 이처럼 '후에 논쟁을 피하기' 위해 기본적이다.

기사 내용 요약

Il s'agit d'un article sur les précautions à prendre lors d'un échange d'appartement.
이것은 아파트를 교환할 때 취해야 할 예방책들에 대한 기사입니다.

Dans la première partie, l'auteur mentionne le moyen de passer des vacances qui ne coûtent pas cher avec la solution des échanges d'appartements ainsi qu'un avertissement sur les précautions à prendre.
첫 번째 부분에서 작가는 취해야 할 예방책들에 대한 주의와 더불어 아파트 교환의 해결책을 통해 비싸지 않은 휴가를 보내는 방법을 언급하고 있습니다.

Dans la deuxième partie, il dit que ce système devient une tendance courante dans la société moderne. Il nous informe sur deux points importants. D'une part, il faut fixer les règles de cet échange par écrit. D'autre part, un état des lieux est essentiel pour éviter les discussions entre les deux parties.
두 번째 부분에서는 이 시스템이 현대 사회에서 일반적인 추세가 되고 있다고 말합니다. 그것은 두 가지 중요한 점을 우리에게 알려주고 있습니다. 한편으로는 문서로 이 교환 규칙들을 정해야 합니다. 다른 한편으로는 퇴거 시 집 상태 점검은 당사자들 간에 논쟁을 피하기 위해 꼭 필요합니다.

의견 표명

J'ai vu un article sur Internet à propos de ce sujet et beaucoup de Français échangent chaque année leur maison pour les vacances. À mon avis, c'est un moyen efficace pour voyager à moindres frais. Par ailleurs, il est sans risque, car la réciprocité de l'échange est une garantie (puisque les personnes à qui nous confions notre domicile nous confient le leur).
나는 이 주제에 관한 기사를 인터넷에서 봤는데 많은 프랑스인들이 매년 휴가를 위해 그들의 집을 교환합니다. 내 생각에 이것은 가장 적은 비용을 들여 여행하기 위해 효과적인 방법입니다. 게다가, 위험이 없는데 왜냐하면 교환의 상호성이 보증이기 때문입니다(왜냐하면 우리의 집을 위탁한 사람들이 우리에게 그들의 것을 위탁하기 때문입니다).

Pourtant, on ne décide pas d'échanger notre maison sur un coup de tête. Ce type de vacances se prépare. Il existe des sites et ils conseillent de s'y prendre au moins trois mois avant le départ.

그러나 우리는 충동적으로 우리의 집을 교환하기로 결정하지는 않습니다. 이런 휴가 유형은 준비됩니다. 사이트들이 있고, 떠나기 전에 적어도 3달은 준비할 것을 권합니다.

Et puis, c'est important de faire connaissance avec nos hôtes. Ce n'est pas facile de laisser des inconnus dormir dans notre lit, manger dans nos assiettes, utiliser notre salle de bains… avant tout, il faut en avoir accepté l'idée.
Mieux vaut aussi savoir qui nous accueillons. Après avoir vérifié l'identité de nos invités, il faut bien lire en détail leur fiche de présentation (goûts, habitudes, exigences…). Ensuite, par mail ou par téléphone, nous devons aborder les questions de la cigarette, des animaux à garder, des plantes et surtout du ménage.
그리고 우리의 손님에 대해 아는 것이 중요합니다. 모르는 사람들이 우리의 침대에서 자고, 우리의 접시에 식사하고, 우리의 욕실을 사용하게 내버려 두는 것은 쉽지 않습니다... 무엇보다도 이 생각을 수용해야 합니다.
또한 누가 우리를 맞이하는지 아는 게 더 낫습니다. 우리 초대 손님들의 신원을 확인한 후에 그들의 자기 소개서를 자세히 읽어야 합니다(취미, 습관, 요구 사항...). 그 후에 메일이나 전화로 담배, 돌봐야 할 동물들, 식물들 특히 청소 문제에 대해 논의해야 합니다.

Je pense également qu'il y a des avantages à prévenir nos voisins et nos proches. Par exemple, on peut demander à un voisin de confiance d'accueillir nos hôtes (remise des clés, visite, conseils). Et il pourra régler certains problèmes en notre absence (plombier, dépannage, oublis de dernière minute).
나는 또한 우리 이웃들과 친지들에게 미리 알리는 것이 좋다고 생각합니다. 예를 들어, 우리는 믿을 수 있는 이웃에게 우리 손님을 환대할 것을 부탁할 수 있습니다(열쇠 전달, 방문, 지침). 그리고 그는 우리가 없는 동안 몇몇 문제들을 해결할 수 있을 것입니다(배관공, 수리, 마지막 순간에 깜빡한 것들).

En conclusion, je pense que c'est un phénomène social courant surtout dans les pays européens. Il est vrai qu'il y a des avantages dans ce type de logement mais on ne doit pas négliger non plus les problèmes éventuels causés par l'échange de maisons.
Ce qui est le plus important dans ce système, c'est la confiance. Quand on rentre à la maison après un voyage, on a quelquefois de mauvaises surprises, comme des vols d'objets ou des dégradations de meubles. Donc il faut trouver une personne à qui on peut laisser sa maison ou son appartement sans crainte.
결론적으로, 나는 이것이 특히 유럽 국가들에서 일반적인 사회 현상이라고 생각합니다. 이런 유형의 숙소에 장점들이 있는 것이 사실이지만 집 교환에 의해 야기되는 잠재적인 문제들도 무시해서는 안 됩니다.
이 시스템에서 가장 중요한 것은 바로 신뢰입니다. 여행 후 집에 돌아왔을 때, 물건 도난이나 가구 파손과 같은 나쁜 소식을 종종 접하게 됩니다. 그러므로 마음 놓고 집이나 아파트를 맡길 수 있는 사람을 찾아야 합니다.

https://www.capital.fr

질의 및 응답

E Est-ce que les gens de votre pays ont une opinion favorable sur les échanges d'appartements ?
당신 나라 사람들은 아파트 교환에 대해 호의적인 의견을 가지고 있나요?

C Je ne crois pas. En fait, on n'échange pas nos logements, surtout avec quelqu'un qu'on ne connaît pas bien. De plus, beaucoup de Coréens ont des problèmes de communication avec les étrangers et ils n'aiment pas montrer leur vie privée à autrui. 그렇게 생각하지 않아요. 사실, 우리는 특히 잘 모르는 사람과 숙소를 교환하지 않아요. 게다가 많은 한국인들이 외국인들과 소통의 문제가 있고 타인에게 자신들의 사생활을 보여 주는 것을 좋아하지 않아요.

E Et vous ? Vous aimeriez échanger votre logement avec quelqu'un d'autre ? 당신은요? 당신은 다른 사람과 당신의 숙소를 교환하고 싶나요?

C Non. Je ne veux pas avoir de problèmes avec une autre personne après un échange de logements. Si je voyage dans un pays étranger, je préfère rester dans une auberge de jeunesse. C'est moins cher et je peux avoir l'occasion de rencontrer des jeunes étrangers de mon âge. 아니요. 나는 숙소 교환 이후 다른 사람과 문제가 있길 원하지 않아요. 만일 내가 외국을 여행한다면 유스 호스텔에서 머무는 것을 선호해요. 그것은 더 싸고 나는 내 나이의 외국 젊은이들을 만날 수 있는 기회를 가질 수 있어요.

문제 9

EXERCICE 3 실전 연습

Track 3-09

Étape 1

기사를 요약한 후 이에 대한 자신의 의견을 이야기해 보세요. 감독관의 질문에 추가로 답변해 보세요.

Les réservations de chambres d'hôtel via internet

Réserver sa chambre d'hôtel par Internet est devenu courant. Selon les professionnels de l'hôtellerie, 25 % des nuits seraient réservées par ce biais. Ces derniers temps, les hôteliers ont mené plusieurs actions contre les centrales de réservations hôtelières pour dénoncer les clauses qu'elles leurs imposent.
La plupart des sites vous font croire que vous allez payer jusqu'à 80 % moins cher, mais parfois lorsque l'on téléphone à l'hôtel on s'aperçoit que le prix est le même ou qu'il est plus intéressant. L'intérêt de ces sites est de nous faire cliquer sans réfléchir.

France info, 03.12.2013.

Étape 2

필수 어휘와 답변 전개 요령을 참조하세요.

필수 어휘

via ~을 통한 | courant 일반적인 | hôtellerie (f) 숙박업 | nuit (f) (호텔 등에서의) 일박 | biais (m) 방법, 측면 | mener 앞장서다, 주도하다 | centrale (f) 노동조합 연합 | dénoncer 고발하다 | clause (f) 조항 | imposer 강요하다 | intéressant 유리한, 이익을 가져다주는 | cliquer 클릭하다 | soumettre 복종시키다, 종속시키다 | absurde 불합리한 | avertir 알리다 | inconvénient (m) 부정적인 측면 | prudence (f) 신중함 | s'imposer 강요되다 | démasquer 정체를 폭로하다 | vigilance (f) 주의 | se tromper 실수하다, ~에 속다 | internaute 네티즌 | recenser 조사하다 | hébergement (m) 숙박 | rédiger 작성하다 | moteur de recherche (m) 검색 엔진 | se méfier de 조심하다 | offre (f) 제안, 제공 | disponibilité (f) 사용 가능성 | réel 실질적인 | assurément 확실히 | inférieur 낮은, 적은 | plateforme (f) (복수) 기본 방침 | escroquerie (f) 사기 | désavantage (m) 단점 | se plaindre 불평하다

답변 전개 요령

인터넷을 통한 호텔 예약을 다루고 있는 기사이다. 여기에서는 인터넷으로 호텔을 예약하는 것의 장점, 주의 사항 등을 언급하면 된다. 감독관은 인터넷으로 물건이나 서비스를 구매할 때의 장점이나 단점은 무엇이라고 생각하는지 추가 질문을 할 수 있다. 요즘은 인터넷을 통한 구매가 매우 빈번하므로 이 주제와 관련하여 자신의 의견을 미리 정리해 두는 것이 좋다.

Étape 3

해석과 모범 답변을 확인하고 실전 훈련하세요.

기사해석

인터넷을 통한 호텔 방 예약

인터넷을 통해 호텔 방을 예약하는 것이 성행하고 있다. 호텔업 종사자들에 따르면, 숙박의 25%가 이 방법으로 예약이 된 것 같다. 최근에 호텔업자들은 자신들에게 강요하고 있는 조항들을 고발하기 위해 호텔 예약 조합에 맞서 여러 행동들을 취했다.
대부분의 사이트들은 당신이 80%까지 더 싸게 지불할 수 있다고 믿게 하지만 때때로 호텔에 전화할 때 가격이 동일하거나 더 싼 것을 알게 된다. 이 사이트들의 관심은 당신이 별 생각 없이 클릭하게 만드는 데 있다.

기사 내용 요약

Le sujet de cet article est le problème des réservations de chambres d'hôtel par Internet.
이 기사의 주제는 인터넷을 통한 호텔 방 예약의 문제점입니다.

Dans la première partie, il mentionne le fait que ce genre de réservations est très fréquent aujourd'hui. Ensuite, il précise que les centrales de réservations hôtelières soumettent les hôteliers à des règles absurdes.
첫 번째 부분에서는 이런 예약 유형이 오늘날 매우 빈번하다는 사실을 언급하고 있습니다. 그리고 나서 호텔 예약 조합이 호텔업자들에게 부당한 규칙들을 강요하고 있다는 점을 명시하고 있습니다.

Dans la dernière partie, il nous avertit des inconvénients lors des réservations de chambres d'hôtel par Internet: il ne faut pas croire que le prix sur Internet est toujours moins cher que celui sur place.
마지막 부분에서는 우리에게 인터넷을 통한 호텔 방 예약 시에 불리한 점들을 알리고 있습니다: 인터넷에서의 가격이 현장에서의 가격보다 항상 더 저렴하다고 믿어서는 안 됩니다.

의견 표명

Récemment, on peut observer que beaucoup de gens réservent leur hôtel sur Internet. Pourtant, beaucoup de sites causent des problèmes et certaines règles de prudence s'imposent pour démasquer les fausses bonnes affaires. Donc rien ne vaut la vigilance du consommateur pour ne pas se tromper dans le choix de son hôtel sur Internet.
최근에, 우리는 많은 사람들이 인터넷에서 호텔을 예약하는 것을 볼 수 있습니다. 그러나 많은 사이트들이 문제를 일으키며 몇몇 신중한 규칙들이 가짜 거래를 밝히기 위해 요구됩니다. 그래서 인터넷에서 호텔 선택에 실수하지 않기 위해서는 소비자의 주의보다 더 나은 것은 없습니다.

À mon avis, il est nécessaire de comparer sur d'autres sites comment les hôtels sont évalués par les internautes. Et puis, c'est aussi un bon moyen de vérifier si l'office du tourisme de la région ou les guides touristiques recensent l'hébergement qui nous intéresse. Un article de presse peut aussi avoir

été rédigé, il apparaîtra si nous faisons une recherche sur un moteur de recherche.
내 생각에, 네티즌들에 의해 호텔들이 어떻게 평가되었는지 다른 사이트들에서 비교하는 것이 필요합니다. 그리고 지역의 관광청이나 관광 가이드들이 우리가 관심을 갖고 있는 숙소를 파악하고 있는지를 확인하는 것도 좋은 방법입니다. 잡지 기사 또한 쓰였을 수 있으며 만일 우리가 검색 엔진으로 찾는다면 보일 것입니다.

Il faut surtout faire attention aux offres spéciales. Quel que soit le secteur, il faut se méfier des promotions, c'est un principe de base. Ce qui compte, c'est le prix que nous payons au final, pas la différence entre le soi disant prix de départ et la promotion.
Pour éviter les fausses bonnes affaires, nous devons comparer l'offre avec les prix pratiqués sur le site officiel de l'hôtel.
특별 할인에 특히 주의해야 합니다. 분야가 무엇이건 간에, 할인에 조심해야 하는 것은 기본 원칙입니다. 중요한 것은 바로 우리가 마지막에 지불하는 가격이지 원래 가격과 할인 가격 사이의 차이가 아닙니다.
가짜 거래를 피하기 위해서 우리는 제시 가격과 호텔 공식 사이트에 적용된 가격을 비교해야 합니다.

À mon avis, le moyen le plus efficace, c'est de contacter directement l'hôtelier. Beaucoup de spécialistes conseillent aux clients de ne pas hésiter à contacter l'hôtel en question, afin de vérifier ses disponibilités réelles, mais également les tarifs qui sont assurément pratiqués par l'hôtelier. Par ailleurs, une négociation pour baisser le tarif de la chambre peut même être possible lors d'une discussion directe avec l'hôtelier, ce qui n'est pas le cas lors d'une réservation par Internet. Elle permet aux hôteliers de pratiquer des prix inférieurs à ceux des plateformes de réservation.
내 생각에 가장 효과적인 방법은 호텔업자와 직접 연락하는 것입니다. 많은 전문가들은 고객들에게 실제 사용 가격뿐만 아니라 호텔업자들에 의해 확실히 적용된 가격을 확인하기 위해 문제의 호텔과 연락하는 것을 망설이지 말라고 충고합니다. 게다가, 방 값을 낮추기 위한 협상은 호텔업자와 직접 논의를 할 때 가능하며 인터넷을 통해 예약 시에는 그 경우가 아닙니다. 이것은 호텔업자에게 예약의 기본 방침의 가격보다 낮은 가격을 적용할 수 있게 해 줍니다.

Il faut admettre que les réservations d'hôtel via Internet sont pratiques, car on n'a pas besoin d'aller voir directement pour vérifier l'état de la chambre. Et puis, on peut aussi bénéficier d'un prix intéressant pour la chambre. Pourtant, comme on l'a dit, il y a beaucoup d'escroqueries dans ce type de réservations et on a besoin d'être prudent.
인터넷을 통한 호텔 예약이 편리하다는 것을 인정해야 하는데 왜냐하면 방의 상태를 확인하기 위해 직접 보러 갈 필요가 없기 때문입니다. 그리고 방을 특가로 혜택 받을 수도 있습니다. 그러나 우리가 이미 말했듯이, 이런 유형의 예약에는 많은 사기들이 있기 때문에 신중할 필요가 있습니다.

https://www.notretemps.com

E Est-ce que vous pouvez donner un autre exemple qui montre un désavantage de la réservation par Internet ? 인터넷을 통한 예약의 단점을 보여 주는 다른 예를 들 수 있나요?

C Oui, le cas de mon ami par exemple. Il a réservé un billet d'avion sur un site Internet pour aller en France il y a un an. Selon ce site, on pouvait changer de date sans frais supplémentaires. Mais quand il a voulu changer sa date de retour, on lui a demandé de payer en plus. Il a voulu se plaindre, mais le site avait fermé. 네, 예를 들어 내 친구의 경우입니다. 그는 1년 전에 프랑스에 가기 위해 인터넷 사이트에서 비행기 표를 예약했습니다. 그 사이트에 따르면, 추가 비용 없이 날짜를 바꿀 수 있었습니다. 그러나 그가 돌아오는 날짜를 바꾸기를 원했을 때 그에게 추가적으로 지불할 것을 요구했습니다. 그는 항의를 하고 싶었지만 그 사이트는 폐쇄되었습니다.

문제 10

EXERCICE 3 실전 연습

Track 3-10

Étape 1

기사를 요약한 후 이에 대한 자신의 의견을 이야기해 보세요. 감독관의 질문에 추가로 답변해 보세요.

Vous êtes seul, pourquoi ne pas louer un ami ?

Les Français, de plus en plus seuls. Mercredi, l'ONU célébrait la «journée mondiale de l'amitié» pour promouvoir notamment la solidarité. Mais dans l'Hexagone, le sentiment d'abandon progresse.

Le site Book-a-friend tente d'apporter une (cynique ?) solution : la location d'amis. «On ne loue pas l'amitié d'une personne, on loue son temps libre», explique Gary Dorion, le créateur du site.

Le principe est simple. Lors de l'inscription, deux options. Devenir ami à louer ou ami loueur. Il suffit ensuite de dessiner son profil ou celui de son «copain idéal» en cochant les cases d'une grille étonnamment diversifiée. Sa personnalité (pessimiste, hypocondriaque ?), ses goûts (aime-t-il la lambada, les feux d'artifice ?), mais également ses critères physiques (cicatrice, tatouage ?).

https://www.20minutes.fr

Étape 2

필수 어휘와 답변 전개 요령을 참조하세요.

필수 어휘

louer (임시로) 고용하다 | promouvoir 촉진하다 | solidarité (f) 연대감 | Hexagone (m) 육각형(= 프랑스) | sentiment d'abandon (m) 소외감 | cynique 냉소적인 | dessiner 드러내다, 나타내다 | grille (f) 칸 | étonnamment 놀랍게도 | diversifié 다양화된 | hypocondriaque 우울한 | feu d'artifice (m) 불꽃놀이 | cicatrice (f) 흉터 | tatouage (m) 문신 | surfer 검색하다 | précaution (f) 예방 | isolé 고독한 | gravité (f) 심각성 | pousser 밀다 | fac (f) 학부 | étroitment 긴밀하게 | partenaire 파트너 | combler 충족시키다 | attrait (m) 매력 | réciproque 상호적인 | tendance (f) 경향 | accorder 부여하다 | gage (m) 담보

답변 전개 요령

다소 생소한 개념인 '친구 빌리기(친구 임대)'에 대한 기사이다. 우선 기사 내용을 요약한 뒤, 친구 빌리기에 대한 자신의 생각을 명확히 밝혀야 한다. 모범 답변에서처럼 '친구 빌리기'라는 것이 나타나게 된 이유와 장단점에 대해 이야기할 수 있다. 감독관은 추가로 개인적으로 '친구 빌리기'라는 이 시스템을 이용해 볼 생각이 있는지 물을 수 있을 것이다. 이 문제에서는 자신의 생각을 솔직하게 밝히는 것만으로도 무난한 답변이 될 수 있다.

Étape 3

해석과 모범 답변을 확인하고 실전 훈련하세요.

기사 해석

당신은 혼자인데, 왜 친구를 빌리지 않는가?

프랑스인들은 갈수록 혼자이다. 수요일, UN은 특히 연대감을 높이기 위해 '세계 우정의 날'을 기념했다. 그러나 프랑스에서는 소외감이 심화되고 있다.
Book-a-friend 사이트는 (냉소적인?) 해결책을 제시하고자 한다: 친구 임대. '우리는 한 사람의 우정을 임대하지 않고 그의 자유 시간을 임대합니다.'라고 이 사이트의 창시자인 Gary Dorion이 설명한다.
원칙은 간단하다. 등록 시에 두 가지 선택이 있다. 임대되는 친구 또는 임대하는 친구가 되는 것. 그리고 나서 놀라울 정도로 다양화된 칸에 표시를 하면서 자신의 프로필이나 '이상적인 친구'의 프로필을 작성하면 된다. 성격(염세주의자, 우울한 사람?), 취향(람바다 춤을 좋아하는지, 불꽃놀이를 좋아하는지?)뿐만 아니라 신체적 기준들도(흉터, 문신?).

기사 내용 요약

Cet article parle du phénomène de la location d'amis.
이 기사는 친구 임대 현상에 대해 말하고 있습니다.

Tout d'abord, il présente l'initiative de l'ONU à l'occasion de la journée mondiale de l'amitié, qui a pour but d'encourager la solidarité. Ensuite, il mentionne la gravité en France de la situation des relations amicales.
우선, 세계 우정의 날을 맞이하여 연대감을 장려하는 것을 추구하는 UN의 목적을 소개하고 있습니다. 그리고 나서 프랑스에서 친구 관계에 대한 상황의 심각성을 언급하고 있습니다.

Enfin, il présente un cas de site qui loue des amis et il nous précise le but de ce site en citant son créateur.
마지막으로, 친구를 임대하는 사이트의 경우를 소개하고 사이트의 창시자의 말을 인용하면서 이 사이트의 목적을 우리에게 명시하고 있습니다.

의견 표명

Il est vrai que de plus en plus de gens passent du temps seul à regarder la télévision ou à surfer sur Internet. Donc certaines personnes se sentent seules et paient pour louer des amis.
점점 더 사람들이 텔레비전을 보거나 인터넷을 검색하며 홀로 시간을 보내는 것은 사실입니다. 그래서 몇몇 사람들은 외로움을 느끼며 친구들을 임대하기 위해 돈을 지불합니다.

Plus particulièrement, ce système n'est pas si mauvais quand on l'applique aux gens plus âgés. Dans la plupart des cas, quand les enfants se marient, ils ne vivent pas avec leurs parents. Alors, quand ces

derniers deviennent vieux, ils se sentent seuls et ils veulent quelqu'un avec qui parler ou se promener avec eux.
보다 특별하게, 이 시스템은 나이가 많은 사람들에게 적용할 때 그렇게 나쁘지 않습니다. 대부분의 경우, 자녀들이 결혼을 할 때 부모와 함께 살지 않습니다. 그래서 부모가 늙으면 혼자라고 느끼고 이야기하거나 그들과 산책할 누군가를 원합니다.

Cependant, il ne faut pas négliger quelques précautions, car rencontrer un inconnu n'est pas toujours sûr. C'est particulièrement vrai quand le client et l'ami à louer ne sont pas du même sexe.
그러나 몇 가지 예방책을 간과해서는 안 되는데 왜냐하면 모르는 사람을 만난다는 것이 항상 믿을 만한 것은 아니기 때문입니다. 고객과 임대할 친구가 같은 성이 아닐 때가 특히 그렇습니다.

À mon avis, c'est un phénomène qui se développera de plus en plus dans la société moderne, car les gens qui se sentent isolés seront de plus en plus nombreux. J'ai vu un article qui montre la gravité de ce problème. À Kashiwara au Japon, près d'Osaka, une université a mis en place un programme pour pousser les nouveaux étudiants à faire connaissance. La raison en est triste, c'est parce qu'il y a des étudiants qui ne viennent plus en cours et abandonnent la fac parce qu'ils disent qu'ils n'arrivent pas à s'y faire des amis.
Pourtant, on ne peut pas dire que c'est une vraie amitié. On n'achète pas un sentiment et la location d'amis est étroitement liée à l'argent. On peut acheter des partenaires de jeux, pour jouer au tennis ou aux cartes, par exemple. Cela peut combler un manque. Mais dans l'amitié, il doit y avoir un attrait réciproque.
내 생각에는 이것은 현대 사회에서 점점 더 확산될 현상인데 왜냐하면 고독함을 느끼는 사람들이 점점 많아질 것이기 때문입니다. 나는 이 문제의 심각성을 보여 주는 한 기사를 보았습니다. 일본 오사카 근처에 있는 가시와라에서, 한 대학이 신입생들이 알고 지내도록 하기 위한 프로그램을 시행했습니다. 그 이유가 슬펐는데 왜냐하면 수업에 더 이상 오지 않고 학교를 포기하는 학생들이 있는데, 이곳에서 친구를 만들 수 없기 때문이라고 이들은 말합니다.
그렇지만 우리는 이것이 진정한 우정이라고 말할 수는 없습니다. 우리는 감정을 살 수 없으며 친구 임대는 돈과 밀접하게 연관되어 있습니다. 예를 들어 우리는 테니스를 치거나 카드를 치기 위한 놀이 파트너를 살 수는 있습니다. 이것은 결핍을 채워줄 수 있습니다. 그러나 우정에서는 서로의 마음을 끄는 것이 있어야 합니다.

질의 및 응답

E Quelle est la situation en Corée par rapport à ce sujet ? Est-ce qu'il existe un système de location d'amis ? 이 주제와 관련하여 한국의 상황은 어떤가요? 친구 임대 시스템이 존재하나요?

C Je ne pense pas. Il faut admettre que les Coréens passent beaucoup de temps seul sur Internet. Pourtant, à mon avis, ce serait difficile pour eux d'accepter le concept de location d'amis. Traditionnellement, il y a une tendance pour les Coréens à accorder plus d'importance à l'amitié par rapport aux Français. On prête quelquefois une grosse somme d'argent à un ami sans gage. Même si l'amitié devient moins importante aujourd'hui pour des raisons diverses, il est difficile pour les Coréens d'avoir une relation amicale basée sur l'argent. 그렇게 생각하지 않습니다. 한국인들이 인터넷으로 많은 시간을 혼자 보낸다는 것을 인정해야 합니다. 그러나 내 생각에는 이들이 '친구 임대'의 개념을 받아들이기는 어려울 것입니다. 전통적으로, 한국인들에게는 프랑스인들과 비교하여 우정에 대해 더 많은 중요성을 부여하는 경향이 있습니다. 사람들은 때때로 담보 없이 친구에게 큰돈을 빌려줍니다. 비록 우정이 다양한 이유들로 오늘날 덜 중요해져도, 한국인들에게 돈을 바탕으로 하는 친구 관계를 갖는 것은 어렵습니다.